珍藏本
纪念版

汉译世界学术名著丛书

地理学的性质

当前地理学思想述评

〔美〕理查德·哈特向 著

叶光庭 译

商务印书馆
SINCE 1897 The Commercial Press
2017年·北京

Richard Hartshorne
THE NATURE OF GEOGRAPHY
A Critical Survey of Current Thought
in the Light of the Past
The Association of American Geographers
Lancaster, Pa. 1946
根据美国地理学家协会 1946 年版译出

汉译世界学术名著丛书
（120 年纪念版·珍藏本）
出 版 说 明

2017 年 2 月 11 日，商务印书馆迎来 120 岁的生日。120 年前，商务印书馆前贤怀揣文化救国的理想，抱持“昌明教育，开启民智”的使命，立足本土，放眼寰宇，以出版为津梁，沟通中西，为中国、为世界提供最富智慧的思想文化成果。无论世事白云苍狗，潮流左右激荡，甚至战火硝烟弥漫，始终践行学术报国之志，无改初心。

迻译世界各国学术名著，即其一端。早在 20 世纪初年便出版《原富》《天演论》等影响至今的代表性著作，1950 年代后更致力于外国哲学和社会科学经典的译介，及至 1980 年代，辑为“汉译世界学术名著丛书”，汇涓为流，蔚为大观。丛书自 1981 年开始出版，历时三十余年，迄今已推出七百种，是我国现代出版史上规模最大、最为重要的学术翻译工程。

丛书所选之书，立场观点不囿于一派，学科领域不限于一门，皆为文明开启以来，各时代、各国家、各民族的思想与文化精粹，代表着人类已经到达过的精神境界。丛书系统译介世界学术经典，引领时代思想，为本土原创学术的发展提供丰富的文化滋养，为推动中国现代学术和现代化进程做出了突出的贡献。

为纪念商务印书馆成立120周年，我们整体推出“汉译世界学术名著丛书”120年纪念版的珍藏本，寄望既利于文化积累，又便于研读查考，同时向长期支持丛书出版的译者、编者和读者致以敬意。

两甲子后的今天，商务印书馆又站在了一个新的历史时间节点上。我们不仅要铭记先辈的身影和足迹，更须让我们的步伐充满新的时代精神。这是商务人代代相传的事业，更是与国家和民族的命运始终紧密相连的事业。我们责无旁贷，必须做好我们这代人的传承与创造，让我们的努力和成果不仅凝聚成民族文化的记忆，还能成为后来人可以接续的事业。唯此，才能不负前贤，无愧来者。

商务印书馆编辑部

2017年10月

“让我们谨慎地评论，但也不必胆怯，而是要大胆思索和信心百倍地干我们的工作，使它继续向前发展。”

——阿尔弗雷德·赫特纳，1907

鸣　谢

本文初稿系在笔者本校写成，后据欧洲诸图书馆独有的资料修改，并大加扩充。1938～1939年，笔者获得明尼苏达大学社会科学研究基金一笔拨款，在欧洲研究另一科研项目，部分也是因有此便，才有可能利用这些资料。

对于维也纳、苏黎世和克拉克诸大学图书馆、维也纳国立图书馆，特别是维也纳大学地理研究所图书馆诸馆人员的合作，在此谨申谢忱。以上诸馆藏有他处所无的书刊，笔者本校图书馆也没有。

1939年4月1～5日，笔者有幸参加赖兴瑙岛"南德地理学家会议"(Oberdeutshen Geographentag)，因而得以听取德国、瑞士与会诸地理学家有益的意见。同样，笔者也感谢欧洲许多别的地理学家，特别是约翰·瑟尔希教授。笔者也要向编者及《年刊》不知姓名的批评家们表示谢意，他们的帮助远远超过了他们的地位要求他们做的。

归根结底，拙文的价值全赖地理学家们近200种著作，其中既有显系属于方法论的，也有阐释方法和哲学的。拙文即是根据这些著作所提供的材料写成的。

理查德·哈特向

目　录

第二版前言

作者在准备本文以供美国地理学家协会年刊首次发表的时候，心中想到的主要是他的成熟的专业同仁。当时并没有预料到会以专书形式出版，确实连想都没有想到7年之后还会重印，以应研究生教学之需。我对当时《年刊》编辑的勇气和眼光深表敬佩，是他推荐以专书形式大量重印发行的；我也感谢协会诸理事，他们支持了他的看法。同样，我也感谢现任编辑和现任理事会作出以此种方式加印的决定，并惠允作某些增补。

鉴于本版预期的用途，似当重新进行材料的彻底组织和修改。然而影印方法却使这两件事一件也无法实行。于是我只得准备了一份摘要，以代替改写，作为对目前本书组织结构的指南，使读者得以选择他特别感兴趣的章节。我又列出更正之处并加补注，又开了文献书目。

增补材料大部分根据1939年最初准备本文以来出现的方法论研究以及许多同仁的评论和意见。同仁们又好心提出若干论著，都是早已问世，而且本当收入的，可是我先前几乎全都未曾注意到。此外，我还增补了一些论著，虽然先前我原已知道，只因写作大部分章节时不在手头，因而就被忽略了，当时我已离职赴欧。特别是增补的文献目录，对未来的研究者当可证明是有价值的。

鉴于目前已引起若干误解，似当补上一篇序言略加声明，原来我曾以为这是不言自明的。这一方法论研究中讨论到个别地理学家的著作，有的或许略而未作讨论，不应作为笔者对他们的著作在地理学中的重要性或价值的评估来看。《导论》里就已经指出，这不是本文的目的；现在在这几页所加的补注，希望可防止今后再发生此种误解。同样，还要再说一句，对个别地理学家著作的批评，虽则照例是对作者而发的，却不是把他们看作专业地理学家来论人，只不过在讨论时对他们文章中提出的思想、概念和论述略作品评而已。

理查德·哈特向

于威斯康星大学，1946 年 6 月

英文版编者前言

本期和下期，本学会采取了前所未有的步骤，刊出一篇长若专书的专题论文。看来此文的价值会说明这么做是正确的。另外，因为此文是地理学方法论研究，而本刊自创办以来，就常常发表地理学这个方面的内容，因此现在这样做也特别合适。学术界有一种惯例，它有好些主席曾向学会发表过讲话，提出他们对地理学理论和技术的意见，以后就在《年刊》上发表。此外，有的未任职的会员，包括学会创建人 W. M. 戴维斯，也偶有来稿。这些稿件，有的是专门致力于这个题目的技术方面的。另外还有为数更多的人，是在提出区域问题时顺便涉及方法论。本刊系美国专业地理学家为交换见解、发表研究成果而创办的，在这样的刊物上讨论理论和技术问题，无疑也是适当的。

长期存在的方法论问题，一时偃息，一时又萌发新枝。过去几年是讨论这些问题思想很活跃的时期。美国地理学家近年每一次集会上的热烈辩论都表现了这一点。此外，两年来在《年刊》上发表过的论文，注意到这些问题的，不下于 6 篇之多，在欧美各国的另一些刊物上，也出现过此类论文。对这些辩论和论文说来，这里刊出的专题论文，在某种意义上可说是个顶点，因为它远远超越了前人的范围。

关于这篇论文的来历也当交代一句，说明一下《年刊》发表如此不同寻常的长文的原因。一年前，作者交来一篇论地理学性质的长文准备发表，不过也并不比前几期《年刊》上刊载过的几篇论文长多少。遵照编者和几位有眼光的读者的意见，作者着手进行修改，当时他暂时居留中欧。原来提过些修改建议，又加上重写期间得到几位学者发表论文的启发，终于导致了彻底的修改，不过一部分也得益于地理学方法论故乡的那种氛围。确实，许多从书刊中采集到的文字，都在作者和德国权威的讨论中得到核实和发挥。

扩大范围就要增加篇幅，这使作者踌躇起来，他三番五次地在致编者的信中流露出担心。编者深信这项工作是需要做的，于是鼓励作者把它完成。最后收到修改稿，附有下列这些话：

> “看着我一年前开了头、现在终于完成的产品，我感到任何处在我的地位的人，要计划撰写这样一篇论文，对这么多同仁的著作品头论足，这似乎太狂妄了。未受约稿而投寄这样的东西给《年刊》，确乎需要超越自我的胆量。
>
> “因此对我说来，这项工作不是事先就已计划好，却是从一个小得多的思想自生自长起来的，这一点是很重要的。但这不是说本文是无计划的；它曾作过多次修改，以求形成一个有条不紊的整体，但它的性质与其说是由于我本人的意向，毋宁说是从其自身发展出来的。
>
> “最后，理当给编者重提一下，原来要我在有关这个大题目上写点什么，这建议还是他提出来的（我这么说，并无要他为后果负责之意）。”

编者相信这篇专题论文既是切合时宜，又是不会过时的。承作者如此慷慨地同意发表，于是编者也抓住这个机会，宣布他本人对此文的发表应负何种程度的责任。

摘　要

虽然最后一章(第十二章)已对文中所得出的明确结论作了概括,但经验表明尚需在正文前另附摘要,作为对读者的指南。他们可能只对所讨论的某些问题感兴趣,而不是全都感兴趣。

第 一 章

(一) 作者进行此项研究,是因为美国地理学家虽然经常讨论他们领域的性质和范围,但对过去的讨论和所讨论问题的更严肃的研究,特别是外国文献中的研究,却不熟悉。

(二) 对本领域在近代发展为一个学科期间的一贯特点缺少了解,导致引起不满和三番五次地试图进行改革。

(三) 对于地理学应当是什么,或者人们可能想望它成为什么,本文并未提出笔者个人的看法,只把这个问题看作一个值得研究的问题,对本领域进行检查,一如学者们在为它而工作,对它所设想的那样(第二章),从而确定地理学是什么(第四章),它作为一门学科分支的特点和性质又是什么(第十一章)。(请注意第 31～32 页对目的所作的更详尽的阐述。)美国地理学家最近大力提出改变或特别强调某些概念的建议,但我们的欧洲同行对此早已研究过了,这里也对这些建议作了研究和检验(第五～十章)。有能力的地理学家认真提出的思想值得充分考虑,所以这些讨论势必也是冗长而详尽的。这些章节占全文近 1/3,所得出的结论是否定的。那就是第三章、第五章之一、第八章、第九章(除第六部分外)及第十章之三、五。有的读者可能希望略去这几节。

第 二 章

虽然在古典的古代,地理学即已扎根,但它发展为一门近代学科,却是

1750～1900 年期间在欧洲，主要是在德国结晶起来的。考察地理学有关概念的历史发展和这一领域内所做过的大量工作，可以得出下列结论：

（一）地理学按地球上各地区因果关系上的差异，换言之，即地球上的地区差异，来研究这些地区。

（二）除了少数例外，地理学家都承认需要两种不同的研究方法——专注于全球或其主要部分的特定要素地区差别的系统研究，及特定地区全部地理的区域研究。

（三）自然地理学和人文地理学之分，是“二元论”的不同形式，这在 19 世纪中叶即已成为一个问题，但此期后半段大半已克服。

（四）在地理学家的实际研究工作中特别强调地形研究，终于在德国巩固地建立了地貌学（或地文学），成为地理学领域的一部分；在美国及其他国家可能也是如此。

（五）地球的统一性概念，即 Ganzheit 概念，甚至把地球设想为一个有机体，在这门学科的早期发展中虽很重要，却已经几乎完全被扬弃了。

（六）另一方面，把一个特定区域看作自成一个单元、一个“整体”或“有机体”的相似概念，虽然在 19 世纪早期受到有力的批判，但近几十年来又在德国重新出现，并已被移植，受到许多学者的有力支持。

（七）“自然区”概念的相关问题虽然在 19 世纪早期受到抨击，今天仍是一个时行的问题。

第 三 章

过去许多时候，某些地理学家或者地理学家团体，想象本领域时，用了与描述本领域发展基本路线的原有术语很不相同的术语。这种脱离历史发展路线的偏向，在地理学家新近的思想中有某种表现，所以在每一事例中都研究了这个概念的历史，找出它被抛弃的理由。

这些偏向是：

（一）任意取消各种被看作不能用“科学”方法来研究的现象，以求使地理学成为一门“精密的”科学或“基本上是自然科学”；

（二）把地理学定义为研究行星地球而不是地球表面的科学；

（三）把地理学定义为对自然环境与人类之间关系的研究，或对人类活动适应自然环境的研究；

（四）把地理学定义为地球表面上的分布研究。

第 四 章

（一）把地理学看作地球表面地区差异研究的概念，在常识上由众所周知的事实证明是正确的：世界上不同地区的事物各有不同，而且这些不同在某种方式上也是互有因果联系的。在智力思维和实际目的上，为了了解不同地区的性质，都经常需要认识和了解这些不同是什么，其间又是怎样联系着的。

（二）对这样一个领域与别的知识领域关系上的逻辑地位，伊曼努埃尔·康德、洪堡和赫特纳都以非常相同的话作过解释。系统科学研究不论存在于何时何地的某类现象，与此不同；另外两组研究则是解释按时空联系着的现象复合体所必需的。历史科学研究在时间片段中的这种联系。天文学关心天空中的现象联系，地理学则是研究地球表面空间上的现象联系。

（三）与历史学相比较，可以最透彻地理解地理学的性质；与历史单元或历史时期相比较，可以最透彻地理解地理空间——区域的性质。

第 五 章

（一）"景观"概念基于含有双重意义的德语 Landschaft① 一词，因而不可避免地会导致论述地理学领域里许多主要问题时缺乏明确的思想。试图用这个含义不清的词来阐释地理学领域，尤其不妥当，也不必要。

（二）英语"Landscape"一词通常的含义，如果明确解释为表示地球外部的、可见的（或可触摸的）表面，那么在地理学上可能是有价值的。这个表面是由各种外表形成的，即与大气层直接相接触的外表——植被、裸露的土地、冰雪、水体，或人类造成的各种特征。稍稍穿过大气进入这个表面中去，只会在理论上造成混乱：实际上随时都可不予考虑。

（三）以"自然景观"和"文化景观"等术语来指整个景观互相隔离的成分，是用得不妥当的。任何时候都只有一种景观，只有在人类未触动过的地

① 德语 Landschaft，有景观、区域等意义。——译者

区，才配称为“自然景观”。这里提出下面几种解决办法，以代替拿这些术语来表示一大串须加仔细区分的不同概念的用法：(1)“自然环境”一语已是约定俗成，理解明确，可用以表示一个地区所有自然因素的总和。(2)“自然景观”应仅仅用以表示人类进入以前存在于一个地区的“原生景观”(original landscape)，因为此词过去已被误用，可能需要“原生自然景观”这个赘冗的短语，或用“洪荒景观”(primeval landscape)一语以避免叠床架屋。(3)一个有人居住的地区，假设从未为人类所触动，今天可能存在怎样一种景观——这种理论上的景观的概念，并不是一个常常需要的概念，因而即使要用，最好也要说透。(4)在文明人进入以前，原始发展地区的景观也不是自然景观，因为即使是原始民族，也可能造成显著的变化，不过倒不妨称之为“原始景观”(primitive landscape)。(5)同样，这种原始地区的一般景观以及充分开发地带中间的小片未加治理的地区，可以称之为“荒凉景观”(wild landscape)，而与“耕作景观”(cultivated landscape)或有田地、农舍、道路、城市等“整治景观”(tamed landscape)成一对比。

第六章

历史学与地理学之分——像任何别的科学分门一样——是与现实相冲突的。现象实际上在时空两方面都是联结在一起的。只因人类研究现实，智慧尚有局限，从这一点来说，把两者分开来还算有理。每个领域都有好多题目，只有利用别的领域的方法，研究才能深透。

(一) 在历史研究中运用地理方法，尤其是试图决定特定地理特征对历史的意义时，逻辑上都是历史学的一部分，不论作这些研究的是历史学家还是地理学家。

(二) 要充分解释一个区域的许多个别特征，可能须考虑导致所考察情况的过去条件。地理学把注意力集中于时间横断面事物的现状上来考虑发展结果，其目的还在于作出解释，而不是因为关心那些过程本身。

(三) 历史地理学本来是过去时期的地理学，却把那时期看成仿佛就是现在一般。在比较历史地理学中，研究同一地区各个连续时期的地理，以揭示各个连续时间的差别。

第 七 章

因为各地区关联的各种现象十分复杂，关心本领域的科学发展的地理学家们，早就为如何选择研究中所应包括的资料问题而焦虑了。从本世纪初开始，少数欧洲地理学家主张地理学以限于物质特征为妥，包括自然特征和文化特征，从而排除了非物质的文化特征（常常表达为以“可见的特征”或“感官上可感知的特征”为限）。最近相当多的美国地理学家大力提倡这个论点，或是把它说成既定原则。因此在把它看作不合逻辑、历史上不连贯、有破坏性和不切实际而予以摒弃以前，先对它作了彻底的检查〔参见 235f. 小结〕。

第 八 章

（一）如果把地理学看作世界地区差异的研究，那么选择资料所应考虑的逻辑基础，就是所选资料本身及其与别的可变因素的因果关系，都要能对地区差异总复合体起重大作用。

（二）因此，基本标准即赫特纳所表达、一大批德国地理学家所接受的那些标准：(1)有关特征因地而异；(2)这些变化形成一个或数个系统，内有诸现象按其相互关系的区位的空间联系，形成一种地区表现；(3)在特征或要素变化和其他要素变化之间存在着因果联系，其不同现象统一于一地。

（三）用例证把这些标准应用于具体事例上。

（四）任何一批资料，只要符合这些标准，就能在地图上标出，可以显示出与其他要素地图形成引人注目的对比。制图表示是地理工作最独特的技术。因此大致说来，检验某项研究的地理性质，简单的测试就是看它能不能基本上用地图来研究。

第 九 章

（一）～（五）只要地理学家对区域地理大力进行研究，他们对划分世界所形成的地区单元的性质，就会引起纷争。在早期，许多学者曾声称地区单元——不论叫区域、自然区、地理区、Landschaften 或景观，相当于个别具体物体或整体，或者甚至是有机体，可以像研究别的个体物体一样地来研究它们；本世纪，此说又一次抬头。所以世界是由这些个别单元的马赛克①组拼而成的，而且可以把每个单元作为整体，按其与别的单元的关系来研究。因为这个概念也已以某种方式进入美国的文献中，包括教科书在内，所以在对其一切表现形式一概加以否定以前，也详细地考虑了它期望得到承认的要求。区域只不过是地球表面的一种权宜的任意划分，不过界线划得尚称明智，对区域研究也是必要的。

（六）可是某些地区单元确与所列举的条件相一致。农人的一块田地或城市的一个街区，都是一个明确的个体单元。把一个农庄、一家工厂，或者甚至一座城市看成一个整体，在许多方面都是恰当的。最后，人类创造文化景观所做出的事，确乎造成了一种马赛克，虽则远非完美。

（七）强调区域是明确的物体，仿佛自身都是完整的，显然已经导致忽视一个最基本的地理因素，即在地球表面诸现象相互关系上区位的意义。

第十章

（一）区域不是什么明确具体的物体，而只是学者对地球表面所作的任意划分。这个结论并不鄙弃划分世界或其任何广大部分为区域的问题，也不把这种划分的根据贬为无足轻重。找出一种或几种把世界划分为区域的最明智、最有用的方法，这是很重要的事。

（二）区域划分有两大系统，各有不同用途。一为特殊区域实际系统，奠基于对一切有关因素的考虑，包括海陆关系上的相对位置。一为一般区域比较系统，只考虑地区内部的特点，与相对位置无关；严格地说，这种系统建立起来的不是区域，而只是某几类地区而已。

（三）无论在哪个系统中，“自然区域”一语都容易引起误解。严格分析的结果，可以看出这种区域实际上是以某些自然因素的结合为基础，按其对具有特定文化、技术的人们的重要性而加以决定的。

（四）分析了一个特殊区域系统，揭示出问题所固有的若干困难，并讨论了必须作出的专断的解决方法。分析了认为此种划分在基础上必须彻底根据发生学的论点，并认为不切实际而予以否定。

（五）对根据自然要素结合来建立一般区域比较系统的各种企图作了分

① mosaic，镶嵌的艺术品。——译者

析，认为是不能令人满意的。在大多数场合，这些都不过是气候或植被类型系统而已。

（六）～（七）一般区域系统奠基于人类所建文化特征的实际综合，有望能取得更大的成功。对两个此种系统作了详细分析，一个是根据世界现时景观覆盖，另一个是根据土地利用中涉及的特征综合，得出了有关它们的优点和局限性的结论。

（八）结束的第八节〔361～365 页〕为本章作了详尽的摘要。

第十一章

（一）最后一章的目的，是确定前几章所述的地理学特点，与这类学问的另一些分支作比较，为方便起见，姑且把此类学问称之为科学。

（二）地理学是一门渗透到自然科学和社会科学中的学科，带有这两类学科的特点；地理学的某些特点即因此而来。以为地理学与历史学相似，不像系统科学那样把某类特定现象作为其兴趣中心，却以研究空间各部分——即地球表面的地区——以内各种现象的组合为其特殊职能，这个结论具有更深刻的意义。地理学与历史学相似，它如实地考察现实，素朴地按事物实际的排列来看事物。

（三）地理学的性质应按其坚持可靠性、准确性、普遍性和系统性这些最后目标加以检验。地理学力求使它的知识尽可能地可靠和精确。与其他科学相比，地理学的成就不能仅仅按其达到这些目标的程度来衡量，而且还要按所负任务的相对困难来衡量。

（四）地理学通过发展一个可靠的一般概念系统，从而阐明相互关系的一般原理，努力寻求其知识的普遍性。然而也正像任何科学分支一样，地理学中还留有许多重大的现象，只能按独特性来研究。在地理学中，相当大的一部分研究工作——虽然没有历史学中那部分研究工作那么大——必然是关系到独特事例的。

然而在系统地理学中却愈来愈强调一般概念和普遍原理的阐述，虽然地理学问题中常常包含着的因素，其复杂性使得普遍原理或法则的应用极端困难。怀着在区域地理学中找到普遍原理或法则的希望，试图来建立以地区为单元的一般概念，结果却发现是在追求逻辑上不可能的东西，因为地区不是一件物体或一种现象。然而系统地理学的一般概念却被用于区域地理学，对地区类型的一般描述也有助于部分地理解特定地区的性质。

（五）地理知识以两种方式组织成系统。地理学领域的专门分支把地区差异现象分为几大组，每组都由密切联系的现象组成；其中包括自然地理学各部分——如气候学、地形学、土壤学等等；还有人文地理学或文化地理学的几个分支——经济地理学、政治地理学和社会地理学。所有这些分支的知识，也按系统地理学和区域地理学的方法来组织。

（六）这种区别地理学为两种组织形式的划分，也与别的组合科学，即天文学、历史地质学和历史学的情况作了比较。

（七）在分析系统地理学的性质时，特别注意以下的题目：在系统地理学的目的与相关系统科学的目的之间作出明确区分的问题；特殊技术；要素复合体研究；预见能力；系统科学中所研究的自然现象和文化现象的广泛范围。

（八）区域地理学研究包含3个主要步骤。为了理解现象在特定地点的实际相互关系，就需要考虑小分区，其中各种因素的地方变化则任意略去。第二步是把各单元地区互相联系起来，以发现大区域结构和功能的形成。最后，必须研究区域相互间的排列和一个区域里的现象与另一区域里的现象的相互联系。在这个过程中，必须运用几种专断的办法，这里提出几个问题，对此详细地作了讨论。

还讨论了另外几个特殊问题，包括：过渡地区问题；区域研究中应包括的那一类知识；“地区的起源”：关于区域的科学法则和原理；比较区域地理学；特别适于作深入细致研究的区域规模问题——“微观地理学”研究的价值。

（九）系统地理学和区域地理学并不代表地理学领域内的独立分支，虽各有独特的内容，却是两种不同的方法。两者相互依存，在各项特定研究中必须结合起来。

本章的详细结论，可在最后一章中〔464～468页〕找到摘要小结。

第十二章

对结论作一小结，略去所有得出否定结论的讨论，只摘要重述了前几章得出关于地理学性质的肯定结论。

更正与补注

（凡涉及正文中排印错误处，已在译文中改正，此处从略，其余照译。“更正与补注”中标明的原文行次，译文中于相应处标上⬅记号。——译者）

页次

23，关于19世纪早期一位杰出的美国地理学家与欧洲诸地理学家保持着的密切联系，参见布朗的杰迪迪亚·莫尔斯研究〔*409*〕。

26，2行。另一个重要例外是尤金·范克利夫〔见 *439*〕。

32，末行。换言之，即无意再提出一个权威论断，借以判断地理学家的具体著作是否有资格进入地理学领域。固执地、令人生厌地提这样的问题：“但这是地理学吗？”（下文101页提及）对此，索尔在其主席讲话中斥之为美国地理学的弊端，甚为中肯〔*447*，4〕。另一方面，以为能够提出一种说法，为地理学概括出一个纲领，而又不至于让人用作检验某一著作是否属于地理学的标准，这却是天真的想法。至少有两种情况有理由提出这个问题：(1)一位专业地理学家接过一位地理学家写的论文，觉得没有能力作出判断。此时他不得不这样想：他原以为自己对地理学这个领域一般还是够格的，但在这一部分却力不胜任；不然，就是这篇论文不属地理学范围。(2)一位地理学家准备了一篇论文,当作地理著作。另一领域,比方说历史学领域,有位同仁读了,断言此文基本上是一位历史学家也会写的同一类论文,在目的和技巧上,在他看来似乎都是历史著作。此时那位地理学家就不得不考虑:地理学的独特性质究竟是什么,是否可能指出此文正表现了这种性质,而不是历史论文的性质。

如果提出这些问题是有理的话,又有谁授权来回答呢?肯定没有一个人或团体有这样的权威;我们只能说,这个学科的发展,最后总会作出回答的。一个自认为是地理学研究者的人,其本身即此种发展的一部分。如果许多地理学家跟着他沿一条路线走,他们就很可能使这种工作成为地理学的一部分,不管先前是否包括在地理学里面;可是如果他的路线显得与地理学领域的性质或逻辑不合,他可能会发现跟他同道工作的只有别的领域的学者,他在不知不觉间已逛到那边去了。因此,真正重要的是让这位学者自己来决定对这些问题的回答,决定自己的方向,即与这个总领域的关系。然而有效的定向不应认为是与学科边界线的关系,而是与兴趣中心的关系。

34,末行。不理解写作本文所依据的根本原则,已经引起了几点重大的误解,这表明对这些原则有比摘自布劳恩和奥布斯特的引语作出更明确的说明的需要。

第一个大原则是,方法论研究所需要的学识标准,其严格程度不会低于实质性著作应有的学识标准,包括对假定的细心检验,有可靠的证据,严格的逻辑推理,及与别的学者对同一问题的发现作广泛的对比。虽然所有这些标准在我国的方法论著作中屡被忽略——有一种心照不宣的假定，以为方法论这个领域，人们心血来潮时都可随意涉足，不过除了上述最后一点外，可能没有几个学者会怀疑其重要性。不考虑别人的发现，看来是美国地理学的通病，甚至在实质性著作中。可能这是由于所研究的问题或地区，很多都是别的地理学家先前从未研究过的。不管在此种研究中这是什么原因造成的，但这是我们大部分方法论著作的致命弱点。学者可以在本书中找到一些杰出地理学家所提出的概念，他们显然不知道，在先前的研究中，他们的论点早已有力地被驳倒了。

方法论研究虽则都应是精深的学问，都应适当考虑别人对同一问题的研究，但并非所有的研究都需要长篇巨卷。本书目的是从文献资料里搜集有助于说明当前问题的论述的所有分析，理成有条理的系统。对笔者所接受的概念需要这样做，对他视为错误的概念也需要这样做；相反，文献中资料最多的，恰恰是地理学家所争论的问题。这些资料不少都有部分重复，并引起混乱，这是因为学者未能把他们所描述的东西与前人所描述的东西相比较的缘故。要在这一片喧闹声中理出个系统来，就要作些变动和挑选，不但弄清观点之别，而且要确定地理学家间意见一致的基础和程度。做学问的标准程序也必须消除因从前的作者未能遵守缜密推理、忠实表达他人观点这些准则而造成的误解。

于是，本书的目的就在于对论述所考虑问题的过去文献作彻底的组织和分析，使后来的学者也许可以用作参考。（讲德语的地理学家都已深刻认识到有必要将自己的思想与别人的思想作比较，这大大地促成了本书的目的。因而作者去找德国文献要比英、法文献多得多，在英、法文献中，许多有深刻意义的讨论很可能都被埋没了。)

在学术刊物上发表的方法论研究,如果切合眼前问题,自当包括到批判检查中来,这也是上述标准的必然结果。这种著作有的被推敲得过分严格,作者就提出抗议,如果说这并不好笑,却也有点令人诧异。特别使人惊异的是,这些研究都是以十分严肃的学术态度提出来的,而且主要也是因此之故,所以对地理学思想曾起过、同时仍继续在起着重大的影响。这从另外很多学者的著作中可以看出来,这里既有方法论著作,也有实质性著作。这些十来年前发表过、但在类似刊物上未曾改正的意见,就理当视为现行的见解,要反对这一点,似乎也是同样不适合的。

作为本文基础的第二个原则或假设是,在地理学家所发表的一些有关本领域的方法论论文中,在他们对实质性地理著作所作的仔细分析中,我们就拥有一批资料,应当可以从中作出对地理学性质和范围的可靠阐述。我想不出还有什么别的切实可行的办法,可作出这样的阐述了。从理论上说,人们可以直接考察所有引人注目的实质性研究,从中提炼出地理学的实际方法论。即使这样一项任务在一个人的有生之年可以完成,最后的结果也只能表达一个人的见解,不论对或不对。

本文的假设是,利用上世纪期间五六位可信赖的学者对有关诸如洪堡、李特尔的工作的慎重评论,把它们互相印证,并与诸如佩歇尔、拉策尔、李希霍芬、赫特纳等的结论相印证,同时直接查对各部分的原文,就可以得出最可靠的结论。(这是学术上的正常程序,望亦能推动学者自行阅读这些原文。)

主要是靠着德国学者的这些评论文章,才有可能用这种方法来评价早期的实质性著作对方法论的深刻意义。可惜对后代的工作却很少作出这样的研究。我与菲利普森也有同感，都因本书没有对他那一代欧洲地理学家的实质性著作所运用的方法作出评价，而引以为憾。他（在通信中）提出，这样一种研究应当特别考虑“在这许多区域著作中，把人文现象与地区位置和性质融合为一体”所取得的成功——我还可以再补充一点，特别是诸如帕奇、菲利普森等人所写的，及追随维达尔·德·拉·布拉什的法国地理学家所写的区域著作。例如，在德国方法论讨论方面的许多参考书，强调了以帕奇的西里西亚区域研究作为范例，但没有充分发挥其特别意义。此种事例本身就须大力研究。

倒过来的关系，即方法论著作对同一学者或别的学者的实质性著作的影响，可以更容易、更可靠地判定。因此凡能清楚地追溯到这种影响的地方，就遵照此种程序进行。发表于非地理刊物上的论文，一般都认为与本文目的无关，因为不能设想此种论文是作为地理研究而提出来的。此外，还有许多实质性著作是作为运用某些概念或方法的实例而简略地加以引述的。挑选此种著作，并未打算与我碰巧熟悉或在写作本文过程中引起注意的那些实例加以区别。

既然并未打算对本领域所有著作或较为重要的实质性著作作一番综述，因此设想按本文的讨论和参考书目，就可以衡量个别提到或漏掉的学者地理著作的相对重要性和价值，那就大谬不然了。此外，本文也无意评价个别地理学家在较为狭窄的方法论领域内的重要性。本文所关注的并非方法论作者，而是方法论著作。要检查本领域内可能找到的所有书刊，尽可能公正无偏、理解深透地分析有关论述，并判断这些著作对目前地理学家思想的影响，笔者是煞费苦心的。如果这些细致的分析，包括指出逻辑或描述上的种种错误，会引起读者心中判断方法论领域中个别作者的可信赖性，那也是任何批评性著作所不可避免的事。我只能向有关的人保证，我未曾故意压下有关本题的批评，也未曾故意放进无关本题的批评。

35，3 行。关于古代地理学观点的标准英语参考书，是邦伯里的《古代地理学史》〔*402*〕。最新修订的较简短的研究，系托泽所作〔*403*〕。伯杰对各派工作性质的分析，差不多可与现代地理学家所熟悉的分类相比〔*404*〕。库恩对 18 世纪德国地理学改革的最新研究，可惜未能一读〔*407*〕。对于从古典时代直到 18 世纪初这一整段时期，却没有一部用英语写的书堪与佩歇尔的资料丰富的历史〔*401*〕相匹；可是对本章目的来说，此书不及威索茨基对 18 世纪晚期地理学思想的详细研究〔*1*〕那么切题。关于洪堡和李特尔时期，以及自从那时以后的发展，最近我在埃拉·伍德的博士论文（未发表）中找到相当多的补充细节，该文是在已故惠特贝克教授的指导下写成的〔*406*〕。

54，27 行。现在我们知道，归纳推理的过程不可能如李特尔似乎会设想的那样简单。对他的话必须理解为反对依据一般理论作演绎推理，来杜撰想象中的地球实际的倾向（如 48 页所述）。

57，脚注。对本注及下文若干脚注中译文的改正，当时曾被认为是改正《年刊》中的记载所必需的。莱利既已客气地接受了这些改正，那么这里的评论也就不再适用了，可是不幸，本版重印时却无法抽去。这些话也都适用于这么一篇并不代表莱利对地理学知识所作的有价值贡献的论文。

74,29行。最近韦贝尔指出李特尔关于种植园制起源理论的正确性,与几位以后学者的理论作了对比〔*526*〕。

85,脚注。盖约特的父母虽都是法国于格诺派教徒,但他的高等教育大部分却是在德国受的,特别是在柏林,他曾师从李特尔,殆可肯定。一度他曾着手翻译李特尔的部分著作为法语,但显然未曾译完。1848年他卷入政治风波,因此离开瑞士来到美国。1848～1849年他在哈佛用法语作了《与人类历史相关的比较自然地理学》的洛厄尔讲座,被译成了英语,并在1849年发表,题为《地球与人类》〔*64*〕。他长期受聘于史密索尼亚学院,1854年任普林斯顿地质学及自然地理学教授,任职直到1884年去世为止。除了一大套为史密索尼亚学院而制的《气象学与物理学一览表》(他在这个领域内所做的工作,促进了美国气候局的建立),他还发表了一套学校地理读物。参见詹姆斯·达纳的《专题报告》〔*410*〕。

94,26行。1939年春写作此文时,似乎最好还是对这些基本事实含糊其辞,但现在不必再加掩饰了。赫特纳不能在德国发表他的手稿,显然因为他的祖父母或外祖父母中有一人属犹太血统。也许真正的原因还在于,他先前的著作中曾攻击过自此以来就已成为官方学说的种族主义,又不肯看政治风向转舵。赫特纳死于战争期间,我没有听说有计划要发表他的关于《人类地理学》的手稿。

100,10行。德马东的相似的研究《法国的地理学》(到1924年为止),强调了地理学在法国的发展是从历史学统治下获得解放的结果〔*412*〕德芒戎有一篇论文,把地理学定义为人类集团与地理环境关系的研究，此文最近在他的一部地理论文集中重新发表〔*425*〕。

100,25 行。承弗勒雅意来函，指出最好还可多谈一点赫伯森对英国地理学思想所起的影响（但可参看 24,25,99,393f. 各页）。虽然他没有把对地理学性质和范围的见解用文字发表，但他是牛津地理学院院长，自《地理学教师》于 1902 年创刊以来，他又一直任编辑至 1929 年早逝为止，所以对别的地理学家起过重大影响。他的一本不完全的笔记文集在他死后不久出版，附有麦金德等的回忆录〔*427*〕。在一本按地理区编排的最早的英语教科书中，说明了他的区域地理学概念；他为一本欧洲区域地理准备的大纲，由麦克芒恩小姐协助写成，他逝世后，麦克芒恩小姐和科斯特合著的一本书中，大部分就是按这个大纲写的〔*513*〕。

100,33 行。1921 年凯尔蒂的《地理学在英国诸大学中的地位》一书纲要中，有许多关于英国地理学思想背景的情况介绍，还有当时所持观点的一些直接引语〔*411*〕。

近年英国地理学家关于地理学性质和范围的讨论，福德、麦金德、迈尔斯、弗勒、菲茨杰拉德都曾发表过意见〔*433*，*437*〕，最后几位多以此文为依据。此外，这里我们还可以特别指出澳大利亚地理学家霍姆斯《地理学的内容》一书中的讨论〔*431*〕。

100,脚注 32。除了这几国外，还可以加上瑞士〔*414*〕、苏联〔*415*〕、中国〔*418*、*419*〕和印度〔*420*〕诸国地理工作的描述，以及温克勒关于国际大会纲要的讨论〔*413*〕。

119,9 行。这里对构成地理学物质界限的空间外壳的系统阐述，在逻辑上是与麦金德的“水圈”概念不同的，虽则最后结果并无大异〔*196*,434〕。与此处所举的系统阐述显然十分相似的又一系统阐述,是惠特尔西所报道的弗纳德斯基的"人类圈"(noosphere)概念〔*456*,17〕。

122,21 行。今天,"环境论概念"的最得力的支持者是格里菲思·泰勒,他至今仍在继续设想,攻击这个概念即意味着否认关系的实际。他详细说明了他关于许多重要论文的观点〔如在 *438*,*440*〕,特别是在他的就任主席讲话的引言及结论中〔*450*〕。泰勒教授对他自己在地理学研究上的发展和澳大利亚地理学一般发展的叙述,在这个方面说是有趣的〔*481*〕。

122,28 行。英国另一些地理学家也有力地批评过"环境论概念",其中包括福德〔*428*,*433*〕和 E. G. R. 泰勒〔*432*〕。

123,37 行。巴罗斯的主席讲话虽然当时给人相当深的印象,但其影响却是短暂的,至少在我国是如此。伦纳设想巴罗斯代表着一大批地理学家,他们都信从他的以地理学为人类生态学的思想,却是想错了〔*422*〕。桑思怀特则不同,他承认人类生态学是一个需要地理学(也许还有植物生态学)及其他社会科学合作的领域〔*443*〕。又见亚当斯的短文〔*441*〕。

127,29 行。又见福德的类似论述〔*443*,219ff.〕。

131,32 行。有一本书中简略地讨论了地理学对公民义务教育的作用,这部分内容多系摘自笔者此书,对地理学的性质和目的作了半通俗的表述〔*451*〕。理查德·拉塞尔在《战后的地理学》中简明地提出地理学领域的范围和目标〔*455*〕。

134,脚注 51。正如范克利夫所指出的,这些术语源出托勒密,据邦伯里作了缩短〔*439*〕。

138,18 行。此处所提的诸地理学家中,亦应包括菲利普森〔*422*〕。

139,33 行。克雷布斯几乎在同时,而且显然是独立地表达了地理学概念,正像他所指出的,与赫特纳的概念十分相似〔*421*〕。

141,27 行。一位英国评论家特别提到这种把时间关系研究划为“历史学家合法的研究领域”的分类法,问道:“发展既然关系到时间,那么地理学是否就不准按地理现象的发展来理解地理现象了呢?”他是一位细心的评论家,他找出了“书中另有几处〔如179,193f.诸页〕,作者本人就明明白白作了否定的回答”〔《地理学》,26,1941,99 页〕。同样我们也可以说,历史学家是否不准运用地理学方法作为一种工作方法呢,回答也是否定的〔175f.〕。

142,脚注。57 页更充分地说明了李特尔的表达方式。1879 年苏格兰哲学家亚历山大·贝恩在讨论地理学时说,地理学的基础是“被占据的空间的概念”(《作为一门科学的教育》,纽约,1879,272 页),指出这一点是有趣的。如有联系,又是什么联系可以追溯到李特尔,却未指明。

146,33 行。试比较格里菲思·泰勒的十分相似的示意图〔*438*〕,以及以后阿克曼给人以极深刻印象的示意图〔*457*〕。

151,2 行。将瓦洛与上句并提会引起误解。他并未提过 paysage(风景)一字可以表示一个地区——事实上这很可疑——而只是考虑了含意完全不同的模棱两可的词。

160,1 行。全书中使用“区域”一词都与面积大小无关。不幸我们表示面积等级的类似的词,数目不够用。

171,23行。“先前人迹不到,但并非荒漠的岛屿”,此语已证明会引起混乱。原意是说,"一个先前人迹不到,但人类可以居住的岛屿"。

175,标题。本章谈《历史学与地理学的关系》移到后面可能更妥,读者如在第十章之后再来读这一章,就不大有被打断思路之感。与以下各章相比,本章较简,对此不应视为对本题重要性的衡量,而应看作对本题构成地理学家间有争议的题目的程度的衡量,特别是在我国。这也反映了作者觉得自己与赫特纳对这个问题的论述完全一致,本章通篇都是一贯地遵循着他的论述的(只有一处例外,186f.特别指出)。

自本文发表后,也许就是因了本文之故,索尔在1940年〔*474*〕,惠特尔西在1944年〔*456*〕所作的两篇有刺激性的主席讲话中,对史地关系提出了相当不同的见解。我想这两篇讲话虽都不应看作方法论分析,但都触及本书所研讨的方法论问题,因此在适当的地方应加简短的注释。可是加注对二文的重要性还不够看重。

惠特尔西根据"再现人类扩大空间意识的步骤",给地理学描述了一幅深远的景象,富于冒险精神的学者所受的鼓舞,当也不下于那些思想深沉的批评家们。作者引人注目地引起后者,也引起前者的兴趣。

索尔的讲话应视为他对当前地理学领域发展方向的说明,视为他勉励去研究他相信"我们应予提高"的那种知识所作的努力,正如他当时所指出,以后在通信中又更透彻地说过的。关于方法论的任何明白表述和含蓄暗示,都是附带的。同样,很明显,对别的地理学家所持观点的批评,也应看作是附带意见;即使口气上有点挑战的味道,却也不是有意要引起讨论。同样,对过去20年间美国地理学史的评述，显然只是据记忆来谈的个人印象；熟悉那一时期和索尔在这期间所写的文章的读者，可能会看出其中有不少自传成分。不论读者对这些顺便提到的小事的可靠性和精确性反应如何，都不应影响从仔细研究该文主题所取得的价值。地理学中一个明确发展方向的合理性和价值，可以由细心和正确的方法论分析来论证，也可以完全独立地由有价值的实质性著作来证明。索尔并未试图做前一件事，他和同道的人们却一直在为论证后一件事而工作。

然而他的引言里有个部分说得太明确了，不能不加质疑就放过去。有的观点和结论被说成是本书的观点和结论，把它们置于论文中要阐述的主题的反面地位，此外，也不知与题目有什么相干，还拿它们与被说成是赫特纳的观点相对照的。可以立时指出，这些描述大半是错误的。索尔在受到质询时，却不作解释，意思只是说，这有关的一节是附带的。这一节看来也是不必要的；读时如略去此节，论文中阐述的观点也一样清楚。相反，删去此节反倒可以消除可能的混乱。因为索尔论文中主要部分的论述与本书的结论并无矛盾。他有几点结论与他先前几篇论文的结论倒有明显的不同，是本书所得出的结论的翻版。

176，17 行。关于特纳在地理学和历史学方面的造诣和历史学家对他的边境论题所持的流行看法，参见《地理评论》，34 期(1944 年)，510f. 对二文的评论。

176，22 行。约翰·赖特遵循这个思想，提出“从实际历史事件的地理条件和关系方面来研究这些事件(如森普尔的《美国历史及其地理条件》)，与其称之为‘历史地理学’，毋宁称之为‘地理历史学'倒更合乎逻辑"〔《地理评论》,35(1945),167〕。我觉得这个术语比"历史的地理学"更清楚,赖特早就从布吕纳引用了这个用语〔*405*,193〕。有一位地理学家在这个领域里作出了一个引人注目的最新贡献,就是斯坦利·道奇对新英格兰殖民地边境"及其在美国历史中的意义"的研究〔*499*〕,人们可能希望这项研究会扩大到中部和南部大西洋海岸去。1943 年 J. 拉塞尔·史密斯的主席讲话《作为欧亚大陆历史周期性发展的两个因素的草地与耕地》〔521〕,则在时空两方面都属于等级相反的研究。埃尔斯沃思·亨丁顿最新的书《文明的主要动力》〔506〕甚至更雄心勃勃,这是"他毕生事业的概要",作者进一步描述它是"试图分析生物遗传和自然环境在影响历史进程中的作用"。

最近惠特尔西〔*444*〕和布罗克〔*445*〕讨论了地理学对历史学的一般意义。

177,16 行。赫特纳对这个问题的见解,1937 和 1939 年受到瑞士地理学家温克勒的激烈反对,他主张地理学必须是时间的科学,景观既成为它所研究的对象(第九章要讨论这个概念;特别请注意以下有关 263 页的补注中提到的温克勒的另一篇论文),那么文化景观史也是个重要题目了〔*423*,424〕。可能是由于赫特纳"丧失资格",使他不能发表答辩(参见有关 94 页补注)。

177,24 行。此语意谓,1925 年索尔认为地貌学原系地质学而不是地理学的一个分支,检查原文证实了这一点〔*211*,32～33,47～48;209,22 同此〕。他在以后的论文中〔*447*,2,5〕有力地肯定了相反的观点,这说明了他已经放弃而且显然已经忘记了这个立场。作者的结论表述于 423 页,其措辞似乎正是误解的先声。

178,28 行。布罗克这项研究〔*333*〕应当引为“比较历史地理学”的一个恰当的例子，下面在 187 页要讨论到。句中“六”字有误；文化景观分 3 个时期来研究。

180,8 行。另一方面，哈洛克·劳普插入一条有力的注释，“反对一种时行的地理惯例”，即试图解释一个地区中现在存在的东西，而不去研究其先前的发展〔*473*〕。尽管他假设学者在区域研究中都被推向一条“僵化模式”的“旧辙”里去而流于夸大，尽管他从一篇从未完成的论文中为一篇短文挑选例证，但他的批评还是有其正确之处的。那批文献里包括着许多已完成论文的实例，其中对主要区域特征的解释只限于分析它们与现时情况的关系，而不考虑其发展的关键时期起作用的因素。

183,13 行。括弧里的“(或过去)”三字应作“(或过去，或即将)”。下面“第二位”一词应理解为“从属”，并非“次要”之义。梅格斯的研究运用尚未结实的小果树的相对数目作为区域倾向的指数，正说明了此处的思想。这些果树在生产统计上是不予考虑的，但在一个区域目前在运行的经济上却是一种重要的特征，而到了未来某一时候，就会以另一种不同的方式成为重要的特征。他对这些项目的情况都感兴趣，并非主要是对果园的成长过程感兴趣〔*472*〕。

184,20 行。鉴于最近的讨论，可以指出，赫特纳这番话的最后一句(这句话本当放在引号里，而不是作为转述的)，是他 1927 年收入他的书中时，补入他 1905 年写的一段话中的。1931 年麦金德也说到：“我们不清楚在做什么，就把历史与地理混起来的危险”。在下面的区分中，他也许已经提供了一条线索：“照我看来，地理学应当是一门生理和解剖学科，而不是一门研究发展的学科……它应当是描述，带有**动态**意义上而不是**起源**意义上的因果关系”〔*429*，268；重点系作者所加；又见本书 *358* 页类似的讨论〕。

186，8 行。以为历史地理学是把“当代地理复原”为古代某一时期，正如达比所说的〔*339*，165〕，这种看法在许多研究中都已得到说明，特别是英国地理学家的研究。10 位英国地理学家给《1800 年前英格兰历史地理》撰写的各章，大部分都坚持这个概念〔*339*；但请注意本书 188 页评该书缺少完全的概念统一性〕。各章谈的都是某一世纪或某个世代英格兰的地理，这是很典型的。E. G. R. 泰勒写的两章，说明了他的观点，达比在序言里加以引述：历史地理学“严格地说来，无非是把地理学家的研究引向过去；他的题材还是同样的东西”。达比作为编辑，又进一步加以发挥：“这种题材与复原过去的地理有关，目的在于提供取自区域发展各连续时期的一连串横截面。”

在这本书中，伊斯特也写过一章，他本人的《欧洲历史地理》〔*500*〕也有个重要的例子，对本书所遵从的历史地理学概念作了极其有力的讨论〔430〕。他的讨论是根据麦金德描述“真正的”历史地理学——与发展研究（见前注）成为对比——时说的一句意味深长的话：历史地理学是“对历史的**现在**的研究……地理学家必须回到那个曾经存在过的现在……他必须尝试和把那个时间设想成完整的；他必须尝试和恢复这个时间”〔*429*〕。拉尔夫·布朗严格地、也很有效地遵从这个意见，用现在时来写 19 世纪早期或我们大西洋海岸的历史地理〔*497*〕。另外还有些杰出的例子，如梅格斯对多米尼加传教区边界的研究〔*515*〕和莱利对中世纪利沃尼亚（Livonia）

诸镇的研究〔*512*〕,虽则他们并不完全地只抓住一个时期写,或者用现在时来写。不妨指出,阅读了这章后梅格斯引起了我对他的著作的注意,是因为他觉得这一章是“我在工作中所依据的哲学”。

可是索尔1927年论文的参考书目却不应放到代表此种历史地理学看法的那些论文书目中。虽则他把历史地理学定义为“仅属过去景观的研究”,但接下去又说它是“所有一切区域地理学的一个组成部分”〔*84*,*200*〕。在他1941年那篇论文中,他显然又进了一步,论断道,如果不是所有一切人文地理学,那么所有一切区域地理学都是历史地理学,因而也是文化地理学的一部分〔*447*,11,9〕。确实,在他的讲话里,这些总结性的话是附带地插进去说的,而且也分隔得很远,但看来也表现了他的一般思路。然而在重申他相信使地理学带有历史观点的重要性时,他却不想回答本章述及的许多学者提出的怀疑,或者解决他们提出的困难。

188,8行。这里对历史地理学的研讨只限于历史区域地理学。布罗克提醒我,也可以用同样的方式来研究任何过去时期的系统地理。

188,末行。惠特尔西显然觉得,我们总可以用某种方式把历史方法包括进来,不是仅仅作为一种需要时用一下的技术,而是作为整个地理方法中的一个永久性组成部分〔*456*〕。他的论点是,不断扩大地理学的眼界,势必会把时间作为第四度空间包括进来。他对这个论点的解释,使20年前德赖尔看成瞬间的梦魇的预言实现了。他评论了正值我们在学习宇宙新概念时康德对史地所作的比较,附带这样说:“超欧几里得几何学和爱因斯坦相对论对地理学家的‘空间’和历史学家的‘时间’可以解决的问题,可能会叫我们头疼半个小时”〔《地理评论》,16,1926,348〕。我看不出惠特尔西能带我们通过这半个小时:我们又怎么去克服同时处理四度空间这伤脑筋的难题呢?对此他仍未说明。数学家用抽象概念和方程式来完成这件事,但这些我们却用不上。我们是被限制于一度空间的语言叙述和二度空间的地图——就连描述那个框架中诸特征间固有的相互关系,我们也已经有困难了——在特殊情况下,也有三度空间的模型。然而鉴于我们确实有过更大规模地结合史地的企图,如同亨丁顿和泰勒所做过的(175f.说到),我们正不妨在区域的规模上尝试作更深透的研究。

有一个结论似乎是很明白:地理研究中须有某种程度的历史方法,对这个问题,即使想作出近于决定性的回答,也需要我们作更多的考虑。也许在我们还没有够多的实质性研究来检验我们已经提出的各种论题以前,任何结论都应当认为是极其无把握的。

191,15 行。我不知道现在美国还有哪个地理学家支持这个限制,多年来它却曾被认为具有头等重要性。彻底修改本文时,本章可以大加删削,并入《背离历史发展路线的偏向》一章,或者包括在R.J.拉塞尔称为“地理学的怪想”的一类中〔*455*〕。然而这个概念只变了点样子,仍旧留在我们头脑里。索尔是我国第一个提倡这个论点的人,但显然没有严格坚持下去,这在发表于《伊比利亚—亚美利加》的各篇论文中可以看出来,不过我没有见到这些论文;他以后的研究《墨西哥的性格》也表明这一点〔*519*〕。他在 1940 年的主席讲话中简单地提到“‘文化景观’中表现出来的物质文化复合体”,以为是“我们知道如何系统地去研究的事物的核心”,虽然它未必包括所有人文地理〔*447*,7〕。这个概念即使作了这样的修改,但仍有破坏性效果，参见 209～218 页。

212，9 行。也可与克罗伊茨堡的论述〔*460*〕相比较。

212，29 行。特雷瓦撒在最近那本关于日本的书中，就不受此种限制的束缚，却把对农场租赁及租金的考虑，以及作为社会单元的地方小区组织之类要素都包括进来〔*523*〕。

234，23 行。梅格斯随后又作出了贡献，他根据电话簿上名字的分析，绘制出路易斯安那法语文化区地图，使我们增加了该州文化地理区的知识〔*516*〕。

252，末行。据我所知，今天已没有一个美国地理学家再坚持本章所讨论的区域基本概念了。因此下文仔细检查先前的一些说法，主要也只是还有点历史意义罢了。然而这番检查，也强调了把没有经过缜密思考和按先前文献中的论述加以考察的方法论概念发表出来，这是危险的。

257，30 行。就我们所能判断而论，索尔已经抛弃了这一整个思想方法。在他谈"文化区性质"的主席讲话中所作的讨论，表述了本章所得出的许多结论，虽然言简意赅，但也许更有力〔*447*，11f.〕。

258，7 行。本文讨论过普雷斯顿·詹姆斯的许多方法论见解，他现在已大加修改，他的《拉丁美洲》一书特别表现了这一点〔508〕。此处讨论过芬奇和特雷瓦撒的教科书中〔*322*〕的许多说法，在 1942 年第二版中也都更改或删去了。

263，20 行。从相似的假设出发，温克勒必然会按景观(Landschafts)形态学、生理学、年代学、方志学和类型系统等继续走向彻底改革系统(或普通)地理学的方向。地貌学、气候学等等，都抛给别的学科了〔*463*〕。

274,17行。又见格拉内关于芬兰各区域的更完整的研究,并进而作方法论讨论〔*462*〕。

275,19行。破折号内的芬奇引语应删去。仔细研究他的讨论〔*233*,14〕,才弄清楚他的意思是说,只要不去试图建立边界,就可避免产生这个问题,但人们可以仅仅承认过渡地带。这种表面上的解决早已被抛弃了(274页7行)。

279,末行。本文发表后不久,普雷斯顿·詹姆斯就写信给我,表示完全同意我的结论,即创造了马赛克的不是自然,而是人类。与他为他的一本早期著作〔*321*〕导论中所写的适成对照,他觉得这正是他那本关于《拉丁美洲》的书中〔*508*〕的主题之一。他说得很好,我所写过的,只是用另一种方式表达了森普尔小姐的名言:"自然界讨厌鲜明的界线"。

280,19行。此后坎曼检查了这些结论及其所依据的谬误的假设〔*476*〕。

282,14行。"前面"。在226页。

286,7行。戈特芒最近曾指出,先前促进法国区域研究的一个因素,是来自政治家沃邦,以应国家的需要〔*408*〕。

1936年,乔尔格提出了1877年以来应用于整个北美,或分别应用于美国或加拿大的区域说明史比较概要〔292〕。

294,15行。1944年,乔尔格对已发表的6幅北美"自然区"及该大陆15个其他亚区的地图提出了有启发性的分析,每图都是只以一个自然要素为基础绘成的,如自然地理、气候或植被〔*465*〕。这项研究以对欧洲文献的彻底考察为基础,文献里除赫伯森、赫特纳和帕萨格的研究外，还包括维达尔·德·拉·布拉什学派的一部重要著作，此书系加卢瓦著作〔*458*〕。美国地理学家当时决定推迟绘制美国“自然区”地图，——可充作“区域调查的逻辑单元”〔*466*〕，——视为这是“一件更高的、不同等级的工作”，指出这一点是有历史趣味的。他们转而决定集中力量，把美国划分为自然地理单元。这件工作最后由已故的芬内曼教授完成了。

306，4 行。通常这个问题目的上纯属学术性；地理学家难得会应召去为实用而制定区域划分的。在俄勒冈关于有无可能修改该州各县划分的讨论，引起了斯蒂芬·琼斯以现实态度来考虑这个问题，他分析和比较了在政府和商业的实际行政管理用途上的许多区域划分，与自然分区作了比较〔*477*〕。

同样，国家资源委员会关于美国规划区域组织的讨论，也使伦纳编纂了一大批国家区域划分地图，但那份报告中却很少有，或者根本就没有分析或解释〔*291*〕。

德国需要一种比 1871 年前从独立的日耳曼诸邦政治史上继承下来的更切实可行的分区，德国地理学家以及政治家、规划人员，对此早就在关心了。迪金森利用德国作者的研究分析了形势，并建议彻底改组联邦结构，取消普鲁士统治〔*480*〕。

地理学家应召为国家设计区域划分，以便进行行政管理，这方面的一个例子就是巴西。“国家地理学委员会”是一个联合机构，它被委以重任，要它推荐一种新的国家区域划分，以便治理。法比奥·吉马拉埃斯讨论了这个团体力图解决的一些问题，本书的理论探讨中就考虑过其中不少问题。主要不同在于，巴西今天的大区原始经济发展，很少有迹象表示出未来的区域发展性质可能是什么〔*478*〕。在澳大利亚，霍姆斯教授显然已经在为新南威尔士州从事相似的规划〔*379*〕。

308，脚注。约翰·赖特提出地理学家可以研究“地理条件本身对地理学思想的性质的效应”，作为地理条件对人类思想影响的一个方面，他会把这种研究称为“地理学的地理史”〔*405*〕。他在提出这建议时指出过许多更遥远的时代的实例〔*405*〕。

309，10 行。此外，地区面积本身的因素有利于区域划分。勒施等曾指出，在自然特征和政治文化背景完全均一的理论上的内地平原，城乡贸易的需要和对较大城市结集中心的需求，将会导致独特的经济区的发展〔*471*〕。

经济学家帕弗和麦克林托克曾演示过按交通流量来确定经济区范围的有用的技术〔*517*〕。

311，17 行。下这样的结论证明是会引起误解的。这些话用意并非在于对赫特纳的区域系统，或对其所依据的原则表示赞同，这些原则中较重要的一个，即发生学原则，是被否定了的。这些话只不过承认了一个事实，即别的学者，包括笔者在内，所建立的系统都未能为各地区所有一切有意义的特征提供单一的逻辑框架，而赫特纳却完成了这件事。

316，1—6 行。这里应当只有一句而不是两句。删去第一行中“实际植被”四字及第二、三行(至“此外”为止——译者)。

322，最后一行。对柯本系统里的这些困难及其他困难，自此以来桑思怀特即已彻底地讨论过了〔*475*〕。

325，28 行。休·劳普在植被区域这个相似而复杂性可能较小的事例中寻找对这个结论的支持；他提出自己的见解是按格利森前面那句话:“既然每一个(植物)群落的结构都有变化,既然没有两个群落是完全相像,或具有起源上或动力上的关系的,那么一个精确的群落逻辑分类也是不可能的。”〔*449*,347〕

331,33 行。1916 年,马克・杰斐逊的主席讲话中,有一个极有启发性的提法,即通过绘制城镇地图,观察这些人群集中点的分布与差异较小的农村人口的对比,来作出有意义的区域划分;该文及其详图论述了不列颠群岛、印度以及美国〔*468*〕。

332,脚注。“鞋带村庄”(Shoestring village)看来会成为表示此种形式的普通术语,与起源或内部结构无关。惠特尔西提议使用豪厄尔斯的术语“带子城镇”(stringtown),但此词大概不适用于农业村庄。

333,34 行。亨丁顿指出,“对人文差别的衡量标准,是地理学中显著的空白之一”,他强调人与人之间的定量差别要大大超过人种差别,在地理学上也更重要,这就是世界不同区域按人头计算的生产力差别。在农业生产力方面,差距之悬殊竟至 50∶1,在工业生产力方面甚至还要大〔*505*〕。

335,20 行。索尔在他的《历史地理学前言》中表达了基本上相似的结论〔*447*,特别是 8,12,16 各页〕。

336,5 行。“普遍”应作“无所不在”,如加弗等所使用和估量的〔*347*〕。

354,14 行。在三本最新教科书中,世界农业地理是按土地利用类型论述的,与这里的几页所讨论的相类似,而与按商品的传统组织论述成为对比;这三部书是:克拉伦斯・琼斯、达肯瓦尔德合著〔*509*,第四、五部分〕,D. H. 戴维斯所著〔*498*,第四部分〕,芬奇、特雷瓦撒合著(第二版)〔*322*,第二版,第三十章〕。应当指出,前二书中,组织编排的思想源出于约翰·奥查德的一篇论经济地理学课程组织编排的论文,该文在1929年地理教师全国理事会会议上提出〔参见《地理杂志》,31(1930),187～198〕。在琼斯和达肯瓦尔德的书中,组织是以行业为基础,但没有始终如一地坚持下去;有的部分论述又回到按商品来考虑了。戴维斯的系统(书中不少篇幅是解释这个系统的)显然是直接取自前几页讨论过的哈特向、迪肯合著的书〔*328*〕,最早促成此书的动力也来自奥查德的意见。无疑地,他们的系统以及克拉伦斯·琼斯和达肯瓦尔德的系统,也都是受了惠灵顿·琼斯和惠特尔西在芝加哥所做工作的启发的,克拉伦斯和哈特向都曾在那里读过书。芬奇和特雷瓦撒那部书的修订版中对这个论题较为简略的阐述,利用了这几页所述的两个系统以及另一些对有限地区的研究,来建立前后一致的世界农业类型系统,并用一张世界地图来展示。

357,28行。此后我已在瓦洛著作〔*186*,200〕中找到了原话,我要特别指出,我从提出的方式来推论索尔已节略了这句话,却是想错了;他是未加改动地把这句话翻译过来的。

363,25行。说我们有"两种可能性",意思不是表示前几页所详细讨论的两个特定系统就是这两种可能性。每个特定系统都只是那两个看来似乎可能的基础的例子。无论对哪个基础,另一些研究者可能强调完全不同的特定标准,从而创造出性质上和区域轮廓上完全不同的系统来。

386,7行。关于一般概念,特别是关于地形方面,在赫特纳〔*459*〕、威廉·莫里斯·戴维斯〔*467*〕和坎贝尔〔*469*〕等的早期研究里，有许多有价值的东西。

398，6行。对这里关于系统地理学与区域地理学的关系的讨论，最近按阿克曼重新作了考察，特别是按他指导一群地理学家合作搞区域研究的经验，此种研究是为供政府战时使用而规划的〔*457*〕。他觉得外表上的"二元论"，甚至在某一区域研究之内，也可以变为方法上或观点上的差别。虽然我觉得这与本书所得出的结论并无大异——重新检查赫特纳的论述，我深信关于他自己的看法，他也会说同样的话的——但我觉得阿克曼比我更清楚地表达了这种关系。下面将更明确地加以注释。

399，5行。鉴于这门学科的重要性在近年来迅速增加，也许其本身就应当看作一门科学，这里考虑这个领域的那几句话是完全不妥的。主要参考书仍是马克斯·埃克特1921和1925年那部二卷本著作：《地图科学：地图学作为一门科学的研究与基础》。他最后一部著作《地图学：它对当代文化的任务与作用》（柏林，1939），该书在他死后不久出版，部分是早期著作的修订和节略，部分仅为增补。可惜此书充满国家社会主义思想。一本很有用的英语本是欧文·赖斯的《普通地图学》（纽约，1938），虽则此书属于初级性质。约翰·赖特在《地图绘制者是人》〔*448*〕中对地图的貌似客观的欺骗性提出了引人注目而及时的论述。

400，6行。朱伯有一篇简短的论文，试图将与规划有关的各门科学的学术关系与它们在规划工作中的关系加以比较，这是引起我注意此种尝试的唯一的实例〔*486*〕。

10余年来，一些地理学家一直在把地理情报和技术应用于区域规划和国家规划问题上，而本书对他们的意义极其重大的著作却未予考虑，本页的那几句话必须用以对此作出说明，不论是否说得有理。要作充分考虑，就需要整整一章，而这项工作的一些重要方面却未曾见于书刊，所以笔者也不能写出那一章。然而举一些论述把地理学应用于规划问题的某些较重要的研究倒是合适的，如鲍曼〔482，487〕、格里菲思·泰勒〔481〕、索尔〔383〕、乔尔格〔484〕、麦克默里〔485〕等的著作。由科尔比及其同道工作的人发展起来的“区域分析”技术，在国家资源规划部的一份报告中有扼要的叙述〔492〕。地理学家在土地规划工作中所使用的另一些特殊技术，赫德森〔488，489〕、特雷费森〔490〕和普劳德富特〔491〕都曾作过描述。

对地理学家在联邦政府其他机构里所进行的工作，这里无法对其重要性作适当的评价。地理学家在土壤保持局所做的工作，在贝内特论《土壤保持》的巨著中有所描述，此书中所开该部门工作人员的地理研究参考书目，成为一篇可观的文献目录〔494〕。也应指出，贝内特的主席讲话，把土壤保持问题和计划，概括为“农业对环境的适应”〔495〕。这里也应提一提1941年美国农业部出版的《气候与人类：农业年鉴》中所载的地理学家论气候对美国农业关系的大量论文〔524〕。

近200名地理学家曾受雇于战争机构，把地理情报和技术应用于关系密切的重点研究问题，关于他们所做的工作，出版的书刊中很少披露。那项工作的性质及其成绩缺点，在“全国地理专业训练与标准研究顾问委员会”报告中作了讨论〔493〕。报告也考虑了应用地理学的战时经验对学术性地理学的目标所起的相反作用，阿克曼也讨论了这个题目〔457〕。

401,8行。1941年,布罗克在他不很正式的《关于经济地理学的谈话》中讨论了这个领域最近的趋向〔*446*〕。以后,芬奇又讨论了这个领域的性质和范围,及其所需的训练和技术〔*453*〕。还可注意从已故德芒戎教授著作中辑录的经济地理学论文〔*425*〕。

401,39行。另一方面,政治态度在一段相当长的时间内是不变的,或许可以发现其区域变化是与另外的区域变化——社会经济特点、地形、土壤、矿藏各方面——密切相联系的,所以(如第八章所说明的)是地理学所直接关心的事。在关于路易斯安那的“共和党区”那条附注里提出的一个孤例中,尼芬在那草原区看到中西部房屋样式(234页)。约翰·赖特以县为基础,对全美投票习惯在各区的不同作了一个很有启发性的研究〔*400*〕。最近吉肖纳对法国阿尔卑斯山一个更狭小的地区作了一番更详尽的研究,这是对一个久已定居、地方差异相当大的区域的山地地理作出的令人感兴趣的贡献〔*502*〕。他以社区为基础,把投票的连续性在地图上画出来,不管“右派”、“左派”,结果发现与社会经济发展有引人注目的联系,而该区的社会、经济发展则又是以当地自然地理和有关运输设备为基础的。

403,33行。本当指出,这个结论虽然用了略为不同的词句来表述,但在普雷斯顿·詹姆斯1937年在哈里斯学院的圆桌论文中,却论证得更加透彻,并对值得注意的例外作出说明〔*507*〕;后收入他的《拉丁美洲》有关部分。

404,倒数第二行。地理学家对政治地理学的性质和范围远未取得一致意见,试看这个领域内著作的内容千差万别,正反映了这一点。惠特尔西的论文集表现出来的,主要是对今日州区过去的发展怀有历史兴趣。作为某些大区域政治地理的一种历史背景，此书在英语书中是无与伦比的〔*528*〕。范根堡在这个领域的教科书内有一份很好的文献目录，可惜大部分却是依据国家有机生命周期这个谬误的论题〔*525*〕。菲茨杰拉德对欧洲政治地理的论述〔*501*〕，在相当程度上是遵从着（在其基本章节里）哈特向发表于1935年有关该领域范围的纲要中所阐述的一些概念〔*216*〕。约翰·赖特简短的讨论，对政治地理学的范围提出稍有不同的见解〔*452*〕。哈特向在《世界政治地理模式》的概述中，力图从现实主义观点而不是从法律观点来作出政治区分类，并在一张已发表的地图上，第一次画出世界各不同区域政治管辖的实际性质〔*503*〕。

赖特、斯蒂芬森合编的《世界的境域：政治地理论文集》，收录了由二十几位作者写的28篇论文〔*527*〕，关于这个领域的种种研究方法，该书有引人注目的说明。在一篇论文中，哈尔福德·麦金德爵士对他著名的“心脏地带”概念作出重新检查。

国界问题的系统研究，已有日积月累的明确进展。战争在欧洲发动时，博格斯正在写他那部论述国界分类、作用及问题的书〔*496*〕。该书一部分以他在国务院的工作经验为基础，也广泛吸取这方面的地理文献（包括鲍曼、哈特向、斯蒂芬·琼斯及惠特尔西等美国地理学家的著作）。随着美国的参战，他把斯蒂芬·琼斯请进他的部门，推进这项工作。琼斯工作的最高成就是一本谈《界线的划定》的详尽透彻的手册，此书确应视为“政治家、条约编纂者和边界专员”的不可或缺的指南，同时也是这个领域的科学知识的一大进展〔*511*；分析问题，描述条约文本中的边界一节，先已在*510*中提出〕。

笔者于1935年在我国首次探讨了地缘政治学这个新问题与政治地理学的关系〔*216*〕,1937年瑞典学者爱德华·特梅尼厄斯对这种关系又作了更详细的考察,但结论仍然相似。地缘政治学是不是对现代政治理论和政治地理学的贡献,对这个问题作出最彻底分析的,可能是安德鲁·乔居,他也作出基本否定的回答〔*454*〕。关于解释豪斯霍弗尔学派的政治、战略目的的论文和书籍,因篇目过多,此处无法收录。同时这也不是开列战争期间出现的这许多研究的地方。这些研究论述国家政权的地理基础,或论述也许可称之为美国版的地缘政治学,其中最值得注意的,无疑是已故的斯皮克曼教授的研究了。

405,26行。一个主要的例子是特雷瓦撒对作为美国聚落要素的小村子的一系列研究〔*522*〕。

406,18行。阿克曼对这个由来已久的说法提出了引人注目的挑战。假设有一群地理学家,人人都是系统地理学中某一门或几门的专家,他们组成一个合作组,进行同一领域的系统研究;又假设任何要素或要素复合体的系统研究,都包括着对它的变化与别的要素或要素复合体变化的关系的研究,那么,"如果这种系统研究是完全正确的话,总起来就可以成为区域地理学了"〔*457*,138〕。这一点取决于一个人的区域地理学概念。如果我们承认这样一种程序会提供区域分析的主要部分,即不同要素相互联系并与整个图景相联系的方式,那么按那些小单位地区,那每一个都均一得足以看作仿佛都是均一的(如439～442页所讨论的)小单位地区来说,这个区域结构上的组成,岂非仍旧没有触及吗?阿克曼写信给我说,他觉得这是不能令人满意的;说那个结构实际上是由个别要素的几个相吻合的模式组成的。这种分析也许在两边都有点模糊，可能很需要由特别研究来考察，使其更加清楚。

406，37行。阿克曼觉得这个比喻会引起误解〔*457*，131〕。我对它也不满意，但我们两个都没有提出一个更好的比喻来。但我的意思不是说"系统地理学不关心地方或区域关系"。完美的系统研究会包括不同要素间的关系；每个片段（每个平面）的目的都是理解一个现象范畴的地区差异。这一点在下文详细论述《系统地理学》处说明得更清楚（413～436页；请特别注意415页第二段和431页第一段）。可以指出，范克利夫在早期曾把赫特纳的比喻引申为与地层学相比拟，并用图解来说明〔439〕。

413，23行。在第二版，论文化要素那一节虽作了很多扩充与改进，但篇幅仍不到论自然要素那一节的1/3。

414，17行。还可注意赖特〔*452*〕和芬奇〔*453*〕的论述，以及地理专业训练与标准委员会的相似结论〔*493*〕。

416，32行。休·劳普回顾了洪堡以来植物地理学的历史发展，也作出了相似的结论：植物地理学的目的是"研究植物世界的地区差异"〔*449*，346〕。他对这个领域的性质和范围的研究，有意识地与本文所研究的整个地理学领域相配合。（注意，他除题目外，在全文中一贯使用"植物地理学"这个术语。）

421，末行。后来胡佛对区位理论作出了透彻的分析，对关心这个领域的地理学家，当可证明是有很大价值的〔*504*〕。

422，21行。医学是在共同感兴趣的科学边界地带与地理学有关的另一个领域。1944年《地理评论》上报道了医学地理学的最新发展〔*417*，*418*〕。美军军医局医药情报处的医药、公共卫生和工

程等方面的军官的战时工作，带动了一套关于《全球传染病学：疾病与卫生地理学》丛书的科研规划，第一部包括印度、远东和太平洋，现已出版〔520〕。丛书按国家论述，有专节谈各国的地理。该处处长原拟增加一两个熟悉医学问题的地理学家，可惜此愿未能实现，甚至与某一独立机构的地理人员经常合作，也未能如所想象的把地理学和医药情报综合起来。

425,7 行。阿克曼对此节的结论提出强烈的挑战〔457,132〕。因为问题涉及一个边境地带，不需要在那里划什么界线，所以作出一种决定并不重要，而两方面的讨论却都可能是有启发性的。

427,2 行。讨论绘制比率地图，不应限于特定等值图技术。赖特指出，在某种场合，别的比率技术更适当〔448〕，马施内还论证了在他的南阿帕拉契亚人口密度的精致地图中，气体密度测量技术的有效性〔514〕。

427,26 行。伯施教授的学生古斯塔夫·诺伊恩施万德在苏黎世的一篇最新博士论文里探索了地形分析定量法的发展史，并对欧美许多国家人数极多的研究工作者提出的主要方法，作了详细考察。他对这些方法的批评和他的文献目录（数约四百条），当能使此文成为极有价值的参考书〔464〕。还可参看沃尔范格提出的给地形作分析和分类的定量法和图表法，其中包括一长串美国论著的篇目〔474〕。

437,5 行。这篇书目里当包括惠灵顿·琼斯 1930 年的短论文〔470〕。这是第一次提出野外实地分析“分片法”，此法由春季野外组拟定，后来由芬奇更完满地予以实行〔285〕，此后如赫德森所描述，即采取作为规划工作中测量之用〔488,489〕。

447,16 行。还可参考杰森论比较法的用途的论文〔*461*〕。

451,20 行。不能把这个结论看作以我们的经验为根据的悲观之论,如同阿克曼所推论的那样〔*457*,135〕;而应把它看作从446 页所详细阐述的区域地理学理论得出的逻辑推论。如果这一推论正确的话,那么让地理学家承认这个结论,不再继续去力争不可能得到的东西反而好得多;试比较休·劳普提到植物地理学工作时的类似见解〔*449*,349f.〕。

455,18 行。此句须大大强调。莱利对区域研究的批评(453 页提到),并非如此处的讨论所暗示的那样完全没有击中目标。有的小区研究的挑选,并非因为研究者相信该区对一个大区域或者对一个有普遍意义的题目有代表性,却只是因为它碰巧为分析提供了一个方便的或有吸引力的地点,这样的例子俯拾即是。

455,末行。普拉特以后出版了他们关于拉丁美洲的书,书中把这些微观地理研究放在一般区域框架之中,使读者有机会来直接核查他的方法的效力〔*518*〕。照《地理评论》上一位未指名的评论者的说法,“人们感到奇怪,对于这种方法的正确性竟还有怀疑。”

第一章　导论 22

一、美国地理学的历史背景

地理学家惯于把地理学吹嘘为很古老的学科，甚至远在古代，就已经是自成体系的学科了。可是我国地理学家在讨论会上或在论文中讨论自己这门学科的性质时，给人的印象似乎地理学又是一群美国学者在20世纪初才创立起来的。同样，过去这一类讨论，也多与欧洲地理学家的类似讨论无甚相涉，尽管大家都很了解，单以德国各大学而论，地理学就早已比我国各大学有更大的发展了。

欧洲地理学家对研究地理学性质的兴趣，向来比我国地理学家更为普遍，尤以德国人为甚。许多在我们这里还只是近年才提出的问题，某些德国地理学家在本世纪初期就已作过深入的讨论了。因此对这些讨论作一番比较细致的检查，看来还是必要的。目前，要求根本抛开常规工作方法的新建议，显然已造成一场纷扰。在这番检查中，如果对我们的批评家所提出的异议能找到令人满意的答案，那么我们也许可以摆脱这场纷扰；那些按常规方法工作的人们，对他们的努力成果的价值，信心也可能会坚定起来。另一方面，如果对这个问题的许多研究，指明在某些方面我们所追求的希望是虚妄的，那也可以免得我们再白费力气。

前面的文献目录[①]开列了一批有关地理学性质的研究——本

① 按照我国图书体例，参考文献已移至书末。——译者

文就是以这些研究为基础的——同时也开列了一些解释性著作。作者也曾力图在前一类中收进近年来所有较重要的研究，但法语文献无疑不足，非英、法、德诸语种的文献就更不必说了。但在解释性文献方面，作者却没有作过这样的努力，无非想到什么就利用一下罢了。

这样一种性质的评述，笔者几乎要完全以那个研究领域里在世的同仁的著作为基础。笔者可能很想略去具体参考书目，可是不但要对读者负责，而且还要对这些为笔者研究提供资料的同仁负责，因而也不容许选择这个比较轻松的做法(见文后的作者索引)。何况笔者既采取了批判的立场，也就责无旁贷，理当提供办法，以便
23 读者把文中的引语、译述和评论与有关著作相核对。于是也就需要连篇累牍地注明一个个出处了。为了免得读者的思路被这许多脚注所打断，因遵编者建议，采用一种简单的加注办法。方括弧内的数码供查考时作依据之用，深望如此可以不致过多地打断阅读。

如果断言美国地理学家对欧洲所阐述的地理学概念全然生疏，那当然是荒谬的。⬅普林斯顿的阿诺德·盖约特是美国大学第一位地理学教授，他是卡尔·李特尔的门生，可是后继无人。埃伦·C. 森普尔的传播工作要重要得多，她介绍了拉策尔的人类地理学概念，定下我国人文地理学的方向达二三十年之久。同一时期，威廉·莫里斯·戴维斯和柏林大学的阿尔布雷希特·彭克教授为我国和德国地理学家建立了相互联系，他做的工作无论前人或后人都是望尘莫及的。他们不但在自己的工作中有着密切的联系，而且各人都在对方的国家——彭克在耶鲁和哥伦比亚，戴维斯在柏林——教了大约一年的书，而且在某种范围内还以对方的语言发

表著作。可是他们共同感兴趣的领域,却几乎只限于自然地理学。戴维斯着重研究地理学的这一部分,森普尔则专心致志于人文地理学,两者结合起来,就发展出了十分类似于德国早期特有的二元论形式。戴维斯想跨越这道鸿沟的企图纯属理论〔*203*〕,因为他本人并未作过多大的努力,求其实践上的联系。

这两种观点支配美国地理学家的基本思想近20年之久,不但支配着他们的研究工作,同时也支配着他们对这门学科的概念,特别是如布里格姆、德赖尔、巴罗斯和惠特贝克在担任地理学会主席就职演说中所提出的〔*305*;*207*;*208*;*212*〕。芬内曼受了赫特纳著作的影响,提供了一个例外〔*206*〕,但头几年看来并没有给人留下什么印象。按这一例外,地理学被看作一门研究自然环境与人类活动的关系的科学。地理学的这种"环境论概念"由巴罗斯作了极为审慎的表述,他一反常例,把地理学,或"人类生态学"说成研究人类如何适应自然环境的科学。

维达尔·德·拉·布拉什和让·布吕纳著作英译本的出版,又把一个稍为不同的观点从法国介绍到我国来。虽然这两位作者理论上仍持地理学研究人地关系的概念,但在细节上他们的著作 24
却朝着一个不同的方向,特别是倾向于着重区域研究〔布吕纳,*182*,4,13～27,552ff.;*83*,55;维达尔,*184*,3～24;参见索尔,*84*,171,180～1〕。

卡尔·索尔的著作引起美国地理学家对几近30年来在德国演变起来的概念的注意,带来了观点上最大的改变。通过他在1925～1931年间发表的3种大略相似的研究,以及他个人的影响,他使许多人,特别是青年地理工作者,从物质景观特征——无论是自然方面还是文化方面——的研究来看地理学，并按其方志学的或区域间的相互关系来研讨这些特征〔*211*；*84*；*85*〕。

因此美国地理学受欧洲地理学家著作的影响昭然若揭，但值得注意的是，这种影响却是由寥寥可数的几次接触——大部分是由戴维斯、森普尔和索尔——带来的。少数人如芬内曼或惠灵顿·琼斯之辈，都受过影响，但对其余的人所持的地理学概念却很少起过什么作用。诚然，不少美国地理学家曾对英国地理学家亦步亦趋，但不幸的是英国地理学家如果不比我们更孤陋寡闻的话，却也不过和我们是半斤八两。这些例外所起影响之小是一目了然的。因而奇泽姆于1908年在爱丁堡发表的就职演说〔*192*〕，相当详尽地摘要说明了"最近一系列论述地理学范围的最全面、在我看来也最有启发性的论文"，即1905年赫特纳的经典式的表述。但下文我们就会看到，对这一领域的观点基本上是大多数德国地理学家的观点，在今天的英国，知之者看来还是寥若晨星。同样，赫伯森留学德国时带回的一些观点，等到后来才在英国给了人们一点印象。大多数英国地理学家似乎对拉策尔以来德国地理学的发展一无所知（例如布赖恩在一条脚注里说到和一位德国地理学家的谈话时，就坦白地承认了这一事实，并且连那位地理学家的姓名都拼错了，对他的见解也说得不对头〔*280*，7〕）。大部分英国地理学家主要是借着森普尔才了解拉策尔的，他们常常过分强调他在德国的重要性〔参见罗克斯拜 *195*，280；迪金森和霍沃思，*10*，195～202〕。可是在更晚的论述中，迪金森又十分强调本世纪德国地理学家的概念〔*101*；*202*〕；而且许多英国地理学家还受过帕萨格著作的影响。

法国的情形约略相似。维达尔·德·拉·布拉什和瓦洛对拉策尔的著作极为注意，但在瓦洛和布吕纳后期的方法论讨论中，对 25
拉策尔以来德国地理学家思考过什么，又取得什么成就，我们却看不出他们了解了多少。因此这几位法国地理学家所发表的几本英语论著，也无补于美国人对现代德国地理学的无知。

反过来我们也可以说，德国地理学受到在别国发展起来的方法论观点的影响，也是微乎其微的。但我们不妨指出，在维达尔·德·拉·布拉什指导下写出的那些区域专著，影响所及，无疑促进了德国近来进一步对区域地理学的重视；还可以指出，赫伯森殚精竭虑地建立的“世界自然区”，一段时间中在德国引起的注意也超过英国，这些可说都是例外。弗兰西斯·扬哈斯班德爵士以德语发表的讲稿，当今许多德国地理学家都受其影响，尤以班斯和福尔茨为著。显然，迄今对德国地理学有过显著影响的唯一的美国地理学家是 W. M. 戴维斯，他的地形分类发育系统为彭克所采纳，在戴维斯和布劳恩合著的地貌学标准德语课本中也有所阐述。研究这门学科的德国学者，至今还在继续讨论“Davische”（戴维斯的）系统的相对价值。可是从地理学方法论总体上更有普遍性的方面看来，戴维斯在德国的影响却是微乎其微的。

这门学科方法论上这些相对有限的联系，与美国地理学家应用欧洲地理学研究成果的与日俱增的程度，形成了鲜明的对比。我们在考虑气候学问题时，柯本几乎已成了家常用语了；俄德诸国学者所做的工作，已使我们的土壤分类发生了革命；聚落地理（Siedlungsgeographie）在我们的术语里增加了像街道村庄（Strassendorf）之类的新词；帕萨格的景观概念至少在新近的一本美国教科

书中得到阐述；对政治地理感兴趣的人，对欧洲这一领域的发展也已经熟悉起来了〔*216*〕；乔尔格也给我们描述了世界大战和战后时期欧洲地理学整个领域的概况〔*88*〕。

可是，尽管有了这样的发展，情况却依然如故：关于地理学性质的种种问题，与其说是一件需要研究的事，还不如说只是一种个人意见。甚至在继索尔的挑战性的话而来的那些热烈争论，似乎也没有引起多少人去核查他的结论所依据的原著。除了霍尔的区域概念要略〔*290*〕和笔者所作的简短讨论〔*216*，795～804〕以外，大部分地理学家都满足于第二手的引文，或者只凭个人的思考来
26 解决地理学应当是什么的问题。只有芬奇最近的主席就职演说是最重要的例外，这篇演说是在本文接近完成时才发表的。

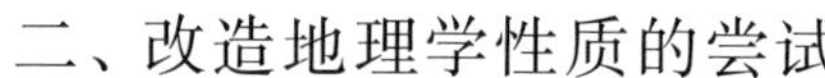

二、改造地理学性质的尝试

常常有人说，地理学的性质问题关系不大，地理学家只要去干就得了。彭克诉苦说："在地理学方面已经作了许多研究、探讨"(Es ist viel herumgedoktert worden an der Geographie)，又说："一门科学的进步，并非撰文谈论方法就可达到，这是要靠有条不紊的工作的。"〔*163*，50〕但我们可以相信，至少发表过八篇讨论方法论问题的文章的彭克，总不会以为我们只要举步行走就是，至于知不知道要走到何处去，却是无关宏旨的吧。一些公认为"地理学家"的人，他们在某次会上宣读的论文，有的听众看来，也许是属于地质学、气候学、土壤学、经济学、历史学，或者政治学的，在这样一个包罗万象的领域内，要了解它的学者们究竟各自都在搞些什

么，就特别需要明白我们的领域究竟是什么。

至于打算毕生致力于地理学的人，对这一领域的范围和性质，就更应做到了如指掌。这并不是说应当规定出地理学的大致范围，每一个称为地理学家的人，其工作都须以此为限；在科学上划这样的范围，无论什么人，无论什么团体，都是无权决定的，对这个范围内所进行的工作的性质，同样也是无权决定的。可是经验却极其清楚地表明：投身于地理学领域的人，带着先入之见，认为它是怎么怎么的，或者应当是怎么怎么的，而结果却证明这些看法和地理学的实际性质相冲突，那就会感到不满之苦。不论这种不满之感是对着自己的还是对着同事们的，不幸都是枉费精神，无论对于个人还是对于整个领域的进展来说，都是有害的。因而指引青年学者进入一个领域的人，最主要的责任之一，就是先使他们对这一领域的性质有个确切的概念，以免日后感到幻灭。可是如果连我们对自己的领域的性质也茫然无所知，那就更做不到这一点了。

阅读或倾听近几十年来美国地理学家关于地理学性质的许多论述，不能不注意到一种怂恿改革的明显动向。人们对地理学的性质，至少是对它的现状，显然普遍感到不满。这种情绪，至少在某种程度上，是欧洲地理学家（特别是德国人）文献中同样情绪的共鸣。

毋庸赘言，对某一门知识领域的现状不满的情绪——这与对 27
它的基本性质的不满判然有别，是一种健康的活力的表现。但对这种感情作激烈的或专断的反应，却并非成熟之征。幼稚无知的少年可能会看出有色玻璃窗格子的拼合方式有差错，如果他用石块精确地瞄准那拼错的地方，以表明他的观点，他虽可造成一场大骚动，但却无补于这扇窗子的改进。对于许多诸如此类的场合，洪堡说得好："对于自己从未出过力的事，只因为它能否成功并无把握，就对之百般挑剔，这是我所不为的"〔*60*，I，68〕。

格拉德曼在讨论德国地理学家中一位较为激烈的改革者的时候问道："我们的科学竟然在全世界面前被剥得一丝不挂，每年都要出个把新的'改革家'，全盘推倒先前的全部成果，自命要在废墟上重建全新的东西，难道这真是完全不可避免的吗？"〔*251*，评论，552f.〕

我们已经说过，彻底不满地理学的现状是一种现象，要作出解释就必须包括批评者及其批评对象，下文还要探讨一两个试图彻底改革地理学的著名事例，那时就会看出这一点。虽则我们有理由把这种可能性记在心头，可是对这没有一个学者会说是尽善尽美的研究领域，我们却也并无以此种态度拒绝任何改革建议之意。对近年每一个重要建议，我们都要根据其本身的优点，根据它对地理学思想历史发展的关系，根据它对这一领域的逻辑概念的关系进行分析。

在历来敦促对地理学进行改革的各种建议中，可以看到几种不同的倾向。要求地理学家更加强调对区域特征的历史发展起过作用的人物的重要性，要求地理学家为国家利益服务〔例如施雷普费尔，*174*〕，这两点都表现了现时德国人思想中的世界观。说德国地理学家在根据德国利益研究地理学方面还做得不够，这种意见，对熟知世界大战和战后时期德国地理学文献的人说来，至少也像对德国地理学家老前辈本人一样令人诧异。姑且设想这一运动在我国大概不会留下深刻印象，那么我们也就无须多谈了〔读者如感
28 兴趣，在赫特纳，*175*，341～3；普莱韦，*177*，226ff.，均可找到有关

论述〕。

第二种倾向是企图给地理学加进些会提出“问题”的要素，这种倾向在我国更具重要性。对一个区域的特性作“单纯的描写”，即使加点解释，显然算不上什么问题，或者至少在别的科学使用该词的意义上算不上什么问题。因此人们认为需要增添些时间变化的要素，把今天的情况与先前的情况作个比较，研究一个区域中某种因素的一定变化对别的因素的影响，或者笼统地说，使地理学成为“动态”的而不是“静态”的。

还有一些改革地理学的尝试尚须考虑，看来这些尝试都是更明确地受到一个愿望的推动的：那就是想使地理学成为一门体面的科学，而地理学显然从来也不是。首先，科学必须研究可观察的现象，因此，地理学要成为一门科学，就必须限制于可观察的现象，这些现象，它在可见的“景观”中找到了；或者，如果说某些事物虽可观察，却并非可见，那么地理学就必须限制于物质之物。这种物质之物与非物质的现象完全不同，我们可以比较精确、比较有把握地加以观察和测量。

另一种意见以一种设想为基础，即每一门科学都自有其独特的对象或现象须加研究。因此地理科学也必须找出其独特的研究对象。但它在地区中找到的大部分可见的或物质的对象，即使尚未被彻底探索过，却也早已被认为属于别的科学所有了。因此地理学家只有一种可能，就是不论找到的是什么样的对象，只要还没有人宣布过那是他们的，他就捡起来标上记号，据为己有。

可是另一些地理学家却坚持说，地理学真正的研究对象就是他们称之为区域的一片一片的土地。别的科学家研究他们的对象时，总要把它们分类整理，阐释有关它们的科学原理和定律；为了也可以如法研究区域，它们就必须是具体的一元的物体。如果有人对这个设想提出疑问，却又接受了关于科学性质的大前提，那么区域研究就不成其为科学，也许却是一种艺术形式了，因此也就必须从“地理科学”中排除出去。

说到这里，不禁使人想起怀特黑德教授因其逻辑推理上的破绽面临学生的诘难时说过的一句话：“这里我们需要的是漂亮的词句。”一个具有双关意义的词，解救了以地区作为研究对象时所面临的进退维谷的窘境——这个词就是：“景观”。因为景观是看得
29 见的景色，其内部包含着看得见的物质之物，同时又可能以种种不明确的方式加以限制，因而就被称为一种一元的具体的物体了。可是景观——如果不用英语，而用其德语形式“Landschaft”——也是有限的陆地地区，是省或者区域。因此区域或景观就是一种具体的一元的物体，具有形式和结构，因而也就须加以分类，并阐释有关其各种关系的科学原理。

三、本文的目的

本文试图对地理学的性质作详细的考察，但这考察并非根据什么假设，不论是假设地理学是一门科学或者应当是一门科学，或者假设它应当是什么东西，只是不要像它现在那个样子。仅仅假设地理学是某种关于地球的知识，那我们就会想搞清它究竟是怎样一种知识。到底它是科学还是艺术，或者在什么特定意义上它是科学或者是艺术，还是两者都是，这都是我们必须抛开称号的价值观

念去正视的问题。这样，我们就不会去追问，到底地理学是否像道格拉斯·约翰逊所说的那样，“可望能享有科学的崇高威信”，到底它是否“应当觊觎跻于各门科学间的平等地位”，或者应当接受虽较低微、却也不失“体面的地位”，堪与历史学、经济学和社会学相颉颃。凡此种种问题，自然只能产生约翰逊本人所表现出来的反应：即不肯“放弃地理学与各门科学并驾齐驱的要求，直至对这门学科的科学前景作出前所未有的透彻探索”〔*103*，*220*〕。于是地理学就摆起防守的架势，总是力图成为它也许永远都变不成的什么东西。

关于这个问题，有一个方面我们是一开始就可加以澄清的。说“在地质学和植物学是科学这一意义上”，地理学也可能是“一门科学”，其荒谬悖理，正如说在地质学是科学这一意义上，植物学也可能是一门科学，或反过来说也一样；或者说在物理学和化学是科学这一意义上，两者也都可能是科学，其荒谬悖理如出一辙。不论地理学是什么，它的耄耋之年——即使算不上尊贵——也会一笔勾销掉学者们力图把它改造得面目全非的过分的热心。地理学并非仅仅几十年前方才从美国地质学腹内呱呱坠地的新生学科，绝不是可让每一个新一代的美国学者随意摆弄的。即使说对科学中的任何学科都须保持开放思想，我们也正像一位未予披露姓名的地理学家所说的一样，并无只凭心血来潮，年年更改地理学概念的自由〔见帕金斯引语，*105*，*222*〕。

在任何公认的领域内，给它下恰当定义的问题，并非什么像学 30
科中研究问题本身那么富有创造性的任务，一个从先验的假设来作逻辑推理的问题。哲学家克拉夫特在对地理学领域进行批判考

察时——关于这一点下文还要详谈——声称在科学的总和中，任何学科的地位问题都是超出有关部分的特定科学知识范围的事，本当是“科学理论，亦即认识论”的问题。但在科学理论中，这样一种研究的作用，不可能是去规定地理学应当是什么，却是去搞清它究竟包含着什么〔*166*，1，3〕。同样，1905 年赫特纳也写道：“科学体系是一种历史发展的结果；给科学作抽象的指定，就易于忽视历史发展，因而事先就注定了不会有结果，但不幸地理学方法论文献中，这种先验的概念却又特别丰富”〔*126*，545〕。

最近莱利把这种观点描写成在“严格的逻辑”面前盲从“传统”〔*222*〕。即使能证明他所捍卫的地理学概念在逻辑上是站得住脚的——下文我们还要再谈这个问题——抹煞一个研究领域的历史演变，贬之为纯粹的“传统”，却不能就赢得这个论点。在研究美国居民的文化源流的时候，人们也许会说，逻辑上他们应当或者讲某一种欧非语言，或者讲一种混合语，混合语中每种语言都与其在总人口中所占的比重相当；至于人人都要教以一种近似于“英王的英语”，那只不过是我们学校的“传统”。

任何科学分支，其知识的累增，主要不是依赖其逻辑证明为合理的范围，而是依赖其古往今来生命的延续。在科学史上，也像在一切历史上一样，有教养的人们总是那么强调少数杰出“大师”的成就，使人以为他们都是单枪匹马、赤手空拳地完成奇迹的。在地理学中，亚历山大·冯·洪堡就是突出的例子。他时常被说成是前无古人的拓荒者，一个只身考察美洲、回国以后建立了自然地理科学的人物。但实际上，正如我们下面就要说到的，如果没有小福斯特，洪堡究竟是否会成为地理学家，还是个疑问；而小福斯特的

地理工作，主要又是依靠老福斯特的；至于他的先辈，那我们就不
知道了。此外，洪堡的研究工作，自始至终都依赖一大群别的地理 31
工作者，其中既有古人，也有时人，这从他的著作中注明的无可计
数的参考书目看得出来。

反之，如果每一新世代的地理学家们，或者地理学家中的每一个人，既没有通过实例的验证，也没有研究这门学科先前的发展，就贸然提出新的建议，那就会如赫特纳所说，在地理学家之间引起一种不安定、不安全之感，就会妨碍这块园地的顺利的耕耘，而且还会使别的科学工作者对整个这门学科发生怀疑〔*152*，52f.；*167*，265；*168*，490f.〕。美国地理学家都太熟知这样的结果了。如果我们还要不断碰到那样的急转舵——先是转向自然地理学，接着是转向环境论，现在转向景观研究，明天又转向“艺术地形学”，以后谁知道会转向哪里去[①]，那么我们的船就会因不断改变目标——因而也就毫无目标——而兜着圈子转，结果就哪里也到不了。

笔者写作本文时，自始至终都是作这样的假设的：他对这一领域独家所持的特殊观点，即使有些读者对它会感兴趣，人数一定也是寥寥可数的。有人会以为发表此种文章的特权是留给本协会推选为主席的地理界名流的；但笔者刚刚相反，他关心的只是按别的地理学家现在看到或者过去曾经看到的样子来描述地理学。因为某一时间、某一国家的地理学家只代表整个领域内的一小部分，因而我们也必须把我们的考察扩大到别国和过去的时代去。如果我们想要保持这条路线——或者如新近一次讨论会上提出的，回到

① 上句系初稿中所写，现在已经有新的答案了，即“地球物理学”〔*222*，252ff.〕；但以后又听说这不是原意。

正确的路线上来，那我们首先就得回顾一下，这条路线究竟已引到了哪个方向。我们的第一个任务是了解地理学在其历史发展中究竟是什么。

所以我们把通常的程序颠倒了过来，不从科学性质的特定概念入手，却按照这个概念所造成的地理学领域入手。在确定了它的基本性质之后，我们将力图搞清它在各门学科中所占的是什么样的逻辑地位〔参见克拉夫特，*166*，3〕。因而本文三大部分中的第一个部分所涉及的问题是："什么是地理学？"（第二～四章）。

在这样建立起来的基础上，我们就能够检查各种为改进地理学而提出来的建议了。这番对当今地理学大问题的考察，几乎占
32 了全文的一半（第五～十章）。读者总会明白，上文对各种建议的简略说明（本章二），对提出这些建议的学者们的思想，甚至连大概情况也没说清楚。这些学者不少人对地理学研究都有独特的贡献，因此他们对改进地理学的理论上的建议，我们自应认真看待。另一方面，我们也不妨设想，他们本人也未必愿意自己的思想一股脑儿被人接受，反而以为当受批判的考察。在许多情况下，理论上的建议在应用于实践时其重要性也看得最清楚，所以我们的考察可能也需要对这种物质产品进行评述。在两种情况下都须特别请读者记住：这里只有地理学性质的观念的正确性，才是我们所关心的。博览群书的读者，从本文的参考书目一眼便可看出，我所论述的主要是限于知名地理学家的著作。这些作者几乎都不是以方法论著作而成名的，所以本文不论作怎样的讨论，都无损于他们的声望。我们要诘问的正是这些作者的方法论思想；这些思想，无论从逻辑方面说还是从事实方面说，究竟是否关于地理学性质的正确表述，

又是否在地理学内部进行改进的好建议呢？如果对这些问题不能作肯定的回答，那就必须想出一个健全的逻辑基础，使地理学能发展成为一个范围宽广而又统一的领域。

最后，凭着推论，我们可以在地理学的基本特点上，设法把它与认识的一般性质联系起来看，以决定地理学究竟是怎样一个研究领域(第十一～十二章)。把它称为科学不论是否恰当，还是留待那些对术语更感兴趣的人们去解决吧；如果我们确实搞清了它是一种什么研究，那就无须纠缠在名称上了。

笔者还想强调一下，在推敲同仁们的建议时，他的目的不是要抓阐述不清的辫子而乘机作一番巧辩，而是在于理解提出这些建议时的用意。他特别不愿意把人身攻击的论争方式带进美国地理学中来，而在近代德国地理学家的方法论讨论中，人身攻击不幸却甚为触目。像奥布斯特那样，他的目的在于寻求最大限度的可能的理解和赞同，不是要在地理学中确定什么特别方向，而是使地理工作能有一个共同基础，使地理工作本身有可能再大大地推进一步，这才是唯一的真正目的〔*178*，1～3〕。

四、历史回顾的必要性 33

约翰·K. 赖特在一篇评述地理学史研究的短文中，谈到英语文献中对这个问题论述的不足〔*9*〕。我们有许多论述美国地理学史的优秀著作，特别是戴维斯〔*102*；*104*〕，道格拉斯·约翰逊〔*103*〕和科尔比〔*107*〕的著作。新近出版了两本综述近代美国地理学发展的德语文献，一本是加利福尼亚大学的布罗克的著作，一本是也在同一单位工作的普法伊费尔的著作〔*108*；*109*；但请注意普拉特的批评，*224*，125〕。然而对我国地理学的发展，只有根据欧洲地理学自古至今的发展状况才能理解；在我们的文献中，还找不到透彻论述这一问题的著作。自从1925年赖特首先注意到这方面的不足之后，迪金森和霍沃思就已发表了一部综述这个领域的有益的书，但可惜这本书却大半是依靠德国对这项工作的解释，并只对该国自拉策尔以来的发展状况作了最简单的叙述〔*10*〕。

地理学作为一门近代科学，其基础主要是德国学者打下的，这一点毫无疑义。不论从哪个国家出发，对地理学发展的研究都会追溯到19世纪早期的洪堡和李特尔所做的工作。此外，虽然在不少国家，地理学工作多少都已取得独立地位，但还是可以看出，地理学思想较大的改变，却都不过是表达了德国地理学的发展，并且时常还是很不及时的。我们的英语文献，几乎连上世纪德国地理
16 学思想的发展大纲都还没有，因而几乎所有美国的地理学家都是在对他们这门学科的方法论背景一无所知的情况下受到培养的，这就特别不幸了。反之，德国地理学家却不但拥有这一时期的原著，而且还有许多地理学思想发展的历史研究随时可资利用。

要详述这一段历史，是需要一整本书的。但我们目前的任务，却必须限于研讨地理学作为一个研究领域在其连续发展的每一个阶段的主要特点。我们关心的并不是地理学的发展问题，也不是在生产地理资料中不同作者或团体的相对重要性问题，更恰当地说，还是有关地理学性质思想的建立和改变问题，不论在地理著作及直接的方法论研究中如何表现出来。

我们考察早期的地理学工作，有个双重的目的。我们已经强

调过，这可以帮助我们理解我们从事研究的领域的性质。第二个目的是观察早期作者在地理学方法论中对当前所关心的各种问题上作出什么样的结论，因为这些问题很少是过去的地理学家所未曾注意到的，而且在多数情况下，还是反复地注意到的。正如布劳恩所说："只要我们这些地理学家积习不改，老是完全忽视前人在这个问题上的著作……我们捡起的石头，也许邻家早就认为无用或者打不好墙的，而我们却还想用来造房子，那就无从改善方法论上的混乱了。"〔*155*，17f.〕奥布斯特写道："方法论上的进展必须建基于过去。因此，不认识、不考虑过去的理解和概念，也就不会有方法论上的改变"〔*178*，3〕。

如果带着地理学应当如何如何的先入之见来进行研究，并按此在过去的作者中寻找与我们意见相投的人，然后又把他们置于与似乎持有不同地理学观点的人相对立的地位，那就无法取得我们这两个历史研究的目的了。确实，在方法论的论争中，人们总会寻求支持自己的论点，只要找得到，不论过去现在，他们都会去找；但这样一种描述，却不能与旨在客观地描述过去的历史研究相混淆。相反，这却容易歪曲地理学过去的发展和先辈地理学家的思想，以求切合于论争的目的。因此，只要情理上办得到的话，我们当努力摆脱个人的观点，来研讨先辈地理学家的概念。⬅

35 第二章　从地理学的历史发展看地理学的性质

一、近代地理学的前古典时期

地理学作为一个研究领域，其渊源虽则要远溯到古希腊、罗马时期，但成为一门近代科学，主要却是1750～1850年这百年间的事。本期下半段即洪堡和李特尔的时代，通常称为地理学的“古典时期”。二人时代相同，而研究方式却迥然互异，他们非同寻常的成就及其著作对后世地理学的影响，有理由使我们把他们看作近代地理学的鼻祖——在这一意义上说，也就是“创建人”。但用这个称号却又容易使人忽视前人——我们可以说，那些为创建人奠基的人——的重要作用。“卡尔·李特尔也自有他的前人”(Carl Ritter hat auch seine Vorgänger)，佩歇尔曾这样说过，此语同样也适用于洪堡。我们在这里说到的这些前人，并非古希腊、罗马时代的地理学家，也不是1800年以前两三个世纪中地理学著作的大部分作者。我们要说到的是18世纪下半叶那一批虽不很多，但人数尚属可观的学者，他们在自觉地努力奋斗，以求把多少有点庞杂但同时却又有用的研究改为一门独立的科学。虽然还不能一口断定他们已经达到了这个目的，可是在该世纪末李特尔和洪堡的地理著作发表以前，他们就已经为我们今天所知的地理科学定下了基本的大纲，这却是明明白白的事。然而他们还没有建立起大纲。我

们要感谢李特尔和洪堡的，就是建立近代地理科学这一工作。然而地理学的大部分基本概念——几乎包括本文不得不考察的全部概念——在李特尔和洪堡前一代德国地理学家的著作中都已找得到了。纵令他们二人都不出世，1800 年以后的地理学也终于会发展为今天所知的样子的，即使步子要慢得多，这样说也并不过分。

世界各地各种现象杂然纷陈，对认识世界具有重要意义。古希腊、罗马时代的地理学家和文艺复兴时期地理学的继承者——18 世纪的地理学家们，当然会考虑所有这些现象。他们重复着斯特拉波的名言："地理学除了对社会生活和统治艺术有重要意义 36
外，……还使我们熟悉栖息在海洋和大陆上的动物，以及地球各区的植被、果品和特性。这种知识表明那耕耘地球的人类，是认真地对待生活与幸福这样的大问题的"〔*38*，导论〕①。伊曼努尔·康德的《自然地理学》涉及斯特拉波包括进来的全部要素；在这自然地理学的基础上，康德要建立"另一些地理学"，包括政治地理学、商业地理学、风俗地理学和神学地理学，以及对每一地带的描述〔*40*，§5〕。自然地理学是理解我们对世界的感性认识的重要基础学科，不论这种感性知识是直接由旅行取得还是间接由读书取得〔§2，§4 结尾〕。总而言之，"它起着整理我们的感性知识的作用，有助于我们心智上的愉快，并为社交提供丰富的谈话资料"〔§5；虽则这些想法可能是康德的，但却是以林克的腔调说的话，参看原书第 38～39 页的注（中译本在第 22～24 页上）〕。

斯特拉波和康德的这些话是可以用现代科学用语来解释的。

---

① 只有我直接查核过的资料才注明出处，为了可以分清，在别处我都是依赖第二手的评论者的。

莱利所谓"足不出户的读者头脑中为学不专的好奇心",在康德看来,与科学却并不对立。相反,渴望认识世界的好奇心,却是要科学去追求知识、组织知识的推动力。确实,为了达到这一目的,就需要研究人员个人和团体各有所专,但康德承认,专业化的方式不止一种。当康德承认按对象的种类进行专业化的重要性时(这种专业化方式以后支配了自然科学领域),他看到那种专业化方式在地理学上是不可能的,因为它的唯一对象地球,对我们说来,在宇宙间是独一无二的。我们以后还要研讨他为地理学勾画出来的专业化方式(见第四章之二)。

然而17、18世纪撰述地理学论著的大部分作者,并没有想根据科学的利益来解释地理学的目的,他们关心的倒是它的实际用途。他们反复强调地理研究作为一种实现其他目的的手段的价值——为求了解历史和作为统治的一种实际辅助。维索茨基指出这种实用主义观点如何阻碍了地理学的科学发展〔*1*,96～130〕。

回顾早期失败的努力,我们需要研讨一下18世纪下半叶的一
37 些作者,他们人数虽少,但却在不断增加,他们在努力把地理学从附属地位提高为一门独立科学,而称之为"reine Geographie",即"纯地理学"。(与此语日后在欧美的用法迥异,读者可以注意到它在这里是用得很恰当的。)

在要求地理学不按政治区划,却按更实际、更有永久性的自然区划来考虑其对象——世界时,首先表现了这一动向。地域区划只能以边界来确定,于是这个概念就第一次表现于要求地理学按"陆地"的"自然边界"而不是按国家的政治疆域来划分。这一动向是附和了斯特拉波的,早在16世纪,就在许多作者身上表现出来了，他们之中有地理学家也有法学家，特别值得注意的是格鲁希阿斯〔*1*，193ff.；*5*，44ff.〕。然而，只要地理学还是被看作历史学和政府的侍婢，那就不可能取得什么进展。虽然有人以为，政治疆界经常变动，使得地理学家的工作似乎只有短暂的价值，但只要地理教师仍以传授政区知识为主要任务的话，这一论点就不恰当了。当中欧——德国和意大利——的政治地图是几百个邦七拼八凑起来的时候，地理教师要完成这一任务，就很难再腾出时间来考虑"自然区域了"。

另一方面，对正致力于发展一门科学地理学的人说来，靠政治区划来组织世界各区知识的老办法，看来分明是根本不能令人满意的。不论就当时或现今的欧洲政治地图而言，还是就当今美国的政治地图而言，凡是认真关切发展区域地理的学者，要说他们没有一个会认为政治区划"一般尚可满意"，看来也并不过分。

然而当时也正像今天一样，要是不按政治区划而从别的方面来考虑世界的地区，却碰到了如何能同样明确地划分陆地区的难题。18 世纪中叶，许多学者，特别是法国的比阿什，提出一个理论，似乎解答了这历久以来感觉到的需要——这就是山系连续网理论〔参见《威索茨基论》(*Der Zusammenhang der Gebirge*)，那一章 *1*〕。这个理论在德国立即被接受了，加德雷把它作为按自然条件划分世界为地带和区域(Gebiete)的基础。早在此时以前，在荷兰、意大利及德国就已作过相似的尝试，不过未曾受到重视，但加 38
特雷的著作对当时和后世却产生了显著影响，其中包括洪堡〔参看李希霍芬，*3*，671〕。因此我们可以拿他 1773～1775 年著作的出版来标志地理学持续不断进行改革的开始〔*1*，201ff.〕。

这一时期，科学地理学的发展还得到一种稍有不同的推动力，它来自哲学家伊曼努尔·康德在柯尼斯堡大学讲的“自然地理学”课。在1756～1796年间，他曾大约反复讲了48个学期〔*14*,9f.〕。正如格尔兰所指出的，对康德本人说来，研究地理学只不过是取得哲学思考的经验知识的途径罢了〔*12*〕。可是他发现这一学科发展和组织得不充分，于是就大力旁征博引，组织资料，苦思若干具体问题——例如由地球自转引起的风向之类〔*39*;13〕。

要估计康德在我们这一领域所做工作的重要历史意义是困难的。他讲的自然地理课是他最受欢迎的课程之一，在该课开设的40年间，听课学生极多，在1800年后他的讲稿出版以前，老早就有不少相当完整的手写本在流传了。此外，像赫尔德那样曾做过他的学生的人，也已把他的思想广为传播。这些讲稿，不论是通过间接途径，还是只在1801～1805年间出版以后，对洪堡和李特尔二人都有很大的影响，这一点下文就要谈到。

康德的课，大部分是遵照一个世纪前瓦伦纽斯所奠定、以后卢洛夫斯也曾沿用的“普通地理学”大纲(1755年德译本)。除了从卢洛夫斯取得大量资料外，康德以后还从伯格曼的著作(1766年以瑞典文、1769年以德文出版)，以及比阿什、比丰，特别是布申的著作〔*40*,注,551ff.;*14*,285ff.〕引用资料。然而他对个别国家的较简略的研讨，似乎既不是受到比阿什，也不是受到比丰的推动，才改变了布申按政区来划分的传统做法的；的确，这门课程的大纲
39 和教材在加特雷的著作问世以前早就确定了〔*39*,Ⅱ,1～12;*14*,27,31f.;*15*〕。①

① 康德的自然地理学讲稿有各种不同的版本，一个多世纪以来，对其真伪问题难

这里我们无法研讨“前古典”时期后的各个发展阶段，我们只 40
能简略地提一下推动它前进的潜在因素。各种自然科学的迅速发展意义重大，特别是相当准确的气压测量法的发明，使测量地表“垂直”尺度有了可能〔马尔特，*25*，30；佩歇尔，*66*，Ⅰ，329f.〕；德吕克的方法尤其值得注意，他的著作初次发表于1772年。此后一段时期，许多地理学家的基本方法，受到当时伟大的教育改革家，佩斯塔洛齐（苏黎世人）的显著影响。佩斯塔洛齐把卢梭的观点带到德国的学校里来〔*25*，30；Ⅰ，260ff.〕。与地理学思想的改变紧密相连——不论是原因还是结果，于是就有了按河流山脉的所谓“自然划分法”来划定法国诸省。稍晚的拿破仑战争期间，政治疆界激烈而频繁的变动，也使得以此种变动不定的情况为基础的地理教科书信誉扫地，从而也促成了让路于一门以描述世界自然状况为基

以定论；但康德派哲学家阿迪克斯煞费苦心的研究似已最后作出确证，对此我们可以扼要地总结一下〔*14*；15；参看格丹，*40*，509ff.〕。康德本人虽然绝不是为了出版而编写讲稿的，但至少有一份完全的手写本，不过他显然在讲课时常常离开这份讲稿，进行“口授”。此外，学生们也保存了少数原始记录以及数量较多的手抄稿，这就是阿迪克斯所谓的柯尼斯堡“工业的一个特殊分支”——把许多学生的笔记综合起来（时常将历年的笔记兼收并蓄），卖给别的学生。1801年，即康德逝世前三年，有个叫戈特弗里德·福尔默尔的人就根据这种资料，发行了一套据称是康德地理学六卷本的第一卷。有人指出，本书虽则以康德讲稿为基础，但在该书未加区别地予以利用的全部资料中，讲稿不会超过1/5，因此这个版本必须抛弃（不幸，佩歇尔却是根据福尔默尔的版本来研讨康德的著作的）。康德本人也不承认这个版本，并要求F.T.林克根据康德手头的各种手稿来编纂一部“核定本”。不幸他已到了耄耋之年，不能审核林克编成并在1802年出版的书。阿迪克斯把这个版本与上述的20余种手稿加以比较，断定此版的真实性一般无可置疑，但所依据的材料在时间上前后相隔几近20年之长。第一卷大部分（§1～52，略去§11和14）是根据康德1775年相当可靠的授课笔记编成的，康德本人并在笔记页边作过修改。第一卷其余部分及第二卷全部取材于康德本人的手稿，但此稿当不迟于1759年。此外，全部注释以及11、14两节，都是林克所加，他还多处擅自在文体上作了润色；虽则他的大部分修改适得其反，但对原义似乎并没有作重大的改动。

础的地理学〔*1*，257～266〕。

目前我们要谈的是地理学这一领域的性质——那是18世纪晚期一批人数虽少但却很活跃的作者所设想的地理学。生于洪堡和李特尔以前的这些作者，都试图把地理学建立为一门科学。我们不必为这一时期的终结定一个明确的界限，但却不妨认为此期也许包括19世纪前10年左右的那段时间。虽然洪堡在他极端重要的1799年热带美洲之行以前，至少发表过一篇地理学论文，但他开始发表地理学领域的主要著作，却要直到1804年归来以后。李特尔的名字第一次出现于地理学文献上，也正是这一年。但按照马尔特的说法，这两位伟人在地理学上占统治地位，却差不多要直到1820年〔*25*，6〕。

阿迪克斯觉得，如果康德知道林克编出了什么样的东西，他是不会允许林克出版那第二卷的。这部分依据的是过时了的材料，康德在口头讲授时显然已经作了删略或修改。但第一卷（§1～52）大致上相当于康德晚年所讲的课。（本文引用的所有比较重要的内容，都取自第一卷引路；按阿迪克斯的意见，系取自一份原始手稿，语言作了修正，但未改动其意义。这份手稿，他以为大概就是林克所使用过的那一份。）

从已发表的1765～1766年康德的课程教学大纲早就知道，他原来计划把他的大纲作一番重大的修改，大大缩减"自然地理学"，以便把大约2/3的时间致力于"伦理"地理学和"政治"地理学，但阿迪克斯研究了此后几年间学生的笔记后，作出结论说，他抽不出时间来做这件工作，大纲总的说来基本上还是保持先前的原样。

林克所编的康德的讲义，重新出版时有各种不同的版本，编辑们修改了他的许多比较明显的错误，大都对原义未作重大改动。柏林科学院的版本〔40〕大概要算是最差强人意的了。阿迪克斯建议根据现有手稿整理一部康德讲义的更真实可靠的版本，这意见显然没有被采纳。

阿迪克斯断言康德的著作除了历史兴趣外意义不大，对今天的地理学说来，无疑是正确的。地理学家中对康德著作曾作过仔细研究的，特别是格尔兰。1901年他开过一门12讲的课程，论述康德的地理学和人类学著作，这些讲稿日后公开发表了〔*12*〕。然而康德的研究中有个部分，即他对地理学与其他各门科学的关系的概念，今天对我们却具有根本的重要性，这一点在本文后面就可以看出。因此我们特别指出，阿迪克斯研究过的手稿原始资料，证明了林克编写的这一部分是可靠的。

18 世纪晚期从过去继承下来的地理学，主要限于人类所知的世界上的现象，这世界也即是地球的表面，广义上具有某种厚度的表面，上至大气层，下至人类穿透过的坚实土地。康德曾把自然地理领域描写为世界(Welt)，就我们所能与之发生关系的范围而论，这也就是我们的经历所发生的场所。研究地球球体是数理地理学的事，但就其造成各部分差异一点而言，又被认为属于自然地理学〔*40*，Ⅰ，§2,7〕。这一时期的大部分地理书中，对地球球体的论述都只限于绪论一章——用康德的话说，即数学概念(Mathematische Vorbegriffe)，而地理学实际所研究的却只限于地球表 41
面。"地球表面"(Erdoberfläche)这一专门术语使用频繁，到了1820 年，威廉密就明确地把地理学领域限制于地球表面。①

这一时期的地理学既包括地表各种现象的"一般"研究，也包括各地区所存在的多种现象的描写。一个领域内却包括了这两种研究形式，无疑是造成地理学方法论中比其他任何一个问题中争端要多些的原因。因此，没有把这种做法作为洪堡和李特尔偶然结合的结果采用到近代地理学中来，这是意义重大的。反之，正如赫特纳在他第一篇地理学史简论中所说的，古代地理学家的著作中也有同样的差异〔*2*，306f.；*161*，33f. 论述更详〕。他指出，这两个方向在不同时间互相冲突、互相交换其在地理学中的地位，这正好证明了它们并不是两门独立的科学，而只是同一门科学内部

① 除另有注明者外，关于这一时期的历史资料都取自维索茨基的《纯地理学》(*Die reine Geographie*)一章，这一章是按年代顺序编排的〔*1*，193～266〕。在任何情况下读者都不可擅用"第一次"这个形容词。对历史上的先后问题擅下结论不但是危险的，而且此处也与我们不相干；我们只要证明在这一时期结束以前已发展了什么思想就好了。

的不同方向而已。这两个方向的明显区别，也许要待到1650年才由瓦伦纽斯（一位居住在阿姆斯特丹的德国人，即伯纳德·瓦伦）第一次作了清楚的表述〔*10*，100ff.〕。当时大多数作者把地理学主要是限于对若干国家的粗略描述——其间不少是关于这些国家的政体，瓦伦纽斯则不同，他把这门学科分为“普通或普遍地理学”（general or universal geography）和“专门地理学”或“方志学”〔注意洪堡论瓦伦纽斯，*60*，Ⅰ，60〕。他于1650年早夭，年仅28岁，因而无法对第二部分进行研究，虽则从他先前关于日本史地的著作，可以看出他对地理学领域的这一部分并非不感兴趣。

瓦伦纽斯使用过的“普通”和“专门”地理学这些术语，以后成为欧洲地理学中关于这两个方面的标准术语，虽则以后许多作者对它们并不满意。我们在后面一节中可以看出，德国作者在描述“普通地理学”时频频使用“Systematische”（系统）这个形容词，支持了该国通用的“系统地理学”（Systematic goegraphy）这个术语。“专门地理学”这个术语在德国文献中大部分为“Länderkunde”（区域地理学）所取代，此词虽有明显的缺陷，却比非德语的“专门
42 地理学”或如今在德国以外几乎已普遍使用的“区域地理学”一语更为人所喜用（见第十一章之五）。

卢洛夫斯和伯格曼继瓦伦纽斯之后专心致志于系统地理学。康德虽则部分地也依靠这些术语，但也提出Länderkunde的地位，不过他开始这样的区域研究并没有以他的系统研究作为巩固的基础〔*40*，Ⅰ，§3，Ⅱ，摘要3〕。对地理学这两方面的明显区别，加特雷在1773～1975年、克鲁格在1800年，尤其是布黑在1812年说得更为清楚。

这一时期的系统研究，虽然无疑在地理学逐渐树立起科学地位的进程中具有很大重要性，但普莱韦发现不少系统研究却有脱离地理学而成为别的科学研究的倾向，伯格曼的研究特别明显。与此相反，第一个伟大的科学地理学旅行家约翰·赖恩霍尔德·福斯特却一贯坚持切合于地理学的“宏观”意义，并试图解释他所研究的每一类现象的区域关系。洪堡认为 J. R. 福斯特的著作——特别是他的儿子格奥格的著作——意义重大，下文可以看出，他们父子俩的著作对他是有决定性影响的。也有些人（如普莱韦就是）把老福斯特推为第一位（按时间顺序）伟大的“古典地理学家”〔*8*，22～26〕。①

普通地理学（即系统地理学）与区域地理学之分，因而就表现了地理学作为一门近代科学的整个发展的初期所特有的二元论形式。地理学的这种二元论形式，正如 1890 年瓦格纳所告诫的〔*80*，375〕，不应与内容方面的二元论相混淆，而实际情况却往往正是如此。

在内容方面，18世纪的作者通常作三种划分：“数理地理学”、

---

① 福斯特氏父子——约翰·赖恩霍尔德（1729～1798）和格奥格·福斯特（1754～1794）——的著作很难分开，因为他们许多重要的旅程都是同行的，老福斯特的许多著作都由其子在德国发表，小福斯特在研究方法上也依赖父亲。小福斯特年方四十就早逝了，但当时老福斯特还活着。他们虽然是德国人，但在英国也住过几年，而且老福斯特还在英国当过两年自然史教授。1772～1775 年，父子俩随同库克船长航行，但几年后又回到德国。J. R. 福斯特的《观察手记》（*Observations*）就是记载与库克一起航行中的见闻，该书用英文写成，在英格兰出版，但小福斯特的德译本影响更大〔*41*；英国作者迪金森和霍沃思仅提及德文版，*10*，172〕。大多数学者的结论是：老福斯特是更重要的先驱者〔参看 A. 多弗 *16*〕；普莱韦却觉得，个人感情驱使洪堡屡屡提起他的朋友格奥格·福斯特的著作，却牺牲了他的不太随和的父亲〔*8*，22～26；但也当注意洪堡致老福斯特的一些书信，*17*〕。

43 “自然地理学”和一门有“历史地理学”或“政治地理学”两种不同称呼的学科，但不可与今日所用（或康德所用）的那些术语的含义相混淆。数理地理学的主要部分是把地球作为天文学上的星体来研究，其意义总是较小，而实际上其研究大半总是留给天文学家的。1808年措伊内、1811年布特都明确地在他们的地理学大纲中把它删除了。

内容上的重大差别，在于自然地理学所包括的东西与我们不妨称之为社会地理学的学科所包括的东西之别。自然现象与社会现象迥然不同，随着研究自然现象的科学方法的突飞猛进，两者之间的悬殊也更形分明。要发展一门统一的科学，有的人就建议把这一领域局限于当时所谓的“自然地理学”。今天的学者如果只按当时那些作者所使用的名称来看这一时期，对他们的著作就会得到错误的概念。这一时期，几乎所有作者——包括康德、福斯特，以后还有洪堡——在使用“自然地理学”一语时，并不限于以后称为“物质”或“自然”环境的范围，就连人种也包括在内，而且常常包括他们在地球上的物质成果。因此康德不但把人作为“围抱于地球表面（Erdboden）中”的特征之一包括在里面，而且还认为人是影响地球上各种变化的五大营力之一〔*40*，Ⅱ，§1～7，Ⅰ，§74〕。确实，康德的“自然地理学”无论在目的上还是内容上，都可以视之为“人本主义的”，李特尔就从康德继承了这一观点〔据贝克尔，*5*，53〕。

这一时期的作者，很少把关于自然特征——即非人文特征——的地理学与人文地理学加以区别，而这种区别却是我们最熟悉的，不过在1787年J. M. F. 舒尔策的著作和1811年吕尔的

著作中已可看到这种区别了。此后一段时期——即约莫到了19世纪中叶——大多数作者运用“自然”一词，并不是要与人文相区别，却是借以表示在外界所感知的事物，以别于人的内心思想感情。就我所知，这一时期的地理学家没有一个怀疑过地球上的人文特征或有机特征在地理学领域里的地位。然而人们也许会注意到，1810年霍迈尔——或尚有别人——对“纯地理学”的解释有那么一种趋向，即限于地势条件，而把气候、矿物和有机生命的研究留给“博物学”(Naturkunde)、“自然描述”(Naturbeschreibung)和“区域地理学”(Länderkunde)〔*1*，221〕。

虽然这时期的作者也承认，他们企图发展的科学地理学包括着些略有独立的部分——“自然”地理学和社会地理学，但又认为 44
其间互有联系，不但因为所研究的现象存在于同一地点，而且因为这些现象是互相联系、互为因果的。毫无疑义，在地理学中，对不同人群之间的关系及其自然环境的独特性感兴趣，历来是被认为理所当然的。例如康德就曾指出，“在山区，人们是积极而一贯地热爱自由、热爱乡土的勇士”〔*40*，Ⅱ，§4〕，加特雷及其追随者也讨论过类似的关系〔*5*，48～53〕。康德明确地把地理学各社会分支奠基于其与自然地理学的联系上：“在许多情况下，神学原则由于地域(Boden)差异而发生重大变化”〔*40*，Ⅰ，19〕。在这一点上，米莱在1785年，Fr. 舒尔茨在1803年，以及此后10年间许多别的学者都是遵循康德的。据我所知，这一时期的学者没有一个想到要把这些关系本身作为地理学研究的直接对象来研讨的。

这一时期的下半叶，对地球表面存在的现象，不论有机无机，把其间的错综复杂的关系全都看成整体各部分间的功能关系，已成为常事了。康德早就表达了这个思想，他以为把物体按类别作系统安排，有如林奈的系统那样，就是把自然界分割成部分而不组成系统[①]；自然地理学则“按地区(Raum)给人以整体的观念”〔参见普莱韦，*8*，39〕。到了下一个世纪初期，这个思想显然得到了当时哲学观点的强大支持，所以 1811 年布特这样说：“没有一个科学家怀疑地球有机体的实在性”〔*1*，230〕。同样，任何地区内部，所有相互联系现象的组合——照 1811 年克劳斯及布特的说法——并非仅仅是一种聚集体，而且是一种相互联系的“整体”。

这一时期的作者——其实此后任何时期的作者也都如此，很少把各地或各区所有现象的统一性(我们可称之为垂直的整体性或统一性)与该区作为有别于其相邻各单元的个体单元的水平统一性，在概念上加以清楚的区别。后一概念，正如 1827 年布黑所指出的，在某种意义上是在新、老两个地理学派的竞争中强加于新派创建人身上的〔*51*，86f.〕。新地理学也需要在性质上以某种方
45 式划定的、同样明确的“自然”区划，来取代政治疆界清楚划定的明确的国家地区区划。有一个时期，这种明确的自然分界似乎是由“山脉网”分开(当然也是由海洋分开)的流域盆地来确定的。随着对地表实际情况的知识日增，这个理论已站不住脚，于是为这种地区“自然区划”寻求“自然分界”的问题也更形困难。这里我们不必去管“干分界”(分水岭)和“湿分界”(河流)的支持者之间的长期冲突，也不必去管把两者结合起来的企图。这一时期末，自然哲学几乎对所有地理学家都有显著影响，一般理论似乎大部分受到自然

① 康德当然是在达尔文赋予生物科学以统一的体系以前老早就在写作了。然而格尔兰设想康德对林奈的考虑是错误的。

哲学概念的支持。当时地理学中的这种哲学概念词句，实际上已被政治领导人接过去了，至少在合乎他们的一定目的时是如此。就是在这一基础上，达尔东为革命的法兰西向莱茵河扩张辩护〔*1*，258f.；参见斯珀勒尔络以后时期相似的政治论点所加的长注，*68*，363〕。

虽然早在1773年加特雷实际上就已采用了陆地自然分区的概念，可是把每一分区看作其本身就是一个自然区划，却要一直待到1805年才明确地出现于霍迈尔的著作中〔比尔格尔，*11*，7～12〕。霍迈尔也像他的先辈一样，在他们看来，这种统一性也许只不过表现了地形的统一性而已。组成的统一性——即把一个地区所有现象的总和融合成一个单元而与邻区的现象总和截然不同，这个概念是措伊内在1801～1811年、布特在1811年着重说明过的。在布特看来，各地各区都是"有机体"，也与任何有机体一样，有物理的一面（即无生命性）和心理的一面（即有生命性，其中包括人类）。"单位地区（Räume）同化其居民"，反之，"居民同样也无时不在竭力同化其地区"〔*1*，231〕。

然而这一时期还有些作者却并非毫无怀疑地就接受这些概念。1811年吕尔·冯·利林斯特伦以为建立明确的"自然区域"是行不通的，来反对措伊内的理论。10年后，威廉密和塞尔滕都竭力主张单位地区的分界不能只根据某一种现象来决定，并以为许多不同种类的分界都是模糊不清的，而且总起来看又互不一致，要作出明确的分界殊非易事。"然而"，威廉密说，"只要我们从（一地区所有因素总和的）特定构成本身的完满形式来看，而不是从其边界或过渡地带来看，那么自然的形式立即就一清二楚而且分野判然了”〔引自布黑，*51*，89；又见 *1*，245〕。

46 1827 年 A. L. 布黑对这些概念作了最彻底的批判。在 15 年前的一次讨论中，他略带几分踌躇，接受了自然边界概念，显然也接受了以区域为自然区划的概念。然而吕尔对措伊内的批判性的讨论给他以强烈的印象，他自己也在力求建立大洲各部分间的自然分区，这都使他对这种理论更感怀疑。他以为塞尔滕——特别是威廉密——的论述揭露了其根本上的谬误，即使他们都还没有作出最后结论。[①] 他很关心这个问题以及地理学上的其他类似问题，于是以批判的眼光审阅了 19 世纪初的二三十年间德国出版的近 40 种地理教科书。贝格豪斯看出了这种非凡研究的价值〔*55*，编者脚注 516 页〕，它在地理学方法论的批判性著作中理应占有很高的地位。威索茨基对前古典时期作全面评述时下的结论，公正地给他的论述以突出的地位。对布黑抨击自然边界和自然区域概念的论点，今天的作者已没有多少可以补充的了。[②] 布黑的研究如果没有这样被最近德国和美国地理学家所普遍忽视的话，那么本文后面一节对以区域为具体自然区划的讨论，大部分就会成为多余了。确实，这么说似乎不算过分。[③]

---

① 布黑〔*51*，34，37，44，89f.，116ff.〕；威廉密匿名发表著作，布黑不知其名；原作者是谁是从威索茨基得知的〔*1*，243～247〕。

② 布尔格尔根据布黑早期的论述，把他与措伊内同列为洪堡和李特尔在提出地区统一性概念上的两位先行者；但布尔格尔对布黑以后完全而且断然转向反面一事甚至不置一词，尽管威索茨基对此事说得清清楚楚，而且布尔格尔看来一部分还是根据他的看法的〔*11*，11f.〕。

③ 布黑的批判中有若干论点，其中的一点是猛烈地抨击了运用墨卡托投影于世界地图和中纬度地区地图的做法，这一时期有许多教科书就是这样画的〔*51*，53～56〕。同样，我们可以及时提一提他的另一些论点，即反对把历史和地理合并为一门课程来进行教学〔237～242〕。

布黑的研究是前古典时期区域地理方法论登峰造极的表现，在某种意义上说，也是一条死胡同。一开始他就宣判长期寻找真正的“自然分区”是无用的，但他不肯回过头来使用政治分区。他却提出，无论是定界线还是定分区都是不必要的；区域研究只为特定目的所需要，为了达到这些目的，对有关地区怎么方便就可以任意怎么划〔84～93〕。地理学的基本工作是关于现象诸范畴 47
的系统研究，但每一现象都与地球有关。布黑最后的研究还远远落在“古典时期”以内，因而我们还有机会再来研讨这方面的结论。

前古典时期地理学的另一些特征可以更简略地提一提。霍迈尔把景观的美学地理学性质的研究看作地理学的一部分，他强调一个地区的景物在眺望者心灵里所留下的印象。然而霍迈尔是最早在这一术语上把混乱带到地理学中来的学者之一，因为他明确地把它定义为领土的一部分，其规模在小区（Gegend）和大区（Land）之间〔*1*，211页以下，220〕。照洪堡的说法，发扬自然的美学描写，以卢梭、比丰、贝纳丁·德·圣彼埃尔（在《保罗与维尔吉尼》，Paulet Virginie 中）、夏多布里昂、普莱费尔和歌德更为重要，在地理学家中，尤推格奥格·福斯特〔*43*，13；*52*，27；及 *60*，Ⅱ，65～75〕。

新地理科学的支持者认为地理学与历史学密切相关，但又坚持地理学不应当成为“历史学的侍婢”，两者都是姐妹学科，这是它的发展方式的自然结果。康德把这两门学科极其清楚地作了比较，下面一节里我们将会谈到。1811年吕尔论述了地理学研究应在何种程度上包括历史论述，1827年布黑的意见更值得注意〔*51*，

237ff.〕。

虽则新地理学在自然特征上而不是政治特征上找到了它的基础,但它并不排除如我们所理解的政治地理学的专门问题。反之,它还声称,它为该领域研究所提供的基础,要比旧地理学(无非组成政治地理学和历史地理学罢了)所提供的基础更坚实。特别是这一时期各国疆界变动剧烈,始终吸引着地理学家的注意;同时,正如我们所指出的,起初提出来作为自然地理学框架的“自然边界”概念,却极其简单化地被带到政治地理学和政治实践中来了〔*1*,258～259〕。这又产生了一种副作用,就是引起了“自然边界”一语进一步的混乱,把语言边界也包括进来了〔240〕,这个概念近来又被欧洲一个统治者再次加以强调——当然不无前后矛盾之处。

虽然新地理科学向更永恒的地球自然特征寻求基础,但以与
48 人类的关系为主来看自然特征,则是当时的特点。那个时期,大部分作者不论自觉不自觉,都是遵循康德,按其对人类的极大重要性来看自然特征的。米莱在1785年、凯塞尔在1810年都特别强调把地球看作“人类的居处(Wohnsitz)”来研究。另一方面,像霍迈尔一派的作者,我们又可以看出一种偏离这个观点的倾向:他们强调以描述地球形态——用纯描写的措辞而不加解释——作为“纯地理学”的唯一内容,而所有其他特点,则可以在应用地理学中加以考虑〔普莱韦,*8*,19〕。

当时表现出来的另一种地理学概念,则以为地理学是关于事物的“何处”的研究。1806年林德纳提出这一看法,当年就受到李特尔的强烈反对。

最后，可以再补充一点：刻意建设一门地理科学的学者，都反复强调科学工作的两个基本原则的重要性。盲从权威是早期的特点，先验地构成所设想的地球实况系统，则是18世纪不少著作的特点。与此相反，到了这一时期末，许多学者却强调：第一件要事就是要肯定实际的事实。他们也撰文反复说明需要指出资料的来源〔1，255ff.〕。

然而"纯地理学"这门新科学相当大的部分只是目的和希望的表现，还不是已经取得的成就。尽管这一时期的地理学家坚持要证实事实，他们却继续建立先验的事实系统而不去验证它们，只有少数人是例外。我们现在还承袭下许多这样的概念，或者加以改头换面。自从布特把地区说成有机体以后，就我所知，这一百二三十年间，就没有一个地理学家曾认真地试图去证实什么区域的有机性质，可是最时兴的一类通用课本书，却还在重弹这种先验的假设的老调。布黑的科学品德使他宣布把陆地划分为自然区域已归于失败，自此以来的一个世纪中，就我所知，从没有一个人曾认真地试图指出他的方法和论点的错误，或者拿出他认定是不可能的东西；尽管如此，把区域视为一个明确的一元的实体的概念，在今天一大批地理学家的著作中还是表现得很突出的。

二、古典时期：洪堡与李特尔

如果说18世纪晚期的地理学家发展了新地理科学的大部分理论概念，那么把他们的"思想、要求和愿望转化为实际"，却主要 49

是亚历山大·冯·洪堡和卡尔·李特尔所做的工作。[①]世界各国的近代地理学竟有如许须归功于两位生于同一时代、同一国家甚至30余年都在同一城市的人，这真是一件非同寻常的事。

这种情况却并非单纯的偶合。两位地理学"创建人"大部分是有赖于他们的先辈的，这些先辈当然是他们所共有的。此外，李特尔再三肯定，在好多方面，比他年长10岁的洪堡是他的老师，研究他的著作的人也没有一个怀疑过这一点。佩歇尔颇为有力地赞同李特尔的话，以为没有洪堡的著作也就不可能产生他本人的著作〔*66*，Ⅰ，324；*49*，Ⅰ，54f.〕。这话虽略嫌夸张，但李特尔在无数处重复了洪堡的思想[②]，并明确注出引用洪堡著作达数百处之多，这都足以证明他说的基本上是事实。洪堡本人也证明这些并非仅仅是学究先生的烦琐注解。他在论述中亚的最后一部著作的导言中提到先前出版的一系列旅行记时说："我对亚洲诸山系提出的术语以及认为它们是互不相干的地质学观点，我的大名鼎鼎的老朋友卡尔·李特尔在他论亚洲的大作中已作过极其精彩的讨论了"〔*59*，Ⅰ，xlviii〕。

虽然洪堡在自己的文章中反复利用李特尔的著作——在《中亚》一书中引用李特尔当逾百处，但在他会见这位青年学者以

① 此语引自威索茨基，但他只说到李特尔〔*1*，257〕。照大多数别的作者的意见（其中包括佩歇尔、李希霍芬、赫特纳和彭克），洪堡对地理学地位的重要，可与李特尔相伯仲，甚至还要超过李特尔；特别请参看彭克〔*137*，158～176〕。

② 例如，可将1833年李特尔讲课中〔*50*，152f.〕把历史学与地理学作比较的话〔*52*，14〕与1827～1828年洪堡在柏林的讲课〔*52*，14〕两相印证一下；但两人的话也可能都是各自直接取自康德。详细研究两位地理学创建人著作中的共同成分，可以作为一篇饶有趣味的论文题目。德林的扼要说明是以对洪堡的透彻研究为基础的，但对李特尔的著作则只简略地浏览了一下〔*22*，160～163〕。

前，也即李特尔第一部地理著作问世以前，他关于地理学的一般概
念显然已完全形成了。洪堡所受的教养既非为了地理学，也非为
了科学，却是为了政府工作，他读过的课程有工艺学、经济学、历
史、哲学等。但他最大的兴趣还在于研究自然——他当矿区视察
员，就关心研究地下植被——他与格奥格·福斯特交往很密切，又 50
使他的兴趣转向地理学方面。特别是1790年他们同在莱茵省和
英国旅行，更激发了洪堡作科学旅行的雄心，并使他接触到福斯特
的地理研究方法〔*47*，Ⅰ，41；60，Ⅱ，72；参见 *20*，Ⅰ，95～108；*8*，
23～24；见注⑤〕。洪堡关于地理学的概念，很可能早就受到康德
的间接影响了〔*20*，Ⅰ，46，50ff.〕。

洪堡在政府任职的短期内，发表过不少科学论文，其中也有一两篇是地理学方面的，不过他的皇皇巨著当然是1799～1804年的热带美洲旅行及1829年那次中亚旅行的成果。然而，如果设想他的地理学著作只限于他个人的观察，或者只限于他观察过的地区，那都是错误的。他作过60余年积极的地理研究，但他的考察总起来几乎还不到5年(当然，洪堡下半生担任普鲁士国王的私人顾问十分活跃，大量时间都花在国务问题上)。洪堡甚至在著《宇宙》以前，就有许多研究已经扩大到整个世界了，还靠着利用无数别的探险家和科学家的著作。确实，洪堡在一生的大部分时间中，只是个书房加图书馆的地理学家，这也与李特尔差不了多少。

洪堡的著作虽对李特尔毕生都有重大影响，但佩歇尔说他们在1807年数周的初次接触，是使那位青年学者转向地理学的关键，这却无疑是过甚其辞了。拉策尔早已指出，无论是持此说——继佩歇尔之后，也有些作者同声附和——还是泛泛推论李特尔是由历

史学进入地理学的，在他一生里都找不到真凭实据的支持〔*26*，423，389ff.〕。可能在李特尔时代，没有一个学生是像他那样专门为地理学而培养的，就是以后也没有几个。① 早自童年时起，直到他进大学为止，他都生活在施内普芬塔尔的一所学校里，该校办学是照卢梭和佩斯塔洛齐的格言：关于世界的知识是由步行和长途
51 旅行中直接观察自然得到的。这个时期，这位青年受到J.C.F.古茨穆特斯亲自特殊的关怀。古茨穆特斯这位教师的主要兴趣是研究自然和地理学，他本人对地理学的发展也有所贡献〔拉策尔 *26*，283，388ff.；普莱韦，*8*，39〕。当时地理学是卡尔·李特尔心爱的学科，到了大学时期，自然科学连同历史学和神学吸引着他的大部分注意力。离开大学后，他也没有中止研究，因为他在弗兰克福一户人家当了几近20年的家庭教师，既有需要、也有机会继续研究自然科学和史地，并在莱茵河西部地区和瑞士等地作了无数次实地考察旅行，进行周详的观察。他还因而能和当时许多杰出的学者有了密切的交往，其中对他至关重要的是解剖学家泽梅林、地质学家埃贝尔和教育改革带头人佩斯塔洛齐。

总之，我们可以断言：李特尔为研究所作的准备，涉及的范围极广，其中自然科学，特别是研究自然的观察方法占着主导地位；但另一方面，他对人文问题（即历史学）的兴趣却与日俱增。他在康德的追随者赫德尔的著作中读到的地理学，保持着他早年的研

---

① 关于传记资料，除另有注明者外，一概取自克拉默尔的名作，该书部分是根据李特尔的日记写成的〔*24*〕；拉策尔在评述李特尔的生活和著作时，也摘录了该书〔*26*〕。此处的叙述失于冗长，目的是要纠正几乎所有英语叙述中共有的错误印象。迪金森和霍沃思〔*10*，150～161〕虽然承认李特尔的重要性，但在好些重要方面的印象显然是错误的，这可能是受到美国作者盖奇所作传记的影响〔参看克拉默尔，*24*，Ⅱ，35〕。

究与最后兴趣间的联系〔参看施米特，*7*，78f.，41～44〕。虽则1807年他与洪堡的会晤，无疑激发了他对地理学的兴趣，因为洪堡明确指出地球状况对人类的重大意义，不过此后至少有10年时间，李特尔仍然踌躇不决，不知是继续搞地理工作还是转向历史学好。

姑且不论他的一系列为小学生编写的研究地理的书，他发表的最早著作是论述欧洲地理。这些著作出现于1804～1807年间，在德国留下了相当深的印象。其中一本在法国受到热烈的评论，该书对欧洲系统地理作了简要研究，以6张按各类现象绘制的地图为基础，附有文字解释。此书在洪堡发表类似的地图以前几年问世，用普莱韦的话来说，成为“最早的自然地图集”〔*8*，30；参见克拉默尔，*24*，Ⅰ，255〕。虽然所有这些地理学论著都是在他与洪堡那次传为美谈的会晤以前问世的，但据文中所说，他“如饥似渴地饱览洪堡所有的著作”〔*24*，Ⅰ，167〕之语看来，足见他早已受到洪堡的影响了。

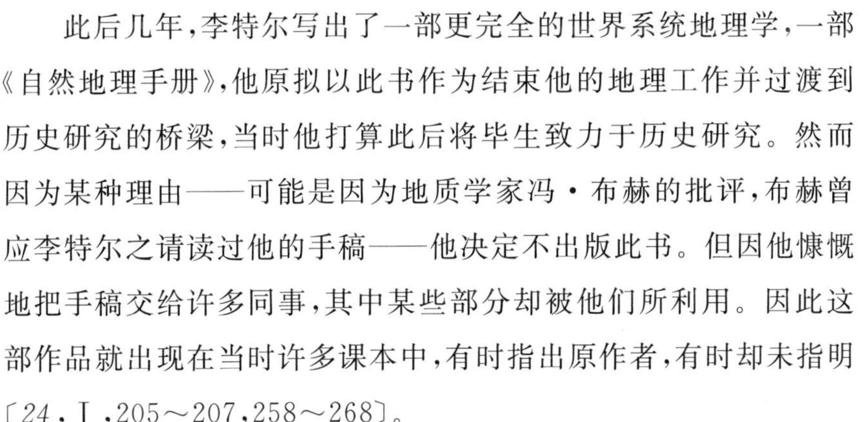

此后几年，李特尔写出了一部更完全的世界系统地理学，一部《自然地理手册》，他原拟以此书作为结束他的地理工作并过渡到历史研究的桥梁，当时他打算此后将毕生致力于历史研究。然而 52
因为某种理由——可能是因为地质学家冯·布赫的批评，布赫曾应李特尔之请读过他的手稿——他决定不出版此书。但因他慷慨地把手稿交给许多同事，其中某些部分却被他们所利用。因此这部作品就出现在当时许多课本中，有时指出原作者，有时却未指明〔*24*，Ⅰ，205～207，258～268〕。

在同一时期，李特尔对亚洲的研究把他引入了历史学领域。他写了一部关于古代史的长篇研究(以后在1820年出版)——用拉策尔的话说,这是"李特尔的纯属历史性质的唯一著作"〔*26*,410〕。但他显然是打算完全转入历史的。为了结束他的地理工作,他草拟了一个计划,想把全世界划分成区域,原拟写成《地学》(*Erdkunde*)四卷本。这样,此书就可为历史研究提供坚实的基础了。他在格廷根大学工作,同时还开了些历史学课程,但也开设矿物学。他按计划完成了论述非洲的第一卷,但不久就觉察到他搜集的有关亚洲的大量资料,一卷书是无法容纳的,于是他又出了第二卷,仅仅作为亚洲研究的一部分。1817年和1818年这两卷书的出版,给学术界以强烈的印象。马尔特说,几乎同时,李特尔就被公认"无疑是地理学的改革者,是使这一领域成为一门科学的第一位大师"〔*25*,6;又见克拉默尔,*24*,Ⅰ,377f.,464f.;拉策尔,*26*,689f.;施米特,*7*,86〕。

因此,李特尔尚未在研究院任职的时候,就已确立了作为研究院地理学大师的地位。他在弗兰克福大学预科学校担任了一年史地教授以后,由于柏林几位官员——其中包括亚历山大的兄弟威廉·冯·洪堡〔*24*,Ⅰ,436,447〕——的努力,为李特尔安排了两个职位,一在军事学院,一在大学。1820年,李特尔作为大学第一位地理学教授前往柏林。究竟是什么时候他认识到"结束"地理工作以便转入历史学的计划已难实现,现在还弄不清楚,但无论如何,他一生中此后的39年,还是在柏林继续搞地理工作,虽则在以后几卷《地学》中,他对历史学的兴趣也日渐明显。

1827年,洪堡最后从巴黎移居柏林,两位大师间专业上的联系不断增加了。克拉默尔曾在李特尔家住过几年,照他的说法,晚

期那几年只要他们都在柏林，几乎无日不来交换一些大大小小的 53
意见〔*24*，Ⅱ，85〕。[①]

这里不是评价李特尔对地理学的贡献的地方，作这样的尝试也并无必要。历史上从来没有一位地理学家会像李特尔那样，有这么多人反复讨论他的著作，而且常常带有批评。下面几段提到的著作，都并非纯属对一位伟大的“传统”人物表示敬意之辞。除了引自洪堡的话以外，这些话都是从一些作者以批判眼光检查李特尔论著的文章中摘录下来的，他们都毫不犹豫地指出李特尔著作的缺点，指出他所实现的离开他所宣布的目的有多远。但这些曾彻底研究过他的著作的学者还是一致同意洪堡，承认这确是“杰作”。对李特尔著作的评述，特别重要的有佩歇尔、马尔特、拉策尔、赫策尔和威索茨基等的论著〔*66*，Ⅰ，336ff.；*26*，405～428；*27*；*1*，267～323〕。

鉴于李特尔和洪堡在个性上以及由此导致的研究工作上的差异，特别还是因为他们的地理学观点被人们认为是对立的，所以理当更详细地谈谈洪堡的观点。洪堡最早表达这些观点，据我所知，是1827～1828年间他在柏林大学讲课的时候。他说到李特尔的

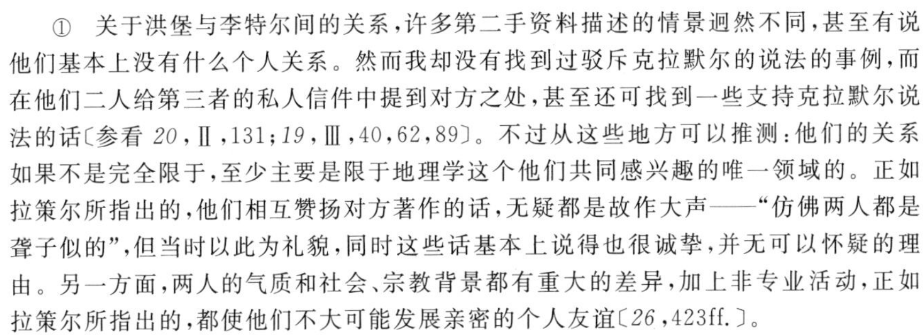

① 关于洪堡与李特尔间的关系，许多第二手资料描述的情景迥然不同，甚至有说他们基本上没有什么个人关系。然而我却没有找到过驳斥克拉默尔的说法的事例，而在他们二人给第三者的私人信件中提到对方之处，甚至还可找到一些支持克拉默尔说法的话〔参看 *20*，Ⅱ，131；*19*，Ⅲ，40，62，89〕。不过从这些地方可以推测：他们的关系如果不是完全限于，至少主要是限于地理学这个他们共同感兴趣的唯一领域的。正如拉策尔所指出的，他们相互赞扬对方著作的话，无疑都是故作大声——“仿佛两人都是聋子似的”，但当时以此为礼貌，同时这些话基本上说得也很诚挚，并无可以怀疑的理由。另一方面，两人的气质和社会、宗教背景都有重大的差异，加上非专业活动，正如拉策尔所指出的，都使他们不大可能发展亲密的个人友谊〔*26*，423ff.〕。

《地学》——当时还只出了头两卷——誉为“本世纪所出的这一类
著作(指比较地理学)中最有才气的一部;在表现地表景象对民族
及其命运所起的影响上,这是第一部著作”〔*52*,14f.〕。在那种场
合固然也需要说几句赞美之辞,但他也并不是光说好话。几年后,
在 1832 年致李特尔的一封私人书信中,他盛赞其论述亚洲的著
作,又说,向国王和朝中诸公称颂此书,告诉他们“如此重要的著作,
54 30 年来未曾有”,他极感快慰〔*24*,Ⅱ,120〕。洪堡运用他在朝廷中
的影响,为李特尔卸脱了一些繁重的职务(可能是在军事学院的职
务),以便他完成《地学》这部著作〔*24*,Ⅱ,32f.;*20*,Ⅱ,127〕。洪
堡没有改变他的意见,他在日后的著作中说的许多话证明了这一
点。在他的中亚导论中,吉格尼奥特下了正确的定论:这是“当今为
科学树立的最伟大、最壮丽的纪念碑之一”〔*59*,Ⅰ,xlviiif.〕。在
《宇宙》第一卷(1845 年)中,他又提到“卡尔·李特尔的伟大的、才气
横溢的著作”,此书“说明了只有当人们用一个观点去理解在各种
不同地带搜集到的成堆事实,并以善于综合的(combinierenden)
智慧加以处理的时候,比较地理学才能达到彻底”〔*60*,Ⅰ,18〕。
同卷稍后,他提到李特尔的著作,以为完成了在科学发展的早期瓦
伦纽斯本人未能完成的部分计划。他说:“目睹比较地理学在极广
阔的范围中,诚然,是在其反映人类历史、反映地球形状与民族特
点和文明进展方向的关系中,以巧妙的方式得到培育,这是为我们
这个时代保留下来的”〔*60*,Ⅰ,60,脚注中提及李特尔〕。

李特尔企图带入地理学的新方向,在 1804 年以后的许多著作中都有明确的表述。他屡次反复说明的第一个原则是:地理学必须是一种经验的科学,而不是一种从理性原则——从哲学——或

从“普通地理学”的先验理论推演出来的科学。他写到他的《地学》说：“应当保证整个工作的真实性的基本准则，就是从观察到观察，而不是从意见或假设到观察”〔49，Ⅰ，23〕。

因此在李特尔对地理学的改革中，第一个大要点就是要求终止从理论研讨引导出地球形态系统的一切企图。他是属于最早一批人，他们首先指出山脉连续网理论与实际观察记载相反，同样，山脉脊线与流域盆地分水岭之间，也并不存在人们常常设想的那种普遍一致性。虽则李特尔通过赫德尔从康德接受过来的宇宙目的论观点，提供了他的研究目的的背景，他却不是一位像康德那样为了建立认识世界的理论才需要地理学的哲学家〔参看阿迪克斯，13，75f.，190f.；格尔兰，12〕。李特尔深信存在着支配地球上人文现象与非人文现象的关系的规律，他并不急于证实它们，但却感到，如果他能把各地区观察到的所有事实和关系都汇集起来，那么就有可能表述这些规律。想先阐释这些规律的尝试——他本人，55
也许还有别人都作过这种尝试，证明并不成功：“我们必须请地球来解答它自己的规律”〔49，Ⅰ，4〕。

因此李特尔是反对“圈椅里的地理学”——这称呼也许恰如其分——的第一个伟大人物。一方面，作为一位学者和教师，而不是探险家和野外工作者，正如赫特纳所说〔2，310〕，李特尔是一位图书馆加书斋的地理学家：他在著作中所利用的观察资料，并不是直接获得，却取之于别的第一手观察者的著作。有人常常误以为他不去旅行、不去观察，但事实并非如此；相反，他一生旅行得很多，在欧洲许多地方都作了详细的观察记录〔24，Ⅰ，271～331，Ⅱ，64～83〕。但因他不幸陷入亚洲研究太深了，以致永远未能开始撰写欧洲各卷，他在亲身旅行中所作的详细观察记录，也就只有帮助他“理解别人观察到的东西”的价值了。

李特尔根据别人的观察资料来写自己的著作，但并未满足于那么一点有限的资料，而他的大部分先辈对此却已感到够用了。为了达到最高程度的精确性，他的计划是最大限度地把所有时代、所有民族、形形色色、为数众多的值得信任的证人，都带到所讨论的每一要点上来，把他们的证词摆在一起查阅，不论作为印证还是作为对比〔49，Ⅰ，23〕。这些资料绝不限于旅行家的著述，不论是科学旅行家还是别的什么人，而且他也引用一大批专门科学家的著作。这一点，只要浏览一下导论或各卷的脚注，就可以看出来了。

1827～1828 年冬，洪堡在柏林大学授课，讨论原始资料的使用时，脑子里已经有了李特尔的工作方法和他自己的工作方法，这似乎是没有疑问的。“个别观察者所见的东西，比起千百年来就已被人们观察过的东西来，自然是微不足道的。如果说搜集观察资料非常重要的话，那么同样也需要从事研究自然科学的某些部分，因为只有这样才能学会理解别人所观察到的东西。对于那些花得起大量必要时间和精力的人，最重要的方法就是研究所有旅行记，研究所有单篇论文，因为只有通过个别事例才能认识一般的东西……”〔52，26〕。

浏览李特尔描述亚洲的那些篇幅，对他所依靠的原始资料数量之大，种类之多，我们不可能不得到深刻的印象。这些资料中有像布赫和洪堡那样一些同时代科学家的著作——他们的著作因人引用而增光，并不亚于因人赞誉而生色，也有早期旅行家的报

告——不论是一些非科学旅行家还是那些洪堡对之表示不满的 56
人:他们对“各个孤立科学分支的功底则有余”,但“学识渊博则不足”,因而无力研究相互关联的不同范畴的现象〔*47*,Ⅰ,4〕;还有出自中世纪作家和古典作家笔下的一大堆各种各类的著作。在很大程度上,这也是洪堡在著作中引用的同一类资料,在很多情况下还是同一些著作。虽因涉及的分量过大,致使李特尔无法完成原来打算囊括全球的目标——事实上也使他偏离了想把公认的人文实际和自然实际互相联系起来这个目的,但无论如何,他已能宣称:他已经把所有搜集得到的证据汇总起来进行比较,来验证事实了。许多人都证实他这方面是做得成功的,而第一个就是洪堡;他特别谈到中亚,他本人对这个地区就很熟悉。在李特尔把1832年第二版论亚洲的第一卷寄给洪堡以后不久,洪堡写信给他说,他找不出语言来“表达我对你论述亚洲的大作满怀由衷钦佩的心情。近两年来我一直在认真地研究亚洲内陆,使用了所有的资料,但只有在这三天中我一口气读完大著以后,有多少问题对我才变得明白起来!你熟悉几世纪以来所观察过的**每一样东西**,你以独特的洞察力把每一样东西都安排在一起,你从用烂了的资料中获得极新鲜、极重大的见解,你又以最理想的明晰性再现了整个情景”〔*24*,Ⅱ,120〕。

然而李特尔的目的并非仅仅汇集堆积如山的资料。大量的观察资料必须按照方志学(räumliche,即空间)原则加以组织,他既在横的意义上,也在纵的意义上——在涉及高度时——考虑这种原则〔*49*,Ⅰ,24〕。然而这并不意味着只是有关每个地区的事实的积累,他倒是想要按因果表明不同特征的“连贯关系”(Zusammenhang)〔*24*,Ⅰ,250f.〕,以及“复杂多样的特征形成一个地区的基本性质”〔*8*,32〕。他想望通过“从简单到复杂”的程序,确定相互联系着的特征的总和,作为每个地区的独特性质〔*49*,Ⅰ,24〕。如果我们说他所关注的是把自然界观察到的资料理成秩序,那我们也只是解说了他的许多说法而已〔*49*,Ⅱ,XVff.〕。

这些方面,李特尔的目的并不如他所想的那样与他的先辈截
57 然不同,但他把这些目的付诸实践——即虽也绝未彻底,程度上却有很大的差别。在另一些方面,他的立场就有更清楚的对立性。虽则他在使用“自然地带”而不是政治上的国家这一点上是遵从“纯地理学”运动的,但他也反对仅凭山岭来划分的过于简单并且实际上行不通的做法,或者按水系划分的同样简单化的做法。按照他的理论来说,他的划分法以地形(他特别把江河流域划分为上、中、下三部分)为根据,但在实际上他也承认其他因素,如他在划分撒哈拉及其亚区时,就是根据气候、植被等等〔*49*,Ⅰ,959ff.〕。在这一点上,他是与他的基本原则一致的,即我们不应去推演一种地带自然划分的理论,而必须经常面向自然去找寻它的原理〔*49*,Ⅰ,4〕。

在当时人们热烈争论“湿”界线和“干”界线的相对价值时,他提醒他们说,单纯的划界无非是为了达到地理学真正的目的的一种手段而已,这个目的就是理解地区的内容。他用一个短语强调这一观点,这个短语本身虽不明确,但只要不忽略上下文,从他利用这个短语为以后几十年间频繁地反复使用这观点进行辩护的文义看,也许它还是够明确的。他提出,地理学是研究“充满大地万物的地球表面空间”(der irdisch erfüllten Räume der Erdoberfläche)；即是说不能把地球上的地区本身仅仅看作地球表面上的分区来研究，但对地球表面上所见的事物，也不能仅从其本身——在地理学上——来研究，而是应当按照地球表面上地区的特定性质来研究它，这种特定性质是由充满地区并互相联系，且与地球相联系的现象产生的〔*50*，152〕。①

所有这些方面，李特尔和洪堡在地理学观点上并无本质上的 58
区别。既然早在 1804 年李特尔就已表达过不少这些观点了〔*24*，Ⅰ，250〕，那么佩歇尔说，使李特尔清清楚楚地看到地理学的伟大作用——揭示人类社会现象与当地复杂自然力的一致性——是在 1807 年他们第一次私人接触时，这话就使人怀疑了〔*66*，Ⅰ，324，341；又见德林，*22*，160～163〕。不过李特尔可能从他早已熟悉的洪堡的著作得到他的想法，他和洪堡作了几个星期的长谈后，很可能也加强和澄清了他的概念〔*24*，Ⅰ，165～167〕。此外，佩歇尔说，如果没有洪堡如此引人注目地推进了自然地理学的话，李特尔把历史现象与自然现象联系起来的工作是不可能的："一位卡尔·李特尔不能走在一位亚历山大·冯·洪堡的前头，而只能跟在他后面"

① 在莱利最近论述《十九世纪德国地理学的方法论之争》一文中，此语被误译，把地理学说成是"研究充满空间的大地万物的科学"〔*222*，251〕。当然并没有认为此语出自李特尔，它是在讨论格尔兰的论点时出现的，作为"一种流行已久的浮夸的定义"。文中没有注明出处页码，只在翻阅了格尔兰的字体细密的 50 余页文章后才找到；格尔兰对李特尔的话引用正确〔*76*，XVI〕，虽未提及作者，无疑是设想读者一眼就会看出这是众所周知的李特尔的引语。另一方面，说句公道话，格尔兰对这种误解也负有部分责任；他所设想的对李特尔的概念的"处理"，是从莱利翻译的误解出发的，也就是说这一翻译正确地体现了格尔兰对李特尔原意的曲解。

虽然莱利的论文总的说来似乎还是有充分资料为根据的，但一般都没有指明出处页码，因而很难找出翻译和转述的原文。因为转述时造成不少错误，所以在我们作历史综述时，似有必要在适当的地方加注指出这些错误。⬅

〔*66*，Ⅰ，324〕。[1]这些话不过是复述了李特尔自己的说法而已。

另一方面，这两位现代地理学创建人气质和人生观的悬殊，也使他们的著作具有不同的色调，而在他们的追随者的著作中，这种差异就变得十分重要了。因此，十分自然，后世学者常有强调两人间差异的倾向，甚至感到他们之间存在着对立，这连他们自己也没有意识到，虽则他们对彼此的著作都很熟悉。尽管这种对照可能令人感兴趣并富有戏剧性，但历史客观现实却不容我们把这种可能是浮面的差别夸大成根本性的悬殊。

（在作出这一结论后，我发现拉策尔已说过十分相似的话，他强调在许多方面洪堡的地理著作甚至在哲学上也与李特尔的著作极为相似〔*26*，A，d，传记，690f.〕。）

对李特尔的各种各类的批评者，也该说句公道话，在他的卷帙浩繁而又包罗万象的著作中，几乎任何可能的看法都可以找到明显的理由。如果说他有时写得像一位科学家，那么另一些时候又写得像一位哲学家——实际上无论是李特尔还是洪堡都想也没想到科学和哲学是可以完全分家的，再一些时候却又写得像一位神学家。此外，李特尔在遣词造句上不幸又很不小心，“他对那些流畅而含义模棱两可的词句丝毫不加限制”，“严格的逻辑并非他的
59 所长”〔普莱韦，*8*，28〕。不少作者曾对李特尔称他的《地学》为“普通比较”（allgemeine vergleichende）的用意有争议，其最后结论看来是不能在这些词语中寻找什么明确意义的，只能认为他心中

① 李特尔对洪堡推崇备至，其赞词见于他在洪堡美洲归国四十周年庆祝大会上的致辞〔《普通地理学杂志》，柏林，1844，384ff.；部分重新发表于 *20*，Ⅰ，469ff.〕。值此欢庆盛典之际，作此稍嫌溢美之词，也是情有可原的。

怀有某些一般性的目的，意欲用来与前人的目的作一对照罢了〔见赫特纳，*2*，310；普莱韦，*8*，28ff.〕。

因此，对李特尔这样一位作者，无论在其著作上还是方法论上，都是不能根据其少数触目的引语割断上下文、割断与同时代人思想上的联系来评判的。用这种方式编造出来的李特尔的见解，虽能给人以漫画式的深刻印象，但有的也不过那么一点漫画式的真实性罢了。不过我们也无须遍读李特尔的著作，我们的评价却不妨就以前人对此类著作的透彻研究为根据，但在每处却都应把那些一得之见归之于原作。这些研究必须包括李特尔的实际地理著作及其方法论研究，因为方法论同样也在实际著作中表现出来。

特别是，无论在判定李特尔还是洪堡——或者别的作者——的地理工作的性质时，必须避免以本人陈述的最终目的为根据的错误。哥伦布启程远渡大西洋，所怀的目的是寻找一条到印度去的捷径，而且显然到死都还相信他确已找到了，但这却没有使我们按其与印度群岛建立联系来判断他在历史上的重要性；在这方面，他的贡献只不过是在地理学和字源学专门名词上带来永远的混乱而已。

后一时期生活在一种不同哲学气氛中的作者，攻击李特尔的哲学概念，特别是他对宇宙的虔信派和目的论的见解，企图抹煞其著作的重要性。他们通常是在幼稚的假定之下这样做的，以为作者有一种与宇宙哲学概念截然不同的纯“科学”概念。这里我们无法讨论这个重大的哲学问题，只能指出每个科学家都有其自己的科学哲学，而哲学却既非科学本身，也非科学的产物。李特尔是承认这种区别的，这从他讨论弗勒贝尔对他的著作的批评中可以特别清楚地看出来。对于弗勒贝尔反对他的目的论观点的话——这不是论据，只是毫无根据地作出的对科学的不同哲学假定，李特尔很得体地以哲学辞令作了答复〔*55*，517f.〕。① 虽则我们不妨抛弃他
60 的哲学，但却可以尊重他关于哲学的说明。另一方面，在回答对他的科学方法及科学概念的攻击时，他却以使用科学词语为限。

在批评任何作者的科学著作时应该提出的恰当问题——正如普莱韦所指出的——并不是：这些文章揭示了什么特定的科学哲学？而是：作者的特定哲学影响其著作达到什么程度？一个人可以有一种目的论哲学——例如莱布尼茨那样，然而仍然产生了真正令人难忘的研究〔*8*，20f.〕。虽则李特尔的许多追随者，如盖约特〔*64*〕，依靠目的论因素来解释地理细节，但干练的批评家都一致同意这种做法不应归咎于李特尔，事实上他还是对此痛加谴责的〔马尔特，*25*，21f.；威索茨基，*1*，297～304〕。

总的说来，我们可以说，在李特尔的地理学中，目的论是在哲学上解释科学解释不了的问题的尝试。19 世纪晚期科学批评家怀着神圣的厌恶指出来的不少说法，与今天许多卓越的自然科学家的流行说法可相对比，这些科学家觉得自己也落入了相似的地位。

---

① 莱利评弗勒贝尔攻击李特尔的目的论“显然触着了痛处”〔*222*，245〕，笔者找不到下这个结论的证据。谁要是愿意的话，随时都可以自行作出判断的，因为莱利引了李特尔在这个问题上答复的大部分内容，只略去了实质性的部分，即直接答复弗勒贝尔关于牛和人的比喻的那番话，至于这个比喻，倒是全文引述的〔244〕。这同一个弗勒贝尔在 20 余年后写道：“如果说对自然界——还有历史……——必须按判断的物理形式加以研究，却不能因此就得出结论，说不可以按判断的伦理形式来看自然界以及精神世界。否认理性有这种权利，就是对它加上了可笑的限制……。所有这一切，对哲学说来当然并不新鲜；但我们有许多年轻的自然科学家以不是哲学家为自豪，却犯了一个错误，以为只要他们对事物闭上了心灵的眼睛，那事物就会因此而不存在了”〔*62*，Ⅰ，79f.〕。在这里提醒读者注意这段冗长的话是适时的。

就李特尔的情况说，当时有 3 个地理学上的基本事实科学无法解释——可能今天仍然无法解释，即我们所知的地球在宇宙间的独特性；地球作为人类这种独特动物的住家；最后——也是对一大堆地理事实的基本解释——世界各个陆地大单元性质上的差异。

确实，今天科学家在他们单独出版的科学著作里提出他们对一些问题的哲学观点是常事了；但在一个世纪以前，知识界却并不要求这种单独出版的做法，我们也不能把这种情况本身看作一种主要的差别。近代学者施米特说，即使有一个转向不朽事物的精灵通过李特尔的描述在喁喁微语，即使他的最高热情是由他的宗教世界观(Weltanschauung)激发出来的，然而在他的研究里，他却绝没有从先入之见出发；他的科学程序是从头到尾面向对事实及其关系的稳健的、纯事实的理解的，……李特尔在认识地球时力求理解神圣的世界计划，与自然科学家追求进化思想并无不同〔*7*,85〕。 61

虽然大部分批评家会对施米特的意见加上某种程度的限制，但似乎可以说一句公平话，李特尔的目的论词句在近代科学家头脑里引起的纷乱，对它们在他的著作里的重要性来说是太不相称了。他特地去柏林科学院前后作过两次讲演，一次在 1826 年，另一次在 1850 年，论述各大陆，以后合并出版〔*50*，103～128，206～246〕，其中提出一幅插图。两次讲稿的内容共 65 页，作者描述了各洲的大小、形状、构造和气候条件，以求阐明一洲的各部分对于整体的“排列规律”〔*220*〕，特别是力图说明这些条件在不同历史时期如何决定了各洲民族的发展。必须用十分细心的批判眼光去寻找会惊扰 19 世纪晚期的科学宿命论者的话。第一篇讲稿开头不远处，李特尔确实表达了他的信念，以为地球是被规划成“人种的临时繁育场”的〔*104*〕，第二篇末尾有一句则说，这规划的一部分是各大洲的特定形状和位置，这导致了——正如他的详细讨论所指出的——各洲在世界历史进程中的特殊作用〔*243*〕。[①]那些能宽容表达这种信念的词句的人，就会像洪堡一样，按这几篇论文的科学内容来评判它们。

洪堡在这方面的评论，也可以看出他对人文地理学的兴趣。
62 他指出，他本人就曾长期坚持主张大洲的形状对它们的气候和植被有很大的影响，在讨论到斯特拉波力图证明欧洲的拼接式和半岛状的外形与其文明发展的关系时，他补充说：“在当代，李特尔以极大的智慧阐述了在自然特点和政治特点上亚洲三半岛呈现出与欧洲三半岛的相似之处。两组都有独具外观特色的文化中心”〔*59*，Ⅰ，69f.，脚注〕。

① 莱利对这两处阐述的译文可能使读者发生误会〔*222*，242f.〕。第一处引文略去一个重要短语——未指出删节，使文义大变，细阅下面所引原作的全文（括弧示删略部分），就看得出来。

“In den Gesamterscheinungen der Natur und der Geschichte treten die Einwirkungen dieser fellurischen Anordnung des planeten und seiner Verhältnise uberall hervor, da er(zum Schauplatz der Natur und ihre Kräfte wie) zum Xräger der Völker von Anfang an eingerichtet ward, als Heimath, Wohnort und temporäre Entwickhlngsanstalt für das Menschengeschlecht, (das ohne diese Bedingung nicht gedacht werden Kann.)”（在自然界和人类历史的一切现象中，到处都显示出这个行星的运行规律及其种种关系的作用。因为有了这个行星才有自然界，并发挥其力量，也就有了人类栖身的家园、住宅和受教育的场所；没有这个条件，这些是难以想象的。）换言之，如果有人说：“地理学研究自然界以及人类”，引文可能就成了：“地理学研究人类”。

第二处引文中，“从时间的开头”一语从句子中部移到开头的着重位置。这种结构在德语中也与英语中一样常见，所以当设想李特尔原意并非要这样强调这个短语。（原文在李特尔重新发表的论文中翻一下就找得出来〔*50*，104 及 203〕，在莱利所提到的那个版本中发表时，与原本无异，而莱利的版本较不易得。）

然而在某些方面，李特尔的哲学确实也影响了他的著作，对他的追随者的著作影响尤甚。他的目的总是从个别事实到所有现象的整体；并不是追溯现象的内在联系直到“最终原因”，他的目的却是找出整体中诸力的一致性，从而最后指出这个整体的目的〔威索茨基，*1*，304〕。这个目的肯定必须特别从地球上最高动物身上去找，那能够构想这整体的组织的唯一动物——人类身上去找（他答复弗勒贝尔说，提出同样也可以从母牛身上去找，在逻辑上是错误的〔*55*，518〕）。因而他对地球的考虑在逻辑上是集中于人类的。

这个见解可以在 1804 年他最早发表的地理著作上看到，他说明给《地学》作序的目的时，又特别表达了这个见解：“把地球表面一般是最重要的地理—自然状况在其〔指地理—自然状况或可能指地球表面〕自然的一贯相互联系（Naturzusammenheng）中描述出来，并按其最本质的特性及要点描述之（地球表面），特别是将它作为对人类身心的发展具有多重影响的各民族的祖国”〔*49*，Ⅰ，Ⅴ〕。[①]

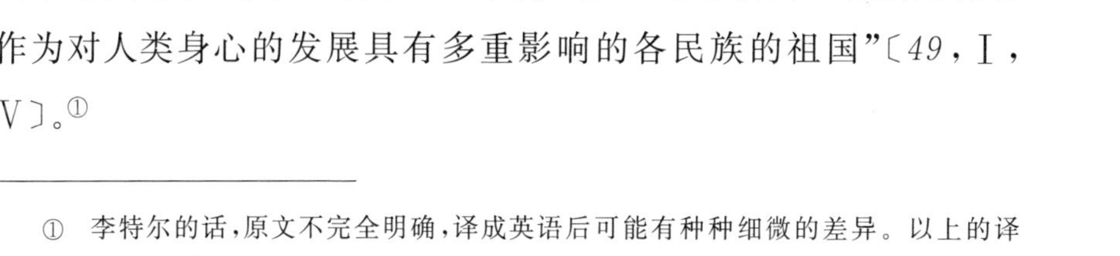

① 李特尔的话，原文不完全明确，译成英语后可能有种种细微的差异。以上的译文经两位德国学者校阅过。莱利引文〔*222*，243〕中的删略使译文在语法上不能成立，这从下面抄引的原文中看得出来，括弧内是他删掉的部分。李特尔宣称在《地学》一书中，他的目的在于：“die(allgemein) wichtigsten, geographisch-physikalischen Verhältnisse der Erd (oberfläche in ihrem Naturzusammenhange, und zwar ihren wesentlichen Zügen und Hauptumrissen nach) darzustellen, (insbesondere als Vaterland der Völker) in dessen mannigfaltigstem Einflusse auf körperlich und geistig sich entwickelnde Menschheit”〔*49*，Ⅰ，v〕。（即正文中所引李特语的原文——译者）姑且承认原话有点迂回曲折，不易翻译，但那样删法却把这句话弄得支离破碎，要由此组成一句意思完全的话，只有不顾什么语法形式和格式了。于是结果就得出一句比李特尔所说更简单的话，可是却不是李特尔的话了。原话在语法上很清楚，其主要部分是“die…

63 这个地理学概念无疑把主要重点放在作为人类家园的地球上，但却并不把它限制于这一观念。“地球不以人类为转移，它超乎人类之外，也在人类面前，是自然现象发生的地点；它的形成规律是不可能由人类出发的。在地球科学中，地球的规律必须去问地球自身”〔*49*，I，4〕。《地学》第一卷在对非洲各地区作详细研讨时，显然与人类无关〔参看普莱韦，*8*，70f.〕。可是在以后各卷，赫特纳却发现李特尔把注意力集中于人类到这样的程度，竟至忘掉了他要建立自然与人类的全部联系的目的〔*161*；87，参看马尔特，*25*，18；拉策尔，26〕。不过他的主要成就之一，照马尔特的说法，是详细研究我们所谓的区域地形，建立地理学的自然基础〔*25*，24ff.〕。

此外，李特尔的独特的哲学观点——但也许正是他未能做到给概念以严格的逻辑验证的地方，使他能加深区域作为地球表面的“自然分区”的传统观念。在这个方面，李特尔的自然哲学还在继续影响着那些否认这种哲学的地理学家的观点。这一点，赫特纳曾一再提到〔在 1908 年，*300*，7～13；再次提到，*161*，299～306〕。

最后，我们可以推论说：李特尔在教学时与写文章时大不相同，他的目的论观点给予学生的印象更为强烈。这一点，他死后不久发表的几篇讲稿可以为证〔*61*〕，他的学生的所作，证据甚至更多。

---

geographisch-physikalischen Verhältnisse der Erdoberfläche in ihren Naturzusammenhange darzustellen”。（把地球表面……的地理—自然状况，在它们的自然一贯相互联系中描述出来。）即使可以不顾语法要求，熟悉李特尔行文的人，没有一个会设想他在说明他的地理学目的时，会不使用“zusammenhang”（联系）一字的某种形式的——他在导言的后半篇，接连页页都要把此字反复用上两三遍。在洪堡的地理学概念中，我们也会看到此字的重要性同样不相上下。

毫无疑义，近代科学家对洪堡的著作比对李特尔的著作更熟悉。佩歇尔虽然从洪堡的某些话中断定他不可能是一位唯物主义者，但却尊敬他避免了“唯物主义者及其反对派都习以为常，以某种带有宗教色彩的方式来描述科学调查”的混乱〔*66*，I，305〕。确实，在一点上，佩歇尔发现“洪堡的高贵的心似乎有点损害了他的判断意识”，这是在种族问题方面。洪堡力图维护“人类统一性”理论，这是“首先通过基督教流行起来”的概念，而在奴隶市场上则可以把它抛到九霄云外去，仅仅因为“巨大的财富使基督教堕落了”。对与此相反的“人类之中有人种等级之分的假说”，他说成是“非但不仁（lieblos），而且虚伪”〔*52*，183～184；*60*，Ⅰ，385f. 及脚注〕。64
虽然洪堡的论题会得到今天人类学家的支持，当时弗勒贝尔及佩歇尔则正是以此为批评根据的，不过批评本身基本正确：他在这问题上的观点是受到非科学思想的强烈影响的。青年时代，洪堡性灵受到最初激发的场所，在歌德、福斯特等人看来，似乎却是“柏林的荒芜环境”，那几乎全是犹太人知识分子的小圈子。就从他们那里，他知道了莱辛和康德〔按勒温堡和多弗的说法，*20*，Ⅰ，40～49；Ⅱ，292f.〕。他本人也描述了他第一次在热带美洲看到奴隶市场的堕落情景所给予他的印象〔*47*，Ⅰ，卷Ⅱ，第 4 章〕。无论在政界还是科学论文中，他都一再强烈地表达了他对种族问题的论点。在他的杰作《宇宙》中，他决定“结束宇宙自然现象的总描述”，引用了他的哥哥威廉·冯·洪堡如下的一番话：“我们很想指出一个思想，在历史的全程中，愈来愈看得出这个思想的正确性……，这就是博爱思想，……不问宗教、民族及肤色，把全人类看作一个联系密切的伟大种族，看作为了达到一个目的而存在着的整体——这

目的就是:内在力量的自由发展”〔*60*,Ⅰ,385f.〕。[①]

佩歇尔也和大多数学者一样,未能注意到洪堡的哲学观点在他的科学著作中反复被表现出来的程度,他也未曾注意到在这些
65 观点与李特尔常常以更浓的宗教色彩表达出来的那些概念之间的某种相似之处。对洪堡说来,研究地理学,其本身并非目的,而是作为理解“活的整体”的“宇宙的和谐统一”,“一个复杂的统一体”的手段〔*60*,Ⅰ,4f.〕。“洞察宇宙有机体(Weltorganismus)创造了精神的愉快和内在的自由,即使在命运的残酷打击下,这也是不能被外力摧毁的”〔*44*,32;参看 *60*,Ⅱ,89ff.〕。

对洪堡说来,这种自然统一体并非目的论和人类中心说的统一体,他写的是理解“自然力的内在秘密作用”〔*44*,32〕,——李特尔谈的则是发现“神圣的秘密”〔*50*,228〕,——而是自然界整体的均衡统一体,人类即是其中的一部分〔请注意德林的许多引文,22,18,37ff.;59〕。“在亚马孙河森林中,正如在高安第斯山(High

① 洪堡关于这个问题的有力的著作,在欧美历史中都具有某种重要意义。虽然他是贵族,并且当过普鲁士先后两个国王的私人顾问,但洪堡毕生始终不渝地保持着他青年时代从法国大革命得来的“1789 年的思想”,1804 年他访美六周期间,这些思想再次受到激发。访美的六周,他几乎有一半时间是与当时的总统托马斯·杰弗逊共同度过的〔*20*,Ⅰ,393ff.,Ⅱ,293,295〕。50 年后,他对欧洲的政治形势感到失望,把美国看作“有理性的自由的堡垒”,他怕奴隶制的祸害可能会毁了它〔*19*,Ⅰ,16〕,所以允许利用他的名字支持弗里蒙特的 1856 年总统竞选〔*20*,Ⅱ,295ff.〕。这次总统选举的结果使他大失所望,但翌年他却成功地使普鲁士通过一项禁止奴隶制的法律;此外,他发表了一封公开信,基本上支持当时在政治上有嫌疑的弗勒贝尔的观点,大胆地继续进行对黑奴制度的总攻击。(他们在科学论点上意见不合,对这个问题本身,意见却是一致的〔参看弗勒贝尔,*28*,Ⅰ,303〕)

19 世纪 40 年代,洪堡愤然参加反对施行反犹太人的限制法规。近一个世纪前洪堡说过的话今天仍然适用:“黑暗时代的历史表明,这种解释鼓励了怎样一种倒行逆施”〔*20*,Ⅱ,291ff.〕。笔者此刻在 1938 年的德国进行写作,只能对此深感遗憾!

Andes)岭脊上一样，我感觉到被一股从北极到南极的呼吸吹醒了，怎样只有一个生命倾泻成为岩石、草木和禽兽，成为人类的起伏的胸脯”〔雷赫德尔引自一信，*23*，136〕。洪堡思想演变的重要因素之一是他与歌德密切的个人关系〔*20*，Ⅰ，187～201〕。洪堡与歌德以及整个一代(最广义上说)的“浪漫主义者”，都共同怀有一切现象皆赋予有机一贯性的思想；这也是两位近代地理学创建人的共同特征〔普莱韦 *8*，49～51〕。

换言之，无论洪堡还是李特尔，在哲学观点上说，都是他们时代的产物——特别是两人都受了康德和卢梭的影响。对于李特尔的宗教天性说来，宇宙是井然有序的，在宇宙中，所有自然和人类的现象都是相互联系着的，这思想需要假设某种神圣目的和规划，科学家应当试图去证实它。承认了这一假设，那么其中的终极目的就不可能单纯是错综复杂的宇宙机制的产物，这一点也显而易见了；这个目的只能在宇宙最高生物的生命中寻找，这最高生物即是宇宙中唯一能认识宇宙秩序或其背后目的的人类。洪堡则不同，这同一个哲学思想却在他对美学事物而不是宗教事物的感情中找到回响的弦音。卢梭和圣彼埃尔的作品中，给他印象最深的就是关于“自然的和谐”的描写；从歌德，他获得了“浪漫主义”运动孕育出来的“景观”概念〔参看雷赫德尔，*23*，134～138〕。[①]

① 甚至在美洲之行以前，洪堡由于其兄威廉与歌德的密切交谊，也早已与歌德有了密切的私交了。亚历山大·冯·洪堡与歌德在1795至1827年间往来的20封左右书信的发表，约略透露了洪堡几次访问歌德时的思想交流〔*18*，289～314〕。洪堡把他的旅行记《热带自然风景画》的第一部奉献给歌德，在1806年2月6日的信中，他又提起自己早有计划用这样的方式来表达他的“敬意与谢忱”了。

66 近代地理学两位创建人之间哲学观点的比较虽则可能是有趣的，但这里与我们并无直接关系。主要之点在于，他们两人都与他们的哲学先辈和文学先辈不同，即都不是竭力以康德那样的使用演绎逻辑，也不是以圣·彼埃尔那样对自然的主观印象作多愁善感的描写，而是对自然界所观察到的东西作客观的描述，以表明他们的哲学概念。如果说在李特尔的著作中有些例外是我们须宽容的，那么在洪堡的著作中同样也有，只不过程度上稍轻罢了〔参看多弗，*21*〕。在两位学者的著作中，现代科学家会看到某些反复表达的哲学概念，今天在这类著作中一般是不谈的。近代科学与宗教哲学斗争甚烈，但却未与自然美学观点发生严重冲突；也许正是这个缘故，洪堡表达他的世界观的词句对今天的科学界读者说来不像李特尔的词句那么引起混乱。

总的说来，李特尔和洪堡都看不出科学与哲学有什么冲突。李特尔认为地理学和历史学都是“以融合（die Combination und das Mass）各种思想为目的，因而也就不得不作哲学探讨”〔*50*，152〕。洪堡是研究康德和菲希特的著作的，他同样也感到需要有点儿什么“更美好、更崇高的东西，可以把万物归属于它”，因而他热情地欢迎谢林所创的自然哲学。他在1805年致谢林的信中，并在两年后发表的文章中表示了他的信念：“真正的自然哲学是不会有伤于凭经验来进行的研究的”；反之，“这种哲学把发现带回到原则，同时也是新的发现的基础”〔*20*，Ⅰ，288f.；*41*，Ⅴ〕。确实，几年后当许多学者偏重了“纯思想”而压低了凭经验来进行的研究，并似乎认为不用研究即可凭思想产生出科学来的时候，洪堡猛烈地抨击了这种自然哲学的“疯狂”形式〔*20*，Ⅰ，230〕。

洪堡并不把李特尔的著作与那种蔑视观察和实验、宣扬“不必沾湿双手就可研究物理学”的哲学“假面舞会”(bal en masgue)联系起来。这一点,由他在柏林大学一次讲课时盛赞李特尔的著作之后的一番谈论中看得出来:“对宇宙的描述为正确的自然哲学提供了材料,人们以各种方式去寻求它的基础。我不能对这种努力吹毛求疵,虽则我本人是打算多靠经验来进行工作的。在这种自 67
然哲学中,我们需要害怕和千方百计地避免的只是:虚假的事实。经验主义者和哲学家不该相轻,只有结合在一起我们才能到达最高目标”〔*52*,15〕。

对洪堡和李特尔两人说来,自然的统一性这个概念意味着自然界所有的特征相互间都有因果关系。研究自然现象就是为了证实这种一贯性和统一性。因为“自然”的统一性包括有机和无机、人文和非人文、非物质和物质,对他们两人说来,这都是自明之理。撇开任何一部分,不但都是武断的,而且也破坏整体的一贯性与统一性。李特尔在1804年发表第一部著作时就竭力反对“纯地理”倾向,他以为这种倾向流于过分强调“自然景观”(natürliche Landschaft),坚持地理学必须描述和解释一个地区的现状〔*24*,Ⅰ,250ff.;普莱韦,*8*,32f.〕。确实,最后他对人类的超过一切的兴趣,也把人的要素强调得过分了,以致他实际上也未能完成他的基本目的〔马尔特,*25*,18;拉策尔,*26*〕。

洪堡的科学观点仅受他自己头脑以外的宇宙的限制——这就是“自然”。歌德和李特尔说“他本人即是一所学府”〔*20*,Ⅰ,198;*24*,Ⅰ,154〕。即使我们删除他的著作里他不视为地理学(Erdbeschreibung)的那些部分,他对这门学科的见解也够广博丰富了,几乎每一个寻求地理学的某种特定形式的动向——从格尔兰的地球物理学到班斯的美学地理学，在洪堡的著作里都可以找到先例。然而谁都不能仰仗他作为排斥这一领域中其他部分的先例。“在因果关系的大链索中，没有一种物质、也没有一项活动是可以孤立起来研究的”〔*44*，39〕。“对自然的一切观察的最高目标，就是认识我们自己的本性：因而我们以研讨人种来结束我们的描述”〔*52*，13，182～190〕。同样，《宇宙》的系统地理学——按当时习惯称为“自然地理学”（physical geography）——大纲也以人类一节来结束〔*60*，Ⅰ，328～86〕。对人的研讨包括精神方面以及物质方面，“仿佛精神的东西并非同样也是包括在自然整体（Naturganzen）之内似的”〔*60*，Ⅰ，69〕。伦理美学等问题因而也形成他的研讨的一部分〔参见 *44*，24；47，Ⅰ，348～352〕。

确实，在洪堡的许多区域描述中，找不到多少有关人类及其劳
68 动成果的东西，但他自己解释说，他在热带美洲旅行所到的地区，“人类及其产品可谓已消失于荒凉而硕大无朋的自然界之中了”〔*47*，Ⅰ，32〕。在展示“使所有文明人感兴趣的总成果”时，他的目的不仅在于描述气候及“依土壤及其植被而变化的乡村的面貌（paysage）”，而且也要描述“气候对有机生物的影响”，“分隔开各人种以及植物群落的山脉河流的方向”，以及“各民族的状况的改变。这些民族分布于不同的纬度和或多或少有利于他们才能的发展的地区。我不怕把值得注意的事物罗列过多，因为当代文明有别于过去时代文明的细微特点之一，就是它扩大了我们的大量观念，使我们更清楚地理解物质世界和精神世界的关系；因而对于以过去的过分狭窄的观点看来似乎互相隔绝，以致只有少数博学之士才关

心的事物，也发展了更广泛的兴趣”〔*47*，Ⅰ，14〕。

在描述有人烟的地区时，洪堡一贯力求达到这一目的。人类及其文化和劳动成果，都作为他对自然界的描述和解释而包括于其中（他对中亚的研究因俄国政府横加种种限制而受掣肘）。

洪堡和李特尔二人都把各种性质的一致性概念带到对各地区的研讨中来，至少是在我称之为“垂直的”意义上——即一个地区的所有特征，在其相互联系中形成一个自然地统一起来的复合体，不论看作一个单元整体还是仅仅看做世界自然整体的一部分。对洪堡说来，世界的每一部分都是这个整体的统一性的反映〔*60*，Ⅱ，89〕。李特尔对这一点说得更着重；可是正像我们已经看到的，两人都是沿着先辈指点过的路走的。

如何研究这种统一性呢？毋庸赘言，两位地理科学的“创建人”没有一个认为研究地区应局限于把它作为一个整体来考虑，或应从这样来考虑这个整体开始。两人虽然一开始就都假定，自然（就独立于我们意识之外的世界这一意义而言的自然）的所有物体和力量是相互联系并形成一个整体的，但他们在理论和实践上也都承认，只有调查各个特征的相互联系，并在其实际关系中把它们结集起来形成整体，才能科学地证明这个整体。科学地理学家的作用就在于理解这些特征——不是孤立地，而是在其相互关系中 69
理解这些特征，从而使他能够凭聪明才智来再现那统一的整体，那就是自然〔*60*，Ⅰ，4ff.，51ff.；参看普莱韦，*8*，39〕。

以上这些说法都正确地体现了李特尔的目的和方法，这一点不仅得到许多更熟悉他的著作的学者看法上的支持，就是对他的方法论论述或著作稍稍想一想，也就可以明白了。确实，在他的著作中可以找到一些词句，说的似乎相反。因而一个世纪前，青年学者弗勒贝尔断章取义地摘取了李特尔的一两句话，似乎李特尔未先经分析就企图综合似的〔*54*，502，504〕——正如莱利所说，这是“全体论”(holistic)原则，它“禁止调查者把整体分割成部分，唯恐破坏了它的连贯性，因而也就破坏了它的基本性质”〔*222*，257〕。李特尔不会幼稚得连综合即意味着分析也不知道，这一点，就在弗勒贝尔引为论据的那句话后面几段也看得出来〔*49*，Ⅰ，3〕；确实，他的著作中每一段都表明了他在导论中说得很明确的原则：“程序必从简单到复杂，从个别部分到统一体”〔*49*，Ⅰ，24〕。李特尔受人非难，指摘他的“积聚和结合”的方法是一种“不自觉地假设其中有分析”的方法〔弗勒贝尔 *54*，504〕，对此他竟有几分踌躇，未即答复，这正是他的个性的一贯特点。许多人以为他本当要求弗勒贝尔把提到的那几页再读一遍的，可是他只不过暗示了一下，说他的批评者也许会想得到，对于一个综合体系的作者说来，展开综合须从分析入手绝不会是新闻〔*55*，515〕，也就满足了。确实，后世的批评者也提出过疑问：李特尔实际上是否做到了跳过分析而达到综合。

李特尔也深化了以特定地区(作为个别整体)统一体的“水平”概念，虽则显然加上某些限制。他确实强调过各洲的个性，他有时就称之为“器官”，但在回答弗勒贝尔时，他却坚持说，这些用词只不过是比拟，不可从字面上去理解(正如弗勒贝尔也曾把地球上的类似现象系统写成“器官”一样〔*54*，495〕)。他对“个别”一词未尽满意，只要知道有更好的词，随时都可扬弃它。然而他把每一个洲都按其所有特点想象为“自然整体”〔*55*，518f.〕。同样，至少在某些情况下，他也把各洲划分的大区（die Länder）写成“个体”，这是“肢体”，并非仅仅是大陆“有机体”的各部分〔参看布尔格尔， 70
11，14～19〕。虽然这些概念与李特尔的目的论哲学相契合，但未必是这种哲学带来的结果，这样的哲学对这些概念也并非必要。无论如何，我们不能从字面上理解这类用词〔参看赫策尔，*27*〕。

洪堡似乎未曾考虑过这个概念。德林断言：“对李特尔说来，个别地区都有其本身特有的既定价值，而对洪堡说来，则不过是规律和因果关系这个伟大宇宙主题的一个变化而已”〔*22*，162〕。“地球上每个角落的自然界，都是**整体**的反映。这个有机体的形式以千变万化的组合再现自己”〔*60*，Ⅱ，89〕。在某种意义上，洪堡既未试图把全世界或任何大洲的区域组织成一个系统，那么他也就没有碰到区域划分的问题。不过他认识到地理学研究需要这样一种组织，这一点后面再谈。

如果我们撇开两位地理学创建人的哲学观点不谈，以为这除了影响他们的著作外——其实这种影响也不像人们所想的那么重大——与我们无关，那么他们对地理工作所作的指导究竟又有什么重大差别呢？

虽则我们看到，在有关地理学独有内容的看法上，要分出他们两人的根本区别是错误的，可是他们的著作在性质上的差异，却确实使后世的解释发生重大分歧。虽则洪堡在他的著作中多处提出人类地理学方面简略的系统研讨，但他在系统地理学方面的研究主要限于非人文的特征。反之，李特尔对非人文环境研究的兴趣却是从属于对人的兴趣的，他的伟大著作是以区域地理学的形式写成的；此外，他的方法论研究反复强调地理学中区域组织的重要性，这与由分门别类的现象来组织有绝大的不同。由于这双重的悬殊，我们觉得上文已经说到的地理学中这两种二元论形式之间的混乱——这就是人文地理学和自然(非人文)地理学的区分，是包含在区域地理学和系统地理学的区分中的。

如果我们把这两个问题分开来，正如我们已经指出的，我们就会看出把人文特征以及非人文特征都包括入地理学，无论在洪堡或李特尔的思想中都没有引起二元论问题，反而是他们的自然统一性基本概念所不可或缺的。

71 然而他们两人无疑都把二元论的第二种形式看作研究形式上和地理材料组织上的明显差别。此外，这种方法论上的二元论已经提出一个在地理学史上(包括现时)反复出现过的问题，地理学家中想以撇开这一面或那一面的简单办法来解决这个问题的，代不乏人——那就是：或者把地理学完全局限于系统研究，或者完全局限于区域研究。关于这个问题，两位近代地理学创建人在理论上和实践上表现出来的立场又是怎样的呢？

毫无疑义，李特尔在著作和方法论表述中都着重于区域组织，这容易使人得到一个错误印象，以为他对世界上被分析过的每一要素的系统研究没有多少兴趣。但对一位普遍被认为在地理学的发展上占有重要地位的学者，如果我们要想作更深的了解，而不止仅仅从他的著作要点和摘自他的方法论的少数词句得到一点印象的话，那我们就必须比一个世纪前的那位青年批评家〔弗勒贝尔，*54*〕更仔细地来看看这个问题。

这个问题切不可与前面讨论过的有关问题相混淆：那就是李特尔企图不先经分析就来综合一个地区中相结合着的因素的论

点。这个问题用一句话就可以撇开，我们只要说，不论从少数断章取义的词句看来他是怎样说的，但这位为历代的学者名流尊为地理学大师的人绝不会是傻瓜，也就够了。不过目下这个问题却也真是个问题。

对李特尔的方法论探讨，与其看作对一个科学领域的均衡的论述，毋宁看作一位试图把先前的地理学改造成一门科学的改革家的纲领。系统地研究他的某些先辈时，他似乎觉得在世界上把相互联系的自然现象划分成孤立的类别，并把这些类别割裂开来加以研究，这种智力（“主观的”）作用正好破坏了自然的实际一致性〔*49*，Ⅰ，20〕。这个结论可说是不需要什么目的论基础的。他说，当我们按各类现象的形式和过程来研究它们时，其结果不仅可与其他科学门类的研究成果相比，而且毋宁说是其他某一门科学的一部分。这些分门研究的“纲要”是不能成为一门地理学的，给任何特定地区把每一分门研究的地区片段拼凑起来，则完全不是什么科学。①

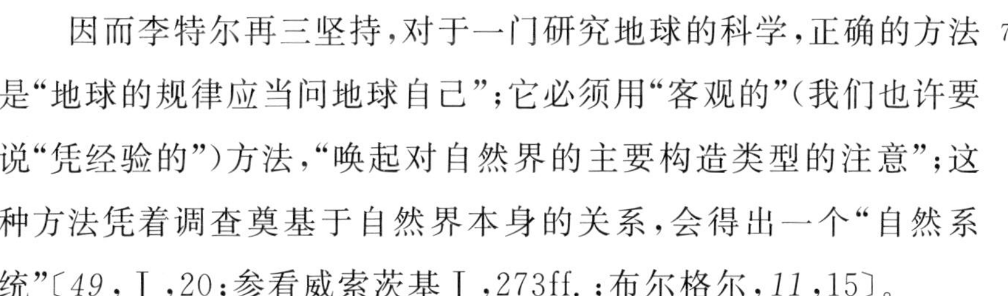

因而李特尔再三坚持，对于一门研究地球的科学，正确的方法 72
是“地球的规律应当问地球自己”；它必须用“客观的”（我们也许要说“凭经验的”）方法，“唤起对自然界的主要构造类型的注意”；这种方法凭着调查奠基于自然界本身的关系，会得出一个“自然系统”〔*49*，Ⅰ，20；参看威索茨基Ⅰ，273ff.；布尔格尔，*11*，15〕。

① 李特尔反复使用“纲要”一词（德词拼法相同）来表示他的著作的对立面，在对弗勒贝尔的答复中（德文和拉丁文并用）尤为显著〔*55*，508，513〕。莱利在译述该文中李特尔说明他的目的那段话时，不仅把一个句子里所列举的3个不同而对等的目的删掉两个，而且实际上还强使李特尔用一个词来称呼自己的著作，但李特尔却恰恰是使用此词来表明自己的著作不是这一类东西〔*222*，245〕。

根据这样的说法，人们也许会像弗勒贝尔一样，指摘李特尔忽视对个别特征作系统研究的重要性了。确实，人们是可以找出一些意思正好相反的话的，可是必须相当细心才能找到。例如："对地球的表面，深处及高处都须测量，对地球的形态，须按其重要性来安排"〔*49*，Ⅰ，4〕。此外，1828 和 1833 年在柏林科学院前的讲演中，也有相当多处论述研究各类现象的必要性〔*50*，129ff.，152ff.〕。

然而后世大部分批评家都感到，要是李特尔的区域著作能够更彻底地以系统研究为基础，即使由此引起的拖延会限制著作的规模，但却会更加有力。李特尔在世时，从来没有人有力地对他提出这个批评。我们早已提到过 1827 年布黑的辉煌评论，从评论中也许可以推导出这样的批评，虽则确实不是对李特尔而发的。评论对《地学》轻轻一笔带过，但对李特尔早期的欧洲系统地理却详加论述，推崇为正确的系统方法的重要典范〔*51*，93f.〕。可是到底布黑是否有意对李特尔的后期著作寓以含蓄的批评，或者李特尔是否意识到这一点，我却不知道；但 1831 年他自己的一篇刊载于《贝格豪斯年报》的论文中〔*55*，516〕，给加了一条编者注，却一定引起了他对这篇评论的注意。马尔特和威索茨基都承认布黑的研究很重要，但两人似乎都没有看出它对《地学》有什么批评。

尤利乌斯·弗勒贝尔的批评文章大家更熟悉，弗勒贝尔当时是个在学校地理学方面只有两年经验的青年学者(关于弗勒贝尔本人的教学大纲见第三章之一)。由于李特尔的推荐，贝格豪斯在他的《年报》中发表了这篇论文，李特尔本人也在同期对此文作了详尽评论，这使学术界把注意力都集中于此文了〔*54*；*55*〕。大约50

年后，弗勒贝尔叙述这件事时，说到当他发现自己这样一个当时并
无特殊成就的青年学者，竟忽然成为大师的对手受到学术界的注 73
意，真是又惊异、又惶恐。李特尔对弗勒贝尔的批评发表的公开评论，放过了足以使弗勒贝尔出洋相的良机，反而对他的批评力作大加夸奖，誉为出自“确乎敏锐的头脑”，是为了使地理学“再前进一步的真挚思想”的表现〔*55*，506f.〕，这是李特尔性格的有趣的流露。而且，不久以后弗勒贝尔到柏林时，李特尔还热情地接待他，让这位青年学者得到十分需要的工作，为《地学》绘制地图。弗勒贝尔叙述洪堡接待他的情形也颇有趣，但他说到自己（对李特尔）的“鲁莽”批评，显然受到洪堡的赞许时，却是语焉不详，只是事隔50余年写的个人回忆，尚属可信而已〔*28*，Ⅰ，60ff.〕。

尽管这次弗勒贝尔引起了学术界的注意，但从对李特尔或当时人们地理学思想的最后影响看来，其效果却等于零。弗勒贝尔仅仅以对李特尔著作的一点有限知识为根据，他的进攻远远没有击中目标，因而他的批评纵有几分真理，也就看不到了。我们可以指出，他与布黑的批评成显著的对比：布黑是以对所批评著作的过细分析为依据而作出批评的〔参看马尔特，*25*，29f.；弗勒贝尔没有提及布黑的论文，甚至在贝格豪斯已经相当有力地引起人们对他的注意之后，他在接着发表的论文中还是没有提起〕。

虽则弗勒贝尔所批评的是李特尔的“观点”和“处理方法”，但他研讨时却忽略了李特尔的方法论论文，只局限于当时已出了两卷的《地学》。根据第一卷导论中的几句话——其中有的他误解了，弗勒贝尔对这部著作总体上的价值作出了批评性的结论。如前面所指出的，有一处，只有割断上下文单就那几个句子本身来看

时，批评方才有效。弗勒贝尔对李特尔所使用的“比较”一词的讨论，连同李特尔在回答时所作的评论，对问题都未曾作出多少澄清，因为正像普莱韦所指出的，双方都是从不同的假设出发，却都忽视了对方的假设〔*8*，38〕。李特尔在用词上无疑是不够精确的，这造成一个问题进一步混乱——这个问题以前已经使地理学家们困惑不解，后世的许多学者也曾为之大伤脑筋；对这整个问题的最透彻、最有启发性的论述，则是普莱韦的《关于“比较”地学概念的探讨》提出来的〔*8*〕。

对这里我们要谈的问题——系统研究与区域地理学的关系，
74 李特尔的理论阐述为争论提出了明确的根据。在回答那些专事系统研究而从未触及各地区中相互联系因素的实际结构的人们时，他首先号召研究那些充满相互联系现象的地区，断言对全世界都作了这样的研究后，那些材料对系统地理学普遍原则的顺利发展就会很有用处〔*49*，Ⅰ，75〕。李特尔在以后的许多著作中保持着对这些方法论原则的信念，特别是在他 1833 年的论文中〔*50*，181〕。

然而李特尔的批评者在设想这些理论原则构成他的《地学》的基础时，却忽略了——或者是不知道——李特尔在别处论述方法论时却表示需要与此相反的方法，在实践上他大都也是遵从这种方法的。我们已经谈到他早期对欧洲主要地理特征的研究和普通（系统）地理学手册，前者布黑曾奉为系统研究的典范。虽然后者未曾发表过，但其中许多章节却曾为不同教科书所采用，有的时候也指出原作者。因此李特尔在评论弗勒贝尔的批评时，可以指出这些章节以及对特征诸范畴的系统讨论，这在《地学》的导论中占了50多页的篇幅。弗勒贝尔忽略了这些，但洪堡等作者却在其中寻找到普遍概念和原则，他们自己写作地理学方面的文章时也可以使用，因为李特尔在评述中详细注明出处〔*55*，511〕。可以再说一句，在以后几卷中，马尔特计算出的系统研究不下于24篇之多，有的每篇长达百余页，专门论述矿物和栽培植物；可是也有多处李特尔提到以后诸卷中要发表的研究题目，事实却始终没有发表出来〔*25*，脚注14〕。⬅

此外，1826和1828年在科学院宣读的论文，也包括对系统研究的方法论上的讨论〔*50*，103～128，129～151〕。例如在后一篇论文里，曾讨论到研究有不同范畴现象的地区的几何形状问题，这可说是“格局”研究的早期范例。最后，李特尔还可以指出他讲的普通（系统）地理学课，以前十年间听课的学生有好几百人。他虽未发表这些讲稿，但实际上却改头换面，变成了贝格豪斯的《地理学原理》——曾被弗勒贝尔誉为地理学应当做些什么的范例的，正是这部著作〔*53*，500，505〕！贝格豪斯本人作为《年报》的编辑，在两条显眼的脚注中肯定了这番话，含意是说，凡是读过《原理》的人，这一 75
事实理应是清清楚楚的〔513，516〕。① 这件趣事甚至比李特尔所承认的还要滑稽。次年在论亚洲的第一卷导论中，李特尔又把那些话更清楚地说了一遍，声称贝格豪斯的著作，其内在组织是他的讲课的成果，但又说他为初级学生在表达的文体上作了润饰，给了他

① 莱利介绍李特尔为其著作辩护，提到这一系列表现时只有下面这一句话：“李特尔在答复中提醒弗勒贝尔说，他（李特尔）在讲课时早已使用弗勒贝尔所推荐的分析程序了”〔*222*，245〕。后来人们提到这些“未发表的讲稿”，以为在后李特尔时期影响很少，这是错误的说法。这些讲稿是在李特尔死后三年作为《普通地理学》发表的，此书在德语文献中经常有人查阅〔*61*〕。

的朋友一点面子〔*49*，Ⅱ，XV 及 20f.〕。但吕德在比较了原作以后，发现贝格豪斯发表的简直是李特尔讲课的听写，好多页还是逐字照录的〔普莱韦，*8*，59〕。

李特尔青年时代，曾在一本同时也提供了一些确凿资料的书中冒昧地批评过他的先辈，因而受到一位评论家尖刻的嘲笑；但他对弗勒贝尔的批评，说也有趣，竟只是彬彬有礼但却直截了当地要求他在批判别人的著作之前，先对它再熟悉一点〔*55*，520〕。因此，当时大部分人竟都忽略了弗勒贝尔的不成熟、不正确的批评中也含有几分真理，也就不足为奇了。很多人似乎反而愈加热心地信奉弗勒贝尔批评过的方法论。使他们产生这样的印象，无疑是由于不断强调李特尔对地区全面研究的方法论上的论述，也是由于那十九卷《地学》与少量用他名字发表的、显然是系统研究的论著截然不同的缘故。他们没有做过多少工作，把李特尔作过的系统研究向前再推进一步，只有邵可侣是明显的例外；在他们的区域研究里，他们依靠已可利用的系统资料甚至比他还要少。李特尔的追随者写了那么多的著作，后来终于都被认为没有多大价值，也许这正好说明了弗勒贝尔针对《地学》提出的论点：因为此书未曾先作系统研究，所以不可能取得科学价值。确实，批评《地学》的这个论点，本身虽则显然有夸大之嫌，也许最后竟证明是正确的了。虽然数十年来，德国的，特别是俄国的科学旅行家及地理学家，在李特
76 尔的著作中找到"对亚洲实况的重要记载"〔马尔特，*25*，25〕，但对现代学者却似乎没有提供多少有重要意义的东西，即使对于历史地理学家（与地理历史学家有明显的区别）也是如此。另一方面，人们也许还记得，李特尔早年虽曾试图先写一部世界系统地理，但他

却发现布赫并不认为是一部成功之作。因此关于系统地理学和区域地理学的恰当研究顺序问题，并不能由李特尔研究工作相对上的成败得出明确的结论〔参见马尔特，*25*，23ff.〕。

洪堡的方法无疑在许多方面都是不同的。他并不把地理学本身看成目的，这一点甚至超过李特尔。为了建立全宇宙的统一，系统地研究地区里互相联系的各种现象，似乎比准备各地区的全面研究更重要，至少当时是如此〔*60*，Ⅰ，65；47，Ⅰ，2〕。虽然这两种研究他都做了不少，但他在《宇宙》一书中力图论及整个《自然地理学》，这正好证明了他先前说过的话：在他的两个目的中，他把这一个看得更重要。然而提到这个众所周知的引语，必须明确理解他使用"自然地理学"(physische Erdbeshreibung)一语的意义(他试用过另外种种术语，例如"世界物理学"等等，但最后采用了这一个)。我们早已指出，在范围上，它包括存在于学者个人头脑之外的所有地球现象：人类及其文化，以及别的有机和无机现象。此外，首先使他感兴趣的也并非诸范畴的现象本身(虽然他曾"热情地致力于植物学和部分动物学")，而是不同范畴的现象间的相互联系——即不同植物彼此间的联系，与气候、地形、土壤等差别间的联系，及其与动物和人类生活的关系。每一现存的事物，按其固有特性都可归入某种类型，除了这些类型外，还可以观察到不同范畴的事物在排列、分布和相互联系上的类型。"决定这些类型的形式、这些关系的法则、那把生命现象与无生命的自然现象连结起来的永恒的纽带，这是自然地理学(physique de monde)的大问题"〔*47*，Ⅰ，2～6，第6页引语；*44*，2ff.，33～36〕。洪堡在他的全部地理著作中，始终如一地信守他赴美洲之日写的一封信中为自己定下的原

则:“我将时常把注意力放在各种力量的相互关系(Zusammenhang)上,放在无生的万物对有生的动植物世界的影响上,放在这种和谐上”〔李希霍芬所引,*81*,605～607〕。在《宇宙》第一卷中,
77 洪堡更明确地把自然地理学描写成对“按地区(im Raume)共存的东西”的研究,自然地理学研究的现象是以其与所有其他现象的相互关系排列于各地区中,又与这些自然现象一起形成自然的整体的〔*60*,Ⅰ,49～72,50 页引语;参考 *20*,Ⅰ,274;22,129ff.〕。

有的人试图按其他科学的模式来建设地理学,洪堡却正相反,他以为地理学在涉及对自然的研究上,具有与所有别的科学根本不同的观点。个别自然科学——我们可称之为有关地球现象的物理科学和生物科学等学科——“研究个别动植物、固体物体或化石的形态、结构和作用,”并且“按其内在的相似之点”,探求把这些排列为纲与科。地理学关注万物,一如它们在地区(Raum)中一同存在、互为因果的样子。在物理学和植物学中,“自然界的万物是按其类别来划分的”,与此适成对照,地理学却把万物视为自然的整体,一如它们在地区联系中——部分与地球、部分与宇宙——的情形一样。宇宙志(Weltbeschreibung——这个术语取自康德)是“把被创造的万物、把地区中现有的万物(现实的事物和力量)作为同时存在的自然整体(Naturganzen)来研究”。宇宙志既包括天文学部分,又包括地理学部分。最后,地理学又与研究地球的第三种观点——即关于所有现象在时间上的变化的历史观点——密切地联系在一起,而这种联系还比与各专门科学的观点的联系更密切〔*42*;52,14;*60*,Ⅰ,49ff.〕。

在李特尔的著作——包括1804年他最早的著作——中,也可

以看到把地理学与历史学加以比较的类似说法。他特别指出，年表提供了框架，可以在其中把浩繁的史实井井有序地编排起来，地区则给地理学以骨架；二者都要把不同种类的现象统合起来，纳入各自的框架中〔*24*，Ⅰ，250f.；*50*，152f.〕。我们不知道他这些思想在何种程度上是本于洪堡的。很早以前康德讲自然地理课时，也表示了类似的思想，但直到 1801～1802 年才发表；所以两人也可能都本于康德，但又到何种程度，同样也不清楚。（洪堡在 1827～1828 年讲课时提及康德，但他本人第一次对地理学概念的说明则发表于 1793 年，以后各种不同的版本皆本于此〔*42*〕。）

因此，正如洪堡所理解的，地理学的驳杂参差是一个无可避免的特点。另一方面，作为一个注重实践的杰出科学家（这里我的意思不是指应用科学家），他认识到，要认识由无数相互联系的事物组成的整体，就必先理解某些事物与所有其他事物的关系。因而 78
他对系统地理学的研究，就集中于与地区中所有其他现象相联系的各类现象上，尤其是植被。“严格说来，植物学研究植物的性质、有机构成和联系，而在植物地理学中，描述性植物学则与气候学联系在一起。”植物地理学的发展，需要测量高度和温度的工具与植物知识相结合；直到物理学家的方法能够与植物学家的方法结合起来以前，植物地理学的发展一直是停滞不前的。然而在动植物地理学中，“我们不谈动植物，却谈动植物所覆盖的地壳”〔*52*，168～171；参见 *19*，Ⅰ，64，74〕。

换言之，洪堡认识到，虽然地理学中的系统研究必须集中在某一范畴的事物上，但绝没有要限于那个范畴的事物的意思，不过要在这些事物与其他地理现象的关系上来研讨它们。因此他的自然地理学不能完全划分成一系列相互分隔、高度专门化的领域；不过每一部分都以一组特征作为注意的中心，但与其他各组的关系却把研究工作引入所有其他各部分。因为这些关系都是建立在地区位置上而不是历史顺序上的，所以基本的统一原则就是方志学原则〔参见德林，*22*，51～59〕。

这种方志学观点，洪堡在他称为地理学的所有论著中始终如一地坚持着。甚至在他和贝格豪斯计划编写（应英国某部当局之请供印度各学校使用）的一本地理教科书中，他也不肯把原属动植物学的材料插进去。“一部自然地理书既不能涉及能量和物质，也不能涉及有机体生理学，必须假定这一切都是众所周知的。”〔贝格豪斯所引，*19*，Ⅲ，94〕

因此洪堡对系统地理学发展的贡献，不但可以从他撰写的著作的价值上看出来，而且也可以从他第一次明确描述地理学中的系统研究（但也是方志学研究）与专门科学的系统研究的显著区别上看出来。他一度曾被视为植物学或地质学之类科学的重要人物，这正如他自己解释过的，是出于对他的著作的误解。据后世这些学科的专家论断，洪堡在他们这些科学中，未曾做出多少具有头等重要性的事，都是重述了他本人所说的宗旨〔佩歇尔，*66*，Ⅰ，310〕。洪堡没有在专门领域内试图作系统研究，却在他大部分著
79 作中坚持方志学的观点，这使他得以创立系统地理学的几个分支，特别值得注意的是气候学和植物地理学〔佩歇尔，66，Ⅰ，316ff.，328ff.；格里泽巴赫，*20*，Ⅲ，232～268；赫特纳，*2*，309；*161*，85f.〕。

另一方面，如果设想洪堡以为地理学限于他所谓的“自然地理

学”，即限于系统地理学中方志学的研究，那就完全误解了他关于地理学领域的概念。他自己的研究工作以他的野外观察为基础，又为一大群别的作者（既有科学家，又有旅行家）的观察所充实，所以他从未准备过写一部世界区域地理，甚至某一洲的区域地理著作。但他承认有作此种研究的需要，并与系统地理学工作相配合，这在 1848 年他为在印度使用的地理教科书起草的大纲中可以看出来。在这个大纲中，《专门地理学：区域地理学》组成后半部，与前半部《自然地理学》相配合〔*19*，Ⅲ，55～61〕。[①] 他在讨论瓦伦纽斯的地理学大纲〔*60*，Ⅰ，60；*52*，14，26〕，及多处提到他的“大名鼎鼎的朋友”李特尔时，也曾表明同样的观点。然而更重要的是他对个别区域所作的解释性描述，他是按照各区现象相互联系的总和来研究这些区域的。

洪堡这些区域研究，不少散见于他的旅行记中〔*47*〕，其余则见于他的《自然风景画》〔*45*，尤须注意《卡克萨马卡高原》，311～334〕；最近从洪堡的许多不同著作中编选出一卷，出版了一部这种区域描写的优秀文集〔*48*〕。如果说洪堡认为这些文章的重要性不及他的系统研究，那他也确乎没有把它们看得无足轻重，这从他小心而详尽地讨论了这些研究中所包含的困难和他解决困难的办法上看得出来〔*45*，xf.；*47*，Ⅰ，137ff.，特别是《宇宙》*60*，Ⅱ，1～134，《推进自然研究之方法》〕。

对洪堡说来，“有一种自然地势是专属每个气候带的；每一植

---

① 洪堡详细拟定大纲第一节的某些部分；其余部分及第二节全部，他显然交给贝格豪斯去搞了。后因要求编写这部著作的英国小组取消了计划（他们原拟把它译为印地语），大纲终于没有完成〔19，Ⅲ，34—204 各页〕。

被带，除了它的特定有利条件外，也有它的一定特性（或特殊性）”。他的目的是取得“对世界不同区域的自然特性的了解”，而这种自然特性“是与人类历史、也是与其文化史极其密切地联系着的”〔*43*，11～14；《宇宙》，*60*，Ⅱ，90ff.；参看格里泽巴赫，*20*，Ⅲ，
80 267〕。虽然洪堡的个人爱好可能偏于研究人类的重要性很小的地区，但他的兴趣却并不限于非人文的特征，也不限于看得见的景观特征。在阿拉亚半岛（今属委内瑞拉），他的观察范围包括天文和大气状况、动植物、盐沼及沼旁所建的制盐厂、珍珠业、各种人种所体现的体貌特征，特别是在当地生长的西班牙殖民者性格和习惯的改变，这是由于与西班牙不同的自然条件而引起的。他把这种情况与高地或美国的情况相对照（欧洲移民感到那里的气候条件与欧洲更近似）；也与古代菲尼基和希腊殖民地的性质相对照〔*47*，Ⅰ，卷Ⅱ，第Ⅳ章〕。

在洪堡有的也许可以视为更科学的著作中，也可以找到类似的想法。“希腊的天空多么有力地影响着它的居民啊！那优美的道德情操和敏锐细致的情感觉醒得最早的，岂不正是那些定居在奥克苏斯河、底格里斯河和爱琴海之间这片地球上美丽而幸运之地的人民吗？我们的祖先岂不也正是……从这些柔美的河谷里重新带来彬彬有礼的风度的吗？”“物质世界对精神世界的影响，物质的东西与非物质的东西的神秘的相互关系，当人们把自然研究提到一个更高的观点的时候，就会赋予它一种鲜为人知的特有魅力”〔*43*，13f.〕。佩歇尔在反对李特尔追随者，特别是卡普的著作中的类似意见时，似乎忽略了洪堡文中说的这一类话。佩歇尔特别抨击“居民的景观印象及其心理表现，其间有某种因果关系”的假设

〔66，Ⅰ，404〕。

另一方面，佩歇尔却又觉得洪堡对地区的描述，在区域地理学中开创了一个崭新的时期。他不仅成功地描绘出地区的图画，而且“使它顶住了力的作用”；因而他“使观察结果与更高级的整体的相互联系成为现实了”。“洪堡以后的地理学家不仅关心自然现象的相互联系，而且也关心历史〔人文〕现象与其发生地点的相互联系。”佩歇尔特别感到对古巴和墨西哥的区域研究中，地理学被提到了科学的高度〔《新西班牙》，46〕。确实，在这些研究中，洪堡是把对自然条件的兴趣从属于对社会条件的兴趣的，按照赫特纳的看法，许多材料是不该放到地理学中去的〔161，84〕。洪堡本人显然也把这些视为政治经济学方面的研究。然而，仿效他的描写方式，描写与自然状况差异相联系的不同地区经济、社会、政治状况 81
差别的方式的，事实上并不是经济学家或政治学家，却是地理学家。照佩歇尔的意见，地理学家就是由此使这种区域研究方式成为地理学的职能之一的〔66，Ⅰ，336～344〕。

施米特在对经济学和经济地理学发展的研究中，称洪堡的新西班牙研究为“奠基于该国性质的第一部科学、政治、经济地理著作”〔7，74〕。说也奇怪，当洪堡对区域经济地理学作出大贡献时，李特尔却在为“地理物产学”(geographische Produktenkunde)而作的未完成的研究中，成为经济地理学中作出系统研究的先驱之一〔施米特，7，84，提及前述《地学》中的系统研究，也提及50，182～206〕。

总之，我们可以看出两位地理学创建人在为发展区域地理学所做的实际工作中的两大差别。李特尔纵然竭毕生之力，也没有超出亚非两洲的范围，但他要写出一部世界区域地理来的雄心，却使他去考虑面积较大的区域，不过对这样的大区他很少完成过所有相关现象的全面研究罢了。[①]洪堡却不同，他详详细细地描写了他游历过的地区，有的不过是弹丸之地，因而能用当时可利用的观察手段给人描绘出一幅比较完全的图画。为了完成这一工作，他不但考虑了一区的每一重要特征，而且给该区每一独特部分，把这些特征结合起来，然后表示出该区不同部分总和上的关系〔*47*，Ⅰ，137ff.〕。实在，他对某些小地区给予这么大的注意，这正说明了“微观地理学”研究者之所以宣称洪堡是他们的带路人的理由。

第二个，也是更重要的差别，我们已经说过了。李特尔在理论中、部分地也在实践中维护了这个主张：地理学首先应当研究世界所有各区中存在的一切相互联系的现象，在此基础上，才能对各类现象的关系作系统的研究。弗勒贝尔却宣布与此对立的观点，号召首先对全世界各种现象系统地作全面的研究。洪堡是个重实践的科学家，显然感到必须做点力所能及的事：对两组现象的联
82 系——例如植物和高度——比起所有一同存在的现象的联系来，他也更容易研讨；此外，他也不能坐待完全的世界地区研究告成。另一方面，他感到，对他已尽其所能作了全面研究的国度，还需要作解释性的描写。为了这件事，他不能直等到系统地理学完成之后。但是，就凭运用他在地区描写里的系统研究成果，他却写出了地区解释的“杰作”来〔赫特纳，*161*，86〕。

① 对李特尔的19卷《地学》，作者不想冒充熟悉，姑妄言之而已。但据该书大纲，据浏览原文某些部分的印象，以及别的学者的话看，这样说似也有理。不过这也不是说李特尔就没有描述他的区域的详情细节；例如在《聚落地理》的开头关于阿尔泰矿区村庄田舍的描写就是〔*49*，Ⅱ，847〕。

这些差别的最后结果是既有趣又看来矛盾的。李特尔对系统研究比较忽略，这不但减损了他的地区著作的价值，而且造成了一种传统，在一段时间内使地理学受到了限制，致使区域地理学本身无法得到发展。反之，洪堡的情形又不同，对他说来，宇宙那个大题目是首要的，但今天无论在科学或哲学两方面都并不重要了。虽然他的系统地理学研究，在这门科学的历史发展上具有很大的重要性，但也早已过时了。在他后来称之为“比较区域地理学”这门学科上的研究，现在也已部分地过时了。这门学科的先驱者就是他，而不是李特尔〔赫特纳，*161*，403；普莱韦，*8*，46～55〕。但他一度在著作中指为次要的部分，即以分析和综合的形式，对热带美洲和墨西哥各区域的出色的解释性描写，在地理学中却仍保留着不朽的价值。莱曼指出，区域地理学中任何成功之作都是不会过时的，它们为历史地理学提供了无可取代的资料〔*113*，239；参看索尔，*84*，185〕。

关于洪堡和李特尔的若干著作对后世地理学思想方向所起的另一些影响，还可以作简略的研讨。洪堡对地理学的美学一面总是极感兴趣，“视为激发和扩大科学的自然研究的一种手段”。虽然他在歌德、卢梭、德·圣彼埃尔以及前述英法许多旅行家和文学家的作品中找到这种描写的典范，但“在这个方向上作了最有力的开拓工作”的，尤推他的“著名的老师和朋友格奥格·福斯特”〔*60*，Ⅱ，74〕。地理学这个方面不可与科学地理学截然划分；弗勒贝尔以为应当把这种研究与李特尔的历史地理研究一道归入非科学的“历史—哲学地理学”一类，这个明确的要求显然并没有打动他

〔*56*,7f.〕。虽然他没有提起弗勒贝尔的文章,但他在《宇宙》第二卷里说的话却对弗勒贝尔的意见作了明确的回答。这位描述自然的
83 作者要写的并非他个人的感情;相反,他要客观地描写周围外在的自然界,而应让读者的感情有完全的自由。我们可以说:地理学家对自然界的描写,在表现主义的意义上说,不应是艺术性的;在形式的意义上说,也不应是艺术性的。美学风味不应由作者的"诗意的"词句赋予它,却应由实际景色本身赋予它,作者的职责只不过是尽其翰墨之长,巧妙地把它再现出来罢了。"描述自然界,可以做到虽有严格限制而在科学上却很精确,但同时又不失其想象力上虎虎生气之感。美学风味必须从对感性的东西与理性的东西相互联系的预感出发,从对普遍性、相互限制和自然生命统一性的感觉出发"。能使人得到理性的愉快的,并不单单是对浮光掠影地眺望到的景色的描述;对"景观中诸力间的和谐作用"的理解,给人理性的愉快远过于此〔*60*,Ⅰ,34;Ⅱ,72~74;参看德林,*22*,89;佩歇尔,*66*,Ⅰ,336f.;格里泽巴赫,*20*,Ⅲ,251ff;但多弗感到洪堡本人却犯了自己在理论上反对的毛病——用诗的形式来描写,*21*〕。

洪堡和李特尔两人都没有明确解答地理学的自然范围问题——它究竟包括整个地球呢,还是限于地球表面。无疑人们也会像格尔兰一样,在李特尔的文章中找到持前一种主张的论点,可是十分明显,这些论点与他的大部分方法论论述和所有著作都是矛盾的:他把"地球"描写成自然力的表演场所,尤其是人类的居地;这样的地球就不是它的整个球体,只不过是那层包裹的外壳。确立 Erdkunde 或地球科学一词的竟是李特尔——这个词正如赫特纳所指出的,把他的概念表达得那么拙劣,这也正是李特尔的特

点。李特尔是以此词与外来语的 Geographie(地理学)和听起来更不科学但为洪堡所喜用的 Erdbeschreibung(地球描述)互用的,但后世的学者却逐渐从字面上把它解释为地球科学。

洪堡为了确立他的宇宙统一性的论题,因而把整个宇宙纳入他的视域中,但也是把它置于这个堂皇的 Erdbeschreibung 之内,作为"大地或地球(irdisch)"部分〔*60*,Ⅰ,51f.〕。他自己的研究大部分限于地球,实在还是限于他所知的那一部分——即地球表面〔德林,*22*,55〕。因此前古典地理学家把研究领域限于地球表面的倾向,在实际上一直延续到整个古典时期。

另一方面,洪堡的实际研究工作要扩大到李特尔考虑的范围
以外,即对各种不同现象的分布的研究——基本上可说是"事物的 84
所在"问题〔德林,*22*,64ff.〕。然而他可能把这种分布研究只看作系统地研究相互联系的现象所必要的初步调查而已;无论如何,这种研究只构成他的地理学的一部分。

最后我们还可以补充一点,在 19 世纪中叶——如果不是更长的话,地理学方法论的发展上,有两个因素使得李特尔的影响要大得多。李特尔占有德国——如果不说世界的话——大学地理学唯一的教授席,其影响所及,远远不止其受业的门生;洪堡则不然,在一段时期,受他影响最大的只是一些并不自认为地理学家的人。第二,李特尔是在方法论论文中反复阐述他对地理学性质和各种问题的观点,洪堡对这样一些问题的讨论,却散见于他的一般性著作中。也许就是因此之故,他对地理学与其他科学的关系的概念,竟未为人所注意近一世纪之久。①

① 《宇宙》的一章题为《自然地理学的限制性与科学探讨》〔*60*,Ⅰ,49～78〕,详尽

三、19 世纪下半叶观点的转变

1859 年洪堡和李特尔同年逝世，把这一年看作地理学发展史上“古典时期”的终结，也许颇有便利之处。此后 10 年间，李特尔开创的学派统治着学校地理学。李特尔的追随者甚至比他还要强调地理学的“历史”的方面，因此可说已经从系统地理学转向主要与人有关的区域地理学了。照佩歇尔的意见，李特尔的“唯一值得称道的门生”是埃恩斯特·卡普，但卡普的兴趣也及于政治问
85 题，1848 年后，惩罚行动使他像弗勒贝尔一样来到美国，他在得克萨斯的一个德国人社区定居下来，当了棉农，直到 1865 年返回德国后才重新从事地理研究〔见佩歇尔评论，*66*，Ⅰ，399～413；又见弗勒贝尔，28，Ⅰ，477f.；29，传记〕。李特尔的另一个追随者（如果说不是学生）也曾来美国，那是法籍瑞士人阿诺德·盖约特，他也许是我国——在普林斯顿——持有第一个地理学教授席的人。他的影响很小，这也许是由于目的论观点甚至支配着他对细节的阐释的缘故〔*64*〕①。

论述了这一概念。写该章以前，洪堡已在两篇用拉丁文发表的论文中对它作过简要的说明，第一篇论文发表于 1793 年〔*42*〕。德林写过一篇论文，对他的地理学方法论作了最完全的叙述，这篇论文是煞费苦心的，写得十分透彻，论述井井有条，大部分由引证或精确的阐释组成，我以为是可靠的〔*22*〕。《宇宙》第一卷提出了洪堡的系统地理学大纲。最近发表了 1827～1828 年冬他在柏林大学的讲稿〔*52*〕，其中对他的地理学作了简要的综述。虽然我对此书的校勘情况一无所知，但所体现的概念、词句和说明无疑都是洪堡观点的正确复述，一如在他的著作中所看到的样子。

① 但请注意他最近重版的《南阿帕拉契亚山脉杂记》，拉尔夫·H.布朗在书中找到有关该区历史地理的有价值的资料〔*65*〕。这里还可以提一下他在李特尔纪念会上的致辞：《卡尔，李特尔》，此文我没有见到。这是一篇于 1860 年在新泽西普林斯顿对美国地理与统计学会的演讲。⬅

李特尔的门生和追随者之中，成就最突出的当首推法国地理学家埃利赛·邵可侣。依吉拉尔丹和布吕纳的意见，1851年他受业于李特尔，因而成为地理学家；他的有关地理学的主要原则和思想，都是师承李特尔的〔*30*，67～69，71〕。指出下面这一点很有趣：邵可侣与其说是遵从李特尔的理论，毋宁说是遵从他的实践，首先在系统地理学方面作了有限的研究，接着又搞普通系统地理学，然后才着手撰写一部完全的世界地区概述。但与李特尔不同，他是以系统研究成名的，写了一部自然地理巨著（《大地》，1866～1867年；后来被译成英语）。虽然吉拉尔丹和布吕纳觉得李特尔的影响在这部书中特别强烈，但另一些学者也指出此书还依靠别的许多作者，其中包括英国学者玛丽·萨默维尔。斯珀勒尔推崇此书胜过德语文献中任何同类著作，拿它来与李特尔学派的著作相对照，显然并不承认邵可侣是李特尔的门生和追随者〔*68*，331f.；可能上文所引佩歇尔的说法也是如此〕。但赫特纳却以为这部著作显然有受李特尔影响的局限〔*161*，108〕。施米特说邵可侣“成为法国的李特尔”，无疑主要是根据他1875～1894年的19卷地区概论《新世界地理》。此书虽然是按照李特尔的《地学》的范例写成的，但却要成功得多，“不但组织严密，因而使他能够完成这部巨著，而且对世界每一地区的自然和文化都写得非常紧凑”〔*7*，151～153〕。

李特尔的影响在另外某些领域也是很显著的。在军事学院对他极感兴趣的学生之一是莫尔特克。他的军事—地理规划以后变得极其重要，不过在这以前，他早已发表了许多地理研究著作〔施米特，*7*，86〕。李特尔还有些很大的影响，他唤起历史学家注意 86
地理与人类大事件演变过程的重大关系；马尔特特别指出李特尔

先前的学生——著名历史学家 E. 库尔蒂乌斯的著作也受到这种影响〔25,脚注 10〕。

洪堡不在大学任教,他在学界没有直接的追随者,但在大学外——也在德国外,他的影响却比李特尔大得多。在短促的"后李特尔时期"中,赫特纳觉得"正确的地理科学的真正代表者是把洪堡奉为楷模的科学旅行家们"〔*2*,313〕。

可是后李特尔时期只是一个短促的过渡期;接着,这一世纪下半叶的后期或前期,就给德国学校地理学带来极其迅速的发展。在许多方面,可以把这一时期看做地理学领域发展上的关键性时期。洪堡和李特尔为地理学奠定的基础,表面上确实没有提出一个明确统一的领域。他们的追随者各自夸大两位创建人观点的某些方面,或者企图采用地理学性质的一些新概念,这在一个时期内造成地理学分裂为几个方向,它作为一门学问的地位因而也碰到了严重的问题。李特尔一死,德国任何大学里都没有地理学教授了。重新返回大学地位的,特别是随后迅速发展的,主要并不是追随李特尔的"历史地理学家",却是原来受过地质学家教育、并且倾向于专门从事地球非人文特征研究(即我们今天所理解的自然地理学)的学者所起的作用〔参见彭克,*129*,635f.〕。这里我们不谈地理学学术地位的上升和这个时期多产的成果;在地理学思想的发展上,主要问题在于克服这个领域方法论上明显的不统一,从而确立它作为单一科学领域的地位。

19 世纪后半期的普遍科学气氛,对早年"浪漫主义"时期的哲学概念,不论是李特尔的还是洪堡的,都是远非乐于接受的。甚至在古典时期结束以前,这种变化就已初露端倪了。实在,地理学思想的重要改变与我们对它的历史发展所作的专断的划分，有一定程度的重合，我们觉得后古典时期的某些概念，最后一位前古典地理学家布黑就已把它们表现出来了。我们早已指出布黑彻底抨击时人著作中运用“自然边界”和“自然区域”的问题。他以解剖学和 87
生理学作比拟——虽然承认这些比拟是不完全的——达到了否定的结论：除非有特殊目的，地理学家并不需要以任何方式把地球划分为地区；他们反倒应当按分门别类的现象，也就是说按系统地理学来研究它〔*51*，90～94〕。虽则布黑运用李特尔 1806 年的研究作为应当做什么的典范，又在其他方面说过称赞李特尔著作的话，但他的批评无疑也适用于《地学》各卷，不论他是否意识到这一点。

虽然贝格豪斯似乎受到布黑研究的影响，马尔特对它显然也是熟悉的，但它在地理学思想的发展上是否起过什么重要作用却不大清楚，可能是因为它是由一家省级小出版社出版的缘故〔参见斯珀勒尔，在一个类似方面的论述，*68*，365〕。反之，几年后弗勒贝尔在当时的主要地理杂志上提出相似的观点，却在学术界引起一场相当大的骚动，特别是因为这些观点是针对李特尔的，而且还附有李特尔本人的评论。

然而这一场论争结果却只是昙花一现而已，弗勒贝尔的要求“不起一点作用就寂然无声”，因而赫特纳在研讨地理学思想的发展时，也就把它一笔勾销〔*2*，305〕。可是这种看法可能有点过甚之嫌，因为弗勒贝尔的论文，至少是发表在贝格豪斯的《年报》里的两篇，在地理学文献中保持着相当显著的地位，可能对后世学者也有影响，不论他们是否明白这一点（又见第三章之一）。确实，他想表达的观点终于引起人们的注意，因而普莱韦把他看作地理学思想新时期的先驱——我们也许该再补充一句：布黑比他又早一点〔*51*,59f.〕。

科学界的这个新观点终于支配了科学思想。普莱韦描写这种新观点的特点是以各门科学愈来愈专门化、愈来愈强调阐释“科学规律”、有意识地把科学——特别是地理学——从任何特殊的世界观分离出来为标志。然而这后一种观点常常是体现一种同等明确的哲学假设——假设存在着一个唯物主义的、机械论的宇宙，人在其中也应作为“物”来研究，而与他物一样看作“原子运动的总和”〔普莱韦,*8*,60,66f.〕。

德国地理学家一般把地理工作的转移看作主要是由于佩歇尔和李希霍芬的作用引起的。这一运动起于佩歇尔从1866年起陆续发表的一些论文，其中若干论文于1870年收入《作为地表形态
88 学探索的比较地学的新问题》一书中〔*67*〕。比利时地理学家米丘特写道：“说科学精神随着这部著作重新回到地理学来了，这句话说得十分有理”〔*189*,24〕。佩歇尔通过这部著作，也通过他的教学，引导地理学家首先研究地形结构。他的地理著作绝不以地理学的这一部分为限。相反，他也关心研究地形对人类历史的影响，马尔特感到他对这种研究作了比李特尔的范围更窄更明确的限定，是做得成功的〔*25*,22〕。他在49岁时就早逝了，正值他在大学里所任的职位，使他大有可为的时候，却突然打断了他的工作。(关于论述佩歇尔的贡献更详的著作——并有传略——可参看拉策尔的研究〔*31*〕以及施米特〔*7*,147～149〕、德林〔*22*,163～65〕的更简略的说明。)

佩歇尔曾力求建立一门科学的形态学，它的基础却由一群曾

受过地质学家教育的地理学家奠定——特别是李希霍芬从 1877 年起陆续发表的中国研究〔普莱韦，*8*，74；赫特纳，*161*，99，特别是 *32*；彭克，*128*，43～51 及 137；施米特，*7*，153～156〕。在这一特定方向追随李希霍芬的地理学家中，我们可以举出两个：一个是彭克，他同样受过地质学家的教育，他的古典论著《地表形态学》在 1894 年初次问世，现在他有许多学生在这个领域还很活跃；一个是美国人 W. M. 戴维斯，我们已经说过，他的部分著作包括在德语文献中。

因此在德国开始了一个漫长的时期，在这个时期里地貌学成为地理学的主要领域，正像以后在戴维斯领导下的美国一样〔菲利普森，*143*，9f.〕。于是，在德国，把这门学科归入地理学范围之内，无论逻辑上引起什么反对意见，也是无法更改，已成定局了〔克拉夫特，*166*，7〕；而在美国，地貌学在与地理学和地质学的关系上的地位，至今却仍未确定。（关于这个问题还要作进一步的讨论，参看第十一章之七。）

不论在地貌学方面人们可能持什么观点，但都普遍认为在佩歇尔的领导下，地理学一度曾有在自然科学中扩大到其他科学早已占领和开垦的领域的倾向，因而地理学一度看来就像要独揽一切与地球有关的自然科学似的〔赫特纳，*2*，314f.〕。反之，人文科学——包括人种史、农田利用、商业和民族迁移，有如李希霍芬对加利福尼亚和中国所作的研究一样〔*69*〕——则被视为主要与地形有关，或者只限于区域地理研究。在区域研究的发展中，可以特别一提基尔希霍夫，作为连结从李特尔到拉策尔的中间环节〔*33*；*34*〕。

这种情况造成一个重要的结果，这就是把上文说到的地理学 89

中的两种二元论形式混淆成一种:即系统、自然(这里是非人文的意思)地理学和区域、人文地理学。为了说明把人的研究包括入地理学的合理性,同时又遏制地理学朝这个方向无限扩张,似乎需要分开说明这两个部分的目的。自然特征应按其本身条件来研究——地理学朝这个方向扩张得多远可能并无多大关系,但人文特征只能按其与自然特征的关系来研究。瓦格纳、基尔希霍夫和诺伊曼多少已经明确地表达过这个观点〔按赫特纳,*2*,316〕。

明白地强调把地理学领域划分为两组现象,这就在逻辑上指向两个相反的发展方向。其中一个终于有了更大的影响,这可以从拉策尔经过森普尔寻踪到美国。在美国,巴罗斯把地理学说成"人文生态学"的领域,研究人和自然环境的相互关系,就是它的最后的逻辑表现〔*208*〕。这个观点在英国〔*195*〕和日本〔110〕都有人赞同,在我国还有极大的重要性,因此下文需要作详细的研讨。

比这还要早得多,格尔兰在 1887 年的一篇长文中却力倡相反的结论:地理学应完全排除人〔*76*〕。这主张虽然是"在自然科学思想方式风靡一时的时候"提出的〔布尔格尔,*11*,24〕,而且看来也许很像是前 20 年间地理学思想摆动的逻辑结论,可是基本上却没有得到人们的支持。正像黑尔曼·瓦格纳在他的长篇评论中所说的,许多人都看得很清楚,如果把格尔兰的貌似合乎逻辑的论点贯彻到底的话,那么对地理学就必须大加剪除,所剩的那一点,就再也辨认不出是那个名为地理学的源远流长的领域了〔*77*〕。对一个必须割弃洪堡和李特尔地理学的大部分内容的论点,很少人认为须给予多大的注意〔参看苏潘,*78*,153;赫特纳,*2*,315f.〕。这场由格尔兰掀起的论争,是针对德国地理学思想随后的发展问题的,要肯定地指出它有什么影响，这诚然是困难的；我们以后还有机会在别的方面回头再来谈这问题，因此这里就不必检查其主张了。

几年后瓦格纳提出了格尔兰建议的历史意义：宣告地理学是一门纯粹的自然科学，这是在大力扶植自然地理学的高峰时期提出的，而近20年前佩歇尔就已开始了〔*80*，374～375〕。正如施米特所指出的，格尔兰虽然与这个运动的进程步调完全一致〔*7*，
156〕，但“形态学家”却没有一个愿意继续走这样的逻辑极端。确 90
实，他的论点可能已经使有的人明白：地理学摆动得失却均衡，已经到了多大的程度。

然而，在实际地理著作和方法论研讨两方面，相反的动向早已出现。1882年拉策尔发表《人类地理学：地理学在历史学上的应用导论》〔*72*〕，这是地理学史上的一件大事，日后对地理学方法论的发展具有间接的影响。人类地理学这个术语，此后一直是与拉策尔的名字联系在一起，这反映了他的自然科学，特别是动物学的功底，可是却也会引起误解。这个术语给人的印象是关于从个人和人种观点来看的人类的地理学，即人类学的地理学；而拉策尔所关心的主要对象却是人的劳动产品，特别是人类社会生活的产品与地球的关系——也许这还是靠了莫里茨·瓦格纳〔施米特，*7*，157～161〕。

因此，拉策尔也像李特尔一样，主要是一位受过自然科学教育的学者，地理学正是为这些学者作了自然科学和人类研究间的联系。正像我们从李特尔的情况所看到的一样，拉策尔的著作大部分是在人文地理方面，这就使许多人忽略了他早年的经历。例如索尔就说他是“通过报纸工作转入地理学的”〔*84*，166〕，这话还没

有说对一半。照拉策尔的自述，决定他的人生道路的是他对自然界的兴趣；他早年就立志“献身于某种科学研究”，而且始终不渝。他曾取得动物学、地质学和比较解剖学的博士学位。他在法国南部继续从事动物学研究，寄些旅行通讯给《科隆报》，以求添补些资金，结果该报聘任他为科学及旅行通讯员。卡尔·安德雷劝告他利用这机会当个地理学家，拉策尔当初虽然是计划以动物学家的身份旅行的，但在欧洲、美国和墨西哥作了六年旅行后，他最后还是转行了。不过他最初发表的文章都是动物学方面的，他的地理著作中有阿尔卑斯山雪线的物理研究〔35〕。

拉策尔的目的在于把人文地理学研究建立在科学基础上。施米特说他“始终没有偏离自然科学的方向”，做得要比李特尔成功得多。他的伟大贡献在于“通过组织现象、树立概念，并把所取得的成果显著地联系起来，从而把人类地理学的这一部分——即文
91 化地理学，纳入科学体系中去”〔7，158〕。虽然他常被人们视为基本上是李特尔的追随者，但在某种意义上，他的 Anthropogeographie（人类地理学）是研究人类地理学的第一部重要的系统研究，这正是洪堡“自然地理学”的最后部分所提出来的。从此以来，虽然批评的火力一直针对着他的著作，但并没有减损它的重要意义：它表明了地理学的人文方面及非人文方面是可以作系统研究，从而在区域地理学中取得更可靠的解释的。（有关全面评价拉策尔的著作，请特别参看哈塞特的研究〔36〕。）

拉策尔的方法在一个主要方面与洪堡有所不同。他是从自然科学的观点出发有目的地进行工作的。他的第一卷《人类地理学》大部分是根据地球上的自然条件组织起来的，他就是在自然条件

与人类文化的关系中研究它们的。虽然这种程序在研究自然地理为主的地理学家中是常有的，但基尔希霍夫一派的地理学家却把它反了过来，在人文条件与自然条件的关系中来研究人文地理。在他的第二卷中，拉策尔自己也把程序大部分反过来，但他的许多追随者，特别是我国的森普尔，却保持着他早期的方向，从而确立了一种程序，几十年来一直支配着人文地理——至少在我国是如此。然而德国地理学家改变他们的程序却要早得多，这特别是亏了赫特纳和施吕特尔的努力〔*130*；*131*〕。可是同时人文地理却是根据自然环境对人类的影响来研究的，这自然又导致以为地理学这个领域主要是研究这种关系的概念。人们通常认为这个概念来自拉策尔本人，但这看法可能是错误的。（像迪金森那样把施吕特尔摆在与"冯·李希霍芬、拉策尔及其同时代人"相对立的地位，这就尤其是误解了〔*202*，2；参看施吕特尔，*131*，507f.〕。）

在系统人文地理学的第一部大作问世后的次年，李希霍芬在莱比锡就职讲话中，提出了以后被认为是近代德国地理学的纲领性阐述〔*73*〕。更早，在1877年他在论中国的第一卷最后几页中就已作过阐述〔*69*，Ⅰ，729～732〕，这是一种重新表达李特尔和洪堡所共有的地理学概念的尝试，但正像赫特纳所指出的，此书为地理学所设的界限，自己就给破坏了〔*126*，560〕。可是同年马尔特又明确地恢复了地区原则或方志学原则作为地理学的最高标准，使
用了chorography和chorology[1]等术语，早在他以前，就已有好些 92

①英语 chorology 有两种用法，一指论述支配动植物的地理分布规律的科学，普通译作"生物分布学"，另一用法与 chorography 意义相近，可参考原文 92～93 页。以下原文中不论用的是 chorography 还是 chorology，一概译作"方志学"。——译者

作者——其中包括佩歇尔——从古希腊地理学家那里搬过来了。同时他强调研究分布——分布是洪堡地理学的一部分——并简括地把地理学说成是关于事物在“何地”的研究〔*70*,特别是426～429〕。马尔特的概念也在一个委员会——他就是委员之一——起草的关于地理学性质的表述中表现出来,于1882年在威尼斯国际地理学大会上通过〔*71*,679〕。

当时李希霍芬在莱比锡所作的划时代的讲话中接过了马尔特的方志学概念,作为他的地理学概念的重要基础〔赫特纳,*126*,552〕。普莱韦写道:李希霍芬在这个讲话中表示自己是“事实上继承并发扬洪堡和李特尔思想的人,从前后一致的意义上说,也是实现佩歇尔思想的人。他与佩歇尔有很大不同,他具有健全而毫无偏见的历史感,把自己纳入发展过程中,并正确地决定他的地位”〔*8*,73;又见彭克,*128*,43～51〕。

李希霍芬受过地质学家的教育,作为一位地理学家,他主要是对地貌学感兴趣。他被选入科学院后,就选择进入“物理数学所”,这与“历史学家的李特尔”迥然不同,李特尔属于“历史—哲学所”〔*81*,605〕。不过他还是认识到李特尔的著作在地理学思想发展上的价值的。如果以洪堡和李特尔的概念背景为对照来阅读他的讲话,就会看出他对他们的概念和著作的共通成分所感到的兴趣,要比他们之间的悬殊差别大得多。因此他能够“遵照洪堡的先例,恢复地理学与自然科学的紧密联系”,同时又恢复李特尔的大纲在地理学中的地位〔施米特,*7*,153～156;参看德林,*22*,165f.;赫特纳,*126*,552f.及32〕。

我们不必去管李希霍芬的具体阐述;正如赫特纳以后指出的,

他虽然为未来定下了地理学思想的方向，但却未能为他对这一领域的概念找到确切的说明。但从他的论述还是可以看出其基本思想是明确的：地理学是研究地球表面不同部分互有因果联系的现象的差别〔*161*，106f.；*73*，25ff.〕。李希霍芬揭示了系统地理学与区域地理学的相互关系以及与该领域总体上的关系，这在地理学思想的发展上也是很重要的。系统地理学的实际目的是理解地区中现象的因果关系〔*42*f.〕，这种理解可拿解释各个区域时可以应用的原理来表达，而解释区域，也就是方志学。（李希霍芬把第一步的 chorography 与最后一步的 chorology 加以区别；前者是非解 93
释性的描写，为系统地理学提供资料，后者是对区域的解释性研究，是以系统地理学为基础；但这种分法却没有人奉行。）

地理学的重大区别，即系统地理学与区域地理学（方志学）之别，因而不在于研究资料的不同——李希霍芬认识到限制地理学中的研究资料是不可能的——却在于研究方法的互异。因为资料性质参差不齐，所以必须在系统地理学中根据其类别加以研究。根据这一点，他承认不是有两大组，而是有三大组：物理现象、生物现象和人文现象。人类虽则当然也是一种生物，因而在某种程度上可归入对其他动物的研究，但人类与地球表面的联系却受到一大批对别的动物说来并无意义的因素的制约，因而需要以完全不同的方式加以研讨。在方志学研究中，所有各组现象间的因果关系把它们结合成单一的一元研究了。李希霍芬也像洪堡一样，并未被任何有限的科学概念所束缚，他看不出有什么理由反对一门研讨各种共同存在、为因果关系联结在一起的不同事物的单一科学。

四、当前地理学最直接的历史背景

李希霍芬的地理学大纲和赫特纳以后对它所作的更完满的说明(第一次在 1895 年,但以 1905 年说明得最完满),为区域地理研究铺平了道路,从而依据系统地理学的成果对它作出解释。这在地理学上也不是什么新事,毋宁说还是返回到洪堡的方法〔*2*,309 或 *161*,86〕。这种方法先是被李特尔的追随者所忽视,他们研究区域地理学却对系统地理学考虑得较少;继而又被佩歇尔的追随者所忽略,他们主要是考虑系统地理学。虽然如此,但它却从未完全被抛开。可是苏潘却感到,李希霍芬的讲话对系统地理学的注意更细致入微,而把区域地理学置于从属地位,在 1889 年又竭力主张更经常地扶植它〔*78*〕①。赫特纳也用实例,用他的方法论表述,并通过他创立于 1895 年的《地理杂志》上发表的文章,来大力鼓励

94 发展区域研究。然而直到近年,尤其是在世界大战把德国人的利益集中于欧洲各地区,特别是德国各地区的多采特征上以前,地理学的这个方面都未能达到可与系统研究,特别是形态研究相比的地位。赫特纳常被说成区域地理学的倡导人,但不能因此认为他不赞成发展系统地理学。过去 40 余年来,他的着重点虽然不断转移,但始终坚决主张,从这两种观点来进行地理研究都是必要的。

---

① 瓦格纳早在他 1882 年的方法论报告中,就已讨论了区域地理学的重要性。他在 1891 年的报告中花了 10 余页的篇幅来谈这个问题〔*80*,385～395〕,先是顺便一笔带过,然后用一个脚注来提到他先前的论述〔375〕。莱利说“区域地理学……在 1891 年方才引起瓦格纳的注意”,又说他那时“只是顺便”提到它,指的就是这篇报告〔*222*,256〕。

1895 年他为《地理杂志》作发刊词，第一次扼要地表述了地理学的性质；在这篇短文中，他评论了李特尔的追随者疏忽了系统研究，而赞扬佩歇尔带头恢复了地理学中的系统自然地理学研究〔*121*，2；参见 *2*，310〕。他在 1903 年写的第一篇详尽的方法论论文，只谈到系统自然地理学的基本概念和原则〔*123*〕；1907 年写的论文又研讨了系统人文地理学〔*130*〕，而 1905 年以来写的许多文章，则强调系统地理学（即普通地理学）作为这个领域中并列部分的重要性〔特别是 *140*〕。最后，近几年他本人又提出几篇详尽的系统研究论文，论及地理特征的不同范畴，先论地表形态〔*361*〕，再论气候〔*362*〕，最后是一部四卷本著作，论及全部系统地理〔*363*〕。可是人文地理在第四卷中所占篇幅却不到一百页，因为赫特纳计划为这一部分另写专书。各国地理学家将希望此卷的出版不会遭到什么阻碍，原稿基本上已经完成。⬅

赫特纳在讨论这两种地理研究工作的关系时，用了一个稍稍有点不平常的术语，以强调两者之间并无泾渭分明的界线。对任何幅员广大的地区作区域研究时，必须系统地研究各地理特征的显著变化。另一方面，对地理特征的一定范畴作系统研究，又不能单单研究这一范畴，却须根据它与一种或数种其他特征的方志学上的关系来研究，即各种特征在不同地区发生变化时相互间的联系来研究。这就是说，他想强调洪堡已经清楚地划定的区分，可是在系统地理学的研究和研究相同对象的专门系统科学的研究之间，却仍常常看不清这种区分〔特别请参看 *60*，Ⅰ，48ff.；关于赫特纳和洪堡二人在地理学观点上的关系，见德林，*22*，166～168〕。

95 在19世纪的德语文献中，瓦伦纽斯所采用的“普通地理学”和“专门地理学”这些术语，由于要想消灭外来语源的词汇，相当一部分已被“allgemeine Erdkunde”(普通地学)和“Länderkunde”(区域地理学)等所取代。这些术语不但表明了这两种地理研究之间存在着极深的鸿沟，而且“普通地学”一语所表达的概念与通常“地理学”一词的相关概念之间也有极大的差异。正如彭克新近所指出的，“Erdkunde”(地学)一语“只不过是地理学一语的德语化而已，这一点当时却被人忘记了。人们从字面上去理解，于是就得出了研究地球整体的任务”。赫特纳当时受业于格尔兰，格尔兰曾试图按照这种推理来达到最后结论，显然连李希霍芬都被搞糊涂了〔*90*，Ⅰ，39〕。赫特纳感到，由此而产生的一个结果就是地理学家们都受了影响，去对地球整体作系统研究，而把方志学观点却丢失了〔*126*，559〕。地理学性质上的二元论甚至比瓦格纳所觉察的变得更重；系统地理研究并不产生关于现象相互联系的普遍概念和原则，而这些概念和原则却正是区域地理研究所需要的。为了克服这种把地理学分裂为两种截然不同的研究工作的缺点，赫特纳认为有必要使方志学概念在系统研究及区域研究中居支配地位，正像在洪堡的著作里一样。1889年，即格尔兰的建议发表后的两年，他草拟了一份系统地理学——即普通地理学大纲，冠以《比较区域地理学》(*Vergleichende Länderkunde*)的题目，以强调这一观点。地理学研究的这一形式与严格意义上的Länderkunde(即区域地理学的关系)，在他的1895年和1898年的研究中说得很清楚。他在方法论研究中极详尽地阐述了这两种研究的关系〔*161*，398～404〕，虽然他在这部著作中抛弃了这个术语，但后来当

他最后完成 40 余年前所写的大纲时，却仍旧用了原题。[①]

在我们离开 19 世纪晚期以前，我们必须指出，古典时期和前 96
古典时期地理学的某些特征，至少在一段时期几乎再也看不到了。其中之一是地理学的统一性——即 Ganzeit 概念。布尔格尔在综述地理学史中这一概念的发展时，拿不出多少令人信服的证据，来说明它在这一时期的德国地理学中占有重要地位。对李特尔的以地球为有机体的概念，看来德国学者赞同者人数寥寥，虽则拉策尔可能在某些方面附和过这一思想，而对法国伟大地理学家维达尔·德·拉·布拉什来说，这还是他特别喜爱的概念〔*184*，5〕。格尔兰反驳这个概念的论据很有力，这反映了在科学上日益要求直接的精确描述，以代替象征性的假设或易于令人误解的类比。他最后说：地球不是“有机体”，它只不过是“宇宙物质复合体”〔*76*，Ⅵ〕。

当然，19 世纪晚期的德国地理学家继续在研究各地区不同现象之间的相互关系；李希霍芬认为地理学的统一性是来自各种不同现象间互为因果的关系〔*73*，16f.，67〕，赫特纳等人则强调在区域地理学中不仅要描述地区的某些特点，而且还要描述由所有重要特征相互关系的结合决定的总的性质〔*161*，217〕。但这总的性质却不是被视为包括洪堡和李特尔在内的早期作者哲学中所谓的“统一性”，“Einheit”或者“Ganzheit”。

① 彭克认为这是不幸的为对原稿“表示敬意之举”，但赫特纳却另有理由：他这部著作是略去海洋研究的“普通地理学”，因此“比较区域地理学”（Vergleichende Länderkunde）一语用在这里是恰当的〔彭克，*90*，Ⅰ，38～40；Ⅱ，31～32；赫特纳，363，Ⅳ，前言〕。赫特纳的术语竟会完全被一位美国学者所误解〔参见 *228*，256f.〕，这也许可认为彭克的反对意见又多得了几分，虽则连彭克也承认，只要跳过标题读下去，对赫特纳要说的意思是不难理解的。无论如何，我们用不着去讨论外文术语。

本文使用的这个术语今天在美国已很常用，而且随时可以改写成一切源于拉丁语的语言，但译为德文则并无适当用语。幸好英语并不以任何特定语源的词汇为限。

同样，也看不出这个时期有以个别区域本身即是一个单元、一个“整体”或“有机体”的概念。“统一性”和“整体性”两个观点，近数十年间，主要是自世界大战以来，已经回到地理学中来了。它的迟滞的发展，使得认为它是“返回李特尔”的结果，这个想法很成问题。李希霍芬和赫特纳都是在很有限的意义上谈到“返回李特尔”的。①李希霍芬和赫特纳两人从来都没有支持过这些概念；赫特纳还常常非难它们，这一点我们就要说到。②他自己就提出，这个概
97 念可追溯到李特尔的目的论概念〔*161*，306〕，中间也许还经过拉策尔〔*126*，557；又见普莱韦，*8*，72，及布尔格尔，*11*，76〕。维达尔·德·拉·布拉什显然是从拉策尔那里接过地球统一性、“地球有机体”的概念的；但维达尔以为这是地理学中的新概念，却是弄错了

① 1898年赫特纳写道：李希霍芬所确立的地位，可称“在某种意义上是返回李特尔”(in gewisser Hinsicht eine Rückkehr zu Ritter)〔*2*，317〕。莱利引用此语时却只成了“返回李特尔”，略掉了修饰语〔222，258〕，意思是不完全的，特别是鉴于赫特纳对他所作的修饰含有什么意思作了详细的解释〔*2*，308f. 313，315〕。在赫特纳这篇文章或其他著作中还可找到什么别的证据，说明把李特尔的“整体论观点”移用到区域研究中去是由于他的缘故，这一点莱利并未指出，笔者也找不到有什么证据。如果像莱利话中的含意，今天美国的地理学中确有区域整体论的观点，那么可能要追溯到索尔，直至施吕特尔。

② 布尔格尔之所以认为李希霍芬和赫特纳对阐述这些概念有贡献，那只是因为他没有分清这些术语的不同用法〔*11*，26，76〕。李希霍芬和赫特纳都把一地相互关联因素的总和看作一个总的作用过程，不论忽略了哪个重要部分，对这个总的过程就不会有清楚的理解。此外，对赫特纳来说，这个总和在地球上每个地点(Erdstelle)都是独一无二的，因而这地方就“打上个体的印记”〔*161*，217〕；但布尔格尔却给加上“作为一个景观(Landschaft)”一语，我在此处上下文或者别处都找不出有什么理由。反之，赫特纳在直接论述这个概念时，却明确指出只有那个地点而不是一个地区，才具有个性〔*269*〕(布尔格尔把赫特纳这篇文章列入他的文献目录中)。还可以再提一下，赫特纳的早期研究中有一篇(布尔格尔或莱利都没有引用过)把局部地方与全地球表面的关系——显然有点踌躇——比作器官与一个大有机体的关系，但并非为了表明局部地方实际上真是一个特殊的单元，或者说地球真是一个有机体。他在以后论述同一题目时就不用这些术语了，因此我们可以不予考虑。

〔*184*,5〕。可是近年这些概念的发展可能未必都是李特尔和洪堡的产物,却只是相似文化现象的重复——即把某一时代和国家的一般哲学观念带到地理学中来。在战后德国的环境中,“统一性”和“全体性”都是强有力的概念。[①]

洪堡引人注目地发扬了景观的美学性质,但在 19 世纪晚期的科学趋势中,这显然没有多少可以考虑的余地。布尔格尔把拉策尔、奥佩尔和维默尔的研究引为少有的例外〔*74*〕。后二人仍继续照着洪堡的用法,把“景观”一词用于视觉景象的意义上。

总括起来,我们可以说,19 世纪下半叶在专门化自然科学长足发展的影响下,地理学一度似乎正在变成一个与洪堡和李特尔所继承和发扬的地理学在性质上大相径庭的领域。强调系统研究,看来就像把地理学分为两半:一半是自然科学,另一半是社会科学,两者只在区域研究中才统一起来,但就当时对这个术语的构想来说,区域地理学却完全不像一门科学。可是到了这一时期末,却开始出现一种反动,使地理学的方向基本上又回复到它先前的
方向。到了 19 世纪末,正如 1903 年李希霍芬所说,地理学的目的 98
“在内容和方法论上与洪堡赋予它的概念”大体上都是相一致的〔*3*,673,689〕。正像赫特纳所说,那时的地理学也像地理学史上大部分时期一样,是根据地球上各地区(Erdraüme)互有因果关系的差别性来研究它们的,是一门关于地球表面上地区差异的科学〔赫特纳,*2*,320〕。

---

① 这是德国地理学已经进入一个新时期的迹象。我们可以期待在这个新时期中会出现显著的变化,应有的谨慎教我避而不提及出处。其中包括地理学家,也有非地理学家。

虽然赫特纳在1905年觉得德国地理学家普遍接受李希霍芬关于地理学领域的表述，但他，也还有别人，都感到李希霍芬“在寻求表达他的概念的鲜明的方法论词句上，并没有取得完全的成功”；感到他没有贯彻到底，而在1903年的讲话中，还把问题有点搞模糊了〔*126*，552～553，560；*161*，106〕。因而赫特纳为自己定下了一个任务：就是对地理学的某些概念给予正确的方法论上的阐释——不是他自己脑子里所推想出来的地理学概念，而是在地理学的一贯发展中似乎能最准确地体现这一领域的概念。因此他并非仅仅依靠李希霍芬，同时直接和间接地也是依靠李特尔、洪堡及其前古典时期的先辈的。他依靠洪堡的地方，在他无数段落中都可以看出来；不少地方他自己就指出这一点〔参见 *161*，85ff.〕。德林说，赫特纳在综合两位近代地理学创建人的地理学思想时，不是让洪堡站在李特尔的旁边，而是让他站在李特尔的前面〔*22*，163〕。

从1905年直到今天，赫特纳发表了一系列方法论论述，在这一系列论述中——可以再补充一句，还有马上就要发表的论著，他始终如一地企图把地理学的概念作为其历史发展的产物来表达。在这个意义上说，这些论著是我们研究地理学思想历史发展所达到的顶点。但既然他这些研究的目的在于为这个概念的历史演变提供逻辑基础，那我们就在下章来检验一下他的观点吧。

我们的历史综述可以作简短的结束了。1883年李希霍芬说明的观点，正如彭克、施吕特尔，特别是赫特纳所解释的，终于被广泛地接受了，因此20世纪开头那一段时间，德国地理学比从前任何时候都具有更大程度的基本概念统一性。特别是赫特纳的方法论论述已被视为地理学上的“经典”，在研讨我们这个领域的方法论时，没有一个德国学者是会忽略这样的著作的。1924 年瑟尔希写道："多亏了赫特纳的著作，德国几乎所有的科学地理学家都得到 99
了相似的概念"〔*237*，56；参看还有布劳恩，*155*，6～8；及德国 21 个大学一级地理系的代表在海德尔堡大会上发表的意见，*138*〕。

赫特纳及其同时代人的方法论著作，对他国地理学家也有明显的影响。在德国以外，欧洲大陆各国地理学家对地理学的性质有的也表达了相似的观点，其中我们可以举出这几位：俄国的贝尔格〔*97*，103〕及其爱沙尼亚学生马尔库斯〔*191*，12ff.〕；芬兰的格拉内〔270，296〕；挪威的阿尔斯塔尔（据布劳恩）及瑞典的黑尔格·内尔森（如德耶尔所引，德耶尔表达了与马尔特相似的概念〔*190*，10〕）；比利时的米丘特〔*189*〕；在意大利有季阿尼特拉帕尼、马里内利（据瑟尔希）及阿尔马贾〔*188*〕。奇泽姆〔*192*〕和赫伯森（参见瑟尔希）二人都曾试图把赫特纳的观点介绍到英国来。在日本，照井上修二的说法，今天有不少地理学家是追随赫特纳的，包括小牧和渡贯，报道者本人显然也在内〔*110*，287f.〕。方志学的概念首先是由芬内曼介绍到我国来的〔*206*〕，W. M. 戴维斯后来一篇文章中也可以看到这概念，这与他先前更为人所熟知的表述有明显区别〔*102*，209f.；参见 *203*〕；此外，在许多别的地理学家的著作中，也可以看出这个概念，特别是惠灵顿·琼斯。然而在十余年前索尔作出极其有力的解释以前，美国地理学家却大半忽略了这个概念〔*211*；*84*〕；自从那时以来，美国积极从事研究工作的学者，如果不说绝大多数，也该有很多人把它看作这一领域的普遍概念了。

另一方面，在德国以外，各国地理学家对他们的研究领域的一般性质和范围，并没有像前一代的德国地理学所特有的那种普遍

一致意见。其实，大部分国家的地理学家，意见上还是有显著的分歧和冲突的。因此指出除德国外，他国地理学家对研究他们这一领域的方法论不大感兴趣，是有重要意义的，斯坦普在最近一部综述中就指出这一点〔*200*〕——虽则不能以为他们不常谈论方法论和发表个人观点。

法国地理学是个例外，显示了相对的高度统一性，这是受维达尔·德·拉·布拉什极有力的影响而建立起来的。不过维达尔、布吕纳和德芒戎对区域地理学的发展纵然影响很大，但这是由于诸家及其学生的著作，却并非由于研究地理学性质带来的结果〔参
100 看索尔，*84*，171，180f.〕。确实，这些作者关于地理学的言论，与他们在地理学上的实践是截然不同的，如果只读了前者，那就可能会把他们仅仅放在拉策尔的修改者的地位了。从这一观点对地理学作出最透彻、在很多方面也很有价值的分析的，是瓦洛的《地理科学》，本文以后各章将常常提到该书〔*186*〕。但必须明确声明，这里并不想认真地全面评述法国地理学的现行思想，读者可以在米塞综述该国著作中找到若干参考书目〔*93*〕①。

英国地理学家对如何确定他们研究领域的性质和范围这件事，也许是最不感兴趣的了。1908 年奇泽姆的主席就职演讲大半以赫特纳为依据，但影响似乎微乎其微。瑟尔希和许恩德尔（乌德勒支人）都指出，英国地理学家各人所表达的观点是大相径庭的，

① 对近期《地理杂志》（1983，241～315 页）上发表的不同作者研究各国当前地理学情况的论著，应该唤起人们的注意。在论述美国〔*108*〕、荷兰〔*92*〕、法国〔*93*〕，特别是英国〔*101*〕和日本〔*110*〕的著作中，可以看到某些对地理学性质的观点的讨论。其他论著并不直接讨论这个问题，却描述了德国、意大利、波兰和斯堪的纳维亚诸国地理工作的一般景况。〔*91*；*94*；*95*；*96*〕。

尽管他们几乎全都受到“环境论观念”的影响〔*98*；*99*；*100*〕。至少有一位英国地理学家，即迪金森，对英国地理著作缺少一贯性表示过苦恼〔*101*〕。1930年罗克斯拜的主席就职讲话中考察了早期德国地理学家的概念，以及维达尔、布吕纳对这些概念的解释，结果达到与巴罗斯极为相似的表述；但自从拉策尔以来，德国地理学家却只限于加个脚注罢了〔*195*，282f.〕。次年，麦金德基本上根据水圈而不是岩石圈，试图来说明地理学的统一性，无疑这个想法多半是来自赫伯森〔*196*〕。⬅布赖恩论“文化景观”的书表明对拉策尔以来德国的发展情况一无所知〔*280*；参见迪金森评论，*101*〕。另一方面，昂斯特德的区域地理研究中，对帕萨格学派的研究工作却讨论得很详细〔*309*〕，而斯坦普的经济地理概论则研讨了美、法、德诸国学者的观点〔*200*〕。近两三年来，格罗和迪金森以批判的眼光注意着晚近德国人的观点，部分显然是由于受了我国的激发〔*201*；*202*〕①。⬅

美国地理学家长期耽于讨论和争辩地理学的性质，而研究这 101
个问题却没有那么认真，这是众所周知的。对于这个问题能作认真而透辟的研究，同时又能适度地考虑先辈学者的发现的，主要还只限于上面提到的两三篇主席就职演说和卡尔·索尔的众所周知的讨论。索尔的方法论源于德国诸家，主要是本于施吕特尔。虽

① 迪金森的研究声称是以对“当前美、德、法诸国的地理学趋向”的调查为依据的，但他过分夸大了施吕特尔在德国的重要性，而以他的地理学概念作为德国的代表。只谈“施吕特尔的概念……连同赫特纳的概念”，而不明确指出赫特纳几乎对他详细描述的施吕特尔概念的所有具体方面都再三表示反对，而对于他们意见一致之点又几乎只字不提，这就很难说得上是充分的更正了。他研讨美国的地理学时，只以一所大学的地理学家们的研究工作和概念为限，而这一群地理学家肯定也不能认为有什么代表性。

然他承认赫特纳的方法论研究“从最好的方面说，也许是对当前地理学家的尝试所作的最有价值的评价”〔*84*，182〕，可是在另一些方面，看来他基本上却未予重视。这可能是因为他对赫特纳的误解，以为他似乎是接受了施吕特尔的思想的缘故（参看原书第128页脚注，本书在第140页）。

美国地理学家虽然大多数可能都没有写过这题目，但他们对地理学的正确定义和范围却宣告过种种意见分歧的信念〔参看帕金斯的《英国地理学家的地理学》的综述，*105*〕。以“不属地理学”为理由，对特定论文加以绝对的批评是很常有的事；而且偏偏又在大学教科书里发表了一些关于这门学科的非常有争议的观点〔参见克罗的评论，*201*，10f.〕。人们有理由要求这些批评家对地理学的性质作透彻而井然有序的研究，作出论断，使我们能受到更多的教益。

德国和各国的许多地理学家赞同这一观点，认为地理学是一门方志科学，是研究世界地区差异问题的，他们并不以为他们只是在旧领域内提出新概念。反之，正像许多人——包括赫特纳和索尔——所指出的，这个概念还可能源于最早的地理学家的著作，源于希罗多德和斯特拉波〔*161*，122；*211*，25〕。索尔的结论是：近代地理学是“最古老的地理学的近代表达方式”；因此使用这个与古代地理学共通的术语（马尔特和李希霍芬使它重新流行）非常恰当——这就是方志学，关于区域的科学。

第三章　背离历史发展路线的偏向 102

一、创立“科学的”地理学的尝试

前面对德国地理学思想发展的综述中，我们只是简略地回顾了一下那些要求对地理学概念作重大改变的激进主张，这些主张对后世的思想影响是微不足道的。然而正像莱利最近评论过的，方法论之争本身虽不怎么重要，却可能触发意义重大的结论，此语确实不虚。构成19世纪30年代弗勒贝尔建议和半个世纪以后格尔兰建议的基础的基本态度，时常在讨论——特别是口头讨论——地理学的性质时表现出来。既然弗勒贝尔和格尔兰都在书中详尽地表达了他们的观点，同时两人以后的著作也给了我们一点根据，来判断他们的方法论对于他们的实践的意义，那么依据产生这些大纲的背景及其引起的结果，更严密地考察一下他们的大纲，对我们也可能大有裨益。

前面我们已经指出，弗勒贝尔的教学大纲是以极为有限的地理学知识为基础的，而他却正是想改造这个领域。1832年来柏林以前，他在地理学上所作的准备有下列几个方面：有过几年绘制地形图和地图的经验，在大学里学习过除地理学以外的几门自然科学，浏览过一些旅行书籍，最后，机会又在他的进路上投下一件工作，而需要又逼使他接受了：这就是准备写一部关于秘鲁、玻利维亚和拉普拉塔河诸国的地理手册，这部书正凑足加斯帕里、古茨穆

特斯等人编纂的20卷本《地理学手册》所必需的部分〔*53*〕。在许多方面，这套丛书（莱利在另一处正确地称之为“传统大百科全书式专题论文之一”）〔*222*，脚注1〕属于先于加特雷和李特尔的一种类型，弗勒贝尔虽然试图除了小政区的标准化划分外，再以对各国自然区的简论来开头，但多年后他重提此事时，却没有怎么感到自豪，这也并不奇怪。在完成这一工作所需的那一两年时间的末尾，他认识到区域地理学出了什么毛病，因而他的地理学改革大纲，就在那两年中作为他在这一领域的第一部著作问世了〔*28*，Ⅰ，40～66〕。

103 一百年来，许多学者曾试图创建一门地理科学——不是单以地理研究本身为基础，却是以与“自然科学”比较为基础，而弗勒贝尔也许正是这些学者中的第一人。弗勒贝尔有两个朴素的假设——一是“地理学”或“Erdkunde”必须与其译名相一致，一是地理学“只能是一门自然科学”。就从这两个假设出发，他在书中——不无混乱之处〔试比较 *54*，499f. 的讨论与 505f. 的讨论〕——反复苦思，终于得出一个可以视为合乎逻辑的大纲〔56〕。大纲把地理学分为两个部分。地理学作为一门自然科学，是由对地球上按类别划分的各种特征的独立研究组成的。他部分遵循洪堡的观点及其术语，根据人和地球的全部客观事实——这些客观事实体现了人地关系，视人类为地球特征之一，而把人类研究包括在他的“自然科学”之中〔*54*，495，504；*56*，2～4，6〕。①

① 弗勒贝尔以逻辑上的考虑为基础，提出了许多论据来为自己把人文实际包括入地理学的“自然科学”部分辩护。鉴于这些论据，可见莱利反复谈论弗勒贝尔把“人类学”包括在他的科学地理学中（实际上他包括进去的是范围还要宽广得多的人文现象）无非是由于“传统”的影响，那是没有客观根据的〔*222*，247，251〕。

另一方面，地理学中有些方面是不能纳入他的“自然科学”框架的，我们所谓的“美学地理学”、历史现象与地理学的关系，区域地理学显然也在其中。他把这些方面看作“应用地理学”或“历史—哲学地理学”的一种形式。这两种观点都应按它们各自的方法加以发展，前者按分析方法，后者按综合方法。两者都可以建成独立的体系，但显然却不能结合在一起〔56，10〕。所以地理学不止是“二元的”，我们毋宁假定它可以完全分成两类。①

这个地理学观点在弗勒贝尔的工作中会落到什么结果呢？普 104
莱韦相信，实行如此明确的规定——这是说在地理学的“科学的”一半中规定——的大纲当无困难，但他却不知道弗勒贝尔以后的著作〔8，60〕。确实，在我见到的所有地理学史研究中，弗勒贝尔的名字出现了一次之后就完全消失了。虽然以后数十年间，期刊评论中又重新出现他的名字，但人们很难认出这就是同一个人；只有

① 莱利推断弗勒贝尔把地理学分为两部分是一种挽救他的自然—科学地理学的玩世不恭的狡计，一方面又容许“热衷于历史—哲学地理学之士……给他们所选择的学科抹黑”〔247〕，但笔者在弗勒贝尔的任何著作中都找不到证据足以支持这种推断。如果弗勒贝尔确有这种思想的话，那倒真是一种讽刺了，因为他以后出的书——只要还可以看作是地理书的话，只能被包括在这个领域的后一部分。不过把这个讽刺施于弗勒贝尔身上却是没有理由的：此处说到他写的两篇论文，其中并无丝毫可以怀疑他的真诚的地方。即使我们可以先不说他对李特尔的赞扬（因为李特尔把人的研究与地球联系起来）〔54，504〕，我们也很难设想他希望把洪堡的大部分成果丢在废物堆里。不幸弗勒贝尔粗心大意，没有明确注明出处，这却造成后世的混乱。可能他想都没有想到后代竟还会读到他这些话，这一代人不承认像洪堡那样的“描写自然风景的大师”，这一代人也不会注意到整段从头到尾那许多重复洪堡的“自然地形”描写的地方的。弗勒贝尔在讨论地理学的非科学的一半时所用唯一的明确引文，即取之于洪堡，却未注明出处，而且是顺便利用它得出与作者原意相反的结论的〔56，7；洪堡原文见43，17〕。弗勒贝尔在几年后写的一篇论文中明确地提到洪堡的《自然风景画》，誉为此种非科学地理学的杰作〔57〕，那么关于这一点还有什么怀疑，都可以冰释了。

他的自传才提供了其间的联系。

1932年以后的10年中，弗勒贝尔在苏黎世教地理学和矿物学，显然花了相当多的时间进行全面研究系统地理学的准备工作，意在引出一种地球科学理论来，可是却没有完成。①结晶学是他讲授的第二门学科，如果把这方面的研究略而不论，那么除了他最初
105 的《秘鲁诸国手册》以外，他毕生所发表的显然属于地理学研究的唯一著作就是对瓦利塞阿尔卑斯山中某些遥远的谷地的研究了，他主要还是侧重于绘制地形图和研究居民人种学，他从语言学上进行比较，认定这些居民是早期凯尔特族的残余〔*28*，Ⅰ，70～90〕。可以设想，这几乎说不上什么严格的"自然科学"意义上的地理学研究。

在苏黎世教了10年书后，弗勒贝尔辞职转而致力于政治上的

① 在苏黎世，弗勒贝尔和他的一个同事创办和编辑了《理论地理学通报》。这个刊物只出了四期，很少地方弄得到，很遗憾，我是直到写好此文以后才看到一本的。弗勒贝尔所写的发刊论文〔*57*〕提出了他的地理学大纲，比1832年的那份大纲考虑得更全面、更成熟。对最广义的地理学他定义为："研究地球（Erdwelt）现象的科学，只要这些现象在地区中的结合构成这个地球的话。"他没有把地理学划分为两部分，却区别出四种不同的地理学：(1)"纯地理学"，"只要这种结合具有一种纯科学兴趣"，就来研究这些现象；(2)"政治地理学"，或者可能是"统计学"，其兴趣为"伦理—实用性的"；(3)"历史—哲学地理学"，其兴趣为"伦理—理论性的"；(4)"地形地理学"，其兴趣为美学的。纯粹的科学地理学包括作为地球现象的人种、民族和国家地理。地理学不是地球的全部科学：作为地球描写（Erdbeschreibung），它应当有别于地球史和地球理论〔根据洪堡，*42*〕。第一卷给洪堡的献词是很有趣味的："献给第一位把地球上自然现象的各种联系当作一门独立科学的特殊任务的人"（dem Ersten, welcher den grossen Zusammenhang der Naturerscheinungen an der Erde als besondere Aufgabe einer eigenen Wissenschaft aufgefasst hat.）。

在第二篇论文中，关于解释地形起伏形状问题的非常出色的论述得出了一个结论，笔者在最近一次地理学会议上不知不觉也重复了这个结论："有必要把对高低不平的地球表面的研究完全而彻底地从地质学中解放出来"〔*58*，476〕。

革命宣传，从此就再也没有回到学术生涯上来。他在1848年流产的法兰克福议会任职，险些儿在维也纳被枪决，以后被放逐美洲，从事各种活动达10年之久，主要是当流动记者。他几度横越过大陆，到过中美诸国，但未曾到过他第一本地理著作写到的南美诸国。他的两卷本旅行故事在柏林地理学会期刊中得到诺伊曼的好评，今天也还是引人入胜的读物〔*62*〕。

虽然此书大部分与美国的社会政治问题有关，著者还特别指出，不能把此书看成科学著作，但他却仍然提供了大量地理资料。书中一短章是关于北美西部山系的系统研究。弗勒贝尔一生所作的研究能够无可争议地包括在他称之为科学地理学中的，这是唯一的一部了。(这对北美自然地理所作的贡献，到底是否比诺伊曼所想象的更重要，在此我无法判断；但指出此文初次发表于《加利福尼亚纪事》1854年12月13、14两日是有趣的)许多关于地区的细致描写，可纳入他划为"应用地理学"一类，价值较大；这些著作为历史地理学家提供了上世纪中叶我国西南部的描述，出自一位有修养的地理学家之手。有见识的读者会注意到洪堡这位学生把林皮阿斯河谷的景色描写成"各种地形要素奇妙的和谐与统一，形成此处的景观"〔*62*，Ⅱ，382〕。

回到德国后，弗勒贝尔在以后几年发表了大量政治研究，其中某些著作显然是以地理学原理为基础的。他对美洲与欧洲政治地理形势的关系所作的简短研究〔*63*〕是值得注意的，晚年他对此书自视甚高，以为其重要性超过他一生所有别的著作，洪堡也以为此书很有价值〔*28*，Ⅱ，28f.〕。因此斯珀勒尔在一本批评李特尔及其追随者的书中——莱利也是因此唤起我们对此书的注意，把弗

106 勒贝尔描写成“一位历史地理学的棋艺高手”，……“巧妙地把历史学和地理学结合起来的巨匠”〔*68*，415〕。实在可以说，弗勒贝尔在他的地理学初期阶段，是以19世纪晚期“纯科学”地理学的先驱的姿态出现的；这同一位弗勒贝尔，又以他后来的“极为重要”的研究而成为20世纪战后时期地缘政治学派的先驱。

弗勒贝尔一生长寿而活跃，为维也纳、斯图加特和慕尼黑各德国政府当了10余年国际法专家和特别顾问，又在士麦那和阿尔及尔的德意志帝国领事馆任职达16年左右，但晚年看来并没有给地理学写过什么稿件。

纵观这位非常人物一生的经历，人们不免要想，假如他不放弃地理研究的话，他又将在这一领域内取得什么地位。从他的无可置疑的才能和精力看来，他对地理学的发展可能产生的影响，很可能与当时任何学者不相上下，但他对人文现象的兴趣占着主要地位，这是否会让他局限于他所划定的“科学的”部分，却是值得怀疑的。对这一点无论人们作何猜想，事实上，他的地理学革命纲领既未以他本人的工作、也未以地理学史的研究为基础，因此对他本人以后发表的著作的影响，也是不会比对地理学领域一般发展的影响更大的。

格尔兰给地理学宣布了一个激进的纲领，这个纲领与他先前工作的关系甚至比弗勒贝尔的纲领还要少，因而对他以后的研究，影响也不大；在此前后的一段时间，他工作的主要范围是在人种学研究方面，在某种程度上，也可以视为人种地理学〔瓦格纳，*80*，384〕。在这样的场合，传记背景也是重要的，在萨普尔表示赞同的研究中可以找到传记背景〔37〕。格尔兰没有在大学里读过地理学，这也并不奇怪。19世纪下半叶发展了这一领域的大部分人，也都是在研习了数学、地质学、动物学或历史学之后才转入地理学的〔彭克，*90*，Ⅰ，38〕。然而在大多数场合，这种转行是因他们对地理学发生兴趣的结果，并最先表现于在地理学园地发表的著作中。然而格尔兰与地理学的关系却显然局限于他为《地理年鉴》写的人种史著作评述和他碰巧在中学里教的几门地理课上。到了1875年，斯特拉斯堡新办的日耳曼大学忽然聘请这位“42岁的人种学家兼语言学家”任地理学教授。虽然萨普尔认为这次实验是成功 107 的，但我们从格尔兰本人的叙述中却得到相反的证据。他迟迟才受聘任教地理学，却建议从根本上改革这个领域的性质。在解释他的建议时他写道，通常所理解的地理学的不科学性质“已经给他的一生和事业带来了痛苦”〔*76*，xliii〕。读了格尔兰的整篇长文后，人们不禁要怀疑他究竟是否能够了解他受聘任教的这个领域——换言之，究竟这个问题是否只是个人问题，只是在科学上他的特殊思想方法，与洪堡、李特尔所发展的地理学思想方法的差别中所包含的个人问题。

不论对格尔兰的个人问题作何解释，他的1887年纲领性论文并没有解决这个问题。他在以后的20年教学中，仍旧把人类地理学包括在他的课程之中。他曾建议把地理学限制于一个范围，但他这一时期的文章却找不出多少可以归入这个范围。萨普尔特别提到他的《帝国阿尔萨斯—洛林地区地理描述》，视为一部主要著作。此书出版于1894年，书中考虑到人口问题，但“原则上”撇开了政治地理——可说是去掉丹麦王子的《哈姆雷特》[①]，因为把这

① 这句英语成语的意思是：抽掉最本质的东西。——译者

一地区作为一个区划来考虑，唯一的理由只能从它的政治地理中去找。

阅读格尔兰对康德的地理学和人类学著作的研究——1901年开设课程的讲稿(数年后发表)，人们不禁会想，究竟他在事实上是否仍没有抛弃他早年的论点，即使是在理论上。听他在劝说“所有的地理学家都要牢记这位伟大哲学家的话”，就是说“自然地理学是自然〔正如我们已经指出的，其中包括着人类〕的一般抽象，是历史学家及其他一切可能的地理学的基础”〔*12*，504〕，可是听起来只是人云亦云，毫无力量。拉策尔可能也会这么说，李希霍芬则实际上就说过。萨普尔告诉我们，大约在同一时候，格尔兰计划写四部巨著：“作为无机地球地理学的地球物理学、植物地理学、动物地理学，以及作为人类地理学的社会学”〔*37*，340〕。

读者很可能会问：对一个把地理学的范围彻底加以限制的纲领，这个纲领在作者先前的工作中既无依据，对他以后的工作又无影响，那我们为什么还要再去考虑呢？然而格尔兰的纲领是具有重大意义的，它是根据科学概念来勾勒地理科学轮廓的最彻底的企图，这个科学概念从“纯逻辑”的考虑出发，不问这个领域的历史发展，是由一组特定的科学阐述出来的。在这个方面，它是弗勒贝
108 尔纲领的继承；格尔兰未能做到完全先后一致，因而莱利相应增补了必要的修正〔*222*，250f.〕。

确实，格尔兰本人并不承认他是在把“逻辑”与“传统”对立起来，他只声称他已经对地理学的历史发展给予充分的注意了〔xli〕。但对这个声明却只有一些零散的例证，他只是转向几位先辈，在他们的部分成果中寻求他要限制整个地理学的论点〔如几处

参考洪堡的地方,pp. xix,xxi-ii〕。他解释道,他“仅仅考虑发展的主要过程,而不考虑没有历史价值的一时情况”,这些话今天读起来却带点讽刺意味了。

我们无须详尽地考虑格尔兰的论点,却不妨把我们的兴趣集中在他这个论点所奠基的两个大前提上。其一是他陈述了一门科学的性质,其二是他陈述了地球的性质,而地球则是地理学的名字要求它研究的〔vf.〕。他的长篇大论大半就是力图把这两大前提合乎逻辑地放进一门“地理科学”中去。[①]

用一种绝对的说法提出有关一门科学性质的前提,却毫无言之有据的讨论或引证,这就是对地理学方法论的这种态度的特点〔v 及 xxix〕。这里似乎无须重复他的稍嫌冗长的定义,因为如瓦格纳和莱利这样一些持反对论点的学者,都认为这是对“一门物理科学”的描述。如果接受了这个前提,瓦格纳赞同逻辑上也就必须承认由此得出的许多东西;但他并没有感到被迫只得接受这样一种关于科学的表述,即承认所谓精确的物理科学的科学地位〔*77*,421ff.〕。如果不接受这个大前提,那么随后的全部讨论也就全垮了。

一眼就看得出来,要想依据一般科学定义来构想某一知识领域的概念是不利的。科学性质问题是一个哲学问题而不是科学问

① 莱利对格尔兰的论点的介绍〔*222*,250～253〕并不像读者可能设想的那样,以为是全文的摘要。他用的是这样一些词句:“格尔兰把攻击的矛头直接对准……”,“格尔兰接着转向……”,每处都跳过四五页,对格尔兰提出重要论点的地方则略而不提,而这些地方却正是试图说明为什么要把莱利所排除的那些研究对象包括进来的理由〔*76*,viii-xiii,xxi-xxv〕。

题;要回答这个问题,科学家本身是不够格的,这从不同科学家所提出的涉及面很广的答案就看得出来。地理学家对地理学固有范围的看法虽然大相径庭,但是在这一点上的分歧,比起他们试图说
109 明科学一般地说来是什么这个问题时的分歧来,还是较小的。此外,随着时间的推移,在这个问题上观点的改变也更为剧烈。对比一下弗勒贝尔和格尔兰二人的纲领,就清楚地反映出这一点。正像莱利正确地指出的:两个纲领“都是19世纪自然科学发出的呼声”〔*222*,250〕。但在弗勒贝尔的时代,认为“自然科学”包括对人类的客观研究,而50年后“自然”这个概念却变得狭窄起来,把人类排除于外了。此外,正如莱利所指出的——他不自觉地同意了瓦格纳,格尔兰对科学的定义甚至构想得更加狭窄:他的论点的基础是“物理科学的严格逻辑”。因而它就需要一成不变的结论和必然的规律;只能研究“盖然性”的人文地理学就完全不是科学了〔xxix;参见瓦格纳,*77*,436f.〕。鉴于研究电子时发现不可减小的不定性已迫使物理学家和化学家改变思想,今天在我们看来这个想法虽然幼稚,但在格尔兰时代无疑似乎还是对物理科学的正确设想。

格尔兰的第二个基本假设,是根据地理学的名字来推断地理学的范围;不论把它叫做“地理学”还是“Erdkunde”都无关紧要,它总是地球科学。(这个字源学上的结论,也参考了康德、李特尔以及一两个别的学者的概念而得到支持〔ix〕)于是主要的问题是:地球是什么?他显然感到,这个问题既不能根据某种理论——即把地球作为“有机体”,也不能根据某种特定的、人类中心说的观点——即地球是人类的家园——作出解答。格尔兰从客观的、科

学的观点来看地球，感到它也与宇宙中千百万别的单元一样，是处于变化状态的极大的物质复合体，由各种力量把它结集在一起并互相联系着，形成一个单元整体，虽则也有外力在起作用，这外力主要来自太阳。地理学的问题和对象因而是研究这些力量的相互联系及由此而引起的地球物质的变化。问题虽广，却形成一个完整的单元〔vif.〕。①

我们不需要探究格尔兰因他的两个大前提不相一致而陷入的逻辑困境。瓦格纳已经非常详细地讨论过这些问题，虽然他没有明确地指出基本原因。② 简言之，这两个前提从两个主要观点看来是不一致的：一个是关于“地球科学”的内容，另一个是关于研究地 110
球的方法。

那么，按照格尔兰地理学以地球为研究对象的定义，地理学的内容又是什么呢？如果处于相互联系发展的状态中的地球物质，也包括着岩石、水和空气的话，那么它们是否可以把转化为植物的这些物质排除掉呢？显然，影响岩石、水和空气的变化的这些组成力量，也包括动植物的生物力量。同样明显，造成人类的物质以及人

① 人们可能会觉得格尔兰这一说法与他日后反对研究形形色色现象的相互关系这一点不相一致〔xvii，li〕。因此，如莱利那样把他的“宇宙物质复合体”（Complex Koémischer Materie）一语译为“物质的聚集”〔*222*，250〕，可能对他的逻辑有所改善，但这样却改变了原来的说法。

② 虽然瓦格纳的若干论点可以在以下几页找到，但绝不是一切都能在这里提及的。莱利说他自己的“转述并未完全说尽瓦格纳所引的理由……”〔*222*，256〕，是太轻描淡写了。瓦格纳至少对格尔兰的论点提出 10 余条逻辑上的反对理由，却只转述了 3 条。有关植物地理学和动物地理学的论点，在瓦格纳的批评中虽属次要〔*77*，425f.〕，却被称为“瓦格纳……提出的唯一合乎逻辑的回答……”〔*222*，255〕；如果这里意思是说“可以接受”，也还嫌估计不足，因为至少他接受了另一个论点，只是没有提起罢了（参见下页脚注 1）。

类把它转化为文化产品的物质，也都是地球物质，而在广大地区改变了地球面貌的人类力量，无疑也是影响地球物质变化的力量之一。确实，说人和人类的活力不属于地球，不是地球的，这似乎是早期宗教观点的奇怪的颠倒。然而，如果像格尔兰在这个前提中所说的，地球上所有的物质力量都体现着一个单元整体（einheitliches Ganzes）〔v〕，那我们就无法去掉其中的某些物质和力量，却仍然会留下一个单元整体。[①]

前段的推理基本上就是弗勒贝尔在解释为什么把人类包括在他的"科学地理学"中时所作的推理。虽则格尔兰承认它可应用于动植物，部分也是因此之故而把动植物包括在他的范围限得更狭窄的"地球的科学"中，可是他却不能在逻辑上贯彻到底，因为它与他另一个大前提——一门科学的性质的大前提——发生冲突。人文现象不能包括在一门如他所规定的科学中，因而必须从地理学中把它撵出去。换言之，必须歪曲现实以迎合科学，不能设计科学以适应现实。本书写作同时的一支英国广播歌曲阐明了这一观点：

"没有蛋壳儿在身边，
又没有谁来给她指点，
母鸡怎么知道蛋的大小？"

格尔兰解决这个逻辑难题的办法是调和。为了一个前提而牺

① 这基本上就是瓦格纳以格尔兰的前提为根据〔77，426f.〕、莱利又把它说成"一条极其纤细的逻辑线索"〔222，255，426f.〕的论点。但莱利把这个论点变为三段论法，割弃了主要部分，又忽略了"相互联系物质的复合体"与单纯的物质聚合之间的区别。

牲人文现象，但又根据另一个前提把更顺应“科学法则”的非人文 111
有机体包括进去〔xxixf.〕。这与他排除人的论点有矛盾是太清楚了：生物科学的方法和物理科学的方法是不相同的。（他的含意是说：物理科学可以按一种“方法”全部包括进来。这又是一个可以怀疑的未加论证的假设。）

于是，对于格尔兰时代的人说来，为了使地球适合于他对科学的概念，很清楚，他必须剥去地球的动植物覆盖物，改变他对地球的概念，同时还需要再作一番删削。弗勒贝尔曾想把区域研究纳入很不严格地称为“应用的”而却“不科学的”地理学中，与此成为对照，格尔兰却把对现象（除人文现象外）的地区结合的研究包括进去；区域地理学就是他的地理学三大部分之一〔xxx，xxxv〕。瓦格纳说，按所采取的严格科学定义，逻辑上是不能把这种研究包括进去的，以后赫特纳也是这样说〔*77*，433；*2*，315f.〕。[①]

凡是读过格尔兰的论文的人都看得很明白：要合乎逻辑，他就必须把动植物地理学以及区域地理学排除出去，因此也没有几个地理学家会认为有必要再进一步考察他的论题了。这也就是说，他们并没有准备不但把李特尔及其追随者的所有研究成果，而且还把洪堡的大部分成果当作超载货物投入水中——总之，就是过去的绝大部分地理文献，更不用说那些科学组织和期刊以及目前这
一代地理学家了。[②]因此，赫特纳在他的历史研究中，把他对这一 112

① 莱利的讨论在这一点上忽略了格尔兰的论点〔*76*，xxx，xxxv〕。他显然接受了瓦格纳的批评——不论自觉或不自觉，因为他第一个把格尔兰领域的主要部分变为“地球物理学观察资料”的来源〔222，253〕，然后又悄悄地把它完全丢开〔254，脚注〕。

② 瓦格纳的讨论考虑到如果采取格尔兰的建议可能产生的某些实际效果。他这一讨论无非抵消了格尔兰花在类似讨论上的10页篇幅罢了〔xliii-liii〕。莱利没有提

论题的考虑局限于它在这一领域的历史发展缺少连续性这一点上；而对它的逻辑要求，他确已在1905年他的第一篇彻底的方法论论述中考虑过了〔*126*，546～549；也在 *132*，694～699〕。1904年彭克在我国圣路易斯召开的艺术科学大会的演说中也抨击了这个论题的逻辑〔演说在德国发表，*125*，3ff；在我国是否发表过我不大了解〕。

因此我们可以说，格尔兰在逻辑上不是提出一个论题，而是提出两个互相冲突的论题。如果人们始终如一地遵从着他给地球下的定义，那么研究地球的地理学就要包括所有一切地理学通常业已在研究的东西，同时也要包括地球物理学的一切——如果不是同时也包括地质学的一切的话。然而照他给科学一词所下的定义，这就不会成为一门科学了。如果始终如一地遵从他的另一个前提，正像莱利所做的那样，那么从"物理科学的严格逻辑"来看，就可能证明地理学必须是一门关于地球的物理科学，即"地球物理学"。可是人们也可能觉得奇怪，为什么需要花50页以上的篇幅和50年的时间来证明这一命题。

历史的事实是：格尔兰时代的人很清楚地看到这两种选择都

及后者，却对前者作这样的评论："从他（瓦格纳）的批评中的这一部分，可以看出一种掩饰得很拙劣的恐惧——只怕搅乱了地理学在大学和中学取得的地位"〔*222*，256〕。这种掩饰，事实上就是戈迪瓦夫人的掩饰。瓦格纳以"我敢坚持（Ich wage zu behaupten…）"一语来开始他这部分讨论，稍后又说："我心中不禁害怕起来，唯恐这对我们这个学科在学校里的发展会成为一个沉重的打击（Ich Kann die Befürchtung nicht unterdrücken，dass man der Entwicklung unserer Disziplin auf den Schulen einen schweren Schlag…erteilen würde）"，但又提到"一种危险"（eine Gefahr）〔*77*，442f.〕。同样，瓦格纳在下一篇报道中提到这篇讨论时又写道："此次我没有隐瞒我的担心（Ich habe damals aus meiner Befürchtung Kein Hehl gemacht）"〔*80*，395〕。

必然会达到的最后结论。虽然他们认识到，先前地理学家的方法论表述和一般大纲通常都把对地球的研究包括在内，但他们也是十分现实的，承认地理学家对地球物理学的实际贡献极其微小，承认地理学中继承下来的知识和教养不能把它的学者装备起来，使他们在这一领域进行工作〔瓦格纳，*77*，426ff.〕。虽则少数人仍把对地球的研究包括在他们的地理学定义中——特别是李希霍芬，1903 年在柏林所做的校长就职讲话中又回到这个概念去，但实践上，德国及世界各国的地理学家都局限于研究地球表面。确实他们承认对地表现象——至少是地形——的透彻的解释，终究必须以关于其内部的推论为根据，但他们却没有想到一个科学分支必须包括它依靠的所有一切分支。正如布黑在这方面所指出的，每一门科学，一部分都是依靠别的“辅助科学”的，同时任何一门科学又都可充作“辅助科学”而不失其独立性〔*51*，239〕。恰当地说，没有一个科学分支可以不依赖别的分支而自成为一个完整的单元的。

实际上，正如瓦格纳详细解释的，那本以格尔兰的论文为导论的论文集中所提出的地球物理学实例，却表明要使地球内部的研究成为详尽研究地表形状的基础，希望是不大的，反之亦然
〔424f.〕。在逻辑上，正如格尔兰所说，地形研究应以解释大陆现 113
象开始，但在半个世纪的地球物理学研究工作以后，我们对“各大洲的具体形状”又有着什么“确实可靠”的解释呢〔xxxv〕？

格尔兰时代的人甚至更清楚地预见到，如果把地理学转变为地球物理学的话会引起什么结果。作为洪堡的追随者，他们看到，地理学在自然科学和社会科学所研究的人为分割的现实各部分之间形成一种联系，会给所有科学以特殊的价值〔参看彭克，*158*，

54〕。他们不像格尔兰那样满怀信心，以为可以依赖社会科学自身来进行这种联系，以为地理学只要提供原料就好了，这原料是以按范畴整理成的，或者——按格尔兰原来的论点——是在各地区内部以其不以人类为转移的关系结合起来的物理事实知识的形式出现的〔xxxvif.〕。

瓦格纳诘问道〔438f.〕：如果地理学家为了“地理学所辅助的科学”的利益，要“科学地提出”“一国的性质和自然生产率，地理学家正是因其本身而对它们感兴趣的”〔xxxvii〕，那么这种“自然生产率”——即不以人类为转移的生产率（按照格尔兰的论题的修正过的形式，是不以植被覆盖为转移的生产率）又是什么呢？〔又见帕奇的讨论，*80*，376 中提到〕。这个问题在美国地理学家历次讨论会中都曾提出过；不少读者可能还记得关于亚马孙河盆地“纯地理”的可能性的讨论。既然土壤和气候同样的结合对某些作物可能高产，而对另一些作物又可能低产，那么正是这个“自然生产率”概念，除了关系到某些人愿意种植某些作物以外，就毫无意义了。我们只要给农作物和耕作方法的各种想象得到的结合分别绘制各种地图，就能绘制出一个地区的自然生产率图。

此外，格尔兰的许多批评者还提出反对理由：即使我们消除了所有这些困难，并按地球物理学的字面意义，把地理学缩小到研究地球的物理方面，但就是这样一门科学也不会比物理学这门科学本身更有统一性。这就是说，它并不相当于物理学的一部分，却是能应用于一个特殊对象——地球——的物理学所有各部分的集成。在莱利提到美国地理学联合会的几个部门时，这一点表现得极其清楚。美国地理学联合会这个组织，其名称本身就表明它并不是某一个科学分支，而是具有某种相互关系的各科学分支的集合体。如果我们把气象学、地震学、火山学、地磁学、大地测量学和水文学统统加在一起，我们就有了一个总和，相当于应用于地球上 114
各种物理现象的物理学领域的很大的部分。它只是作为一个应用的领域而结合起来的。从纯科学的观点看来，它相当于物理学各远缘分支，其中各类被研究的现象和研究这些现象所必需的方法真是五花八门，有如全部物理学中所存在的一样繁多。这些分支的总和不会形成“一门物理地球科学”，却是许许多多物理地球科学——其中只有一门通常称为“地球物理学”。如果我们把这许多分支拼凑在一起，我们就回到了物理学的总领域。

最后，格尔兰的批评者也看到，格尔兰试图根据某一科学概念为地理学领域构造一座逻辑大厦时，他实际上并没有从一般科学的观点来考虑这问题。他承认在人文现象和非人文现象间存在着相互联系，这些现象应当在某些科学领域内加以研究，但同时又不肯给予这些领域以科学性质〔参看瓦格纳，77，421〕。任何领域要研究这些形形色色的现象间的相互联系，就必须兼用这两种他觉得在一门科学内互不相容的“方法”。为什么社会科学可以具有这种强加于它们的方法的两重性，或者从另一方面说，如果它们必须并可能运用这两种方法，那地理学又为什么就不可以呢？

例如，拉策尔试图阐述按山系分隔民族的一条地理法则，格尔兰则竭力反对：“在这里适切的法则不存在于人与山系的关系上，却存在于山系释出的某些心理反应中，因而这种法则并不存在于地理学思想领域内，却完全存在于心理学和生理学内”〔xxx〕。

然而，格尔兰在他讨论的另一些部分中却更为前后一致，他指出这种关系完全不能在科学中加以研究，但究竟应在什么别的知识形式中来研究，他却没有说。“一门研究充满地区的异质事物的科学是不可能有的，正是因为其异质性”〔xvii〕。他对这一点所作的解释差不多已到了论文的结尾，在读到这里以前，这种说法的意义还不完全清楚，他说：“罗马是在台伯河上，布拉格是在伏尔塔瓦河上，这事实又包含着一种什么关系呢？河流和城市是异质的概念，地理学永远是不能把它们在逻辑上连结起来的。”既然特定河流伏尔塔瓦对于特定城市布拉格，并不是逻辑上必要的东西，反之亦然，那么“就不存在内在联系”了〔li〕。

自从希罗多德和斯特拉波——包括洪堡、李特尔及二人的追随者——以来，地理学家的回答都十分明白，甚至几乎显得有点浮浅：在建设布拉格城时，人们是按照城址上伏尔塔瓦河的特定性质来制定城市街道及房屋建筑的综合设计的。在这个事例中，虽则

115 波希米亚盆地的经济政治中心，也许可能正好已在易北河上游另一河源上发展起来，但这样一座城市——不管叫不叫布拉格——也很可能与实际存在的城市大不相同。再说，格尔兰之所以挑选了这几个事例，显然是因为切合于他的论题；如果我们把眼光看得更远些，那他是否也会坚持说，特定河流莱茵河对科隆城并非关系重大，在纽约城和纽约湾之间也并无重要联系呢？

格尔兰对他的论题的具体说明，显然把我们带到了一个岔路口。那些随着他到达逻辑结论的人，会按分得很清楚的范畴来研究地球现象；他们也不会像拉策尔一样，去注意斯堪的纳维亚高度次第上升地区的人口悬殊，也不会注意阿尔卑斯山不同海拔高度上的土地利用带〔*72*，Ⅰ 403～404〕。他们也会像洪堡一样，去研究安第斯山次第上升地区或者世界不同气候带中自然植被的差别〔43；44〕。另一方面，也还有那样一群学者，他们在古代就观察到这些异质现象在现实中（洪堡会说，在 Natur〔自然〕中）的存在——不是单单彼此并存，而且互为因果；他们一直致力于研究地球上充满这些相互联系事物的地区。自古以来，他们就把这种研究称之为地理学，而且知识界也已承认这个名字。这种研究到底是不是一门科学，这对他们来说还是个次要问题；但地理学老早宣称拥有而且业已得到公认的，正是这个领域。

于是我们达到了最终结论——可以说，从出发时起早就很清楚，这是"物理科学的严格逻辑"指引我们得出的结论。姑且承认需要一门研究地球的物理学，我们也只须承认，这样一个领域与千百年来科学家以及门外汉都称之为地理学的领域，又有怎样的天壤之别。在当时和以后的讨论中形成的格尔兰的论题，对于想把地理学改成或者是"精确的科学"，或者"本质上是自然科学"的一切企图，是很可作为其归谬法（reductio ad absurdum）的。

二、地理学是行星地球的科学

还有个问题可以从格尔兰的论文得到一点说明：这就是地理学领域是否包括整个地球的问题，它的名称也确有这个含义；或者它是否限于我们直接认识的那一部分——地球表面。在李希霍芬以前，大部分方法论讨论都取前者，教科书开头大都也总有一节把地球作为一个天体来谈，新近有的教科书也还是如此。另一方面，116
几乎只有极少数地理学家的实际研究是限于地球表面薄壳内部的

现象的。因此，在实践上，地理学是研究世界的，对这一术语通常也是这样来理解的。

然而，企图把一门称为地球研究的科学限制在地球外壳，无疑却似乎有点失于武断。李希霍芬认识到地理学家在事实上惯常就是这样划定他们的领域的，1883 年他在莱比锡作就职演讲时曾企图在逻辑上捍卫这种限制。虽然彭克觉得这次“永远难忘的演说”完全可以令人信服〔*128*，45f.〕，另一些学者，其中包括赫特纳，却感到李希霍芬未曾为这一论点找到必要的逻辑根据，李希霍芬本人以后也抛弃了它〔*3*，679f.，689〕。①

格尔兰对李希霍芬讲话的讨论无助于我们；原论点就有点含糊不清，使得格尔兰把它误解成与原意相反。②但格尔兰以自己的

① 在《社会科学的新发展》一书由索尔撰写的一章中，提到 1903 年李希霍芬在柏林任校长时的讲话，认为他说地理学是研究地球表面的科学，提得很好，可能本当是指他 1883 年的莱比锡开幕词〔*73*〕。

② 格尔兰处理这问题的方式是颇有启发性的。李希霍芬讨论地球表面对各门科学的意义所占篇幅不少于 13 页〔*73*，7～8，11～16，18～24〕。格尔兰的阐释〔76，xiii-xiv〕完全是根据其中的一段——实在主要还是根据一个短语：“在地理学领域中很受欢迎的同伴(gern gesehene Genossen auf dem Felde der Geographie)”〔*7*〕。他的含义是说 Genoss(同伴)和 Gest(客人)是同义的，于是解释说，李希霍芬曾为地理学要求专门研究地球表面的权利，以别于地质学或经济学，虽则原演说以下几页的整个思想——还有许多具体说法——分明是承认其他各种科学必须在地球表面范围以内进行研究的。诚然，格尔兰还利用了若干这样的论点来抨击他诬栽在李希霍芬身上的论点！如果我们承认这里有什么不一致之处，唯一的问题就在于“在地理学领域中”(auf dem Felde der Geographie)一语是否恰当；只要删除或修改了这一处，那么问题也就迎刃而解了。

莱利照搬了格尔兰对李希霍芬论点的曲解，也宣称李希霍芬曾说过与他实际上写的恰恰相反的话。李希霍芬远未试图过在地理学和地质学之间作“所罗门式的转让”〔*222*，251〕，却曾宣称：“妄想在这两门科学的对象中这一地区间(坚实的陆地表面)划出一条鲜明的界线，必须说是既不切合实际又毫无目的的”〔73，18〕。相当具有讽刺意味的是：声称业已“鲜明而确切地把地质学家和地理学家的问题和研究领域划分开来”的

方式把地球看作地理学的研究对象，在我看来，他却提出了理解地 117
理学与地球物理学观点的基本区别的线索。虽则这对今天的地理学家来说不成问题，但显然关于它也还有够多拿不准的地方，因而有理由作简略的研讨。

为了对“地球是什么”这个根本问题作出客观、科学的回答，格尔兰不但抛弃了目的论和人类中心说的观点，同时，也含有抛开地球中心说观点的意思。他以宇宙的观点来看地球，把它看成只是宇宙间亿万相似的单元之一〔vff.〕。从这样一个观点出发，把地球纳入一门地球科学中去那是不成问题的，地球的内部看来确实会大大超过表面。于是可以归结说：我们在实际上集中研究地球表面，只不过是由于我们没有能力直接观察地球内部的结果，是由于地球表面提供了内部物质所起变化的表现罢了，这种变化是由内部、表面和外来的各种力量产生的。

这个观点虽然在逻辑上是站得住的，但还是有理由追问一下，它是否真的看来像它那样现实和客观。除非我们仅仅根据物质来判定宇宙万物的相对重要性，那么把地球看做不过是属于无数银河系中某一银河系的亿万恒星中较小一颗恒星的小行星之一，其专断程度正与把它描写成人类的家园相同——两种说法都是同等真实的。我们有一门地理学的科学，却没有“火星理学”的科学，这一事实本身就反映了两个客观事实，正是这两个客观事实才使地

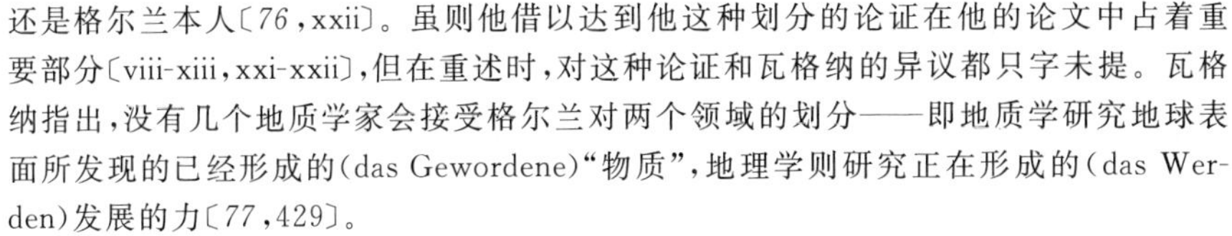

还是格尔兰本人〔*76*，xxii〕。虽则他借以达到他这种划分的论证在他的论文中占着重要部分〔viii-xiii，xxi-xxii〕，但在重述时，对这种论证和瓦格纳的异议都只字未提。瓦格纳指出，没有几个地质学家会接受格尔兰对两个领域的划分——即地质学研究地球表面所发现的已经形成的(das Gewordene)“物质”，地理学则研究正在形成的(das Werden)发展的力〔*77*，429〕。

球对于我们成了独一无二的事物，并证明我们把它从天文学家宇宙的所有单元中特别区分出来，在一门或不止一门地球科学中加以研究也是正确的了。

这些事实之一——老实说，我们是无法逃避的——即地球是我们居住的地方。我们可以说科学本身并非抽象的东西，而是人类对宇宙知识的追求。在这个宇宙间，对科学说来，地球作为人类住所的单元，其独特性远远超出所有别的单元之上。如果我们知道我们的太阳还有别的卫星，或者任何别的太阳的卫星，在所有重要方面也像我们这个卫星一样，那么无疑我们会有一门研究它们的专门科学，不过同时也会需要一门独立的科学，来研究这个独立的单元——不但我们就居住在这里，而且我们自己即是其中的一部分。在一门研究类似地球的诸行星的比较科学中，我们会较多地用一种像是：从远在天外的观点来看地球；但从这样一种观点来看，一门研究地球的独立科学又像是没有多少存在理由了。这样
118 一门科学能够存在的理由，只能建立在地球中心说的观点上。

然而前面的考虑事实上是学究气的。在我们的实际宇宙科学中，不论我们抱着如何超然物外的观点，地球总是独一无二的。不论人们对类似行星存在的可能性作何推想——吉恩斯新近估算，这种可能性微乎其微——我们的科学再也不知道还有类似它的行星。换言之，对于一个天体科学家，只要他不是死死盯住哪颗行星或恒星，而只认识我们所认识的东西，那么这小小的行星地球就会是一个具有独一无二和异乎寻常的重要性的物体。就是宇宙间的这颗天体，它的表面温度变化只落在一个极狭窄的小范围内，使不同物质同时以固体、液体和气体 3 种状态存在；就因为这个因素以

及其他因素，地球这个天体的表面，就极其复杂地展现出各种因素间有变化的相互作用和有差异的结果；还有，只有在地球上，才能看到那种称为生命的特殊现象，所观察到的种属变异和个体变异不啻亿万数；最后，对于我们的天体科学家说来，地球绝不会是一种冷漠的东西，因为只有在这颗行星上（就科学所能断言的范围来说），有科学研究能力的生物才能存在。诚然，如果现实一点，我们的天体科学家必须站到地上来——只有在地球上他才能找到用武之地。

从上段读者也许已经看出，对科学说来，行星地球的独特性完全是按地球表面上或接近表面处的状况表现出来的。我们对地球的独特兴趣就是对地球表面的独特兴趣。如果以后还要争论，说了解地表需要认识地心，那就可能需要挖进地心去——只要这件事在智力上是可能的。但在一门专事研究地球这颗独一无二的行星的科学中，我们的研究对象就是地球表面——地球外层的薄壳，地球的独特现象就存在于此。换言之，地球中心说观点是这样一门科学的存在所固有的东西，这门科学专门研究称为地球的宇宙微尘，它并不以天文的行星单元为中心，却是以那个朴素地指定的现实部分为中心——自古以来人类就认为自己是这个世界的一部分，直到近代他才发现这个世界是一颗天文星体的外壳，从此以后他就把这颗星体称之为地球〔参看施米特，*386*，2f.〕。

上文说到我们对地球认识的改变，很可以解释这一事实：就是我们日常用语中没有一个单词是无可怀疑地指那个通常归属于地理学的领域，因而迫使我们使用一个看来似乎不自然同时又没有明确定义的术语——即“地球表面”。另一方面，正如莱曼最近指 119

出的，人人——至少是除学界以外的人——都明白“世界”一词是什么意思，特别是在日常所用的许多复合词中：“世界旅游”、“世界地图”、“世界贸易”、“世界范围”、“世界大战”等等。在所有这些词例中，所包括的空间自然界的范围是毫不含糊的：都不包括地心，也不包括月球或其他“天”体，却单是指我们这个行星的外壳，高至大气之中，深至地面之下，都是人类所能**经验**得到的〔*113*，218f.，235；参看康德，Ⅱ A〕。⬅

如果认为地理学的实实在在的范围只是世界——实际上从来都是如此，那就似乎并无必要对“地球表面”这一术语下什么明确定义了。生物学家即使可能觉得极难对“生命”下个确切的定义，但研究“生物体”领域却并无多少困难。同样，地理学家也无须为确定“世界”和地球内部之间的确切界线而费心。如果对地表现象的解释需要有关内部深处情况的推理，那么地理学家只要能够挖掘得更深，大概也不会一到可能定出的什么低界线，就住手的；只要他坚持以研究地表——世界——为目的，就没有必要定下这么一条界线〔参看马尔特，*25*，9〕。

如果把地球表面看作地理研究的领域，其整体形成地理学独家关注的唯一对象，那么正如李希霍芬所指出的，同时它也会形成与地球有关的所有各门科学——气象学、地质学、地球物理学（最狭义的）、地理学、经济学等等——的会合处的〔*73*，11～24；亦参看米丘特，*189*，7ff.〕。但不能因此就说进入这一区域的科学都是地理学的客人——正如格尔兰曲解李希霍芬的一句不恰当的话时强加于他的那句话一样，却应该说这些别的科学也都是与地理学一起的，同样是在家里，是在地球表面的某一部分。可是各门科学又都是从不同观点对地球表面感兴趣的，正如矿物学和古生物学可以从完全不同的观点来研究同样的岩石一样。李希霍芬未能搞清楚这种观点之别；显然，他与他同时代所有的地理学家一样，忽视了洪堡说过的一句话：地理学观点与关心同一对象的系统科学观点有明显的差别。到了1905年赫特纳再次清楚地表达这一观点时，那个关于地球在地理学领域中的地位的论争，已经只留下一点儿学究式的兴趣罢了。瓦格纳预言，地球物理学所需的高度专门化技术，使地理学家在那种研究上会无法作出重大贡献，这预言显 120
然已经成为事实。地球物理学作为一门与物理学和地质学有密切关系的独立学科，已经肯定地建立起来了。①

三、地理学是关系的科学

对于许多读者说来，我们这个地理学思想历史发展的概述，对半个世纪以来一直在美国地理学中占支配地位的概念，即人类与自然的联系的研究，可能注意得太少了。鉴于这个概念的重要性，不但在我国和英国的地理学研究人员之间，而且特别是在学校里，都必须特别注意。

在前面的讨论中，我们指出，热切地关心着发展自己的学科，使它成为一门独立的科学分支的地理学家——按斯特拉波语意——是始终如一地在寻求理解存在于植被、果实、居民及地球各

① 瓦格纳对地理学与地球物理学的区别的说法，不是“毫无疑虑地移交出……地球表面的物理现象”，正像莱利所说〔*222*，256〕，交出的却是有关整体的地球的一组狭窄而明确地作了限制的问题〔*77*，432f.〕。

部分的特殊性之间的复杂关系的。任何科学，对它的现象的研究，也就不能不包括对其间可能存在的关系的研究。特别是地理学，这样的关系在形形色色毫无联系的现象之间形成联结环节，把它们在这一门学科中联结在一起。但我们如果把注意力集中在联结环节上而不是集中在地区里相互联系着的现象的总和上，那我们就给一个领域定了完全不同的方向。

我们已经看到，按关系来规定地理学的想法，只是在上世纪下半叶这一整个学科被弄得远远失却平衡的时候才发展起来的，当时这样做是为了在这样一个领域中保留人文现象的研究，而按照这个领域当时的特别发展状况，这些现象似乎是很不贴切的〔参看赫特纳，*126*，548；*130*，413；及施吕特尔，*127*，11〕。上世纪晚期，随着平衡观点的恢复，这概念终于逐渐被抛弃，在过去 20 年间德国的方法论讨论中，就几乎灭迹消踪了。

虽则世界各国的近代地理学基本上都是受着在德国发展起来的近代地理学的影响的，但只在一个短时期里影响过德国人思想的概念，竟至于支配了英、法、美、日诸国地理学家的方法论，这却
121 是一件不平常的事。虽则对文化发展的简单解释都须被包括在较不可靠的历史结论以内，但这个结果似乎是由一小批杰出的外国学者对弗里德里希·拉策尔的人类地理学的极大兴趣造成的。虽然这项工作对创建系统（一般）人文地理学非常重要，但拉策尔的方法论——无论是在他的著作中还是在具体方法论阐述中——看来对当今德国地理学方法论并无什么重大影响。

这一说法与大多数讲英语的地理学家的假设是有明显差别的，虽然它不是由德国作者直接表达出来，但对拉策尔讨论方法论的著作注意者甚少，由此可以作出这个推论，而且也已经由有些人的话证实了。另一方面，还应当补充一下：拉策尔的部分工作，森普尔很少提到过，在德国地理学中却是很重要的。他的区域研究受到高度重视，特别是对这一学科的美学方面感兴趣的人。相对说来，他的重要性在政治地理学上要算最大。社会学家 L. 贡普洛维奇说："拉策尔的著作中所包含的有关国家的学问，要比近百年来全部理论政治学文献更多也更重要"〔*7*，160 转引〕。姑且承认此语有点夸张，但今天拉策尔确实普遍地被看成近代地理学这一特别分支的奠基人〔*216*，789〕。

在法国，地理学和历史学的密切联系可以归因于维达尔·德·拉·布拉什、瓦洛和布吕纳对拉策尔著作的兴趣。拉策尔至少有一篇论文是在法国以法文发表的，并给他的著作作了长篇摘要和评论，因而法国地理学家有一段相当长的时间都十分关心批评、修改和更正他的说法和观点。但当时或嗣后对德国其他地理学家都没有给予类似的考虑，所以迟至 1925 年布吕纳发表的一份简短的地理学纲要中，谈拉策尔用了四页余，谈李希霍芬还不到半页，而把后来的德国地理学家都当作拉策尔著作的阐释者和修改者一概略而不谈〔*83*〕。索尔说得对，在 20 世纪的德国地理学中，李希霍芬所起的影响要比拉策尔重要得多。

布吕纳的方法论研讨，启发性也许要超过明确性，但他在《人文地理学》中对他的概念的详细描述，基本上是对地理学二重概念的修正，其中很大一部分人文地理是按关系解释的〔*182*；参看米丘 122
特的评论，*189*，11～14，31～33；又见后面第七章之三〕。法国地理学中最透彻的方法论研究，以及对作为关系研究（但其中自然地理

是按分布来解释)的人文地理概念最高妙的描述,是瓦洛的《地理科学》〔*186*〕。另一方面,这些著作在决定法国地理学的方向上,却没有区域地理的概念那么重要。维达尔及其学派把区域地理学发展到了引人注目的程度,特别是在法国各个区域的专题研究中。

拉策尔最重要的门生是美国人爱伦·森普尔。她在教学和发表作品时译述了他的思想,因而不但在美国,而且在英国也有显著影响。在英国,奇泽姆对赫特纳的方法论的热情讨论〔*192*〕似乎没有引起注意,赫伯森的区域地理学思想长期以来也遭到反对或冷遇。在我国,森普尔的"地理影响"概念与戴维斯从德国搬过来的毫不掩饰的二元论概念联系在一起,决定了至少一代人的方法论思想。从 1906 到 1926 年,这在本协会的主席就职讲话中反复地表现出来——只有芬内曼的讲话是明显的例外,而在森普尔〔204〕、惠特贝克和托马斯的著作中〔*215*〕又得到了极完满的发展。⬅在大学里它仍然占有支配地位,直至最近,现在仍是师范学院和中学里占优势的概念。因此我们需要仔细研究这个"环境论概念",即使过去 10 余年间美国书刊中已经反反复复地申述过反对它的意见〔以索尔为先,*209*,18f.;*84*,165~175;*85*,622;后有詹姆斯,*286*,81f.;哈特向,*216*,795~799;*218*,168ff.;及霍尔,*290*,125f.;近有英国迪金森,*202*〕。⬅

直至近年,环境论概念常在自然条件对人类栖居者或人类活动的影响方面表现出来。自然环境,是按其本身来研究而不问其范围的;诚然,有人曾说那是"纯地理学",许多地理学家,甚至还有更多的社会科学家,也终于把自然环境说成是"地理因素"。人文地理学就是研究这个因素对人类的影响的。因而地理学的二元论，不单是从它既要研究自然现象、又要研究人文现象，从它必须既用各种自然科学技术、又用各种社会科学技术这一意义上说的——没有一门科学是可以局限于自己的特殊方法的——毋宁是从它研究自然现象和人文现象时基本观点不同这一意义上说的。123
因此 1905 年赫特纳提出："二元论"含有其德语直译的另一意义"zwiespältig"，即不调和。"地理学的一元逻辑结构因而就被破坏"，而"如果自然和人的概念的形成是从方志学观点出发的话，那么在所有着重点上它都是均一的"〔*126*，548，554〕。

赫特纳在 1907 年发表的一篇更长的论述中指出，从考虑自然因素出发进而解释人文现象是站不住脚的。考虑自然因素只能"达到可能性；决定却在于人。……只有从人文实际出发，把它们加以分类，并追究到它们的地理根源时，才有可能取得关于实际存在的因果关系的可靠科学知识"〔*130*，413～414；重述于 *161*，143；又见施吕特尔，*131*，506f.〕。在 1922 年巴罗斯的就任主席致辞中也可以找到很多相同的论点。他建议研究地理学中的关系应"从人类适应环境出发，而不是相反。前一种方法有更大可能达到对一切有关因素的认识；最大限度地缩小把环境因素未曾起过的决定性影响归因于环境因素的危险"〔*208*，3〕。

巴罗斯对地理学中环境论概念的修正，显然对解决"二元论"问题具有更深的影响，但却是以取消自然地理研究来取得的。在地理学中，自然特征和人文特征是只按彼此的相互联系来研究的。因而地理学就完全成了人文地理学，或者用巴罗斯的话说，是"人类生态学"；因而它基本上是一门与自然科学相结合的社会科学，正像植物生态学作为一门生物科学是与物理科学相结合着的一样〔参看彭克，*163*，36〕。因此，在理论上，这个概念表现了背离先前的地理学史的倾向，当时的地理学对格尔兰所提出的地理学说，几乎是对立的极端。一群日本地理学家极其明确地表达了这个概念的逻辑结论，他们主张自然地理学已不再属于地理学的一部分，应包括在别的科学里；主张地理学里留下的只有人文地理学〔*110*〕。当然，在实践上是不可能作明确的划分的，因为研究人类对环境的适应须有对环境的知识，但这种知识在逻辑上是从属的，不能为环境本身而研究环境。⬅

再仔细地考虑一下地理学就是人文地理学这个概念，它的表面上的统一却又显得愈加缺少现实性。如果像先前一样，从对人类的地理影响方面来考虑，那么地理学也像人类地理学一样成为
124 各种关系的集合体，可以按每一自然因素划分成各个范畴，可是在每一个这种集合体中，又没有可作为所有这种种关系的统一组织的基础，这些集合体放在一起也就没有统一性。因此大学生们都抱怨森普尔的主要著作具有百科全书的性质；可能大部分研究生觉得它的价值主要也还是作为参考用书，如果说不是唯有这个用途的话〔*204*〕。在另一些研究中，森普尔成功地建立了一个有组织的统一体，这种组织可以看出主要是历史组织，但另一方面，从历史观点看来，这件工作却又只做了一部分。

因此，从某种意义上说，森普尔在她的《美国历史及其地理影响》的研究中，实际上是使用了环境论概念——即人和自然的关系——的相反形式。因而这是以社会科学的方法组织起来的，在这个基础上，地理学在某种意义上具有与全部社会科学同样程度的

统一性,但在另一意义上则又要小得多:它是按社会科学组织的方法来组织它的关系集合体的,可是在每一个关系以内,又只展示总体中的一部分。迪金森最近指出了英国地理学家的工作中这种地理学见解的分散效果〔*101*,260,267,269〕。

地理学定义进一步的修改,把这一领域描写成是对**区域内部**诸关系或调节的研究。这一修改无疑提供了组织材料较为容易的方法,但却也显得是纯属任意的。如果地理学所关心的主要是关系,那么逻辑组织可能就会按照关系的性质来进行,而其存在的特定地点和特定历史时代,却都无关紧要了。无论如何,即使地区分类对限制观察提供了便利的方法,但它却不能提供基础来广泛地组织地区内部存在的关系。

因此,虽然环境概念看来拿不出逻辑基础在内部统一地理学,但我们却必须考虑它是否至少并没有把地理学从其他领域划分出来成为独特的一科。我们已经知道,早在1907年,赫特纳就已经作出结论,20年代间我国许多“环境论者”都接受了这个结论——即关系研究的步骤应从人到自然,而不是相反。可是赫特纳却把这个论点引得更远,他还要追问:一门科学怎样才能“对人类依赖地球上的自然界这个问题得出一个答案。回答这个问题的职责不可能属于一门科学的范围。研究人类的系统科学,如果要了解不同国度和地方的不同社会条件,就必须与地球表面的自然界建立 125
联系。历史作品如果要解释和理解个别事件,例如一个战役的进程,一个和约的国界变动……,或者如果要解释和理解人类历史发展的全过程的话,那就必须考虑自然条件。地理学家不能妒忌各门科学作这种研究,相反却应当为它们而感到高兴,怀着感

谢的心情来接受它们的结论，并且乐于援助它们。但在这种援助中，我们的考虑必须保持地理学中的重心”〔*130*，422〕。

很难否认，许多地理学家曾认为其他领域那些敢于研究人与自然的关系的学者侵犯了他们的领域。各科学者怀疑地理学究竟有没有它自己的领域的甚至更多。地理学不按某一类事实来规定范围，却按假设存在的因果关系来规定范围，那就必然会具有寄生性〔赫特纳，*130*，423〕。

如果我们暂且离开理论来考察一下在这种地理学性质概念指导下所产生的地理工作的性质，我们就必须承认有大量证据支持各科学者对我们同行的指摘。当然没有一个人想划出固定界线，在毗邻的科学之间由边防兵来巡逻。任何领域里总有些研究工作者是在边界附近从事研究的，也常常会进入相邻领域；这是很自然也很正当的，可能对所有一切相关学科都有好处。此外，无疑地理学与一大批别的学科也是有密切联系的。然而，如果地理学是一个独立的研究领域，那么它的大多数工作者都会把大部分时间用于这个领域内的工作，这似乎也是一种合理的假设。就上一代的德国地理学家（如果我们可以撇开有关地貌学的可能论争的话）和法国维达尔的大部分追随者而论，事实上情况似乎就是如此。反之，有一些地理学家的工作极其明显是受关系的概念支配的，他们进行其大部分研究工作的领域，如果不是明确地属于其他领域的某些部分，至少也必须看作过渡地带。森普尔、布吕纳、亨丁顿和泰勒——只举几位佼佼者——都发表过一些主要著作，直言不讳地自称是历史和地理的结合，后二人也都在别的各种领域作过探索。如果有人认为这些都是例外，他只须把往年各卷《年报》翻一下，看看其中大量次要的论文就够了，这些都是地理学论文，但同样也是别的领域的论文。至于别的学科的学者对这些论文的态度——他 126
们是不是在其中找到对他们的领域有用的新思想、新方法（在许多事例上也是如此），或者是不是缺少他们领域的必要背景——却与我们无关。确使我们关注的，则是这种论文并没有回答这个问题——即如何能把地理学与其他科学领域区别开来。

这种情况甚至还有更不幸的结果，这就是使别的社会科学的研究者把地理学看成主要是一种先验的论题，其极端的形式只不过是环境决定论——宿命论的机械论形式〔参看索尔，*84*，174〕。姑不论许多批评家的不公正的攻击——正如惠特贝克和托马斯正确地指出的，常常是以非地理学家的著作为根据的〔215〕——那么在费布弗尔对地理工作所作的细致的、有批评但绝非不友好的评述里，也还有不少无可辩驳的地方〔*185*；参看托马斯，*210*〕。仅凭插入一些修饰语，谈些“可能性”等等，是无法消除这个不幸的结果的。正如施吕特尔、米丘特和索尔都说过的，从因果关系的观点对一门科学下的定义，会**教训**研究者去寻求和找出这种关系，剥夺他们的不偏不倚的态度，并轻而易举地引出信条来，因为“论证环境的适应，取得的成功极显而易见，至少是极不费力气的”〔*127*，11f.；*189*，11～15；*84*，171～173；*85*，622〕。如果有必要证明这一见解，那么我们的地理学文献就会提出太多太多的例证来。在学校地理学中，最激进的形式往往正在最需要作最大保留的地方传开；我在别处列举过许多这种例子〔*218*〕。①

① 读者可能在《学校与社会》一书中看到提到过这篇论文，而此书流传之广远过于原作，所以此处当可容许我作一点更正。作者在转述我的话时——听说是完全无意

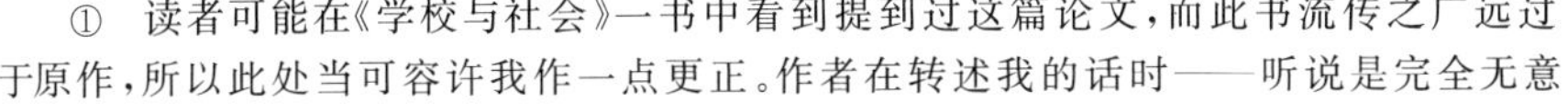

最后，以地理学为一种关系研究的概念，未能对该学科提供“足够明确的目标”，也就是说未能提供研究的具体现象，或者提供“独特而充分的方法”〔索尔，*84*，173f.〕。

因为这些逻辑上和实际上的困难，赫特纳和施吕特尔，继他们之后还有米丘特、索尔以及许多别的学者，他们都断定：“一门独立的科学绝不能仅仅把因果关系作为自己的对象，它必须把自己应用于某一系列的事实中去。它首先是证实和描述这一系列事实，然后再来探求因果关系。”〔*130*，423〕①

四、地理学是分布的科学

早在近代地理学的前古典时期，曾提出地理学基本上是一种研究分布的科学，其目的是研究地球上独立存在和彼此联系着的不同现象的分布。德林以为这种研究占洪堡地理学的一小部分〔*22*，64ff.〕。对地理学的这种看法由马尔特极其强调地提出来，他把地理学描述成纯粹是研究“事物在‘何地’”〔*70*，426ff.〕。更晚一点，德耶尔也表达了这一见解，他在别的一些方面意见与赫特纳颇为相似〔*190*〕。赫特纳一度曾受施吕特尔的指摘，以为他支持这一观点，但这反而使赫特纳有必要重述一下他先前的论点（下文将加以引述），表明他是完全受到误解的。

地——对原文作了点改动，乍看似乎只是个小更动，但却导致一反原意的结果〔*218*，172〕。

① 赫特纳至少早在1895和1897年就曾顺便反对过以地理学为关系研究的概念，施吕特尔1899年在《地理杂志》中〔*1*，373f.；*3*，625；*5*，66f.〕提到赫特纳的反对时更彻
127 底地批判了这个概念。指出这一点是颇有历史趣味的。

如果研究分布对地理学的性质确属重要，并非仅属配合其他目的，那么这种研究必然形成一种使地理学有别于其他学科的特点。这个必然的结论曾使许多人设想：当植物学家测定某一植物的地区分布时，或是当地质学家测定一座火山的位置时，或是当社会学家绘制一个国家的人口分布图时，这位植物学家、地质学家或社会学家就不是仅仅在运用统计表，却因之变成了地理学家——或者说，至少是干着地理工作。但是正如米丘特从这些例子得出的结论，这些学者各自都是在进行着对于理解他所研究的现象十分必要的工作，他是从本行的科学观点，而不是从地理学的观点来进行研究的。在任何研究地球表面以内现象的科学中，运用归纳法，力求证明那些支配这门特定科学所研究的各种现象的性质和发展的关系，就常常需要确定这些现象的位置，而后才能确定原理〔189，15～17〕。⬅

1895 年，赫特纳在开始他的早期方法论讨论时，曾反复申述反对这种地理学概念的相似意见。1905 年他写道："依地点分布形成对象的一种特点……因而必须由系统科学〔不是由地理学〕把它包括到它们的研究和描述范围中去。"他强调了华莱士对地理动物学（研究动物各种属的分布）和动物学地理学（zoological geogra- 128
phy）——或简称动物地理学（animal geography）（研究不同地带动物群分布的差异）所作的区分。（米丘特指出这种名称上的区分的重要性〔*189*，41 脚注〕）对于同样的观点之分，赫特纳用别的自然特征的实例加以说明。在各个事例中，系统科学的观点都集中于现象上，并按分布来研究这些现象，而地理学的观点则集中于地区，地区按其拥有的矿物或动植物而彼此互异〔参看米丘特，17～

28〕。我们可以指出，这种地理学见解体现了一贯渊源于洪堡所描述的地理学，以为它是研究“在地区中共存的东西”的〔*60*，Ⅰ，50〕。也许这种见解在赫特纳关于文化现象的举例中表现得最清楚：“研究某一工具、武器，或者笼统地说，研究什么物件或风俗的分布，被错误地称之为人类地理学；这种研究即使可能间接获得人类地理学的意义，但却更近于人种学；因为这里兴趣并不在于地面，却在于有关的物件或者是作为这一物件的所有者和佩带者的人”〔*126*，557ff.〕。①

赫特纳对地理学的一般概念（下章将详加研讨）是以地理学与历史学作比较为基础的，这种比较正如索尔所指出的，可能意味着：如果以为历史学是关于“何时”的科学，那么从逻辑上说，地理
129 学就是关于“何地”的科学〔*84*，184〕。赫特纳没有陷入这种错误，接

① 上文所述赫特纳的话都引自一篇论文（结论也在小结中重述）。施吕特尔断言赫特纳支持地理学是研究“事物的所在”（Das Wo der Dinge）的科学这一概念时，赫特纳曾以这篇论文作了回答。无论造成这种误解的基础可能是什么，赫特纳的回答应当是不会留下什么误解的理由的〔*132*，628f.〕。然而二十年后索尔把德国的方法论思想介绍给美国地理学家时，却重犯了这个错误。他没有给自己的说法提出任何证据，就说赫特纳“证明它（地理学）有理由对地球上的分布，就其范围和解释作一般的研究”〔*84*，182；重述于，188〕，实质上还是为那些“把主要注意力放在各种各类分布研究上”的地理学家进行辩护〔185〕。可能他是相信施吕特尔对赫特纳的批评，于是特地加以推荐，但却忽略了赫特纳的回答，全未告诉读者，虽然在别处一条推荐赫特纳的几篇方法论论文的脚注中提到了内有这个回答的那篇论文。索尔引了兰汉斯的“关于自决权的地理学研究”〔*369*〕作为不切合地理学的一个实例，此书显然可以列入赫特纳开的不属地理学范围的论著篇目表中去（在索尔脚注中提到的另一篇论文内〔*126*，588f.〕）。脚注中提到赫特纳的第三篇论文，其中也有一处反驳那个被诬栽于他的概念〔*152*，39f.〕。为把记载开列齐全，我们还可指出另外八篇出现于1895～1934年之间的著作，在这八篇论文中，赫特纳申述了他反对这个见解的逻辑上的理由。而这个见解，未加说明就被诬栽在他身上了〔*121*，10；*123*，23f.；*140*，173f.；*142*，11；*161*，123～125；*167*，339f.；*175*，382；*363*，引言〕。

受赫特纳对这两门学科的比较的米丘特也没有陷入这种错误。虽则“何时?”是历史学家常常在寻求解答的几个问题之一,正如地理学家也常常想知道他的现象究竟在何地一样,但历史学家却并不把他们的领域看作简单地按时间要素来规定的。这不是因为索尔所指出的那种限制——这是他们所不能接受的(见第七章之二),而是因为作为一门独特学问的历史学(正如克罗伯说的)并不关心分析各种现象的过程——它把这件事留给系统科学了,却毋宁是关心着按时期把不同种类的现象加以组合〔*116*,545f.〕。

最后我们还可以补充索尔提出的一个十分重要的实际理由,反对把地理学作为研究分布的科学的概念。地理学家会受影响(笔者凭亲身经验有感于此,见第十一章之七)而致力于研究“许多事实在分布上的表现,而在这方面我们的能力是不及许多别的学者的”;再则,“现在还不知道有什么方法来发展这种研究”;最后,“分布本身并不能提供一个有兴趣的共同联结点”〔*84*,185〕。

纵使今天大部分地理学家会接受这个结论,以为地理学在科学中的特殊职能不在于分布研究,但仍然极难避免这个貌似合乎逻辑的结论——时常是无意识地作出的,即因为地理学家不可能不知现象的所在而研究现象,所以关于“何地”的研究至少也是我们这个领域的一部分。因为这主要是系统地理学中一个眼下的问题,所以我们在考察地理学的那一方面时需要重新考虑这个问题(第十一章之七)。目前只要指出这一点也就够了:所有涉及位于地球表面以内现象的各门系统科学,至少在它们的部分工作中,也必须回答这同一个问题。确定并解释事物在“何地”的问题,并非地理学的独特的职能。

130

第四章　以地理学为方志科学的历史概念的理由

一、常识上的理由

常常会提出这样的问题：把研究地球表面的地区差异作为地理学的职责是否就够了？一门地理“科学”是否就不需要寻求更重大的问题了？这样发问，正提出了一般科学的性质的问题，但这个问题要拖到本文最后一章才讨论。不论那使得各个时代的人们——包括许多最杰出的思想家——煞费周章的是什么，都是一个值得作高级研究的课题。以地理学为一种方志学研究，这种看法时常以千万人的普遍愿望为理由，人们都想知道世界别处地方像什么样子；正像历史学也从这样的普遍愿望中寻找充分理由一样，人们也都想知道过去时代发生过什么，事物又是如何如何的样子。此外，普通人实际上总是只知道他所居住的那部分地区，而且对他在世时世界上发生过什么也是所知甚少，因此“乡土地理学”也与当代历史学一样需要。

福尔茨说：“地理学的目的及其无可取代的重要性，在于它教会我们认识我们住居的空间——地球表面”〔*262*，93〕。我们无须证明，研究我们居住的世界是值得绞点脑汁的。索尔说：“地理学负起研究地区的责任，因为关于这个问题存在着普遍的好奇心。每个学童都知道地理学使人获得关于各国的知识，这就足以证明这个定义的正确性了。没有别的学科已预先占领了地区研究这个领域。……假如有人要用地理学的名义创建一门不同的学科，也并不因此就会破坏了地区研究的兴趣。在造出这个名字以前，这门学科早就存在了。……方志学兴趣的普遍性和持久性、地理学对这个领域的要求在时间上的占先，都是可以支持这个流行定义的证据。”〔*211*，21〕

人所共有的理性的好奇心所赋予地理学的研究对象，其性质无疑是非常错综复杂的。每一门科学都只研究某一类有限的现象，从这些专门科学的观点看来，地理学的范围和性质、地理学的五花八门的现象，很可能令人迷惑不解。但问题却不容许回避；要想把这个领域分成一些独立的、专门化的部分，这不是要创造别的科学，却是要消灭地理学。正如维达尔所指出的，人首先是对一个地区的总情况感兴趣。“从航海和探险时代开端起，引起人类注意的，就是与地方的多样性相关的社会的多样性。”因此，“对于大多数古代作者——地理学就从他们取得它的种种起源称号——说来，‘国家’(contrée)的概念是与其居民分不开的；居民的营养情况和体貌上表现一国的特色，并不亚于形成环境的山川和沙漠”〔*184*，3〕。 131

我们关于地理学职能——了解世界各地是怎么一种样子——所说的话是非常一般性的，这里不应意味着我们可以满足于同样一般性的回答。相反，对这样一般性的问题作出完全、详尽、正确、颠扑不破、有条有理的回答，是需要一个成熟的学者付出最大的才智的。

显然，研究世界有许多不同的方式，但作为个人和个别团体的人，从十分完全的意义上说，都并不是生活在整个世界上，而只是各自生活在世界上相对有限的地区，因而研究世界最重要的方法之一，就是按地区来研究它。简言之，地理学如果力求给人以完全、正确、有条有理的知识，以满足人对世界不同地区千变万化事物的好奇心，它就有资格要求受到认真的重视，正像历史学也力求满足人们对事物过去究竟如何的好奇心一样；同时因为人们一起活着、事情一起发生都只在一段有限时间内，所以历史学总是按时期来考虑过去，同样地理学也必须按有限地区来考虑世界，而万物正是在这些有限的地区内密切联系着的。

因此，很少有人会怀疑地理学在人类教育中（我的意思不仅是指在学校里）的价值，而只是怀疑它有没有全面地扩大人们认识世界的价值而已。⬅然而在教育与研究的关系上，却存在着一个显著而普遍的错误观念，按照这个观念，一门学科可能对教学很有价值，但却不值得成熟的学者去研究。确实，仅仅把已知的资料重新组织成一份适合于教学的大纲，这是教学任务而不是研究任务——虽则也未必就不值得成熟的学者来做。可是，如果一说到区域地理学，意思就只是说按地区来整理地理资料，那么这样一种性质的
132 课程，是否值得在哪一级进行教学就令人怀疑了。彻底的地区研究，目的在于充分了解共存于一个地区内的现象的空间关系和相互关系，这样的研究就不仅仅是组织问题，而且也是需要所有成熟的学者发挥聪明才智来进行探索的。如果承认值得拿这样的研究成果来教人，那么，说这个问题有研究价值难道还有什么疑问吗？因为我们虽然不能要求普通学生学会所有靠研究取得的知识，但要求他们学会有时是不值得成熟的学者去研究的东西，这却是说不过去的。我们敢于在各级学校——从小学到大学——进行教

学的东西,都需要进行研究——初次研究是为确定它是否正确,重复研究是为检查它的真实性。

常常还提出另一个问题,虽则答案似乎是明白的——这就是地理学家是不是取得和传授地区知识的恰当人选。诚然,正如许多并未受过当历史学家的专门训练的人却在研究历史、写作历史一样,同样也有许多并非地理学家的人愿意而且也能够传授地区知识。拉尔夫·布朗新近研究了1800年前后一段时期美国大西洋海岸的地理资料,证明世界并不是单靠职业地理学家来取得这种知识的。如果缺少了这样的人,或者他们未能达到自己的主要目的,另一些人就可能以某种方式取代他们。但他的研究也说明了对于那些未受过专门训练的旅行家、博物学家、农业研究者、文学家或政治家所收集到的资料,仅仅为了检验其可靠性也还必须做大量的工作,更不用说还要把这种资料有效地组织成地区研究〔*334*〕。

地理学一开头就不得不依靠旅行家和文学家的生动描写,依靠受过专门训练的学者更有科学性、作过定量测量而又逻辑缜密的研究。赫特纳指出,这门学科的发展已经把这两种划分合在一起,单纯描写已被寻求因果联系的解释性描写所取代了〔*2*,320〕。

然而区域地理学家仍然必须负起在某些方面类似艺术(或文学)描写的任务,即作出一个地区的综合描写。他无疑会羡慕艺术家把一个地区的情调传达给我们的高超才能——对西班牙高原的情调,我不知道还有什么比华盛顿·欧文在《阿尔汉布拉》的前言中描写得更好的了。但在一个地理学家把他的任务转交给艺术工作者以前,最好还是先与艺术家和作家或者文艺研究者商量一下,

133 搞清楚他们是否会接受他的委托。艺术工作者(包括画家和文学家)从某一景观或地区获得并想望传达给别人的主观印象,与地理学家必须力图作出的客观描写是很不相同的。就纯描写而论,地理学家的方法性质上是照相式的,观察者的独特的个人反应减至最低限度〔参看韦内,*234*,344f.〕,但艺术家是不能接受这种限制的。[①] 为此目的,地理学家具有艺术工作者所不熟悉的技术。他可能在很大程度上要靠着制图学来表现。此外,通过解释他所描写的现象之间的联系,他应当能够给读者展示出一幅富有该地区特色的图画,比任何非地理学家所能希望做到的要丰富得多,因为它的特征不单是由第一眼看到的东西组成的,而且还包括所见事物间的复杂关系〔参看施吕特尔,*148*,146～148;赫特纳,*132*,561～568〕。

最后,文艺写作者在描写一个地区的特点时无论可能如何有力,但总不能指望这些描写满足知识的科学标准。人们总不能期望一位瓦尔特·斯各特或者一位弗兰西斯·帕克曼[②] 的作品会取代有条有理的历史叙述。同样,只有受过专门训练的地理学家才能够对一个地区作出经过定量测量、科学上能说明问题而又确凿可靠的客观描述。同时,如果还需要在使用地图、图解和文字上的高度技术,地理文献也不乏这种熟练的描写。这是一个风格问题,

---

① 有人建议把地理学或者地理学的一部分看作一种艺术形式,但他们却没有表明曾与艺术家、艺术研究者或知识理论研究者商量过,因此这里似也无须列举我在这个问题上曾与哪些人商量过。在许多有用的著作中,可举出哲学家科恩和克拉夫特的两种研究,其中清楚地提出艺术与科学作为不同知识形式的区别〔*115*;*116*,20f.〕。

② 瓦尔特·司各特(1771～1832),英国小说家,历史小说首创者。弗兰西斯·帕克曼(1823～1893),美国历史学家。——译者

而知识表现上的风格是不会把它从科学领域内排除掉的。但正如彭克所坚决主张的，如果地理学要始终如一地保持客观性，描述者就不能表现他自己的感情，却只叙述他是如何客观地理解事物的〔*163*，50〕。①

二、逻辑上的理由：地理学在与其他 134
科学关系上的地位

虽然从地理学悠久的历史看来，有望基本上可保持它历来的样子，但如果要使它有一个成果丰富的未来，那么它的性质就必须经得起逻辑分析。特别是要澄清或限制它的性质，有赖于科学分工的某种逻辑安排中理性所指派给它的地位——我们再说一遍：这里所谓"科学"是指最广义上的有条有理的客观知识。

试图从纯逻辑的考虑来确定地理学领域的学者，虽然相对说来很少有人曾对这个基本问题给予充分的注意，但地理学的基础

① 在德国翻译出版过的扬哈斯班德的完全相反的观点〔*235*〕，特别是班斯的观点〔246；*330*〕曾引起如此热烈的讨论，近一二十年来德国的方法论作者几乎人人都乘机批判过他们。我们对这个问题不拟作详细讨论，姑把主要参考书目开列于此：弗里德里赫森〔*230*，233～237〕；克雷布斯〔*234*，82ff.〕；赫特纳〔*152*，53～57；*161*，151～153；*167*，276；特别是 *265*〕；格拉特曼〔*236*，132f.，139～142〕；格拉夫〔*156*，40～43，90～93〕；哈辛格〔*253*〕；彭克〔*163*，49f.〕格拉内〔*252*，5f.〕；克拉夫特〔*166*，20f.〕；韦贝尔〔*266*，205～207〕；布尔格尔〔*11*，104～112〕；沃格尔〔*271*，7〕；及施米特〔*180*，81～94〕。莱利介绍到我国的一个显然无关但却相似的讨论〔*220*〕，普拉特也曾作过考虑〔*221*，13f，33～36〕；在英国，克罗也考虑过〔*201*，2〕；考虑得最彻底的是芬奇〔*223*〕。我不知道 1928 年彭克根据什么作出预言式的评论："中世纪就不止一次地把地理学视为艺术，而美洲人却视为'人文学科'"(Nicht einmal das Mittelalter hat seine Geographie zu den Künsten gezählt，Aber der Amerikaner stellt sie zu den 'Arts')〔*162*，50〕。

还是不算薄弱的。正如我们在历史概述中所指出的，许多年来，我们这个领域曾受到一位逻辑思想大师的注意。伊曼努埃尔·康德在他的自然地理课导言中提出了一个划分科学知识的大纲，把地理学的地位在逻辑上定得很明确。其中所发展的观点不论对别人还是对笔者本人，不论启导人们理解地理学的性质，还是对所有业已提出的问题提供解答，证明都已相当令人满意了，因而看来是值得从康德原文中较为详尽地摘引几段的〔*40*，Ⅰ，§4〕。[①]

"我们可以按两种方式把我们的经验知识加以分类：既可按照概念的形成，也可按其实际形成的时间或空间。按概念来划分感性认识是**逻辑**分类，按时间和空间来划分是物理分类。由前一种分类，我们取得一个自然系统，就像林奈的自然系统那样；由后一种分类，我们取得对自然界的地理描述。"

"于是，如果我们说牛属于四足动物一类，又归在其中有蹄的一组，那么这就是我在头脑中所作的分类——就是说，这是一种逻
135 辑分类法。自然系统也是全部事物的一种记录，我在那里把每件事物放在它的一类中，即使它们存在于天南地北的不同地方。"

"另一方面，按照物理分类法，事物是按地球上包括着它们的地方分类的。……与按类别分的自然系统适成对照，对自然的地理描述则指明事物在地球上实际存在的地方。例如蜥蜴和鳄鱼基本上是同样的动物：鳄鱼只不过是极其庞大的蜥蜴而已。但是它们存在于不同的地方：鳄鱼在尼罗河，蜥蜴则在陆地上。一般地

① 下面这段关于方法论的话也是令人感兴趣的："对地球上某一处地方的描述称为**地形学**；**方志学**是描述一个区域及其特征的；描述世界的则是**地理学**。"全篇导言极有兴趣。←

说，这里我们考虑的是自然界的场所(Schauplatz)，即地球本身，以及实际上事物存在的区域，用以与关注形似的自然系统相对照。”

“按时间描述的是历史学，按空间描述的则是地理学。”……“历史学与地理学的区别只不过在于按时间还是按地区(Raum)来考虑而已。前者是对一个接着一个(nacheinander)且与时间有关的现象的报告；后者则是对空间上比邻而存(nebeneinander)的现象的报告。历史学是一种叙述，地理学是一种描写。”

“地理学和历史学充满我们的整个感性环境：地理学充满空间感性环境，历史学充满时间感性环境。”

亚历山大·冯·洪堡也用十分相似的方式描述地理学在科学中的地位。早在1793年，差不多在康德的讲稿发表前10年，他就已经把按照事物范畴来研究自然界的科学加以清楚划分了①，分成按时间的变化考虑一切自然现象的科学(Naturgeschichte)和把事物看成在空间中相互联系在一起的科学(Geognosie〔地球构造学〕，以后依照康德，又称 Weltbeschreibung〔世界描述〕，包括描述性天文学和 Erdbeschreibung，即地理学)。他指出后两类的相似性，要比其中随便哪一类与系统科学之间的类似性更大。研究洪堡著作的学者，把他的全部著作与这种对科学的图解式划分联系在一起并无多少困难。我们还可以说，他在一生中还曾多次

① 洪堡在1793年的阐述中用“Physiographia”(地文学)一词来指所有这些研究自然的系统科学，以区别于自然史或空间科学，即地理学和天文学。Physiographia 一词最早见于使用的，大概这也是其中的一次了〔*42*〕。然而他在后期的作品中似乎已扬弃了它。

重述过这种划分，最后则在《宇宙》第一卷中重述得极其详尽〔*42*；*52*；*60*，Ⅰ，48～73；参看德林，*22*，46～51〕。

我们已经看到，李特尔显然也用十分相同的方式构想地理学
136 与历史学以及与系统科学之间的联系，虽则他对这样的比较，似乎并没有阐述得像康德或洪堡那么清楚。以后一段时间，德国地理学见解发生改变，李特尔学派转向历史研究，佩歇尔则带来了朝相反方向的反运动。那段时间，康德和洪堡所定的地理学的逻辑地位被忘却了，直至本世纪早期才又恢复。同样，在地理学传向别国时，康德的见解意义甚少，洪堡的影响不论多么大——他的著作被翻译成多种语言，但他关于地理学在各门科学中的地位的看法，却似乎被忽略了。

本世纪最后二三十年间，德国的方法论讨论——特别是李希霍芬的莱比锡演说，激发了一批德国青年地理学家去考虑他们对这个领域的概念的逻辑基础。在随后的讨论中，几乎每一个有名望的德国地理学家都参加了，或是写了与研究性书刊相联系的简短阐述，或是写了单篇的方法论论文，后者更是屡见不鲜。英美地理学家的许多方法论讲演，常以各人对这个领域的概念作纯属个人的解释为特点，与此适成对照，德国学者对这问题的大量论著，却都是以前人论文中博学的思考和地理学思想的历史发展过程为根据的。这种显著差别，虽然部分可能是由于学术态度之别，但无疑也是德国学者容易得到过去的地理学思想资料的结果，因为这些资料大部分是以他们的语言写成的。

可是近年的文献中却有许多迹象表明，今天业已从学界退休的一代德国地理学家——他们中有不少并未达到退休年龄——所

定的学术成就标准，在他们的后继者看来已经是过时了。从这些学者中的某些人，可以听到要求以新思想代替被直截了当地抛弃了的旧观念的“自由”。对这些要求作一番仔细的考察，原来大部分却都是由于误解或不知前辈作者的实际想法所引起的。虽然许多德国地理学家都已经对这一变化作了评论，但不能认为这两派人中就没有种种例外。正如布劳恩所指出的，前一群中也包括着一些惯于“对前人著作摆权威”的人〔*155*，17〕，在青年作者中间，也有不少人的方法论讨论显示出高度的学术成就。我们不拟为读 137
者对个别学者预先作出评价；在本书后面几章里将提出充分的证据以供评价，如果他想作什么评价的话。

不论人们对刚才提到的德国地理学家的方法论研究看法如何，但从他们考察这些有关问题时的认真和彻底的态度看来，很难想象一个严肃的学者会不先检查他们的成果就想表达自己的结论的。如果他已经作过这样的检查并发现这些是错误的，那么我们也有权利要求他说明这样发现的理由。

在近代所有的德国地理学家——诚然，也是任何时代的所有地理学家——中，没有一个像阿尔弗雷德·赫特纳那样长期不断地工作过。他对建立当代德国地理学家之间很大程度的思想统一性起过突出的重要作用，这一点近来已有人作过见证，这人却也不能看成他的追随者，那就是阿尔布雷希特·彭克〔*90*〕。赫特纳是一开始就选定地理学为毕生工作的第一人，他从未有过踌躇不决、朝三暮四的态度，而另一些人——像彭克本人就是如此——却受了这种态度的影响，从一个科学领域转向另一个科学领域。（我们还可以从个人通信中补充一点：赫特纳在格尔兰的指导下取得博士学位，但却“时常在有关地理学的概念上反对他，而他的地理学概念则是从他的第一位老师基尔希霍夫继承过来的”，嗣后他又就学于李希霍芬，在后者的影响之下修改了这概念。）彭克接着又说：赫特纳不止是理论上的方法论者；他的研究工作始于在安第斯山的野外科学考察——步洪堡的后尘。虽然身受重伤，似乎无法再作野外考察了，可是，彭克补充说，他却“以钢铁般的毅力与地理学的对象保持着亲身的接触。”另一方面，赫特纳的地理学思考所根据的观点也不是单单限于那一领域；他放眼整个科学，同时，作为一个从哲学领域出发的批评家，照格拉夫的看法，他又是“近代地理学方法论学者中发现与哲学联系的唯一的人”〔*156*，10f.〕。最后，赫特纳的论述逻辑清楚，表达明快，思想前后一致，这使他有可能建立起地理学领域的明确、统一的概念，因而对他那一长串方法论论文，瑟尔希正确地称之为“古典名著”〔*237*，56〕。

当然，美国地理学家绝不是不知道赫特纳在德国地理学中的重要地位的。索尔对近代德国地理学家的概念作了在我国最有影
138 响的解释，但令人遗憾的是，对他的著作除了些揄扬的浮词，并未给予更多的注意；以对他的观点的看法而论，还是误解了的。另一些被提出的观点，多半还是赫特纳反对过的，而且他的大多数同行也跟着他一起反对过。对这些说法，后面几章尚须论证，但这里先注释一下德国地理学家表达意见的独特词句也好。瑟尔希描写赫特纳“无疑是领头的方法论学者和德国地理科学中的泰斗之一”，他的工作是“为地理学打好更可靠的基础和取得普遍承认的一种不朽的收获”〔*301*，评论〕。彭克——前面已指出过〔又见*163*，50〕——菲利普森〔*149*，14〕和蒂森〔*160*，Ⅰ〕也发表过相似的意见。克

雷布斯显然认为在讨论方法论问题时，“连”赫特纳的论文也未加考虑，那简直太糟了〔*255*，337〕。

德国地理学家以赫特纳的著作为方法论讨论根据的，人数众多，难以尽述，但除了他自己的学生外，我们还可以指出下列几个：格拉特曼〔*236*，137〕、哈辛格〔*141*，4〕、福尔茨〔*151*，241〕、班斯〔*133*，72；*246*，43〕，及毛尔〔*157*，44～49〕。⬅近年来有的学者一直在反对老派的世界观（Weltanschauung），特别对准赫特纳进行攻击，这也是引人注意的。[①] 赫特纳虽然毫不犹豫地站出来辩护，却以得体的客观态度说：“在缔造方法论上，我个人的重要性是被夸大了的；我也并没有认为我自己概念的形成是‘全然独特的’。我只相信我是清楚地表达了、并在方法论上建立了发展中实际存在的东西。”请注意他对另一位批评家所作的嘲讽的评论：“他大致上还是第一次很有鉴赏力地谈到地理学的”（Spricht er doch Sogareinmal geschmackvoll von einer Hettnerisierung der Geographie）〔*175*，382，341〕。

在德国国境以外，赫特纳1905年的第一篇宏文就给了奇泽姆

① 当今一代德国地理学家中的名流，以为赫特纳象征着一个“已成历史”的时代。赫特纳的科学观点是以19世纪“实证论自由主义”为基础的，与此成为对照，他们相信地理学正在进入一个更加强调价值观念、更加强调民族和个人的创造性影响时期，相信“同一地区的东西”（Gleichörtliche）将“不是按照其各部分的总和及功能上的内聚力来看，而是在形态（Gestalt）理论的意义上浑然一体的（ganzheitetlich），相信‘民族地理学’（nationale Erdkunde）即地理学的全部，用德国人的眼光、德国人的观点来看德国和世界”〔施雷普费尔，*174*，69～71，85〕。这样的观点，斯佩特曼表现得有几分激烈〔*251*；*261*〕，穆里斯和施雷普费尔则表现得比较谦和，但仍带有专断的口气。在新近一次地理学家会议上附带提出新旧学派间针锋相对的观点，博得听众中不同成员的热烈欢呼。因为涉及的新世界观只以德国地理学家为限，笔者以为本书并无加以考察的必要。

139 以深刻的印象〔*192*〕;稍晚,迪金森和霍沃思也都承认了他的重要性:“当维达尔·德·拉·布拉什在地方的基础上创立了区域描述方法,赫伯森也在世界的基础上建立了大自然区概念的时候,把这两人相互联系起来并详尽地分析了论述方法,这个主要荣誉属于由开路的老前辈赫特纳所领导的……德国地理学家近代学派……”〔*10*,251;又见 *101*〕。在日本,井上修二等也承认赫特纳的工作对地理学方法论的极大重要性〔*110*〕。显然,只有在法国和我国,人们才认为讨论我们这门学科的性质可以不必考虑他所做的工作。

与许多别的学者适成对照,赫特纳的方法论文章是和他的实际地理工作密切联系在一起的。正如上文所指出的,他在方法论问题上进行写作以前,就已经在南美洲作过区域实地研究。同样,他形成他的普通地理学或系统地理学观点的大纲,也不是在书房里,却是在的的喀喀湖之滨。这观点在以后的若干方法论论文中曾讨论过,但差不多要到四十年后在题为《比较区域地理学》的那套四卷本中才最后形成实际形式〔*363*〕。在此以前,他的区域地理概念早就不仅已体现在理论里,而且也体现在他的《区域地理学》两卷本里了。正如瑟尔希所写的(在他的新版评论中),在这两卷书中,“他运用了先前详细阐述的原则,从而提出实例的检验——诚然,他的许多理论问题都已在《区域地理学》中播下种子了”〔*301*,评论〕。

这里我们要谈的是赫特纳的方法论研究,这些论文形成了下文讨论的重要基础。它们以地理学领域的非正式简述为先导,赫特纳就用这篇短文来作为《地理杂志》的发刊词,这个杂志他创办于1895年〔121〕。1898年发表的有关地理学发展简述〔2〕,为一连串方法论论文作了历史导言，这些论文从 1903 年开始，是在他的 40 年编辑工作中断断续续问世的。那篇极其重要的论文就是 1905 年写的《地理学的性质与方法》〔126〕，此文的大部分内容至今还是值得仔细一读的。⬅1927 年前发表的大部分论文都汇编成集，部分作了改写，赫特纳自认该书是他的毕生力作——《地理学：它的历史、性质与方法》〔161〕。井上在发表于《地理杂志》的一篇论文中，称此书为“地理学方法论史上最有价值的著作”，这也许是出于日本式的礼貌，然而他说的也是明明白白的事实〔*110*；*288*〕。对 140
赫特纳的书，如能再精选若干他此后的讨论合并出个英译本，那么对英语国家的地理学定有很大价值。深望本书长篇大段的引述中展示出他的地理哲学图景，能比迄今已有的英语资料要更充实一点。可是如果有人想和他争论，却须仔细研究他在《地理学——它的历史、性质与方法》中的完整论述及其以后的阐述；作者曾屡屡发现一些被认为独创的思想，但实则都已经在这些文章中讨论过了。[①]

赫特纳在考虑地理学在科学中的逻辑地位时，也与康德、洪堡等前辈一样，不是从考虑某些科学分支出发，却是从整个客观知识领域的观点出发的〔*111*〕。他对科学领域的主要划分，基本上与他的杰出前辈的分法相同，虽则直到他写好自己的书后才知道康德的分析，而且显然无论当时和以后都还不明白与洪堡的观点十分相似〔*126*；*551*〕。如果这些学者都是各自独立地达到基本相同的概念的话——这是完全可能的事，那么其正确性也许更加可信了。无

---

① 幸好赫特纳的文风对非德语学者说来非常易懂。我很遗憾译文却不常如此；为了当前的目的，译文必须直译。许多学者无疑会欢迎他在 1905 年写的关于他的立场的三页纲要〔*126*，683ff.〕和他新近在《比较区域地理学》导言中所作的摘要阐述〔*363*，Ⅰ，1～7〕。

论如何，赫特纳已极其完满地发展了这个概念。既然我们以后对地理学性质的讨论，大部分有赖于明确理解我们的领域与其他知识分支的比较，那就有理由详尽引述他的话〔引自最新的完整阐述，1927 年本，*161*，114～117，123f.〕。

“现实同时是三度空间，为了理解其整体，我们必须从 3 个不同的观点来检查它；单从一个观点去检查是片面的，不能穷尽其整体。从一个观点我们看到相似事物之间的关系；从第二个观点我们看到时间上的发展；从第三个观点我们看到在空间上的排列和划分。整体的现实不能完全包括于系统科学——即由所研究的对象规定的科学——之中，但不少学者至今仍这样想。另一些作者以需要一个时间上发展的特别概念，作为有力的根据来为历史科学辩护。但这样的科学仍旧只是二度的，除非我们也从第三个观点——即空间上的划分和排列——来考虑它，我们还是不能完全理解它的。

141 “……各门系统科学无视时空关系，却在与它们有关学科的客观相似性中看到其统一性。自然科学与社会科学之间通常的区分，就是这样一种系统的区别。在自然科学里面，首先有研究矿物和岩石的科学，即矿物学和岩相学；研究植物有植物学，研究动物有动物学；与这些学科一起，但另有原因，又发展出一门独立的科学，即古生物学，这是研究化石植物与岩石的科学。直到后来才出现各独立的学科，拿地球及其各系列现象来研究。[①] 系统社会科学是研究语言、宗教、国家(政治学)、经济等等的科学。

① 此处我们删去数页，在这几页中赫特纳考虑了把地球作为一个整体来研究的问题，并觉得一门“地球科学”在逻辑上不可能发展为单独一门学问。参见第三章之二。

“对于各门历史科学，物质关系只是一些次要的事物。毋宁说，这些历史科学在研究时统一了一批属于完全不同范畴的系统的事物，并通过事件在时间上连续进行的观点来取得其统一性。如果这些事件仅仅是由于偶然机会才连续发生的，而各种各类现象的过程却是互不相干的，那么科学就可满足于单作系统研究了。但我们以发展一词来表达的不同时间的联系，以及同一时间的联系，使得一门独立的历史研究成为必要。研究单一现象发展的学科，只对那一类才考虑上述两种观点，如动物界的历史，或者艺术文学史，或者宪法史，这些学科在系统科学和历史科学之间占着中间地位。

“与时间上的发展理由相同，事物在空间的排列也是需要特别研究的。与系统的或物质的科学以及编年的或历史的、时间的科学一起，还必须发展方志科学或空间科学。⬅

“必须要有这两门科学。一门研究宇宙间事物的排列，那就是天文学，……另一门是研究地球上空间排列的科学，但我们既然不知道地心，我们也就不妨说是研究地球表面空间排列的科学。”①

天文学和地理学在逻辑上的密切联系是洪堡的《宇宙》中独有的特色，乍一看来似乎令人迷惑不解。这是因为天文学常被不正确地说成纯属一门应用力学，或者又说成以天体为具体研究对象的科学的缘故。相反，发现行星和数量极其庞大的恒星，既要把力学应用于对天体的排列和关系，也要对天空进行纤毫无遗的搜索，142
这历来是天文学的主要职责。研究个别天体的性质是其中一部分，

① 此处所引出自赫特纳的《地理学——它的历史、性质和方法》一书，系根据理查德·哈特向所引译出。商务印书馆于1983年已译出赫特纳此书，读者可参阅中译本第135～136页。——译者

但也仅仅是一部分而已。

下文我们还要回过来对天文学和地理学进行比较(第十一章之六),赫特纳对这两门科学的比较讨论得很详细,他特别指出所谓数理地理学或天文地理学,很大一部分内容本身就是天文学的一部分〔*111*,274f.〕。这两个领域在逻辑上的相似性,W. M. 戴维斯〔*104*,213f.〕和瓦洛〔*186*,66～68〕也指出过。可是这里应当指出一个重要的差别:天空中有界限分明、独立存在的天体,毫无疑问可以认定是系统研究对象的单元;但在地球表面所形成的空间中却没有这种部分之分,可以看作是自然地设定的对象——即使极显见的海陆之分,在总的性质上也并不与太空分隔天体一样。

于是,地理学作为第二种方志科学,是研究地球表面的空间排列的。"假如在地球上不同地方之间不存在因果联系,假如在地球上同一地方不同现象是互不相干的,那就不需要方志学的特别概念了;然而既然这种关系确实是存在的,而靠着系统科学和历史科学又只能偶然地理解,或甚至于完全不能理解这种关系,那么我们也就需要一门研究地球或地球表面的特殊的方志科学。"

"历史观点和地理观点要求把时空放在突出地位,并形成科学研究的统一纽带。正像历史学研究不同时间的性质一样,地理学是研究不同地区和地方的性质——用李特尔的话来说,'充满着大地万物的地球空间'①,研究大陆、区域、区和地方本身"〔参看维达

① 前面已经指出翻译李特尔"充满大地万物的地球表面空间"(die irdisch erfülltfen Räume der Erdoberfläche)一语的困难。不少作者却转述为"充满万物的地区"(die dinglich erfüllten Räume)——也许是为了避免重复地球表面(Erdoberfläche),又带来了进一步的混乱。李特尔的概念,正如他的讨论中说得明明白白的,是把人的非物质现象也作为"大地万物"包括在内的,而这些现象却是难以看作"万物"的〔*50*,156～158;参看克拉夫特,*166*,5〕。

尔，*183*，293〕。

很少地理学家确信自己在哲学上功底深厚，足以讨论赫特纳的科学系统。对施吕特尔的略为有点混乱的讨论，下文将再作研讨。洛伊特内格在一篇博学而相当晦涩的哲学论文中作结论道：虽则赫特纳并未拿出一个令人满意的科学系统来，别人同样也没有；但赫特纳的科学系统至少是合乎逻辑的，把地理学放进去也很相合〔*150*，91～95〕。另一些学者曾试图从稍为不同的观点来考察这个问题，大部分达到了与赫特纳一致的结论，这些学者中可以 143
列举出米丘特〔*189*〕、莱曼〔*113*〕和施米特〔*180*〕等。

不幸，对科学划分问题感兴趣的哲学家们却很少具有地理学实际领域方面的充分知识，因而就无法来判断赫特纳所提出并与康德、洪堡相一致的系统。冯特所提的反对理由，对地理学很少有重要意义。赫特纳是从抽象科学（数学）、抽象—具体科学（物理学、化学）和具体科学（动物学、经济学等）的观点来谈的，但似乎很清楚，这种划分可予以消除——正如我在转引时所做的——而不至于影响到赫特纳的主要论题，反而只加强了它。冯特本人对地理学在各门科学中的地位的提法，显然是以极不充分的地理学知识为基础的；到底有没有地理学家会接受他的结论，是令人怀疑的〔*112*，88f.，93f.，277f.；参看洛伊特内格，*150*，85〕。本杰明对地理学的讨论（据芬奇的报告——A. C. 本杰明：《科学的哲学导论》，纽约，1937 年，第 406 页）似乎是以地理学即关系研究的概念为基础的。即使他的结论能根据这一点证明其正确，但芬奇也已经指出，它们是不能应用于构想为方志学的地理学的〔*223*，7〕。

两位德国哲学研究者新近曾对我们这个领域的性质作过研

讨，这两位学者至少是相当精通地理学方法论的。格拉夫的论述是无条件地以某一哲学理论为依据的，虽然在他的评论中，我们可找到不少有价值的东西，但他试图使一个科学领域适应某一哲学理论，对这门科学来说，却证明是不能令人满意的。他仅因冯特的反对而抛弃赫特纳的系统，这是他的推理方法的特点——显然是设想在某一推理方式中发现了一个哲学错误，就必须抛弃所有随后的结论，而不必论证所讨论的论点是否在某一方面对这样的推理是必要的〔*156*，10；还可注意随后与赫特纳的讨论〕。

克拉夫特在一篇简短却很有教益的文章中考察了地理学作为一门科学的统一性，他不是特地讨论赫特纳的科学系统，但却至少接受了它对地理学的主要结论："石头、动植物和人类，其本身都是它们自己的科学对象，但只要对地球表面的性质有重要性或代表性，也就都可成为地理学范围内的对象。"这对人类在何种程度上

144 可以包括在统一的地理学中的问题，作出了明确的回答："决定和限制在地理学中论述人类的，是人类和地球地区（Erdraum）的相互关系"〔*166*，4f.〕。

进一步考虑的结果，看来克拉夫特又忽视了赫特纳对地理学定义中的一个主要成分。成为地理学的研究对象的，不仅是整体上的地球表面，却正如在与历史学的比较中所强调的，是地球表面上不同地区的差异性。因此气象学虽然是一门局限于地球表面（在我们使用这一术语的意义上说）的学科，却不是地理学的一部分，而是一门系统科学，基本上为气候学所需要，而气候学则确实是地理学的一部分。这个观点至少也部分地回答了克拉夫特找不到合理答案的问题——这就是：姑且承认地理学包括人类研究，但它又如何能在逻辑上证明它不可避免地给予人文、文化现象以很高地位是正确的？虽然比起大自然对整个地球表面形成所起的作用来，人文现象的作用也许只占很小的部分，但一考虑到地球表面的差异性时，却又是一个很重要的因素——例如以爪哇与婆罗洲相比较。

三、史地比较法的重要性

翻译了那么多的讨论，目的在于强调史地比较法的价值。如果一位地理学家，特别是区域地理学家，在阐释或维护自己领域的概念时发现什么困难的话，我的建议就是把这种比较法作为试金石来应用。如果他工作了多年的领域忽然遭到猛烈攻击，致使他害怕整个发展成果会有垮台的威胁，那么就让他重新读一遍那篇攻击，以“历史学”一词来代替“地理学”一词，以“时期”一词来代替“区域”一词。其结果似乎是历史学领域被摧毁了——他会获悉：不可能有一门历史科学。不同时期的历史只不过是一种叙述形式，其中无法相比较的现象必须以综合的形式提出来；因此文学家可能比专业历史学家把它发挥得更好。于是历史学家——从某一时期历史的一般研究者的意义上来说——在与地方史专家对比之下，也许应让位于文学家。几乎用不到证明这个结论的荒谬性；历史学作为受过专门训练的学者的专门学科，其必要性和正确性是早有定论了的。

然而，十分明白，一个时期的历史也像一个区域的地理一样，是和系统科学很不相同的一门学科。不论在自然界还是在社会范

145 围内，系统科学挑选相似的事物，不论在何处发现它们，不论它们在何时被发现，总是按其本身及彼此以相对简单的方式结成的关系来比较和研究它们的。历史学家和地理学家都必须研究范围要大得多的不同种类的事实。克罗伯提出，历史学试图对现象作描述性的综合，这与系统科学的方法形成对照，系统科学“基本上是一种分析程序，是一种为了把现象转变为过程公式而分解现象的程序”〔*116*，545～546〕。关于区域地理也可以同样地说，其差别只在于历史学是关于时间方面的综合，地理学则是关于空间方面的综合而已〔参看芬奇，*223*，6f.〕。[①]

关心自己学科的科学地位的地理学家，仅仅按地质学、动物学或经济学之类系统科学的领域来看“科学”的时候，有理由怀疑区域地理学究竟是否有望作为一门“科学”而获得承认〔参看莱利，*220*，131〕。一门“区域科学”，在这一意义上说，也许不单作为一个理想，甚至连作为一个工作目标都是根本不可能的。但是如果地理学要寻求与历史学作比较——而且基本上只与历史学一门相比，那么诸种反对理由都站不住脚。只要人们对“科学”一词不是感情用事的话，那就可以说，地理学家对他们的学科是否能在知识界据有可与历史学相颉颃的一席地位，是大可不必垂头丧气的。

如果这样的比较是如此重要，那么人们可能会问：为什么却没

① 在系统地理学或普通地理学（与区域地理学迥然不同）和历史学领域中相应的工作之间，发展的相对重要性和性质有显著的差别。这种差别的理由——这一点下文再谈（第十一章之六）——并不像表面看来那样，可能使人们对此处所讨论的逻辑相似性产生怀疑。

有更普遍地被认识。那种相似性确乎没有完全受到忽视。巴罗斯在他的主席讲话中利用了这种比较，却没有在逻辑上遵循它所指引的方向〔*208*，6〕。索尔也在一两处建议作这种比较〔*211*，26；*84*，178〕，但却用得较少。可能是因为他把赫特纳的概念与“在‘何地’中看出地理学的独特性质”这个概念——与关心“何时”的历史学适成对照（第三章之四）——相混淆了的缘故，所以他在这一点上背离了赫特纳而陷入歧途。因此那些单单依靠索尔取得关于德国人方法论的知识的人，并没有觉察到这种相似的重要性。可是少数人却把它利用得很有效。W. M. 戴维斯利用这种比较来捍卫地理学，驳斥对它的指摘，以为只不过是一门合成学科〔*104*，213f.〕；惠特尔西对地理学和历史学的教育价值作了有启发性的 146 比较〔*217*，119〕；英国地理学家克罗把这种比较利用得很好〔*201*，2f.〕，看来他是从费尔格里夫学来的〔*194*，8，18；费尔格里夫未指明出处〕。

大部分美国地理学家在考虑他们学科的科学性质时，常寻求与系统科学作比较，这可能是我国地理学特殊发展的自然结果。地理学与系统科学之一的地质学有长期密切的联系，使我们的比较思想远远离开历史学，而且确实还远远离开系统社会科学，被引向系统自然科学的一方。虽然这无疑在发展科学方法的标准上是有很大的价值，特别是在测量和精确绘制地图方面，但无助于正确理解我们这个领域的基本性质。此外，因为这一背景，美国地理学成果丰富的工作，大部分并非针对着彻底的地区地理研究，却是由存在于不同地区的各个特征的系统研究组成的。不论这些是隆起的准平原、河流沉积、温度效率、马铃薯地、钢铁厂，或者政治界线，这

147

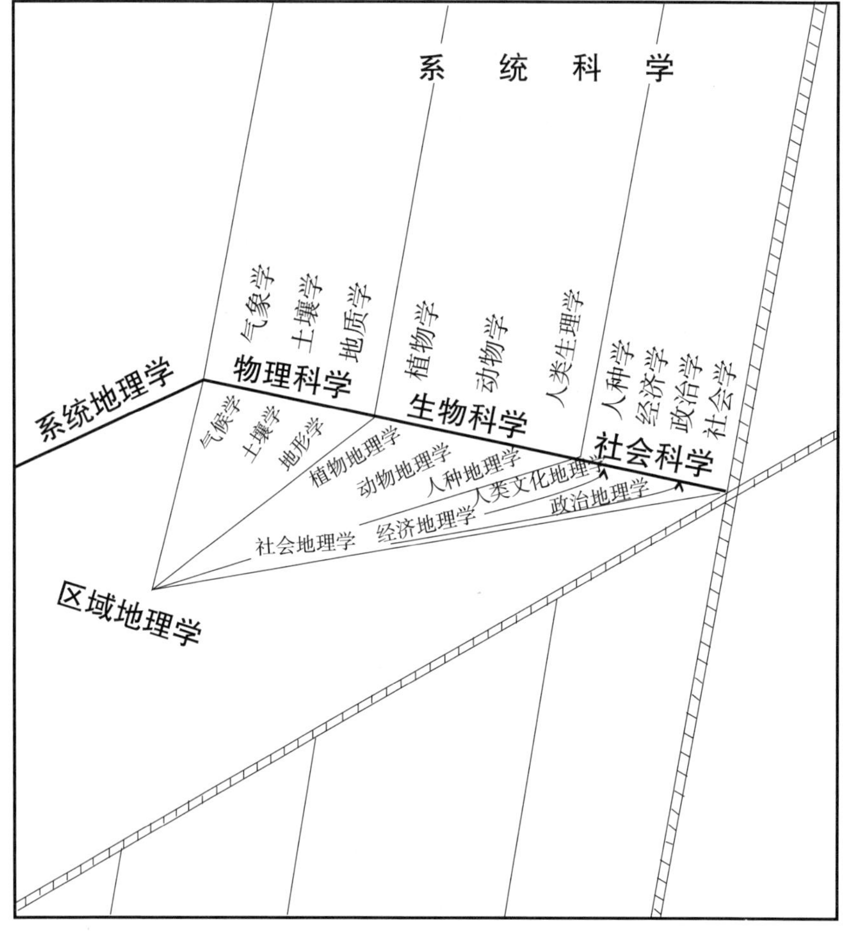

图 1 地理学与系统科学关系示意图

这些平面不应看作真是平的，只是表示两种研究现实的相反观点而已。按地球表面地区差异看现实的观点，在各点上都与按分类现象来考虑现实的观点相交。研究地球表面存在不同现象的各门不同系统科学，都与相应系统地理学相交。综合所有各门系统地理学，集中于地球表面某一特定地点的，则是区域地理学(见第十一章之五)。

些都是为了适应系统研究的目的，而被任意地从它们的地理背景被移开的地区特征。“系统地理学”（欧洲人称之为“普通地理学”）的这种工作虽则是必要的，但过分强调却易于使我们的注意力离开这门学科的特殊性。几乎所有地理学家都一致认为，地理学最清楚的观点可以在区域地理学中看到。

于是，与历史学的比较，给我们强调了地理学作为一门综合的科学的特殊性，它横切过各门系统科学。赫特纳这张图可能也是取自康德，它与芬内曼关于地理学与其他领域关系的众所周知的图解有显著不同〔206〕。地理学不与系统科学接界，在共同平面的共同部分与它们相交叉，却是在横截过各门系统科学的横断平面上与它们相交叉的。因此需要一幅立体几何图解来说明这一点（图1）。⬅

四、关于地理学作为方志科学性质的争论

这里不厌其详地讨论了地理学与其他科学的比较，不像有人所想象的，仅仅关系到比得合适不合适的问题，这里关系到的却是观点上的根本分歧，而这种分歧已导致了对学科概念和具体问题的处理方式上的重要差别。本世纪初，德国地理学家对地理学作 148
为地区研究的方志学性质，曾相当普遍地取得一致意见，我们知道这个概念已经传入许多别的国家，特别在我国，且已为大批活跃的研究工作者接受。很少人会怀疑，这样普遍的意见一致，会使地理学的更合作、因而也更有效的发展成为可能。但在意见大体上一致的学者中间，却在3个重要的想法上存在着根本分歧，这种分歧至

少有很大部分是由不同学者把地理学与别的科学作比较，以及把二者联系起来的方式引起的。这些分歧涉及3个方面：(1)地理工作中历史发展的地位，(2)地理学中现象选择的标准，(3)地理学家要研究的单位地区的基本概念。以下几章将分别详细研讨这3个问题。

第五章 “LANDSCHAFT”与“景观” 149

一、目前的混乱

以下几章我们将不得不考虑当前地理学思想的一些大问题，在每个大问题中，对一个极其重要的术语的用法都有许多不同，有的彻底而明确，有的更为细微但也更易混淆，使学者屡屡被弄得晕头转向——这个术语就是“景观”，即 Landschaft。景观一词在地理学思想及地区实际研究上，作为一个重要术语来使用，在我国和英国还是较晚的事。然而此词的德语形式 Landschaft 在近代地理学史中却一直居重要地位。虽然在日常德语中，此词各种可能的含义至少在1世纪前就已带来了一些混乱，但直到近几十年，它在地理学语言中成为也许是最重要的独特词语以后，它所产生的混乱才渗透进地理学思想的每一个领域。那些把此词引进我国来的人，竟对它的各种含义不加区别，却把它不加限制地译作“景观”，盲目地把所有不必要的混乱带到我们的语言中来，这实在是极端不幸的事。

在试图讨论地理学家有争论的问题时，作者感到有必要在每个场合重新检查这些术语的不同含义。此事本身并无不平常之处。在方法论思想中，或者一般地说在哲学中，许多冗长的争论都可能归结到对含义不清的词的不同解释。如果每个卷入论争的人都有一个不同的但却一贯的解释，那么只须讲清楚各人所说的意思，问题就可以得到澄清甚至消除了。可是如果同一位作者使用这个基本术语时，一会儿是这个意思，一会儿又是那个意思，而不让读者知道药是装在哪个葫芦里，那就不可能取得一致了，除非停止那场游戏，把有关的葫芦全都捡起来，并要求每一位学者以后要么把药放在同一个葫芦里，要么在他想换个葫芦装药的时候告诉我们一声。

把这样的混乱带给我们的，也并非只是翻译上的意外。人心总是想望达到某一预定的结论的，宁愿使用一些含义模棱两可的词，让自己相信意想的结论已经合乎逻辑地达到了。如果我们可

150 以说某词意思是一个地区给予我们统一的印象，该区诸物产生这个印象——即具体的物质之物，而且最后该词同时又是与地区本身同义的，那么相对说来，我们不怎么困难就可以证明，这个地理区域是由物质之物组成，并且形成一个具体的单元对象，因而地理学也就有了自己的单元对象可供研究了，这也就证明它是一门“科学”，也像任何别的科学一样。确实，许多德国地理学家正像克罗所说的，“编织了一面关于他们的‘Landschaft’的不可穿透的神秘主义的网”〔*202*，15〕，使他们有可能显得几乎会证明任何东西。也许地理学家都想把他们对科学地位的要求放在一个更坚实的基础上。就是这个设想而不是爱好对术语作不必要的争论，才驱使我们去确切地检查“景观”或“Landschaft”究竟可能含有什么意义。

主要的、虽然不是唯一的困难，是由于德语 Landschaft 一词的含义造成的：长期以来它在日常用语中，既用以表示我们所看到的地面的外观，又可单单表示一片有限的土地。这两个概念被带

入德国地理学中来都不迟于上世纪初。霍迈尔使用此词来表示一片大小在 Gegend（区）和 Land（大区）之间的陆地区，但在同时似乎又保留着另一个概念〔*11*，8；或 *1*〕。洪堡把此词主要用于表示某一地区的美学性质的意义上，虽然有时可能也另有含义。同样，奥佩尔和维默尔主要都是从美学观点上来看 Landschaft 的，但后者也把社会特征包括在作为连贯整体的 Landschaft 一词中，作为其部分含义〔*74*，9f.〕。

不用说，许多德国学者也注意到了这种含义不清的情况。早在 1896 年，赫策尔就指出许多早期作者——其中包括弗勒贝尔——就因这种混乱而得出错误的结论〔*27*，393f.〕。班斯甚至坚持说，使用此词除了地区外观一义外，都是没有词义学上的依据的〔*133*，2〕。这个论点无论如何正确，却被日常德语和德国地理学中使用此词的事实所驳倒。当代大多数德国地理学家可能二义并用，却又常常不分清表示的是哪一个意思。1923 年，赫特纳反对这种用法在帕萨格著作中所导致的混乱〔*152*，49f.〕。自此以后，许多德国学者都曾提出类似的反对意见，其中包括格拉特曼〔*236*，130〕、西格〔*157*，评论，379〕和韦贝尔〔*266*，207〕。

相应的法语 paysage 一词显然也可以有这两种含义。这种混乱导致布吕纳等人的文章中此词用法不明确，瓦洛曾对此作过评 151
论〔*186*，93～103〕。⬅

因而我们日常用语中确认“景观”虽与一片陆地地区有关，但并不与地区同义，这一点我们应当视为我们语言的幸运。在古英语中，词义学上并没有同样歧义的证据，会支持我们把它再采用到一种语言的科学形式中来的理由，因为英语的日常用语已经确定了清楚的区分。相反，一味跟着德国地理学家走——他们并无我们的有利条件，破坏英语日常用法的相对明确性，这简直是一种科学上的罪行了。

不幸此词不但有这两个主要概念，而且有多少地理学家使用它，几乎就有多少不同的色调。甚至或多或少把它作为区域的同义词来使用的作者，对此词到底包括什么内涵，意见也绝不是一致的。施吕特尔反复强调他本人使用此词与帕萨格的差别〔247，389；*169*，299〕。这两位作者大概都是不会接受彭克、毛尔或格拉特曼的不同用法的〔*163*，39f.；*157*，236〕。这种差别比美国地理学会企图为“区域”下定义所产生的差别还要重要得多；那不是确定范围上的差别，而是 Landschaft 中究竟包括着何种事物的差别，不论其范围如何。所有这些作者在使用 Landschaft 表示“区域”时，都想把它作“景观”解的某些意思搬过来，但究竟想把景观的哪些东西包括进去却又意见纷纭，困难也就是因此而来的。詹姆斯指出美国地理学中使用“景观”一词的类似情况：“用这个词的地理学家也许潜意识中已经给了它一个特殊的新定义了”〔*286*，79〕。不幸潜意识中下的定义是不大可能明确得足以作科学用语的，不同科学家的无意识的思想过程也不大可能得出相同的定义。确实，在这个场合有多少地理学家使用此词，似乎也就有多少定义。

我们要感谢韦贝尔对德国地理学家给此词的各种意义及其复合词作出的分类〔*266*〕。他无疑不会说他列出的表已经齐全；此外，自从他 1933 年写作此文以后，我们还须再补上另一些人。在国际地理学大会最近的会议上，提出一系列关于这个题目的论文，值得特别注意〔*276*～*279* 及*297*〕。虽则劳顿萨赫对这个德语名词的讨论和布罗克对相应的英语名词的讨论，可能比先前的任何论述更有助于澄清这些用词，但克雷布斯以为对这个术语仍须作一次更深 152
入的探讨，这个主张还是正确的〔*279*，209〕。[①]

韦贝尔把 Landschaft 的常用意义定义为“从特定地点眺望时位于我们视域以内的那部分地球表面和天空”，布罗克说明“景观”的常用意义几乎也完全相同。这种“看得见的景观”形成了格拉内的概念的核心，但其中也包括我们对声音、气味的感觉和地区情调。

更具体地说，格拉内的概念是根据黑尔帕赫对 Landschaft 下的定义：“地球表面上某一片段及其相应的天空部分给我们唤起的总印象”〔*139*，348〕。从这两个概念采用一种的学者，大多数想象观察者是从纵向来俯视景色的，以求消除透视。

格拉内对这个概念作了同样的更改，他在逻辑思想上采用了进一步的改变，而且与其他作者不同，他还明确地标明了这种改变〔*253*，23ff.；*270*，297〕。他从一个地区所产生的心理感觉，进而求之于该区中引起这一感觉的诸物。为了保存 Landschaft 作为感觉上的景观的严格意义（包括声音、气味），他建议采用别的术语，但那些追随他的人却只把 Landschaft 或景观一词移用于该区中引起我们的景观感觉的物体〔参看布罗克先前的表述，*333*，8，136〕。

人们也许会设想，这种从作为感觉的景观到引起感觉的物体的转变，对后者包括着什么内容，总会取得普遍一致的意见了吧，

---

① 本文基本上是在国际大会发表的论文引起我注意以前完成的。看到本文以下几章所表达的见解，与这两篇论文阐述得比较简洁的见解有这么多相一致之处，我也信心倍增了。

但情况远非如此。例如彭克就排除了仅仅近在身边之处感知的物体，视为是借触觉来感知的。对他说来，Landschaft 只包括“在我们的视域以内可感知的东西”；明确地说，它“不包括人本身，而只是人在地球表面上造成的结果”〔*163*，39f.，45〕。另一方面，施吕特尔却不仅包括了人，理由是人也是可以感知的物体，而且为了使他们显得不止是景观中“毫末之物”，于是运用了我们特别感兴趣的放大镜，使人成为 Landschaft 的一个主要成分〔*127*；*145*，26〕。反之，帕萨格却不但把人排除了，而且还排除了一般动物，因为否则困难就太大了，无法把一个 Landschaft 与另一个 Landschaft 分
153 开。帕萨格看来也把他的 Landschaft 局限于自然的、非人文的成分，从而把可能已经不存在的自然植被之类成分也包括进去。但韦贝尔又像另外许多人一样，承认要理解帕萨格使用此词究竟是什么意思——即使确实可能——是困难的，而且看来有把握可以断定，他是不会同意批评家对他的阐述作任何解释的。

读者将会毫不困难地看出这些分歧的基本原因。近代德国地理学家正在试图给这样一个词下定义，这个词虽然与可感知的景观这个概念——正如通常所理解的——保持着一种不明确的联系，但同时却需确切地规定地理学的研究对象。因此每一个地理学家对此词的定义，会因他们认为地理学应当研究什么而异。Landschaft 因此不比“地理区”更精确，只不过表面上似乎更加精确罢了。对于主要是地貌学家的地理学家说来，一个包括地区中看得见的物体的词似乎足够了。人是能动的文化原动力，对于以文化地理兴趣为主的地理学家说来，一定要设法使人这个活跃的文化动力具有与其重要性相称的形象。有的人感到几乎所有的地理特征最

终都可以从自然植被、气候、地形等方面来解释。对这些人说来，Landschaft 就可能主要以这些特征为限。

至少以上这些作者运用 Landschaft 一词全都以形体上可感知的物体为限，因为他们即使不急于把非物质的现象看作非地理的东西予以排除，却也乐意这样做。然而有的人却想把这种现象看作研究 Landschaft 的地理学中直接研究的对象，那些人在给他们的概念下定义时却有更大的困难。例如，帕夫洛夫斯基给地理 Landschaft 下的定义为：由“充满一定空间的物体和现象……感官可以观察的物体”组成，但他以后论述把非物质现象包括进去的问题时，似乎又把这些插进 Landschaft 去了，虽则用什么方式却不很清楚〔*276*，202f.，205～208〕。

劳顿萨赫看来甚至更加明确地把诸如“种族、语言情况”之类非物质要素包括进去。他并不给 Landschaft 下定义，但他描述其中包括什么时，指的似乎就是任何地理学家都会包括到地区研究中去的东西。换言之，Landschaft 中“景观”这一日常含义已是所剩无几，甚至一无所有了。毛尔一流作者大抵也是这样，他们把政治上的国家认为是一种 Landschaft 要素，主要理由并不是因为国家会影响看得见的景观，却无非因为它与 Landschaft 非其他组成部分有某种方式的密切联系。所以不多不少，此词只不过是“区域” 154
的同义词罢了〔*157*〕。我们还可以补充一句，支持这种用法的理由可以在德语的古典权威典籍中找到，即格里姆的词典（Wörterbuch）。Landschaft 可用以表示一个总体上的政治区划，包括人口在内，通常比 Land（大区）的规模为小。诚然，此词的许多意义中还有另一个意义，不是指自然界的土地本身，而是指居住在那里的

社会集团。

另一方面，克雷布斯坚决主张 Land 与 Landschaft 的区别不在于其大小；词尾“-land”并不限于像 England（英格兰）或 Deutschland（德国）之类的大区划，却也用于像 Siegerland（西格兰）或 Sauerland（索尔兰）之类小地区。他说“Landschaft”一词主要并不是指某一个别地区，却毋宁是指其特性的某些方面，某些被认为对许多相似地区有代表性的方面〔*279*，209f.〕。于是他说，阿尔卑斯山作为山区的特殊性质，可称之为阿尔卑斯[①] Landschaft，在世界其他地方都会重复出现，而阿尔卑斯山的 Land，即区域，却是独一无二的。这不是什么细小的区别，却是主要区别：阿尔卑斯 Landschaft 只限于某些特性，不包括相对位置和独特文化特点，而阿尔卑斯山作为一个地区（Land）却包括所有重要特点。这样使用此词的也不止克雷布斯一人，至少似乎也是帕萨格的用法之一。但就我所知，不论是他还是克雷布斯，都没有说明用这个特殊意义——格里姆没有作如此解释——来解释此词的理由。

用同一个词来表示一个明确限定的地区，同时又表示地球表面上未定范围内的或多或少有明确规定的特征，这又进一步造成了混乱。也许在大部分场合，上下文会指出要说的是什么意思，但并非总是这样。因此在这方面，此词比我们的“地区”（area）一词好不了多少，而与“区域”（region）相比，其明确性则显然远远不及。

当前大多数德国作者，看来多多少少有点像我们使用“区域”

① 阿尔卑斯，原文作 alpine，系 Alps 的形容词形式，通常译作“高山的”；alpine Landschaft 即高山景观（或区域）。——译者

那样的意思来使用“Landschaft”，虽则人人可能都有不同方式的解释。韦贝尔曾提出几点理由，说明为什么当今的一代会感到需要用一个新词来代替那些先前用以指“区域”的旧词。研究先前所谓Länderkunde（地理学）的学者如今普遍对小于通常所谓Land的地区感兴趣，在这一意义上使用Landschaft，也由日常德语的用法证明是正确的了。我们还可以补充一句，德国人不愿使用外来语的“region”（区域）一词，同时又觉得因种种理由，“Gegend”（地方）和“Gebiet”（地带）等德语用词又不适合。然而韦贝尔指出，当代有一种普遍的倾向，要按事物共存（Zusammenschau）的样子来看
事物，来考虑现象的整体，以为这就是主要理由。也许“景观”的含 155
义表示着，这就是在Landschaft研究中所做了的事情。此外，他指出Landschaft给人的印象比Land更深刻，也更堂皇；今天人们所说的Landschaftskunde有很多与先前所谓Landerkunde（区域地理学）并无二致。

美国作者把Landschaft的这种种含义，以“景观”的形式搬到我们的词汇里来，但他们却很少有人曾确切地阐述过他们指的是什么。也许有人会想象，索尔的《景观的变化》这篇划时代的论文总会给这个概念作详细的说明吧。可是对这篇论文研究得愈多，也愈难看出“景观”与“地区”之间究竟有什么差别。有时二词似乎可以互用，有时却又显得有所不同。说景观是“由形式的独特结合组成的地区”，这简单的说法里可能包含着一个定义，但它却又对大多数读者掩藏了这个定义〔*211*，25f.〕。稍晚的一篇论文又说：“景观的构思包括：(1)自然区的特征，(2)人的活动加于自然景观的形式，即文化景观”〔*84*，186〕。无论是从这个说法或另一些说法，我们

可以推断“自然区”和“自然景观”是同义的；例如，可以推断气候条件应包括在内，而不问其是否在视觉上能观察到——如施吕特尔所说，感官上这是能够观察到的。同样我们可以顺便指出，这两个部分的结合并非单纯的总和，人不仅给自然区添上了个性特征，而且也要削减和改变它。然而要点却在于：这两组事实的结合并不形成该区中所有的东西——如此规定了的景观并不与地区同义。非物质的人文现象并非宇宙中没有坐落位置而存在着的事实，而是具体地位于地球表面的地区中的，因而也是包括在一个地区所形成的那部分现实中的（索尔的另一些话更明确地指出“景观”中这些都要除外）。因此索尔的“景观”概念必须或者解释为地区减去其非物质现象，或者，如果人们高兴的话，就解释为地区，只要它是物质的就是了。这显然就是他的大多数追随者所采用的“景观”概念。但除此之外，这些学者以及索尔本人都认为景观是个别地区单元——“地理区〔由上下文看，显然就是景观〕，是一种有形之
156 物，对这有形之物要描述其形式的特点来探讨它，按其结构来认识它，按其起源、增长和作用来理解它”〔*84*，190；又见 *211*，25〕。

索尔对“景观”和“地区”二词究竟如何区别，也不止笔者一人觉得难解，这一点从那些追随他的思想的人所写的文章中也看得出来。一言以蔽之，“景观”一词是在这些极其令人鼓舞、令人难忘的论文中被搬到美国地理学中来的，它已被许多学者所接受，作为他们的地理学思想的基本术语，尽管对它的含义并没有作确切的说明。詹姆斯显然认识到这一不足之处，他在 1934 年曾试图明确阐述“使用此词的地理学家”心里想说的究竟是什么意思。景观是指“区域的一部分，不论用多少种必要的观点进行检查以后，它看起

来还是呈现出基本上相同的面貌”〔*286*，79〕。“多少种必要的观点”一语，含义是否说观察方法确实限于视觉景象，这却不能肯定。他对另一些定语的解释，这里与我们无关。这句话的主要部分，把景观简单而毫不含糊地定义为“区域的一部分”，是一个地区；这句话总的说来可能只是像区域的定义那么常用。詹姆斯的话作为对目前实际的记录来看，无疑基本上是正确的：美国地理学家终于把“景观”仿佛当作“区域”的同义词来使用了。如果说他们以为应当把地理区域视为包括非物质特征，那么他们也把国家作为一种“景观”要素包括在内，正像毛尔把它作为一种 Landschaft 要素包括在内一样；有几位学者已使用过此词的这一引申义，笔者不过是其中之一而已〔*216*，946ff.；既然这个术语一贯用于这一意义，那么即使此词可能看来似乎荒谬，但其所包含的推理并不因而无效〕。

布罗克因而推论说，在地理学中我们现在对“景观”一词，有两个十分不同的意义。一个源于此词的普通含义：景观是由“地球表面上某一任意部分可以观察的特征组成，但……比日常用法具有更宽广的含义”。另一个意义是“形态上具有某种均一性的区域”。为求明了，布罗克主张应当停用其一，并赞成废除第二个意思。但他已把第一义引申出去的“更宽广的含义”，其中到底包括着什么，我们是必须特别细心留意的。他已不再像在博士论文中那样〔*333*〕坚持施吕特尔、格拉内和索尔的观点，现在布罗克感到，地理学家可以不必局限于“可直接观察的特征”；他必须俯视煤矿的矿井，他必须观察现象的昼夜和季节循环，“更重要的，他还必须在可以直 157
接看清的东西背后探寻那看不见的东西”。例如，在研究乡村景观时，“他必须审察农场、轮作制、产量、生产目的。”一言以蔽之，对于

地理学家说来，景观是“没有观察者的时间界限和地点界限，并为不可见的、但仍然是重要的资料所补充的抽象景观”〔*297*，104〕。

如果说我们承认——笔者确实也会承认——上文所描述的全部事物，地理学家都应研究，那么究竟这个“抽象景观”实际上是什么，仍然远远没有明确起来，除非它只是地区重要现象的总和。换言之，如果作者把地理学家应该研究的所有东西加进“景观”的日常含义中去，结果得到的概念与“地区”毫无区别，这岂不是走劳顿萨赫和许多别的德国学者的老路吗？他也像劳顿萨赫一样，未曾试图对这个概念加以精确阐述，这是值得注意的。如果他这样做了，显然就会这样写：景观是由地球表面上任意部分可观察的特征加上所有不可观察的重要特征组成的。（布罗克在他的论文中始终如一地坚持他的景观概念，因此这里所提的问题并不影响他随后的结论的逻辑性。劳顿萨赫的论文也是如此。）

如果我们考察英国地理学家如何使用“景观”一词，我们会发现和我国十分相似的情况。确实，许多英国学者显然是从我国得到这个概念的。在迪金森最近的论述中，我们发现他也用了相同的方法，回避对“景观”作确切的表述〔*202*〕。这一点只是更加令人注目罢了，因为迪金森本人就提出这个问题：“什么是景观？”他用的方法也是表述一个确切定义，又立即背离这个定义，把各种各样的倡导人——“景观纯粹派”——的观点和盘托出，于是他又与这些观点意见相左了，其彻底程度比他表面上承认的更甚。于是，如果我们把几个分散的说法集中起来，我们就可以推断，组成景观的是地形及其植被覆盖，连同固定的物质特征，组成紧密的地区联合体，这是由于人类的定居改变了地形和植被覆盖所造成的。气候状况、动物和人类显然都被略去了。另一方面,以后又加上许多非物质因素,因为迪金森试图把赫特纳和施吕特尔的概念融合起来,仿佛两者并不是水火不相容似的。但这些概念是否在某种意义上包含在“景观”以内却并不清楚,因为正如克罗在他的评论中所强调的, 158
迪金森并没有回答他所提出的问题。

任何科学的逻辑推理,其基本条件都要求方法论的基本术语必须有确切的定义,讨论中又必须紧跟着这个定义寸步不离。先假定读者会知道此词表示什么意思,以“景观”这词说,这种假定是不可能的。如果作者不能确切地说明他用这个术语是什么意思,那么他使用这个术语就等于招认连他自己都不知道自己在讲什么,只不过是不让他用逻辑来表演魔术师的戏法——这戏法在直截了当的英语中是不可能的,于是才用了一个多少还是常用的词来掩饰这个事实而已。

如果每个地理学家都给“景观”这个基本概念采取一个不同意义,理论上还是可能进行清楚的推理的,只要每个作者确切地说明他表示的是什么意思就好了,但要避免几乎永无止境的混乱却是极端困难的。因此,假设我们要把“景观”一词继续当作一个术语来使用,那么至少对我们领域中这个术语应表示什么这个问题,美国地理学家如能设法达成一致,似乎还是可取的。虽则目前的混乱会提出一个有力的论点,支持完全抛弃此词,但它使用甚广,似乎又表明它必定具有迄今所使用的术语所没有的某些优点。无论如何,要拔除一个在我们的语汇中已经牢牢生根的词,几乎是办不到的事。实际经验告诉我们,首先还是看看至少是不是可能取得某种近于一致的意见。

二、对“景观”的一种解决办法

在试图找一个唯一而确切的“景观”概念，为地理学思想提供一个受欢迎的术语以前，我们必须承认，也许这种解决办法是不存在的——地理学家在使用这个术语时，也许不可避免会有或大或小的互不一致之处。但如果确是这样，我们又会被迫承认，此词作为一个科技术语价值很小，或者是根本毫无价值的了。使用此词的每一篇论文就不得不附上一个说明，解释它的意义；但很少作者认为用不到一页篇幅就可能说清楚他们的概念，所以我们很快又会觉得，还是把此词完全抛弃不用的好。

另一方面，如果地理学家意在使用此词启迪读者而不是把读者弄糊涂的话，那么使此词用法达到接近标准的程度是必要的。
159 我们对当前混乱的讨论揭示了背后的原因：在尚未确定“景观”是什么意思的时候，地理学家就已经宣布地理学是研究景观的了；因此这个术语的定义就被解释得正好切合各人的“地理学”概念。这使前提本身变为一大堆模糊不清的术语，这一点却显然没有引起注意。因此第一步我们就必须抛弃地理学是研究景观或各种景观的说法，作为一个大前提。不要希望地理学家对地理学究竟包括哪些内容的问题取得一致意见，而且这也没有必要。但为了可以明白易懂地讨论他们对这个问题的不同看法，他们又必须对讨论中的术语取得一致意见。只有在我们确定景观是什么以后，我们才能考虑它和地理学的研究对象的关系。只有这样，对地理学应包括什么内容，又应排除什么内容，或者地理学是否在“景观”里找到

了自己的具体研究对象等尚无定论的问题，我们才能避免拿定义来做论据。

我们当然不愿增加目前的混乱，因此我们不想再为这个滥用了的词来构想什么新概念；反之，只要有可能，就当力图确定地理学家在使用此词时心中的共同理想。目前我们可以先不管什么词义学上的理由问题，而仅仅假设我们可能赋予此词以地理学思想中流行的意义。

我们已经指出一个非常普遍的倾向，就是基本上把“景观”作为一片地区的同义词来使用，这片地区在我们心中——即使实际并非如此——具有与别片地区鲜明对照的某种特点。这是一个理论上可以用相当程度的准确性来解释的概念，许多地理学家也可能会同意的。此词显然相当于德语 Landschaft 的翻译，许多德国地理学家就在使用这个简单的含义，许多美国学者，包括笔者在内，也已经在这样使用了。说这是此词的古英语含义的复活，如布罗克所提出的，从历史上说是不正确的；发现此词早就有这样的含义，是在美国地理学家采用这概念后很久，才作为词义学上的一种辩护而提出来的，否则这就似乎是德语的误译了〔詹姆斯，*286*，78f.〕。

布罗克指出，以这种日常用法所未见的方式来使用“景观”一词——不论把它看作新词还是看作旧义的恢复——目的就在于以其他的日耳曼语言提出一个相当的词，以表现一个“具有某种程度的均一性”的地区〔*297*，104〕。可是我们早就指出，这个概念由德语 Landschaft 一词来表示，不及我们的“区域”一词那样清楚。⬅ 160
讲英语的地理学家久已使用此词来表示一个具有某种均一性的地

区。不论碰到过什么样的困难,都不是“区域”一词的混乱造成的,而只是涉及决定“具有某种均一性的地区”可能是什么这个问题时造成的。把这个名称改为一个远比“区域”不明确的术语,可能使我们的思想偏离所涉及的内在问题,肯定无助于问题的解决。

总括起来说,“景观”一词只不过给了地理学一个“区域”的同义词,而于目的却毫无好处,因而也是多余的了。事实上它还有明显的不利。用“区域”一词来表现一片与毗邻地区明显不同的地区的概念,要比用“景观”一词来表现明确得多。如果说“区域”听起来似乎比地理学家可能想望选作单元的一片地区大了一点,那么“景观”却使人想到一片要小得多的地区。照日常意义来说,确实前者在规模上的伸缩性要大得多。如果我们需要一个表示下一级划分的术语,“区”(district)的意思比“景观”要清楚得多。最后,“景观”的各种外加的词义,一旦作了明白阐述,就会牢牢附着在此词上,不管我们如何解释它。我们看到这些外加词义并不像通常所想象的那样有什么好处,相反却破坏了此词作为一个意义清楚的术语的价值。

因而我们的结论是:即使英语用法证明“景观”作为一个地区单元的概念是有理由的,但用此词来代替“区域”,却是用一个含义不明确得多的词来取代一个公认的词。既然我们同时给这同一个词又加上第二个极不相同的含义,那么我们也可以强调布罗克相当温和地提出的结论——即我们应当抛弃那个恢复过来的含义。

以上列举了种种含义,现在再转到相反的一端,我们又看到了普遍赞同取消用“景观”一词表示透视中所见一区景象的本义。虽然这个概念在别的领域可能意义深长,但在地理学上重要性却很小，我们无须给它一个术语。大多数地理学家大概是不大用得到或者根本用不到以我们的地区心理感觉为基础的概念的。黑尔帕赫的概念对研究“地球心理现象”是不可或缺的，但我们可以有把握地断言，很少人会认为，那篇论文总的说来在地理学中对决定我们的术语是有充分重要意义的。〔参见劳顿萨赫，*278*，13ff.，我们可以指出，黑尔帕赫发表的文章主要是在心理学方面。〕

消除了这两个极端（在字面的客观意义上说），我们还有大量 161
略有不同的概念。在目前的用法中，那些用“景观”表示一个定界地区的某些方面的作者，也谈论“景观”，或者“自然景观”和“文化景观”，而心中却全然没有想到什么限定的地区。提出这一点可以使我们的问题简化。换言之，所有作者有时使用此词来表示关于地区的某些事物，却未必含有给地区范围加什么限制的意思。

我们已经指出，若干作者用“景观”来表示一个地区里所有的物质事实。他们更常说“可观察的”事实，但因任何事实要成为事实，总须用某种方式来观察，所以此词用得不恰当。不少人跟着施吕特尔谈“感官上可感知的特征”（sinnlich wahrnehmbar）——即所有在理论上直接作为景象、音响、气味和触觉观察到的物体。对许多人来说，这个概念是由景观的常用意义来表示的。特别是格拉内，他从黑尔帕赫的以景观感觉为总印象的概念努力向后退，试图在逻辑上详细阐释这个概念。根据这个标准，他挑选了一个地区中引起我们感觉的所有特征。他严格地阐释这个概念，仅仅把能引起这种反应的最邻近处作用于我们所有感官的物体包括进来；对该区较远的地方，我们只凭视力来观察，在那里他只以看得见的事物为限。但在这两个场合，他都用了别的术语，以求保留

Landschaft 一词作为感觉的概念。很少有人照着他的严格的逻辑体系办，而且可以肯定地说，将来也不会有多少人肯照办的。

可是目下我们却不妨接受他的一般思想方法，并考虑如果我们置身于获得景观感觉所必要的不同位置上，是否可能把“景观”的概念看作一个地区里能够在我们心中唤起景观感觉的事物的总和。这些事物当然都是外在的现实，因此也是适宜作为经验科学的研究对象的。然而关键问题是：它们是否意味着某种单一的东西，意味着一个统一的概念呢？“景观”作为地理学的一个术语，必须不只是意味着不同种类事物杂乱无章的集合体，或者甚至仅仅在某些局部方面有相似之处的不同事物的集合体。换言之，告诉我们说“景观”包括某些现象、却排除了另一些现象，这种说法绝不是这个概念的什么定义，充其量不过是定义的解释而已。如果我们要下定义的事物是某种东西，那么这一定义必须不仅告诉我们它包含着什么，而且要告诉我们它是什么。格拉内似乎在假设，引起我们的“景观感觉”的物质之物，形成一个单元或整体(Ganzheit)，因为
162 我们对它们的感觉是整体，但事实上人的头脑得到事物集合体的单位印象时，却一点也不能证明这些事物本身彼此间有什么联系，只不过一起共存着罢了。所以劳顿萨赫把格拉内的“统一体”(或“实体”)描述成人类中心论——也许还可以说是以观察者为中心的，因而基本上还是属于心理感觉的范围〔*263*，195f.；*278*，13ff.〕。说这些事物在该地区内相互联系在一起，于是形成一个单元，还是不够的，因为正如格拉内所承认的，这种相互联系包括着不能使观察者产生心理感觉的非物质力量；可是没有这种非物质力量，统一体的概念也就破坏了。很难说这些物体因为都能为人

们的感官所观察到,所以就都统一起来了。就各物说来,这是一种次要的属性,而且各物都有根本的差异,因为有的是看到的,有的是听到的——且不说那些人耳听不到、人眼看不到以及诸如此类的东西了。同样,说这些事物从它们都是物质这一点而言,也全都是相似的,这种说法虽然简单,但仍不能把它们结合成单元整体。部分由非物质现象而彼此互相联系起来的异质事物集合体,排除了这些非物质现象以后,就不成其为单一的事物,却只是从全体中挑出来的一批稍有类似之处的事物罢了。

如果有人试图把这个概念创造成头脑可以把握的某种现实,那么这个理论上的论点就可能看得更具体。于是当我们把一个地区说成地球表面外壳的一部分时,有人就可能把它想象成现实宇宙的一部分,其中包含一大堆有联系的物质现象与非物质现象——总之,即该区的各种事物。居民的宗教并非一种飘荡于宇宙中的现象,却正如那里的人一样,也是坐落于这个区域之内的。但如果有人说该区内有个 X,只代表所有物质的事实,人们又怎能把它当作一个整体来把握它呢?它包括看见、听见、尝到、闻到、触到的事物——但也止于此而已;除了意味着从整体中挑出的一批东西以外,它们又能意味着什么呢?

换言之,规定某词 X 作为表示一个地区的物质之物的整体,并不能提出一个统一的概念,只不过是一批挑出来的东西而已。下文我们将指出这个概念的效果之一是把地理学家的注意力集中于个别事物上,而不是集中在像地区那样的单一概念上。

尽管有这样的结论,我们仍不免会觉得“景观”一词的一个普通用法,并不表示我们感觉之外的某种客观、单一的实际。如果我

163 们暂且局限于一个地区的视觉一面的话，也许我们就更容易探讨这个思想。地理学家常常设想从上方俯视某一地区，这就消除了天空；地球的大气层就只不过是媒介罢了，我们透过它俯视地球表面的固体或液体形态。可是我们只看见大气层底下的外表——由水体的表面、森林顶层的树荫、野草，或是无遮盖的田野表土，或是建筑物的外部表面等等形成。所有这些表面合在一起，就形成该区上部连成一片的表面；就是这表面，也只有这表面(除去天空)才在我们心目中产生看得见的景观的感觉。但我们不一定需要先看到这表面才知道它的存在；巨人就可以用手触摸到它。地理学家有如侏儒，必须把取自四面八方各种观察结果的大量详细尺寸加在一起，以求如实地描述这个表面，而不是仅仅像他所看见的样子。重要的是他能够办到这件事，他能够如实地研究它；就是说，它不仅在理论上被视为一个单元形式，它还是一个现实。

我们还能进一步发挥这个概念吗？理论上似乎可能构想一个相似的表面，以体现我们听觉上的景观的本源，其他各种感觉可依此类推，但却很难在思想上构想这些东西。特别是我们所触摸到的表面，只不过是由我们躯体直接接触到的东西组成的——形状如我们躯体的空气外壳和我们脚下的坚实的土地。既然这样的概念显然在地理学中并无用处，那么我们也无须为它们本身而再作进一步的探求。我们考虑它们，只是为了表明不能把它们加到"大气层底下地球表面的外部形状"这个概念上去，形成一个统一概念——我们只能有一个完全不同、无可比较的事物的总和。

按照别的概念，"景观"中又包含着什么东西呢？这个问题引起了热烈争论。与此成为对比，我们还可以指出上文描述的概念在每一事例中都可以提供比较明确的回答。比如，我们不能只因可移动的物体会使我们的概念更形混乱，就把它们排除；因为我们不是在构想一个抽象概念，而是在努力说明现实，而那个现实又是包含着可移动的物体的。这个事实是日常语言所公认的，与迪金森话中的含意正好相反〔*202*，5〕。一幅百老汇景色如果看不到电车、公共汽车、卡车、摩托车或者行人，只是那个特定景观的一幅不完全图景。没有一个活着的人曾见过看不到船舶的纽约港景观。
既然地理学家不能研究或描写某一景观中可移动的物体永无静止 164
的变化，他就非进行概括不可。但这个问题却不限于可移动的事物，因为景观的许多固定物体一年四季也有变化——冬天的景观可能与夏天的景观有天壤之别。在这种情况下就不能进行概括了，地理学家必须承认几种季节景观的意义。

虽则城市景观中可移动的物体太重要了，因而无法加以忽视，但在大部分农村景观中，这些物体却只占整个有关表面很小的一部分；虽则承认逻辑上它们是实际景观的组成部分，但我们把它们略而不计，实际上也不会犯什么大错误。

地区的其他特征肯定不是景观的组成部分。矿藏和地下采矿作业当然不是景观要素，我们不能把景观的概念推进到地下几千英尺的地方。另一方面，一个露天矿却显然是引人注目的景观特征。此外，一个地方的植被，一经在地面上形成完全无间的表面，下面的土壤就不成其为景观的一种要素了；谷物收割、残根翻耕以后，上层土壤——即表面——也就成了景观要素。最后，一个地区的降水量同样也不是景观要素，却是景观所发生的事，也可能是影响景观的一种偶然因素。

我们定义为“景观”的现实，基本上是一层表面。地表形状主要由地形的起伏决定，但在较小程度上也要受到森林高度的影响，而在城市地区则要受人类建筑的影响。景观的物质特性由色彩和结构表现出来，可以由视觉和触觉观察到。把景观的物质特性与表面构造分开来，给它一个名称，我们可以使用“景观覆盖”这个术语。在世界的大部分地方，景观覆盖是由植被——不论是自然植被、野生植被或者耕作植被——的顶部表面或由水面组成的。（我们是否可以把“景观”一词用于海洋，此处无须讨论）在没有植被的地带——不论是永久性的还是季节性的，“景观覆盖”是由不毛的地面、冰雪或者人类工程的表面组成的。

如果说这个概念排除了许多对地理学十分重要的要素而受到反对，那么应当记住，我们并不是在给地理学下定义，也不是在限定地理研究的对象，却是在确定可能体现某种具体现实的“景观”一词的可能概念。地理学在接过“景观”一词以前老早就已经存在了，没有它也照样会很好地存在下去。什么应当包括进来作为地
165 理研究的对象，什么可以恰当地包括在景观的统一概念中，这是两个风马牛不相及的问题。只有分别确定每一个问题以后，我们才能考虑它们的相互关系。

应该再说一遍，这里提出的概念，无论如何都不能认为是什么新东西。相反，其目的还是要把许多地理学家在使用此词时心中很可能有的思想，用更明确具体的形式表现出来。例如，当芬奇说到“一个地区**看来**怎样”的时候，我们设想他是以日常用语来说的，和我们上文所写的十分相似（确实，就字面上说，他这句话也许还是意味着“该区在观察者看来是怎样”，这可以用主观感觉来解释，

但从文气看，很清楚，芬奇并不想涉及地理心理观点）。同样，“地球的面貌”这个俗语，也只不过是表示我们已经解释过的概念。

我们为“景观”所下的定义是一个描述地区某种独特而真实的外貌的概念。那么，这是否就是地理学家要研究的地区外貌呢？它又是否即是地理学家要研究的唯一的面貌呢？

毫无疑问，大多数读者都会一致认为对后一问题的回答是否定的。如果说地理学十分关注露天采石矿，这种矿把工作区暴露出来成为景观的伤痕，那么对于更加重要得多的煤矿，它的兴趣也绝不会小一点，煤矿的地下工作区可能是在一片要大得多的地区下面，虽则在实际景观中表现出来的要小一点。如果说地理学是研究土壤的话，那么不论这种土壤是连片的、没有植被遮盖的，还是只有季节性地暴露一下，或者永久为森林野草所覆盖，它一样都要研究。事实上，所有地理学家都一致认为，气候条件是地理学中要直接研究的要素之一。景观本身确是一种浮面的现象，一门把它作为唯一对象全力以赴地去研究的科学，也会是浮浅的科学。如果景观中使人感兴趣的东西，只不过是它所构成的图景，是“大地毯上的花样”——用彭克的话来说——那么这观点显然是美学的。另一方面，如果我们感兴趣的，只是表现了另外什么东西的景观——该区中相关因素的复合体，那么我们就仅仅是把它作为研究另一个不同事物的手段来使用，不论把它规定为总复合体还是那地区本身。

如果试图给“景观”概念下一个具体的定义，就会使确定地理学为研究景观的学科成为不可能，那也并不是因为我们的定义是为此目的而构想出来的。我们只不过表达了一种可能的实际。地理学家在使用此词来表示一个地区中某种不止是地区本身的东西 166

时，心中就可能有这种实际。反之，翻来覆去地耍花招来证明他们的论点的，正是以地理学为景观研究的论点的倡导人。他们虽则常把景观说成是“一个地区看起来怎样”，即看得见的景象，但在他们的方法论论点中，他们却一再把别的限定条件加到这个概念上去，以便把他们意欲放到地理学中去的地区特征包括到景观概念中去。对比起来，我们阐述过的景观定义是与地理学的任何个别论题无关的；因此对于什么是构成地理研究的对象，或者哪种现象包括在地理研究之内这样一些尚无定论的问题，也不会以定义来做论据，却会留出场地，以便按这些问题的是非曲直作出定论。

把地理学的基本概念与景观的基本概念清楚地分开来很有必要，这一点由迪金森、克罗二人的讨论可以说明〔*202*〕。正如克罗所坚持的，认为景观研究是地理学领域的“组成部分”的观点和认为景观是地理学领域的“中心目标”的观点，这两者之间的区别，在迪金森视为小事，实则却正是问题的关键所在。事实上，迪金森看来已经断定地理学并不是研究景观的，只是他没有清楚地认识到而已：“对地区的地理研究有一个明确的目的，存在于景观和社会中，存在于其联系和地区里的变化中，从起源上的发展和动态关系两方面作出解释”〔*13*〕。他对那个一般概念所作的几处逻辑上的修正，详尽地显示出这个论断性表述中清楚地表达出来的事实——即景观研究并没有给地理学提供“一个明确的目的”。“景观和社会”研究并不是“一个目标”，却至少有两个，除非它表达为社会和景观之间的关系的研究，但他想反驳的却正是这样一个概念。

然而如果我们回到一个简单的表述，对地理学持有方志学观点的人可能一致同意这个表述，即地理学是研究世界各地区的，同时也承认一个地区的景观是这个地区的一个方面，它又包括地理学所研究的若干事物，但却不是所有事物，那么景观的概念对地理学家还有什么普遍用处呢？没有必要去指出景观研究是地理学的一个“组成部分”，只要指出这是具有某种重要性的部分就好了。这岂不是自明的吗？也许所有的人都会同意，地理学野外工作的起步之一——如果不说就是第一步——是对该区作一番总考察，如人们从许多不同观点大体上看到的样子。劳顿萨赫说，地理学“肇始于陆地的 Bild(形态或图画)”〔*278*，21〕。地理学家初进一个地区，总要观望森林、田野、城市间的对比，而不想观察底土或每月温 167
度。这第一步，人们力图得到该区的“图景”，不是像透视中看到的样子，而是像用一只无所不见的眼看到的样子；不过也不是用一只能穿透一切的眼。实际上我们首先研究的是外表。那就是说，我们检查那张不规则的大地毯的表面形状，察看表面上的质地和花样，也察看表面的不规则性，不论那是由丘陵还是由建筑物形成的〔参看彭克，*249*，8〕。这就是说，我们研究该区在其大气层底下展示在我们眼前的表面——“地球的面貌”。

我们通常是以眼前所见开始考察一个地区的，这个事实给许多人这样的印象，照迪金森的说法，那就是“基本方法”。这个观点我们可以称之为地理学中的地貌学观点的自然产物。索尔特别表达了这种观点，它还可以追溯到近代地貌学的创始人李希霍芬。但以为景观——看得见的表面——对一个地区的全部复合体要比看不见的气候之类更重要，或者说房屋比造屋的人更重要，这却是没有证明的假定。事实上，迪金森对“景观纯粹论者”的概念所作的修正并不是小修正而是大修正；事实是景观远远算不上重要，却只不过是重要事物——地区里相互联系的诸因素——的“外部表现”而已，因此这样的修正是有必要的。地理学中的“基本方法”也许是通向基本原理的入门，不管是靠着景观还是靠什么别的途径。

另一方面，经验告诉我们：如果我们从外形——即景观——出发来进行研究，我们在解释其中所看到的事物上所做的努力，最终几乎肯定会把该区所有重要事物的研究全都包括进去。因此，景观对地理学家有用处，不但因为它最现成，而且也因为研究其形态至少会把我们引到该区的大部分重要特征。景观概念的用处——即使在现实的意义、也必然是有限的意义上说，而且我们也正是在这样的意义上来说的——从而也得到了充分的证明。但我们不能把对区域研究问题的解答与这种研究的根本目的混淆起来。我们也不可因为景观表现了对某一地区的地理很重要的大部分因素，就妄加臆断，以为这证明景观中并未显著呈现出来的因素，对该地区的地理就不重要了。这一论题是不能用演绎法来证明的——即对所有可能的地区——因而必须在各个地区按其本身加以考虑。更笼统地说，我们也不能假设，景观中有显著重要性的特征，必然
168 在地区地理中也具有同等的重要意义〔参看布罗克，*297*，104〕。景观对一个地区的地理能有多少可靠的指导作用，下面将再作考虑。

最后我们该回到我们暂时拖延下来的问题上来：如果这概念在地理学中有很大的用处，并以明确的形式表达出许多地理学家说到“景观”时的含义，那么我们以这一意思来使用此词，在语言学上是否有理由呢？因为术语问题是不能从逻辑上或客观地加以解决的，所以这是一个属于判断的问题。如果说日常用语有时用“景观”表示从一个地区得到的全部感官上的感觉，那么也是在视觉印

象的有限意义上使用它的，同样也是在产生这种感觉的现实表面形式的意义上使用它的。如果我们的概念实际上并非单纯是“景观”的日常概念之一的确切表述，至少它在引申此词的概念时，也远没有达到把日常用语转变为科学术语通常所能容许的程度。非地理读者因而不会觉得我们的用法流于牵强——如果有人告诉他们“景观”即地区时，他们倒定会觉得牵强的——而且可以指望他们会认为这一用法有理。

有的读者甚至可能觉得，我们费了九牛二虎之力无非是证明显而易见的东西。但这样的感觉，只有那些未曾尝试理解“景观”和“Landschaft”在近代地理学文献中所有那些千头万绪的用法的人才可能会有。假如费了比这里大10倍的力气，能澄清此词在地理学中的用法的话，那么所取得的成果比起付出的代价来，还是非常值得的。

为防可能仍有不明确之处，我们不妨扼要重述一下。在重经验的地理科学中，是不大需要作为感觉的“景观”之类概念的。不去搅乱在恰当的领域内以这种意思来使用此词，我们可以按某种外在的现实为我们的目的来解释它。把此词作为“地区”或“区域”的同义词来用，既不必要又易引起混乱，因为“地区”和“区域”这些术语都要明确得多。把“景观”作为表示一个地区的物质之物的标签来使用，那是把某种属性加于这样一组从大的总体中挑选出来的现象，而这种属性却是它所没有的——即其本身就构成一种单一的现实。如果我们任意应用此词于一个地区所有看得见的物体的总和，即包括人们向一些物体底下窥视时可以看到的所有一切物体，情况也会是这样。许多人使用此词而不想解释

它，他们的思想中却只有一个具体的实际存在，这就是地球外部看
169 得见的表面。就是那个实际存在，在我们心中引起视觉上的景观感觉。这是一种连续的实际存在，为整个世界构成单一的单元整体。可是在实际上这是个表面，只包括我们从外部可以看到和摸到的东西。它的绝大部分是由要大得多的水体表面和顶层植被——不论是自然植被还是耕作植被——的表面，或者是由草木不生的地面或冰雪形成的。除了水体以外，所有这些表面都不是平面，或者更恰当地说，是“地球体表面”，主要是依陆地地形起伏而定。世界的这种实际景观只有一小部分是由人类建筑、混凝土公路等等表面形成的；另一方面，一个主要部分是由人类耕种的田野形成的。可是，毋庸赘言，景观这些不同部分的相对重要性，却未必体现其对世界全部地区差异的相对重要性。这两种概念虽然互相密切联系，但却并不相同。这种关系对地理学家意味着什么，下文将再来研讨。

如果说我们可望已经取得一个明确有用的“景观”概念的定义，我们却还不能说已经解决了如何翻译德语 Landschaft 的问题。鉴于德国人在地理学方法论上的突出重要性（还有像芬兰的格拉内之流，我们只靠他们的德语著作才知道其人），以及许多人经常把此词当作一个基本概念来用，这一点是极其不幸的。但为了按照德国不同作者各人对这个概念的不同用法，我们定会需要许多词来翻译 Landschaft。作者如果只是用 Landschaft 来表示地区的一部分，这种地方我们可以照彭克的意见把它译成“区域”〔参看 *159*，640〕。较少场合我们可以用“景观感觉”的说法正确翻译作者的思想；在另一些场合则可译为“景观”，正如上文已解释过的。但在大

多数场合，作者觉得要比较确切地翻译此词几乎是不可能的，因而就只有引用原文了。为了弄清楚说的究竟是什么意思，读者只好按上下文来决定，或者参考原文，但能不能找到答案却是没有把握的。一般地说，他可以相当有把握地断言，此词的含义或者是“地区”、“区域”，或者是“区”，或诸如此类的某种东西，再加上或者减去通常未说明的其他种种属性。因为这些理由，不论我们重复此词多少遍而不作翻译，我们还是继续把它作为一个外来语来排印，以免可能鼓励把一个外国字引进我们的语言中来，这个字在它本国的语言里也是够令人迷惑了。①

三、自然景观与文化景观

我们可以再简短地说明一下“自然景观”和“文化景观”这些复合词的意义，以结束我们对此词的研讨。索尔用以阐述他这两个术语的概念的方式，在以上所引文中以及他以后的解释中〔*84*，186，190〕，似乎表示它们是整个“景观”的独立组成部分，前者由一个地区的所有自然特征组成，后者则由所有人为的形式所组成。当

① 这不是我们给那些搞外语工作的人提出解决办法的地方。幸亏是这样，因为用 Landschaft 基本上表示一小片地区，在德国地理学中已是根深蒂固的了，谁都没有 170
改变它的希望。Landesteil（陆地部分）看来要更清楚一点，但却缺少另一些词的某些特性——不但包括“神秘的”特性。Raum（区域）甚至更简单一点。瑟尔希的术语 chore 曾为若干人所采用。如果 Landschaft 的繁多的定义最后把此词带到科学上的死亡，那么这个从希腊语创造的术语将可以作为明确的代用词。“景观”一词按我们所解释的意义来说，不少作者使用过的 Landschaftsbild（景观图画）意义最为相当。但也许可以稳当地预言：我们这个时代的大部分德国地理学家都会继续把 Landschaft 用于两种情况，或无确切含义，或带某种特殊的个人定义，不论明言还是含蓄，也不论是否在同一篇文章中保持一贯用法；论文的读者，不论是德国人还是外国人，都会继续如堕五里雾中。

“景观”被理解成只是一区物质特征的集成时，虽则也许是它的一种合乎逻辑的划分，但以为人类建造起来的文化形式，可以从其所依存的自然基础分离出来，并从而当作某一类“景观”来看，这样的意见看来却把这个不幸的词引申得面目全非了。布罗克注意到这种困难，建议我们在景观中分出“自然”与“文化”两种要素〔*297*，104〕。

应该指出，如果景观中的各种文化要素，在分开考虑时并不像是统一的单元，却只是一个单元——总景观——各部分的集合体的话，那么对现时景观的自然要素总和说来，不可避免地也是如此。把自然要素从人类造成的文化景观分离出来加以考虑，也就不会形成“自然景观”，却只是那一个实际景观各部分的集合体，我们只不过在智力基础上把这些部分与文化部分区分开来罢了——实际上，它们都是由同样的泥土、水、植被等等物质构成的。

使用“文化景观”这个术语的美国地理学家，大多数人不过是表示一个居住区域的现在景观而已。在这一意义上，只在我们需要强调现时完整的景观，来与“自然景观”相对照之处，才用得上这个术语〔参看劳顿萨赫，*278*〕。

德语文献中有“natürliche Landschaft”和“Naturlandschaft”的区别。在后一词中 Natur(自然)是在排除了人类的自然这一意

171 义上使用的，在前一术语中则全都包括在内，不过含有“实际”或“现实”的意思，与“任意”或“人为”成为对比，并用以表明某一 Landschaft 作为一个区域是一个实际单元、一个“自然单元”(natürliche Einheit)〔见布尔格尔，*11*，29〕。韦贝尔以为即使在德语中也是难以避免这些术语的混淆的，既然直译为英语，二例均

同,我们定会希望照他的意见办,把前一术语废除不用〔*266*〕。

有的德国学者曾在相对的基础上——即文化发展的程度上——运用自然景观(Naturlandschaft)和文化景观(Kulturlandschaft)之间的对照〔克雷布斯,*234*,84;布尔格尔,*11*,63〕。有人以为这会导致分类上的重大困难,也许只是一个较小的反对理由。更重要的是,不论我们如何解释自然景观,但事实上其"自然的"、非人文的含义是牢不可分的,并会使我们忽略了它只在某种较高的程度上才可以假定是自然的。换言之,称苏丹为"自然景观"是言之过早,不问这片大草原完全是自然产物还是部分由于人类活动所造成〔参看韦贝尔,*266*;以及劳顿赫萨,*278*,20〕。人类劳动的效果和自然界所产生的效果,其间的对照在地理学上是太重要了,即使作为纯理性的概念,也不允许我们用这种态度来破坏它。

根据这一点,实际的"自然景观"在最严格的意义上,只有在一个从来没有为人类的手所搅乱的地区才能存在。第一个到达先前人迹不到,但并非荒漠的岛屿的人,⬅会看到一种几乎全由水体、陆地轮廓和自然植被形成的自然景观。在世上有人居住的地区内,自然景观的概念纯属理论;至少在文明世界没有一个活着的人曾见过自然景观。甚至在原始地区我们也要小心,不要假定景观中没有明确的文化形式就可以证明我们所见的就是实际自然景观,盖斯勒在论述澳大利亚的原始景观时就是这样假定的〔*277*〕。维达尔提醒我们:"人类对生气蓬勃的世界的影响,要比人们所能想象的更古老、更普遍得多。"〔*184*,8〕谁会说伊利诺斯的原始植被是什么? 非洲热带雨林地区所有的一片片灌丛或大草原是否都是人为的,或者森林里是否有原始的自然空地呢?受过科学训练的地理学家只遵循一个可靠的规则，就是在实践中接受理论上无疑正确的东西：即人类一登场，自然景观就不存在了〔詹姆斯，*286*，80；参看布罗克，*297*，108；劳顿萨赫，*278*，20；克莱布斯，*279*，208〕。

可是仍然需要某种术语，来表达外形上主要是以消极方式受人类影响的原始景观，与人类在很大程度上决定了景观覆盖性质的那种景观的区别。这是观察者一眼就可以辨认出来的悬殊差别。不管基础的自然条件如何，如果该区受着人类的支配，那么其景观覆盖就井然有序地安排成清晰的单元，每个单元都是触目的均一，划分得清清楚楚。人类居住着、但没有支配其景观覆盖的地区，却有天壤之别。不论它被人类改变得多么大，总是没有秩序的；如果人类破坏了自然植被，但也没有代之以耕作，或者道路和建筑，植被就"芜乱生长"。未曾改变的自然景观和有所改变但未受人类控制的自然景观，我们都可称之为"荒凉景观"，以别于人类控制下的地区的"整治景观"或"耕作景观"。这些语词不论会遭到怎样的反对，至少各例都明确地表示出脑子里的概念，不会导致先验的假定，以为只要不是由人类有意识的计划造成的景观，就都是"自然景观"了。

172

除了冰川之类极少数的例外，现时的"自然景观"只是一个理论上的概念。作为景观，自然景观当然也与一般景观一样受到限制。实际上它只包括水陆对比、地形和植被。它只形成一个地区总自然环境的一部分，于是认为这两个术语是同义词的人，就可能在这一点上持反对意见。但我们为什么需要有两个术语来称同一个事物呢？如果地理学家对先辈所用的"自然环境"厌倦了，觉得"自然景观"具有新鲜的优点，他们是否以为这个用法用旧了之后，后人对这个术语，这个在日常用语中肯定不是表示地理学上所设想的那个意义的术语，就不会同样也感到厌倦呢？“环境论者”在现今的著作里已被作为一个贬义词来使用，这绝不是我们为什么要害怕一个像“自然环境”那样已经得到公认的术语的理由。这两个术语之间的主要区别看来就在于：虽则常人很少知道地理学家说的“自然景观”指的是什么，而地理学家对此语包含什么内容，彼此间也没有取得一致意见，可是不论谁人，都能毫无困难地理解“自然环境”的意义，并且就我所知，对于此语确切地包含什么内容，地理学家之间意见也是普遍一致的。（对于把“自然”作为非人文意义来使用的争论，两个术语也都是共同的，而且只要说明在这类短语里——如果不是一般地在地理学里，“自然”是用作表示非人文的唯一的方便用词，争论是立即可以消除的。可是这个问题以及“基本原理”一语是否更好，下文再来研讨。）

也许可以追问一句：自然景观的概念在性质上是如此有限制而且纯属理论，在地理学上是否有很大价值呢？我们虽然能相当正确地构想其水陆的组成部分，因为在大部分地区，人类对这些部分的影响程度都不大，但要构想自然植被，所取得结果的正确性就很不可靠。然而研究某区现时的景观，最令人感兴趣的一个方面就是试图确定人类——不是自然——在何种程度上形成了它，并确定在开发它时造成的连续变化。为了这个目的，理论基础当然是自然景观，即使我们实际上可能被迫要从现时的实际景观出发，努力上溯到近似的未知的原生自然景观才能办到。

然而这个原生自然景观并不与现时理论上的自然景观相同。在人类居住于地球的千百万年间，自然并不是静止不变的。即使所有其他因素都不变，维达尔提醒我们，植物群渐次向最高形式发展——在广大地区实际上是没有达到的——所产生的今天的植被，也会不同于人类出现以前的植被，同时也不同于今天会发展的植被（假如人类退出舞台的话）〔*184*，15〕。但远甚于此，所有其他因素都不是永久不变的；自从原始人出现于各大洲以来，肯定也发生了重要的气候变化。因而我们可以说，自然景观到今天为止只是个理论上的概念，它非但实际上并不存在，而且从来也没有存在过。在原生洪荒景观（Urlandschaft）中，确实存在过多多少少近似于自然景观的东西，其完整形式只有来到一个地区的第一个人才能观察到。

最后，我们可以用伊利诺斯中部一个地区的实例说明几个词语的用法。该区的**洪荒景观**（primeval landscape）是进入该区的第一批印第安人所见的原生自然景观（original natural landscape）。这是不是与第一批欧洲探险者发现它时十分相似或者十分不同的**荒凉景观**（Wild landscape），我们却不得而知。**自然景观**（natural landscape）只有在洪荒景观中才实际存在；现时的自然景观是一个理论上的概念，实际上从来都没有存在过。它与洪荒景观相异到什么程度，我们只知道一部分。在大部分地区，现时的景观都是高度的**耕作景观**（cultivated landscape）或**整治景观**（tamed landscape），沿着某些河流泛滥平原，间有一片片荒凉景观（但与
174 印第安人时期的荒凉景观性质上也不一样），那是在人类定居的整个时期中，在洪荒景观中由人类和自然同时交互作用形成的。在这一实例中所包含的差别，几乎可以完全适用于景观覆盖；景观的表面构造改变很少。可是在另一些地区——例如爪哇，自然和人

类两者可能都在景观的这个方面造成显著改变，既有从洪荒景观到荒凉景观、也有从荒凉景观到耕作景观的变化。

175 第六章　历史学与地理学的关系

一、历史学中的地理学

今天，地理学三大问题的第一个问题，是地理学与历史学的交错关系。这两个领域相互包括到什么程度呢？地理学和历史学都是综合科学，承认这种相似的重要性不应导致混淆它们独特的职能。如果认为两者都横切过系统科学，那么这些横切面的范围是不同的。这种关系的图解需要一个四维空间，这就反映了要展示这两种观点和两类材料的合理综合极其困难。这种困难，正如亨丁顿所指出的，很可能“使思想家望而却步，而小学教师却无所畏惧地一头扎了进去”〔*219*，565〕。（在教学中，史地“合并”引起的目的上的混淆，一个世纪前布黑已经透彻地论述过了。）

然而，要把这两个领域联系起来，不论困难多么大，人们对亨丁顿的话几乎很难怀疑。他说：“对历史的理性的理解，要求很好地认识发生历史事件变化中的自然背景。”历史学家通常不具备这种地理知识，因此他觉得他们试图综合，都没有取得很高的成就。

在这个领域工作的地理学家中，亨丁顿以为大部分都“只选取能说明他们的特殊观点的历史项目”，并谦虚地自认这种过错也有他的一份。他显然没有在他所评论的著作——即格里菲思·泰勒的《环境与民族》〔*389*〕中发现这个缺点，但最后还是说它的价值在于“提醒我们注意……我们的艰难任务还只是刚刚开头。我们还只到达为基础积累资料的阶段，使后人可以在那上面构造成一座瑰丽堂皇的建筑。”另一些地理学家的评论中又会提出，在这样一个极端复杂的问题中，打好可靠基础的材料更可能取之于时空范围限得更少的研究，而不是取之于欧洲大陆的整个历史。有解决这个问题的艰苦精神的学者很可能受到鼓励，不向更知名的一般研究中去找资料，却向大量德、法语期刊文献中翻得到的小规模区 176
域研究中去找〔特别可参看沃格尔的文献目录，*89*〕。

愿意考虑这类问题的地理学家尤其会找到特别理由，划定一段有限时期或地区为范围，或两方面都作限制。鉴于地理学家在这个领域内做过许多工作，亨丁顿所说对历史的理性理解需要些什么的话，还当再加上有历史事件的可靠知识。被培养为地理学家的学者，如能获得这种关于一个很有限的地区的知识，是会得益匪浅的。

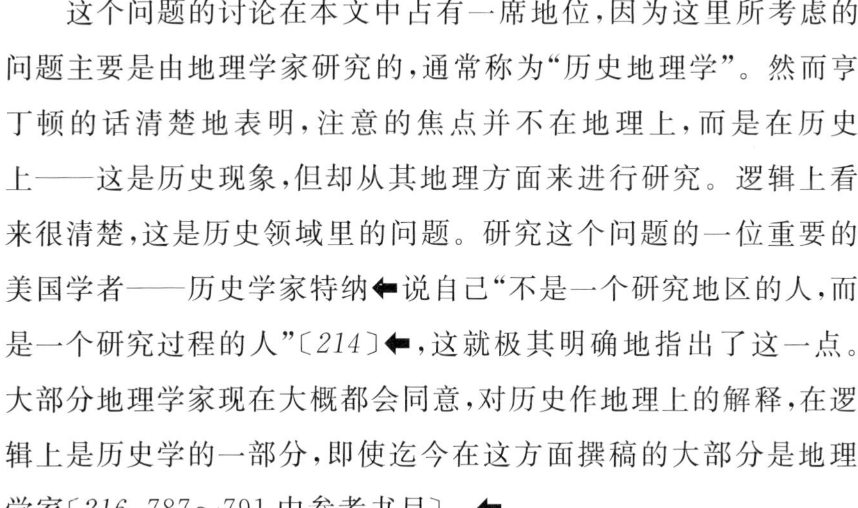
这个问题的讨论在本文中占有一席地位，因为这里所考虑的问题主要是由地理学家研究的，通常称为“历史地理学”。然而亨丁顿的话清楚地表明，注意的焦点并不在地理上，而是在历史上——这是历史现象，但却从其地理方面来进行研究。逻辑上看来很清楚，这是历史领域里的问题。研究这个问题的一位重要的美国学者——历史学家特纳⬅说自己“不是一个研究地区的人，而是一个研究过程的人”〔*214*〕⬅，这就极其明确地指出了这一点。大部分地理学家现在大概都会同意，对历史作地理上的解释，在逻辑上是历史学的一部分，即使迄今在这方面撰稿的大部分是地理学家〔*216*，787～791 中参考书目〕。⬅

二、地理学中的历史学

在地理学本领域内，对历史发展的顺序应如何考虑呢？有的地理学家坚持说，为了保持地理学的基本观点——在现象的空间关系上考虑现象，对时间关系的考虑必须是次要的，而且仅作补充。但另一些人却竭力主张，地理学家主要是关心他所研究现象的发展或变化，于是时间关系成为居首位的要事。

在德国，斯佩特曼在题为《动力地理学》〔*251*〕一书中竭力宣扬地理学家主要是关心一个地区变化中的性质的论点。他把别的德国地理学家的工作说成以“静态”为特点，与此成为对照，他提出这门学科的“新的动态观点”。正如格拉特曼所指出的，斯佩特曼的思想实则并无新的东西；他的先辈并没有静态的地理学概念，他只不过用了一个 Modewort（流行词）罢了。

177 斯佩特曼的建议在德国地理学界引起了一场轩然大波，不但是因为这些建议提得很有力，而且因为其中带有并接着又引起令人遗憾的人身攻击。有的对此书加以赞扬，有的却严加批评，特别是赫特纳〔*171*，5〕，菲利普森〔260〕和格拉特曼〔还可参看布尔格尔，*11*，93～99〕。斯佩特曼的第二本书连篇累牍都是对他的批评的回答，在读过格拉特曼的庄严的评论的人，就很少还会想涉猎斯佩特曼的那些针对人身的指控了〔*261*〕。但另一方面，斯佩特曼把他的思想注入一个具体的范例，那就是他那部研究鲁尔地区的三卷本著作，书中他密切跟踪从史前时代直到今天发展中一个接着一个的变化，这却是值得称道的。这部书有两卷是写鲁尔的今天所需要的，读者（有的可能宁可依据我的评论）会找到大量证据，说明地理学家在容许“起源上的解释变为历史叙述”时，如何离开自己的领域〔赫特纳，*167*，269；又见莱曼的批评，*181*，51～57〕。⬅

在我国，索尔明确主张在地理学中运用历史学方法；目前的“文化景观”既然须从原生“自然景观”的发展来研究，那么这种研究就必须以发展为方向〔*211*；85，623〕。这个方向显然需要我们从头开始。他怕这会迫使我们从地球起源开始，因此建议“地理学就在人类进入地区舞台这时起与地质学分家”〔*211*，37〕。⬅地理学研究者就从那时出发复原原生“自然景观”，他将竭力阐明景观中人类造成的各种不同变化（也许还有自然造成的变化？）直到他抵达目前的“文化景观”。

附带必须指出，很难指望地质学家会接受这条建议中的界线。地质学家所研究的地壳发展、岩石形成和化石沉积，在这个人类出现的未知时间并没有就此终止。相反，如果人类在今天的某一地区活动，引起岩层形状和性质的变化——辛辛那提沉重的建筑使页岩岩床下陷，明尼阿波利斯的人工打井引起沙岩层的蓄水量减少，地质学家也是关心研究这些现象的。

索尔的论题的实践结果更为重要。要研究一个区域，显然必须包括其全部先前的地理研究，实在还要从那样的研究开始，按年代先后来排列。在他本人对《圣弗南多德韦利卡塔的遗址与文化》 178
〔*382*〕的研究中，对年代次序如此引人注目，他那研究是否可以不作历史、反作地理来看，实在是大成问题的。索尔以后的研究远溯到史前时代，这也是必然的事，于是他的工作就很难与人类学分开了〔*383*；*384*〕。同样，特雷瓦撒也遵照索尔的方案，按年代论述了大约 9 个或更多的法国贸易站，每个平均占 3 年稍多，以此作为无碛丘陵地（密西西比河上游内陆盆地）地理的第一章，这种研究就很难与历史研究相区别了〔*393*〕。这些评论丝毫也没有批评有关研究的意思，笔者也不会反对想作这种研究的人。问题在于地理学家想研究当前某一区域的地理，是否需要先拿出这样的著作。我们很少人有技术上的准备可以写这种著作，同时这些也很难与其他领域的著作相区别。

就我所知，虽然没有一个美国学者曾对十余年前索尔提出的论题作过完满的说明，但布罗克在乌得勒支大学关于圣克拉拉河谷的博士论文，在某种程度上也许可以认为是索尔概念的产物，虽则它在相当程度上也是遵循格拉内的〔*333*〕。布罗克的绪言指出，区域研究须考虑从最早到最晚每一时期的“景观”，但显然可以承认其重要程度有所不同：无论如何，他略掉了白人定居以前的景观变化，而从第一批欧洲人所见的“原始景观”开始。这部著作的主要部分研讨了 6 个历史时期连续不断的景观中所表现出来的变化。⬅在每个时期，当然他要追踪景观中各种重要成分的变化，正如克罗伊兹堡所指出的，景观并非一种发展为整体的整体，而仅仅作为每个部分而发展，这就使“景观的历史成为其各部分的历史”〔*248*〕。因此我们没有得到这些时期景观的完满图景，却只是各部分的起源研究。最后，读者必须做好准备，把这些部分配合进专门描述现时景观的较有限的章节中去。毫无疑问，透彻地研究这部著作，读者对现时圣克拉拉河谷的景观所得到的了解，比起从一部仅仅考虑目前而不回顾过去的论述来，能够得到更深刻的认识。可是毋庸赘言，后者也并非唯一的办法，即使它是一种实际的办法；

所谓“静态”的区域研究方法不限于目前的情况。这里问题就在于：如果完全按当前的景观来组织研究，在分析其各部分时，又运用在历史章节中提出的恰当资料，那我们是否就不能得到一幅甚至更清晰的图画呢？① 179

由此可见，任何地区的研究者对它的历史地理——还有它的最广义的历史——所必须学习的，远比他需要告诉读者的多得多；同样，我们也许还可以指出，研究任何地区的历史学家也需要熟悉它的地理，虽则也许在他的历史著作中用得不多。在研究过程中，并不是常常都能知道，一个地区过去的地理中，哪些事实是对现在具有重要意义的。对过去时期的事实，如果文中在其对现在有重要意义处提了出来，那么读者及作者就能轻而易举地作出必要的抉择。

莱利提出，文化地理学家应当沿着文化历史学家的路走，这里可以看到历史观点的逻辑极端。“人们首先强调文化的不可或缺的时间纽带，而不是它的比较松弛的地点纽带”〔*220*，135〕。普法伊费尔评论说，“由此达到了环境论的对立面”〔*109*，119〕，这无疑正确地解释了莱利作出这种说法的思路，但有人必然要问：这岂不同时也是地理学的对立面吗？

在主张把地理学限于看得见的或者可感知的事物的论著中，运用历史方法显得特别奇怪。就算这个概念还有点价值，似乎也会完全消失于以描述事物为主的著作中。作者仅仅从历史记载中

① 我们利用这一研究，是因为它是英语著作中对这里所涉及的原则唯一完全的说明。这可不能拿来作为作者目前观点的代表来看，这一点从他在最近国际大会上宣读的论文——我们前面已经提到——可以想见。

查明了这些事物，就以此为根据，终于带来了最后的产品——实即他一开头就可以看到的东西。诚然，也正如赫特纳所指出的，地理学家所能直接看到的事实，性质上大部分是静态的，在“动态的”区域研究中被研究的过程，必须从静态的事实中凭假设推论出来，或从历史记载上取得〔*171*，5；*126*，556〕。

遵照着相似的推理方法，芬奇建议过去时期的情况只在解释现在的特征时才可加以利用，现在的特征实即过去的残余形式〔参看惠特尔西的“连续占用”讨论，*282*，及 R. E. 道奇，*296*，233ff.〕。
180 这也许需要复原过去时期的地理，但这种描述虽非无关，却只是一种补充，“在某种意义上是些题外话”。芬奇远不是从最早时期的研究开始，却从作者可以确信无疑的地区面貌——现在的情景着手〔*288*，119f.；又见 S. N. 迪肯的评论，120f.〕。再略举数例，如赫特纳〔*126*，556〕、哈辛格〔*165*，13〕和昂斯特德〔193〕一流学者早就已持十分相同的观点了。⬅

与这些注重实际的论点相反的，是以某一地理概念为根据的逻辑论点，这种地理概念看来需要地理学家根据时间顺序来研究一个地区的起源与发展。如果地理科学的特殊对象是世界的具体“景观”，那么地理学就必须不但按这些对象现今的形态和作用，而且按其发生——起源和演变——来研究它们。虽然对概念本身要留待后面一章来考虑，但这里我们也不妨考虑一下它与目下这个问题的关系。要完全前后一致，研究某一景观的起源显然需要我们研究各大陆的起源，如果不说研究地球本身的起源的话。正如我们所指出的，索尔略嫌武断地在人类登场处切断这一顺序，把“自然景观”的发展分派给地质学家去研究（这还不止需要地质学家，就是地质学、气候学、植物生态学等等学科的代表所作的全部研究，可能还拿不出“自然景观”——照索尔对此词的用法——发展的研究。必须另外有人把这些学者的研究成果综合起来）。地理学家应当研究“自然景观”如何向现在的“文化景观”发展或进化。这句话在大西洋两岸翻来覆去谈得太多了，使人读到时不再会去追究它的含义。一种“景观”——不论照哪种定义来说——又怎么发展或进化呢？“景观”或区域常与有机体相比拟，这意味着“景观”是以其内在力量发展或增长为一个单元的，“进化”一词本身就含有这种意味。但如果澄清了人们头脑里给人错误印象的比拟和靠不住的概念，用明白晓畅的话语来思考这个问题的话，那么立刻就可以看出，我们在不论“景观”或区域中可以观察到的变化过程，与有机的发展或成长过程是迥然不同的。这个结论在读者看来可能是明明白白的，根本不需论证，但事实上却常被忽略，这就需要我们稍为详细地作些论证。

如果“景观”一词所表示的某种事物少于该区存在的全部事
物，特别是该区的物质特征，那么说什么“景观”失去树林，出示翻 181
耕过的田野，或者长出房屋和工厂，那就十分可笑了。这些“文化景观”要素是在“自然景观”中由外力造成的，按定义，这些外力并不是“景观”的一部分——即由人类意志所左右的力。换言之，虽则我们可以说地球表面总的说来已从自然景观中演化出文化景观，但这种“景观”本身——无论是实际可见的景观表面还是地球表面上物质之物的集合，并不是*发展*起来的，而是由并不包括于其中的因素*造成*的。

然而还有几个关键性的重要方面，地区里在这些方面的变化过程，是与我们所联想的有机发展过程不同的。克罗在与迪金森讨论时说，人类社会中以文化形式发生的变化，绝无有机演化所特有的那种内在必然性。新形式的产生要受人类的选择和主动性的影响，这是一个发明和组织的问题。……与有生命的东西或甚至与地貌学作密切的类比，是通向虚假的大道〔*202*，15；迪金森已经对这个结论表示同意〕。也许更重要的是克罗伊茨堡所提出的反对理由，他说：一个地区（或景观）的发展并无增长的一致性，其中只有各种变化的总和，这些变化，部分是有联系的，但部分是独立的。产生这些变化的力量——既有居民个人的意志和努力，又有各种自然要素的变化——并不形成一致的力量，却只形成一个多少独立、时常互相冲突的力量的总和〔*248*，413〕。因此布罗克抛弃了“发展”一词，只说一个地区或景观的“变化”〔*333*，10〕。

以上这些反对理由也适用于对地球表面整个范围的考虑。我
210 们考虑某一地区单元或“个别景观”时，不论已有如何的定论，总还有个重大的反对理由，以为其内部变化未必由其本身力量所产生，却可能由来自别的地区的力量所引起。密西西比河下游的河滩地，部分是由北阿帕拉契亚山脉的环境所引起，也随时可能受这个环境的影响而变化。布伦奇利曾描述亚马孙河低地的“协调景观”（harmonious landscape）如何受数千英里以外地带引入的力量和设备所破坏。诚然，施吕特尔主张地区中大部分变化都是由别地区迁移过来的民族所引起的〔*131*，507ff.〕。把这种变化与一个有机体的发展和成长相比，或者甚至与晶体或残积土的无生命发展
182 相比，就会使自己陷入迷误。设想这些由外界带入的变化是由地区内部或外部的某种结合力所控制，同样也会陷入迷误。自然

景观转变为文化景观，并不是像艺术家把外来物质施于画布以“展现”一幅图画那样，因为这些变化并非一位画家或者一群有组织的画家的作品，却是略带独立性的自然力和人力的集成。

改变地区景观的各种力量，不论是内在的还是外来的，都不承认该区一般的界限。因而不论我们可以怎样把某一地区考虑作为明确的单元，但那种统一性也只能在某一特定时间才能确立。今天的地区单元可能不是前一时期的地区单元，它现在的统一性明天就可能被各种变化所破坏，这些变化可能会改变它的某些部分，使它们被包括到邻区去。因此布罗克说，研究一个地区文化景观的发展，只有当我们牢记着所考虑的、经历了连续各个时期的地区，是个任意划定的单元时，方才是合理的。研究一个任意划定的地区单元中变化过程的结合，不论兴趣多大，都不能说逻辑上需要地理学必须作这种研究。相反，正如布罗克所强调的，这个论点“原则上是环境控制思想的残余”，骨子里是设想——常常并不提及，甚至还加以否认——自然地区单元(即“景观”)经过所有人类造成的变化之后，仍会是一个单元，从而就成为一个“文化景观”单元。然而实际观察却表明，“文化景观区域常常是不同自然区域各部分的结合”，而且我们可以把“文化景观区域看成在扩大和缩小中的地区，也许甚至看成游移中的地区”〔*297*，103，107〕。

从这些结论可知，研究一个地区的学者不但并无考察该区各“发展”阶段的逻辑必要性，而且展示这样一种历史横截面的顺序，也未必就能提供理解现状的最好手段。既然所包含的不论何种程度的统一性，只能存在于目前的地区中，因而分析其中所存在的特征，我们就可以立即作出对现在的解释，过去的事实无非用以分别

给现在每一特征说明造成它的那些因素罢了。

大部分支持“动态的”区域研究方法的人,都把这种方法作为正确理解现时景观的手段来捍卫它,但斯坦利·道奇却把这个论点反了过来,拒绝给予现状研究以科学地位。“许多地理著作把区
183 域当作静态的、当作**存在**来论述,而重要之点却在于**演变**。哪些过程形成了地区,哪些过程正在继续进行着难以捉摸的改变,未来的倾向又是什么——这些都是使野外地理工作者激动的疑窦”〔*342*,335〕。道奇在通信中又说,这些疑窦向地理学家提出了现实的问题;仅仅要知道一个区域看来是什么样子,这绝不是值得科学家研究的问题。

会使野外地理工作者激动的问题,对他来说无疑是具有头等重要性的,但这也是一个因人而异的主观反应的问题。可是如果有人研究什么在客观上“是重要的”这个问题,那么就必须追问一句:如果**存在**状态不重要,那么**演变**又能有什么重要性呢?任何科学分支,研究**演变**的意义就是为了解释现在(或过去)存在着的东西;⬅因而演变有第二位的重要性。甚至连历史学那样似乎主要是研究发展过程的领域,正像克罗伯所指出的,其目的也不能在变化的时间顺序中去找;研究变化只是为了说明某一时间各种现象的合一而已〔*116*,545f.〕。

我们可以断言:如果还有什么东西说得上重要的话,那就是一个区域内**现有的东西**,即它的**存在**。确实,这并没有给地理学家提出一个清楚的“问题”,如同研究系统科学的学者在检查各种关系时所碰到的问题那样,所提出的却是要复杂得多的一般性问题,与历史学家在解释那些有关联的现象时的问题相当,比如说伊丽

莎白朝的英国历史。更全面地理解今天一个区域的地理——就是说熟悉其各种事实并能加以解释，对于地理学家绝不是一个太小的问题；我们也不必担心，怕把我们领域中的问题很快就探讨穷尽。彭克说："世界上没有一个区域的地理调查可以认为已经结束了。"彭克说这句话已经过了30来年，他对新问题继续发展所作的评论，说明他今天还会把这句话再说一遍〔*128*，59〕。学者个人当然对什么感兴趣就会研究什么问题，但就地理学总的说来，只要它面前还摆着现在这个色彩缤纷、错综复杂的多样世界，就没有去寻找新问题的必要。

因而我们可以推断，虽然解释区域地理中的个别特征常常需要学者返回过去时期的地理，但区域地理却不必以历史发展的观点来研究。相反，除非研究者要着手同时描述一个区域中历史和地理的雄心勃勃的艰难任务，那么他就需要明确区分这两个观点： 184

即按时间研究现象的联系的观点和按地点研究现象的联系的观点。如果以方志学的观点看事物的方式是地理学的指导原则，那么用年代学来组织一项研究，即使是组织一个"地理区域"，就是这一工作具有基本历史性质的明证。

赫特纳说：地理学与时间因素的关系，不是那种与地质学成为对照的关系，按照这种关系，地理学只限于人类时代、历史时代，或者与过去相比，只限于现在。毋宁说对地理学这个领域来说，"时间大体上退居于背景的地位。"与所有的历史科学不同，包括历史地理学，"地理学并不跟踪时间过程本身——确实这个方法论规则仍然常常被忽视，却经过时间的某一点定下一个有限的横截面，依靠短时的发展，只为了说明所取时间的情况而已。"这个特定时间，必须短得使其中没有大变化破坏这个横截面。确实,解释现时的区域地理常须考虑到过去的情况。地理学需要起源的概念,但却可以不成为历史学〔*126*,566,或 *161*,131f.〕。←

三、历史地理学

把两种可组合现象的不同观点——地理学观点和历史学观点协调结合起来,就既不是地理学,也不是历史学,却是两者兼之。这样一种结合究竟是不是人人能做到,至少在实践上有人证明其可能性以前,我们是无须作进一步讨论的。另一方面,时间本身并非地理学中的一种因素,地理学是研究在假设的固定时间内地区中现象的结合,这一点却不把地理学限于现在。地理学也可以取时间的任何一点,通过现实截取一个横切面。我们通常假定“地理学”一词在未加限定地使用时,是指通过现在的横截面;而“历史地理学”一语则可以用于通过先前时间某一点的完全相似的横截面。

因此历史地理学不是一个可与经济地理学或政治地理学相比的地理学分支。它也不是历史学的地理,或者地理学的历史。① 更恰当地说,它是另外一门地理学,其本身是完整的,具备其所有各
185 分支。因此赫特纳说:“任何区域,在其历史中的每一时期,理论上都可能有它的历史地理,而且每一时期都应分别撰写;历史地理不

① 英国地理学家有时使用“历史地理学”一语指作为一门科学的地理学史。显然,每门科学可说都有它自己的历史;虽则它很可能是由这一特定领域的工作者来研究,但它在逻辑上只是历史学的一种专门形式。美国地理学家中,约翰·赖特对这门学科极感兴趣〔*9*〕。

止一个，而是很多很多”〔*161*，151〕。

换言之，这个术语中“历史”一词的意义，并不意味着它与历史领域有直接联系，却是用于“历史上的”这个意思，表示指的是过去。确实，其中也含有与历史领域的实际关系，就是历史地理用来研究的资料大部分必须取于“史”料。此外，当过去某一时期的历史地理知识，对了解其历史非常必要时，研究这一时期的历史学家也可能对它感兴趣，但这与研究现时的历史学家可能对现在的地理感兴趣并无二致。

我们可以再补充一句，以便把这两个领域的相似情况讲完全：历史学虽然关注各个时期中现象的组合，但它或多或少也须承认世界各主要地区的分区历史。同样，地理学把各地区的现象组合起来时，也要承认每一时期的分期地理。因此地理学从现在的地理学这一意义上说，相当于人们的本国史；历史（过去）地理则相当于外国史。研究外国史容许使用与本国史相同的方法（除了语言不同以外），研究过去的地理却不容许应用现在地理的直接野外观察资料。此外，兴趣上也有不同：由于某些原因——这里我们不必去管，无论什么时候或地方的人，对外国的历史——无论古今——比对本国过去的地理总是怀着更大的探究兴趣的。

把历史地理学单单看作过去时期的地理学，对这个看法，地理学家之间也许要比对我们这个领域中几乎任何别的定义问题意见更为一致。康德在区别“现在的地理”和“古老的地理”时早就说过了〔*40*，§4〕，以后马尔特〔*70*，453〕和维默尔〔*74*，10〕也谈到。赫特纳阐释得极其清楚，在1895年的第一次阐述中说得简略些，几年后就说得更详细〔*121*，7；*126*，563～564；*161*，150～151再次说到〕。

自此以后，各国不同学派有许多地理学家都曾经阐述过相似的观点，我们也许有理由把这看作地理学思想中的定论。尤其在我国，
186 拉尔夫·布朗〔334〕对地理学的性质及其研究方法新近曾详细讨论过，并以详细的实例作了说明。（关于历史地理的类似的话，参见哈辛格〔165，14f.〕、布吕纳〔83，100f.〕、昂斯特德〔193〕、一批英国地理学家和历史学家的报道〔197〕、吉尔伯特〔198〕、巴罗斯〔208，11f.〕、索尔〔84，200〕，以及哈特向书中〔216，790〕所提到的另一些学者。沃格尔讨论过这个领域中的德国文献，附有广泛的文献目录〔89〕。⬅）

赫特纳说，历史地理学不需要从一个区域最早的历史开始，布朗也对此作了论证。作为地理学，它不需要按时间顺序开始、进行和结束，作者想研讨什么就可以研讨什么时期的地理，就与人们研讨现在的地理完全一样〔布朗，334〕。

然而这个领域的大部分学者在历史观点的影响之下，却感到首先须努力复原史前景观，然后才复原以后各时期的景观。但是正像布朗所指出的，在世界各地区中，我们拥有的资料似已可靠和充分得足以研究其史前或历史早期的景观的，真是凤毛麟角。由研讨现在的文化景观，由古代探险家和移民所作的少得可怜而且极不可靠的描写，只要发挥想象力，也可能作出复原，这虽然可能非常有趣，但其科学价值却是大可怀疑的。索尔提议，“估量人类所造成‘破坏’的主要数据界线”，应由“自然‘原生’植被的复原中取得”。所谓自然“原生”植被，即存在于“人类登场以前”的植被，不论那是在什么时候。这个提议只不过是劝人去做办不到的事情罢了。我们必须更经常地由研讨植被破坏的历史记录来得出这“数

据界线”。

因而为了以更可靠的资料进行研究工作，布朗有意略去较古时期，因为可靠资料很少；他挑选了他那个地区历史上的第一个时期，他找到有充分地理特性的可靠资料，能证明对当时地理的科学复原是正确的。

诚然，布朗的方法要求他主要依靠历史资料，亦即过去的记录，因而在某种程度上也要用历史方法。这看来可以证明赫特纳的结论是正确的：“开拓历史地理学，大半有赖于历史学家之手”〔*161*，151〕。但布朗已经论证过，核实和解释地理资料的历史记录，需要有修养的地理学家的知识和才能。他解释了康德的这句话：熟悉现在的地理，能提供利用历史记录来解释过去的地理的手 187
段〔*40*，§4〕。在这样做时，他没有为历史发展而追踪历史发展，却是为了地理学而利用它〔哈辛格，*165*，14f.〕。因此他的产品——最后的检验——性质上与历史学家所能生产或会生产的东西根本不同〔*334*〕。

还有一个考虑可能推动区域地理学家去详细研究地区的历史地理——过去一个或不止一个时期的历史地理，然后才拿出他对现在的研究来。某些地区的地理，与人们据目前情况料想的有天壤之别，这或许多半是由于过去某一时期的地理条件所决定，而不是由于相当持久的状况一贯发展的结果，因此如果先描绘这一时期的历史地理，就很容易了解现在。威尼斯城市研究是一个极好的例子——充分解释15世纪威尼斯地理，对了解现在的城市具有头等的重要意义。同样，在开始研究1937年多瑙河中游各国的政治地理时，作者发现这一时期的很多情况（同样情况仍可适用）是由 19 世纪的政治地理所决定的，所以值得先提出相当详细的战前奥匈帝国政治地理研究〔*358*〕。但看来没有用同样方式来描述更早时期情况的必要，虽然详细的分析，在某些问题上也需要考察早在好多世纪以前的某些特征。

最后还留下一种历史地理的研究形式，它与历史学要接近得多。如果地理学家研究单独一个区域——或一个区域的一部分——的两个以上不同时代的历史地理，他当然会关心几个画面之间的差别。我以为这是 S. D. 道奇特别感兴趣的研究方式。虽然这种研究方式以很强的历史倾向——研究变化——为特点，但作为比较历史地理学的一种形式，看来是可以占得一席之地的(试再比较福尔茨关于地理学中的历史节奏的概念〔*243*〕，以及布尔格尔的讨论〔*11*，103f.〕)。

因为这里的比较是通过几个时期的横截面上得到的地理比较，所以也许可以把每个这样的横截面作大的划分，组织成这样一种研究，但在每个这种大的划分以内，地理研究却不按照年代学时
188 间表来进行，而是照方志学组织起来。罗伯特·霍尔对日本东海道道路和区域的研究提供了一个具体的实例，他的研究描述了 3 个不同时期那一地带的地理〔*350*〕。最近由达比主持的《1800 年前的英格兰历史地理》一书〔*339*，评论〕，由不同作者写成的各章中，可以看到两种迥然不同的研究：即为描述过去地理的时间横截面而设计的研究，和集中于给地区带来变化的历史事件和经济发展的研究，瑟尔希对此曾作过评论。⬅

理论上，人们可以构想任何区域无限数量的独立的历史地理，如能把这些历史地理以快速的连续顺序加以比较，就可以获得从最远古时代到现在一个地区地理的电影。但在实践上这却是完全不可能的，因此确乎就有了历史学与地理学的分家。我们既可比较过去各时期较为小量的区域地理横截面，也可密切注意某些特征的详细发展过程。但研究某些特征的发展过程，却是对那一类现象的系统研究的一部分，按研究过程的观点而异，既可以是与此类现象有关的一种系统科学研究，也可以是一种系统历史研究。

最后，历史学与地理学的完全结合，可能表现世界地区变化和时间变化的完全组合——这就是现实。但我们想不出方法来制作任何形式的电影，能够同时表现即使是一个区域的千变万化的面貌，即使只是个大轮廓。我们不得不区分出历史观点与地理观点，为了能精通其中的一种，我们心中需要牢记着两者的区别。

189 # 第七章 地理现象限于感官所感知的事物

一、在当前思想中的意义

地区中哪些现象是最适于地理学家的磨子制粉用的麦子，这是历来没有解决的难题。认为地理学像历史学一样，是一门综合的而不是系统的学问并接受这一概念的人，都承认无法逃避千变万化、各色各样的现象，这些现象结合起来形成一个区域的性质。虽然这些现象本身都可以成为各门自然科学或社会科学系统研究的适当资料，但同时也都适合于历史学家研究，只要它们所显示的差别对综合关于时间的差别问题有意义就成。同样，如果它们显示的差别——在它们本身或在它们与其他现象的关系上——对综合空间存在的现象问题有意义，那么不论其固有性质如何，它们也都是地理学家恰当的研究对象。

另一方面，一小群追随施吕特尔、布吕纳、帕萨格和索尔的学者，却把地理学家对一个区域的调查限于物质特征（包括自然特征和文化特征两方面），而排除了一切非物质的文化特征。于是地理学历来总是包括人类及其劳动成果——但也只是他的物质的劳动成果，通常是那些看得见的东西。虽然这种限制可能显得有点武断，但其背后的促成因素却值得我们尊重。正如它最早的倡导者施吕特尔所说的，地理学所需要的是“题材上的限制和观察上的客观性”〔*127*〕。

我们已经看到，地理学中大部分流行的方法论问题，以前各个时期都曾反复讨论过，与此不同，目前这个问题却显得比较新鲜。无论洪堡还是李特尔，还有他们的先辈和一个多世纪以来追随他们的人，都毫不踌躇地考虑过这一限制要排除于地理研究范围之外的许多种现象。可是在过去30年间，这个问题却一直是德国文献中许许多多讨论中的题目。稍晚，这个问题又流传到我国来，虽则主要限于口头讨论和教科书中，但对地理研究的性质却有重大影响，这一点我们下面要谈到。正因为如此，所以这就需要仔细考察。

毫不费心地提出某种理由就肯定这种限制，已经是很普遍的 190
惯例。不少人误信这是德国整个近代运动的观点，包括如赫特纳这样一些代表人物，但实则他是竭力反对的。索尔在社会科学大百科全书中把地理学写成一门社会科学〔*85*〕，他把两种地理学家作了对比：一种是研究关系的，他称之为“人文地理学”；“另一种则把注意力放在那种赋予地区以特性的物质文化（后称‘看得见的’）要素上。”①

实际上德国地理学的情况与美国地理学家的设想差不多正好相反——当然并非关于方志学本身，而是关于这种现象的限制。虽

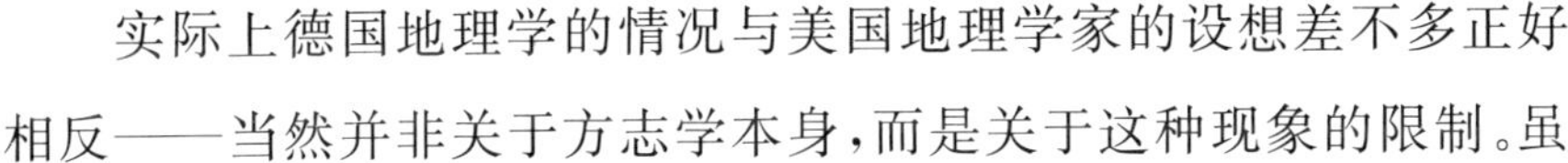

① 参考大百科全书中论述地理学各个方面的整个章节〔*85*，*86*，*87*〕的学者，尤其是非地理学者，很可能得到一种混乱的印象，比这一学科中实际上存在的更甚。索尔引用来支持他的论点的重要参考书目，其中一种是瓦洛所著。看来瓦洛是下面论述《人文地理学》那一节的作者，索尔却把它解释得使人以为是相反的观点了。此外，收进这一参考书目，似乎是要把瓦洛归入限制地理学于物质事实的人们之列，事实却远非如此〔参看 *186*，84，姑且不提瓦洛的政治地理著作〕。顺便要指出，用“文化地理学”这个术语来称呼一种排除掉大部分文化现象的地理学形式，也似乎有点奇怪。

然施吕特尔早在1899年就提出这个限制〔*122*，65〕，而在他1906年的著名论文中又更详细地提出此事〔*127*〕，但1920年他却承认“很少受到注意，更少有人赞同”〔*148*，213〕，8年以后就不再有人支持他了〔*247*，391〕。帕萨格在某些方面也追随他，常常对批评家发泄忿怒情绪。这些批评家虽然称赞他多产的研究工作，但却不接受他的方法论论点，更糟的是甚至不予理睬〔韦贝尔，*250*，475〕。看来像是支持这一限制的另一些德国方法论作者，就只有蒂埃森和彭克了，不过还要加上格拉内、布吕纳和米丘特等其他欧洲国家的作者。其他作者或是完全对这一提法置之不理，或是直接对这一论点表示反对。后者之中可以举出：赫特纳、菲利普森、苏潘、奥伯赫默、萨普尔、格拉特曼、哈塞特、海德里希、弗里德里赫森[①]、福
191 尔茨、劳顿萨赫、哈辛格、班斯、毛尔、瑟尔希、韦贝尔、布尔格尔，还可以加上两位极其细心地考虑过我们这一领域的哲学家——格拉夫和克拉夫特，还有意大利地理学家阿尔马基亚。最后，如果要从这种限制的支持者的名单中减去那些在实践上屡次把它置之度外的人，那么(可能)除了格拉内和米丘特外，就一个也没有了。

鉴于这些事实，我们讨论这一论点，以为在当前地理学思想中无足轻重，也许是有理由的。另一方面，少数美国地理学家却老是翻来覆去地讲着这种限制的话，看来它已经在当前思想里根深蒂固了。在牵涉到政治地理学时引起对它的反对〔参看*216*，800～

① 索尔引了〔*84*，188〕弗里德里赫森所写的一篇论文，来说明施吕特尔和米丘特的立场与赫特纳的不同之处。弗里德里赫森在此文中表示自己一般同意赫特纳，觉得施吕特尔的观点“太狭窄，因而实际上行不通”(zu eng und praktisch schwer durchführbar)，并以颇长的篇幅细述反对理由〔*230*，159f.〕；索尔提及弗里德里赫森的另一篇论文，按所注出处，却无法在书刊中找到。

804〕,或者提到赫特纳对它的抨击,这些都没有引起什么反应,不过是老调重弹,以为早有更高的权威下了定论。因此从地理学领域总体的观点对这个论点彻底考察一番,看来是必要的。⬅

对这种限制本身有点难于考察,因为它的许多支持者对于要排除掉什么意见不一。这个概念最初的形成似是从 Landschaft 作为“景观”这一意义派生出来的,但是正像我们说过的,这一术语在地理学家的用法上,含义几乎人人各异。在理论阐述上,大多数“景观纯粹论者”——借用迪金森提出的一个方便的术语,他是指那些以此种方式限制地理学对象的人〔*202*〕——都把地理学限制于 sinnlich wahrnehmbar,即感官可以感知的对象,不论是景象、音响、气味、触觉,所以格拉内提出反对,说是赫特纳在把一个地区的“特性”(Wesen)的概念简单地与该区的形状或图景(Bild)作比较时,并没有正视这个问题〔*252*,177〕。但是如果赫特纳的论点不适用于景观纯粹论者的概括表述的话,那么确实也适用于他们的详尽讨论所提出的观点。因为在这些讨论中,他们几乎都只说到事物看得见的一面,当他们把一个地区内的事物合起来考虑时,他们心目中显然只有 Landschaftbild,即看得见的景观。诚然,根据这一限制,任何不包括在内的物质之物(例如气候条件之类)也以其他感觉可感知为理由补上去了,但只用一个单元概念把这些事物结合起来是不可能的,下面这一事实反映了这一点:这些作者没有一个发现还有什么别的表达这个总和的方式,除了他们为此而创造的术语,或者如“一般是看得见的”之类不明确的说法,最后或者只说“地区”,然后又告诉我们说,“地区”并不包括该地区里所有的事物。格拉内曾试图把这一概念构想得比别的学者更合乎逻辑,

192 但就是他本人，实际上也受着对象的可见性的制约。于是他觉得衣着的颜色比式样重要，在人们成群地出现，形成一种看得见的形体的地方，一般就形成 Landschaft 的一部分〔*93*〕。只有根据事物在我们感官上留下多少印象来决定地理学上什么有意义这个问题时，这些结论才是合乎逻辑的。在这种情况下，格拉内说得好，所有在我们近邻以外的东西，只能按其能见度来考虑，但这只不过是景观图像(Landschaftbild)而已。如果要点只在于事物须以某种方式为某一感官所直接感知，或者更简单一些，必须是物质之物，那我们又怎能说衣服的式样和质地不如颜色来得重要呢？成群的人难道比分散的人有更多的物质性吗？

格拉内显然会再加上一个限制来回答这个问题，这个限制原由施吕特尔表述，并为索尔〔*85*〕等所接受，但并未得到所有的景观纯粹论者的承认。按照施吕特尔的说法，地理学家的注意力须朝向"具有地区广度的富有表现力的特征，与个别物体迥然不同"〔*148*，148，152〕。根据这一点，他就要把聚落形式归入其中，而房屋形式则否〔*216*〕，而激起布吕纳和帕萨格的追随者极大注意的，却正是那种特征。施吕特尔承认，这同一原则使人变成"景观中的沧海一粟"，要摆正人类在地理学中的位置，所有这些学者在这方面都曾遇到困难。对施吕特尔来说，我们对人类的特殊兴趣起了放大镜的作用，因而使人文地理学成为与自然地理学同样重要，这样问题也就解决了。另一方面，放大的程度也不会大到使我们注意人的肤色，我们的耳朵也不会辨察他所讲的语言〔*127*，17，28～29，特别是 *41*〕。

虽然格拉内的结论看来更有一贯性，但我们却可能怀疑它是否真像表面看来那样合乎逻辑。如果成群的人成为一种现象，形体上可以感知，并覆盖着一定的地面广度，但这两种性质也不过形成人群的每一个人的可感知性和地面广度的数学总和而已。即使你要把他们分散，他们合起来仍然覆盖着恰恰是同样大小的地面，如果我们分开来看待每一个人，他们也都是物质之物，我们对他们的总的知觉，可能也不下于对他们的群体的知觉。如有什么差别，也无非在于他们在可见景观的感觉——我们的心理反应——中形成的那一部分罢了。

也许正是这个理由，帕萨格才觉得把人包括在 Landschaft 的描写里并无困难。“农人犁田——也许穿的是鲜丽的衣服，牧童歌唱，或采葡萄、刈麦的欢乐的人们”，所有这些都可以包括在 Land- 193
schaft 的形式里〔*268*，74〕。另一方面，他又断言人本身对形成 Landschaft 没有什么作用（nicht Landschaftsbildner），不可用以划定 Landschaft 区〔*268*，1〕，这却把他的读者完全弄糊涂了。早期书刊中的一些稍有不同的说法，甚至更不清楚，所以如果格拉特曼和韦贝尔对他的话所作的解释，与帕萨格本人及其学生的解释不同〔*236*，331～337；*250*，477，回答，166～168〕，也是毫不奇怪的。

然而这一类困难却不应使我们抛弃一个在别的方面也许是有价值的概念。当然，在我们要卷入显然极其困难的定义问题以前，我们想用三个更具根本性的标准，大体上检验一下这个概念。它是合乎逻辑地建立在科学的一般原则上的呢，还是建立在作为方志科学的地理学的一般原则上的呢？它是否体现了地理学领域中在历史上一贯的发展呢？它是否提供了可能取得一致意见的基础，以限制一个现在已过于宽广、致使单独一群学者无法有效地进行研究的领域呢？让我们逐一按照这些问题来检验这个一般概念吧。

二、建立这一限制是否合乎逻辑？

推荐或者甚至坚持这一限制的美国地理学家，没有一个作出过彻底的研讨，使我们可以从中检查其逻辑基础。他们不但在提出自己的研究成果时，而且在有些场合在批评别人的研究成果时，都满足于绝对的说法，对于这些说法，除了国内外各地理学家的权威以外，再没有提出什么别的根据。检查这些权威的文章，并没有看到为这种限制进行逻辑上的辩护。因此，为了检查他们论点背后的推理——我们假设它定会有推理上的根据，我们也只限于近年来本协会举行的几次讨论会中提出来的一些零散论点。虽然这些话多系即席发言，但在发表前作者都有机会作过审查。无论如何，这里并没有想抓什么有漏洞的词句的意思，无非是力求理解这些发言提出什么思想罢了。

在一次这样的讨论中，特雷瓦撒和芬奇分别发言，强调地区“可观察的特征”与另一些大概不能观察的特征的区别。地理学家直接关心前者，这是“主要的地理事实”；他只是间接关心后者，这
194 是“次要的地理事实”，芬奇也称之为“解释可观察的特征所需要推断的事实”〔*287*，111；*288*，117〕。这些话很像是表达科学推理逻辑的基本区别，但又表达得是否正确呢？

无疑地，我们必须把确系事实的事实——即作为被观察到的现象，“不能来自任何别的东西的……一切思想的基本资料”——与我们根据推理假设是事实的东西明确地区分出来〔巴里，*114*，

92〕。于是，在芬奇所引的实例中，如果考查岩石本身，直接观察到侏罗纪岩石中有硬岩和软岩，这就是主要事实；但如果是从山脉形状推断出来的，那么就是次要事实了，即使它可能是“可观察的”。

说只有物质的事实才可能直接观察，因而物体种类上的差别引起了事实种类上的逻辑区分，这说法也许会受到反对。但我们“观察”物质事实绝不限于直接的手段；相反，更准确可靠的判断方法往往是间接的——特别是在像天文学和物理学那样一些极精确的科学中。间接观察和从推理作出演绎的区别，并非总是泾渭分明的，这一点在此与我们无涉。这里只须承认，下面这样的事实是由间接观察方法充分证实的，应当认为是有关科学中的主要事实就好了：美国有一个共和制而不是专制形式的政府；1861 年前我国南方许多居民都是奴隶；或者阿拉伯人在宗教上大部分是伊斯兰教徒。

因此我们的结论是：主要事实和次要事实的正确逻辑区分，与地理学中的物质事实和非物质事实是毫不相干的。我们对世界上许多地区自然植被的认识，都必须归入次要的一类——由土壤、气候、退休器官残余等主要事实推论出来，而我们对于语言、风俗习惯、不同民族分布的认识，却由主要事实组成。换言之，正如赫特纳所说，一切事实——从基本资料本身的有限意义上说——无论是物质的还是非物质的，必须由我们的感官以这样或那样的方式去观察，才能认明是事实〔*126*，555〕。所以“可观察的”一词——或者换一种说法，“感官上可感知的”——并没有为地理学提出什么明确标准。

倡导这一限制的人，在讨论中最后虽然被迫把要研究的东西 195

单单规定为物质之物，但他们还是死抱住“可观察”的概念不放，这是值得注意的。比如芬奇和特雷瓦撒都说到“可观察的物质特征”〔*322*，5〕。很明显，叠床架屋的辞藻，是为了强调只有这些直接可观察的东西——也就是物质的东西——才应加以研究。主张地理科学直接考虑的东西应限于这些对象，景观纯粹论的许多论点都捍卫这个主张，就是以下面这两个或其中一个不同的假定为根据的：一是关于一般科学的性质，一是关于地理学作为一门“观察科学”的性质。

第一个假定是由格拉内非常明确地提出来的〔*252*，38f.〕。虽则他承认一个地区的物质现象和非物质现象形成一个统一体(Einheit)，但他却坚持地理学必须直接考虑物质事实，而把非物质事实留给社会科学。只有作了这样的限制，“我们才能自然而然地以常(gesund)人所见的方式来理解和描写我们的对象。”他声称这是一般科学的重要特点。换言之，必须使地理学与一个科学假定相一致，这里所说的科学要把社会研究除外。总的说来，我们可以指出，这个论点不管有没有明说出来，都是提出这一限制的人们所持大部分论点的基础。有的人坚持，地理学必须按地理学来划定自己的范围，而把在某种特定意义上它是不是一门“科学”的问题留作第二位考虑，这样的人可能把这些论点当作不相干而搁置在一边，但指出这些论点所导致的矛盾却是有意义的。

在上述那次讨论会上，芬奇和科尔比的讨论特别清楚地显示了这个矛盾。芬奇反对道：“一个地区是怎样的，这牵涉到主观思想。你看到的只能是客观的东西”〔着重点据原文，*288*，122〕。实际上情况正好相反。包含物质事实和非物质事实的地球表面外壳的特定部分，是一个片断的客观实在。非物质现象的客观性并不低于物质之物。寻求客观手段来观察这些现象，这只不过是方法问题。当干旱把大平原的麦地变为“风土侵蚀区”(dust bowl)的时候，农民普遍破产，忧心忡忡；这些事实的客观性，并不低于当年夏季降雨量不足的英寸数，或多年来土壤腐殖质含量的减少。这些非物质的事实没有一件能以任何精确度直接观察到，但每一件都可以用间接方法相当可靠地观察到。另一方面，即使十分严肃的科学家，有时也会看到一些并非客观的事物——如海市蜃楼之 196
类。无论如何，即使我们可以假定所看到的东西大部分是客观的，但我们也不是客观地去看的；确实，科学最重要的格言之一是：“事物并不与外观相一致”。

顺便要说一句，我们可以指出，关于科学性质的假定，一般甚至连自然科学也不适用，更不用说最准确的物理科学了。后者不单与物体的研究有关，而且还直接与力的研究有关，而力却是感官知觉不可能直接观察到的。物理学家并不等到确信 X 射线是由物质粒子组成之后，才来研究这种射线。如果照传统的说法，牛顿得到重力概念，是因为苹果落在他的头上，那他也不是靠触觉观察到那种力本身，却只是运动着的苹果。物理学研究重力，那就是说，仅仅靠间接的观察方法；重力并不是一种物质的东西。

我们可以追问一下：在自然地理学中类似的事例为什么却不是同样明显。毫无疑义，如果地球形状远非球形，那我们就会有一个清楚的实例。假使地球表面不同部分的重力变化，达到 1/3 或 1/2 的程度，那么自然地理学也就很难回避承认，这是所有地理因素中最重要的因素之一。这也会在地理学家要研究的大部分有形之物的主要差异中反映出来，却绝不能直接观察；它不会是一种物质之物。有兴趣循着这一思路思考的人，可能会考虑风究竟是不是一种可以直接观察的物质之物——是否应当说它是大气分子运动的现象，所以我们感觉到的不是真正这种运动的现象，那只不过是大气分子迎面扑来罢了。

后一种考虑无论在理论上如何无懈可击，看来却可能晦涩难解，所以我们不必重视。重要的结论是：大而观之，科学是靠客观手段来认识现实的，一般说来并不需要局限于一定范畴的现象。科学家要做的事就是探求知识，只要客观的研究方法容许就行，不论直接的方法还是间接的方法。如果非物质的现象能以间接但却客观的测量方法来测定，那就是某些科学家研究的现象。但还有第二个问题：地理学的特殊性是否需要排除掉非物质现象呢？

197 索尔坚持地理学必须“要有一定的观察范围”，但在这范围内，“我们须按照手头最好的方法来观察、描写和说明”〔*84*，186〕。地球表面上的一个地区就是一定的观察范围，但研究一个地区，在逻辑上就须包括其中所有的重要现象，不论是哪一种，都用手头最好的方法去观察。狭义地说，看得见的景观构成一种实在——即外表，虽可视为一种观察范围，但不论索尔还是别的学者，都不想把地理学限制在这一范围内，理由很明显，下文就可以看到。但我们觉得，把地球表面上挑选出来的物质之物的总和看作一种观察范围，却并不恰当。去除掉非物质现象的关联成分，这样的总和就瓦解成许许多多不同的观察范围，正像所描述的不同范畴的物质之物一样多。把这样挑选出来的一批参差不齐的物体任意加上一个名称——“景观”，并不能使它们就变成单一的观察范围，徒然使我们看不清它们实际上却不是这样的东西。这可以由下面两点进一步证实：不但英语、德语在日常思想中都没有一个表示这种物质之物的总集合体的词，而且有关学者甚至连大体上对他们所要表示的概念究竟包括着什么内容，也是意见纷纭。

因此我们看到支持这种限制的人又转而求助于这种论点：地理科学是一门以一定的方法或技巧来研究现象的科学，所以它从地区现象中挑选其观察技术所及的现象。看来格拉内是这一领域中实际运用过耳鼻的唯一地理学家，所以我们不妨假定（为了简单一点——这与本论点无关）：这种技术只限于视觉观察。可是赫特纳诘问道：为什么要对地理学家看事物的方式加以限制呢？有什么别的科学是这样作自我限制的呢〔*167*，279〕？如果天文学家听说物理学家发明了不用肉眼或望远镜来观察星球变化的技术，天文学家是否就必须拒绝使用肉眼或望远镜呢？受过野外工作训练的地质学家有没有踌躇不决，不敢大胆使用显微化学的方法来研究从野外带来的岩石，把地质学定义为，比如说，铁槌的科学呢（赫特纳）？索尔声称历史学家以文字记录为限〔*84*，185〕。虽然流行的思想也许会接受这样的说法，但历史学家却不接受这种限制。确实，特雷瓦撒给我们提供了一个对密西西比河上游早期法国人聚落的异乎常理的研究：地理学家研究这些聚落主要是据文字记录，而历史学家则再加上调查古代壁炉的遗迹〔*393*，188〕。一般 198
地说，历史学家只要找得到一点过去的证据，都会毫不犹豫地加以利用，包括口头传说、地图、图画，还有遗址、工具、器物，可说“遍布全球的人类活动的所有物质遗物”〔*118*，310f.；又见 *117*，1～23；*119*；120〕。

当我们考虑地理学家——包括景观纯粹论者——所用的实际技术时，这种理论上的论点似乎又完全消失了。显然，地理学的研究对象未必实际上都要靠感官来观察，只不过应该是或者过去曾经是（以这一方式）“可观察的”罢了。举个具体事例，这个论点似乎就是这样：18世纪时一个法国军官写的笔记，描述他在密西西比河上一处设了一座堡垒，这就构成了“主要地理事实”；他说到他的士兵都是法国人，周围的土人则是印第安人，这给我们提供的就只是“次要地理事实”。对科学总的说来，这两组事实的重要区别就在于：后者看来十分可靠，而前者我们却不很拿得准〔参见，*393*〕。

同样，没有一个人曾提出，地理学家对气候条件的知识应以感官的感觉为基础，不论是他自己还是别人观察到的。反之，这种观察却极不可靠，这也是自明之理。我们完全依靠间接观察方法得到的资料，比我们对地理上各种物质现象直接观察的结果要可靠得多。但关于世界上大部分地方政治主权的地域范围，我们的资料甚至还要更可靠。

简言之，地理学家早已在实践中认识到，对于许多人人都同意必须研究的特征，我们不能依靠什么直接观察方式。相反，正如R. E. 道奇在讨论这个问题时所说的，我们直接观察到的东西，比起间接获得的，其可靠性和意义可能要少得多〔*287*，110〕。至少尚未有人提出过，这些观察物质对象的间接方法与观察非物质现象的间接方法，其间的重要差别究竟何在。最近芬奇确实承认，我们感知“人类动力的活动和力量”的手段，与直接的观察“只略有差别”。此外，他说这些现象“是所有区域地理学家都承认的”，但究竟是作为主要的还是次要的地理事实,他却未曾细述〔*223*,14f.〕。①

还留着最后一个逻辑论点,可能看来是要把地理学的注意点 199
限制于物质之物的范围内。格拉内主张,物质之物与非物质之物不同,具有空间广度,因而在作为地区研究的地理学中,只有这些才是重要的〔*270*,297〕。同样,米丘特也明确地说:“如果地理学真正是一门‘方志学’的科学,那么它的对象就必然会是物质的”,因为——正如他在一条反对赫特纳观点的脚注中所加的——“空间概念主要是与‘物质’观念相联系着的”〔*189*,43〕。

米丘特关于这一问题的讨论,是在一篇基本上涉及一些根本性问题的长文结尾提出的。也许正因这缘故,他并未像考察前几个问题那样,根据地理工作的具体实例来检查这个问题——即推理的方法,他建议用来与原理的讨论相对照,而“原理的讨论是门外汉在此种问题上犯错误的根源,甚至连相当一部分地理学家也如此”〔*23*〕。如果我们承认——当然我们也必须承认——空间概念必须与物质基础联系起来的话,那么是否可以因此就说,不同空间的内容和特点的差异就完全局限于物质现象呢?不论人类生产或使用的是什么,不论是一座房屋、一件工具、一种语言、一种风俗、一种政治上的效忠或者一个想法,都是具体地落实在地球表面人类生产或使用它的地点的。这些东西在搬运上难易不同,是无关紧要的——确实,一种工具,特别是一类工具,或者甚至是某一种房屋式样,事实上要比一种语言更经常地被搬移。科

① 芬奇在他很有启发性的方法论阐述中很少触及这个问题,因而弄不清究竟是他的观点五年来已有所改变呢,还是我们误解了他当时的阐述——一般说来,他是否确实主张目下所讨论的这种限制中包含着的区别。无论如何,这里讨论他早期的论点,是因为其中清晰地提出了那些确实坚持这一限制的人们的观点。

学所知的非物质现象都是与特殊的有形之物，即人，联结在一起的，因此是能够在空间关系上——在与它们相联系的人们所占据的地球表面各处地点上——明确地找出其位置的。这种联系在许多情况下确实都只是短暂的，关心更持久的区域特点的地理学家，会把这种情况略去不予考虑，其理由正与他会把平年农庄谷物产量略去不予考虑一样。但把“短暂”这个形容词与非物质现象联系起来，而与物质现象相对照，却是错误的。中国的语言和风俗习惯要比居民的房屋古老得多；如果一代又一代，在田间总是看到水稻这种同样的庄稼，这主要并非因为土地的特点，却是因为把稻谷视为主食的旧习惯顶住了外来思想影响而保持下来的缘故。

200 米丘特在他的论文中直接论述人文地理那部分写道：“地理学本来的目的应当在于‘划定’和‘描述’以某种聚落形式、以某种房屋形式等等……为特点(caractérisés)的各种‘地球空间’”〔*29*〕。但如果对一个地区可以用本区内最常见的房屋形式来描述其特点的话，是否也可以用该区居民的语言，或者用该区特有而与他区迥然不同的某种特殊风俗习惯来描述呢？维达尔说得好，如果国家的概念与其居民分不开的话(第四章之一)，那么它就不但包含着居民分布的铁的事实和铁的特点，而且还包含着别的种种特点，也正是这些特点才使他们作为一个地区集团而与其他地区集团判然有别。在米丘特的整篇论文中，我找到的对这一论点的唯一异议，就是没有作一点解释就假定：一个地区“独具的特点”只限于肉眼所见的特点〔*30*〕。

毫无疑义，空间的延展性是按以方志学概念为基础的地理学定义进行研究的任何事物的基本条件。但我们必须更密切地考察地理现象是如何具有空间延展性的。正如洪堡等许多学者迄今所说过的，个别动植物与地理学无关，有关的却是地球表面的“动植物覆盖物”。显然，“覆盖物”一词不能从字面上去理解：植物群落实际上并不能“覆盖”任何地区，动物群更不必说了。我们并不因为沙漠植被所占空间比穿插其间的不毛之地要少而不予注意。我们毫不犹豫地给乡村地区房屋样式绘制地图，即使它们在有关全地区中只占很少一部分；只要某一乡村地区的每座房屋都是属于同一样式的，而且与邻区的房屋样式迥然不同，那么地理学家就会承认一个地理事实，其意义与个别房屋的总和所充满的看不上眼的空间是无关的。

换言之，空间延展性概念并不要求个别现象实际上遍布地球的某一地区，而只要求这些现象一般地能表现这一范围的地区空间的特点。马扎尔语是一种非物质现象，一样能表现多瑙河中游一定地区的特点，一样与这一定空间联系着，丝毫也不亚于那农场水井的一定形式，或者那巨型的农业村庄。

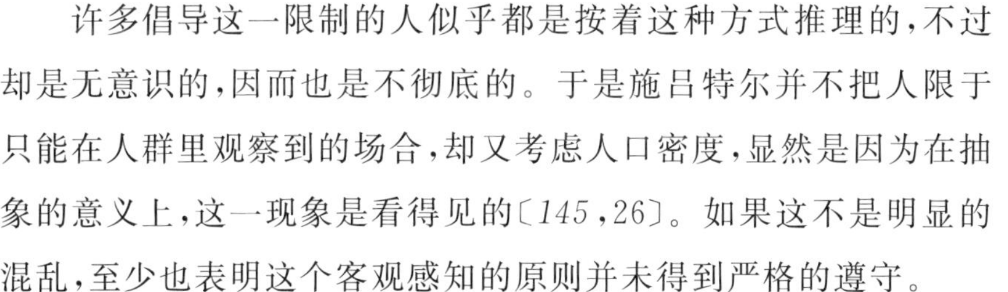

许多倡导这一限制的人似乎都是按着这种方式推理的，不过 201
却是无意识的，因而也是不彻底的。于是施吕特尔并不把人限于只能在人群里观察到的场合，却又考虑人口密度，显然是因为在抽象的意义上，这一现象是看得见的〔*145*，26〕。如果这不是明显的混乱，至少也表明这个客观感知的原则并未得到严格的遵守。

事实上，格拉内至少凭推理认识到，在这里所规定的意义上，非物质现象可能是具有地区广度的，但他却不予考虑，因为太难利用它们来确定区域界限了——他把区域划界视为头等的重要问题〔参看韦贝尔的批评，*266*，204〕。他所排除的许多现象——如语言、宗教或识字率——的地区范围，往往都是比他眼中的“客观”现象的地区范围能更可靠、更准确地确定的。在所有表现各项地球实际的地图中，以有组织的国家政治地图为最可靠、最准确。语言分布可能难以正确绘制，但也要比绘制如地形分布图之类的困难少得多，更不用说自然植被了。

如果地理学真的可以局限于地球上非人文方面的话，那么它也许就不会有研究非物质现象的困难。一旦地理学家同意——他们一般也常常是同意的——他们要研究人文或文化地理，他们也就要致力于研究文化的以及自然的东西。文化基本上是非物质的，会显示于非物质的和物质的成果中，这两方面都要受到科学的观察。如果说文化在其物质表现形式上有重要地理意义，而在其更根本的、非物质的方面，反而没有地理意义，这就极其离奇了。除非能证明这一点：地理学要局限于物质的东西，而仅仅在其物质表现形式方面考虑文化这个主题，否则就根本不合逻辑。

三、这一限制是否与地理学领域的历史发展相一致？

地理学普遍采取这种限制，绝非这一领域发展中一贯的步骤，而是根本背离了地理工作的〔赫特纳，*167*，228f.〕。这一来，这一领域中的好几个分支，像地理学本身一样古老，而且地理学家还怀着特别兴趣加以培养的分支，就要被砍掉了，特别是民族地理学和政治地理学。伊斯特表达了地理学的传统观念。他说：“世界的国家结构……为地理分析、分类和解释提供的现象，不亚于其自然构造。国家正像自然地理区域一样，有它的起源、历史、个性和关系”〔*199*，220〕。难道真的有人认为对于研究波希米亚的地理学家说 202
来，即使房屋、农庄都相似，了解哪些部分性质上是德国的，哪些是捷克的，都是与他无关的吗？帕萨格在他的南蒂罗尔一部分的景观研究（Landschaftskunde）里仔细考察了房屋建筑，但却没有指出那里的人民是德国人还是意大利人〔*268*，7—54〕，对此人们也不会怀着特别的民族主义利害感，觉得其中缺少了什么东西。

无疑，地理学由于剔除了许多杂乱的资料而得到好处，这些资料按其本来性质为经济学、天文学和地球物理学所接受。但在我们把这一领域中一些历史悠久的部分大砍大削以前，想一想某些后果是有益的。

首先，谁会慨然接手这些我们要割弃的领域呢？谁肯关心好好地耕耘这些园地呢？是否就应把它们向划得很窄的科学之间的真空地带一丢了事呢？例如，就政治地理学而论，我在别处即曾指出，没有理由设想政治学家无论在兴趣或修养上都已做好准备，要来接手地理学家长期耕耘过的这片园地〔*216*〕。另一方面，当格拉内之流学者告诉我们说，脱离了地理学，经济地理学及政治地理学同样也能很好地发展的时候，人们可以诘问，他们有什么资格为这些领域说话。假如政治地理学家要求让它们独立，那又是另一个问题；但就我所知，没有一个研究政治地理学的人曾提出该让他的学科独立。同样，假使政治地理学家在想方设法打入这一领域，那么情况又会有所不同。反之，政治地理学一向是地理学的一部分，其历史与地理研究一样悠久。彭克至少承认，这一新概念产生了一门与古典地理学不同的“新地理学”〔*163*，53〕。因此问题在于地理学

的概念是否可以改变，以便把这一领域的各分支砍掉，而不顾那些极其熟悉这些分支的人们的反对。

从对政治地理学可能感兴趣的人们的观点来看，我们在这里提出的问题绝不仅仅是个学术问题。大部分重要的政治地理学者都承认这门学科要继续健康地发展下去，还得依靠它继续保持两千年来在地理学中的地位，作为它的一个密切的部分。这门学科中大部分有重大价值的成果，都是一些以地理学家为主的学者做出来的，如拉策尔、瓦洛、西格、瑟尔希和毛尔，以及彭克、苏潘、维达尔·德·拉·布拉什和鲍曼〔*216* 专题参考书目；除此以外还当
203 加上维达尔对欧洲国家和民族的研究，*79*〕。此外，一大群地理学家对政治地理学已经作出了并将继续作出卓越的研究，作为地理学一般研究工作的一个部分，不论这些著作是独立发表的，还是仅仅作为他们的地区研究的基本组成部分。给作过区域政治地理研究的学者开一份齐全的名单，会包括德法两国的大多数地理学家。美国地理学家要作这种研究的理由较少，也是很自然的事，因为他们感兴趣的北美这个特殊区域，并没有这种领土问题。幸好那些专门研究拉丁美洲的人，毫不犹豫地论述了这种争论中涉及的地理问题。[①]所有这些研究给想望专攻政治地理学的学者提供了有价值的资料，因为这些研究都以彻底了解某些区域为基础，其熟悉程度是他所望尘莫及的。

如果我们现在从地理学的一般研究者的观点来考虑放弃文化地理学——包括民族地理学及政治地理学——这些专门方面的可

---

① 研究区域地理学的罗伯特·S. 普拉特对政治地理学的概念和技术十分熟悉。他写的《亚马孙河上游的领土纷争》〔*380*〕是一个杰出的范例。

能性，是否可以肯定地说，我们这一领域只会失掉一些外围部分，而不会丧失在中心起直接作用的组成部分呢？哈辛格〔*264*〕和惠特尔西〔*289*〕都曾指出，政治地理意识可以丰富一般区域地理学家的研究成果。对于欧洲的许多区域，从事一般区域研究的学者如果不熟悉政治地理和民族地理的原理，就会受到严重的妨碍。

最后，说句公道话，还当指出政治地理学有助于更加明确地理解某些地理理论问题。这样替政治地理学说话看来似乎有点奇怪。地理学领域里的这一分支常常被视为“地理家庭中的任性的孩子”——用索尔的话说〔*84*，207〕，这句话似乎已留下永远不可磨灭的印象。无疑，这个领域中资料的性质以及国家利益的外来影响，使政治地理工作者有陷入论证不周密和带倾向性的危险，但显然这一学科的其他分支会在这方面作尖锐的竞争。另一方面，清晰的思考会有明显的困难，这也可能促使学者比其他领域以更严格的批判态度检查他的假设和论点。此外，这些结论可能具有实利上的重要性——在政治界，各国学者的结论可能会互相冲突，这又可能使论
证方法变得敏锐起来。最后还可能出现这样的情况：别的地理学 204
家屡次提出挑战，要求证明政治地理学这一领域有理，这又使政治地理工作者需要比别的学者更详细地考虑整个领域的理论问题。

无论理由是什么，地理学理论的某些最有生气、最扎实的考虑，是从政治地理学研究中发展起来的。可以特别一提西格对疆界性质的分析研究〔*227*〕，如瑟尔希论述这个问题，以及区域的基本性质的论著〔*237*〕——这是一部本书经常参考的第一流著作。

打算把他们这个学科的全部分支一股脑儿全投到汪洋大海里去的地理学家，不妨回忆一下，过去有个时期，许多地理学家都忽

视所有的人文地理学，并想一想由此给地理学带来的不平衡情况。在芬奇和特雷瓦撒的书中，自然要素成为异常重要的主体，我们又从哪里找得到地理文化要素的系统论述可与之媲美呢〔*322*，10～602〕？这悬殊的差别并不像那些作者所说，单是由于文化特征具有更大的复杂性，由于专门社会科学未能给我们作出可与专门地球科学相比拟的现成分类而造成的〔605～606〕。事实上，幸亏这些学者没有接受地质学家的地形分类，也没有接受“非地理”气候学家的气候分类，而这两方面却都利用了地理学家（包括他们自己）的分类。同样，我们没有理由期望农学家会给我们提供一种适于地理学的农庄分类，或者经济学家会为工业景观特征做同样的事。如果这些地理学家以后也会明白政治特征在地理学中的意义，那么他们也会发现，要不是有的地理学家继续从地理上研究它们，是不会有一种令人满意的分类法的。可以找到一个涉及政治疆界问题的具体实例，这个问题肯定没有被政治学家和历史学家所忽视。然而在地理学家（包括西格、彭克、毛尔和瑟尔希）严肃地考虑这个问题以前，却没有人作出什么差强人意的分类法〔又见 *357*〕。

在要求砍掉地理学这些分支的所有讨论中，存在着一种不现实的态度。科学史表明老干会不断发展出独立的新枝，但要说这是因为对这些新分支的发展不大感兴趣的人们排斥它们的结果，又似乎不是如此，毋宁说这还是由于它们内部的压力。此外，“景观纯粹论者”本人——至少是在欧洲——也并不接受他们竭力主张的对地理学的这种限制。比如施吕特尔提出把人文地理局限于自然
205 “景观特征”的纲领那一年，却毫不踌躇地在一份地理杂志〔*385*〕中讨论“民族”和“民族性”之类极其困难的概念；几年后，他讨论

“地理条件对人口分布和文化发展的影响”，包括国家〔*134*，388～417，特别是410〕，而且此后一直在考察“依地区分布的社会”〔*145*，29〕与国家和土地的关系(Einklang)〔*154*〕。1928年彭克接受了景观纯粹论，似乎表示已经放弃他的战时政治地理兴趣(他作了关于政治疆界理论〔*226*〕的重要的校长讲话之后，接着又在德国波兰边境上进行实际工作)。但同年他又为德国政治地理撰稿〔*249*〕。同样蒂森受了和平条约的推动，不但考察了条约对政治地图产生的结果，而且还解释了政治地理问题〔*390*〕。帕萨格三番五次地考虑过有关民族地理〔*375*〕和政治地理〔*172*；*373*；*376*～*379*〕的理论和实践问题。布吕纳出版了两本政治地理的书〔*335*；*336*〕。格拉内和米丘特是迄今我所能找到的例外。

在我国，发展民族地理或政治地理的推动力历来较小。但还是可以看到，有许多人的一般性阐述，似乎要把地理学领域局限于物质特征的研究，可是又毫不犹豫地把区域的非物质方面的讨论包括在里边。比如，从普雷斯顿·詹姆斯在绪言中的表述〔*321*〕——虽然不是教条式的表述，可以推想地理学家是局限于“有机和无机的事物”，但在地区的详细论述中，他又描绘了维克斯堡的黑人住宅区〔*189*〕，讨论了游牧民的政治活动〔*228*〕、地中海文化思想的融合、“西方文明的摇篮”〔*93*〕，并根据满洲作为一个“冲突的摇篮”的性质来讨论满洲〔257ff.〕。总的说来，凡是区域特有的现象所引起的健康的地理兴趣，都会克服武断地划定的范围。

然而由此而造成的情况，无论研究地理学中非物质分支的专家，还是考察其各个区域问题中这些方面的一般学者，都被弄得晕头转向。他们不知道在这朦胧的边境区中，究竟什么是不应做的，他们又能不能指望这些权威的指导呢？既然权威们有这样根本性的分歧，就有必要简略地研究一下他们各人的意见。

施吕特尔在这个问题上显然曾数度改变主意。他一度明确地写到“内层的”或“真正的地理学”，写到它的外国分支〔*157*，评论，
206 及 *145*，30〕。稍晚，他又似乎曾欢迎过地缘政治学，以为是解决这一问题的办法，至少在涉及政治地理学时是如此，虽则仍留着民族地理学这样一些领域未予解决〔赫特纳开的参考书目，*167*，227〕。说用地缘政治学代替政治地理学十分合适，这在德国国境以外几乎没有地理学家或政治学家肯接受，德国的政治地理学家接受的也寥寥可数。①

布吕纳因提出地理学的“基本事实”在我国已经极其知名了，从书中随手就可引述一些给这一领域明确限定范围的话。人们常常忽略，一旦他“超出了基本事实”——也只在这时候他才考虑区域地理，他的观察范围就几乎是无限的，包括疫病、体力、道德习惯和社会规矩、财产权、集体化、社会团体、股票公司，以及大城市的社会无政府状态〔*182*，517～568〕。只要能看出它们与“尘世的实际”之间的关系，地理学家就可以研究这一切〔参看米丘特的评论，*189*，14〕。这使他可以有几乎无限的范围，在他的两部政治地理方面的书中表现得十分清楚〔*335* 及 *336*；布吕纳本人就把前一本著作说成是“一部有力的、前后一致的地理论著”*83*，23；参看拙作 *216*，803〕。

① 笔者〔*216*，960～965〕和伊斯特〔*199*，261～263〕对 Geopolitik（地缘政治学）的评论，其中收有法国、荷兰地理学家一些类似讨论的参考书目。写作此文时，我还没有注意到赫特纳的批评，但事后却发现他早已得出了颇为相似的结论〔*167*，332～336〕，因而也愈感有趣味了。

帕萨格的概念看来也会引出相似的结论。他的地理学观点绝不是容易理解的,因为他好像在不断改变观点,并且每有思想改变,就立即发表。要想搞清楚他的讨论的人会同意赫特纳的话:"思想从头脑到印刷机所走的路程还是稍稍长一点的好"〔*152*,52〕。帕萨格力言萨普尔〔*238*,评论〕、格拉特曼〔*236*,335〕、韦贝尔〔*250*,166〕和赫特纳〔*242*,162;*167*,277〕一流学者都没有正确理解他,果真如此,那么一个外国学者试图分析他的理论概念就更加冒昧了。但他的思想影响——不论是因为其中似乎表现出有吸引力的可能性,还是因为详尽研究中伴有有力的插图——在我国一直受人注意,所以我们有必要严格地考察一下其中包含的究竟是什么。[①]

幸亏正合我们的心意,经验教会了帕萨格,"初学者要搞清楚景观研究(Landschaftskunde)的思路是困难的"[②],因而他花了点 207
力气作较为详细的解释,并以具体详细的例子来阐明他的解释〔*268*〕。照笔者的判断,似乎大体上有三个等级的地理学。第一,即"纯景观研究"(reine Landschaftskunde),严格限于感官可感知之物。这里是否包括动物和人并不完全清楚,但在此种研究的若干

① 布尔格尔发现有的学者误解了帕萨格,另一些学者则承认不能了解他〔*11*,84〕。赫特纳曾评论他的方法论研究与他作为"一个著名研究工作者"的工作之间的差别。"他的野外研究是很出色的,特别是细节上的准确性。但当他进入方法论问题时,这种准确性和慎重态度却不知哪里去了;确实,他对他所反对的意见连读也不肯先细心读一读,想也不肯先想一想,就盲目地冲向使他火冒三丈的论点"〔*242*,162〕。对这种指摘,帕萨格回答道:这话如果是指他不读赫特纳,"stimmt!"(同意)。他解释道,他不能容忍"哲学"问题的讨论;显然没有意识到他的理论讨论却引入了大量的哲学问题〔*272*〕。从而他证实了布劳恩的指摘是有根据的:"但对准备工作完全置之不理的,却正是他"(A ber gerade er setzt sich souverän über Vorarbeifen hinweg)〔*155*,17〕。此外,韦贝尔和格拉特曼都指出,这话不但适用于方法论讨论,而且也适用于一般地理学文献。

② 引文的后半句不应删略:"关于 Laudschaftkunde,甚至我的大学同事们,总的说来,也只不过是初学者,即使他们可能已经到了耄耋之年"〔*268*,6〕。

方面，肯定也是把人和动物包括在内的。对马德里的地理描写(Stadtlandschaftliche)包括着小姐的龟甲梳和风骚的黑丝披巾角〔*374*，693〕。

其次，看来还有一种 Landschaftkunde 形式，我们必须假设它并不纯粹，但它却考虑 Landschaft(景观)的文化现象(也许可能包括人类本身)依赖其性质的程度〔关于这一点，又见 *267* 和他与格拉特曼的讨论，*236*，331～336〕。于是蒂罗尔山民虔诚的天主教信仰被认为是山区生活的重重危险造成的结果，正像帕萨格在一部早期著作中考察犹太人特点，以为是“由他们的国家(Land)、区域(Landschaft)，从广义上说，也是由于他们的客观世界(Umwelt)的性质决定的”〔*375*〕。同样，在他对世界“主要景观带”的简单扼要的描述中，他指出美洲“没有旧世界的农民阶级，而农民阶级因传统和风俗习惯，总是紧紧地依偎着祖先的火炉的，这是一个民族的可靠的依托”；他在纽约看到“最宏伟同时也最可怕的办公大楼——摩天楼，……人们在那里就仿佛像在蚁冢里一样挤在一起，没有欢乐，没有宁静，透不过气来，卷入疯狂的金钱追逐中”〔*305*，43，100f.〕。

最后，帕萨格谈到 Länderkunde(亦作 Landeskunde)，这个术语迄今在德国文献里都是用以指区域地理学的，但他却赋予了一
208 个十分不同的意义[①]。对帕萨格说来，“Land(大区)是一个人为

① 参考赫特纳，*242*，163。利用旧词表达新义是帕萨格的特点。比如在同一处，他解释一个国家的“自然边界”“不是两个自然景观区(Landschaften)之间的界线”，却是直接通过成因不同的景观区的界线，“因为各国都必须努力争取自给自足”〔*268*，85〕。因为此词先前已被滥用得太多，因而已经丧失作为科学用途的价值，所以在此处造成的损害也是无足轻重的〔参看 *237*；*357*；或 *216*，945f.〕。

地划定边界的地区，一般并不重视景观区”，只是一个政治、历史、宗教或种族地区——最重要的还是国家地区。他的“Landeskunde”所关注的“主要是文化条件（物质、精神两方面）和人口条件（包括性格和才能）对人为划定边界的地域（通常是国家）的依存性”〔*268*，79～83〕。“Länderkunde 是作为 Landschaftskunde（景观研究）的顶峰而得到支持的，它不但作出了目前地区的描述，而且也作出了它的发展的描述；即人及其国家、社会、经济、物质和精神的文化财产的历史描述。因而 Landerchaftskunde 是 Erdkunde（地学）这棵树的主干，它把树根和树顶连在一起——物质的 Erdkunde 和 Länderkunde”〔*257*，2f.〕。

在这一基础上，帕萨格在别处又把政治地理学定义为对“地区（Landschaften 的总和）与政治组织间的相互关系”的研究〔*172*，445〕。他在几篇论文〔*373*；*377*；*738*；*379*〕中，特别在他的一本论近东政治地理的书中说明了这一观点。至于这本书，他说“并非地缘政治学（Geopolitik），却是试图拿出政治地理学应当明确地理解什么的一个实例”〔*376*，7〕。

因此照帕萨格的意见，对地理学的所有部分都定为关系研究，只有“纯 Landschaftskunde（景观研究）”是例外，这个概念是“近代地理学家”所猛烈反对的〔参看劳顿萨赫，*278*，20〕。如果按尚待发现的关系来解释地理学的核心在科学上有危险的话，那么这种反对理由如果不是更有力，也该是同等有力地适用于这一领域中论述地区的非物质方面的分支的。帕萨格的地理学见解看来也只是一种不能令人满意的混合物，是没有几个人肯接受的。他的概念并不新，新的只是他的术语，而采用新术语，或者说任意以新方式来使用旧术语，就不可避免地会走向混乱。[①]

209 回过来再谈那些支持以物质的东西为限的美国地理学家，我们看到索尔无可否认还拿不定主意，他不知道该对政治地理学怎么办〔*84*，207～210〕。关于地理学领域这个非物质方面以及另外那些非物质方面——如种族和民族地理学之类，他都没有提到，他到底会怎么办，我们至今仍感茫然，因为他尚未以完整的区域著作来说明他的方法论研究。

1937年本协会召开的会议上，对这一问题作过讨论，澄清了索尔的表述在逻辑上陷入的困境：我们不能把政治地理学从地理学中砍掉，但它又不合于我们的地理学定义，所以很难想得出该拿它怎么办。既然引起这一问题的是由于采用了一个纯属武断的定义，无论在逻辑上还是该学科的历史上都没有根据，也许可以设想出路是明显的。帕奇写到有的人“在自己莫测高深的判断中，创造出对地理科学诸问题的限制和对地理科学材料的划分，使自己能高踞在自说自话地建立起来的法官席位上，睥睨那些曾在地理学园圃里锄地的人们，给那些有幸预知能按他们这些继承人的观点来工作的人颁发证书，而对那些形成他们问题的概念时偏离方向的人，则拒不颁发——他们觉得这真威风得很呢”〔格拉夫引，*156*，31〕。

① 格拉特曼认为帕萨格、福尔茨和班斯都习惯于在遥远而鲜为人知的热带各地进行野外工作，在这些地方他们不得不单靠自己。他们的经验使他们不大注意地理文献，并以为他们所体验到的新事物对别人也一定是新的〔参看萨普尔，*238*，评论；赫特纳 *152*，46；*242*，164；彭克，*159*，640；韦贝尔，*250*，477；布尔格尔，*11*，83f.〕。

四、这一限制是否提供了统一的领域？

尽管有这些逻辑上和历史上的反对理由，许多接受了地理学的限制观点的人还是踌躇不决，不能就此抛弃它，因为这种观点似乎提供了一个限制事物的复杂性的根据，这是研究地理学的人所必须考虑的。许多地理学家都表示过这样一种需要。道格拉斯·约翰逊在讨论地理学作为一门科学的前途时，说到“对目前地理学所要求的广阔领域有加以某种限制的必要”〔*103*，221〕。姑且承认从许多观点上看，加上某种限制似乎可取，那我们也必须正视这种希望有落空的可能性。如果地理学家要研究世界上的地区，他们必须承认，每个地区也正像世界本身一样，是充满许许多多事物的，那些想用简单的观点来看这个地区的学者，可能免不了会倒霉。大部分历史学家都承认，这是他们学科一个不可避免的特点，使它不会成为他们一伙中有的人也可能欢喜的那种科学。但总的说来，正如克罗所指出的：“历史学家异常冷静地负起他们一方的责任”〔*201*，3〕。然而地理学家长期以来为他们问题的复杂性所 210
困扰，于是只要有什么看来有望能取得解决的建议，也就不会纯粹以逻辑为理由而予以抛弃了。对这一领域所提出的限制是否能提供一种基础，使我们能赖以缩减地理学的必要“内层”领域，而同时又使这个内层核心保持完整统一的形式呢？

区域地理学的这种基础在布吕纳的系统中很难找到。在他的系统中，区域地理学连同以关系原理为基础的政治地理学和社会地理学方面的考虑，被划入“基本事实以外”的一类。他的基本事实大纲虽则可能是有帮助的，但显然他自己也并不视为提供了一个完整的基础。

我们也很难指望帕萨格会给地理学提出一个范围要小一点的统一的系统。确实，他比这一派的另一些学者都要更经常地讨论他的概念，他和他的学生曾发表过大量以他的思想为基础的有价值的地区研究论文〔许多篇目他开列于 *268*，但还须参看韦贝尔的批评讨论，*250*；特罗尔，*268*，评论；克罗，201，10ff.〕。即使我们可以无视他在政治地理和社会地理方面的研究，我们也觉得他的"纯景观学"(Landschaftskunde)无论他在理论上给它规定得多么狭窄，但从他的范例可以看出，它所包含的内容却远比有限制的地理学概念所能包含的多得多。

索尔声称，这种限制——主要是限于看得见的物体——会把这一领域缩减到这个地步，使得在地貌研究中，地理学家的特殊经验和修养"能提供必要的观察技术和评价基础"〔*85*，623〕，那些主张地理学家应恢复更彻底的自然地理训练的人，无疑心中是有这种想法的。姑且承认这样一种准备是可取而且必要的，但也不能因此"忽略了地理学中别的甚至更重要的部分"，正如赫特纳在批评自然地理学的"戴维斯学派"时所说的一样〔*152*，41～46，又见格拉特曼，*251*，评论，552〕。假定地理学家的特殊技术是在地貌学中发展起来的，这有什么根据呢？这是让一门年轻的科学肩负起一门极其古老的科学，而这门年轻的科学与另一门科学——地质学关系上的地位还是很不明确的。姑且承认地形研究的发展大大推进了地理学的进步，但气候学的进步同样也推进了地理学，而气候学却运用了一种截然不同的技术。

附带要说一句，我们也许可以说，“景观纯粹论者”所宣扬的概念，可能表现了19世纪晚期一个姗姗来迟的支派，当时的地理学家——追随佩歇尔和李希霍芬——主要是关注地形的。结果是强 211
调外形过于职能，并设想地理学是专门关于研究肉眼所能观察到的物体的外貌的。像彭克那样的地貌学家还可以接受庄稼和房屋，因为这些东西——在物质的意义上——构成了部分地形，但种庄稼和造房子的人却必须除外。在我国，进一步支持把地理学中所研究的文化现象限制于物质文化的东西，显然是加利福尼亚学派与文化人种学家的接触带来的结果。关于史前未开化的民族，他们的文化只能从其物质产品的遗物来研究。这些民族的研究者所受到的限制，显然也转嫁于地理学家，人们对他们说，他们也只能根据现存地区的无生命的产物来研究它的文化——但可以使用那样一些东西，即使只是些在景观上无足轻重的碎陶片。这种原来风马牛不相及的思想的偶然结合，结果得出了一种奇谈怪论。很难这样说，地貌学修养使得地理学研究者对十来种不同的印度陶片，能鉴别得比一个邦的核心区和边缘区更加清楚〔参见 *383*〕。

如果我们考虑当前的地理学家——包括景观纯粹论者在内——所使用的技术，其种类显然是千差万别的。每一个区域地理学家在很大程度上必须依靠不是凭自己的观察收集到的事实；那些确实观察到这些事实的人所用的技术，却可能与地貌学并没有多少相干。麦金德反对夸大研究陆界的重要性的意见，宣称地理学家实际上与水界的关系更大〔*196*〕。即使这观点是正好相反的夸张，但确实区域地理学家必须研究气候资料，而评价这些资料是不会使用地貌学技术的〔参看布吕纳，*182*，第1章〕。

除极小的区域研究外，任何研究中所用的“可观察的物质资料”大部分也是如此。姑且承认如芬奇的芒特福特研究〔285〕以直接、详尽的观察资料为根据的小区研究的重要性，我们也并不是把在许多不同小区中观察到的事实加起来，以求描写和解释更大的区域；我们毋宁依靠并将继续依靠人口普查档案，以取得有关庄稼、家畜饲养和人口的资料，而这种资料当然不是靠什么直接观察收集来的。确实，这些资料说到底还是要靠某些人的观察的——
212 农民可能“观察”到他有多少母牛，有多少孩子，但如果这样说，那么所有事实要承认是事实，也都是必须以某种方式去观察的。

普法伊费尔对经济地理学方法的讨论尤为索尔所赞赏，以为是景观概念在这一领域的正确应用〔85〕。在他的讨论中，我们觉得必须研究经济事件的过程、产量和运输商品量，觉得“调查方法必须由景观观察和经济学中对统计资料的评价，以及对研究的考虑来实现”〔164，327，425〕。

实际上索尔的大纲以及他以后的研究工作，清清楚楚是需要增加而不是限制地理学家必须使用的技术的。他必须运用“额外的方法……按特性是历史的方法”，因为这种研究必须始终朝向发展。因此地理学家将利用一切可利用的资料，“复原从前的聚落、土地利用和交通运输，不论这些记录是书面的、考古学上的，还是语言学上的”〔85，623〕。

人们只能觉得奇怪，不知道怎样把这些方法运用于发展完整的区域研究，因为并没有随着理论的建议同时提出“一部著作来，使他的观点变得实际些，并显示出这些观点优于迄今人们所怀的概念”，正如赫特纳向有心改革地理学方法论的人所劝告的〔175，

383〕。在索尔以后发表的区域研究论文及其许多追随者的区域研究论文中，我们早就看到非地理学的方法——历史学和人类学的方法——有压倒具有地理学特点的方法的趋势(第六章之二)。在特雷瓦撒对无碛丘陵地上早期法国贸易站的研究中，可以看到把历史描述方式应用于地理学所取得效果的最引人注目的例证。作者对日本的实地研究是杰出的，⬅他虽然反复坚持地理学家应以“可观察的特征”为限，但他却有一本区域研究著作，第一章不但在大要上完全是历史的，而且还几乎完全以文字记录为依据，因为早期法国人的定居在目前的景观中几乎丝毫痕迹也不留了〔*393*〕。

地理工作不能根据一种特殊技术来考虑，却不可避免地需要
运用许多不同的技术，这一点施吕特尔并不怀疑。即使我们要撇
开人的研究，它“还是会展示出一幅色彩缤纷的画面，像气象学、水
文学、地质学、植物学和动物学这样一些不同的色彩，都在这幅画
面上混在一起”。此外，“人类所制造的东西……作为一些组成部
分进入景观，并成为其性质的一部分”，但是“没有历史、经济或人 213
种的研究……就不能理解这些。然而地理学这样处于自然科学与
社会科学之间并非重要之点，重要的却是寻求造成不同科学之间
的普遍联系。……事实上，现在可以毫不夸张地说，对于真正的地
理学家，他那门科学从自然部分过渡到人文部分，不一定要有比从
气候到地形或从气候到植被覆盖更大的飞跃。每一个这种例子，
都意味着转移到一个新的思想领域中去；然而每一个这种例子，又
有宽阔的桥梁从一方跨向另一方”〔*148*，145～146〕。

另一方面，地理学家(或者至少是“纯”地理学家)又不能跨过从考虑人类聚落通向考虑其非物质创造物——语言、习俗或国家——的桥梁。施吕特尔为他的“较狭窄的概念”辩护，说它是“由集中的需要所决定的”〔213～14〕。除非做到这一点，对地区进行全面而统一的研究是不可能的。偶尔考虑到一点可能反映地域性质的非物质特征会破坏这种统一，而全面研究这些特征，又会使地理学家的任务大到不可能实现的程度，实在“会大大搅乱地区描述的内聚的统一性”。然而“较狭窄的概念”并不像人们所想象的那样狭。它包括人口数和人口密度、人口按性别年龄分类的组成、人口的增长和迁徙，以及整个经济结构的发展，从生产通过中间人到消费，包括商品通过贸易的实际运动〔216～217〕。

除了这些，施吕特尔还承认要完满地解释看得见的景观特征，可能需要考虑非物质的因素，因而可以在这个基础上，但也仅仅在这个基础上才可采用这些因素。赫特纳诘问道，前门对这些特征深闭固拒，但一感到它们值得注意，后门又把它们引进来，这究竟又有什么价值呢？这是在破坏一门科学的自然统一性，然后又试图在继续前进时修补它〔*126*，555；*167*，280；哈辛格 *253*；阿尔马基亚，*188*，16〕。同样，彭克显然不容许地理学家直接研究属于日耳曼文化的民族的分布，虽然他强调这种文化景观（Kulturlandschaft）带有那孕育了它的民族（Volk）的特别印记〔*158*，52〕。换言之，正如布尔格尔所指出的，地理学家可以在地图上把“文化景观”绘成其居民文化能力的地区表现，但不可以绘出属于那种文化的民族的直接地区表现〔*11*，64，75〕。

格拉内强烈反对赫特纳的开后门比喻：非物质因素只有在其
214 差异是与物质现象的差异相互联系着的时候，才可对它们开门；把这些因素放进来也只是为了解释物质现象〔*252*，179〕。但他并没有回答这个论点：在这基础上，最后他就会去考虑别人——正像赫特纳那样——本来就已经考虑过的所有非物质现象，其不同在于迟作考虑，正是力图恢复先行割裂的研究的统一性。格拉内本人先从假设出发，以为我们环境里一切物质和非物质现象形成一个单元(Einheit)，他承认"精神环境和社会环境……有直接的因果关系，并与形体上可感知的环境有相互联系"，但他却坚决主张，地理学中只有后一类事实才可以直接研究，前一类事实则属于社会学〔*245*，5；*252*，46；*270*，297〕。这个结论看来不但违背逻辑，而且根本是文不对题的。美国地理学家屡次用这种或那种方式加以重述，这不是什么论辩，不过是在争论中重申论点而已。如果对非物质事实的研究属于各个社会领域，那么对物质事实的研究就属于物理学、地质学、动物学、土壤学等等——一部分也属于如经济学之类的社会科学。照此立论，那么除了所有别的科学迄今尚未注意到的事实外，地理学到最后就连什么对象也没有了。

一个地区的非物质现象属于社会科学，因此就不属于地理学——上文所说似乎就是从这个论点得出的逻辑结论。虽然如此，幸亏这些学者在事实上没有一个放弃他们对任何地区现象的要求。他们论题的唯一重要结果，是他们开始时的步骤是坚决以某几种事物为限——不是限于一般科学的基本事实，而是限于一批属于一定范畴的基本事实和推论事实，但以后在他们的研究中又带进另一范畴的事实——不论是基本事实还是推论事实。因此克罗的评论似乎是完全有理的，他指出"景观观念的模糊不清，只要一下明确的定义，就真相大白：整个'景观'哲学只不过是把人们小心翼翼地放进帽子里的东西重新掏出来的过程而已"〔*202*，15〕。

这里可以考虑一下美国东南部某一区域来说明这个争论之点。假定区域地理学家首先以纯粹写物质之物为限，那么他就会写棉田、种植园房屋和田间劳动者的棚屋，而小心避免提及肤色，特别是奴隶制时期的文化传统。如果要考虑这些，也只是为了说
215 明所看到的物质之物。但熟悉该区的读者都会觉得奇怪，为什么作者要这样拖延，甚或略去我们南方这些与国内他处相比起来很重要的**特点**——其重要性也许不亚于其他特点，不论是自然方面的还是文化方面的——即其大部分人口都是黑人和奴隶的后代〔参见 *359*〕。换言之，任何地区，不论是否知名，它的特征只要对整个物质特征复合体有深刻意义，那么其本身就是该区的特点，即使在描写中撇开了它，也会使该区的画面显得不完全〔参看格拉德曼，*236*，130f.〕。

有一个结论似乎是肯定的：如果区域研究里终究需要非物质的现象，那么最好还是像在野外碰到时那样，把它们连同其他现象一起加以考虑，而不要首先硬是把它们排除于外，然后当研究工作显得需要它们时，才又从观察者的模糊记忆里再搬出来，这样的东西与细心的科学家的笔记是截然不同的。

然而完全物质的东西似乎有一种形成统一物体的方式，对它的研究自然可视为地理学的核心。正如前面所说，人们可以局限于研究在地球外表形态这一意义上的实际可见景观。虽则我还没有发现哪个学者曾说过这样一种研究是地理学的核心——除了彭克可能这样说以外〔*163*，40〕，这里当然也并没有提出这样的意见之意，不过这个概念却仍然是引人注意的。因为它似乎形成一个坚实的基础，使“景观”这个模糊的概念得以容许各种学者在这个

基础上构思地理学核心——或总体上的地理学——的不同概念。

如我们前面所解释的，景观是一种客观实在，并形成连续不断的物体，以整个世界而论，这是单一的具体的物体。因此它构成一个研究领域的单元基础。确实，研究一超过单纯的描述，研究者就必须离开景观本身钻到它的下面去，甚至要阐述它的形式体现了什么——把一片森林的外层枝叶转化为森林本身，把楼厦的外表转化为不同种类的楼厦，如此等等。如果他不这样做，那么他的研究就完全是有关的表面形态——意味着外表的平面形式。这样一种研究就不止在字面上，就是在别的意义上也都是浮面的，正如克拉夫特对一般"景观"研究所作的评论一样〔*166*，17〕。我们对房屋、工厂、森林的兴趣不能只限于其表面形态；只有在美学地理学这一有限领域中，这样的局限才还有理可说。我使用房屋、谷仓、工厂、办公楼等等词语，正是表明我们主要是关心这些建筑物的内 216 部功能；外形是次要的一面，我们无非单单用来作为一种探测内部功能的方便手段，并且应当仅仅在它是达到这一目的的可靠手段时才使用它。

此外，解释景观形态的模式和斜度(slope)时，要求我们审察产生这个表面特征的深处。我们不但要观察植被底下的土壤表层，而且要观察这个表层下面的底土，甚至还要观察更下面的围岩，不论这岩石是残积土基本成分还是仅为被搬运土的供源。基岩的位置和性质可能是我们理解滑动、泉水和自流井之类地表表现形式所不可或缺的。要解释地表的矿藏结构，可能需要我们深入到地表以下数千英尺。我们撇开景观，反过来解释气候条件的影响，这甚至有更为普遍的重要意义。

这种离开研究对象进入相关的外物的做法，是任何科学所必要的。然而在大部分科学中，这种题外研究似乎只是附带的，总起来也许不及包含于这门科学本身对象中的东西来得重要。在我们现在提到的这一事例中，情况显然正好相反。视觉景观研究主要在于景观本身内部所不包含的事物的研究。此外，虽然这些事物是由别的科学来研究的，正像以其表面组合成景观的各种物体，可能由某一别的科学来研究一样，但是却没有一门别的科学，能随时给地理学家提供有关这些非景观现象的地区差异的必要信息，无论在其相互关系中或与景观的关系中。因此，地理学家在描写景观时，并不比在研究解释景观所必要的其他特征时更加专一地在工作。

另一方面，我们是否可以把景观看得比影响它的非景观特征重要得多，以证明我们把景观看作这一领域的核心是正确的呢？提出这个问题也正是回答这个问题。只有从美学观点或视觉观点来看，我们才能把森林的外形看得比它的内容更重要，把煤矿的地面建筑看得比地下巷道更重要，把该地的外形轮廓看得比降落在该处的雨量更重要。

因而我们可以断言：一项研究虽然目的只限于详尽解释实际景观——即大气层底下的地球外表，我们觉得这就是形成具体经
217 验对象的术语的唯一概念。这样一种研究虽然最终总会连带考虑到一个地区的绝大部分地理，但景观本身并不是该区的核心，而仅仅是该区大部分起作用的因素的外向表现。这种外向表现，严格说来绝不是该区的中心、核心或心脏，甚至也未必是该区最重要的表现，而只是我们能以最容易却并非最可靠的方法——即单单眺

望着它——就马上可以观察的。因此我们可以承认这种表现在勘察研究中的价值，在这样的研究中，我们就需要观察大地区的方法，即使在我们要作更小心、更细致的观察时——用温度计、雨量计、人口普查资料等等，可能立即就会抛弃这种方法了。

最后，实际景观并未反映某些因素的存在，而用别的观察方法，我们却知道该区是存在着这些因素的，就这一点而论，这一事实本身并不证明这些因素在该区并不重要；我们只能由此得出推论说，在这种情况下景观并非该区内容的完美指南。究竟这些未表现出来的特征是否有意义，只能由检查它们和别的特征的关系来确定。例如一个地区一年四季的可感温度是该区的特征，也是对该区的人相当重要的特征。要追问这个特征是不是地理特征，那就为时过早。这是一个重要的地区特征，但在景观上却很少表现出来。实际上似乎可以有把握地说，一个学者局限于研究景观形态以及造成这些形态的因素，就不会有机会考察实际温度和可感温度的差别。同样，北美学者如碰巧没有研究过格朗德河彼岸或者别的大陆，就难以发现景观里政治地理的重要表现。可是实际上美国国内这种缺少差异的情况，绝不能视为正常的情况。与此相比较，英国与法国文化区之间，或者是西欧与东欧文化区之间，或者美国与墨西哥文化区之间的景观差别，则体现了由一种异国外来因素引入的反常的东西。相反，把美国景观文化形式的相对均一性视为一种最奇怪的景观现象，倒可能要妥当得多，这仅仅是由于整个地区是文明人把它开发为一个政治区划的缘故。但这个政治区划是一种地区事实，研究景观本身的学者，除了这种显然是消极的表现以外，几乎是不会发现它的任何别的表现的。

218 因此我们的结论是：地理学的方志学概念，不但不需要排除任何特定范畴的现象，而且相反，对地球表面地区的充分研究，不可避免地要求地理学家研究许多非物质的以及物质的现象，同时，对于研究地区的学者来说，偏爱或抬高这两组现象的任何一组，或者一般地偏爱或抬高任何特定范畴的现象，都是没有逻辑根据的。研究地区差异时，对地区差异显得重要的所有特征，都是在同一平面上的。如何决定这种重要性，后面一章将研讨这个问题。

五、这一限制的实际结果

我们的考察表明，把地理学研究局限于感官可以观察的事物，无论在逻辑上还是在这门学科的历史上都是没有根据的；即使只是限制这一领域的核心，也没有根据，这个领域本身大概是统一而完整的。一种只限于实际可见的景观、限于地球外表的研究，会构成统一的研究学科，只有从作为环境观察者的人的观点来看才有意义。因为他也要以另一些方式来观察环境，所以这样的研究只能是对作为人的感觉源泉的地区与人的关系的全面研究的一部分，虽则在这种场合肯定也是主要部分。赫特纳把这门学科归入地理学的特殊领域，称之为“美学地理学”。这门学科与心理学有密切联系是明显的，但看来实际上也不需要决定它究竟以属于哪一领域更恰当。

诚然，自从近代地理学出现时起，少数地理学家就已怀着兴趣作这方面的研究了。洪堡力求根据外界现象，而不是其所引起的心理感觉来客观地考虑它，但后世的批评家却怀疑他是否做得成功。无论如何，他把这门美学地理学只看作地理学的一部分。19世纪晚期的科学气氛，对有兴趣于这一领域的地理学家是不大支持的，但少数人如拉策尔、奥佩尔，特别是维默尔等却力图发展它。按照弗里德里赫森的意见，维默尔正是从美学的意义上把景观学(Landschaftskunde)一词引进地理学术语中来的。他写道："从事描述的地理学家只不过是以词句来描画景观和绘制地图罢了"〔*74*,9;注意瓦格纳的评论,*75*〕。

在近代地理工作者之中，英国地理学家弗兰西斯·扬哈斯班德爵士对于在地理学中研究自然美特别感兴趣。他有两篇论文题 219
为《自然的心脏》〔*235*〕以德语出版，在德国比在英国原来的演说引起更大的兴趣。特别是班斯和福尔茨都走了相似的道路。班斯明确主张把 Landschaft 的概念作为景观的形式或图画，象征着整个环境的外向表现〔*246*,42〕。

虽然施吕特尔和帕萨格一派的学者可能不接受这种分类，但他们的许多批评者——包括弗里德里赫森〔*230*〕和沃格尔〔*271*,7〕——却觉得他们所提出的观点主要是一种美学观点。以帕萨格而论，他特别依靠的是照片(不是航空照片)而不是地图，似乎可以证实这一判断。他的马德里"城市景观"研究只不过是该城的一幅极简单的地图，无非表示城区的扩大而已，但却使用了4幅照片〔*374*〕。他那部作为自己研究工作的范例提出来的论著，共有31幅照片和4幅全景画作精美的插图，而所收的地图却只有2幅——一幅是普通地形图的一部分，一幅是他那地区一小部分的小草图〔*268*〕。

由这一观点引出了班斯和另一些德国地理学家关于地理学中

美学的重要性的论述。这使有的人提出本文前面探讨过的一个问题:地理学究竟原来是一门科学还是一种艺术?赫特纳把美学地理学与作为艺术的地理学加以区分〔*161*,151～155〕。前者作为地理学的一部分,应当是客观的(即此一个理由,即使我们想把它转交给艺术家,他们恐也不会接受),而后者则是主观的,本质上是艺术的,所以人们不大会跟着班斯,希望使它成为地理学的一部分。[①]

地理学虽不可局限于任何特定的观察方式,但也不是说我们解释过的景观概念对地理学家就没有价值。把区域研究者的注意力集中于一个地区里看到的物质特征,这也许是有重大价值的〔参看弗里德里赫森,*230*,160〕。特别是当他进入一个区域时,面对着这么纷繁的事实,他可能会茫然不知该从何处着手;凭着经验,
220 他很可能就从眼前所见的事物开始〔参看芬奇,*288*〕。可是如果他局限于这一方面,那么他的研究也就可能是不完全的。[②]另一方面,这肯定也不是唯一的恰当步骤。例如,先从仔细考察人口分布着手,就曾作出很出色的研究,而这方面的资料却不是通过直接观察取得的。凭经验假设看得见的景观事实一般可能正是表现一个地区特色很有意义的东西(虽然也可能未必如此),假设非物质的事实更可能是没有地理意义的(虽则在个别事例中可能又正好相反),这也可能是有用处的。

---

① 班斯的景观"灵魂"概念比通常把它与其美学的一面联系起来的做法要大大地前进了一步。这个概念使他能有更大程度的自由来描写地区,有几处描写,即使比他更熟悉这些地区的人并不欢喜,却也应当会使他们觉得有趣〔参看他的美国印象,*330*,Ⅱ,47ff.〕。关于班斯的观点和研究工作还有些论述,见第四章之一末尾所列参考书目。

② 这个结论不但是根据理论上的考虑,而且也是根据作者在《上西里西亚工业区》中试图对一个极有限地区作区域描述时遵循这个步骤所取得的结果。

在野外考察中这个粗陋的规则不论有什么价值，它却不能提供取舍应考虑现象的恰当标准。即使我们排除了所有的非物质现象，而局限于考虑感觉得到、观察得到的现象——暂且不去管那些倡导者在规定包括什么时所碰到的困难，我们仍然会有太多的事实须加考虑。一般标准虽然只以具体事实为限，但也提不出如何从其中进行选择的客观根据。正如我们所看到的，格拉内在逻辑上遵循着这个概念，确定了按不同特征给予我们感官的印象来进行选择。照此则那风吹雨打的破旧谷物起卸机，昨天在景观中还几乎无人注意，但因新装了金属盖子，明天却可能成为最触目的东西了。虽然风景画家会以为这些话都是不言而喻的，但恐怕没有多少人会认为它表达了地理意义的恰当尺度。

地理学家又用景观物体的地面广度标准来代替这个美学标准。描写和解释形成景观的事物是地理学家之责，因此他主要考虑在地区中构成它最重要部分的事物。虽然这似乎合于逻辑，但值得注意的，却很少有学者在实践上这样做。施吕特尔在他的理论论述中提出这一标准，但为了举例说明文化景观形式的系统研究，他却选取了桥梁，而桥梁这种特征，根据这一标准就不得不列为文化现象中最不重要的一项〔*247*〕。此外，我们已经看到，他把一种特殊的放大镜运用于人，使他们不会成为一种几乎没有地面广度的文化特征而消失掉。

每逢这些场合，施吕特尔似乎都在以地理学为景观研究的逻 221
辑和以地理学为地区差异研究的逻辑之间进行调和，幸而后者占了优势。大部分地理学家在考虑城市时也作了同样的决定。虽然城市在地球表面只占极小的部分，但没有一种理论上的考虑能使我们信服，以为城市在地理学中没有多大的重要性。大多数地理学家都住在城市里，可能是这个事实使得相对地面广度这个尺度才没有被严格地应用于这些特征上。另一方面，另一些类型的高度专门化地区，单单因为面积窄小，虽则发展迅猛，特色鲜明，但此种独特性在景观中可能不会一眼就看得明明白白，因而也常被忽略。

举个具体的例子，我们可以指出忽视矿区特点的倾向。凡是采矿在地下进行的地方，在景观中表现出来的效果就很小，虽则矿坑的结构和铁路侧线可能是最上乘的。在矿业地区采矿受到相当一部分居民的注意。熟知这样一个地区的人，都会承认该区的特色在无数方面都不同于纯农业区之类地区，虽则两种地区的其他条件都很相似。这种不同也可能按输出矿物的数量来估量，因而也可以火车的实际运行来估量，但许多独有的特点都是非物质的。不过这些特点仍然是真实的，也是有地理意义的；人口的社会特性和人种特性、在外观似属农村的地区开展工作的劳动组织，甚至在城镇街头巷尾一眼可见的迥然不同的社会态度——所有这些都是与矿业活动造成的特殊地区联系在一起的特点。这些地区带着独有的特色，理所当然应按其本身重要性大小的比例，予以更多的而不是更少的考虑。但即使从人口方面看，它们也比世界上的游牧区重要得多，可是这些游牧区却很少是没有不受到详细考虑的。[①]

从景观的一大堆形形色色的物质之物中进行挑选时，看来没有一个人曾想应用地面广度的标准作为区分重要性大小的根据。

① 此段系根据对刘易斯·托马斯的《采矿景观》手稿的分析。

一切物质之物都要占据一定的地面，因而它们显然都是可以研究
的，虽则似乎有个一致的看法，就是它们都应当是 immobilia——
即留在原地不动的事物。虽则施吕特尔在理论上排除了房屋式样 222
的研究，幸而另一些大体上接受这一理论的人都不顾这个逻辑结论，给我们作出乡村房屋式样的重要的研究，虽则按地面广度来说，就只好把这些看成乡村景观中微不足道的东西。另一方面，房屋在城市景观中显然比乡村景观中重要得多，景观纯粹论者的理论，似乎证明了对个别城市的研究是正确的：这些研究里附有地图，分成街区，表示殖民地式、复折屋顶式或新西班牙式房屋的百分比，甚至包括一城之内汽车加油站不同格式的“地理”研究。

所有这些意见——但愿无人视为荒谬绝伦——却也可以用一种说法来证明其正确，这就是尼芬在理论探讨中为他的房屋样式研究辩护时所用过的：“文化地理学家主要关心的，是可观察的景观现象的性质、起源和分布，这些现象直接间接都应归因于人”〔*295*，163〕。确实，尼芬在他的实际研究中，也曾指出他关心房屋样式，理由绝不是根据景观或物质现象，而是根据非物质文化的性质。然而我们可以承认，他的上述说法，是把地理学看作纯属景观研究的想法的必然逻辑结论。

景观作为可观察的实在是由个别物体（或其表面）组成，这些物体形成一个整体，只有从美学观点来看才是有意义的。即使这个概念延伸到包括一区的所有物质之物，情况还是如此。把这些物质之物作为可观察景观的各个部分来看，它们彼此之间的直接联系，除了作为一幅“图画”的各部分以外，是毫无意义的；要研究它们的间接联系，我们立即就会超出看得见的景观，早晚定会面向

非物质因素。虽然景观纯粹论者的规定也容许这样做，但显然并不予以鼓励。无论如何，如果景观特征单单因为是景观中可观察的特征，就证明是有理的，那么地理学家既非艺术家又非心理学家，也是不会把景观作为图画或全部感觉而对它发生兴趣的，他势必按这些物体本身的地位，按其“性质、起源和分布”来研究每个物体或物体范畴。

上述理论上的结论在实践上不是无意义的，这在斯科菲尔德的田纳西房屋样式研究中可以看出来。这些房屋都按样式分类，考察了起源和发展，但除房屋是“景观特征”这一简单事实外，并没有指出什么地理意义〔*387*；参看普法伊费尔的评论，*109*，120f.〕。

223 如果说方法论中有一点几乎所有近代地理学家全都同意的话，那就是对单独一类物体的性质、起源和分布的研究不是地理学的一部分，而是属于研究这些物体的系统科学。索尔错误地指责赫特纳想把分布研究包括到地理学里来（见本书第 140 页注①），但自己却又提出一个以地理学为“景观”研究的概念，这就势必引到同一个结论上来，岂不可笑！可以说没有一门系统科学曾把房屋样式拿来研究过，但我们可以肯定，地理学家在那种研究中取得的成功，会激发有的学者关心这方面的研究，于是我们就会有另一个这样的事例：地理学开辟了一个领域，却转交给另一门科学。我们那些房屋样式的研究者大部分只关心形态、起源和分布等问题——换言之，即主要是物体本身。在这一点上，他们倒证明了莱利的逻辑结论的正确。他说：在这里，专业地理学家对谨严的历史学家研究艺术及文化形式的工作，是没有什么可以加添的〔*220*，

138〕。[1]

李特尔把地理学描写为对充满大地现象的地球表面各地区的研究，我们在这里所强调的极重要的差别之点，恰恰就是李特尔这个古典词句——但也稍稍有点拙笨的词句——颠倒过来所体现的差别之点。对于有形地充满地区的物质之物的研究，并不就是对地区的研究，这也不是方志学；因为它并不研究所有一切在地区里的东西，所以在逻辑上就分解为对地区里存在的物质之物的研究。对“景观现象学”的研究，证明只不过是对景观里存在的个别现象的研究；景观的结构、起源、增长和功能，证明就是景观中每一物质之物的结构、起源、增长和功能。

我们可以指出，在景观纯粹论者的许多研究工作中，还引起一个结果，即只强调结构或形状的倾向。这是很自然的，因为我们的感官知觉只能观察形状；起源、增长和功能是必须从现在的形状推论出来的——这却绝不是一个可靠的方法，或者凭间接观察方法来观察的，其间往往会含有看不见的、甚至是非物质的因素。此外，如果一贯坚持“景观”的概念，那么其中的物体只有在形状方面才是整体的成分。正如我们指出过的，景观并不是作为整体而发 224
展增长的；其中各个独立的东西都是在独立地发展增长的。

专心致志于地形，部分也可以看作是培养近代地理学家时重于地貌学的结果。对于地貌学家来说，地球表面的形状提出了重要的问题，因为不得不把这些形状解释为自然地理史的最终产物。

① 也可以说莱利并非有意要作出这样的结论，但是从他对卡林的纳尔瓦研究所作的讨论中，我们又能得出什么别的结论呢？接着他一问一答，指出地理学家变成了“艺术史学家”，这“并非完全是他的心意”，但这些话却不能令人深信不疑，因为结果又说文化地理学家在保持别的才能时，还当成为艺术史学家。

对不同地形与其他地球特征功能关系的注意却要少得多；这种悬殊的差别，在1906年彭克讨论地理学中的观察问题〔*128*〕和施吕特尔以后的著作中〔*247*〕，可以特别清楚地看到。然而，如果像许多学者现在所感到的那样，不要求地理学家解释地形的产生，那么描写地形而对功能却没有相应的注意，这样的描写就显得贫乏不足了。许多批评家都指出，在施吕特尔、帕萨格和格拉内的著作中，对景观的出色的地形学分析，却没有以对它的生理——现象的相互关系——的适当考虑作相应的配合〔参看韦贝尔，*226*，及布尔格尔，*11*，93〕。同样，芬奇对区域的地理描述的讨论，花了很多篇幅谈地形，而谈及功能却只有一行〔*288*，117〕。

确实，对地理学中“纯粹景观”观点的严格解释，很可能会完全挤掉功能，除非功能自行表现于外形。但既然没有一个地理学家愿意撇开他所描写的事物的功能，所以许多场合下的倾向是从推论来假设外形表现功能——工厂外观与公寓不同，具有谷仓形状的建筑就不是住宅。但在新英格兰的农庄里，却可以看到消夏住宅把谷仓改为房舍，并不显著地改变其外观，内部形状改变得确也很小。笔者有一次曾花了好几个小时开车经过著名丝绸中心里昂的街道，寻找丝织厂，但最后反而发现丝绸是用小机器织制的，设置机器的房屋与普通出租房屋无异，这些房屋一度曾是出租的，也许那时仍旧还是出租房屋。根据这一点，他是否有理由把工业作为不重要的东西，而从里昂的地理中把它抹掉呢？正如科尔比在回答最近一份征求意见表时所写的，“一些十分重要的人类事业都是设置在维多利亚式建筑里面的。为什么要凭一个机构的复折屋顶来判断其重要性呢？”（见本书第517页脚注①）

正如韦贝尔所指出的，特别在城市景观中，外形可能是功能的
不充分的指针。毫无疑义，受过良好培养的城市地理学家，应能观 225
察以商业占优势的城市与以制造业为主的城市在外观上的不同，但要在实际上估量程度上的差别，却是极端困难的，因为所有城市部分地两者都兼而有之。栈房可能改作工厂，或把工厂改作栈房，外形上却并无显著变化，可是功能的改变在城市生活中却可能有莫大的意义。总括起来说，正如迪金森所指出的，"功能和外形未必是和谐相配的"〔*202*，6〕。

幸好功能的重要性很明显，看来会战胜定义的限制。在对城市的论述上，也许是靠着城市规划工作者对城市地理的影响，甚至是极严格地坚持要限于物质之物的地理学家，主要也是按功能来分析地区结构的，其次才按照建筑形式〔*322*，633；*321*，181～189〕。

地理学的景观概念自然会导致重外形而轻功能，不仅在考虑个别物体时这样，而且在考虑景观中诸物的结合时也是这样。当前有些批评家口头上使用的"模式"热成为地理学中近时的风尚。笔者并不像有的人那样否认模式的重要性；反之，举例说，他还觉得透彻地研究城市街道的模式，会得出关于城市发展基本因素的重大结论；对我国城市明尼阿波利斯〔*354*〕和欧洲城市上西里西亚〔*356*〕的研究，情况都是如此。（应该再提一笔，在后一例中，只因普雷斯顿·詹姆斯提出异议，说是一座城市不可能"没有模式"，才取得成绩的）普拉特对拉丁美洲成零散住宅区的定居模式作了一系列研究，表明特别把研究模式作为研究功能差别的方法很有价值〔各项研究列于 *221*，13 脚注内〕。

另一方面，单纯描述模式而不对这些模式作深入一层的考虑，

就是最简单、最无眼光的描写方式。除非对提出的模式进一步加以研究，我们就无从确定它们有什么重要意义；仅凭它们在地图上占着广大地区，并能引起欢喜样式的人的兴趣，是不会证明它们的相对重要性的，这是要与一大群现象相比较来证明的，而这些现象我们却不得不视之为不重要而不去考虑。例如俄亥俄西部的铁路模式，大略表示出各大贸易中心的位置，但其最触目的特点，显然在于铁路几乎是杂乱无章地通向四面八方的，这无疑是地面特点
226 的反映。但我们如能获得所有这些线路上的货运资料，并以按比例的粗细线条把这些线路绘成地图，那么意义也会大得多，可以由此解释该区农村社区与城市中心之间的关系，特别是解释该区在总体上与匹兹堡—克利夫兰煤炭钢铁区与大西洋海岸一带的关系，解释伊利湖与北部内地一带的关系。

换言之，模式的意义完全取决于其表现不同地方相互位置间的重要关系的程度。因此许多批评家发现，在景观纯粹论者的不少著作中，常常特别疏忽了这一方面，这是很值得注意的。这些作者确乎未必是由于疏忽，才没有提到地区的联系，可是经常强调地理学家必须集中注意于具体的物质之物，自然会造成缩小区位的纯几何因素的倾向——虽则别的地理学家绝大多数都会同意布尔格尔，把区位因素看作一种特殊要素，要比任何别的因素都更有鲜明的地理特点〔*11*，30〕。

在许多接受了景观概念的不同作者的著作中，可以看到对这种影响的例证。施吕特尔就说：至少在自然地理学中，区位概念的重要性是微不足道的〔*127*，13f.〕。索尔的各种“功能图解”里都没有相对区位的地位，他以后的研究，无论在正文还是少量的插图中

〔参看迪金森的批评,*202*,7〕,也都没有提到这个因素的重要性〔*382*～*384*〕。同样,韦贝尔正确地指出,在格拉内的著作中,“区位关系(Lagebeziehungen)完全被取消了”〔*266*,204〕。

帕萨格的著作也十分相似。在《地球的景观带》(*Die Landschaftsgürtel der Erde*)中,不但极其生动地描写了世界“景观带”(其中包括“文化景观”),而且也比较详细地作了说明,而对这些文化景观区位相互间的关系或与海洋的关系,则实际上未予考虑〔*305*〕。甚至城市的发展,看来主要也只是一个地址问题——港口、津渡、矿藏等等〔98ff.〕。如果我们可以用他提出的实例来判断,在一个小区研究中,“景观学的”(Landschaftskundliche)方法也是如此〔*268*〕。我们已经指出在这个实例中地图用得很少。仔细检查正文,人们也会想象,研究蒂罗尔南部米兰一带的文化景观,可以丝毫也不必考虑该区的相对位置,无论是作为通向意大利阿 227
迪杰河一条支流的河谷,还是按其与蒂罗尔北部以及总体上的欧洲日耳曼人地区更重要的关系(需取道大布伦内罗线或雷申—沙伊德克线〔参看特罗尔的评论及讨论,*268*〕)。

詹姆斯以及芬奇、特雷瓦撒都曾利用马克·杰斐逊的尽人皆知的近铁路线地图,给予我们关于观点转移的一个突出的例子。在他原来的研究中,杰斐逊只给他的地图题名为“离铁路线10英里内的欧洲”等等(此种地区以白色表示,离铁路线更远的地区为黑底)。他在正文中说得很清楚,他所关心的是某些地区离铁路线很近,与另一些地区相距很远适成对比。可是詹姆斯采用这些地图却作为**模式**地图,除了密度外,在模式中并未提到别的意义;但他在某种程度上确乎也提示了近捷的重要性〔*321*,183～5〕。芬奇和特雷瓦撒在逻辑上更严格，把地图改名为“铁路密度和类型”，因为“地理学家首先关心的”正是铁路的这些特点〔322，656〕。实际上，杰斐逊的地图对密度表示得很不清楚，因为地图对铁路很发达的地区未曾考虑加以区别，这一点他自己也十分明白；同样，在这些相同的地区——包括西欧大部和美国东部——图中什么类型也没有表示出来。至少普通铁路图中的类型都表示得好得多。杰斐逊的地图事实上完全不是什么铁路图，却是与铁路的关系上具有一定区位的地区图，他自己的标题就清楚地表明这一点。地理学家难道因为这种特点是看不见的、非物质的，就可以不予考虑吗？经济学家早就考虑过铁路的密度了，有的人，如里普利，还曾对模式作过仔细的思考〔381〕；只有地理学家才会产生绘制近距离地图的想法。这个想法被另一些学者广泛采用于公路以及铁路的关系上，并至少已进入一种欧洲地图集内，由此可见其价值了。①

一般我们可以这样说，不看功能而按外形来研究一个地区中的个别物体，会使我们无法把这些物体作为地区现象有意义地放在一起；同样，研究景观的结构或外形，而不考虑相互关系上不同区位的地点特征——即构成类型的生理基础的因素，产生出来的
228 形态也将是贫乏的。克罗曾评论过近代地理学中有一种向事物退却的倾向，成为地区内所有一切事物的形态分析，这些事物先前是没有一个人认为值得研究的〔201，2〕。

读者不会看不到，那些只想考虑物质之物——即感官可以直

① 盖斯勒在他的《上西里西亚地图集》〔346〕，18页中复制了两幅原由作者发表的此种地图〔355〕，这是直接受杰斐逊地图的影响而产生的。又见拉尔夫·布朗的1800年前后大西洋海岸“距公路10英里的地区”图〔334，228〕。

接观察之物——的人，他们的论点的基础正是物理科学的精神。物质之物——特别是可见之物——是受过物理科学教育的学者知道如何处理的那类现象。有这样的学历的地理学家——包括今天的大多数地理学家——自然宁愿只研究这种确实可触摸的事物。非物质的事实只在影响到物质之物处才不得已承认其必要性，但目的还是很清楚的：对它们考虑得愈少愈好。特别是如果考虑一个地区，能只以其景观的外形或外貌为限的话，那么要确定哪些现象是有意义的，似乎也较容易了。然而实际上我们却觉得，以地理学为研究景观或单是研究地区中物质之物的概念，提不出可以运用的标准，以便选择可供研究的对象，于是什么可观察的物体引起学者们的兴趣，也就挑选什么了。

另一方面，正如布尔格尔所指出的，要确定什么东西对一个地区的“性质”是有意义的——要回答科尔比的问题：“不是外观怎样，而是实际上怎样”，看来“习惯于对科学资料作显明、具体划分的自然科学家，都会觉得太没有把握。有眼光的学者会处理这种无把握的处境，在特定情况下能够判断什么重要和什么不重要。确实，没有批判眼光、才疏学浅的人，不专心致志于本地区的研究，尚未在实际上‘体验过’它，于是就会流于把件件事物都写成有地区意义，在地理上很重要”。但方法论却是不会重视这样的人的〔*11*，89〕。

因此许多在理论上表示过坚持景观概念的学者，竟然会力图研究那样一些景观特征，它们在地区总体特性中的意义，主要却是从非物质的文化方面——即聚落形态和房屋形式方面——看来才显得重要，这就看来有点自相矛盾了。他们声称因为这些是景观里看得见的特征才去研究也好,承认他们实际上是研究文化地理也好,都是骗不了读者的——他们所探索的正是文化。

对有的地理学家来说,可能这些题目都无足轻重,但另一些地
229 理学家几乎却又把它们看成头等大事。弗雷德·尼芬在最近的“文化地理圆桌会议”上宣读了一篇论文,把对不同种类建筑的研究看作文化地理学家的职责〔*295*,163〕,莱利却显然会把整个文化地理集中于这种“文化不动体(immobilia)”地方化的研究上〔*220*,132ff.〕。人们可能有理由不去理睬那种显然不以地理学史的考虑为根据的理论主张,在许多人看来,这似乎完全使我们离开地理学而转入类似历史建筑学一类学科,我们很少人是有这方面的修养的。另一方面,在这些题目上所作过的艰苦而有启发性的野外研究——特别是欧洲地理学家,但我国的霍尔、尼芬等也作过这种研究,却是需要认真考虑的。特别是因为这种研究虽然明显地被“可观察的物质之物”的教条合法化了,却也须考虑是否在这条铁的规律下能在地理学上变得重要起来。

六、与聚落形态研究的关系

对房屋和聚落形态的系统研究,在我国似乎还停留在初级阶段,其特点是热衷于类型的观察和分类,却很少考虑这些文化特点对地理学的意义问题。欧洲学者许多相应的研究,一开始就受到一个意愿的推动,就是想研究文化本身是如何以其特异的民族形式来分布的。然而迄今我们的学者对欧洲学者新近研究住宅类型的工作仍很少注意〔参看普法伊费尔的脚注,*109*,120〕。

这里我们谈到的既然是对美国地理学说来比较新的一个分支——虽则我们曾提到过李特尔亚洲研究的一个早期范例，而且梅曾的权威研究也早在1895年就发表了，但要判断它对地理学总体上有什么意义，还是有点困难的。有的人以为，聚落和住宅形态研究可能会给予我们一条研究一般文化地理的有价值的线索，如果这样，那么考虑某一地理概念究竟会促进还是会阻碍这种研究的发展，也是恰当的。由于这个缘故，但也不无踌躇，这里才提出如下的考虑。

在有的学者看来，研究住宅类型的正当理由，无非是因为住宅在景观中是可以看到的缘故。可是显然景观中看到的事物，地理学家不可能件件都去研究；总该有个挑选的根据。因此许多学者把研究住宅类型和聚落形态只看作地理学上最新的风气，这就不足为奇了，同时也无理由。莱利提出，俯临哥伦比亚河的莱茵式堡垒，230
大概是值得作地理研究的〔*220*，140〕，我们实际上已经有了个别村庄的详细描写，理由是这些村庄在其所存在的地区是很独特的。确实有人曾提出，一个地区有多少村庄就有多少村庄形态，而且个个都有理由作特别调查。如果想一想全世界村庄的总数，算一算因而需要有多少堆积如山的手稿，那么莱利关于地球表面上贴遍地形描写的噩梦，相形之下倒要成为一个愉快的梦了〔*220*，126f.〕。

但过分着重热情的自然结果，或强调那种专重形态分类及起源的住宅类型研究，也是不对的。在这些学者的许多著作中，有素养的读者立即就会辨认出地理特点而无须解释，虽则是能够解释的。此外，许多读者可能感到，在提出的大量详细资料中，包括着新的概念、建议或结论，应当能增加他对地理学的一般理解和做地理工作的能力。不幸,读者至少觉得很难从这些研究中得出这样的思想和结论。一部分也许是因为在许多情况下没有充分阐述结论,但也许还因为作者本人可能就没有想过从他的研究里究竟能得出什么结论——也就是说,这种研究到底有什么意义。

在我国,研究过这些题目的人中,尼芬似乎是对地理学的目的思考得最认真的一个。他寻求着“从逻辑上探讨文化地理区域”,以等值线方法给路易斯安那的住宅类型分类和绘图,不是单单描画这些可观察的物质之物的物理特性,而且也是作为一种“尝试,以求取得关于住宅*观念*的地区表现——这是一种朝向文化的地理表现的坚实立足点的探索”〔*368*,179,192;参看莱利,*220*,136〕。

顺便应该指出,尼芬所阐明的目的绝不表示这种研究对地理学领域可能就只有这个意义。建筑和聚落的不同形态,可能与气候、地形、植被或基岩的差别有显著的关系,或者与很多物质文化特征的差别有显著的关系,因而可能对区域的鲜明特色有所增添。然而总的说来,此种特征本身的地理意义——作为许多物理特征组中的一组——就在于,它们在“提供文化的地理表现的坚实立足点上”,可能具有这种地理意义。

231 尼芬在与笔者进行个人讨论时,对他书中的话加以发挥,清楚说明这些话说的正是其所含的意义。文化是由观念造成的;一种观念可能具有地理表现——即地区差异,但这种表现本身是不可捉摸的。我们须找出对这种观念的明确描述,而这种描述的地理表现,又是正确地摹写出这个观念的地理表现的。于是我们可能会有一个总印象:在路易斯安那几类不同的地区,每一类地区都有一个关于住宅的特别观念占优势。这是文化差别的一种地理表现,但却是一种含糊不清的表现；我们无法把握一个观念。如果我们能够观察、分类、并按比例绘制的实际住宅，确是住宅观念的真实表现，那么我们就有对一个观念作地理研究的技术了。

于是最后目标就是对文化的各个非物质方面的地理研究——实在还有理由这样说，这就是对这种文化本身，也即是对文化的更为外向的和物质的表现的地理研究。

这里详细分析了尼芬研究所表现的基本观点，不但是因为地理学家已给予它以应得的注意〔参看普法伊费尔，*109*，120〕，而且是因为许多讨论过这篇论文的人，并未充分认识到它所立足的最后目的，所以我们有理由这样做。固然作者本人后来在一次圆桌讨论会上考虑文化地理学的理论性质时，似乎完全否定了他先前论文的基本方法。他把对文化地理的思考奠基于上文所引的那个熟悉的格言上，以代替有如他在野外研究中那种从观念的区域差异观点出发的研究方法——这个格言就是：文化地理"所关心的主要事物，是直接或间接由人类造成的可观察〔意为'大体上可见的'〕景观现象的性质、起源和分布"。因此，虽然"宗教信仰的有特色的表现形式——教堂、道旁神龛和墓地——具有首屈一指的地理重要性"，但他对于"特定地区百分之九十的居民都属于某一宗教信仰，如果在景观上却没有表现出来，就会认为地理上没有多少关系"〔*295*，162～167；最后一语系尼芬嗣后所加〕。

换言之，并非一切具有地区表现形式的观念都应纳入地理学中，只有那些在景观中有形地表现出来的东西才应纳入；检验地理意义的标准就是物质形体的存在。我们可以同意，并非所有的文化观念在地理上都是有意义的，甚至所有那些我们能按地区绘制

的东西也是如此，但未必要作出结论，说唯一充分的检验标准，就是文化的有形景观表现形式。我们已经知道，某些文化景观特征
232 的性质只不过反映了文化观念，另一方面，头等重大的要素在景观上却可能表现得很少。以紧邻德国和瑞士边界南北两侧的地区为例，虽然语言相同，但由于政治观念的差距，瑞士地区就与德国地区有显著的差异。如果这些差别今天特别显得触目，那么几世纪以来早就已经确定了。可是不论这些差别在景观中可能有什么表现，但却也模糊得使跨过这条界线做勘察旅行的一队地理学家看不出来。另一方面，与两边的居民谈论政治问题，立刻就会显示出天渊之别，不但在政治利益方面，而且在居民的根本政治心理方面也是如此。

检验景观表现只有一个标准，但绝不是最可靠的标准，即不同地区文化差异的性质的标准。此外，着重景观的有形表现，就很容易落到强调这种表现的形态。有一位批评家评论说，虽然尼芬的住宅类型研究主要是关于形态而不是关于功能，但他确实理应完全在形态方面来论述住宅。例如奥地利阿尔卑斯山小路上沿途看到的道旁神龛的形态，告诉我们一点有关人们的艺术观念的东西，即他们对木石能制造出什么的观念，但观察一下这些神龛在有关人们的宗教思想方面，还告诉我们些什么，那么意义肯定还会深刻得多。

地理学家人人都可以凭三种不同方法中的一两种达到关于他们的领域性质的设想，这里指出这一点也许是适宜的。有的人可能试图从广阔的哲学观点来分析地理学的逻辑特性。我们已经知道，这种方法可能使研究者完全陷入歧途，除非他们把自己的逻

辑结论与许多前辈的逻辑结论对照起来加以检查，并彻底研究一般地理学家实际上曾尝试做过什么。还有为数多得多的研究者，只从一种对地理学很笼统的感觉——不妨称之为地理感吧——出发，详细阐述了他们的诱发动机的概念，成为实际研究的成果。设若开头的假设成立——仅凭他们由于某种原因选了这个特定领域这一点，并不能保证这个假设成立，这样一些研究者可能达到一种观点，与第一类人中最成功的人的观点并无大异。这一事实时常引起误会，因为在本学科性质的直接讨论中，他们可能表达了显然完全相反的观点，但如果以他们成熟的著作来判断，又觉得观点上 233
的实际差别不大。最后，第三种人是依据别人——通常是第一种人中某一个或几个人——取得自己的地理学概念的。

像所有的简单心理分类一样，这个分类也是非真实的。部分地看来，每一位学者都可以属于所有这三类。所以希望那些在文化地理研究中已经有了一个值得注意的开端的美国地理学家，将不屈从权威的见解，以免阻碍他们工作中自己思想的健康发展。反之，正如赫特纳再三坚持的，所有的方法论宣言都必须根据地理问题的实际解决加以检验。米丘特的警告也值得再提一提：脱离了实际问题的具体实例的研究来“讨论原理”，这“是在这些问题上犯错误的根源”〔*189*，23〕。

我们现在讨论的这个例子里，地理学家仿佛就像在力图驾驭两匹拉向不同方向的马。如果地理学是研究看得见的景观的话，那么农村住宅形态就会成为他的研究对象的一个要素（虽则是一个较次要的要素），但人们关于住宅的**观念**却只是次要的东西，只须解释为什么会有各种住宅形态就好了。“试图了解有关住宅**观念**的地区表现”似乎不是地理学家恰当的主要目标。另一方面，如果说地理学家没有自觉地考虑方法论原则，就希望建立文化地理区域，并认定为此目的，他必须获得“文化的地理表现的坚实立足点”的话，那么景观的可见性属性，却只不过是一个检验标准——只是一个检验现象对文化或对其地理表现（其地区差异）的意义的标准，既不是必要的标准，也不是充分的标准。

还留下一个问题：在研究文化观念的地区差异时，地理学家是否只限于依靠检查物质之物的技术。虽然我们可能觉得在这种区分中没有逻辑，但这种区分可能还是有见识的。我们刚才提到尼芬的圆桌会议论文，继此文之后，斯坦利·道奇在讨论中提出：在文化区域地理中，我们关心具有一致思想的地区，提出我们可能把这当作一个指标来使用〔*295*，171〕。但显然我们没有直接衡量人们想些什么的办法，我们只能间接地做到这一点。考察他们的物质产品就提供了这样一种方法。但这是否为唯一可能的方法，或者是否甚至可以肯定地说，在所有场合都是最好的方法呢？这些都是关键性的问题，因为如果我们能够使用比现在所使用的更好
234 的办法，来研究我们应当研究的东西的话，那么所有一切科学中，不论我们自己的领域还是别的领域中，就没有一个权威能禁止我们使用这些方法了。

我们无须局限于人们关于住宅的观念，因为很明显，这种观念在他们的整个观念复合体中，绝不是具有头等重要性的东西，也未必是了解这个复合体的最好的线索。例如，尼芬发现路易斯安那大草原区的住宅，表明那里的居民怀有中西部地区关于住宅的观念，这很容易由他们在玉米带的祖籍加以说明〔*368*，190〕。这是否

就表示，这些人现在都带有中西部地区的一般观念呢？可能是这样，但也可能完全不是这样。他们对生活里其他一切事物的观点，可能已完全变得“南方式”了，只是继续用祖传的样式来建造住宅（或者住在祖传的房子里）罢了，在一位地理学家告诉他们以前，甚至都没有觉察到他们的住宅是中西部样式的。研究选举结果报告，岂不也是了解他们思想的同等可靠——如果不是更可靠的话——的途径吗？如果发现这些地区年复一年都投共和党的票，那么人们就会感到，这就是了解他们特殊文化的线索。[①] 我相信没有人会说，地理学家能训练自己去观察住宅形态之类的复杂现象，并给它们分类，但却没有研究选举结果报告的能力。同样，正如埃克布劳所说，他那个州里的不同地区，流行着某几种民歌和风俗，可能给予尼芬以了解文化区域的又一线索〔*295*，171f.〕。

⬅如果后一类现象的分类和分布已经被其他领域的学者研究过，那就更好。地理学家会毫不踌躇地利用地质学家和土壤学家的发现，把它们与 279
自己的发现联系起来，那么只要社会科学家也提供他们类似的材料，以便他随时可以用于文化地理学，那么他也该感到高兴的。

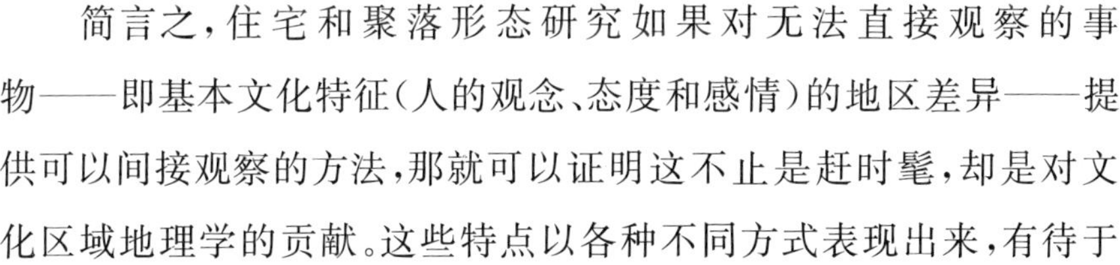

简言之，住宅和聚落形态研究如果对无法直接观察的事物——即基本文化特征（人的观念、态度和感情）的地区差异——提供可以间接观察的方法，那就可以证明这不止是赶时髦，却是对文化区域地理学的贡献。这些特点以各种不同方式表现出来，有待于 235

① 此处的这些意见不十分切合这个具体事例。尼芬告诉我，现有的住宅大部分是从玉米带迁过来的第一代移民所建，他们有许多人今天还活着。另一方面，作为一位研究文化的学者，他承认该区在全州以“共和党区”而出名，这一点具有重要意义，但作为一位地理学家，他对这一事实却绝口不提。当然，这一地区实际与他表现住宅形态的地图中所示的实际之间的相互联系，会加强这两种实际的意义。

观察、分类和按比例绘图。我们的思想不但表现在我们所制造的东西中，同时也表现在我们说话、唱歌或舞蹈的姿态和内容中，表现在我们写作、投票或告诉人口调查人员的话中。虽然这些现象都是非物质的，但其可观察性却不亚于物质之物，在许多情况下，它们要比建筑更直接地表现观念，更不用说聚落形态了。聚落形态起源悠久，我们可能已经完全记不清了。德国地理学家最近绘制得很出色的区域地图集，说明绘制这种非物质文化现象以及物质的住宅类型和聚落形态地图的价值〔*371*；*346*；又见 *344* 中，施伦格尔的论文〕。研究文化地理学的学者，如果让某一武断的规则来禁止他研究文化的这些可观察的表现，这就等于自行剥夺掉尽可能完满地实现其根本目的——解释文化地理区域——的可能性。

七、小结

这里也许该总结一下本章相当冗长的讨论过程中所达到的结论了。认为地理研究领域必须局限于“大体上看得见”的地区现象，这种教条除了限制于物质特征以外，不容许作精确的阐述。虽则30余年来热心的人们一直在宣扬这教条，但接受它的地理学家人数寥寥，至于在实践里坚持这教条的那就更少。这毫不奇怪，因为这教条既不是奠基于逻辑，也不是奠基于地理学的历史发展，同时又不能为一个比较限制但却是统一的领域提供基础。反之，这甚至还会因为把地区的某些方面排斥于地理学家的研究领域之外，于是破坏了“纯地理”的“内核”，除非以后他觉得，为了解释所研究过的东西，有必要对这些方面作调查研究。虽然这教条不能把那些一向以关心非物质特征为主的地理学诸领域排除出去，但却会把这些领域推到地理学的界线不清的外层范围，除了关系研究以外，对目的并无更好的指导。它把相对位置因素降为纯粹从属的地位，因而趋于忽视地理学思想中最本质的东西——在空间联系中的现象组合。结果是培养了对模式本身无批判的热心，毫不顾及其意义；与功能成为对照，则过分强调形态，于是又趋于小视某些地区特点，因为有形物体并没有适当地体现出这些特点的重要性。

虽然这教条的观点可能促进聚落形态的研究，但如果作严格 236
解释，却会妨碍这些研究，使它不能获得深远的意义；如果作为文化地理更全面研究的一部分，这些研究本来很可能会取得深远的意义的。这种观点悬殊的结果表现为两种倾向：一是寻求其他领域所不研究的对象，这就会使地理学降格去考虑最不重要的事物；二是在对景观的主观理解上陷入与艺术工作者的竞争中去。

237 第八章　地理学中资料选择的逻辑基础

一、根据地理学的基本概念来选择

在一个地区的地理中，要选择现象来研讨时，地理学家心中应有什么原则呢？在地区中可以观察到的形形色色的物质和非物质现象浩如烟海，其中究竟哪些对地理学才是有意义的呢？如果为了某一特殊目的，实用的或非实用的目的而进行研究的话，很明显，这个目的就会为不同种类的现象提出衡量其意义的尺度。可是这里我们感兴趣的，却是单纯以增加地理知识为目的的研究，也就是纯地理的研究——这里，“纯地理”是就此词的唯一正确的意义说的，即与应用地理相对而言。我们是从加深地理知识的观点来考察这个问题的——不是单纯地“为了地理学本身的缘故”，却是根据这个假设：加深地理知识就会产生价值准则，这是毋庸证明的。照此，我们就可能不会让间接的目的来决定我们的资料选择，不论是为了使资料配合某种研究方法，还是使地理学能有权取得非此即不能取得的特定意义上的“科学”称号。地理学必须以提供地理知识为目的，即使有些地理知识的性质，会使它的某些学科分支在“科学”的意义上失去被称为“科学”的希望，正像地理学家必须使研究方法适应于地理资料，而不是选择合于他的方法的资料一样。把这个结论说得明白一点，就是选择资料的根据，必须合乎逻辑地从我们的地理学基本概念中得出来。

有的地理学家在这一领域的基本概念上意见分歧，我们对他们应研究的不同现象的取舍根据，就很难期望意见会相一致。可是幸亏正如我们早已指出的，很多学者都接受了我们所谓地理学的方志学概念，他们的意见却显然是一致的。他们绝大多数人，包括德国大部分地理学家以及我国的许多地理学家，所持的说法与赫特纳从李希霍芬承袭过来的说法相似："地理学研究地球表面上的地区差异——即各大洲、各国、各区和各地存在的差别"〔*161*，122；参看索尔，*211*，84〕。

一个人只要离家出行 20 英里，就会知道处处都存在着差别；这些差别因而也是"朴素地设定的"事实。此外，凡是能思想的人都知道，这些差别并非各类独立事实的现象，却是互相联系的，因 238
此立即就会激起一种好奇心，想了解这些关系是什么。

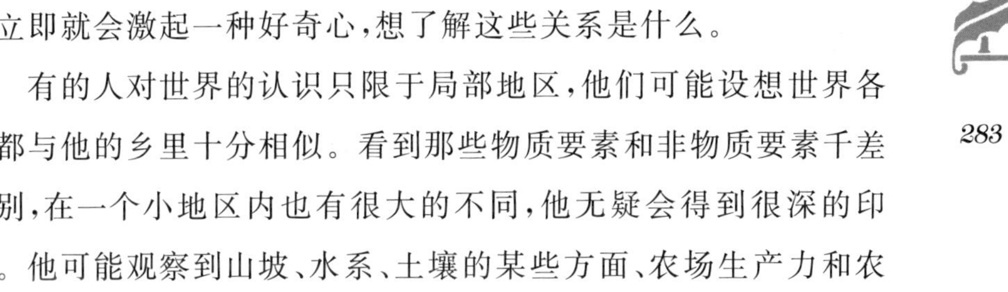

有的人对世界的认识只限于局部地区，他们可能设想世界各地都与他的乡里十分相似。看到那些物质要素和非物质要素千差万别，在一个小地区内也有很大的不同，他无疑会得到很深的印象。他可能观察到山坡、水系、土壤的某些方面、农场生产力和农民相对富裕都有很大不同。如果他住在格朗德河河谷下游的话，他定会观察到河流两岸居民文化特征的不同。对东欧或中国许多地方的农民说来，世界上最大的不同是他们居住的乡村和地方城镇间的不同；不错，城乡环境的不同，确在地球表面所示的最大不同之列。这不但包括人口密度和房屋数目和性质上的差别，而且也包括居民性质的差别，"城市"和"农村"两个类型之间的悬殊——"城里人"和"乡下佬"，帕萨格对这种悬殊是很注意的。

游历很广的人，无论是实地旅游还是在书本中神游，却知道在一个很大的地区中可能近于一致的要素，在世界不同地区却有很大的变化。这些要素可能包括气候、自然植被、主要地形和土壤类型、主要农业类型，以及居民的许多文化特点。

所有这些考虑都是众所周知的，地理学家可能会毫不踌躇地就从这些出发。此外，他会笼统地承认，这些差别是彼此相互联系的，因而在一个大地区或区域中，如果若干基本特征十分一致的话，许多别的特征——虽然不是所有的特征——也是十分一致的。于是他也许完全不自觉地承认，许多这样的地区，在其现象的总体上都有鲜明的特性，扩展到尚未划定但绵延很广的地带，而且在某些相当重要的方面，与任何邻区的特性不同。

举例说，让我们设想，恰巧有个来自布雷斯劳附近的德国青年农民，慢慢地向东南走去，到了奥得河平原。走了一段路，他会看到一些景物与他在家乡所见的十分相似。在坦荡的黄土平原上是
284 239 长着裸麦、小麦和燕麦、马铃薯和甜菜的田地，一切全是他所习见的；城镇都有长方形的集市中心，老区周围的双重环形街道，标志着昔日城墙的内外两侧，还有他所听到的德语谈话，这一切都说明他仍然是在自己的区域——他的“家园”(Heimatgebiet)，即使详情细节不很熟悉。然而往平原再走过去(还是向奥得河以东走)，他会看出很大的变化。田地显然没有那么肥沃了，他不大看到小麦或甜菜，但却有不少大片的松林；他是个聪明的农民，马上注意到土壤是沙性的，不用地理学家来解释其中的关系。但他也注意到——很可能还是首先注意到的，这里的人虽然看起来也像他本人和乡亲们，也像他们那样生活和工作，但在他看来却有很大的不同，因为他们讲的是波兰语，他也一定会把这一点看成是他所观察到的

最值得注意的事。让我们跟他一起再跨上一步吧。他漫步穿过没有设篱笆的田野,不知不觉间可能越过了一道界线,虽然在政治地图中这条线是画得清清楚楚的——在“可观察的”景观中这是一行白色的小柱子——但在田野里实际上是有点难以看清的(他本人也是一件可观察的物体,这件事对他说来可能是危险的,但我们不妨假设他没有被看到)。于是不久他就会明白,现在他已经进入一类很不同的国家。因为不但农民讲波兰语,商店里、几乎所有的学校及其他公共建筑里,人们也大都讲波兰语。如果他在这里安家落户,他就会发现,他地里的农产品不在布雷斯劳销售,却是在卡托维兹销售。这样,他一家人就不但在经济上,而且也在社会上与德国的事物切断了关系,而与波兰的事物拴在一起了;他们的生活就不由柏林来管,却由华沙来管了;他的儿子就不在莱因省服兵役,而是可能在俄国边境服兵役了。总之,用不到很长时间他就会明白,他所到达的地区与他所离开的地区,最重要的差别就在于一个是波兰,一个是德国〔参看 *355* 及 *356*〕。

想一想历史学领域是一个相似的、虽则是想象的情况,是有启
发性的。许多作者都曾使用过一种虚构的办法,把我们的一位当
代人暂时放到过去某一时代中去,不过还是在同一个地方。这样
一个人能贡献于历史研究的,究竟是什么现象呢?历史学家会要
他来讲述那个过去时期的一些方面,那是可以看作有时代特色的,
即并非与当时其他特点毫无联系的偶然差别;要他来讲述那些承
前启后,具有重要联系的事件。显然,要说出什么东西有历史**意义** 240
往往是困难的,但历史学家早就已经认识到并无可以消除这种困
难的绝对规律;必须在每一具体事例中尽可能去对付它。

二、选择资料的标准

赫特纳曾阐明地理学家按两个条件来选择资料的标准，这些条件在逻辑上相当于那些指导历史研究的条件〔*161*，129f.〕。下面翻译了他的说明，那是1905年发表的〔*126*，561f.〕，自此以后德国地理学家即使不是绝大多数，也有很多人都接受了。前面我们已经指出，他在这一问题上的观点，格拉特曼、哈辛格、班斯、瑟尔希和毛尔等许多地理学家都奉为圭臬。

"一个条件……就是从一地到一地的差别，连同位置相比邻的事物的空间联系，即地理复合体或系统的存在——例如水系、大气环流系统、贸易区等等。地球表面的现象没有一种是可以孤立地看的；只有从它所在的位置与地球上别处的关系的概念才能理解它。第二个条件是不同自然领域与其在一地融合起来的不同现象之间的因果关系。与同一地方的其他现象没有这种联系的现象，或者我们辨认不出这种联系的现象，就不属于地理学研究的范围。地球表面上的事实，只有处处各不相同，其地方差别对其他各种现象又有深刻意义时，或者如我们早就说过的，在地理上有效验时，才有资格、有必要受到这样的研究。"（这显然是李希霍芬的"只要它们与地球表面具有可以辨认的关系"这一准则的发挥〔*73*，27；参看彭克，*163*，37〕。）

赫特纳接着又说："方志学概念的目标，是从理解不同自然〔实在〕领域的相互依存、相互影响及其不同表现形式，来认识地带和地方的特性，是取得整个地球表面在其自然性〔实际地〕形成大陆、地带、区域及地方的过程中的概念。

“只有在应用这两种观点时才存在着地理学的特点；谁没有把这两种观点吸收到他的血肉里去，谁就没有理解地理学的精神；正像一个历史学家不探究事物的时间顺序和各组发展的内在联系，就没有抓住历史的精神一样。确实，随着这个概念的形成，选择材 241
料就意味着预先考虑现象的因果联系；随着认识的发展，就能为地理学赢得整组的事实，或者予以扬弃，于是对地理学的范围，也就会按照对因果联系的主观上不同评价而作不同的构想了。但我们在历史科学和系统科学中看出的，正是这种波动，对这种材料选择原则的异议，却不能认为是这种波动的结果。选择材料不是取决于单个事实，而总是取决于整组事实，人们已经学会把这组事实看作别组地理事实的原因或结果。当地理学还只能辨认特定事实的地理制约性的时候，并不就采用这些事实，而是在进行因果关系调查前，从描述上确定其地理环境；同时，地理学必须采用因果关系尚不分明的事实，也是容易发生的。

“按照这个概念，形形色色的材料确乎数量庞大，而且愈来愈加庞大，因为认识的进展，在组数日益增多的事实中，发现一种对地方性质的调节，因而也即是地理特性。当今的地理学包括种种事件以及模式和物质条件，与社会生活以及自然界的事实；但地理学只有用方志学的观点来看才能包括这些事物，因而可能忽略了许多特点和特色，对物质方面和历史方面的科学来说也许正是最重要的特点和特色。它可能不但遗漏掉地球上到处相同，或者其地方性差别并无任何分布规律可循的所有条件，而且可能遗漏掉所有那样一些事物，其地方性差别与其他各组现象的地方性差别并无关系——至少就我们的认识而言是如此。”

我们可以顺便指出，法国近代地理学创始人维达尔·德·拉·布拉什也说过约略相似的话：“地理学是研究地而不是研究人的科学；历史事件在它们发生的国家里，会使本来隐伏着的特性和可能性发挥作用，并明白显现出来，只要是这样的历史事件，地理学就会感兴趣的。”〔*183*，299〕

这种区别，或者说对于要研究的事物的限制，与以物质的东西为限的区别不同，是建立在作为一门科学的地理学的逻辑地位及其历史发展上的。因为“研究地球表面的方志科学的必要性，是由于这两种条件造成的：(1)在空间上彼此相接近的同一系列现象的事实，并不互相隔绝而存在，却是互相联系着的；(2)在地球上某一

242 处结合在一起的不同系列现象的事实，结成因果关系，并一同决定地区的性质”。因此地理学家把他的研究扩大到“地球表面上所有一切现象，只要这两个观点适用于它们”，这也是理所当然的了〔*126*，683〕。

地理学家可说是在一个区域范围内来考虑现象的排列和关系的；从地理上来思维，就是不把现象孤立地看作个别事物，而是看作决定地区差异性的要素。存在于某一地区但与该区别的现象并无联系的现象，例如地磁之类普遍现象（在未受当地矿藏影响的地方），可说是没有地区联系的，因而也就与地理学无关了。

三、标准的应用

如果我们首先强调上述标准里所包含的3个特定概念，我们

在应用这些标准时可以得出若干有实际价值的结论。这 3 个概念就是:(1)与地球直接或间接联系着的多种现象间的**相互关系**;(2)这些现象的**差异**性及其在地球上各区中所形成的复合体;(3)这些现象或复合体的**地区表现**。根据地理学研究世界的地区差异问题这一基本定义,逻辑上就必然会得出——实际上也已普遍地遵循着——这样的结论:只有按照所有这三个概念看都有深刻意义的现象,地理研究中才应加以描述和解释。

现象的相互关系(即 Zusammenhang)这个必要条件,正如格拉特曼所解释过的,给我们提供了选择地理研究对象的具体方法,我们可借以抛开"先前十分喜用、浅薄而专断的猎奇的"方法。个别带有一定程度重要性的事实就会选进来,它在多方面并内在地与相邻各系列现象相互交织在一起,成为前因后果的关系:这种交织的程度愈高,其重要性也就愈大〔*144*,8〕。

换言之,施吕特尔的论点认为,非物质的文化现象并非枝枝节节都和自然要素的细节相联系的,正如文化景观的物质事实一样〔*145*,29f.〕,对这一论点的回答就是承认它有相对程度的真实性,并按真实程度加以应用。但厂房、一般城市或者人口分布 ,并不是与自然要素的所有细节都枝枝节节地联系着的事实。只要我们的南方城市呈现出与北方城市迥然不同的显著特点,而且这种差
别又是与其他地区因素联系在一起的,那么它们在南北区域的比较 243
中就有深刻意义,但它们与南方的独特农业之类的比较却并不重要。南方农业与其特有的气候、土壤和人口结构有更密切的联系。社会现象显示出与其他区域特点联系较少,就无须正式予以排除;它们相互联系的程度较低,也就自然会使它们的地理意义减少,这

是李希霍芬清清楚楚地作出的结论〔*73*，63～65〕。

因而我们可以部分地同意彭克的意见〔*163*，51f.〕：只要把国家看作一种人民的社会组织，那么它就是一种社会现象，其特点——不论从政府形式、统治者的个性，或者是从它新兴、成熟或衰老的性质等方面来描述——是一种文化现象，它主要取决于其他文化现象，这些文化现象可能与连结着地球上任何特定地区的事实很少关系，因而也不大会受到地理学家的注意。但国家（下文我们将会细谈）不但是一种社会组织，同时也是地球表面某一片段的人形成的组织，于是在这方面就不可避免地与地球基本事实紧密地互相联系在一起。

说到这里，有的读者可能会反对，他们会说环境论又一次"抬起丑恶的头"，而美国地理学中过分强调关系的传统，又使有的人形成一种害怕考虑相互关系中的现象的思想，这些人也会与我们分道扬镳，也许竟没有注意到施吕特尔和彭克在作解释时依赖这个概念。我们的历史述评表明，地理学家一开头就关心研究相互联系的不同范畴的现象，没有一个"景观纯粹论者"不论讨"关系"而能解释他的景观中存在的事实的。坚持主张现象要在地理学中有意义，就必须在因果关系上与其他区域现象相互联系起来，这并不是把地理学规定为关系研究；如果我们说用砖造房子不能不用灰泥，那我们也不是说房子就是用灰泥造的。（可能就是这样的误解，才使米丘特把赫特纳说成像布吕纳一样，"以某种不同的方式捍卫相同的观念"——即把研究现象的相互依存关系作为地理学的定义了〔*189*，12，脚注〕。）

所举出的第二个必要条件，即现象与地球上各地关系的差异性，并不是仅仅根据我们从这一领域的历史发展中得出的基本定义，而且也是同样可靠地根据常识得出的〔参看索尔，*209*，17〕。
正像罗马时期的历史学家不需要告诉我们，说那时候人们觉得一 244
生中需要花相当的时间来睡觉，说他们冬天穿的衣服要比夏天多，或者说母亲总是对子女的福利表现出慈爱的关怀；同样，研究世界上任何地区的地理学家，也不需要把关于该区那些普天之下莫不如是的事物告诉我们。如果他在描写一个耕作区，我们可以想得到居民是住在某种建于地面上的永久性建筑中的，牲口不养在屋子里——只有在情况不同的例外场合才须描写这些。

如果说这些话看来简单明白得可笑，但用以与某些从地理学研究看得见的景观这个概念得出的逻辑结论作对照，却很有必要。我们并不过于喜欢辩证法，这由格拉内的某些细致的研究工作看得出来。格拉内也许是一位极有逻辑性地探求过景观概念的学者。他曾对芬兰的一个农村小区——瓦洛萨里作过细致的研究。从来没有目睹过那个国家的地理学家也许会自然地转向那个地方，以求了解那里这样一个小区的性质，来与比如衣阿华的一个小区作对照。他会发现格拉内不但细心地绘出各座建筑物，而且在若干分图中，还表示出布满这种建筑物的地面是无雨地区，也是防风御寒的地区。同样他也会了解到，在芬兰的这个小区森林里，风要比田野里小些；了解到树林草坪上要比屋边更常听到鸟鸣，而且这里每处地方都有各种不同的气味〔*252*，126～134〕。这样地描写格拉内的研究，用意不在于轻视它，却在于以同样的手段表明，从逻辑上作出的详细的景观研究，与大多数学者视为有地理特色的区域研究的观点是判然有别的。

后一观点受着地区差异概念的支配，我们可以用农场住宅与农场田地给人的地理兴趣迥异来说明。虽然在绝对意义上，住宅的重要性在人们看来即使不大于田地，也与田地相等，但从世界各地的地区差异方面看来，住宅的意义就小得多。撇开农场坐落在哪里不说，我们在没有看到住宅时对它们就已所知甚多，而单看住宅，向我们提供该区的特色是不多的。单从名称来看，我们知道这是耸立在地面上的人造结构，其中有一些物质设施，一家人用以睡觉、烹饪、吃饭、休憩，并作为躲避户外讨厌的气候之所，家里有的人也在屋内完成许多生产工作。在很大程度上，各地的住宅形态
245 都是配合这些职能的，因此在与其他区域因素的关系上，其间的差别不是很小，也是意义不大的。说它们差别很小，那是就它们与农场土地利用——生产的庄稼、耕种和收获的方式、所得的产量和最后的消费方式——的显著而触目的区域差别相对比而言的。

可能有人会反对说，这一观点必然会对一区的实际作不平衡的描述，但只有在阅读这种论著的读者缺少普遍概念时才会如此；略去这些普遍概念不写，是因为假定它已尽人皆知的缘故。无疑这里也有某种危险，正像在无知的学生看来，历史给人的印象，仿佛过去的生活全由战争和政治经济变化造成一样。确实，几千年来埃及的“费拉”[①]年年都在尼罗河泛滥过的土地上播种、耕耘和收获，但不会要求历史学家描述埃及历史上每一时期的生活年周期，都比他需要记录下某一世代生了100万左右婴孩更详细，尽管这一历史事实对埃及以后的所有历史都是绝对重要的。换言

---

① 费拉，原文作 fellahin（fellah 的复数形式），阿拉伯语“农民”。——译者

之，历史学假定了无数没有提到的普遍原理；同样，在地理学中我们也可以假定，房屋多少总能有效地遮蔽风雨、抵挡烈日严寒；农民总是日里在田间干活，晚上在屋里过夜等等。

另一方面，强调差异因素，正如克雷布斯所指出的，不能虚假地夸大成关心奇闻逸事〔*255*，342〕。一个吸引我们注意的异乎寻常的特征，不论是因为它在任何地方都很少见，还是因为它在别的区域普遍很重要——例如在阿帕拉契亚山区的一所瑞士式农舍——只有在地理学家所研究的地区具有深远意义时，对他也才有意义。在写作波平原地理时，不能仅仅因为那些水稻产量很少的小区在欧洲罕见就受其吸引，必须顶得住这种诱惑，不然就抓不住玉米—小麦—乳品农业与葡萄、水果、坚果等园艺栽培更重要、意义更深远的结合的意义。同样，肯普新近曾着重指出，地理学家写到巴尔干时，应少着眼于零散的烟草田或卡赞利克的玫瑰园，而多多留意各地的玉米。①

最后一个考虑与我们的标准所包含的第三个概念紧密地联系着：现象在地理学中是否有意义，须视其具有的地区表现的程度而定。虽则人人都会同意这一明白简单的说法——上文我们已经指出，施吕特尔和索尔也说过这样的话，但其解释却显著不同。施吕 246
特尔显然是根据有关物体的形体大小来估量这种属性的。同样，彭克也把分布研究排除出地理学，他解释道：地理学关心的是森林而不是植物，是人对地球表面的影响而不是人本身〔*163*，44〕。但克雷布斯却提醒我们说，在李特尔的古典词句中，地理学家所关心

① 1937年本协会宣读的一篇论文中提及。

的是地区，而不是充满于地区中的物体本身〔*234*，83〕。没有哪一类物体，甚至不是形成森林的树木，也不是形成农村景色主体的田野，在实际上是充满一个地区的，我们在绘图时可以毫不踌躇地把这种现象看作这个地区的特点。此外，某些只在表面上占一小部分的物体，从对别的特征的影响方面说，却可能非常重要，因而它们在地区差异上的意义与它们在形体上所占的空间相比，简直大得不成比例。例如，我们前面已经指出，如果说路易斯安那农村的住宅类型是对其不同地段所发展的文化的可靠指南的话，那么有的东西施吕特尔因其所占空间很小不予考虑，而尼芬却极其注意，这就完全有理了。同样，虽然我国南方黑人居民所立足和坐卧的实际地区，在南方总面积中只占一个微不足道的部分，但这个特殊社会集团有这么多人存在，与全世界几乎所有别的区域相比，却又是南方的农业和城市特色中最重要的因素。

实际上，施吕特尔已接受了这一观点，至少在他的一篇讨论中部分地接受了这个观点。为了使地理学家可以研究看不见的人口密度，他主张地理资料须使每一现象有"一个具体的区位，在地球表面上有一个明确的地区延展范围"〔*145*，27〕。但显然我们感兴趣的不是布满个别人的地区，而是地球上这样一些地区，那里存在着如此这般各种各类的人，并有如此这般的人数——这就是该区本身的特色，那是由人的存在赋予它的。如果我们可以把这看作该区真正的特色，那么该区居民的生活水准与其他区较高的水准相比显得很低，我们也就同样有理由把这看作该区的一个特点了。

同理我们可以探讨一下一个棘手的问题：多大规模的地区才可加以考虑。彭克以为可以谈一个城市的地理，却不可谈一个市场的地理〔*137*,165〕,但在原则上究竟包含什么差别,却又不大清楚。但如果地理学家牢记着这个相对意义问题,他可以把规模大小看成只不过是应加考虑的重要属性之一。要了解墨西哥农村地 247
理,就须认识墨西哥农村社区的特殊结构。如果迪肯从勘察推论出:加莱阿纳村在许多重要方面体现了墨西哥相当广大特定地区的许多类似社区的特色,那么他对并不重要的小村的详细研究〔340〕,对于墨西哥地理说来,要比坦皮科油港这样一个罕有的城市的研究,意义更为深远。

四、这些标准与地理学特殊技术的关系

把索尔关于特殊地理技术与地理学要研究的材料的关系的论点,应用于这里讨论的标准所包括的内容上,可能是有启发性的。如果说地理学家有什么特殊技术的话,那又是什么呢?对他研讨这里包括的所有一切形形色色的纷繁现象,这种技术又是否适用呢?

如果我们对各种重要地理学报各卷所收种类繁多的地理著作作一番检查的话,又会发现什么特殊技术为所有作者共有、而为其他知识领域所罕用呢?那必定是制图学的表现技术。地理学家已经给这种技术发展出种种丰富的细节。关于这一点,再没有比鲍曼对当前地理工作中所应用的观点、技术的资料种类所作的无与伦比的讲解阐述得更好的了〔*106*,请注意那大量种类不同的地图及对地图的讨论,104ff.〕。

确实,地质学家也是依靠地图的,但对地质学说来,地图大都只是为了达到了解地球历史这一最终目的的次要手段。虽然我国

与大多数别的国家不同，标准地形图是委托地质局绘制的，但这项工作还是由一位“地理学家”来指导的。

地理学家声称有绘制地图的专门技术，似乎无须证明。许多别的学科也要使用地图，正像有时也要使用历史方法一样，但没有人会怀疑后者是独特的历史技术。历史学领域确实不能垄断历史方法，地理学也不能要求把绘图学作为它那领域的一个组成部分（见第十一章之五）。然而其他领域的工作者通常都毫无争议地承认，不论绘制地图还是使用地图，地理学家都是地图专家。这是一
248 种他们常来向他求助的技术，往往是在这种场合，他们终于明白了，地理学家处理地图的能力远过于他们所预期的。詹姆斯认为“地理学对认识世界的最重要贡献，来自绘制分布图和比较、概括分布模式等技术的应用”〔*286*，82〕。

地理学家关心地图过于所有别的学者，这不是偶然的。除了地图，地理学家能怎样应用别的方式把具有空间关系的事实集中起来研究呢？他又能怎样运用别的方式来表达其空间联系呢？（图片对于相对有限的地区也能做到这一点，所以是对地图的一种重要的补充）因此我们常常能根据人们在地图上表现的有效程度，来判断其工作的地理质量。地理期刊编辑常常把一幅有价值的详图缩为半页大小，甚或更少，希望他们能把赫特纳 1905 年写的这句话作为座右铭：“由于制图学表现方法的进展，文字描写已失却其原有的重要性，现在只起着补足和解释地图的作用了”〔*126*，685，622～624；又见 *161*，324～376〕。

最后，也无须作什么讨论，来证明地理学家的制图技术可以应用于非物质现象及物质现象。制图技术早已这样使用过千百次

了。诚然，在研究某一领土问题上，地理学家的工作与政治学家的工作是有天壤之别的，这一点再没有比使用地图的相对程度和效果表现得更明显了。这种明显的差别不仅在于地图本身，尤其在于研究中对地图的使用——真正的地理学家情不自禁地会用地图来研究这个问题。

鲍曼的《新世界》〔*332*〕是可以说明这种技术价值的一个突出范例。此书虽论述许多政治学家曾经研究过的问题，但它使用地图异常有效，这使它成为几乎是独一无二的贡献①。在个别边境地区的详细研究中，还可以看到更清楚的例子。这样的研究，在德国和法国的地理文献中可以拿出几十个例子。例如作者讨论上西
里西亚的边境问题，主要就是靠着使用16幅地图的〔*355*〕。 249

不应设想，在政治地理学中，这种技术只限于研究边境问题。在政治地理学的另一些部分以及所谓“社会地理学”的许多别的论题中，这种技术也非常重要，这一点在埃尔斯沃思·亨丁顿、格里菲思·泰勒和马克·杰斐逊的众所周知的著作中，已经无数次得到证明〔参看布吕纳 *182*，图206，211，220～222〕。笔者对战前奥匈地方主义问题的研究〔*358*，根据20余幅地图〕，米洛杰维奇对南斯拉夫类似问题的研究〔*370*〕，赖特对我国国民选举中地区倾向的研究〔*400*〕和笔者对美国人种地理的研究〔*359*〕，提供的例子更为详尽。

---

① 这里笔者也许可以改正在先前一篇文章中对此书的描述，说它“大部分是用为巴黎和会的美国委员会收集的材料写成的”〔*216*，785〕。除了一个广泛流行的看法，这话并无别的根据，而鲍曼博士则使我确信这看法是错误的。虽则推动鲍曼博士做此项研究的动力和他取得的很多有关一般资料，无疑是由于他在巴黎为美国委员会工作的结果，但所采用的实际资料，却都是他回国后收集到的，委员会从巴黎带回的资料并未包括进去。

诚然,地理工作中使用地图是这样重要,如不想提出什么新的法则,那么向地理学家建议一个随时可用的粗略方法,来检验他所进行研究的地理质量,似乎也是合理的:如果他的问题根本不可能用地图来研究——通常是以几种地图作比较,那么他的研究是否属于地理学领域以内,这就值得怀疑了。

第九章　以区域为具体单元物体的概念 250

一、对这一概念的各种阐述

从 18 世纪晚期近代地理学发轫以来，地理学家一直为地区单元的性质所困扰。他们划分为地区的，就是他们的研究对象——世界。正如我们在历史述评中说过的，加特雷的追随者认为以连绵山脉网理论提出的“自然区”划分来取代传统的政治区划，是向着更科学的地理学迈出了第一步。当这一理论证明是做不到的时候，他们并没有放弃“自然区”的观念，却寻求以稍稍复杂一点的方法来划界。于是，李特尔虽然向前人过于简单的系统提出挑战，却进一步确立这个一般概念，作为区域地理学的重要基础。布黑的细琐的批评受到了冷遇，没有得到答复，弗勒贝尔的更为引人注目的意见，由于他的猛烈批评的后一部分根据错误而被遗忘。19 世纪下半叶，区域地理学衰微了，在这段时间中，对这一概念不大关心了，虽则拉策尔有时似乎曾表示过关心〔参看布尔格尔，*11*，76〕。

到了该世纪末，区域地理学的兴趣复活过来，于是重又出现把区域当作明确具体的单元——如果不是自然单元的话——的概念(就我所知，最早见于施吕特尔的方法论中)；究竟这是否如赫特纳所说，是通过拉策尔继承了李特尔，却不完全清楚。但我们发现，这个概念在地理学文献中万枝竞发，还只是大约10年来的事，这些

文献不但有德国的，而且也有许多别的国家的，其中包括我国。区域，亦即 Landschaft，据称构成了各个明确的单元，它具有形态和结构，因而也是具体的物体，与别的类似的具体物体相联系，因而可以认为地球的外表“是由各个景观或区域镶嵌而成的马赛克”。还有，对我国以及德国的某些学者说来，区域是一个有机的物体，可以与生物有机体相媲美。

这个概念看来受到德国绝大多数区域地理学家和我国许多区域地理学家各种方式的支持，与景观概念的“纯粹论”解释适成对照，我们看到，后一概念甚至在理论上也只有少数地理学家坚持它。其中讨论这个问题的文献目录，篇目达数百之多〔格拉内开列

251 了到 1929 年为止的相当完备的德文篇目，*252*，特别是布尔格尔所开的篇目，*11*，至 1935 年为止〕。

无须说明，这个概念不论用什么方法表达出来，都并不表示是一个科学原理的表述，它是这么明了，无须论证就可以接受。相反，地理学家说区域也正像动植物或星辰一样，都是一个一个的物体，他们告诉我们的话却难以相信。虽然地球表面的地区差异是一个“素朴地设定的事实”，景观作为个别实际景色似乎也是如此，但世界的区域划分却肯定不是如此。不但外行人不明白区域是明确的物体，就是地理学家对于单个区域包括着地球多大的部分这个问题，意见相一致的情况也很罕有。确实，对于怎样才能确定那假定的事实，他们是有分歧的。然而伦纳断定“区域是真正的实体”，只是表达了一个很流行的信念。只有此语出处的上下文才是不平常的：即那是为给一批“区域专家”回答一份问题调查表时表达的观点作小结的，然而这些观点却显示了对区域的定义、限制或

基本性质全不一致〔*291*,141,145～149〕。我们了解得这么少的实体又有多少真实性呢？

那么，如果这个论点在事物的性质上并不明显的话，它是不是地理研究的产物呢？或者它是不是为了解释别的方法不能解释的研究发现而构想出来的呢？反之，就我所知，没有一个学者曾试图指明这个论点是研究的必然结论，也没有什么人证明它在解释事实或关系上的价值，以为非此不可。

因而我们涉及的是一个假设，这个假设既不是自明的，也不是地理研究的产物，却是凭着有关地理学的哲学思维（因无更好的术语，姑如此称之）构想出来的。这样说毫无批评的意思，不论哪一门学问，要确立概念，至少在提出新概念的学者方面，是需要哲学思维的。帕萨格比别的近代地理学家要对更多解释不当的新概念、新系统负责，当他告诉我们说，他不能费心来阅读对他的思想所作的哲学讨论时，他只是说他不愿帮忙把收获到的谷物和蔓草分出来罢了，而这些却都是他播种的（他对我们说，“他只知道事实本身告诉他的东西”，他这话是无法叫人认真看待的）〔*272*〕。

因此，要对这一概念讨论得切题，就不可避免地要对术语作些稍为费力的分析和比较，许多地理学家可能都会觉得这些术语是 252
令人厌烦的。但当前地理学思想的批评者，对表达这个重要概念的术语作一番详细的考察是义不容辞的。从哲学和心理学借用过来的术语不胜枚举，它们被插到有关区域的权威性阐述中去，又往往带上新的含义，常常解释不当，常常还全不加以解释，这就使这个任务变得愈加困难〔参看韦内，*274*,340〕。我们只不过是由于必要而不是由于喜欢对术语争论不休，才钻到这座术语的密林里

去的，然而笔者可以向愿意跟他走的人保证，这条路不会终止于这座黑暗森林的某一未予指定的深处——不管别人为我们铺下多么曲折的路给我们走，但我们却要开辟自己的路，走出黑暗的森林，到光天化日之下去。

至于那些对这样的哲学冒险不大感兴趣的人，我们可以给他们指出一条完全避开迷津的路，虽则这样也要失去一个机会，一个辨清这个概念或其各种派生概念可能具有什么真理成分的机会。不论是这个主要论点本身——以区域为物体，还是其各种形式和派生论点，都还没有在方法论思想中充分确立起来，也没有在研究中受到检验。一个研究工作者还是有理由假定明明白白的事理的——用克罗的干脆的说法，即“区域断非一个有机体”〔*201*，10〕；Landschaft（区域）作为一个地区，不是具体的物体，也不是统一的整体，而只是——稍稍改动一下莱利的说法——一片或多或少“任意选定的土地”而已〔*220*，130〕。因此就我们目前所知，地球的面貌恰恰是马赛克的对立面，亨丁顿说的“大地的画布”的一幅生动的图画〔*213*〕，倒可能更接近于实际。虽然这些说法正像它们所否定的主张一样缺少论证，但它们说的至少看来还像是事实。

另一方面，以区域为物体的概念，在有的人看来，似乎在地理学上是有价值的，特别是那些在方法论论述中和在区域研究中，或者在教科书中表达了这一概念的人，也许希望能看到它受一次评审，以求证明其正确性和用途，只要可能的话。当然，对我们的领域确有很大价值的重要概念，我们也并不仅仅因为它们看来似乎公然违反明白的事实，就容许以简单的方式予以抛弃。克罗设想，只因“德国地理学家关于他们的‘Landschaft’编织了这样一面穿不透的神秘主义之网”，所以这些观念才可能成立，此语如果有人疑为正确，那他就必须记着：美国那些没有沉湎于神秘哲学的杰出的地理学家，已经把这些概念当作区域地理学基本原理来接受了。

在我们跟那些希望回避本章后面术语讨论的人们分手以 253
前，我们必须提出警告，要当心一个结论，这个结论可能看来就是由刚刚说过的话得出来的。许多地理学家都曾把现在讨论的这个概念说成区域地理学的基本原理，但这并不意味着区域地理学本身一定会随同这个原理而存亡，也不意味着地理学作为方志学这个更为一般的概念，就是取决于这个原理的。莱利的讨论里似乎含蓄着这样一个结论〔*220*，*222*〕，迪金森和克罗的论争里似乎也如此〔*202*〕。但在把这个概念说成基本原理以前，区域地理学者早就已证明是有丰富成果的了。赫特纳所提出的地理学的方志学观点，绝不取决于以区域为“实体”，以区域为统一的或具体的物体的假设的。

二、这一概念的目的

既然这里涉及的假设体现了一种智力构思，而不是明白的事实，也不是什么研究成果，那么先诘问一下：它在地理研究中有什么目的或价值？当无不妥之处。如果我们接受了这一概念，我们是否因此就能更好地理解有关区域的事实了呢？例如，这个概念是否立即就会给我们指出它所主张的实际区域的存在呢？支持这一概念的人很少会这样说。施吕特尔曾承认，地理研究的对象必须“靠智力活动”来构成〔*148*〕。格拉内也反复说过，地区“不是绝对的单元”，……“确定和划分地理独立单元，其本身即是须要研究的问题。”此外，这些地理独立单元并不精确地体现现实：“地理区域是现实的基本部分，是靠着把现实中实际观察到的复杂性，有目的地化繁为简得出来的”；以这种方式，“地理研究必须……构造它所需要的整个单元”〔*245*，13；*270*，296～300〕。

换言之，不论我们对区域的观念可能如何，我们仍然面对着惠灵顿·琼斯所说过的问题：“确定均质的地区，不可避免地要在调查研究的后期做出。只有在搜集了一批充分而可靠的资料，弄清了各类资料间的重要联系以后，才能确定地区的重要的或基本的均质性。也只有确定了这样一种均质性以后，才能把均质地区的边界画得近于精确”〔*287*，105f.〕。虽则这说法无疑会为许多支持眼下考虑的概念的人所同意——实在其中有许多人还曾说过这些
254 话〔例如毛尔，*179*，175〕，但他们似乎并未认识到这会成为对这一概念本身效用的挑战。

然而这个概念的倡导人对这个挑战却有一个明确的答复。别的具有特定范畴的研究对象的科学，通过分析比较其对象的结构、形态和功能，都已经能够把它们分成一般组，根据这些组别，这些科学已经详细阐述了有关其行为或关系的科学法则或原理。如果地理学能发展出这样一种以区域为对象的一般分类系统，也就有希望向着阐述普遍原理前进。毫无疑问，这是一种可敬佩的雄心，我们可以说那是科学精神赋予我们的。凡是看来能给我们这种可能性的概念或假设，都值得我们细心留意。但同样，科学精神也要求我们对这种观念进行最严格的审查。自然界(现实)是如此无情，不肯给予我们个个都能分得清清楚楚的具体对象，就像随时可交

给天文学家或动物学家的那些对象一样；我们必须凭着智力活动来构造我们自己的对象，于是我们想详细阐述的原理就不会比我们造出来做基础的“对象”更正确。仅仅扬言我们有了对象，却不去弄清我们到底是否确实有，就照此进行下去，这其实并没有前进一步。

最后，阅读了这个概念的倡导人的许多讨论，人们不会看不到在希望拿出具有科学价值的智能工具的同时，还夹杂着一种直率的雄心，就是要在各门学科中把地理学提到“更高”的地位，实在还是想使地理学成为一门显然从来都不是的真正的科学。既然各门（系统）科学都自有一类研究对象，地理学要成为科学，似乎也必须有其特定对象。只说我们研究世界的地区差异是不够的，因为在世界不同地区存在的几乎所有的事物，早已都被别的科学占有了。除非我们满足于捡起一些尚无其他学科肯费心去考虑的对象（莱利似乎是要这样提议的），那么我们就必须把地区本身作为我们的对象，因此我们必须以某种方式证明：地区实际上就是对象。

特别要说明的是，这个目的在施吕特尔早期的表述中是很明显的，虽然他的以地区为具体物体的概念，绝非像他以后的追随者表达得那么简单而直接。在一处，他似乎是把个别地区作为物体来对待的，但不久以后又承认地区只是总单元的各部分〔*127*，16ff.〕。他以后又转向把整个地球表面作为具体单元物体的概念，这个单元物体给地理学一个具体的研究对象。[①]依据这个理由，施 255

① 除了我本人，许多作者也觉得很难明白施吕特尔的推理；参考赫特纳〔*132*，627～632〕和格拉夫〔*156*，142〕。如果如索尔所推荐的，施吕特尔对赫特纳的批评是值得仔细注意的话〔*84*，187，脚注〕，那么赫特纳的完满而有力的答复也同样值得注意，可是索尔却忽略了。

吕特尔试图反驳赫特纳的论点，即地理学也像历史学一样，基本上不是一门系统科学〔*127*，14～18，52～59；彭克，*158*，亦然〕。作为一门系统科学，他为它要求同样的权利，把它的对象分成若干部分，正如生物学必须考虑其个别动植物的毛发、皮肤及其他器官一样。拿区域与动物的器官相比，姑不论是否合理，但这门科学只限于研究一棵植物或一头动物的独一无二的标本，其中甚至连两个基本相似的部分也没有，那又会是怎样一门系统科学呢！这样一门科学不论可能要求什么名字，它是不大可能根据它这一个对象详细阐述原理的。

为了澄清史料，我们可以插上一句：施吕特尔显然因为混淆了赫特纳的"系统"科学概念与"描述"科学之分，才达到他的结论的，这就破坏了原意了〔*127*，56〕。一门系统科学（就像动物学）是描述性的，就这一点而言，它所描写的并不是单个物体的特点，而是基本相似的所有同类标本的特点〔参看格拉夫，*156*，52～57〕。然而施吕特尔写道：地球表面的情况，只能"按其空间联系"来研究，于是也像赫特纳一样不自觉地又达到了同一个基本结论〔*131*，631〕。

然而施吕特尔的追随者的表述强调尤甚。例如格拉内写道："我们构想的地区整体，大体上也正像生物科学构想其对象一样"〔*252*，38，47；又见毛尔，*241*，12〕。

同样，索尔的方法论论述中，在向美国地理学家描述这个概念时，可以看到他也在翻来覆去地推论，说是有了地理区，我们的领域也就有了可与其他科学相媲美的研究对象。"我们断言……地区有形态、结构和功能"；谈论"地区的解剖学"，……"不是什么粗劣的类比，……因为我们把地理区看作一个有形体之物"〔*211*，25f.；

84,189f.〕。新近在芬奇和特雷瓦撒的教科书的导言中，对这个观点作了更直率的表达，即使在正文本身很少看到使用或没有使用这个概念〔*322*,1～9,662～666〕。

布尔格尔在摘要介绍这个概念的德国倡导人的著作时，竟然极其清楚地表现出这种力求把区域（Landschaften）当作物体来设想的背后目的，这是意味深长的。“这个概念现在对我们具有更深刻的意义。在地区（Erdraum）这个地理概念上的斗争，是一场为 256
争取一般地理科学的合法性的战斗。……地理学只有在它拥有自己的地球地区的概念时才是基本上独立的。这个地区概念显得愈有意义，地理科学所受到的尊敬也就愈高。……这里所谈的地区单元可能不是人为的，但必须‘定出’，仿佛就像是由自然〔也许即‘现实’之意〕标出一样……”〔*11*,27f.〕。

人们可能会怀疑，一门必须寻求一些概念、借以要求获得科学地位的科学，是否就能获得科学的称号？如果发现我们只不过在以一些解释不当、混淆不清的术语自欺自骗的话，我们为地理学也是争不到多少东西的。

把地理学是一门科学这一定义的基本表述奠基于一个根本不清楚的假设，而且对这假设迄今又尚未给予科学的证明，这就特别危险。这是彻头彻尾地以本身尚未证明的定义为论据，其彻底程度甚至比以地理学为研究“关系”的概念为论据更甚；因为没有一个人（除非我们必须承认格尔兰是例外）曾经否认关系的存在，但是否确实有一个区域，自成一个具体单元，那我们还得等着瞧。

如果这个假设有希望得到证明，那就必须鼓励所有的地理学家集中全力来证明它。我们可能取一两个大区，并用研究经费来鼓励一批学者作独立的调查研究，以确定它是否确由一元的、完整的 Landschaften 或区域组成。然而在把我们的财力投入这样的尝试以前，稍微细心地检查一下这个假设的逻辑是有好处的；如果那是有毛病的，那么无论做了多少野外工作，也是不能证明这个论点是站得住脚的。

三、地理区是有机体吗？

我们就从一个也许可视为最极端的观点开始，对概念或区域进行检查，这样可以方便一些。这个观点确实曾引起最猛烈的反对，以致许多把区域看作明确而具体的物体的人，在这一点上也都与他们的同行发生争论——这就是把区域看成“有机体”（就是说在生物有机体的意义上运用此词；在另外某种意义上运用此词的可能性以后再作讨论）。

我们在历史述评里指出，李特尔遵从他的许多先辈，把地球总体上看作一个有机体，他把大洲描写作“个体”或“器官”，可以视为自然会引出以较小的地区为“有机体”的概念。维达尔·德·拉·
257 布拉什依从拉策尔，也对以地球或地球表面作为“地球有机体”的概念特别感兴趣。[①]不管这个概念的历史渊源可能是什么，但对今天许多地理学家说来，李特尔以他所特有的不严格方式，描写所有一切错综复杂地交织在一起的有生命和无生命的、物质和非物质

① 照瓦洛的说法，这个短语正确地表达了维达尔的思想，虽则他有时对这个短语作了些限制〔*186*，41，49〕；请注意维达尔的《人文地理学原理》（德·马托纳编）中用了两种不同的方式〔*184*，5〕。

的地球现象时所使用的这个术语，却被当作对区域性质的精确表述接受了。对这个概念还有一个更著名的描述，就是1921年布伦奇利在《作为和谐有机体的亚马孙河洼地》〔*231*〕的研究中的描述。两年后，克雷布斯把区域（Landschaften）写成可与生物有机体相比拟的有机体〔*234*，81，93〕，另一些人也表达了相似的观点；例如奥布斯特和盖斯勒二人都说到“区域有机体”（Raumorganismus）〔*178*，9；*345*〕。在英国，昂斯特德也曾使用过类似的术语〔*309*，176，184f.〕，而且还传入我国，甚至用于教科书中。

这个概念在近代美国地理学中提出的方式是颇为奇怪的。在讨论维达尔的“地球有机体”统一体的概念时，索尔引用了瓦洛的结论：虽然这概念是富有成果的，但“今天首先给我们深刻印象的，则是这个概念的诗意和隐喻的性质，是其观点的局限性和它所导致的确实无疑的错误”〔*84*，181〕。但还应该再补上原文中后面紧跟的那句话：“如果有人愿意的话，就让他以隆重的葬礼把它〔地球有机体概念〕送进科学的万神殿中去吧；只望他别忘了把石板盖严些，别让它从坟墓中再爬起来”〔*186*，49〕。在索尔的论述中只要再翻几页，这个概念实际上却复活了，即使调子降低了一点：“我们把地理区看作有形体之物”，按前自然科学家帕萨格的说法，对这有形体之物“我们要研究地区解剖学”。索尔在他以前的著作中还曾写得更明确：“景观在某种意义上是被看作具有有机性质的。”⬅

索尔确乎特别强调“以区域为有机体的虚构性”〔*84*，189f.；*211*，26〕。然而虚构的比拟却会发展为对事实的直接表述。曾有一个时候，芬奇在复述一世纪前布特的说法的一番有趣的话中（参考第二章之一）提出：“一个地理区或者地球表面上任意选定的一部分，可以看作具有一个人的某些特性。它是这样一种东西……自然要素和文化要素相互交织，因而赋予这个有机体以个性”
258 〔*288*，114〕。然而在他与特雷瓦撒合写的著作中，却未加限制地表述了这一概念（当出于特雷瓦撒之手）：区域是可与植物相比拟的“活动着的器官”〔*322*，4～5，662〕。同样，詹姆斯从学者的讨论会转到教科书时，也作了类似的更改，把“准有机的”〔*286*，79〕改为“有机体”〔*321*，124，155f.，153〕。因此我们谈的并不是反复无常和激烈过火的作者所提出来的概念。⬅

不用说，这些提法也不是没有受到批评就被放过的。说区域（即 Landschaft）是有机体，含意就不只是以某种未明言的特殊方式说它像一个有机体；这个说法肯定了区域具有有机体所固有的性质。这样是不足以证实区域包括着互相紧密联系着的有生命和无生命的事物的——对一把盛满泥土的铲子也可以这么说。正如芬奇所指出的，这个方面，在一个“地理区”与地球表面任何别的部分之间，不论怎么选法，也都是没有什么差别的。于是所得到的就不是一个封闭的、个体的有机体，至多不过是某种有机的东西，一个有机体的一部分罢了。

然而有生命和无生命的东西的有机结合，所包含的却不止是这些要素的密切相互联系；照韦内的说法，它必须包含着“整体”联系作为上层结构，物质要素只是这个上层结构的附属成分。例如，我们在人类有机体中看到这一点，而在一个地段甚或整个地球表面，却辨不出那种有机的、最终的上层结构形式〔*274*，346〕。

我们可以与瓦洛一起列举有机体的某些特点：适应力、内聚力、反应力和再生力，这样我们就可以把上文所涉及的差别说得更清楚一点。瓦洛在他的长篇评论中相当详细地评述道，不论地球表面还是其任何部分的地区，都不可能有这样的能力。一个区域只能接受外来作用，自身却绝不能作出反应〔*186*，50ff.〕。

布尔格尔在区域——他看作“整体”或形态（Gestalt）——和有机体两者之间最易混淆之点上，划出了最鲜明的区别。他指出在两种情况下都有纷繁复杂的不同部分，结合成一个整体。然而在有机体中，这个整体是能有生命的，因为其各部分之间发生分化，每一部分因其在整个有机体中的位置，也就规定了它们都有特定的功能。这就存在着一种总体上的功能的协调，使个别部分（器官）服从整体的规律，并限定其独立的存在；离开整个有机体来考虑，那就无法理解它〔*11*，45，47f.〕。

由这段对有机体的描写中可以看出，不能把其各部分看作有机体，只能看作器官、肢体或者一个有机体的有机部分。彭克说得 259
更简单扼要：一个有机体基本上是不可分的，而地球表面的区域单元却可以划分为小单元，这些小单元又可以划分为更小的单元〔*249*，8〕。

鉴于这一概念在地理学思想中已经根深蒂固，像瓦洛那样只指出无论地球表面还是它的任何部分都不是有机体，显然还是不够的。他把这个概念送进坟墓，但我们显然还需要在墓上再堆上些石头。我们可以用一个结论来切实地完成这件事：区域与有机体甚至连像都不像——不是说毫无相似之点的意思，因为要找，总可以找到某些相似之处的；这里的意思是说相似的程度远不及差异之处为大。即使作为一种类比——如果这一概念可能保持在类比范围之内的话——也有引起误解的危险，沃格尔、施米特、布罗克、劳顿萨赫和克罗都强调了这一点〔*244*，197；*180*，51～54；*337*，10；*278*，16；*202*，15〕。

有机体的类比特别容易导致误解的，恰恰在于它可能被设想为有价值这一点，即是在我们考虑所谓区域的“成长”时，或者用一句广泛为人爱用的话——“从自然景观发展出文化景观来”。在有机成长中，各个部分都是从同源（受精的种子）发育而成的，从一个共同的食物供应得到营养，并受某种共同的指令性力量控制生长。引入有机体中某一部分的外来成分，不是被转化为养料而输遍整体，就是被排泄出去；或者在非正常的情况下，立即会被辨别出是“异体”而被隔绝开来，有如在一个囊肿中一样。在地球上一个地区的变动中，我们又能看到什么可与此相比的呢？一处山坡上的土壤侵蚀可能与该区别处所有的情况全然无关；一棵孤树的生长不过依赖周围咫尺之地的条件；在该区所有别处地方发生的事，对它可能全然是无关紧要的。降雨条件大多是外力的结果，与该区本身的变化全无关系。最后，由人所开发的文化景观，既不能理解为该区内部的成长，也不能理解为该区作为有机体消化外物的过程：栽培的植物并不是引种到作为整体的该区，也不是引种到什么共同的消化器官，而首先却是引种到某一块田地里。外国资本家和工程师可能在一个具有原始自给经济的区域安插一些工厂，正像外科医生在海星体内装进一根脊骨一样。

正像克罗伊兹堡所说，整体上的区域并不起变化，只有地区各
260 不同组成部分的复合体才随其各组成部分的变化而变化。文化景观（kulturlandschaft）的发展因而只不过是其文化组成部分复合体的发展〔*248*，413〕。布罗克补充道，那些变化可能大部分是外来

影响的结果，正如他就圣克拉拉河谷一例所作的说明一样。因此他不说“发育”而更恰当地说成“变化”〔333，10〕。再说，我们可以指出，如果说有机体的类比还有点适合之处，那它也只能应用于整个地球表面：对世界上任何一个地区的变化，要作出解释就必须推及邻区，甚至遥远的地区。这就仿佛像一个人的肺与邻人的肺，他的心与别人的心都是连在一起，他的淋巴是来自住在千里迢迢以外的人们身上一样。

最后，我们以后还有机会来讨论另一个混乱，那是因为想把地区类型看作类似有机体的品种而引起的。在有机世界，某一品种各个体之间的关系和不同品种相互间的关系，都是过去的有机关系的结果——都是由同源演化而来的。想把这一原理应用到世界上天南地北相悬隔的不同地区的关系上来，那只能引起混乱，这是毋庸论证的。

四、地理区中的和谐与节律

如果以地区为有机体的概念是以科学术语表达的词句，容易受到批判分析，那么许多德国地理学家愈来愈多地使用“和谐”的概念和福尔茨对 Landschaft——不论看作景观还是区域——中的“节律”的提法，却是从我们不大熟悉的非科学的知识领域采用概念的。

有人也许可能把区域现象相互关系中的和谐概念追溯到洪堡，但除了洪堡在一般描述的方式中用过外，我没有看到他真的使用过此词。详细讨论过这个问题的近代德国地理学家，通常把布伦奇利关于亚马孙河泛滥平原的描写说成是“一个和谐的有机体”(ein harmonischer Organismus)〔*231*〕。许多反对有机体类比的人却接受了和谐的概念,但这里读者也必须小心,因为学者对这个概念人人各有自己的解释。对有的人说来,它的含义也许正如对洪堡一样,只不过是区域中所有现象的一系列联系。在这一意义上,地球表面上每一部分都是存在着和谐的;任何一类现象起了变
261 化,也将在别类现象中产生或大或小的影响;新的总形势只是另一个和谐〔参看格拉特曼的有趣而又有启发性的讨论,*236*〕。但沃格尔却发现,即使在这种“动的”意义上——这与“审美的”意义判然有别,“和谐”也只可用于真正存在着“力量彼此互相调节、一种完美的相互关系”的场合;他说,这并非大多数地区的情况,因为诸如气候或陆地的地质形成等因素都是单方面决定的,其他特征都自行适应于这些因素。“存在着诸力的同时发生,这导致了特定的合量,成为区域的特点,但这些力量却大都是因果关系上独立的因素”〔*244*,196f.〕。

布伦奇利原来的概念显然属于不同的一类。外国商业特征传入以后所带来的情况变化,产生了一个新的阿马佐尼亚,而这却不是一个和谐的有机体。既然他讨论新形式实质上是他不喜欢这种新形式,那我们就必须假设他的意思是,“和谐”一词当从美学的意义上来理解。如果我们可以假设不能禁止地理学家从景观和区域的美学特性方面来考虑,那么对于在这一意义上使用“和谐”,看来似乎不会有人反对;读者只须理解这样的描写用意,并不在于要做到纯客观就好了。

另一些德国作者则有意识地沿用音乐领域中的“和谐”一词。

于是克罗伊兹堡谈到区域(Landschaft)中的主和声和次和声〔*248*〕。彭克有个源于帕奇的提法甚至更引人注意〔*249*,4～8〕。不但“每一个科雷(chore)(瑟尔希极明确地规定的地理区域〔*237*〕)中都有某种和声”,而且可能有几个科雷形成的更大的单位地区,一个以一种特殊“交响乐”为特点的Landesgestalt(大区形态)。因此只有在德国国境(deutscher Boden)区域里才可以找到阿尔卑斯山、Mittelgebirge(中等山脉)和平原的Dreiklang(三重奏);波兰是平原和高山的Zweiklang(二重奏);多瑙河中游地区呈现出山地和平原、森林和草原的双重Zweiklang,但这些并不分成地带,却是同心排列的;更东,在俄罗斯,那调子又降为森林和草原的更柔和的Zweiklang,消失于无树苔原和贫瘠草原的微弱的音韵中。这些描写虽然引人浮想联翩,但不知地理学家是否能可靠地着手分析和谐的科雷交响乐〔关于“和谐”概念的另一些解释,参见克雷布斯,*234*,81～90;格拉内,*252*,27f.;布尔格尔,*11*,99～102〕。

和谐这一主旋律的另一变奏,是由福尔茨的“节律”概念提出来的,他把“节律”写成“变化的和谐”〔*243*〕。福尔茨以同样的术语考虑了区域(Landschaft)之中的三种不同的变化:(1)人们在某一时间变换景观视域时观察到的节律,(2)季节的节律,(3)更长时 262
期中全区的波状变化。在这种提法中,除了用一个名词把3种极不相同的事物拼凑起来的混乱以外,很难看到有什么新的东西。这个名词,一般地说,也许只能用于其中一种情况,即季节变化。如果在任何地区,不同形式——例如森林茂密的丘陵和开垦耕种的河谷——的排列构成一种有节律的模式,观察者无疑是会注意到这种事实的,但没有明显的理由可以设想这样的模式是可以普遍

存在的。科学的头脑也不会设想在极不规则、常常不和谐的历史过程中有什么节律〔参看格拉德曼，*236*；及布尔格尔 *11*，193f.〕。

五、地理区是具体、一元的物体吗？

前面对用于地理区域的各种概念的讨论，几乎还没有触及主要问题，现在我们必须来检验这个问题。地理学家可以把地球表面上的地区片段——不论是由非人文的自然界、由所有实际现象的总和，还是由他自己建立起来的，看作具体的物体，那是一个个一元的整体，“具有形态、结构和功能，因而在一个系统中有它的地位”〔*211*，25f.〕。上文已经指出，这个见解很多地理学家都曾作过肯定的表述，特别是在德国和我国，其中包括许多业已提到的反对以区域为有机体的概念的人。还有一些学者曾或多或少地明确表示反对这一概念，他们人数显然较少。既然争论的双方都有不少人认为，这个问题在整个区域地理学领域中具有根本重要性，它也许比本文所提出的其他问题应该受到更全面的注意。

虽然我们已经指出过，这一概念的起源可以在前古典地理学家的著作中找到，也许可以从他们追踪而下，中经李特尔，可能还要经过拉策尔，但它在我们这个时代的大发展，看来却首先是由施吕特尔和帕萨格的著作推波助澜造成的。这两位地理学家提出这概念是用以反对赫特纳的方法论的。帕萨格特别强调提出 Landschaft 的整个形式，目的就是反对“赫特纳的单纯分析方法”〔参看布尔格尔，*11*，85f.〕。

要说明这个问题，我们可以指出上文已触及的一点，对这一点意见倒可能是普遍一致的。地理学至少还有一个独特的、一元的、具体的研究对象,即整个世界。如果我们给这个世界——地球表面——再加上某些影响它的外在因素,不是把这种外来因素作为整体,而是把它有差别地分为不同部分,即地心、太阳和月球,我们 263
不妨把如此形成的整体看作一种单元机制,具有其自身各部分的"有机"排列——并非从生物学意义上说的"有机"〔参看赫特纳,*269*,142;瓦洛,*186*,38ff.〕。但这个结论对全世界各部分本身是否即各个具体的物体这问题却是无关的。

在讨论 Landschaft 或景观的各种概念时(第五章之一)我们已经指出,在不同意义上使用这个术语来得出貌似合乎逻辑的结论是危险的。把"景观"解释为或多或少与"地区"同义,而同时又保持其另外的意义——看得见的景色,这就好像是没有论证就证明了地区是一种客观单元一样。于是索尔在把"景观"弄得似乎与"地理区"相一致以后,显然可以交互转换地把两者说成是"总体上的实在",具有"形态、结构和功能"的"一种有形之物",他又把这"具体的景观"与"德耶尔的'抽象的'地区联系"作对比〔*211*,25,47;*84*,190〕。确实,另一些话似乎又提出不同的观点:地理学的任务是"发现现象及其秩序的地区联系";它是有待研究的"景观现象学"〔*211*,22,25〕。那么这个观点和德耶尔的"抽象的地区联系"所表达的观点,其间的差别又何在呢?⬅

一种假设的正确性不能取决于任何特定术语的运用;反之,如果它显然依靠一个从未确切解释过的术语的话,单是这样一个理由就颇可疑了。如果地球表面上某一地区以某一特定方式划定界线,构成一个"区域",可以在逻辑上证明是一种有形体的东西、一

种具体的单元整体的话,那我们不论用什么名字去称呼它,都必然还是那样的东西。如果我们希望逻辑论证条理清楚,我们就要避免意义含糊、可能导致不可靠的结论的用词。如果有人觉得,因为地理学并不包括一个地区的所有事物,而只包括其物质特征,所以地区、区域等词不恰当,但又因没有这样一个术语可以表示除掉非物质特征的地区,那么创造如"地理区域"之类的术语,也许更好一点。因为此语在普通人思想上尚无公认的意义,所以可能确切地规定它是表示这个意义。已经有了一点考察最近地理学方法论研究的经验的学者,对于依靠使用"景观"或"Landschaft"来作逻辑阐释的假设,都会带着怀疑来看的。

摆在我们面前的这个问题,由于许多德国地理学家采用哲学和心理学的术语而更为复杂化了。在许多场合这些术语被赋予新的意义,时常没有说明到底确切的意义是什么。心理学家韦内[①]
318 264 深刻地检查了我们领域中这些术语的使用,他正确地主张:"现在迫切需要对这些概念作毫不含糊的解释了"〔*274*,340〕。我们如果一开始就简述了赋予这些被使用的术语的各种意义,那我们目前所考虑的事就会简单起来。

在有些情况下,混乱是由于使用"个体"(individual)(此词的德、法语形式基本上与英语相同)一词引起的。可能人人都会同意,任何地区,不论是否区域,相互联系的特征的特定结合,使它有别于别的地区,在这一意义上说,都是具有"个性"的。在这一意义

---

① 韦内也是在劳顿萨赫的指导下研究地理学的。后者曾指出,在两人领域的这种关系中,老师也要向学生学习。部分也是因为这缘故,劳顿萨赫最近的研究也许是当前德国文献中对地理区这问题提得最清楚明白的了〔*278*〕。

上，赫特纳说到地区的“个性”，或者毋宁说是地球上某一点的“个性”〔*142*，21；*161*，217；及 *269*，143f.〕。有的人只是由于误解了他的说法，才以为他把眼下所讨论的地区在明确限定的物体或实体这又一意义上看作“个体”。法国地理学家在把地区说成“个体”的时候，很可能也只是指地区的独一无二的性质，虽则据米塞的报告，他们对每一地区的“个性”（personality）的兴趣似乎包含着一个更具体的概念〔*93*，275〕。为了说明这一点，我们可以考虑一幅普通的画与一件镶嵌细工的悬殊差别。在前一场合，画面每一平方英寸中颜色和线条的特定结合可能都是独特的，适当挑选出来的每一部分可能看来都有自身的“个性”，但实际上没有一个部分是独特的单元个体。（我们再一次注意到亨丁顿在《地球画布》中生动地使用这个比较〔213〕。）另一方面，一件镶嵌细工却是由个别单元小片组成的，但单片地看，无论哪一片，在独一无二这一意义上说，都未必有什么“个性”，因为在色彩和形状上可能与其他各片雷同。我们可以使用“独一无二的特性”来取代原来的“个性”这个意思，并把“个体”一词限于有明确界限的物体。

由“单元”一词或相应的德语“Einheit”，特别是形容词形式“einheitlich”引起的混乱更为常见。后者可译为“一元的”或“一致的”或“均一的”。格拉内使用 Einheit 的后一意义与“地理个体”相对照，此词为有明确界限的地区，可能是、也可能不是均一的〔*252*，33f.〕。虽则格拉内对他的术语解释得很清楚，但看来这种
用法还不会结束这种混乱。不管德语中最好的解决办法是什么， 265
我们却要用“一元的”（unitary）来表示个别单元这个意思，这种单元可能是、也可能不是一致的或均一的。

讨论近代地理学的历史发展时，我们曾指出两种统一概念的区别，我们把这两种统一描述为统一的“纵的”一面和“横的”一面。洪堡反复强调许多不同范畴的现象的自然整体（Naturganzen）概念，像李希霍芬和赫特纳等后来的学者，则讲地球表面特定地段的现象统一性。在这种纵的意义上说，这个概念可以应用于任何地区——例如，我国中部某州的一县。不论它是均一的还是异质的，也不论其边界在何处，都是无关的问题；它每一部分都是以某种方式与别的部分相联系的。作对比部分的关系也未必少于相似部分的关系；盐湖绿洲的一个农场，与瓦萨奇山雨水冲刷的山坡有极重要的关系。

许多德国作者把这种纵的统一形式称为 Ganzheit 或“整体”〔福尔茨，*262*；劳顿萨赫，*173*，30；格拉内，*270*，296〕。然而赫特纳和韦内提醒我们说，这实际上只不过是各相互关系部分的总和罢了，不能与所谓基本“整体”或“有机整体”（未必是生物学上的）等种种不同称呼相混淆。在这样一种“整体”（Ganzheit）中，各部分都不仅彼此相互依存，而且也依存于“整体”，从彼此都与“整体”无关的观点来看，就不能作出正确的解释。换言之，“整体”不止是其各部分的总和，而且还相对地与外界的环境无关〔*269*；*274*；又见韦氏大词典，1935〕。在上例中，要了解盐湖绿洲的雨量情况，我们无须知道其总体，只要知道它另外的几个要素就行了。韦内说，多数大体上关心这个术语的学者，也许只是简单地把这种松散的统一体叫做“总和”（Summe 或 Undverbindung）〔*274*，341〕。他指出，德里施也许会把 Einheit 一词用于“牢固地互相依存的相对封闭的系统”，但一区现象的纵的结合会构成“相对封闭的系统”，这一点还是有待证明的。因此我们的“纵的统一形式”只是一个全部总和的复合体。虽则名称本身并不重要，但我们必须提防，把一个全部总和复合体称为“整体”，然后又设想，既然“整体”是具有某些性质的，那么不论我们从什么出发，我们也就已经证明它必定也会有这些性质了。

对于这一笔目的论的财富——如果不说大杂烩的话，彭克又拿出了一个从心理学家〔特别是从克勒[①]，*249*，2〕借用的新术 266
语——Gestalt。他显然是用来表达大地区的统一形态的，各大区都是由一些区域的一定排列组成的。但另一些学者，如布尔格尔，却将它移用于地理区域(Landschaft)。照布尔格尔的意见，Gestalt(我相信我们的心理学家是不会试图翻译此词的)是一种动力结构，其中各个部分在功能上彼此互相渗透，而且只有从整体着眼才能理解〔*11*，44～46〕。韦内说，对于心理学家，一个 Gestalt 一般是与 Ganzheit(整体)相同，但克吕格却只把这个术语用于一个明显地分化为肢体的“整体”〔*274*，342〕。因此我们可以同时给这两个术语作解释(遵照韦内和埃伦费尔斯)。(1)“整体”超过部分的总和之处，正在于不仅部分间的相互联系使每一部分都能发挥潜在特点，如在任何复合体中一样，而且作为整体的复合体也带上了新的性质，这是无法从部分来解释的——例如在一支旋律中那样。(2)“整体”的各部分都是些**肢体**，离开了它们所构成的特定“整体”，就无从描述其特点；而一个复合总和的**组成部分**或者甚至是统一体的**组成部分**，如果从一个总和转移到另一个总和，却还是具

① 克勒(W. Köhler，1887～1967)，出生于爱沙尼亚的心理学家，格式塔心理学的创始人之一。——译者

有同一数量的物质。(3)“整体”都是可转变的,不会丧失个性:我们可以把一支旋律的所有乐音加以改变,仍然还是同一支旋律;可以在鸡蛋发育时(凭着离心力的作用)打乱细胞排列,仍然还会得到发育正常的个体;我们还可以补充一句:一个独立国家的政府成员可以全部更换,还是会有同一个作为“整体”的政府。

韦内列举了一些事物作为“整体”(即 Gestalten)的实例:所有生命的有机体;某几种有生命的群体,如一个家庭,在某种程度上一个民族(Volk);我们经验里的某些现象。他对后一类的讨论与格拉内的概念关系特别重要,格拉内的概念看来是以我们所体验到的景观为基础的。这样,我们体验到的圆是一个“整体”,但在几何学上,圆只是一个总和;两者不是一回事,且看几何学的事实与圆的视觉幻象经验的对照,即可证明。即使我们可以承认,视觉幻象是不同观察者以十分相同的方式观察到的事实,人们还是看出,以景观统一体为经验现象的概念,会把地理学转变为一种心理地理学科。

在什么范围内,这些不同的概念可以应用于地球表面以某种方式划为区域的各个地段呢?我们选定的地区都会有结构,也会包含一些彼此互有功能上联系的形态。但也不是所有存在的形态都是功能上互有联系的。这一点由残余形态中的极端事例表现得很
267 清楚,但这也绝不是罕见的事例;正如劳顿萨赫所指出的,这些在该区的地形中可能十分重要,但在其生理学上却微不足道〔*278*,18f.〕。一般地说,对形态的解释可能要考虑到别的现有的形态——还有过去的形态,但未必就要考虑所有别的现有形态,幸亏也不须考虑整体。我说“幸亏”,是因为不然的话就不能不推论说,

地理学从来都没有按区域要素本身解释过一个区域要素，不论是气候方面，或围岩方面，或地形方面，因为我们还没有关于区域“整体”的解释。

即使我们不把区域看作（基本）“整体”，如果我们能把它看作至少是一种松散的统一体，那么我们还是有所得的。这里所谓松散的统一体，是就相关要素复合体形成一个相对封闭的系统这一意义上说的，正如毛尔所说，是“一元的自我封闭的Landschaft（区域）”〔*157*，36〕。只有确实如此的时候，我们才能正确地说，区域——与其内部事物截然不同——“具有结构、形态和功能，因而在一个系统中应当占有一席地位。”要具有这些属性，区域就必须明显地具有相当明确的界线，又因区域只能按地区来划定，我们就必须具有相当明确的地区界线。姑且承认由于研究这里所谈的地区的结果，我们能以某种方式做到这一点，我们是否就能说，如此划定的区域在其各部分的结构和功能上，也就构成了相当于一个相对封闭的单元，与远远近近的相似单元迥然不同呢？虽则有的人可能立即就对这个问题作否定的答复，但有这么多地理学家都采取相反的立场，所以我们也必须更仔细地检查各种可能。

我们已经知道，给区域划界的问题是整个理论的关键，所以不能像福尔茨、昂斯特德或帕夫洛夫斯基要我们相信的那样〔*262*，104；*309*，185；*276*，205〕，单以边境地带代替界线来解决。即使我们把考虑局限于单个因素，我们也未必就得到一种类似彩虹的情形。彩虹形成明显的色带，即使我们不能很精确地分辨出两种颜色交融的地方。布黑在一世纪前曾指出，威廉密这个比拟对我们这问题的某些要素不适合。不包括周围的部分山峰，就不能考虑巴希米亚盆地，因为没有这些山峰围抱，就不成其为盆地，〔*51*，88f.〕。正如莱曼笼统地指出的，“在同一地面上同时有谷有峰，也就有了地形起伏。山脚可能位于河谷中央，河谷也可能始于分水岭的山脊”〔*113*，226〕。两个概念互为依存，并必然会相交叉；我
268 们找不到其间有一条边界，因为菲利普森早已指出：“一座山的斜坡同时也是邻谷的一个侧面，山与谷是没有边界的。”〔*143*，12f.〕格拉夫在引用这句话时〔*156*，83〕似乎忽略了它的基本意义：我们不是在说一个困难的过渡带，而是在说一块对两个不同单元必不可少的土地。我们不是对待可以彼此划界的物体，而是正如菲利普森所说的：“一个唯一、庞大、崎岖不平的表面——即地球表面的相互渗透的各部分。”

即使就单个要素而言，有可能解决这个地区分界的问题，但在我们考虑区域特征的全部联系时——即使我们把这些联系局限于自然（非人文）要素方面，这个问题仍呈现出极不相同的样子。我们又一次找到布黑所提出的论点，此后一世纪所写的文章中，我对这论点都找不到令人满意的回答。莱茵河上游形成瑞士山区的一部分；中下游则形成其他地形区的各部；但从不同观点，也可以一样合理地把整个莱茵河盆地看作一个地区单元〔*51*，88f.〕。在各种要素中，哪几个可以看作是决定性的，我们又能怎样来决定呢？

在帕萨格构想的景观学（Landschaftskunde）系统中，人们可能相信这个问题的答案已经找到了。至少在理论上帕萨格确已承认“Landschaft 区并不是像动植物那样的封闭形式”〔229，56〕，但他的Landschaft类型系统，至少也把别人引导到以区域为明确具

体的物体的概念去了。他基本上只考虑两个要素，大大地简化了问题；植被（或气候）和地形，其他一切全摆在明确的从属地位〔268，6，92～98〕。实际上，在他的大部分研究工作中，他几乎完全依靠植被，虽则常常又直接把植被与气候相混淆。这里的含义就是：（自然）植被的单位地区必然也是气候单位地区。在情况不是如此的地方，例如在伊利诺斯和衣阿华的潮湿草原，就单凭确定“森林—草原带”地区来解决这个问题，此区包括明尼苏达和威斯康星全部，即一个纯气候区，而不问植被差异如何〔305，8f.〕。

然而帕萨格承认，即使只用两个因素，也可能需要靠任取几条方便界线的办法。于是，如果森林从山地进入草原边缘而造成重叠，那么森林边缘就可能包括在草原区中。如果山峰通过山麓丘陵倾斜入平原，但森林—草地边界分明，那么此线也可能顺便用作
Landschaft（区域）的界线。然而，如果过渡带有相当的广度，也可 269
以单独看作一个 Landschaft；但帕萨格看来并不理解这样做只不过带来了两边都划过渡带的双重问题而已〔229，14；268，62〕。

毛尔提出一种方法来解决这个问题，这方法本身无疑是有价值的，不论它是否在实际上能提供必要的解决办法。我们可以划出一系列边界，为每种重大的要素各划一条（现在先不管如何找出这样一条边界的问题，在某些场合，即使是单个因素的边界）；这样划出的一束线条，他称之为“边界带”〔157，601～608；毛尔的概念包括文化特征及自然特征〕。在没有作过这种尝试的人看来，似乎各种独立而又相互联系的特征的边界，会比较贴近地靠在一起，于是任何区域的边界带也会狭得足以形成一条有限的边界带。无疑地，这样的情况确是可能存在的。因为水系、土壤、植被、动物等全都

与气候息息相关，每一种这些要素的边界，可能都密切地与气候界线相吻合；在山脉大致上以同一方向伸展开去的地方，地形的边界可能也是吻合的。对于像格拉夫那样对地理学理论比实践更熟悉的学者，因而也就好像有可能设想，地球的自然表面是分成“Landschaft 单元、单体的，地球有机体就是由这些组成的”〔*156*，96；尚须注意赫特纳的讨论〕。

向地理学家提醒，在无数场合完全不存在这样密切吻合的情况，也许是多余的事。可是在区域地理学实践中，这种困难虽已尽人皆知，但在理论讨论中却常常又忽略了它。说“一个区域的各种要素都是环环相扣地联在一起的，因而都是互相依存的，每一要素都对别的要素起着作用，同时又回过来受到它们的反作用”〔*322*，663〕，这就会给人这样的印象：如果一种要素在较大程度上起变化，那么别的要素也会在较大程度上起变化，于是诸要素复合体总体上的变化也会达到显著的程度。有机体的类比无论如何虚构，确实加强了这种含义。然而在现实中，我们知道情况往往远非如此。演绎的理论显然是不完全的。赫特纳更加清楚地发展了这种理论：“不同自然界的范围与有关的现象都是密切连结在一起的，因而自然界任何一个范围内呈现的差别，都必然会扩展到别的范围里去。……在自然界的一个范围中按一系列现象划定的区域，在某种程度上也会与别的这样的区域相吻合。但这种吻合很少是完美的，因为自然界的每一个范围和每一系列现象，都有自己的特定法则。”这种情况在几种不同方式上导致不相吻合〔*161*，291f.；
270 原出于 *123*，211～213〕。

第一点，地球上的气候分区和地形的主要分区之间联系很少，这是很明显的事；无论是气候还是地形，只要一个稍有差别，另一个也就会起很大的变化。

其次，就地表形态——特别是土壤——受气候条件的影响而论，现在的气候条件影响它们的发展，不及过去的气候条件为大。这两个时代的气候条件即使差异很少，却也已到了引人注目的程度。诚然，许多人认为这也适用于某些地区——如湿润草地——的自然植被。

第三个也是极重要的一个因素，阻碍了具有不同要素的区域之间的整齐吻合，这个因素是由一整组搬运或“循环”现象——在空气中、水中，甚至在干燥的陆地上（土壤的块体运动）——形成的〔参看惠特克的精彩简要的表述，*284*〕。这种情况的极端例子当然是在海洋里看到的。朔特企图建立海洋区域，已经显示出非同寻常的困难，瓦洛和詹姆斯都曾讨论过这个问题〔*186*，165；*275*〕。在陆地上演变出来的混乱即使没有这样大，却也差不了多少。这样，古埃及人虽能测量尼罗河，但却不能理解这条成为他们生活源泉的河流的活动，这是因为它的源头并不包括在他们当时所知，或者今天的地理学家可能划定的区域以内。同样地，由主要地形特征、沙性海相沉积及气候形成的德国北部平原，就是被河流从中部高地夹带下来的淤泥沉积明显破坏了的。更为常见的是在山谷发生同样的现象，那些山谷也许只有在局部地形上有微小的差别，而在气候上则基本无异，可是土壤却根本不同。

第四，有植被和动物的区域，可能看来完全取决于气候、地形、土壤之类的基本因素，但也会仅仅因为被海洋或具有另一种生活条件的地区所分隔，而有显著的差别。比如说，亚马孙河流域的一

区和刚果河流域的一区，在无机条件方面不论如何一致，但两个区域在其他一些重要方面却大不相同〔参看毛尔，*179*，184～186〕。当我们把智利的中纬度雨林地区，在地图上绘成具有与不列颠哥伦比亚中纬度雨林区相同的景观类型的时候，我们是在制造假象，它骗不过有实际经验的伐木工人。但在另一方面，我们也可能看到这样的情形：植被和动物两方面的天壤之别，却只在任何无机要素方面造成细微的差别，只有土壤是例外。

271 因此总括起来说，不能把各种自然要素的相互联系看做简单的公式或一次幂方程式，只要其中一数有了变化，所有其他诸数也就会有相应的变化；而应看做这样一种关系：其中一种要素的较大变化，在其他诸要素中引起的变化可能却很少。因此我们在现实中看到的组合，各地都不相同，其方式是千变万化，错综复杂的，所以不能说，某一具体组合自 A 延展至 B，另一个组合也在 B 处开始——除非 A、B 是紧邻的二点。

确实我们可以作结论说："自然区"——由非人文要素决定的个别独特单元——的论点，不论在它原来的目的论形式上还是在更现代的提法上，都是不自觉地以假设有个制约自然现象间相互联系的单一序列为根据的。与这种以地球为一座（逻辑上所考虑的）简单大厦的概念形成对照，我们可以展示赫特纳笔下的画面——他把地球描绘成"也许是我们所知的最复杂的建筑物"。

"这几乎就像有两位不同的建筑师抱着完全不同的思想在营建这座大厦一样，因而内部的布置安排与设计不相协调，却是完全出自不同的考虑，而且仿佛在建筑过程中，两位建筑师又三番五次地改变过观点似的。地球表面的性质并非由于某一单独的原因，而是由于无数互不相干的原因而形成的。一方面，由于它与周围的宇宙星云相隔离，所以它有固定的地球特性；另一方面，它又是始终在其他天体特别是太阳的影响之下，既要受到它们的重力的影响，又要受到阳光的影响。在地球的起源中，地心的力尤为重要，地壳结构即以此为基础，因而也就产生了以重力法则为基础的运动的诱因。阳光造成气候上的差异，因而导致大气的运动。气候的分布主要取决于纬度，而纬度与地心结构却是毫不相干的；气候受内部结构决定只到二三等的程度。因此构造现象与气候现象创造了两组独立的、虽则也是共存的原因。别的地理事实大都也是以这样或那样的方式受这些原因的制约，但却不是有的受这一原因制约，有的又受那一原因制约，事实上是大部分同时都受两种原因的制约。不但简单的依存关系要考虑，而且由气候、地形差异的特点引起的运动和转移也要考虑。随着时间的流逝，地球因素和宇宙因素都已起了变化；过去的影响保留了下来，但却部分地受到现在的影响，同时也与之结合在一起。因而许多重要的地理条 272
件都不是以现在的原因为基础，却是以过去的原因为基础”〔*161*，308f.；原出 *300*，96〕。

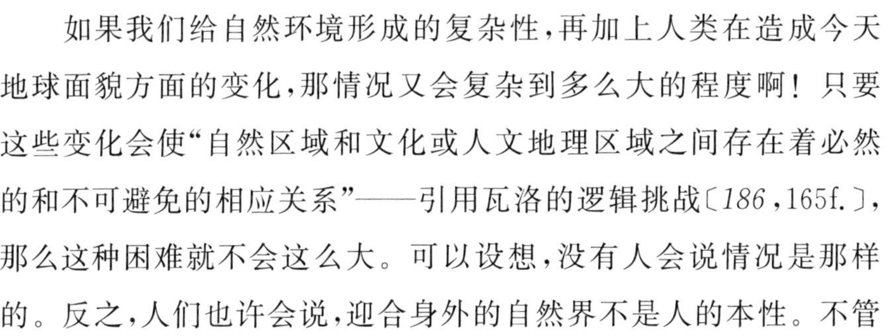

如果我们给自然环境形成的复杂性，再加上人类在造成今天地球面貌方面的变化，那情况又会复杂到多么大的程度啊！只要这些变化会使“自然区域和文化或人文地理区域之间存在着必然的和不可避免的相应关系”——引用瓦洛的逻辑挑战〔*186*，165f.〕，那么这种困难就不会这么大。可以设想，没有人会说情况是那样的。反之，人们也许会说，迎合身外的自然界不是人的本性。不管地形如何，他都可能把他的田地设计成方形，并在平坦的田垄和山坡上、在淤泥和沙地上栽种同样的作物,他常常也正是这样做的。虽然他的农场初创时可能是由一片片森林和一片片草原组成的,但从他现在的土地利用来看,却可能看不出这些部分有什么差别。美洲印第安人在热带高地上栽培的植物,已成为热带雨林区、南阿帕拉契亚山地农场、或者更北方的湿润温和气候和冰蚀土平原(究竟原来是草地还是森林,谁说得清呢?)的主要作物了。

芬奇和特雷瓦撒看出这些事实所显示的困难,显然放弃了芬奇先前把地理区域描写成有机体的观点。地理区域"既是自然区,又是文化区"〔*288*,114〕,他又把区域的有机统一体概念局限于自然要素方面〔*322*,663;芬奇在后来的主席就职演说中,看来已完全抛弃了以区域为有机体的概念,*223*〕。要在这一基础上确定单元区域在理论上的存在,正如我们已经看到的,这是极其可疑的;即使可能,但重新回到地理学传统的"二元论"观点上来,也解决不了如何按我们实际所知去考虑一个区域的问题,这样做无非是回避问题罢了。如果一个(有人居住的)区域是具有统一性的(即使是在纵的意义上),那么这种统一性不是必须包括人类及其劳动成果,就是必须排除掉这些,不然的话,那还有什么统一性可言呢?但我们的无人区图景——它的自然环境、"自然景观"、它的基础,或者你爱说什么就说什么,正如詹姆斯所指出的,却是实际上并不存在的、头脑里想出来的概念。"归根到底只有一种景观"〔*286*,80〕。即使可能有把握复原人类存在以前的基础——不过情况远不是如此,但这也不会正确地表现目前的自然环境,因为自从早期人类生存以来,自然环境在某种程度上已经改变了。

273 换言之,以今天的自然环境或基础为根据的统一体是不可能

有现实性的，因为其基础并不现实。如果在人类到来以前，一个区域的基础原有自然统一性存在，一旦人类进入以后，人类及其所有劳动成果，不论是否成为新的统一体的一部分——没有这些，新的统一体就不成其为统一体——都不可避免地要破坏先前的统一体。这种原始的统一体，我们是永远无法直接观察的，无论如何它早已不存在了。

拥护以区域为实际单元概念的作者，大部分都想至少把文化的物质特征及自然特征包括进去。虽然我们觉得这是更合乎逻辑的基础，可是这却必然会碰到更大的困难，因为文化特征和自然特征是缺少一致性的〔参看詹姆斯，*321*，353f.〕。当然，这些学者没有一个会说两者完全一致。然而正如霍尔所说的，虽则他们对环境决定论及目的论态度公开表示愤怒，他们却“流露出一种天真的信心，以为可以证明自然区域也就是人文区域”〔*290*，134f.〕。

从若干学者提出的论述中，可以得到这样的印象：他们设想世界上有些特殊地区，那里所有的重大要素，无论自然方面的还是人文方面的，确实看来都是密切一致的；他们设想只有从这样的地区，才能得出普遍有效的结论。在有的地区，也许两种自然要素——特别是气候和地形——在全区都相当一致，其中一种极其强大，因而支配了大部分其他要素。这样的地区，可能看来有高度的交错和不可分的和谐，致使我们会把它看作一个单元，确实还是一个有机单元。布伦奇利在对亚马孙河低地的独特研究中得出他的概念，格拉特曼也阐明他的以“和谐的景观图像”（harmonische Landschaftsbild）为有机单元的概念，举的例子完全取之于沙漠地区和热带雨林地区〔*236*，130～137〕。但他们二位都没有以明确划定界线——即使是边界地带也好——对这一理论加以检验，指明何处是一个“统一体”终止、另一个“统一体”开始的地方。即使在这些特殊例子里能划出在某种程度上一致的界线，我们还是不知道这个论点对更平常的地区是否有效。

瑟尔希在对区域界线问题的敏锐而透彻的论述中，研讨了对没有例外特性的地区所取得的研究成果。“各别因素的地区边界常常是宽阔的地带，同时又彼此相距遥远，……因而过渡地区常常比实际核心要大得多。”〔*237*，43f.；又见西格在评论中着重表示的赞同，劳顿萨赫也重述同一结论，*278*，22f.〕沃格尔承认具有明确

274 特性的区域之间存在着的宽广地区——不是一般意义上的过渡带，却是只有某些要素不同、余皆无异的地区——是“无特点的Landschaften”，借以解决这个问题〔*271*，3〕。虽然这个方法实际上早已实行，但地理学家却不能满足于把大半个世界分别归入“杂类栏”里的区域分类法。①

格拉内觉得，承认“在不止一个特点方面是均一的”地区为独特的整体，这就有可能大大减小这些中介地区的范围。中介地区在有的方面属于其一侧的地区，在另一些方面又属于另一侧的另一些地区〔*270*，299〕。虽然他把他的系统设计得很细，以芬兰和爱沙尼亚的区域分划为例来阐明，但这些分区都是以各种特定因素的地图为根据的，地图本身就相当概括，显然并无任何客观基础

① 下文一节（第十章之六），我们讨论了两个突出的实例。美国的所谓“玉米冬麦带”，只不过是沿玉米带南缘，农业类型大不相同的各区的杂乱拼凑而已，从贝克对这个“地带”各不同部分的描写中，可以清楚地看出来〔*312*〕。同样，在人口调查局对美国农场类型的研究中，把我国很多地方都划为“一般耕作区”，只因它们还没有充分专业化，所以不能纳入别类〔*320*〕。

〔*252*，143～162〕。他对单区的研究要详细得多，其中过渡地带要比核心地区更大〔169～71〕。⬅虽然由这个系统所产生的成果可能是有价值的，但由特征总和中可能只占较小部分的东西来决定的区域，是难以称为研究对象的〔劳顿赫萨作出了同样的结论，*263*，196〕。把这些或多或少令人满意但却基本上是任意划定的分区叫做“整体”(Ganzheiten)，只不过给一个术语搀入更多的水分，何况前面已经说过，格拉内早已把这个术语缩小为只是相关要素的总和。诚然，格拉内承认他的“整体”只不过是头脑里想出来的结构，因为各要素按地区并不相一致，因而他称之为“地理个体”的东西，在现实世界里“彼此相互穿插，结果地球表面就像是一种杂乱无章的镶嵌细工”〔*270*，297〕。因此只有在按照格拉内的特别定义来翻译他的术语时，他的概念才可以接受；照这些词的常用意义，个体并不互相穿插，杂乱无章的镶嵌细工也不是什么镶嵌细工。

另外还有不少对这个问题感兴趣的学者，承认要把单元区域建立在以所有有关因素划出界线的客观基础上是不可能的〔见哈辛格，*225*，471；菲利普森，*143*，13；帕萨格，*258*；劳顿赫萨，*263*，195～197；布尔格尔，*11*，53ff.；奥布斯特，*178*〕。然而他们有的却相 275
信，随着许多学者所作的愈来愈多的研究，主观成分会减至最小限度。正如奥布斯特所说，“对区域有机体(Raumorganismus)研究得愈经常、愈自觉，**毫无疑问**，判断哪些因素占优势时，意见也就愈加一致”〔*178*，12；重点系笔者所加〕。研究同一地区的地理学家们，对该区的范围问题能欣然达到近似一致的意见的，不知是否真有过一例！另一方面，我们可以接受布尔格尔的话，虽则我们从中得出的结论与他不同：在区域界线问题上的许多分歧意见，“并不

比历史分期界线问题上的不同观点更糟”〔*11*,55〕。

因此当芬奇承认,区域“在某种意义上是智力构思的产物,而不是清楚地划定的实体”的时候,他只指出必然的结论,却并未接受它〔*223*,12〕。现实里确乎存在着并非“朴素地设定”、却必须通过研究来发现的实体。但如果这些实体是能够发现的,那么也就能够在一定程度的可靠界限内确定它们。但是我们却连一次也没有办成这件事。确定地理区域边界的问题——芬奇却认为“已经不再成为问题了”⬅——给我们提出的难题,我们甚至毫无取得客观解决的希望。因此我们非但还没有发现和确定作为真正的实体的区域,而且还是永远无望的。我们至多只能说:任何一个陆地单元与所有相邻单元都有重大的联系,在某些方面与某一组单元的联系可能比别组更密切,可是未必在所有方面都如此。因而我们在这个基础上构造起来的区域实体,是十足的智力构思的产物;即使我们觉得这样的产物,能提供某种智力基础来组织我们对现实的知识,也只有在我们的思想里才是实体。

我们可以用下列引自瓦洛和赫特纳的两段话来总结对以区域为具体、个别物体的概念的讨论,他们两人都曾对这概念作过分析批判。

“区域的分界可以毫不费力而且无可争辩地应用于地球表面,这〔对这个论点〕是十分重要的;论证毫无相互干扰的区域的存在是必要的;使自然地理和人文地理的所有事实都能按类集聚在协调的区域限界之内也是必要的。但我们还远没有达到这一点”〔*186*,164;瓦洛关于这一点还有更进一步的结论,下文将再讨论〕。

“每一系列现象中的差异各不相同,这些现象是以极其多重的

方式分层的。因此地球表面上任何一个大区都只在某一种关系上 276
是均一的，在别的关系上却又是不纯的；严格地说，地球上只有单个的点才有自己完全的个性或性格”〔赫特纳，*269*，143f.；参看班斯，*330*，1，41〕。

六、地区单元的外观形态和局部形态

读者循着我们前几页的推理，可能会同意那些得出的结论是合乎逻辑的，但仍然觉得在区域统一体甚至“有机统一体”的“观念中还有些道理”。我们已经指出有一类特殊的地区，区内大片地方——即沙漠或热带雨林之类的极端条件——在外观上的统一性似很显目，但又推论说，这仅仅是因为一两种因素占了优势，造成相对高度的均一性和其他要素的高度单纯协调。我们在区域地理学方面的所有研究工作，似乎也以某种相似的方式制造出单位地区来，各区主要是在它的内部组织起来的，与别的地区分界很清楚，把这些单元放到地图上，就形成了地球表面的“马赛克”。在这种情况下，“马赛克”一词是造得很好的，因为这种“马赛克”是更高度地程式化的、非现实的艺术表现形式之一。然而作为一种现实的表现，它却只能从远处看：检查任何一部分，距离愈近，能看出对现实的歪曲也愈大。可能我们必须造出这样的“马赛克”，因为对我们来说现实是太复杂了，因而无法表现其全部细节，但如果认为我们这些任意划定的区域真的有什么单元整体地区的实际特性的话，那我们只是在自欺自骗而已。

然而还有若干特殊的方面，“统一体”和“整体性”的概念在区

域地理学中是有价值的。韦内从特别关切这些概念的科学——即心理学的观点批判地考察了这一领域以后，提出了若干可以恰当地利用这些概念的场合〔*274*，343～345〕。

有一种“整体论”的特殊思维形式，韦内认为是正确的，这就是学者关于一个地区的直觉。他研究过这个地区，或者如别人说的，他在这个地区如此紧张地工作过，因而他“体验”(erlebt)到了这个地区。虽然这是与现实中所存在的东西相关的经验或直觉——现实只是相互关系现象的总和，但这种经验本身就是一种整体(Ganzheit)——是一种心理现象。如果我理解得不错的话，这就是格拉特曼以稍为不同的形式表达出来的概念〔*236*〕，也许法国
277 地理学家说到一个地区的“个性”时，脑子里也有十分相似的思想〔*93*，275〕。无疑地，某些学者会立即把这样的概念诋为科学所不能容忍的纯粹的神秘主义。我们可以同意，直觉不是一种科学思想方式，但科恩一派的研究知识理论的学者，却承认这样的非科学思想方式可能是必要的，因而也是指引我们作科学分析的合理的辅助手段，要不然的话，就可能会忽略了科学分析，这与科学实验者可能随着“预感”走的情况有点相似。预感在尚未证明时必须视为是非科学的，一旦证明之后，就不再是预感，而成为科学结论了。与此相似，地区的整体论的直觉，不论如何强烈地感觉到了，但在还没有用分析把它加以分解，证明先前“感觉”到的确实是相互关系以前，却不可就认为是科学的。这一过程不可避免地也会证明，这个地区实际上并不是直觉所描绘的“整体”。换言之，“整体”的心理印象达到目的以后，就在分析过程中消逝了。

然而在另外几个方面，地球与人的关系是呈现为单元“整体”

的形式的，至少在心理学家的观点看来是如此。一个最明显的方面是景观向观察者所显现的外貌。景观感觉并不是观察者身外的客观实际，却只是他的意识中的实际，而且虽然不同观察者在同一地区所得到的印象有相似之点，但韦内推论说，要缩小学者个人性格和气质的影响却是困难的。正如前面所指出的，这是黑尔帕赫发展成为地球心理学领域的 Landschaft 研究形式。如果我对格拉内的观点理解得正确的话，可以说，他是力图颠倒过来翻译这一概念的。他从感觉景观这一心理学上的单位现象出发，试图分析和综合在观察者身上造成此种结果的客观地球现象。然而在这样做的时候，他显然把“整体”的概念重新又转变为地球现象，不考虑这些现象不是在观察者身外的现实中，却只在他的心理反应中才是“整体”，而且在不同观察者心中也不会产生相同的“整体”。

人不但通过直接作用于他的感官的地区的物质特征来感知地区，而且也直接、间接地体验作为他的环境的地区。韦内感到，这种景观经历（Landschaftserlebnis）是一个整体，就像经验一样。然而很明显，这一现象不但依靠地区，而且也依靠居民的性格及其继承下来的才能——对这些居民是既从集体、也从个人方面来考虑的。很明显，研究这种地球经验现象的地理学家，必须是完全能胜 278
任心理学的人。这样一种边缘领域，属于心理学的成分是否要多于属于地理学的成分，这个问题却无须我们来判定。

这种以地球上的地区为“整体”的体验，可以用人的生存空间（Lebensraum）的观点把它转化为现实。在一般的、也是最清楚的情况下，这是由整个地球表面加上日月星辰作为部分看得见的景象表现出来的。对于个人或人群，韦内把Lebensraum解释为与他们有心理联系——环境与人之间的相互联系——形式的周围环境的一部分。在有关人的眼中，这种 Lebensraum 是一个“整体”，因而要以全体论(ganzheitlich)的眼光去看。从另外各种观点来看，不论这一概念可能会有什么价值，但它显然并不能给地理学提供独特的具体对象，因为生活在很不相同地方的人，形成其 Lebensraüme 的地区是会错综复杂地重叠在一起的。只有在极端原始的地区，我们才能确定相对有限但仍然重叠的生存空间；一个现代商业城市的生存空间几乎会包括全世界。

对地理学来说——至少地理学家通常是如此理解的，这是从这一场争论中取得的一项小收获。韦内的主要结论是：过去不考虑“整体”概念时，地理学也发展得很好，因为除了像动植物之类明显的单元以外，在实际上它与“整体”很少有什么关系，而把动植物作为个体来考察，那是系统科学为地理学而做的。另一方面，他确实也提出地区结合的几种形式，大部分地区范围都很小，在某些特定方面可以看作形成一些单元“整体”。只要我们仅仅在这些方面考虑它们，我们就可以而且也应该把它们作为“整体”来研究；他指出任何“整体”从某些观点看来，都不过是一种算术的和——例如从重力的观点看，一个人在物理上只是一个简单的和〔*274*，346〕。

这些具体地区整体的存在是取决于现实世界的一个因素的，这个因素能在境内产生独特的地区单元，并能按结构和功能把它们组织成“整体”——那就是人。一个农人的田地是独特的单元，在每一片地里，所种的庄稼和耕作方法可能不顾及土壤的变化，但在产量上却会反映出来。然而在更重要的意义上，这些单元并不是整体，却只不过是在许多方面组织成一个基本“整体”的农场的各部分。这些部分都依存于整体——包括粮仓、牲口、农舍和农家；关于农田的利用，除了把农场作为整体来看是不能理解的。总 279
的说来，韦内承认人的每一项劳动成果都可以看作“整体”：部分只能根据整体来理解，他又补充说——我们也可以强调这一点——理解整体却须参考建设者的思想方式。

在城市区内，这个概念可能外延得更远，虽则保留也会愈来愈多。城市街区是城市内部清楚而分隔开来的地区单元，城市则至少在某些方面可以看作一个有机的整体。城市的各部分——住宅区、工厂区、中心商业区——不能仅仅从其相互关系方面来理解，而只能从整体来理解；它们不止是在相互联系中存在的成分，却是有组织的“整体”的组成部分。再说，城市与其周围乡村的联系——例如食品供应、自来水等等的输送，在很大程度上并非直接是该城市的一个组成部分与乡村各组成部分的联系，而是这个有组织的“整体”与乡村的联系。最后，城区可以在一个相对狭窄的边界地带以内划定，城市如果要把这条地带缩小时，就可以缩成一条细线。

一般地说，我们也观察到，正因为人要按自然的千变万化和渐次变动来调整土地利用并不方便，所以他们把自然景观转变为文化景观的一个主要形态，就是创造出清楚的土地单元，在每个单元里寻求其均一性。他们就常常用这种办法来创造一种“马赛克”、一幅图景，这就是说，每个部分都是均一的，而彼此之间却又泾渭分明。我们可以说，自然是不会产生出“马赛克”的，这样一种景观是人类劳动最可靠的标志。人把土地改变得合于自己的用途愈彻底，那么人把自然的“荒凉”景观也“整治”得愈透，那种“马赛克”也就显得愈近于完美。人们从天上——无论从飞机上还是从航空摄影图上——来考察地面，不能不因这种鲜明对比而得到深刻的印象。在大部分由人治理和改造过的景观中，一片荒芜之地会像“马赛克”的一个未完成的部分——或意外损坏的部分——一样触目，这不是因为它可能长了树林，与田野对比分明——果园放到这片“马赛克”里就很相称——却是因为其本身缺乏均一性，而且它的无规则、无人管理的边缘，常常模糊不清地与牧场混成一片。同样地，从空中所见世界各地典型的农场景观，立即就使我们想到人类转变自然景观为文化景观的相对完美程度。例如新英格兰南部、玉米带、巴黎盆地和长江三角洲各地区可作触目的比较，而在中非的一个不能称为无人地带的地区，却可以看到相反的情形。←

280 虽然人类就这样造成了近似“马赛克”的景观，创造了农场与城镇的有机空间单元，而且无疑他们要制造就能制造出大至区域的单元，不过他们尚未认真做过这样的尝试。除了由有计划、有组织的交通路线表现出来的这种有限程度以外，人类不论有意识、无意识，都还没有把一个区域组织成单元。最近关于区域规划或把一国划分为或多或少是固定的区域来统一管理的讨论，说明了组织这样大区域的困难，因为甚至连从城市发展中演化出来的无意识规划的极粗疏的组织形式也还没有〔参看《全国资源委员会的报告》，291〕。这种区域组织的欠缺，也反映在为政权国家寻找“有科学性的”边界的困难上。如果地理学家能够表明区域是能动的单元有机体的话，那么寻找适切的边界的问题，就会变成单是决定每一个这种区域究竟该划给哪一国的问题了。使用这一类词语的人很可以读一读研究地缘政治（Geopolitik）的德国学者由此引出的逻辑结论，但这结论把问题过分简单化了，这个问题我在别处也曾讨

论过〔*216*,960～965〕。⬅

另一方面,人们在某种程度上也曾把某些大地区组织成为能动的单元,即独立国家,这是人们生造出来的,它们不但作为政治整体,而且在相当程度上也是作为经济整体和社会整体在活动着的。这些单元比通常称为区域的要大得多,而且确乎还可能完全不是地理学家可能承认的任何一种“自然区”。然而既然它们已经精确地划定了,而且在多方面作为有组织的单元在活动,那么人们也不妨称之为“地区有机体”,只要我们明确地认识到它们与生物有机体不同的那些方面就是了〔据毛尔,*157*,78〕。但像盖斯勒在西里西亚研究中那样把此语应用于国家的一部分,那就破坏了它的正确意义了〔*345*〕。

然而把国家看作地区有机体的概念须有相当大的保留。正像赫特纳批评布劳恩把国家看作“有机生物”的概念时所指出的,国家只不过是人类生活中许多因素之一〔*167*,340〕。例如德国鲁尔地区与法国洛林铁矿区的关系,就不是德法这两个相互依存的有机体之间的相互关系,却是一国和另一国的部分之间的关系,基本上是与这些作为整体的有机体无关的关系。美国与加拿大的关系也有许多相似的实例。换言之,在经济地理学上,我们还有无定 281
形、不明确的“地区有机体”形式,这种“地区有机体”包括两个以上国家“地区有机体”的一些部分。

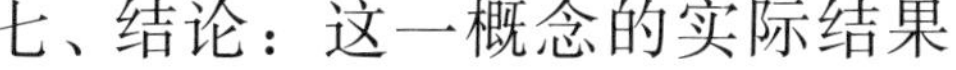

七、结论:这一概念的实际结果

区域地理学中我们常常涉及地区划分,从这个观点来看,我们可以断言,要把地球表面各部分划分为实际上形成单元的区域是不可能的,我们把区域视为具体的个别物体也不正确。普法伊费尔在赫特纳的一句引语中强调:“地理学的观念和概念,与其说具有系统的物体的性质,还不如说具有复杂的性质”〔*164*,425〕。

如果要问采用了这一概念对区域地理学有什么影响——除了有关它的无数方法论讨论花去大量精力以外,却难以找到答案,因为实际上运用这个概念较少。也许我们可以把帕萨格的类型地区系统——这以后还要讨论——看作是这一概念所派生的,但无疑无论如何他都会构想出这些系统的。瓦洛主张,力求把地表的事实配合到各个明确的地区中去,“常常会使得我们为那种没有、也不可能有形式或边界的东西去寻求边界,发明形式”〔*186*,50〕。我们可以补充说,这件事本身并不是什么科学罪行,只要我们不去设想,我们所定的边界和由此而产生的形式,除了或多或少是强行对现实作折中调和以外,更无其他就好了。

在这个概念的倡导人的许多著作中,可以观察到更严重的结果。各门科学都自有其特定的一类研究对象,他们在试图提高地理学的地位使它能与这些科学相平等的时候,显然没有看到使地理学思想有别于所有其他各门科学的一个基本要素,即经常要考虑到地球表面上的事物在其相互关系上的相对位置。虽然我们前面曾提到,忽视这一因素的倾向,是不把非物质要素看作“主要地理事实”的结果,而且也可能考虑培养地理学家时强调系统地貌学的结果,但看来这也是,而且特别是由于把区域视为一个自身相对封闭的单元的结果。在试图仅仅按区域内部的事实来解释一个区域的现象时,就把区位这个要素变为区位内部的事实了。理论上,人们可以把区域的相对位置说成是一个单元与别的此种单元的关系，但试图从这方面来分析一种具体情况，却反映了一个根本的谬 282
误：区域彼此之间并没有像单元那样的关系——只有区域内部的特定要素和要素复合体，才与别的区域的此种要素和复合体相联系。

关于施吕特尔、帕萨格、格拉内和索尔一派的学者的著作中，对这个因素的一点微小的考虑，我们都是毫不踌躇地一再提到，这是因为我们关心着一个因素，即布尔格尔正确地描述为“无疑是属于我们的科学，属于我们自己的科学的，它比起 Landschaft 的任何其他要素更有权称得上是‘地理的’，因为从其实质来看，这些要素都是属于别的科学的，只有在它们构成地理—地区考虑的基础时，才也是属于地理学的”〔*11*，30〕。

在力图证明区域是相对封闭的物体时，可能会忘掉这个地理学思想中的基本要素，在区域性世界考察中，可以极清楚地看出这是怎么造成的。前面在说到帕萨格的《地球景观带》时，我们已经特别提到这一点，⬅帕萨格的思想对我国的文献有显著的影响，这里还可以在其中的一部著作中检查一下其结果。此外，这部著作确有理由被称扬为一位美国地理学家根据方志学原理提出地理学——自然地理与文化地理兼顾——的世界概况的唯一重大尝试——即詹姆斯的《地理学大纲》〔*321*〕①。

---

① 特别因为本文作者在随意对别人的著作进行批评时，自己并未尝试作出这样的研究，所以有必要作一点解释，如果不是辩护的话。我们在这里要说的既不是这些巨著的题材之丰富，也不是其质量之高，而且也不是它们作为教科书的价值，这里要说的，只不过是书中关于地理学性质的暗示——不论是在理论阐述中还是材料安排中看出来或推理出来的。他们除了口头发言外，都想在教科书中而不是在方法论论文中表达他们

在这部著作为初级及高级学生而作的导论中，完全略去了相对位置的因素。更重要的是，在许多详细的区域论述中，很难找出关于相对位置的重要性的研讨。讨论热带种植园、加利福尼亚果树区和草地小麦区，都很少涉及或没有涉及这种极其重要的距离因素。城市是按其大小和前一世纪的发展、其外形及内部格局来绘图和讨论的，但相形之下，甚至对城市位置一般原则的讨论也是
283 如此不足，使读者很难了解它们为什么会在它们所在的特定地点发展起来，又为什么具有它们特定的不同职能。

这里的困难无疑是一种组织上的困难。如果要按区域来组织世界的全面研究——作者是衷心支持这样做的，那不但不便，而且也极为困难，为了跟踪考虑中的区域的某些特征与邻区的特征之间的联系，要反复离开这个区域，更糟的是这些联系甚至还会及于世界上遥远的地区。因此没有试图过组织这样一种全面研究的人，就不能批评作者没有解决所涉及的问题；我们只能记下他没有解决问题这一事实。另一方面，在对巴西咖啡区作单区研究时，考虑全区位置与海外消费地区关系的意义，特别是该区不同地方与港口关系上的有差异的位置，看来似乎有可能而且有必要〔*365*〕。

詹姆斯在他的世界通论的最后小结中，似乎承认一个城市的"有机统一体延伸到地球上最遥远的部分"〔*321*，353〕，但他却没有由此得出逻辑结论，即对人类来说，小于整个地球表面的完整单元今天是不存在的。一旦理解了这一点，赫特纳的结论就变得清

的观点，所以除了讨论这些问题或完全不理他们这些观点以外，更无他法。另一方面，这些书受到许多人的高度赞扬（包括作者本人在内），又很可能使它们在我国地理学思想上产生显著影响，这就更加需要对作为他们的思想基础的哲学作一番批判检查。

楚了："地球表面上没有一种现象是可以孤立地来考虑的；只有认识了其位置与地球上其他地方的关系，我们才能理解它。"

关系学说不论在许多方面会怎样造成误解，但其信奉者却已经清楚地理解到相对位置对正确认识地区特征的重要性，指出这一点是颇为有趣的。人们想到了惠特贝克对新泽西的有启发性的研究〔*397*〕，特别是森普尔的详尽分析〔*204*，第 5 章〕——即使这确实容易把气候位置(纯属气候)与正确地说的相对位置混淆起来。

如果我们再考虑一下地理学是近似历史学的一门**综合**科学，那就可以使相对位置概念的意义更加清楚。在前面提到的一句话中，克罗伯说，历史方法的显著特征不在于处理时间顺序，而在于试图作描写上的综合。我们可以说，历史学和地理学都是试图作描写上的综合的，但在历史学中，综合的因素是时间——现象的结合发生于大致相同的地点，却在时间意义上互相联系着，而在地理
学中，综合的因素却是空间——现象的结合发生于大致相同的时 284
间，却按空间，即相对位置，互相联系着。正像历史学家关注的是现象的历史结合一样——不但或多或少是同时的现象，而且也是时间上相隔得相当遥远的现象，例如拿破仑战争与世界大战的联系；地理学家关注的是事物的空间联系——不但是单个地区里比邻并存的事物，而且也有天南地北的事物，正如新西兰某牛奶场之于伦敦某杂货店一样。

既然地理学作为一门"关系科学"的概念接近于综合的概念，那么它的信奉者始终承认空间关系的重要性也就不足为奇了。然而不应当设想这两个概念是相同的。说我们关心的是现象的"描写性的(和解释性的)综合"，这与说我们的目的是寻找现象之间的

综合联系并不一样。

如果有人要区别地理学中的自然要素与文化要素的话，可以指出，相对位置或 locus（地点）——用一个短术语——的因素，正如“运输设施”或“上市便捷”之类短语所表明的，本质上都不是文化要素，而是自然环境所固有的。埃及的地点与其南方热带高地的关系，是当初史前人类出现于该处很久以前尼罗河谷地土壤和自然植被发展的主要因素。可能我们必须承认这种因素是几何因素，既不属于一区的自然特征，也不属于一区的文化特征，但个别地对其中任何一个特征，对其形成区域总复合体的结合作地理解释，却始终是必不可少的。

我们看到，区域本身并不是在自然或现实中决定的。我们不能希望依靠研究来“发现”它，我们只能寻求最明智的根据来决定其范围——一般地说，是把全世界划分为区域。如何才能做到，将在下一章来研讨。

第十章　把世界组织为区域的方法 285

一、区域划分的理论原则

许多批评区域是现实中存在的单元这一概念的学者论断说，在一门科学的地理学中，无论怎样的区域概念都是没有存在的余地的。一个多世纪以前，布黑对区域概念的极其审慎的批评，使他得出这个否定的结论，虽则他确还开着大门，容许为某种特别目的而考虑任何特定地区〔*51*,94〕。同样，数年以后弗勒贝尔也从科学的地理学中剔除了区域概念，但他在他的地理学非科学部分中〔*56*〕赋予它的地位，却比布黑所赋予的重要得多。同样，在我们这个时代，瓦洛以下列这些话来结束他对区域概念的批判："我们甚至还不能肯定，对世界上许多地方说来，区域综合是否不过是一种逻辑花招，一种数学方法，这就是说，毕竟只是实际上的失真，人们可以提出一些有利于它的论点来原谅它，但却不能把它合法化。"〔*186*,164〕

前面的讨论无疑证明了瓦洛此语的主要部分是正确的。任何把所有的重大要素都考虑进去的世界区域划分，都不是一幅关于现实的真实图画，而只是学者或多或少为便于自己目的而作的武断的设计，正因为这个缘故，学者的分法也就人人不同，全凭他认为哪些要素最重要而定。甚至各大洲一目了然的划分，对气候和人文地理许多方面的区域连续性，也作了粗暴的破坏。班斯等人强调了这种习惯上划分的不真实性，但显然未能看出，另外那些把世界划为大区的分法，也必然会这样那样粗暴地破坏区域连续性的〔赫特纳，*152*，54；参看格拉夫，*156*，113～118〕。鉴于以上所述，也就无须再来论证：就是划出更小的单元，同样也不解决问题；无限细分下去，会一直分到地球表面上的点为止，这个点，只不过纯粹的抽象罢了。

然而，幸亏区域地理学长期发展成的体系，已是一个很结实的婴孩，不会单纯因为某些理论家相信它有神秘属性——人们也已看出这是错误的——就连同洗澡的污水一起泼出窗口去。莱利故作危言，以为区域地理学可能从科学领域中被开除出去〔*220*；*222*〕，对此，普拉特〔*221*〕和芬奇〔*223*〕已作了恰当的回答。不论区域是不是真正的单元实在，但没有一个人可以怀疑，地球表面的特征形成

286 相互联系的复合体，其不同地区部分——亦即区域——也各不相同；没有一个人可以怀疑：任何一个区域的现象；大部分是由其特定的复合体决定的。在这种有限的意义上，我们可以赞同芬奇这样说："我们周围各处诸区域的真实就**在这**里！"凡是有兴趣想取得如实的世界客观知识的人，是不会因为"害怕失去学者的种姓"〔*223*，9，6〕而回避研究区域中现象整体性的困难任务的。⬅

瓦洛的话不亚于一世纪前布黑和弗勒贝尔的论点，其中也包含着关于科学性质的没有明言的假设，对此我们不妨顺便提出质疑。任何与研究现实——与纯数学截然不同——有关的科学，都必须使用概念，概念实际上总是真实的失真，不论多么微小。把现实的不可理解的复杂性变为可理解的系统的必要性，使这种失真成为必要，因而不仅要原谅这种失真，而且也应把它合法化。科学

所要求的，无非是科学家时时都能认识到，他的概念只不过是现实的近似的、任意的改变而已。

布黑一部分是凭着运用地理学与解剖学和生理学的类比来得出他的结论的〔*51*，91f.〕。他说，生物学家在研究人体时，并不从皮肤、血管、神经、肌肉等方面来研究某一部分，而是就全身系统地研究这些的。虽然无疑人体生理学研究者以后必须设法按形状和机能认识和了解其特殊性质，而皮肤、血管、神经、肌肉等等组成部分，正是按一定的形状和机能，比方说，组合成与大腿全然不同的上肢的。换言之，他必须不止具备有关人体所有各种不同东西的系统知识，他还必须具备这些东西如何在各部分组合起来的确切知识。不论可能用什么办法，布黑是以特有的科学谨慎，指出这种类比不可比过了头，而只能比到这两件相比的东西——即地球与人体——真正相似之处适可而止。我们可以指出两个主要的差别。一是在地理学中我们可以研究的主体只有一个，而在生理学中却有亿万个。但更重要的还在于，地球并不是有机体，其表面虽然有显著差异，却并不形成高度分化的地区部分的综合机制，不能与人体相比。换言之，我们在前面的讨论中尽管坚持说，一个区域要素与另一区域要素的联系，是一种使我们不会把任何地区单独当作一个封闭单元来考虑的现象，这一点非常重要，但这种联系显然远远不及人体的相应联系，一如神经系统、血液循环、消化系统 287
等等所体现出来的。虽则地球上没有一个部分可以单凭其本身去彻底地理解它，但在很大程度上却是其内部条件的产物，因而也就说明，我们对它作集中研究的程度远高于比方说对人手之类作集中研究的程度，也是正确的了。

无论如何，我们不能因为宣称“区域地理科学”不能成立的论点就转移方向。这样一种结论虽则必定是以“科学”一词的特定意义为根据的，但并不能取消一门区域地理学科的需要，不论人们想用什么称号来称呼它。地理学不论是否该叫做科学，却总是存在的；对区域地理学也可以这么说。如果为了让“科学”具备什么武断的必要条件的资格，必须改变地理学的性质的话，那我们可以放弃崇高称号的要求，这倒会比改变我们这门学科的基本性质要容易得多。我们在开头时就已经看到，地理学能作为一个研究领域存在着，全凭人类对世界各地的不同性质普遍怀有兴趣。每一个特定要素，或特别的一类要素，在世界各处都因地而异，人们可能对它的系统分类感兴趣。对整组自然（非人文）要素，按其在世界各地的自然排列来研究可能是可取的；对整组人文或文化要素，按其在不同地区的关系来研究也如此。但照瓦洛的说法，其所以须作这种二元的安排，是因为这两组之间缺少协调——人类顽强地不肯俯就环境，用 W. M. 戴维斯早期的比喻〔*203*〕，即使用远程电报把这种二元系统联系起来，也不会满足地理学领域赖之而存在的基本兴趣。这就不是要求我们描述和解释世界上这两组独立的要素，而是要求我们描述和解释世界上特定地区的**所有**特征了，这些特征正是该区与别区迥然不同的独特之处。因而地理学一开始就强加以综合各区域中存在的多种现象的困难任务——可以说要完全办到还是不可能的任务，因为在与地区的联系上，这些现象的差别并不一致。如果我们接受地理学的这种职责，那就无论什么困难或反对都不能使我们背离这个任务了〔参看劳顿赫萨，*278*，12〕。

同样，我们可以补充说，凡是把区域地理学作为一门学问而不

问其是否科学，并且接受了发展这门学问的任务的人，都会认真地
负起这个任务，因而也不会去理睬说他们不能认真对待它的那些
论客了。否定的批评不管来自何处，都必须予以考虑，但说区域究
竟如何决定都没有关系，或者说政治区划将证明“普遍令人满意”，288
却只不过表明那些论客对这门学科是并不怎么关心的，毋宁说他
们还是深信，不论怎么做都是普遍不能令人满意的。

我们要假定，寻求理解世界不同地方由于现象总复合体所引起的差别，是区域地理学的职责。因而我们必须研究特定地区的这些总复合体；为了在区域研究中提供整个地球表面的系统化机制，我们必须有把世界划分为区域的某种根据。当然，人们可以研究由任何可能的根据——诸如政治根据之类——来确定的区划，我们也已经指出过，现实中并无实际的地区单元供我们研究，但不能因此就说这两个极端之间就什么都没有。相反，经验已经表明——同时理论也已经证明——某些划分根据使得区域研究问题变得极其困难，过分地叠床架屋，并且也难于产生新概念。关于小政区的使用，情况就是如此，这一点不但在加特雷和李特尔以前一些作者的传统论文中已有大量的证明（弗勒贝尔在秘鲁等地的“卖文之作”是后期的实例〔53〕），而且不幸今天美国各州在“单独海损赔偿规划”下编印的某些州“旅行指南”，也再次表明这一点。

因此我们可以同意毛尔，“在区域地理研究中居突出地位的，就是划分世界或其某些部分为各种大小序列的区域”（Länder, Landschaften, Örtlichkeiten〔大陆、区域、地方〕等等）〔*179*, 173〕。虽则我们不求发现实际上存在的区域，我们却确实要力

求找出把世界划分为区域的最聪明、最有用的方法。因此我们必须像早在1908年赫特纳所做过的那样，去关心"划分地球表面的原则"〔*300*；参看格拉内 *252*，48，139ff.，及阿尔马基亚，*188*，19～21〕。

我们怎样才有望解决这个问题呢？理论上也许可以说，地理学家关心的是地球上每个地点不可否认的独特性。因而在理论上我们可以证明，研究无论多少数目的区区弹丸之地都是无可非议的，但既然数目可以无限多，那么很清楚，这就要有某种检验重要性的标准了。有的地方与世界上一些广大地区的联系意义深刻，因而就应加特别注意——例如直布罗陀海峡、芝加哥河口，或者伦敦桥。另一些地方本身并不重要，但对其邻近的类似地方或多或少有点代表性，因而也有理由作为大得多的地区典型加以研究，不过典型性的程度总是有限的——例如法国境内阿尔卑斯山的伊泽
352 289 尔河谷〔*331*〕、巴拿马安东区的一个种植园〔*221*〕，或者玉米带的普林斯顿社区〔*341*〕。这里我们无须去管这几处事实上是否确系区域典型的问题。法境阿尔卑斯山的许多谷地间性质上明显的相似性——比方说，与塞文山脉或蒂罗尔河适成对比，说明设想它们大致上可分为一个或不止一个类型的假设是正确的，至于确定类型，则是研究中的问题了（参见第十一章之八）。

地球上一个大地区，如果其中相当一部分存在于同一类或数类小地区中，而毗邻地区在这一点上却不同，那么在我们找到这样地区的地方，我们把它作为整体来研究，就可以了解这个大区——亦即区域——的性质（实际上即使在考虑像单个谷地那样的小单元时，就已有某种程度的综合了）。既然这些类型实际上并不是迥

然不同的，甚至比植物的不同品种差别更小，同时其各部分也不像同一品种的植物那样相似，于是在此基础上划定的区域，在自身内部既不统一，在彼此之间也并非截然不同，却会在许多不同要素上渐次互相融合，而在某些要素上面则将互相交叉。因为实际情况太复杂了，使我们的头脑无法直接了解——撇开教别人的问题不说——所以对研究中的区域，我们不得不把它的界线任意地划得稍为明确一点，将现实加以简化。但我们不应忘记，这固然是区域本身，但这些界线基本上是我们想要了解的实际上的复杂事物的任意简化而已。

对现实作这样的简化，因而也即是歪曲，却绝不是地理学所特有的；任意进行划分，在其他科学中也是常事。植物学中有的部分，甚至分种也成为任意的了，在古生物学中则肯定是这样。[①] 地质学家对岩层以至于岩石类型的划分，甚至更为任意。最明显的类似，当然是历史科学中的划分。历史学家觉得，必须承认欧洲历史上有如宗教改革那样一段划得略嫌模糊的时间，只要不把这个时期看做历史上一个一清二楚地截然划开的单元，作为一个完整的单元而与其前后时期相联系，那就没有人会诘难他运用此种分法了。

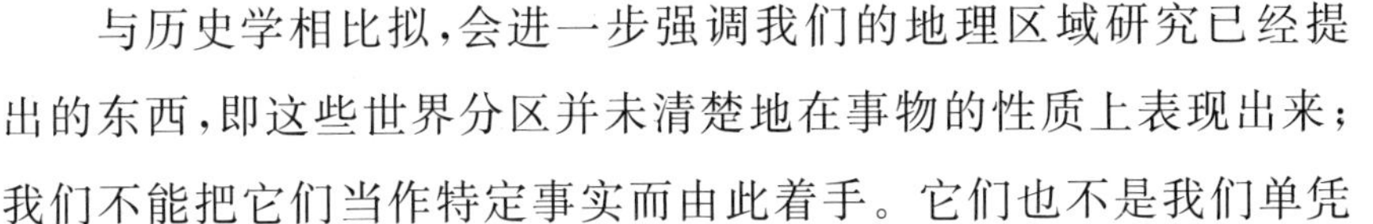

与历史学相比拟，会进一步强调我们的地理区域研究已经提出的东西，即这些世界分区并未清楚地在事物的性质上表现出来； 290
我们不能把它们当作特定事实而由此着手。它们也不是我们单凭

① 像格拉夫等人那样，利用这种比较，宣称地理学在其区域中所拥有的研究对象，其明确性并不亚于动物科学的研究对象〔156，83f.〕，却是一种逻辑上的错误。动物科学的具体对象不是种，而是动植物个体。

追根究底的观察就可望发现的事实。我们甚至也不能希望凭着一台倒装的显微镜来检查世界，最后就可能会找到结合成整体的各个细胞；我们在检查的正是一个单细胞，在这个细胞中，甚至连生物细胞所特有的各部分之间相对程度的分隔也没有，这一点是太清楚了。

那么，对本质上错综复杂而又不可分割的世界，我们能根据什么来划分呢？有一点是清楚的：从开始时起，我们就不可相信有什么简单的解决办法。我们不是在寻求一个真正可靠的划分法，因为不可能有这样的划分法；我们在寻找的只不过是多少还算合适的方法罢了。不论可能用什么系统，在某一意义上，划分出来的只是"任意选定的一片土地"；然而在另一意义上说，我们的划分却又不是任意的，而是合乎科学的一般必需条件的，如果我们依据恰当的原则，前后一贯地进行这种划分的话。究竟什么原则才是恰当的，显然要依这种划分的终极目的而定，那就是理解世界各区的特点。既然这些地区性质非常复杂，任何单独一项世界研究，都是不能给所有一切方面提供恰当的地位的，即使只是个大轮廓也罢。由此可见，可能存在许许多多可供区域划分的不同根据，每种分法多少都能适用于不同的地理目的。正如鲍曼所说的，"靠时间、空间和功能之类可变因素作出的分类中，一致和划一既非所想望的目标，也不是可以达到的目标"〔*106*，144；参看芬奇，223〕。

赫特纳说，应当选择什么标准来决定区域，这个问题在自然界中是找不到答案的。作怎样的选择，必须由"地理学家按照他对其重要性的主观判断而定。因此不能谈什么区域划分的真伪，只能谈目的性的有无。对一切现象一视同仁、放之四海而皆准的划分

是没有的；我们只能力求取得一种利大弊小的划分罢了”。〔*161*，316〕[①]

有一点似乎是完全一致的。我们所关心的，不仅是一种适合
于划定地理学家可能想要研究的任何区域的方法，而且因为世界 291
在无数方面都是一个单元，所以我们也关心一种可以把世界划分为区域的方法，或者，要是人们愿意的话，还可以用这种方法把区域一同纳入一个世界体系中去。于是第一个问题就是：这两个程序我们究应遵循哪一个呢？

我们是否应当从作为整体的世界——一如我们从系统（一般）地理学所有各分支对它所了解的那样——的考虑来开始，并把它划分为境域、区域、地区和地点呢？这看来有点像生物科学的方法，即把生物树（tree of life）划分成目、属、种。可是赫特纳指出，这些领域里的方法实际上是倒过来的，即研究个别样本的特性，把它们归纳为种，再把种归纳为属，如此进行下去，只有到了这时，才来检验整个分类系统的结论。既然地理学中不同地区间的相互关系，以及与作为整体的世界的关系，并不形成类似于生物树那样的简单模式，那么地理学家就更须从探索各地区的特点入手，并且仅仅按照所发现的异同来建立区域划分。洪堡并不是靠划分南美洲，却是靠着对这一区域的均一性的理解，才得出利亚诺斯的地理概念的〔*161*，307〕。

① 这个观点是1908年赫特纳首次提出的〔*300*，107〕，另外还有很多学者也曾有所反映，包括昂斯特德〔*309*，176〕。格拉夫阐述了一个相反的观点，所根据的是一种“假定绝对真理可能性的理想主义”哲学概念，使得在地球表面的划分中，必须“只有一种地理真实”〔*156*，114〕。

然而，只靠归纳的方法要对世界作出令人满意的区域划分，使各区域总是可相比较，这还是不够的；同时还必须有某种一般的划分系统，可以用某种方式把个别区域研究联系到这个系统中去〔参看霍尔，*290*，127〕。“理论上的考虑必须对所发现的地区作比较的考察，并观察对它们的发展一直起着作用的基础；只有在这个基础上，理论才能入手去解决实际问题，并按照作为整体的地球的性质来划分地球表面。”这两种方法必须经常不断地相互补充。〔*161*，307f.〕

与此相似，在确定某一级区域划分时，我们应从划分大单元为小单元，还是从合并小单元为大单元着手呢？前者的一个范例是上述毛尔的边界带法。早在1915年，毛尔应用这一方法力求把巴尔干的一部分划分为区域，此后他一直在以别的实例来阐明这一方法〔*157*；*179*〕。不必说，这一方法并非严格的客观的，因为它不仅必须把一片不同边界的宽阔地带——时常还是极其宽阔的地带——缩小为一条界线，而且在这一过程中还迫使人们区别主要因素和
292 次要因素；正如劳顿萨赫所指出的，人们可以不必单取这些线条的几何平均值〔*263*〕。格拉内进行独立研究时，曾运用一个很相似的系统，试图来阐述虽则任意，但却是固定的程序规则〔*252*〕。帕萨格先前也曾以稍为不同的方式朝同一方向去努力：他把表示不同特征的透明地图重叠在一起，以求在此基础上绘出他的区划。

稍晚，帕萨格放弃了这种简单方法，而使用“检查”各个区内地段（Landschaftsteil）的方法；他把这种复杂的区内地段视为区域（Landschaft）的真正的建筑石材，或者区域有机体的细胞，就用这些拼凑成他的区域〔*258*；参见布尔格尔，*11*，81〕。帕萨格显然把

这看成一大贡献，这使他的话有了根据——他宣称他的区域研究(Landschaftskunde)是地理学中的新事物。然而如果我们要追问这种区域内的地段是如何确定的，那么答复也一定不外乎他先前那个用以确定区域的办法，只有一点不同：就是不用地图对比法，却从“检查”法着手。地图对比法还有部分的客观性，当然可以用于较小的单元，而“检查”法看来却要主观得多。

因而我们得出了对上述问题的回答：不问区域划分的等级，我们都从两个方向进行，即把大单元分为小单元和把小单元并成不单元；在每个场合，虽则两种方法部分地都可互相验证，但一部分我们也不得不在两者之间作些调和折衷。

二、既有系统的类型

寻求世界区域划分系统的努力，无疑已与地理学本身一样悠久；确实，这个问题的性质需要有某些根据来划分地球表面。虽然大部分古代地理工作者都满足于接受早已由政治地图提供的划分法，但古代希腊地理学家力图把世界划分为气候带，却是在另一个方向上所作的早期尝试。近代的第一次重大努力是李特尔做出的，可是却以近代科学所否定的目的论哲学为基础。然而，“李特尔承认在普遍考虑所有特征的基础上划分地球空间的必要性，并试图去实现它，这个伟大的功绩仍旧是属于他的”〔赫特纳，*161*，306〕。赫特纳摆脱了支配着李特尔时代思想的目的论观念，并得力于地理知识的进步之助，他只在李特尔不止运用一种要素，而是把几种
要素结合起来运用时才遵从他，而且还部分地以归纳方式从各个 293

小地区的性质发展出他的系统。[①]

1905年,赫伯森划时代的成就对这个问题指出了不同的方向〔*307*〕。李特尔以及赫特纳,还有另一些德国作者,包括菲利普森在内,把各个区域如实地联成更大的境域(larger realm)和洲,赫伯森却把他的区域视为各种类型的样本,从而把相距遥远的同一类型的地区联系起来了。因而他的系统是不顾区位和空间联系的区域分类法,与把世界分成几个主要部分的地区划分法适成对比,每一区域又都进而分成一些更小的分区,连绵不断,拼合起来则形成一个连片的整体。一个系统是按照内部性质来分类,另一个系统是实际区域关系的概况。前一场合的区域可称之为一般区域,后一场合可称为特殊区域(按英国地理协会委员会的提法〔*310*,254〕)。虽然大部分论述各洲区域地理的著作——包括许多涉及全世界的著作——运用划为特殊区域的方法,但近代试绘区域图时,却大都按照一般系统或比较系统。

看来地理学从两种方法都能获益。一般方法揭示相隔遥远区域的内在相似性,然而这种相似性基本上又是不完全的,因为区域的区位是其重要的内在特点之一,可能对其他内在特点具有显著影响〔参看彭克,*159*,640〕。即使我们在有如加利福尼亚南部、智利中部一类地区发现"地中海"气候、植被和作物,兼有与地中海区域相似的地形,但正如克雷布斯所指出的,这些地区不是、也不可能是完完全全"地中海式"的〔*234*,94〕。另一方面,如果我们在一个特殊区域系统中单单把每一个这种地区与其邻区联系起来,我们

① 赫特纳的系统最初见于1897年他为斯帕默的地图集而写的文字说明中,1905年进行准备〔*126*,647〕,1908年发表了全部大纲〔*300*〕;完整的区域论述现有两卷本《区域地理学的基本特征》一书〔*301*〕。

又失去了比较(一般)方法之利。①

这两种方法之间的显著差别，时常因为相当不确切地使用术 294
语而被弄得模糊不清。对特殊区域系统，我们可称之为**实际**区域系统，在这一系统中，亚区合并起来就形成一个真正的单一区域；而在比较方法中，通常却不是如此。只有由于词的误用，我们才会谈到什么由英格兰东部、法国西南部和北部，以及北海和波罗的海西部低地组成的单一区域〔昂斯特德 *309*，179〕，或者“英格兰—弗兰芒盆地”这个地理怪物。在某种意义上，可以讲包括英格兰东部，同时又包括从瑟堡到易北河对岸低地在内这样一个区域，但这却不是一个单由“中温带低地”形成的区域，而是一个由低地和浅海形成的区域，而且海洋还占大部分。

虽则赫伯森想把世界划分为“自然区”的尝试多年来受到冷落，但最后他的想法却被他自己的英国学生们，也被我国许多追随者及德国的格拉特曼、帕萨格接受了。⬅(虽则帕萨格在初次精心设计出自己的系统时，看来似乎不知道先前还有过什么系统〔*236*，336f.〕)感兴趣的学者可以在赫特纳的著作中〔*161*，294～306〕找到对较旧系统的讨论，也可以在霍尔〔*290*〕、鲍曼〔*106*，154～163〕的著作中和委员会向地理协会的报告中，找到对较近期系统的讨论，后者附有赫伯森、斯坦普、帕萨格、昂斯特德和范根堡的世界地图〔*310*〕。

赫特纳把大部分早期系统都称之为“人为的”，理由是它们纯

① 对于此处我们所谓的区域地理学比较系统，已有人提出“系统区域地理学”这个术语。此语虽较简洁，而且在某些方面也表达了这种研究的性质，但看来几乎肯定会引起误解。“系统”地理学与“区域”地理学的鲜明差别，在美国人的思想中已是根深蒂固，一个包含二词在内的术语，可能很易引起混乱；此外，“系统地理学”与“系统区域地理学”之分，在日常使用上也许很难保持下去。

从描述入手，而且单单根据一个马上可以鉴定的特点。这样的划分系统是每一门科学的早期阶段所常有的，在该科学的发展中自有其用处。可是因为它们对现象的因果关系未予重视，所以赫特纳觉得它们未曾触及有关事物的真正性质。“人为分类的特点，就在于对事物的明确区分比对事物性质的完全理解更为注重”〔*161*，294〕。

最明确的地区分界是政治区分界。这种划分法对地理学的不利是众所周知的，无须再加讨论。但另一方面，地理学家以为进行区域研究可以无视这种划分的重要性，又走向另一极端。在政治边界先于目前文化景观发展的地区，文化景观可能以其外部和内
295 部的联系而划得清清楚楚，在不少方面，在政治边界的两侧相互形成鲜明的对比。这样的情况，在笔者的《上西里西亚地理边界与政治边界》中有所描述〔*355*〕。另一方面，北美的春小麦区又提供了这样的实例：先前的政治边界划分得一清二楚，而性质上却并无大别〔*367*〕。

此外，国家确实有把其全境各部分地区组成一个经济、社会和政治单元的倾向，这一事实也说明学者对国家一地区给予某种考虑不无道理。然而认为政治区划是地理学上划分世界大区的恰当根据的观点（当然，政治地理本身要除外），支持它的人却很少。特别是普通地理学家，不大会注意国家的政区，在我国则包括州。

同样，关于按人种或民族来划分世界也无须多说。无疑地，这些东西作为地理因素（即导致地区差异的因素）也很重要，因而以此为根据绘制成的世界地图，对地理学家来说也是有价值的。但很少人会认为这些因素的重要性，达到了足以作为世界区域划分

的基本标准的程度〔赫特纳，*161*，296f.〕。

在欧洲南部和西北部的大部分地方，陆地各部分为海洋所分隔达到了触目的程度，提供了一眼看来就明明白白的划分根据，在日常应用以及我们这门科学中都早已得到承认。“意大利”在它立国前好几个世纪，就已经是一个“地理用语”；确实，这个地理用语除了已经证明其本身的正确，还有更多的意义。如果全世界都是那样清清楚楚地分割为岛屿和半岛的话，那么这个系统很可能在许多方面都够用。然而海洋对这里所说到的职能——作为陆地有限区域的分界——是发挥得极其不充分的，因此以水为分界因素的想法，连河流也给包括进来。这个想法在我们看来虽则荒谬，但在政治领域里却有深远的影响——至少迟至1919年的巴黎和平会议上，还在坚持以“莱茵河为法国的天然边界”这一论点。

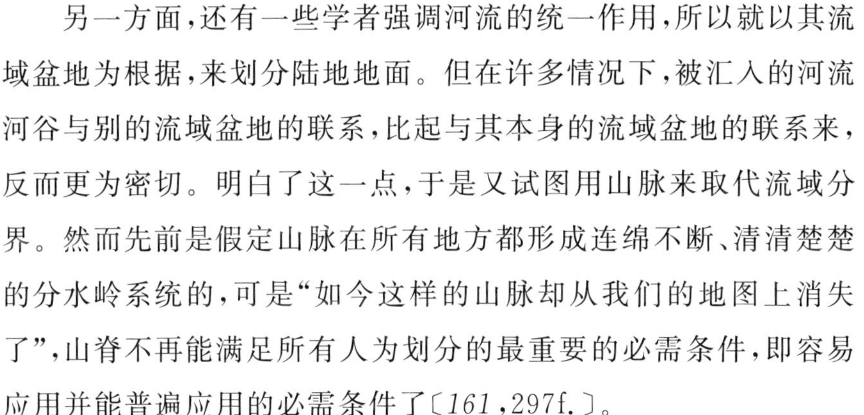

另一方面，还有一些学者强调河流的统一作用，所以就以其流域盆地为根据，来划分陆地地面。但在许多情况下，被汇入的河流河谷与别的流域盆地的联系，比起与其本身的流域盆地的联系来，反而更为密切。明白了这一点，于是又试图用山脉来取代流域分界。然而先前是假定山脉在所有地方都形成连绵不断、清清楚楚的分水岭系统的，可是“如今这样的山脉却从我们的地图上消失
了”，山脊不再能满足所有人为划分的最重要的必需条件，即容易 296
应用并能普遍应用的必需条件了〔*161*，297f.〕。

三、“自然区”系统

读者可能会觉得奇怪，我们为什么要考虑过时了的划分系统，

这些系统不但不自然，而且在我们看来，还是极端幼稚的。然而粗略地纵览一下过去的系统，再回过来看我们今天的系统，我们也许就能仿佛用未来地理学家的眼光来看它们了。可能我们也是在以同样的方式自欺自骗。

一种最普通的自欺方式，就是随便地应用一些貌似具有精确含义的术语。虽则作者起先也许意识到那个术语用得不确切，可是到时候这个术语本身，却会使读者以至作者本人都相信：他提出来的也正是他所说的东西。如果我们相信，比如说，以前的作者，在称流域盆地为陆地的自然区划时，都是自欺自骗，那么我们目前使用“自然区”这类术语，又是否有更可靠的理由呢？

不幸，通常的用法却容许“自然区”一语包含着好几个不同的意思（在法语和德语中，也许在所有印欧语言中，困难都差不多）。最广义地说，“自然”显然也包括人类在内，连同他所有的劳动成果；在这一意义上说，它几乎与宇宙同义，或者更确切一点说，与宇宙实际同义，这宇宙实际，与我们关于它的想法，却是截然不同的。于是康德、洪堡等作者，都用“自然”来表示存在于观察者意识以外的客观世界。

在这一基础上，某些学者在“自然区”一语中用“自然”一词来表示“某些固有的而不是任意强加的东西”〔*310*，253〕。看来赫伯森当初使用此词正是这个意思〔*307*〕，在他以后发表的著作中，他抛弃了“自然”一词，而单用世界“大区”〔*308*〕，意味也许是颇为深长的。“区域”一词本身，至少在地理学家使用时，是带有“固有性质”的含义的，与“地区”一词适成对比。如果为了强调“固有地区性质”的概念，用以与任意强加的地区划分相对立，于是加上了“自

然”一词，那么这种加添不但多余（稍后像“真正的自然区”系统也
会出来），而且还带点作假：其含义是，在自然界（即现实世界），地
球表面确有毫不含糊的划分，问题只在于正确地认识它。我们已
经知道，现实并不存在这样一种划分；划分世界的尝试总是含有主
观判断的，不仅在决定个别因素的界限时如此，而且在决定几个因 297
素中究竟应以哪一个为重时也是如此。一个地区的“固有性质”是
由许多不完全地互相联系着的不相称的要素组成的：温度、雨量、
地形、土地坡度、土壤物理质地、地下矿藏和相对区位，这些在很大
程度上都是互不相关的，更不用说人文要素所呈现出来的不相关
的程度了。这些因素处处不同，在这样的世界上，其变化在很大程
度上也是互不相关的，正像许多作者已经指出的，要同时根据所有
这些因素来划分，这是不可能的。因此必须决定：哪一个变化最重
要。我们能用什么测杆来测定这一点呢？一座山或者雨水短缺，
究竟哪一个更大一点呢？作出的决定只能是主观的；这样建立起
来的区域，在这个意义上说，是任意强加于现实的。

有的场合，使用“自然区”一词的作者原意也许并非从字面上理解这个称呼，却只不过是用它来表示，这种区域划分的根据存在于总体的自然界（包括人类在内）中，这与仅按单个要素来划分适成对照，如“气候区”、“农业区”等（确实，在大部分场合，这一用法也显得有点作假，因为这样的划分实际上几乎完全是以一种因素为根据的，那就是气候）。初看起来，“自然区”也许像是“以自然为基础的区域”的合理缩略语，但细细琢磨“自然”一词的丰富内涵，那个短些的用语含义显然要比长些的多得多；这就仿佛像我们把“以真实条件为根据的区域”缩为“真实区域”一样。条件即是现

实，区域则是理性概念。

使用“区域”一词不加什么形容词，就可以轻而易举地避过这一困难，正像赫伯森在他后期的著作中所做的一样，或者，如要使用“地理区”一词亦可。确实，“地理”一词有时用作自然的意义，把人文除外，但在一门包括人文诸方面的地理科学中，这种误解该是不可能的〔迪金森反对英国地理学家这种用法，*101*，258，268〕。“地理”一词的形容词包括“地理学”所包括的全部内容〔詹姆斯，*286*，80〕。

赫特纳在“地球表面的自然划分”（natürliche Einteilung der Erdoberfläche）〔*300*〕中，严守“以自然基础为根据的区域”与“自然区”的区别。他承认不论根据什么来划分，应用起来总需要有许多判断上的主观决定〔*107*〕，由此而得出的区域，从此词的本义上说，怎么都不能叫做“自然区”。另一方面，他这短语——不论德语

298 是否完全清楚——如译作“地球表面的自然划分”，就极不确切。赫特纳在讨论中把他的划分系统与他称作人为（künstlich）划分的系统相对照；于是在现实主义的意义上说，他的系统是“自然的”（natürlich）；更彻底的是，他还寻求单单奠基于现实，而且奠基于整个现实（Natur）的逻辑基础。

前几段所讨论的每一解释，取决于最广义的“自然”一词的使用，包括观察者头脑以外所观察到的所有现象——也许可以说，即客观现实。毫无疑义，这种用法在地理文献以及别的思想领域中都是很有根据的；对洪堡及其先辈来说，这就是对此词的普通的理解。① 然而19世纪期间，一般科学家终于都愈来愈明确地分清了对

① 格拉内运用了与“自然”这一含义的不同翻译，这个翻译取自哲学家里克特：

非人文现象的研究是“自然科学”，而在地理学以及别的思想领域中，“自然”一词却用以表示现实中与人类无关的那一部分，是与“人文”部分相对而言的。虽则在某一意义上说，人们可能会同意詹姆斯，以为把“人与自然”作为对比是“出格的傲慢态度”〔*286*，79〕，但在自然界只有人类才能凝神沉思这种对比，即此一点，就足以证明用来表示这种对比的词是理直气壮的。凡与“人类的专门研究”有关的所有科学和哲学领域，都以为需要把宇宙中属于人的这一部分与不属于人的部分区分开来，即使仅仅为了把两者之间的密切关系说得可以理解也好。确实，詹姆斯承认有这个需要，他推荐“在思考人、地关系时”使用“基础”(fundament)一词〔80〕——仿佛人类不是属于地球，不是尘世之物似的。基础一词虽有某些便利之处，但也有明显的局限性——尤其是因为其形容词形式变成了一个完全不同的词。①“自然”一词虽则可能不合逻辑，而且易于引起混乱，但科学家在区分非人文要素与人文要素时，已经习惯于使用此词了，而且大概还会继续使用下去。我们只须把我们使用此词表达什么意思讲清楚就好了。

这里所讨论的问题对大多数科学来说虽则不重要，但在地理学 299
中显然却是具有极大的重要性，因为地理学既与“自然科学”又与人文科学或“社会科学”相交叉。确实，许多近代地理学家不会

“自然是物质的存在”(die Natur ist das Körperliche Sein)，换言之，即物质之物——不论是人文的还是非人文的，而与非物质之物成为对比〔*252*；*270*，297〕。里克特显然是这样给“自然科学”下定义的。但表示物质的、有形的、物理的事物与其相反事物之别的语词并不缺少，所以再引入这个会引起混乱的成分似无必要，除非要证明“自然科学”应当是什么这一类特殊论题。

① 英语“基础”一词的形容词形式 fundamental 含有“重要的”、“根本的”之类意思。——译者

把“自然科学与社会科学的关系”看作对地理学的恰当描述；他们像施吕特尔一样，也会强调说：地理学与所有这些科学相交叉，不顾两大类的传统划分，而与所有这些科学形成联系。根据同样的原理，把“人文地理学”看作只是“生物地理学”的一部分，以别于“自然地理学”(此处系研究无生命的地理特征的意思)，这就形成了系统(普通)地理学的两种划分法。如果说这看起来貌似合乎逻辑，却也是不切实际的。正如李希霍芬所说，人在与非人文因素的关系上，其反应方式与其他一切有生命之物完全不同；他的反应是“文化的反应，包括如衣着、住房、工具等等——即使在其最低生存阶段也是如此”〔*73*，56f.〕。此外，人与其他生物迥然不同，地理学既然是一门由人类发展，同时也是为人类而发展的科学，因此在人类世界与非人类世界之间的关系，在地理学中是极受关注的。在这一意义上，例如说，狼的地理学距人的地理学之遥远，也正如地形地理学一样。因此我们有理由接受这个流行观念：即宇宙中文化的——即关于人的——事物与别的每一件事物有根本上的差别——因为没有更好的词，于是我们就称之为“自然的”〔参看沃格尔，*244*，192〕。

在“自然”这一有限技术意义上，“自然区”一词可能即表示从非人文要素方面来考虑的区域。我们已经指出，撇开人文要素的地球表面概念，是一种理性概念，而不是在现实中表现出来的概念(第八章之六)①，因而任何这类“自然区”系统都是纯理论的。此外，我们觉得，即使在理论上，世界也并不是由自然区的简单系统

① 查第八章并无第六部分，原文数字有误。——译者

构成的。自然要素基本上各不相关,即使我们撇开错综复杂的人的因素,对这些自然要素的复杂结合,也不容许作任何简单的区域划分,除非是任意作出决定。

“自然区”也有可能仅仅用以表示:世界已经根据自然的、非人文的要素加以划分了,在广义上使用“自然区”,情况正是如此,但我们却要坚持狭义的用法。除了前一方面所引起的反对,这种用法还会因两个理由而引起误解。自然界与人类截然不同,不会提出划分的根据,使得同时对所有自然特征,即使只对两三种极其重要的自然特征有意义或很合适也不可能。自然界也不能表示出它
的哪一种要素比其他要素更重要。例如,对自然来说我们没有根 300
据可以假设,无论在新泽西区还是在阿拉斯加,对一只蚊子有深刻意义的自然要素,其重要性却不及对一棵红杉有深刻意义的自然要素。换言之,一张关于蚊子的“自然区”地图,或者说,“单以自然要素为依据的区域”地图,与一张有关红杉而绘制的自然区地图,是会有天壤之别的,但任何此类划分,都必须按关涉到某种此类有间接利害关系的事物而作出来。地理学家作出所有这些划分,都与人的观点有关——即与人有关系的自然界,这是自不待言的。如果我们思考得精密一些,那么我们就必须把这些称之为“根据对人类有深刻意义的自然条件而划定的区域”,至少如赫伯森所曾承认过的〔*310* 及 *308*〕。

读者可能会感到,这里絮絮叨叨说了这许多话,无非是把我们带到一个出发时本来就已清清楚楚的结论,可是从许多研究来看,别人却并不觉得这个问题是那么清楚明白。当人们考虑到区域系统的不便之处时,这个结论的重要性就看得出来了。在这样

的区域系统中，我们必须始终重视自然要素的人文意义，而不是按其本身的性质——正如有人提出的，“按其固有特点”——去考虑它们。一个因素被引了进来，它会影响每一个要素，而且从一时到一时、从一地到一地，它都在显著地变化着。北美的区域划分，即使局限于自然因素，也须按前哥伦布时期来分；另一种划分则按定居时期来分，而且自此以来确乎一直在不断变化，虽则不是那么快〔参看布罗克，*297*，107〕。同样，在任何一个时期，对美国不同自然因素所评定的相对重要性，绝不能假定在中国的区域划分中也是相同的——除非人们只想给中国的自然环境进行一次区域划分，一如美国人设若住在那里时会影响他们那样。

那么，我们是不是就没有办法把世界划分成区域，既能给予所包含的整个自然要素复合体以适当的考虑，同时又不受人类观点的支配呢？这样一种“把世界划为区域的自然划分法”，即使在理论上可能构想也好，就会提供一个不受人类支配的框架作为背景，让我们能研究文化区域的发展。这种框架对区域地理学可能会有重大价值，任何严肃的建议，只要看来似乎能提供这样的框架，我们都应加以考虑，即使从各种逻辑论点看来似乎这是不可能的。

许多学者所以热心地抓住“自然景观”的概念不放，正如帕萨格等人所解释过的，也许多半要归因于这样一种感觉：以为对我们这个问题的答案，可以在这个概念里找到。观察一下“自然景观”，
301 我们就可以在自然界找到给地球表面作区域划分的根据。帕萨格在他新近的阐述里断言：“地表形态——岩石、植物覆盖和水——的个别空间，即 Raüme〔在特定范畴内，每个多少都是均一的〕，是按规律（regelmässig）组成具有某种景观性质的地区的。”他把这

种地区称为“景观空间”〔268,6〕。

我们觉得,我们能够把它作为一种现实来观察的景观,其陆地部分主要是由地表的地形起伏和植被组成的。但是对这两种主要是互不相关的要素,我们又如何能把它们协调起来呢?对一个要素里的多少差别量,应看成比另一个要素里的多少差别量更加重要呢?景观本身是拿不出客观答案的。我们只能根据我们的主观感觉——或者按景观与别的什么东西的关系,如人类生活——来决定它。

帕萨格并没有说明他根据什么来决定,但回答这个问题时却倾向于植被。这就决定了他对世界的主要划分法;地形只在下一级分区中才予以考虑〔268,92〕。显然这样衡量重要性纯属专断;为什么山区崎岖不平的坡面与邻近平原的坦荡地面之别,在景观中不及平原上的森林与草地之别来得重要呢?在实践上,帕萨格在他的世界景观带地图中,找不到留给这些下一级分区的余地;洛矶山脉只包括在“干燥景观”内。

对这个系统的第二种也是更大的反对意见,以为它基本上是不现实的。实际上,这不是以我们所看到的真正景观为依据,却是以一种假设的景观为依据的,这种假设的景观却没有一个活人曾看见过,那就是自然景观。这一点在帕萨格的描述中是不很清楚的;在“文化景观”很少开发的地方,人们显然着眼于现时的景观,并且不确切地称之为“自然景观”,但在别的地方,却着眼于假想中未曾为人类所改变的洪荒景观。

除非我们的头脑完全被搞糊涂了,我们一定会明白,我们要观察和划分成区的是世界景观的哪一阶段。理论上有3种截然不同的可能性，要把这 3 种可能性结合起来，同时又不破坏这个体系可能具有的效力，那是办不到的。现时的文化景观，正如詹姆斯所承认的，是实际上存在着的唯一的景观。我们觉得现时的自然景观只是一个理论上的概念，它不但现在不存在，而且过去也从来没有存在过。一度存在过的自然景观，即人类登场以前存在过的洪荒景观，如果没有人类的到来，也绝不会一成不变。其中的第一种，
302 在试图研究欧、亚、美各洲高度耕作地区的自然景观时必须予以排除。第二种因为纯属理论，也就不可能作为观察的根据。因此大部分学者指望复原洪荒景观，即原生景观，但普遍都没有认识到它同今天理论上的自然景观不是一回事。

世界上很少有这样的地区，历史时期的人类曾在那里看见过原生自然景观，那么把它作为一种观察根据，又有什么价值呢？那样的原生自然景观，特别是包括着植被这个主要景观因素，可作为区域划分的近似正确的框架的，我们果真能在现时的景观中作出观察报告吗？在欧洲、南亚和东亚这样千百年来就早已开辟耕种的地区，这一点显然是办不到的。我们也许曾设想过，在新大陆的农业区情况也是如此，但至少帕萨格学派中有一个人看来却持不同意见。阿伦斯在回答韦贝尔的批评时声称："我相信他不是没有认真设想，除欧洲外各大陆的景观，在 100 年前，不错，甚至在 400 年前，看来会与今天有本质上的差别"〔*250*，答复，166〕。韦贝尔的答辩撇开北美东部景观的革命性变化，却提到施密德论证了对白人移民造成大草原植被的重大变化。

然而在所有这些耕作地带，也还有小片荒地，仿佛就像拿了一些原生植被样本给我们看似的，我们就根据这些荒地来推想全区

的原生植被。但从格拉特曼和北欧另一些作者的研究，我们知道这是不可靠的；北欧在史前时期并非遍地森林。此外，我们也不能设想在有人居住的地区中，小片荒凉植被就确切地体现了洪荒植被的特点。彭克报告，美国东北部废弃的农场“在先前是田地的地方，已变成一片新的洪荒景观”〔*11*，47 所引〕，这里他使用 Urlandschaft(原始景观)一词，与通常的意义一定有所不同。土壤腐殖质含量、河流雏谷，还有森林本身的特性等方面的差异，绝不是无关紧要的。

这些事实都是我们在世界上所居住地方的情况，这是众所周知的。那么为什么要设想，在我们知之甚少的遥远地区，情况就不是如此呢？改变原生植被，改变养活这种植被的土壤，并不是只有较高农业发展阶段的民族才能做到的。福尔茨告诉我们，苏门答 303
腊的马来人抛弃了一片耕地，大约一个世代以后，“行经那一片长成的森林时，不是知情的人，就怎么也难以辨认出”原址的。他这话其实正是默认，在无人说起的世世代代里发生过的一系列循环中，单是这么一个循环的结果，就已留下了某种变化，不论多么微小〔*262*，101〕。我们不能肯定说，在中非会有一平方英里的低地，其植被和土壤的性质并未因千百年来土人的刀耕火种而发生显著的变化。照劳顿萨赫的意见，我们甚至不能有把握地说，热带稀树草原一般说来是“自然景观”〔*278*，20〕。

因此我们可以推断说，这种“自然景观”，不论是现时理论上的自然景观，还是前人类时代的实际景观，除了世界上极罕有的地方，今天的地理学家都毫无希望看到。按照我们所看到的情景来判断景观，不论有什么用处，但在一个以从未见过的景观为根据的

系统中，这种效用多半也会丧失的。或者，我们凭着在头脑里重新构想原生自然景观，是否也可能取得同样的效用呢？如果我们对原生自然植被确有可靠的认识，我们能不拿它来替换现时的植被吗？只要我们有这样可靠的知识就好了！

我们的文献里确实包括着世界自然植被地图，要多少有多少。对于我们的基本目的，我们到底应认为哪一种可靠呢？不幸，帕萨格学派——尤其是帕萨格本人——对这个非常困难的问题却很少注意。詹姆斯采用帕萨格系统做得很聪明，他对前者的地图干脆置之不理〔*305*〕。推想起来，这不但是因为他怀疑这幅地图的分类法是否适当，而且也因为这幅地图对有关自然植被的已知事实极端无知。[①]不过詹姆斯本人也不会要求我们过于信赖他本人的地图。他承认，我们对于我国高草原和南美大草原的原生植被并无可靠的知识〔*321*，211〕，他在地图上用了一个诚实学者的画法——

一个打上问号的空白区，对中国这世界上最重要的区域之一就是这样画的。如果他的世界植被图规模画得更大些，那么北欧地图
304 上大概也会打满疑问号的，因为欧洲地理学家和相关学科的研究者至今还不能肯定，在人类到来以前自然空旷草地的范围有多大。

帕萨格明确承认内中必不可免的困难，但似乎没有看出这对他的系统的破坏性作用："人类在劳动中对景观起着决定性的影

① 例子很多，姑举其一：有个"潮湿草原地带"，得知是由密西西比河两岸诸州（包括威斯康星、衣阿华和密西西比）的双线组成的，与东西的森林区成为对比，而乌拉圭和阿根廷的大草原却在"干燥草原地带"。韦贝尔也看出真实情况"被十足地一般化了，而且在许多场合都不正确"，而阿伦斯则为"景观带"（Landschaftsgürfel）辩护，以为是"以惊人的正确性建立起来的"〔*250*，168，170〕。

响，不但完全改变了它的面貌，而且实际上使复原原生景观成为一个重要而且困难的问题”〔*268*，71〕。这番话的含义，却仍然表示作这样的复原是可能的。同样，施吕特尔虽然承认在耕作地区要复原洪荒景观很不可能，却仍把这问题看成不但重要，而且还有吸引力，同时还是必要的；因为原生景观是研讨文化景观（Kulturlandschaft）的出发点〔*145*，19f.；又参看索尔，*84*，202〕。姑且承认复原原生景观作为科学研究最终目标所给予人们的可能性是有吸引力的，但它是否能为区域地理学提供一种可利用的基本框架呢？我们既然没有关于“原生景观”（即史前人类到来以前）的历史记载，因此我们要发现并正确解释自此以来发生的所有变化，那既由人类，也由自然造成的所有变化，就面临着几乎不可克服的困难了。

鉴于不可能把景观自然植被复原到假设没有人类登台时可能的样子，鉴于复原有人类以前的原生自然植被极端困难，因此甚至连那些十分热心于以植被为基础的区域系统的人，也没有发展出即使大体上前后一致的区域系统，这也毫不奇怪了。他们的系统（推想起来）实际上是以看得见的植被和看不见的气候相结合为依据的。在帕萨格的植被分区上，除了“干旱区”，还有“酷热地带”、“中间地带”和“极冠”这样的熟悉分法。①

同样，詹姆斯的区域分类术语也反映了在他思想背后气候占着支配地位的倾向。“中纬度混交林”在外观上和所包括树木的类

① 又见他的理论大纲〔*268*，92ff.〕。笔者应当承认，在帕萨格的几个十分复杂的系统中，每个系统都有十分相似但又十分复杂的术语，他也很可能像格拉特曼一样弄得晕头转向。正如帕萨格所暗示的，即使水平很高的学者，也定会觉得这十分困难，更不用说初学者了。

型上，一方面可能与“寒温带针叶林”不同，另一方面又可能与“热带森林”相异，但很少有人会设想，这些差别是属于“地球主要特征”一级的。在各节的安排中，“草地”被放在“中纬度混交林带”和
305 “寒温带针叶林带”之间，这反映了骨子里其实还是依靠气候差异的。

于是结束时我们又回到了开始的地方：即气候差异与植被差异——热沙漠对寒沙漠、中纬度高草原对中纬度森林等等——相比起来，如何衡量其相对重要性问题。不论把我们的系统叫做什么，不论叫它“自然区”还是“自然景观区”，对于不同自然标准，我们基本上都是根据它们对人类的重要性来衡量的。既然不同自然要素对人类的相对重要性，肯定并非由与人类性质迥然不同的自然界所决定的，可见我们的系统不可避免地要有一个人文基础；在这一意义上说，所有一切都可以称为“人为的”。

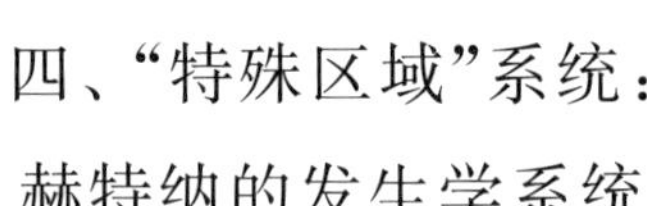

四、“特殊区域”系统：赫特纳的发生学系统

前面许多地方，我们反复强调过地理学中相对区位因素本质上的重要性。无疑地，任何区域系统，如果把这一点搁在一旁不予考虑，显然都是不完全的〔参看哈辛格，*225*，474ff.；克雷布斯，*234*，94；劳顿赫萨，*263*，195ff.；韦贝尔，*266*，204〕。如果考虑到这一点，那么区域相互关系间的位置就变得非常重要，我们就有一个把地区划分得一如地图上所见一样的系统，而不是按照内部特点的类型来划分。这个系统，我们可以称之为“现实主义”划分法，以

别于“比较系统”；这些地区，也正如英国地理学家所指出的，是“特殊”地区，而不是“一般”类型〔*310*，254〕。

毫无疑问，几乎每个专业地理学家都尝试过把几个较大的地区（例如大洲）划分为特别区域。要划分的不止一个特定地区（或许是一个大洲），而是划分任何大区或者全世界，又应当考虑以什么原则作为正确的指导呢？

要把一个地区划分为区域，除了鉴别该区某些地方的鲜明特色、略去那些不很鲜明的特色外，必然还包含着更多的东西。不完全的研究可能只以区域的“核心”或“心脏”为限，虽则这里包含着一个不可靠的假设：即这样的地区在地理上要比特点较不鲜明的地区重要。全面的研究必须注意该区每一个部分，研究者早晚会碰到惠灵顿·琼斯指出过的问题，就是绘出区域间明确的、即使是专断的界线〔*287*，106〕。“过渡带”的办法并不能消除问题，因为
这些地带本身也是必须划定的地区。（关于正确运用有明确边界 306
的过渡带的实例，可参看琼斯的美国西北地区中部的农业区地图〔*283*〕。）⬅

对于如何划分世界为特别区域这个问题，研究得最透彻的是赫特纳，这一点我们多次提过〔*300*〕。他承认世界的多重性，知道要根据全部真实来划分，就不可能只根据一个原则；这样的划分只能靠结合几个根据来作出。因此，问题在于比较不同的基础，并衡量其相对重要性〔106〕。可以推论，重要性的程度应按照对有机生物的影响，特别是对人类的影响来衡量。

涉及的因素多得成堆，怎么来定重要性的先后次序呢？有一点也许意见可能完全一致。陆地与海洋有天壤之别，陆地的存在不

但对人类，而且对大部分有机生物都具有头等的重要性。确实，大部分系统都把注意点局限于陆地。然而在特别区域的现实主义系统中，第一级区域是否必须单单根据这一基本区分，即由大陆地块来描述，这还是一个值得讨论的问题。鉴于某些小海洋所分隔的大陆地区十分相似——如地中海区域、加勒比海区域，鉴于某种程度上这些海域不但分隔，而且部分也沟通大陆，某些学者如班斯等就会撇开传统的大陆划分法，支持把各种因素结合起来进行划分。不论照哪一种方法，结果都不能令人完全满意。

如果我们把注意力只限于陆地的话，那么对适用于世界所有地方的不同要素，我们也就找不到其重要性的固定不变的次序了：在一个地区，气候差别可能居首位；在另一个地区，却是地形起伏的差别；再一个地区，又是土壤、矿藏，或者只不过是相对位置〔参看盖斯勒，*277*，6f.；劳顿赫萨，*278*，19〕。因此，要划分世界不同部分，就必须运用不同的依据，虽则赫特纳主张，在一种划分内部，逻辑上的理由需要我们保持同一个依据。另一方面，不同的依据也可能结合起来，以求辨别独特的区域。于是西班牙半岛就被作为面积较大的亚区，这是因为海洋在三面、山脉在一面的分隔作用，即使海洋和陆地类型这些因素实际上是相反的要素。

此外，同一因素也可能在两个方面同时起作用：比利牛斯山分隔的是大区，但其自身又形成一个较小的亚区。这个困难使“许多
307 学者绞尽脑汁，还是找不到解决办法，殊不知这是办不到的事”〔*106*〕。唯一的出路是通过山脉一线划分开较大的亚区，但照顾到更小的分区，须把山区作为整体来考虑。如果读者反对这种方法，以为与划分大区和小区的逻辑体系不相配合，那就只能说这是地

球的过错。比利牛斯山在许多重要方面确实形成一个均一的区域，这一事实在实事求是的研究中必须承认，但其南坡确也是作为大区的西班牙半岛的一部分。

许多要素的相对重要性从一地到一地变化很大，根据这些要素作出的划分系统，似乎会复杂得令人束手无策。可是这些要素并不是完全互不相干的。研究其间的相互关系，我们难道不能找到一个稍为简单的基础吗？赫特纳主张，“每一种现实主义的(natürlich)的划分法，也必须根据发生学，也就是说，它必须表现现实中存在的因果关系。它必须寻觅地球的创造力，必须寻求理解地球表面的各种现象是如何从这些力的复杂影响中造成的，必须同样学会在头脑中构想地球的大厦，并由此而学会从其性质和意义中来理解个别部分和空间”〔*161*，308〕。菲利普森也说，区域系统的次序只能通过发生学系统来作出〔*143*，13〕。

在多大的程度上，我们可以把各种地理特征作为基本因果关系因素的功能来考虑呢？这种因果关系因素，有多少我们必须认为是独立的呢？如果我们暂且假定所有人文要素的变化都可以用自然要素来解释，那我们就必须在理论上认为地球表面的全部差别——全部地理学——是依赖两个可变因素的：即世界不同部分阳光投射的角度和赋予地球以高度差异的地壳构造力量。即使认为研究地球表面形成中这些基本力量是地理学的任务，显然这些力量造成各地区存在的各种特征的特殊结合方式，也是千头万绪、错综复杂的，因而我们要从这样的考虑取得在思想中组织起地球各地区的可行基础，也是永远没有希望的。换言之，虽然我们承认大陆地区和海洋区、地形、围岩和矿藏、土壤和植被等等的存

在，都可以考虑作上述这两种基本力量千变万化的表现，但是地理
学家并不把它们看作结果，而是以它们为基本因素来入手。如果
308 要说这还不完全，那只不过是提醒我们自己别忘了：任何一门科学
其本身都是不完全的，而只不过是一门单一的宇宙科学的分支而
已。我们不能在每个科学分支中都把问题一直分析到基本电子和
质子为止。黑尔帕赫说，“哪种成分应当看作‘要素’，那是一个相
对的问题，每一学科的科学分支都按其实际科学需要，在每一场合
对此作出决定”〔*139*，351〕。

赫特纳会按照3个基本领域，从发生学来解释大部分地理差别：大陆与海洋的关系、大陆的内部构造和形态、还有气候差异；然而三者之中没有一个可以在较大程度上按照另外两个来解释的。

由此而来的困难可以用一个例子来说明。在给欧洲划分大区时，赫特纳认定地形差别要比气候差别大，而在非洲和澳洲，他却觉得气候差别更重要。这些结论很可能会得到普遍的赞同，但很多美国地理学家却会强烈反对他的结论，以为在北美地形比气候更重要，于是把密西西比河流域作为一个大区来与大西洋海岸作对比〔*300*；又见其《区域地理学》*301*〕。[①] 另一方面，我们也没有逻辑上的依据，可以说这个结论是错误的，而相反的结论则是唯一正确的结论。换言之，正如赫特纳明确地说过的，发生学的原则所得出的系统，也不是毫无主观定断的成分的。

然而在笔者看来，事实上情况要比赫特纳本人所承认的更为

① 请再看韦贝尔的更笼统的说法：“必须承认地形起伏是地球表面上最重要的现象和一切生命的基础”〔*266*，200〕。在中欧背景下，这样的说法是可以理解的；实在，德国地理学家大批集中于地貌学研究上，也许可以看作惠特尔西一度讨论过的题目——即自然环境对各国地理科学发展的影响——的又一例证〔*399*〕。

复杂。仔细分析他的论述，可以看出我们不得不看作基本上独立的因素的特征，数目远远不止 3 个。“陆地内部构造和形态”，很明显说的不是单一因素。围岩的性质对了解土壤很必要，不应单单把它当作一种因素与地形性质结合起来，地下矿藏对于我们的目的来说，也是与这两种因素不相干的。同样地，我们为图方便运用气候一词来包括几种重要因素，特别是温度和降水，可是事实上我们却必须把这些分开来考虑——至少要直到我们对气候分类有一 309
个令人满意的单一发生学基础。此外，地理位置的差别(赫特纳也承认其重要性)也可能使别的方面相一致的条件结合，在造成的特征上具有完全不同的表现方式——例如阿拉伯沙漠不产仙人掌。最后，如果我们不以我们的学科基础中自然环境决定人文要素这一尚无定论的论点为根据的话，我们就必须接受某些人文要素——如风俗、发展阶段等等——作为导致地区差异的主要因素。⬅

因此，很清楚，区域划分系统不可能完全按照发生学——在努力构造区域地理学的基本框架时，我们不可能追溯所有要素的起源，如果我们能做到的话，我们也会找到许多互不相关的起源的。我们只能怀着遗憾来接受这个结论。对某一区域的所有要素，如果真有可能追溯到该区的共同起源，而对另一区域的要素又追溯到另一个独立的共同起源的话——就生物有机体有此可能的意义上说，那么我们就可以怀着希望：发生学原则最终将会使我们得出一种分类系统，足以与生物科学的分类法相媲美了。可是我们一开始就知道情况完全不是如此；我们觉得这是区域与有机体不同的最重要的方面之一。虽然运用发生学方法可以减少我们必须论述的独立要素的数目，可是我们仍然还有一大批互无联系的要素，因而使人弄不明白，为什么要把发生学原则看成十分重要，至少对笔者说来是如此。

反之，有理由相信，坚持发生学原则使我们陷入严重的困难。当我们考虑人文或文化现象与区域划分系统的关系时，困难就变得极其清楚。虽则人的劳动成果在发生学的解释上大部分可作为结果来看，但同时人文因素在许多特征的发展上又是起因，虽则设想上可以把这些原因——例如某一风俗——当作非人文起因造成的结果来解释，但我们不大可能证明这一点。赫特纳的系统到底是不是以某一哲学假设为依据，以为理论上有可能把人文要素作为自然要素的产物来解释呢？确实有理由提出这问题。赫特纳坚持“科学本身必须是决定论的”〔*130*，411f.；*176*〕，毛尔反诘得好：“为什么？”〔*179*，182f.〕科学的任务就是要研究它所发现的现实；

380 310 虽则我们不能否认决定论假说可能也有真理，但新近的哲学研究却十分怀疑把它作为基本假设的可靠性。[①]

无论如何，对地理学来说，这个哲学问题似乎只有学术上的兴趣。地理学上对我们提出的人文现象与非人文现象之间的基本性质不论是什么，但它们具有的性质常常如此复杂，这是几世纪或几千年来没有文字记载时历史演变的结果，因而我们要对它们作出解释是毫无希望的，所以实际上地理学必须把某些主要人文现象作为独立要素来接受；另一方面，也还有另一些人文现象——例如

① 这里应当特别提到莱曼的近著《因果性的瓦解与地理学》〔*181*〕，这部著作引起我的注意太晚了，使我不能充分把它的有关意见用于这个问题及地理学中别的时行问题上去。

土地利用，我们可以把它们与自然现象以及这些未加解释的基本人文现象联系起来研究。为了这个目的，我们能不能接受赫特纳的信条呢："如果人们在'自然划分'（一种最后奠基于非人文因素的逻辑上的发生学划分）的框架中，不带偏见来看人类地理现象，那么他们就能够在其自然制约中去把握它们，比人们事先就把它们作为划分基础理解得更加明确"〔*300*，106；*161*，314 中再次说到〕。

无疑地，以"自然制约中的人类地理现象"为基础的区域地理框架，一开头就会以假定为根据进行诡辩；那它就不是什么框架，而是最后结论了。但要把这些现象看作"在自然划分范围内不偏不倚"（unbefangen im Rahmen einer natürlichen Einteilung）是可能的吗？把人类现象放在由自然条件决定的特定框架中，这样做岂不就会带着偏见来考虑"它们的自然制约吗"？反之，如果我们的框架单纯以人类地理现象为基础——不问其自然制约，那我们就可以不带偏见来考虑这些现象与自然条件的联系了。

就在这一点上，那些试图把大区划分为特别区域的赫特纳同行们，大部分都与他发生争论。原则上他们并不排除任何因素，只是力图把他们的区域划分奠基于全部有关因素上，不论是自然因素还是人文因素，在大多数场合还包括像语言这样的非物质因素。可是显然，这些系统也不能坚持发生学原则，于是主观地决定各种因素的相对重要性问题，也变得愈加重大。此外，他们也承认在这种基础上划定的区域并不稳定，而是随时间而变动的。（另外还有许多人通过具体事例来讨论这个问题，我们可以举出的有：哈辛格 311
〔*225*；141〕；格拉特曼〔*303*；*144*；*236*〕；毛尔〔*228*〕；瑟尔希〔*237*，25ff.〕；劳顿萨赫〔*263*；*278*〕；还有布尔格尔〔*11*，51～53〕。布尔格

尔又补充列举出弗里德里赫森、哈塞特、马哈切克、A.舒尔茨和特罗尔。）

虽然赫特纳的系统最后将达到对地球表面作相对永久的划分，但是要建立这样的系统，显然还需要关于被运用的要素及其相互关系的知识，而且还要远比我们现在所掌握的知识精确得多。所以这正体现了地理工作的目标，而不是体现了它的基础；无疑地，这也正是他的用意所在。我们可能不接受他对我们这个大陆的划分，这倒并不重要；按照他的原则，我们就有理由重新建立它，以达到一个更加“合乎目的”的结果。无论如何，他的系统是这样一个唯一的系统：在执行及理论中，不但对一两个主要要素，而且对所有那些对人类有深刻意义的自然要素都给予适当的注意。在我们考察了所提出的或建立的另一些系统后，我们可以作出结论：只有赫特纳一人曾提出一个可用作各地区所有重要特征的框架的单一系统。←

五、以自然环境要素为基础的一般区域比较系统

在我们迄今所讨论的那种划分世界的“现实主义系统”中，每个区域都被看作独一无二的，而每个区域都在实际关系中联结着。凭着这样一种系统，当然完全有可能拿远在天涯海角，而在某些要素上却呈现出显著的相似性的区域，来研究其异同之点。在这一意义上，比较区域地理学正如赫特纳等人所指出的，并不是什么新事物〔167，284～286〕。另一方面，以各区域的某些主要相似点为

基础而不顾区位的区域划分系统，亦即不太根据其独特的实际，而是根据其可归入的类型来区别区域的系统，显然促进了比较研究。所以我们把这种系统称为划分世界为“一般”区域的“比较系统”。

在我们要研讨的比较系统中，一开头就采取世界大划分，即陆地和海洋的划分。只有对陆地才考虑作类型划分。

在不少这种系统中，亚区就叫“自然区”。我们已经指出过，这个术语不论用于何处，其中“自然”一词的各种含义引起了混乱。完全撇开这些缺点不说，在许多比较系统中使用这一术语，似乎是要求更多的东西，比亚区实际上体现的要多得多；更明确的“地理 312
区”一语也是如此。

照大部分地理学家使用此词的意思说，这些类型中的亚区不是“区域”，而只是某一类型的地区，这也许还是一个较次要的缺点。可能就是因为这个缘故，芬奇和特雷瓦撒才用了“境域”(realm)一词，而詹姆斯则简单地把他的亚区叫做某一类“地带”(lands)。克雷布斯竭力主张德语“Landschaft”一词只应在这一有限意义上使用〔*279*,210〕。他的同行看来不大会遵照他的建议办的，即使他们会照办，此词也无法把这个意义译成任何英语单词，它只能译成“kind of land”(地带种类)，或者也可能译成“Land-type”(地带类型)。笔者找不到恰当的英语单词，因此只能照着目前讲英语的地理学家的习惯，用“region”(区域)一词来表示“某种类型的地区”这个不甚确切的意思。

在目下这个问题上，使用“自然”区或“地理”区的主要缺点在于：几乎在每个场合，“自然”这个包含着广泛内容的词，或者“地理”这个包含着更广泛内容的词，一经检验，却发现已变为只有一个自然因素了。大部分这类区域，就像赫伯森的区域一样，只不过是世界主要气候区图。看来赫伯森一开头就承认他的主要划分性质过于简单。特别是1913年最后一次讨论他的系统的时候，他愿意不但把别的自然要素，而且也把人包括进来；可是他所采用的划分标准，却几乎纯粹是气候方面的〔*308*；参看 *310*，262～266〕。斯坦普修改赫伯森的系统时加上一个标题："世界主要气候区或主要地理区"〔*310*，266〕，这很好地指明了整个问题。还有一张地图，看来几乎纯粹是以气候为基础的，尽管标题是：《主要按气候和人类利用来划分的自然区》——这就是范根堡的地图〔*314*〕。

昂斯特德明白地承认，"地理区"一词严格说来是包括所有重要特征的，既包括自然特征，也包括人文特征，但又觉得在确定世界大区时，主要标准却是气候，因而他的世界地图是公认的气候图，除了只把高地地区（高山和高原）另行分类，分成了四区，也是气候区。除了这个例外，地形因素只在亚区中才加以考虑，在这些分区中，特别是等级还要低得多的分区中，还可考虑文化因素〔*309*〕。

我们已经看到，帕萨格采取了一个不同的方向，詹姆斯则步他
313 的后尘〔*321*，ix〕。尽管是以气候的考虑为基础的，这一点我们说过了，但在这两位作者的系统中，各个区域都是按自然植被具体划定的。然而植被区的实际分类，在这两个场合都十分不同；此外，詹姆斯把高山区放到一个独立范畴中。

我们并不是要说，这些学者天真地认为所有自然要素或所有地理要素，都是与他们的系统中用为基础的单一要素相一致

的——至少在第一级大划分中是如此。根据以下两个可能的主张，也许可以说明他们的方法是有理的：(1)用作标准的要素(对人类)普遍具有很大的重要性，因而其他所有要素都可略而不论；(2)这个要素与其他各个重大要素联系得如此密切，因而以其中一种要素为基础作出的分类，事实上也即是以大部分要素来分类。如果基本考虑真的包括文化因素和自然因素的话，那么用“地理”一词是恰当的；如果只限于自然因素的话，那还是把这种系统描述为奠基于自然环境的系统为妥。

因此，这就需要考虑这两个主张或其中之一，就其与这两组系统——一个主要是根据气候，一个主要是根据自然植被——的关系来说，在多大程度上可以证明是有根据的。在这四个必然包含的可能论点中，没有一个被认为在逻辑上是明白和可以接受的，没有一个是早就已由地理研究证实了的。因此，关于这几组系统，问题即在于其倡议人是否已经提出充分的证据，来证明这两种或其中的一种主张，或者他们的系统是不是单靠天真的假设来支持的。

正如我们所看到的，这些系统大部分是以气候分类为基础的。从人类的观点来看，气候差异本身在决定地区性质上具有极大重要性，这一点是不大有人怀疑的。然而同样也存在着一种广泛一致的看法：气候差异也不是普遍都有头等重要性。大部分作者至少把高山地区看作例外。

然而也还有另一些例外的地区，那里气候要素并不明显地具有头等重要性，只是人们往往没有认识而已。从长岛到佛罗里达半岛——包括后者的大部分——有一个地带，其土壤性质和水系的重要性，远远超过该地带跨越至少两种主要气候类型这一事实。314 虽则大部分气候图表明，从新斯科舍到达科他这一地带只有微小的差异，但是在北缅因平坦而贫瘠的松林地带、圣劳伦斯的肥沃平原、劳伦斯高地南缘岩石嶙峋的荒山、中央明尼苏达棕色森林土的崎岖冰碛和达科他平原的黑钙上壤，其间所显示出来的景观性质，又是何等惊人地悬殊啊！

这些还不是极端少见的例子；反之，如果有人漫无目标地往横穿这大气候区的路径上走去，也许在大多数情况下，穿越时总会发现一些地区，其特有气候特征却不及别的自然因素来得重要。在没有归入高山区这一特殊范畴的山区——诸如南阿帕拉契亚山脉、孚日山脉，或者甚至较低的彭奈恩山脉，地形坡度比起气候性质来，是否就没有那么重要，至少还是值得怀疑的。

如果我们研讨原始人住区中气候对其他因素的相对重要性问题，就知道我们的重要性基本标准——即对人类的意义，不论在与空间或时间的关系上，本身都不是一个不变因素。我们把气候放在极重要的地位，姑不论气候在生理、心理上的直接影响（同样也会因文化而异），其重要性一般地说来是以热和水对栽培植物的重要性为基础的。对原始民族说来，这与野生植被相比，可能还是次要的，正如我们所指出的，野生植被未必都与气候相一致。例如，对于北美的土著居民来说，大草原与森林之别，不论是否基于气候上的细小差别，都是一种最重大的差别；与这种差别相比起来，从大湖到墨西哥湾森林地区以内的气候差别，就都是次要的了。热带雨林气候带的情况也与此十分相似：在这些地带，大片地方却并无热带雨林。

在讨论第一个主张，即气候差别居于更重要的地位的主张时，我们也已经指出了第二个主张的局限性，即根据气候来分类时，同时也就把诸如土壤、植被和耕作发展加以分类了。没有一个人会怀疑，确有一些重要关系把气候差异与另外这些特征的差异联系起来，可是我们大概也已经走过一个幼稚阶段，不会再假定这是唯一有决定性的关系。正像芬奇和特雷瓦撒所说，我们所有的一切只是一种“倾向，使许多自然特征——每一个都与所有其他各个相适应、相平衡——从头到尾发展出一种相当程度的相似性的倾向”。这只不过是走向“壮年景观”的倾向，而十足的壮年〔自然〕景观却是罕见的〔*322*，665〕。

区域的气候分类与文化分类不会相一致，这是刚才所引的两 315
位作者明确承认而且充分表示过的。虽则有理由预期两者会有某一限度的一致性，而且情况也往往如此，但“预期相似的环境会产生相似的土地利用类型，却是不合理的”。因为这个缘故，他们的分类就只限于自然要素，虽然“地理境域”这个称号似乎包含着更多的东西。

要言之，区域分类以气候为基础不能划分出文化区域；作为自然区分类（对人类有重要意义），对为数众多、大小悬殊的地区来说，按气候分类是不正确的；最后，即使在气候差异具有头等重要性的地区，和气候差异相当完满地与植被、土壤相联系的地区，把这些合并在一起，也不能认为就可以垄断对区域性质的决定权。一张气候图就是一张气候图——用的是科学术语，不过如此而已；对于别的许多要素（包括文化要素）它是一种具有不同可靠性的指针，这也不能否认，但是把它称为“自然区”或“地理区”图，不论哪

种叫法都会引起误解。

我们已经否定了根据自然植被进行地区分类的主张，也就是根据看得见的自然景观来分类的主张，因为是与人类的利害关系不相干的（第十章之三）。至多我们可以说：在没有为人类所显著改变的地区，这样一种系统可以在某种程度上给一个以自然景观面貌出现的主要要素分类。事实上，利用在这个基础上发展出来的系统的人，把植被外观十分相似的地区划分为差别程度很大的地区，而另一方面——至少在帕萨格的系统的场合，在同一类型里，又划分出类似森林地和草原那样外观不同的植被区。以自然植被为基础的系统，其价值不能奠基于直接的可见性上，却必须像其他任何系统一样经受检验，即检验其标准是否能指示区域在与人类的关系上的性质。

既然从人类的观点来看，这些标准的意义对一种区域划分系统是十分重要的，那么对于主要以植被为基础的系统，却又喋喋不休地讨论得这么认真，这就似乎有点奇怪了。对于人类的绝大多数来说，植被（总是指自然植被）有头等重要性的时代已经是很久远以前的事了——确实我们很少有人观察过自然植被。在一部由苏里南土人所作的世界地理中，可能看来像有逻辑基础，而帕萨格首次详细阐述他的热带森林区景观学概念，也许不是没有深远意
316 义的。在这样的地区，实际植被确乎支配着看得见的景观，连同相关的动物，对原始人就极其重要。⬅此外，实际植被——它可能与原生景观相近似——确实支配着看得见的景观，而且其本身对原始人就极其重要。更有甚者，大森林不但包括着植被，而且也包括着野兽，随时都会把开辟出来耕种的小片空地长满。这个大森

林会像是大半个自然环境的活化身——植被、气候、土壤、动物全都包括在一种表现中。

无疑地，其他自然要素与植被的这种联系，在非热带地区也是如此。简言之，就是提出植被作为了解总体的自然环境的线索，比头等要素气候有更好的指导作用；气候只能表示别的要素可能会是什么，植被则仿佛是气候、土壤、动物——在某种程度上，也许甚至还有地形——的自然综合体，地形是自然界预先为地理学家准备好的指针。

同样地，不论是直接还是凭推断，我们得知植被是一种指南，对于人类利用土地的方式来说，也许是比气候更好的指南。因此它不仅是了解许多自然要素的线索，而且在很大程度上也是了解在人类双手底下出现的文化景观的线索。

这些绝不是细枝末节的主张。帕萨格的系统在地理思想中引起这样一场轰动，那是毫不奇怪的；如果他真的已经发现了一块试金石，我们能单凭一个基础来划分真正的地理区域的话，那么区域地理学上的一个基本问题也就迎刃而解了。当然，这个论点在德国地理学家间并没有很大的进展，但在我国近代地理学思想上却留下了明确的印记，因而需要对它的主张作认真的研讨。

我们已经指出，任何一种以植被为基础的系统提出的主张，只有在我们知道自然植被是什么的时候方才有效，或者毋宁说，既然自然植被并不存在，既然我们不能把工作奠基于一种纯理论的自然植被——如果没有人类的出现，这里可能会存在的自然植被，那我们就必须知道自然植被原来究竟是什么。对于重要的世界大区，不但感到我们的知识在细节上还很不可靠，而且十分可能，我们永远都不会有必要的知识。确实,要获得那种知识,我们就不得不先研究那未知之物想来会给我们展示的东西,那人类文化所缔造起来的各种特征。这样,通过细心分析土壤,最后我们也许会知道在
317 中国不同地方的原生植被究竟是什么,但中国的土壤,在 4000 年精耕细作和施肥以后,恐怕多半已经是文化特征而不是自然特征了。虽则人人都承认在这种地区的场合会有困难,但在新区,或者在原始居住区,也只是因为对比,问题才显得似乎容易些。我们怎样能绘出中非的"原生植被"图呢?我们能假设散布在雨林间的所有空地或丛林区,都是人类活动造成的吗?能假设就没有一处是原来就在那边的,只因特殊土壤条件,所以看不出土人无数次焚林的结果吗?

最后,就以我们能够复原人类登场时的原生自然植被而论,我们也可能被逼得判定:因为自此以来气候的变化,它对今日世界的区域结构已经不再有深远意义了。

由于复原原生自然植被的困难,通常的做法是根据气候和土壤条件来推断其性质;换言之,即构想自然植被本身可能会提供的综合。在帕萨格的世界划分中,植被区也正可以叫气候区〔参看韦贝尔,*250*,476〕。

即使我们确实知道,或者有希望最后发现原生植被的性质,即使那就相当于今天理论上的自然植被,它是不是就能给我们提供了解诸如动物、土壤和气候等自然要素在科学上确实可靠的线索呢?对动物来说当然不是如此,只要没有类似植被区的联系,动物就会有极大的差异。至于土壤,在我们对这方面的知识还不完全的时候,我们也许还须继续根据所了解的另一个因素——其中当

然包括气候及植被——来推测土壤性质。此外，我们深信我们已经走过抗拒先前按基岩作土壤分类的初级阶段。詹姆斯承认，同一大类的植被可能会覆盖差别很大的土壤，而这种差别对人类却是很重大的〔*321*，140f.〕。

植被与气候无疑是有普遍的相互联系的。正如詹姆斯所说，“植被类型是气候的看得见的反映，是气候的大标志”〔*321*，6〕。这话说得很好，确切地指出植被作为了解气候线索的可靠程度。可是科学工作者为什么要想利用既看不到、性质又不能精确地鉴定的反映和标志，却不利用能高度精确地证明的事实呢？对世界
上许多地方的自然要素，我们拥有像气候那样比较可靠的大量资 318
料的，实在是寥寥无几；我们拥有的资料像自然植被那样不可靠的，也是十分少有的。

尽管有这一切缺点，如果自然植被这一要素确实像现在那样，把气候、土壤，在某种程度上也把地形等的影响结合起来，在其与人类休戚相关的事物的关系中，能够比其中任何一个要素单独时显示出更深刻的意义的话，我们还是可以说，以自然植被为基础的区域划分是正确的。那它也许就可以被看作这些不同因素的自然总和，可以应用于比方说人类的土地利用这样的问题。许多人利用这个基础，不论明用还是暗用，都是在假设实际上正是这个情况。

韦贝尔在批评我们常常提到的帕萨格学派的研究工作时，认为自然植被与人类土地利用的关系这一概念，就是这种思想方法的核心——认为帕萨格的景观学可以稍稍夸张一点，称之为“应用植被学”（angewandte Vegefationskunde），即应用植物地理学

〔*250*,476〕。无疑地,各学派的大多数近代地理学家都会同意韦贝尔,以为像帕萨格那样,从他的自然景观(Naturlandschaften)类型,到由此而来的有关动物和人的现象毫不怀疑地加以宣扬,那是很危险的事〔*266*,202f.〕。他引证帕萨格学派中阿伦斯的说法为例:"同一'景观地带'(Landschaftsgürtel)中的人,会得出相同的经济(Wirtschaft)分区"〔*250*,170〕。

可以看到,这个论点至少在一本新近的美国教科书中说得很清楚:"大地的植被是了解人类定居的线索,因为在一个区域中自然生长的植物,……大致上会指示农业上将怎样利用土地。"美国东部的例子可说明这一点:东部的原生植被,被描述为"树木和本地长草",农业发展被描述为种草,就是"小麦、燕麦、裸麦、大麦、玉米,连同马铃薯、萝卜之类块根作物"〔*323*,6,107〕。教科书撇开了棉花、烟草之类作物不谈,更不用说欧亚草原的家畜了,由此推论,对这论点是不能过于从字面上去理解的;此外,出现这种说法的教科书,也不使用以植被为基础的区域系统。

在詹姆斯的书里,没有一处发表过这样一种明确的论点。确实,在他的导言里和别处,他明确地否定了这种环境决定论的信条。他清楚地区分出具有不同主要文化的民族占用土地的特点。然而在该书的详细论述中,读者不会觉察不到这样的假设:在具有不论哪种特定自然植被类型的地区以内,属于一个主要文化群的民族,有发展同一农业方式的倾向。

319 很清楚,我们在这里涉及一个在地理学上头等重要的论点。如果自然植被的性质确是了解人类占用土地的线索——一条比气候性质更好的线索,那么所有地理学家就都应赶快承认它,并且照此办理。不必说,仅凭断言是不能就使这个论点成立的,仅凭演绎的推理也不是就能证明它的。反之,它却需要孜孜不倦、殚精竭虑地去寻求证据。正如韦贝尔所强调的,那些力持或采取这个论点的人,却没有进行过这种寻求〔250〕。

也许可以设想,要努力论证这个论点,一个重要步骤就是把不同类型的自然植被地图与不同类型的农业地图相对照。虽然这两种地图间的密切联系,本身并不能就证明这个论点,但某种程度的相互关系一定也是必要条件。如果我们把詹姆斯提出的自然植被图与北美、欧洲的农业区图相比较——不论他所用的图分别是O. E. 贝克和乔纳森绘制的,还是哈特向和迪肯的地图〔324〕,或是惠特尔西的地图〔319〕,我们又找到了什么呢?不论哪一种图,使我们得到深刻印象的,就是缺少一致性。在东方,作这种比较并无把握,因为中国好多地方的自然植被都是未知的,但在中国,水稻农业区与自然植被的已知情况也并不遥相吻合,这是明明白白的事。

这里并没有否认自然植物分布区与栽培植物分布区之间可能有密切关系的意思。人类已经把栽培植物传遍全世界。但对一种见解,如果随手可得的证据都是否定的,那么对它就需要作大量细心的研究。特罗尔根据恩格尔布雷希特论述欧洲各种栽培植物的相对重要性的著作〔394〕,作出了积极的贡献。虽然熟悉欧洲农业地理详情的学者,会感到特罗尔的地图不够详细,不能充分验证他的发现,因而引以为憾,但他确实已经发现一些十分显著的相互关系。然而,假定这些结果都能证明是正确的,但也应当指出他并没有把农业植物群落与自然植被植物群落互相联系起来,却把个别作物与个别野生植物互相联系起来，这些野生植物至少有的是很不重要的，例如脂肪植物（Schmerwurz）或欧薯蓣根（Tamus communis）。

最后，把特罗尔的看法再说一遍是有益的，他说：我们对世界大部分地方栽培植物产量的知识，要远比对植被的知识正确，不论是原生自然植被或当今的荒凉植被。因此一种以自然植物或野生
320 植物为基础的系统，就使我们处于从未知论证已知的脆弱地位。

因此，最后，以自然植被为基础的区域系统——即使在可能构成一个系统的有限程度上，并不能证明以“自然”分区或“地理”分区之类称号来表达的主张是正确的。一种以植被为基础的世界划分只是一种世界植被划分（就我们所能推断而言），不过如此而已。与气候分区图一样，这只使人联想到别的事物，但却不能告诉我们可以信赖的东西。

那么，我们是否应当寻找一种世界划分系统，不是单单以一两种自然要素为基础，而是以所有对人类有重要意义的自然要素为基础呢？骤一想来，也许有点奇怪，为什么没有这么做。如果想一想气候、地形、土壤和自然植被这些主要自然要素的综合，比如说在蒙古部分地方可以看到的，那么是不是在巴塔戈尼亚和我们大平原有的地方也可以看到呢？如果我们可以把本地的动物差异略而不论，以为虽则一度极其重要，但现在已经并不重要了，同时也不管什么相对位置差异，那么我们也许就能同意，此地存在的自然环境类型，在许多地区也是反复出现的。毫无疑问，还可以提出许多关于这种地区的另一些实例，但是任何人想根据这一点来划分世界，立即就会明白，仅有实例还是画不成地图的。我们在哪里找

得到气候、地形、土被风化层方面与德国北部平原相似的地方呢？如果我们把卡罗来纳山麓这些同样因素的稍为不同的组合，说成“卡罗来纳山麓型”自然环境的话，那么世界上还有没有别的区域也可归入这一类型呢？把问题说得更直截了当一点，各地区自然要素的综合，体现了几种对人类有重要意义的因素的结合（暂且不论相同因素对不同人群的重要性是各有不同的），这几种重要因素也已够有独立性了，因而可以按无数不同的组合联结在一起。在我们的实际世界里，不管我们用哪种规模的划分，我们可以得出的不同组合数目之大，都是与地区划分的总数极其相近的，也就是说几乎每一地区都自成一个类型。

可能有人会说，只要我们的类型更加概括一点，使得每一相隔的区域可以被看作总类型中的亚类型，那么这个困难就可以避免了。但要把几种各个都在独立变化的因素结合起来，就只有假定其中某些因素无论变化多么大，重要性总是较小，这才有可能把它们的结合变成共同类型。

这个见解对整个比较区域划分问题，不论以什么为基础都很 321
重要，所以须有清楚的理解。例如，人们也许会以为，以实际气候条件而不以发生学为基础的气候分类，相当于把雨量、温度、风、湿度等许多半独立因素组织起来。但我们所拥有的系统——如柯本、琼斯和惠特尔西，或者桑思怀特的系统，主要是依靠这些因素中的两种，即降水量和温度，而对其他因素则大半不予考虑。对这些因素取其数目有限的等级，降水等级 x，温度等级 y，那么降水量的可能结合数当数是 x×y。这两种因素如果我们各取其 6 个等级，那么理论上就会有36个气候类型。但这些类型有几种是我们这

颗行星上不会发生的，另外几种我们可以任意消去，理由是两种因素如有一种极端有害于有机生物，那么另一种因素的所有变化也都不重要了。因此必须承认的实际结合数目无须太大，而且每种类型可以由几个地区做代表。

然而，比方说，如果我们想把 6 个等级的气候、6 个等级的雨量与 4 个等级的地形结合起来，那么理论上的类型数即成 144 个。要完成这个表达自然环境所有独立要素的公式，我们不得不至少补上几个基岩等级（在绝大部分土壤中是决定因素），再加上诸如流域、地表水，甚至植被等其他要素的等级，只要这些要素不能完全表达为前几种要素的函数就好了。

格拉内的区域公式系统给了我们一个具体的实例。在这个公式中，他用了 7 个独立符号（6 个符号表自然要素，**不包括气候**；1 个表人文要素）来标明一个地区类型。假设承认这些符号每个都有 4 个等级，那么可能的类型总数就会超过 16000 个。确实，在任何一个地区，这些要素不少都可以看作次要因素，但在通盘考虑中却没有一个是可以消去的，因为任何一个因素在某一个地区都可能是最重要的。因此我们必须认为类型的实际结合数，就不大会少于要承认的区域的总数；我们会有一个区域系统，但却不是类型系统。不必说，这绝不是贬低这种公式的价值，这公式提供了一种描述区域的速记法，可用于比较。笔者也使用过描述地区分界线
322 的类似方法，但发现此法不能提供单一的分类系统，而是有多少因素要考虑，也就有多少系统〔*357*〕。

然而，也许有人会以为我们不过用数学把情况搞混乱了，不管承认多少类型，我们总是能凭着概括来任意减少数目的，就是说，

凭着合并差别较小的类型，来形成较少的类型数。只有在我们具有某种标准，可以按重要性顺序来安排这些要素时，我们才能做到这一点。但因这些要素本身相互间是无法比较的——我们不能拿坡度与温度的度数相比，所以我们只能按它们对另一些事物的影响来确定其重要性顺序。这种可作为晴雨表的外在特征，必须显示任何两地要素相同，要素的重要性顺序也相同，这是绝对必要的；对于划分大区、亚区的逻辑系统来说，纵使诸要素变化很大，但这个顺序却要相同，这也是绝对必要的。不用说，这样一种晴雨表是没有、也不可能有的，不管挑选了什么特征——无机的、植物的、动物的，或者人类的，这些通常对它影响较小的要素，也可能以更加剧烈的方式对它发生较大的影响。

如果我们考察一下气候分类中所包含的困难，这些说法的正确性就可以看出来。容许通过概括来合理地减少类型数的类型系统，必须按照大分区来安排，而每个亚区又可再细分为类型。当然，在大部分气候系统中，都有这样的排列，就像柯本和桑思怀特的气候系统那样。然而大区和小区划分上的区别，却只有在用于大区划分的标准，事实上要比用于小区划分的标准更重要时，才是明智的。但是雨量和温度究竟哪个重要呢？显然，除了根据受这两种因素影响的某些外在特征外，这个问题是无法解答的。

可以把自然植被看作综合度量雨量和温度差异的尺度；在这个基础上，有理由确定雨量比温度重要——桑思怀特就是这样做的，即使在两极地区，这个结论确实不正确。换言之，在热带和极地之间的某一未知地点，这两种因素的相对重要性改变了，于是这个系统也就变得不合逻辑了。

另一方面，也可以用栽培作物作为衡量差别的标准，并与柯本一样，断定温度的差异比雨量的差异更重要，除了干旱地区情况相反。⬅

323 我们还只说了第一个困难。“栽培作物”显然不是单一的标准，因为温度和雨量对不同作物有不同影响，但我们当然可以选择数目有限的几种作为标准。事实上许多系统既是依靠某些栽培作物，又是依靠自然植被的。因此在这个系统的任何一点上，作出雨水和温度两种因素究竟哪个更重要的决定，可能只不过是对一群植物有意义、但对另一群植物没有意义的决定，换言之，即纯属任意的决定。因此结果就不是划分大区、亚区的有意义的系统，不过是两种因素分别形成许多类型组合的权宜的系统罢了。例如在柯本系统中，讲到 Cfa 和 Csa 是 C 的两个亚区，并不比讲到 Cfa 和 Dfa（取 Fca 和 Fda 的形式）是 F 大类（全年雨量充裕）的两个亚区更有理由。

研究气候问题的学者都会承认，我远没有对其中的复杂性言之过甚，反而把它们简单化了。不论降水量或温度，单独一项都不是可以用一个数字来衡量的简单因素，却是一个极其错综复杂的因素，在一年四季中的变化，是必须以恰当的分类来表明的。这就会引出这样一些不可解答的问题：多少降水季节性变化量比多少温度季节性变化量（对什么产生影响？）更重要呢？

因而气候分类的不同系统间，一致性如此之少也不奇怪。企图把这两种独立因素结合起来的做法，其逻辑性确实令人怀疑。在我们的语言中，气候一词是包括几个因素的，我们可能就是被这一点引入歧途的；这些因素起源上不论有什么联系，在它们的实际变化中，在这些变化的效果中，大半却是独立的，而与我们有首要关系的却正是那种变化。（桑思怀特在他的降水效率公式中提供了温度与降水对植物生长效果的关系，因此降水效率与温度效率毫不相涉〔391〕。）从植物的观点来看，水温结合似乎不比水土结合更有理由，也许反而理由更不足。换言之，把降水量差别与土壤差别结合起来分类，可能正像我们所谓的气候分类一样有理由。很明显，从植物的观点来看，一种正确的分类会把所有3种因素都作为协调因素结合起来。如果有人反对说，土壤大部分是雨量、温度和先前的植物等条件的产物，我们反而会被引入更大的困难：我
们就不得不把雨量、温度、坡度、母岩、排水等条件结合起来，姑且 324
不说这些因素过去的变化（我们可能仅仅说到土壤分类中众所周知的困难，因为土壤依赖如此众多的相对独立因素，迫使我们多少必须任意地定出哪个更重要些，哪个不重要些）。

简言之，各种要素的变化对植物生长具有重要作用，要想在一个分类系统中把所有这些要素综合起来，这种尝试既产生不出一个合乎逻辑的系统，也产生不出一个切实可行的系统。诚然，在原生自然植被中，自然界确乎产生过这些因素的实际综合，可是我们已经明白，这种综合是我们不能观察，因而也不能分析的，而且总的考虑起来，它也只不过是在世界上最重要的地区反映了一些次要的事实罢了。

鉴于要同时考虑对植物生长有重要意义的因素碰到了这些困难，那么帕萨格企图发展出各种类型，把它们奠基于赋予“Landschaft”（区域）类型以特性的全部要素上，这任务又更要困难多少倍啊！（看来这些类型包括所有常见的自然要素，也包括许多“文化

区域”(Kulturlandschaft)要素，但不包括人或动物。格拉特曼等觉得这并不清楚〔*236*，333～335〕)。无怪索尔竟感到“说明问题和方法取得的成功要超过内容”〔*84*，191〕。

帕萨格建立了理论上而不是实际上的类型，可能看来像是已经消除了我们指出过的在别的系统中的许多困难。他的典型的“Landschaft”是“一种完全不存在的理想的 Landschaft，但有给许多实际的 Landschaften(Landschaft 的多数形式。——译者)提出比较对象的方便之处”〔*236*，333〕。格拉内对他的类型也说了很多相同的话〔*252*，34〕。这种抽象系统很可能会证明是有价值的，所以值得我们给予更多的注意。

帕萨格提出的系统，具有划分大区、小区的逻辑结构，会引导出各个类型和亚类型。它意在给我们提供一种类似林奈把有机生物分为目、属、种那样的理想类型分类法〔*268*，91～98〕。帕萨格似乎并不理解，他的最后一级分区就是“种”，其中体现着全部因素，而地球所能出示的，每一个种也不会超过一个样本。然而这还是个小问题。

严重的困难是由这样一个事实而来的：地区的不同要素在很大程度上是独立的，这与有机世界适成对照。我们确实没有看到地球上所有各种可设想的结合方式；我们没有看到过沙漠气候中
325 会有森林。但我们确实看到，几乎所有各种气候类型中都存在着所有各种主要地形类型；我们不但在同一种气候类型中有根本不同的土壤，而且在显著不同的气候区中也有十分相似的土壤。这就像在脊椎动物及无脊椎动物中都有带乳腺的动物，或者有的四足动物又有翅膀一样。

如果我们把文化形态也包括进来，那么情况就更复杂。在具有十分相似的气候、地形和土壤的地区，人类可能会发展出十分不同的文化形态，但另一方面，也可能在广阔的范围内把这些文化形态的任何一种推广到气候、地形和土壤都不同的地区。

我们曾说过(第九章之三)，把有机生物划分成类似林奈系统的逻辑系统之所以可能，是因为一个种的所有样本都有共同的遗传起源，同一个属中各个种也有共同起源，余循进化系统均以此类推。我们知道，各个地区的这种进化系统是不可想象的。所有地区的各个特征，都有行星和太阳的同一起源，但赋予不同地区以特性的这些特征的结合，却没有通过地区的一般类型演化成为特殊类型和个别样本。任何地区的气候，从发生学上说，都是世界气候的一部分，而不是该区起源发展的一部分，肯定不是那一类地区的起源发展的一部分——而这种起源发展，与别类地区的起源发展是迥然不同的。

因而许多学者竭力主张，拿区域类型与物种相比是不可能取得成功的〔参看彭克，*163*，41〕；确实，在帕萨格提出他的系统以前，菲利普森早就已经指出其谬误〔*143*，13〕。他们坚持说，每个区域的个性，要比某一个种的样本的个性具有多得多的特殊性〔参看克罗伊兹堡，*248*，413〕。⬅从那时起，帕萨格就已经得出结论说，与林奈系统相比较是一种不幸的事〔*272*，57〕。可是他却与克罗伊兹堡、菲利普森和彭克意见一致，相信可以用某种方法建立区域类型，而不是种。

很清楚，这些类型实际上并不是我们立即可以发现的。然而假设我们能够确定不同有关要素的重要性顺序的话，那我们也就能够建立类型分类的逻辑系统。帕萨格也许是不自觉地尝试做这件事的。他的实际研究与理论大纲迥异，除作出可能是以植被为基础的第一级大区划分以外，很少有什么进展，因此看来他的系统正像赫特纳所指出的，主要只不过是按植被来决定类型的系统
326 〔*242*，163f.〕虽则韦贝尔以为这种决定植被的方式，结果只会成为一种以气候为基础的系统〔*250*，476〕。实在，帕萨格在他对这一问题的各式各样的许多论述中，至少有一篇也就是这么说的。他写道，他的"正规类型"是以气候差别为根据的，至于其他因素，则假设都是"平均数"。正规类型可能受到"变态"——自然因素或人文因素的超常条件——的影响。帕萨格把这些类型排在"干旱"、"湿润"、"肥沃"、"有破坏性"、"文化"这样一些类目里，断言"人们可以谈论 Landschaft 类型的逻辑系统"〔*259*，704〕。但要做到这一点，却只有假设不同因素的重要性有个固定的顺序，而上文却已指出，这样一种假设不但是武断的，而且在多数场合还可以证明是违反事实的；在许多地区的次要因素，在另一些地区却可能是头等重要的因素。

因此我们必须推论说，即使是一个理论类型系统，也不能根据大量或多或少独立的、重要性有变化的因素来构成。对世界作比较划分，把它分成普通类型地区，安排于逻辑上可靠的系统里，这样的划分只能以单一自然要素或要素复合（例如植被）为基础，但却只能有一个。毫无疑问，这样单一特征系统在地理学上是有重大价值的；这里问题在于，是否其中任何一个系统都能单独为一般区域地理学提供一个合适的背景。我们不可能希冀有一个完美无缺的系统；尽管我们提出所有这些缺点，实践却可能表明，气候系

统或者自然植被系统提供了一个相当令人满意的背景。虽则我们觉得，以气候为基础的系统是不能合乎逻辑地作出大区、亚区划分的，可是这仍然是一个可行的系统，因为只有两个主要因素须加组合，而且我们能够取得关于这些因素的资料。以自然植被为基础的系统的资料，是不完全而且永远不可能完全的，但我们占有的资料，对于一个相当合适的系统来说可能也够了。最后，虽然这两种系统都不能提供了解其他自然特征或文化特征的可靠线索，但在两种情况下却可能都会有足够程度的一致性，使得这个系统可供区域研究作为大纲之用。

我们对这两个系统的用处所作的判断必须根据结果，我们也必须在发现结果的地方检验结果。不幸美国地理学家却与德国、英国的地理学家不同，几乎只在教科书里才提出区域划分系统。（这些话里如果会有什么批评的话，笔者本人也是包括在内的）为了教学的目的，可能须使实际服从组织。但组织问题却不限于教科书；事实上，这里我们涉及的是组织实际的问题。在枝枝节节的 327
研究中，可能会模糊了内在的困难，但在教学中被提出来的时候，却会看得更加清楚。不论可能如何，应当理解，下面的讨论用意不在于反思这些著作用作教科书的价值，我们所关心的也不是检验其中所包含的细琐的工作本身。我们所关心的只不过是结果而已，显然那是由于使用以单一自然要素或要素复合体为基础的区域系统而来的。

以某一特征为基础来组织世界研究，就不可避免地会使读者——如果不是笔者的话——认为这个特征就是所研究的每一个地区中最重要的特征。如果讨论某一文化发展类型，大部分限于某一章节，而该章又是以某一自然植被类型或气候类型为名的话，那么就会令人联想到一种关系，不论这关系是否确实。

此外，如果用作标准的特点本身并不重要，那么在作者方面，就好像有一种未曾意识到的愿望，希图以强调这种因素对其他自然特征和文化特征的间接意义，来证明这个系统的正确。这样的强调大都是与所包含的实际意义不相称的。

这些不利是以单一自然特征为基础的系统所固有的，在以自然植被为基础的系统上就表现得极其明显，因为在用作大纲的农业区与自然植被区之间有显著的矛盾。可举的例子很多，这里仅举其一。

地理学家也与较不专门的作者一样，承认大湖以南从俄亥俄中部到内布拉斯加东部的美国这一带地方——即玉米带，在特点上有显著的相似之处。很少有这么大片的地区，一致被公认为特别“地理区”的。耕地的高百分比、特有的作物牲畜结合、高产量、农场设备的性质，甚至农村人口的社会特点等方面，此区都是世界上划得更为明确的大区之一。詹姆斯在先前发表的一篇论文中，曾两次使用“玉米带”作为一个大区的实例，承认了这种统一性〔*286*，79，86〕，可是他的系统却迫使他把该区一分为二，归入世界八大地带类型中的两个类型——即中纬度混合林带和草地〔*321*，239～245〕（实际上，当然这两部分都很少有什么森林或草地，主要都是农田）。他提出两张地图的一些片断，表示东部农场的
328 小片丛林与西部河谷沿岸一条条疏于管理的林地的明显差别，以证明其正确。显然因为最丰产的地区在先前的草地内，该区总体上是放在草地一项下面来讨论的，于是给人的一般印象是：这种农

业类型是从大草原的自然特点发展而成的现象，虽然与森林区略有重合之处。当然，实际上历史发展恰恰相反。

假使我们把阿帕拉契亚山脉设想成平地，使内陆平原延展到土壤和植被都与印第安纳一样的海滨，那么情况也许就可以理解得更清楚。谁会怀疑，在那样的情况下玉米带同样会远远向东延展，终止于海岸平原的沙质土壤呢？事实上，宾夕法尼亚东南部的农业与玉米带的农业，一般地说确是相同的，那里不平常的特点，在玉米带内的许多区里也是存在的〔*324*，107〕。换言之，假设美国东部地形如此改变的话，人们就会把玉米带看作中纬度森林与草地相重合的一种现象。

棉花带也有类似的困难，甚至还要大些，这种困难，可能是上述著作对这个已经完全得到公认的地区只是一笔带过的原因。

不论用什么，用气候还是用植被作基础，都会处于困难的地位，即从单一要素出发，去解释由错综复杂的因素造成的特征（见下文关于这一点的讨论，第十章之七）。这已使德国的几个帕萨格追随者陷入错误，韦贝尔对此已作过评论。他批评的方式对我们说来特别有趣："解释 Landschaft 与有机生命现象间的因果关系大多用演绎法，这种方式使人想起许多美国地理学家那种最原始的'对环境作出反应'的方法"〔*250*，478f.〕。也许应当承认一种差别：代替对依次考虑过的每个环境因素一个个做出反应，我们现在已经有了只带单一环境因素的区域相互关系复合体。

从单一要素来推理取决于许多要素的特征，不说不可能，但总是有困难的，因而使一些较细心的研究者就限制于某一文化特征与植被类型地区范围有明显相互关系的富有启发性的观察资料。

人们知道在“草地”这一题目下所研究的玉米带作物制度，也存在于多瑙河流域草地地区，而在毗邻的森林区则没有（这里我们撇开
329 事实问题不说），但对有关因素则不作分析——对地形作为一种可能的共同因素提也不提。这时候，幼稚的读者就会跟着设想某种直接的相互关系〔*321*，245f.〕。

詹姆斯在别处充分地讨论了解释现象的地区一致性，必然会涉及的一些问题〔*286*，82～84〕。那里他让人们注意到这样的可能性：存在于相互关系中的现象，可能都是由作为共同原因的第三因素决定的。可是他没有提到另外两个可能的解释，特别是地理学家，脑子里更须时刻记着这两个解释。

其一是：这种相互关系即使达到极高的程度，正如科恩所强调的，却可能是“完全偶然的——即是说，我们找不出理由为什么这两种因素竟会互有联系”〔*115*，92〕。[①]在地理学这样通常资料数量不足的领域中，相互关系的发生纯属偶然的可能性，相对地说是很大的。一些相互关系包含的事例很少，对此也不能作出逻辑说明，似乎就不值一谈了——例如我国草原地带三大贸易中心，即芝加哥、圣路易斯和明尼阿波利斯—圣保罗，都坐落在森林边缘。

另一个可能的解释是，作者在绘地区图时不知不觉间已强使他的地图去适应结论。给任何现象绘图，在确定边界线时，可能有一个很大的范围，只要在这范围内画的线，就一样都是合理的；如果其中有一条线与某一自然要素的界线密切一致，而这个自然要素又是我们的重要根据的话，那么我们把另外的线也画在那里是

① 科恩引用了别的学者说明过的一个实例：在一段相当多年的时间内，国际机械师协会会员数与海德拉巴邦的死亡率有86％的联系。

不足为奇的。我当然不是说有如帕萨格地图中所见的那种粗枝大叶地歪曲事实的画法，我说的是微小得多的改动，这只有通过仔细的研究才检查得出来。我也不是指像目前所研讨的作者中一些别有目的地画得不正确的做法（事实上詹姆斯用了许多与他的系统不相配合的地图）。确实，在许多事例中，我们也许不能说“不正确”或者“改动”，却要说不知不觉间有目的地挑选了某一条界线，而基本事实证明，许多别的界线同样也是有理的，但却不会产生希求的一致。我们可以用一个可能的实例来说明这一点，那是我们一直在引用的著作中从所未有的。

在统计学的客观基础上确定北美制造业地带的界线时，可以
看到三边都不相一致的机会较少，但从伊利诺斯北部的罗克河区 330
到辛辛那提的俄亥俄河一带的西部边界，不稳定却很大〔*326*〕。在连结两区的直线和围入达文波特及圣路易斯的西斜曲线之间所画的几乎每一条界线，人们可能都会觉得有些道理。根据基本事实，这条界线事实上也恰恰画得位于离森林和大草原地区边缘不远的地方，但当时作者却没有发现这一点。然而，假使当时他进行这项研究是作为“中纬度森林地带”的区域研讨的一部分的话，那么把这条界线稍为向南拉直一点，画成与植被界线吻合得更密切，似乎也很有理。他可以借此对北美东北部制造业的集中提出新的解释，这可与德耶尔把该区范围与本·戴维斯苹果区互相联系起来的作法相比拟。

总之，不论两种地理现象的分布可能如何密切一致，但对以为其间有直接或间接的联系的任何假设，我们却必须抱怀疑态度，除非能够指出这种假设在理论上是正确的。在引用的例子里，那就

是说,我们必须能够推论出某些逻辑根据,来说明比如德梅因和印第安纳波利斯两地工业发展的差异,而这又是与衣阿华大草原和印第安纳森林的差异有关联的。

从我们对以自然要素为基础的区域系统的研讨中可以得出的结论,与芬奇和特雷瓦撒的结论是一致的:“试图把世界的文化模式纳入自然区域的框子,应当认为是不明智的”〔*322*,663〕。然而我们还要再下个结论:把他们称为“自然区”的自然要素总和,纳入以一两个自然要素为基础的框子里,这也是不大可能的。

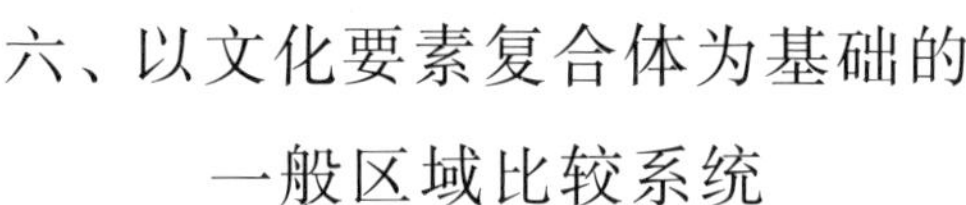

六、以文化要素复合体为基础的一般区域比较系统

现在我们转过来谈谈作出以文化要素为基础的区域划分的可能性问题。关于所谓“自然”分区问题,有的欧洲地理学家分明也得出了否定结论,他们已经后退到了以政治疆域、国家、省,或者以人种区或民族区为基础的这类简单分区。除了在政治地理学和民族地理学之类专门领域以外,很少有人愿意遵从这一类建议。一般地把这种系统运用于地理学,就是抛弃了寻找意义深长的区域
331 划分的希望;我们也可以把地区划成面积相等、方方正正的地段的。

如果试图提供以所有重大的自然要素为基础的区域框架,因为自然环境的复杂性而遭到失败,那么许多人就会把综合区域各个文化方面的可能性看得更加渺茫。此外,地理学家一直不大注意文化现象的分析和分类,直至最近才有所改变,无怪从这方面来

探讨这个问题这么少了。我们将要研讨的大部分实例确实也没有清楚地表明，我们是想用它们求得一种在一般文化基础上划分世界的系统的。所以对待这个问题很需要一种理论方法。

对区域地理至关重要的文化的各主要方面又是什么呢？如果我们认为这个问题源于我们对地理学性质的基本概念，那就是：人及其劳动产物的哪些主要方面，在有限地区内是相对均一的，而在不同地区，在与该区的整个性质有明显联系的方式上又是有差异的？假如能找到一些地区，这些条件在人及其劳动产物的所有方面都相符合，那么这些也就是完美的文化区域了。我们知道各种文化方面的地区差异不会契合，那么我们就必须以主要方面为限。

在无法作相互比较的现象之间，主次之分不是一个可以作客观回答的问题，但也许在主观基础上，却有可能取得相当普遍的一致。

大概人人都会同意，人数上、人口密度上的地区差异有更大的 409
重要性。确实可能有人会提出，这太重要了，我们用不着继续找下去了。于是我们的问题也就比较简单，因为人口密度作为单个数学因子是易于测定的，我们实际上也掌握着世界各大区的必要资料。可是这个因素的简单却正表明它的不充分；人口密度和分布相类似的地区，在许多别的地理特征上却可能是很不相同的。

毫无疑问，如果我们有一幅世界各地区的地方人口分布详图——实际上也是一幅各小区内地方人口密度变化详图，那我们还可以知道更多的东西。霍尔等人经常强调对世界作这种研究的必要性〔*295*，167f.〕；他还曾用一幅日本详图来说明这个意见
〔*351*〕。当我们至少对世界上几个文化上显著不同的地区，有了这 332

样在共同基础上绘成的详图的时候，就可以更正确地判断这样一种基础对世界区域划分会多么有效。希望霍尔绘制的“实验地图”即将绘成，交付出版。然而从我们已经知道的情况来看，文化上不同的地区，似乎很可能会有相同的分布形式，而且还可能以多种方式体现出完全不同的区域特点。霍尔在日本发现的街道村庄(Strassendorf)〔*348*，112〕即使形式相同，功能上也与德国的街道村庄不同。①

因此我们可以作出结论：人口密度即使形式上极其详细而复杂，虽能给予我们不容小视的重要线索，但单此一项却还是不够的。

在世界上不同的地方，除了人数以外，人们互有不同的，还有哪些方式呢？有的差别不论在地方群体的成员间如何重要，但在不同地区的民族间却并不引人注目；对这些差别，为了地理学上的目的，就可予以排除。此外，在比较各区域时，我们可以无视一个区域内部某些较重要的差别——包括“城市”、“乡村”这些术语在思想上引起的全部复杂差别，虽则我们必须区别清楚以农村为主和以城市为主的地区。在这个基础上，我们可以消去一大批人类文化现象，因为全世界各民族在那么多的方面都是相似的，他们做的是同样的事，而且多少是以同样的方式做的。

不论我们消去的有多少，留下的文化现象数量肯定还很庞大，而且从一个区域到一个区域都有显著的差别。正因为如此，地理学家未先考虑任何一两种现象的重要性——它们本身的重要性及

① 自从写作本文以来，我在私人谈话中得知霍尔也得出这个同样的结论，因而决定对东方所存在的此种形式的村庄，不使用“Strassendorf”一词。

其与别的地理意义上引人注目的文化现象关系上的重要性，一般大可不必贸然地一头扎进紧张的研究中去。如果有人想给这些现象开列一张完整的一览表，那就会包括人们所制造、在世界各地又造得大不相同的一大批物质之物，而且一些细小的手工制品，在地理意义上还很可能比大的制品更值得注意。但文化不但由我们所制造的东西，而且还由成千种别的方式体现出来。这些包括：人口的体貌特点；思想、语言、文字上的方式和内容；人们吃饭、舞蹈、走路或骑马的方式；他们的衣着、房舍（供人畜遮风避雨）以及这些房舍如何结集成聚落；人们工作和游戏的方式及其所使用的工具和器物；他们以各种方式加以利用的家畜；他们用于所有这些目的以及 333
别的目的的各式各样的材料，特别包括那些用作饮食、衣着、工具和器物、房舍、燃料和电力的材料；最后，他们给地球表面造成的种种改变，包括植被、土壤、地形、基岩以至于位于底下的地层的改变。

所有这些现象可能各自都有其地理区域表现方式，并且可能提供一点了解文化现象分布状况的线索——麻将牌和轮盘赌之别，也许可以视为正好表现了东西方文化的差别，就像北京明陵与西敏寺的差别一样明确。这个细琐的比拟，是为了提出应该制约我们从这一览表中选择标准的原则而有意挑选的。有的标准应予认真的注意，它们本身就有极大的重要性，或者因为它们与大量别的文化现象有密切联系，所以能提供了解一个更大的现象复合体的线索，而这个现象复合体，在总体上对于决定区域的性质又具有很大的重要性。最后，如果理论上的考虑表明存在着这样的标准，那我们也只能运用那些我们能观察、分类，并在某种程度上作定量测定的标准。然而对于第一个条件来说，这个条件还是次要的；我们是不会不顾其重要性，单去挑选易于观察的事物的。

根据这两个条件，我们就可以大量消去居民的体貌特点〔参看赫特纳，*161*，248f.，289〕。然而如果人种像犬种一样差别悬殊，那么我们的结论又会多么不同！想一想这一点是可以受到启发的。那样一来，世界的人种地图甚至就会比纯粹的人数地图重要得多了。另一方面，在有的地区，肤色特征是被看做文化差别的外部物质标志的，对几乎所有别的文化现象都有极大重要性，在这种地区，地理学家却只是间接地关注肤色之类细小的体貌差别（然而涉及的社会区分却可能不是以肤色上的实际差别为依据，也不是以生物学的严格意义上的“人种”差别为依据，而只是以对肤色的臆断为依据；参见笔者的美国“人种地理”研究——“人种”是就社会意义而言〔*359*，277〕）。←

因为所列举的其他文化现象，如果不是全部，却也大部是人们思想方式的结果，所以斯坦利·道奇提出，我们可以找出人们思想方式相同的地区来确定文化区〔*295*，171〕。姑不论这是忽略了人类思想在相当程度上与地理环境无关这一事实，如在明尼苏达我
334 们关于采煤的好处想得很多，但并无煤矿，而且显然我们也缺乏直接观察人们如何思想的方法。我们又能运用什么间接标准呢？我们或多或少都会像与我们谈话的人，或者我们读过其作品的人那样思想，这是人类普遍的倾向，正因为如此，所以讲同一种语言的人与讲另一种不同语言的人相比，思想上总有某种程度的一致性。只要事实确实如此，就可以指望语言区在举出的大量文化现象上表现出相似性。但这也不是万无一失的指南。德国人在上西里西亚统治了好几个世纪，给西里西亚人民烙下了许多德国人思想文

化的特点，可是他们却仍然讲波兰语。此外，在物质文化上，该区又更像德国和整个西欧的一区，而不大像波兰和东欧〔*355*，201～209〕。在解释欧洲文化地理时，语言区虽重要，但上文所举的许多人文现象，却很少受到语言差别的影响，可能也很少受到人们一般想法的影响。

我们看到，我们立即就面临着决定各种不同文化现象上比较地理重要性的问题。我们有没有一种标尺——即使在理论上——可用以比较这些显然无法比较的东西呢？如果我们记得，我们所关注的是地区和人，那么我想我们是有这样的标尺的。如果我们把一种现象的地区分布与其对人类的相对重要性——按有关的人数及其对每一个人的重要性——结合起来，我们就有一个主要因素作为度量的理论基础。我们不想作全面分析，但也许可以根据某一现象对每一个人的全部活动所起的作用，来衡量这个现象对他的重要性。根据这一点，中国农民的筷子就没有他的犁那么重要；而犁，不论根据这一点还是就地区范围而论，又没有他的稻田那么重要。

在绝对意义上衡量中国农庄的房屋，其重要性也许不亚于田地，因为妇孺都可以在屋里进行部分活动。但要在地区差异上比较这些文化特征的相对重要性，我们却必须消除所有地区上无差别的东西。换言之，只要这间房屋及屋内活动，基本上与全世界大部分地方的农舍里所进行的事一样，我们就消除这些因素，留下的——例如与众不同的建筑特点——分明就是次要的了。

读者无疑已经看出这里的推理所达到的结论。对世界上大部分人说来，他们的大部分活动都与保持肉体和灵魂合一的方式方

335 法有关，说得更正确些，即与谋生有关，亦即经济活动。世界上人类所利用的大部分土地面积，都是用于经济活动的。

这些经济活动，特别是涉及要利用最大量土地的经济活动，显示了世界上不同地方显著的地区差异。我们可以指出，这些事实会在景观上明确地表现出来。正如布罗克所说的："经济力量在改变景观上是最有影响的动因"〔*297*，107f.〕。克雷布斯评论说，这个观点限得太严了，如聚落形式及土地划分之类特征，可以受到经济上不合理的文化要素的决定〔*279*，211〕；这个评论与其说是对布罗克的说法的修正，不如说是对它的补充。土地的划分和利用、房屋的建造，主要都是为了经济目的，即使做这些事的方式以及因而产生的性质，除经济因素外，可能还要受到文化因素的影响。

此外，经济活动对于世界地区差异的重要性，并不限于其直接的重要性。经济形式的差别是直接间接地与上面所举的其他大量文化差别密切联系在一起的。⬅

如果我们可以同意，在与经济活动相联系的文化现象复合体中，我们有一组对文化地理极为重要的现象，那么下一个问题就是：哪些特殊现象作为衡量区域差异的标准最有用？

有的经济特征虽则在经济结构上也许是重要的，但因它们不论存在于何处，其形式和功能基本上相似，因而没有多少地理意义。如果我们先消除掉相当大的一批此类经济特征，那么问题就可以简化。这将包括大部分城市特征——商店、办事处等等。因而除了它们的相对数目外，别的方面我们就无须怎么注意它们。而相对数目，我们可以设想，是可以由一个区域的一般城市发展程度来衡量的。然而没有包括在内的是特殊制造业和商业特征，这些赋予一个城市以有别于别的城市，或一个城市化区域诸城市有别于他区诸城市的特色。同样，我们可以消除妇女在家庭的大部分经济活动——烧饭、缝衣等等。

至于留下的经济活动，哪一种对我们的目的来说意义最大，这是不成问题的。地球表面绝大部分为人类所利用的地方，都被用于农业、放牧和获得林产品。既然同一时间、同一地方存在的这些活动通常只有一种，我们就可以把它们结合为一——即为获取动植物产品的土地利用。就利用的强度——涉及的人数——而言，336
这组活动在局部地方可能没有采矿和城市活动那么重要，但特别是因为我们已经消除了包括各种更加“普遍”⬅的制造业类型在内的大量城市活动，所以最大多数的人都从事于利用土地来取得动植物产品，主要是从事农业。不但对世界总的看来是如此，就是对世界任何大区也几乎都是如此。因此除小地区外，我们主要可以考虑这些土地利用形式的差异，而在某些地区，则考虑城市活动总体上的范围。

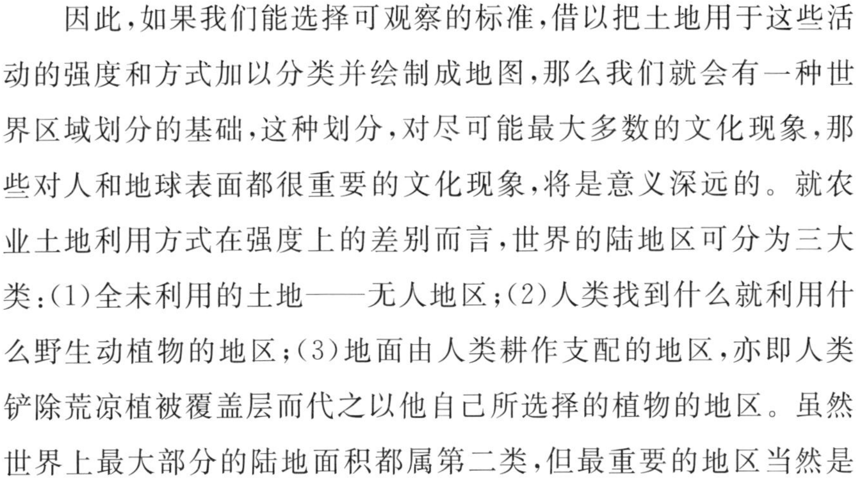

因此，如果我们能选择可观察的标准，借以把土地用于这些活动的强度和方式加以分类并绘制成地图，那么我们就会有一种世界区域划分的基础，这种划分，对尽可能最大多数的文化现象，那些对人和地球表面都很重要的文化现象，将是意义深远的。就农业土地利用方式在强度上的差别而言，世界的陆地区可分为三大类：(1)全未利用的土地——无人地区；(2)人类找到什么就利用什么野生动植物的地区；(3)地面由人类耕作支配的地区，亦即人类铲除荒凉植被覆盖层而代之以他自己所选择的植物的地区。虽然世界上最大部分的陆地面积都属第二类，但最重要的地区当然是第三类。

在被开垦耕种的地带，地理学上最重要的利用方式差别就是所生产的（驯化的）动植物的差别。可能增添的因素是耕作方式上的某些主要差别——用犁还是单用一把锄头，但在大部分这类重要地区，犁都相当普遍。技术、田地格式等方面的所有其他差别，比起前述那些差别来，都是次要的——无论从其实际重要性或地区差异而言都是如此。

这些耕作地区的农业土地利用强度，首先是按其开辟耕种而不是林莽荒芜的程度加以衡量的。除此之外，作为牲畜的特定结合通常也用为衡量强度的粗略标准，但这种衡量标准要区别，例如说美国与西欧的土地利用尚嫌不足，更不用说华北了。这些差别因而必须以某种方式加进我们的标准系统中去。

第一类土地，即无人地区，在文化地理方面是无差别的——它
416 337 们仅仅都是零位地带。理论上，它们可以按照阻碍利用它们的因素而加以区别，无论是由于常年冰冻、常年干旱、土壤贫瘠不毛还是别的什么因素。因为这些地区都是在一种或几种自然要素方面条件极端恶劣的地区，所以阻碍因素常支配着实际景观——在这些场合，也即是自然景观。

过渡地带也是最大的一类地带，即人烟稀少的地区，人在那里是有机世界的一部分，但不占统治地位。关于这类地带，进一步细分的基础就不怎么清楚。人类利用土地的方式及强度，在很大程度上是受野生动植物支配的（不论这是否近似原生自然植被和动物，此处与我们无关）。因而按实际植被覆盖来进一步划分这些地带，也许是合乎逻辑的（因为植被覆盖虽不能完全决定，却在很大程度上决定着野生动物)。

因此,总结起来,我们也许可以确定划分三大类地带的共同基础——即按实际植被(及动物)。这些都是实际上的而不是理论上的特点,我们可以用各种方法来观察和衡量这些特点,因而也能加以分类和绘图。这种系统至少可以提供确定文化地理有效基础的主要部分,我们可以再说一遍,这不是什么先验的假定,却是从我们先前对地理学有深刻意义的所有文化特征的研讨中得出来的。照此来划分世界,就会表示出与自然特征的地区差异的重要结合——虽则绝不是简单的或精确的吻合——这个主张的普遍正确性,有见识的读者也许不待论证就可以接受(对这个主张引起的独特问题,下面将再作讨论)。

另一方面,到此为止,对这个系统还只作了提纲挈领的描述,它是太简单了,无法为我们的复杂问题提供最后的解决办法。对于如采矿和制造业之类与地面生产没有关联的基本文化特征的相对重要性,它显然不能提供一种衡量的方法。它对农村地区特点也不能提供涉及面很广的分类。于是不同地区可能会有几乎相同的作物牲畜结合,而生产上的方法、工具和装备,特别是产品的利用——一大批重要文化特征都赖此而存,在区域分类中须加承认的那几个地区中,却可能有很大的不同。最后,对于我们粗
疏地描述为有人烟而未垦种的地区,那些仍以野生植被占优势的 338
地区,如更仔细地观察一下,就会显出概括上的错误,这种错误能导致相当大的困难。在这一类区域中——无论是半干旱草原还是热带雨林,大部分地区可能都覆盖着野生植被,人们可能直接间接依赖这种植被来维持大部分生活;但同时,在所有这种地区,

除了少数例外，人们几乎都在小块土地上进行种植。虽则耕地都是小块的，而且往往只用上几年，但它们对于全区居民的重要性却大大超过其面积的比例。换言之，这类过渡地带部分地体现了向彻底的耕作地带过渡，在某种程度上，我们必须把用于耕作地带（即驯化作物、牲畜地带）的标准应用到这类地带。但这种过渡不是由作物的差异表现出来的，因为这类地带都可栽培同样的作物。这种过渡也许可以间接地根据强度，即根据每亩产量（如果有资料可查的话）来衡量，但实际上却是更显著、更直接地由耕作方法和耕作工具表现出来的——特别是刀耕火种、以锄或更简单的工具代犁。

当人们企图把这种在理论上作了详细阐述的系统应用于世界的现状时，刚才列举的那些困难就出现了。当然这些系统显示出我们在理论上的考虑过于简单，但在试图加以改正和补充齐全以前，考察一下实际世界划分系统是有好处的，这种划分系统说明了——至少部分也证明了——一般理论。从我们提出的方式上人们也许会设想，这种理论上的考虑不是脱离实践作出的；远不止此，这还是从实际系统的研究中演化出来的。

不幸，建立以文化特征为基础的区域系统的尝试太少了，而且其大部分又限于少数文化地理的主要方面，也许就没有考虑到它们与文化地理区划一般问题的关系。然而目前已取得充分的进展，指出了它可能的发展方向和发展目标。如果我们简单扼要地总结到目前为止的发展的话，就可以更清楚地看出来。

在许多文化地理研究中，一旦对个别要素作出了分类并确定了它们的分布，就试图直接从它们出发来确定区域。在试图以单

一作物为基础划分一个地区为“农业区”时，体现了这种区划的最 339
简陋的形式。晕滃法——不说还要用文字及其他特殊符号——只不过招认了这种区划方法的不足。此外，这个方法根本就不正确，因为它把农民的田地而不是把农庄整体假设为基本单位。一个玉米带的农庄不止是一个玉米农庄，它通常是一个有组织的单元，生产玉米、小麦、燕麦、干草及各种牲畜，更不用说别的要素了。

德国恩格尔布雷希特等人（我国也有不少人）企图根据单一作物来确定农业区，但哈恩在考虑耕作方式时——特别是锄耕和犁耕的悬殊差别，却想到一个更基本的要素〔*298*；*299*〕。施吕特尔也强调农业土地利用中的“经济方式”（Wirtschaftsform）〔*145*，22f.〕。韦贝尔在这个方向上再前进了一步，研究了休耕制、三区轮作制和其他各种轮作形式的土地利用方式的分布〔*395*〕。

过去一二十年间，在我国，根据作物牲畜的一定结合来研究农业地理的尝试，兴趣日益增加。许多学者至少没有在印出来的书刊里详细阐释过任何理论基础，却发觉不能根据每一种作物来说明农场作物分布，而是需要以单个农场为单元，研究那里实际存在的作物牲畜结合。近年尼芬曾强调说，在研究一般文化地理时，一个必不可少的步骤就是辨别各要素的地区结合——他称之为“要素复合体”〔*295*，163f.〕。

美国农业区图是研究农业“要素复合体”的最初尝试，此图系由一群研究工作者编绘，其中包括 O. E. 贝克，并在 1915 年由农业部出版〔*311*〕。10 余年后，贝克就这个题目对整个北美作了十分详细的研究，成为一套包括全世界的类似研究的大丛书的第一部，在《经济地理》上连载（自1926年开始，由奥拉夫·乔纳森〔*313*〕、

O. E. 贝克〔*312*〕、萨缪尔・范根堡、乔治・克雷西、罗伯特・霍尔、C. F. 琼斯、格里菲思・泰勒和 H. L. 香茨对世界各大区作出论述,连载达十年之久)。

这些研究虽有价值,但却不能结合成一个统一的系统,一部分也是因为这些作者各自创立了一套独立体系的缘故。此外,在有的研究中,确定区域是直接以个别要素为根据的,也许是因为写作时对要素复合体的研究尚未充分发展的缘故。最后,对各个本身
340 都是独一无二的"特殊"区域和比较划分系统的"一般"区域之间,也并未保持明确的区分。

这种两类系统的混乱,可从贝克的北美地图中看到些例子,"哥伦比亚盆地小麦区"、"春小麦区"和"严冬小麦区",每区都被标明和描述为特殊区域,而"干草牛奶区"——从明尼苏达到新英格兰——则不是特殊区域,却是某类农业区。更重要的是,由于承认了玉米带为特殊区域而造成了困难。按作物牲畜结合看,玉米带只不过是向南延伸到棉花带的更大地区的一部分。为了区别它,就须采用生产强度标准,使得所谓"玉米冬小麦带"成为一种自身就有显著差别的区域集合体,但总体上却都有与玉米带十分相似的作物牲畜结合,不过产量一般显著地较少〔*312*(1927),309～327,447～466;参看 *324*,105～107〕。假设把这个标准应用于别处,就会表现出更大的区别,特别是在棉花带。

美国政府出版的《美国耕作类型》,对农庄类型作出了细致得多的研究,此书出版于 1933 年,由福斯特・伊利奥特撰文〔*320*〕。这个分类系统中划分出了八百余个农业区,基本上辨别出更专门化的类型。专门化较差的区,却归入一个很庞大的杂类,称为"一

般耕作”;这一类里包括的一些地区,其主要产品可能是棉花、烟草或小麦,牧区的牛、猪、乳品或禽类,或者是林产品,因此当然完全不成其为类型。然而这部著作的资料,对研究美国农业区却有重大价值。

就笔者所知,按“要素复合体”来划分全世界农业土地利用类型,并在此基础上划分世界图的最早尝试,是惠灵顿・琼斯和德温特・惠特尔西长期间研究出来的系统。这个系统以几种影印和油印形式问世,即 1932 年付印的世界图〔315〕,最后并在 1936 年由惠特尔西校订,并附上一张新图,作为“环球大农业区”出版〔319;又见 316～318〕。①

正当琼斯和惠特尔西致力于研究这个系统的后半期,笔者与塞缪尔・迪肯合作,得出了一种十分相似的分类法〔328,照相胶印;主要的一章发表于 1935 年的《年鉴》中,324,整个系统以十分概括的形式提出,327〕。 341

这两种分类系统的惊人相似,不能简单地归之于笔者过去老师们的观点对他的影响。确定特别类型和检查基本资料、绘制详图,都是完全独立进行的,除了在两种场合,衡量不同作物和畜产品相对重要性的技术,都是遵照惠灵顿・琼斯在他的《农业土地占用区域调查比率与等值图》中奠定的方法进行的〔283;参看 319,209;324,101〕。

这些系统都在寻求一种世界区域的比较划分法,这种划分要对尽可能最大多数与土地利用相联系的特征都有深刻意义。鉴于

① 当然,普法伊费尔给这部“在区域派的批评中成长起来的文化地理新方向”〔109,120〕的著作分类时,了解情况有误。

所考虑的不同特点数目都很大，而这两对主要都是独立进行工作的学者，竟达到相当相似的结论，这一点至少表明这种一般处理方法是正确的。

然而也许人们还是会说，这两个系统中，问题是过于简单化了。虽则讨论了大量的特点，绝大部分个别类型，如果不是完全照着、但主要也是照着作物牲畜结合来确定的。

最近德国研究农业的布希所作的农业区研究，要比这两项研究都详细得多。布希部分是依靠（德国）地理文献〔*306*〕，他主要也是按作物牲畜的特定组合来确定其农业类型，确定有这些类型的农业区的。他的研究要比这里详细讨论的两种研究都要彻底得多，并论证了用于世界研究的方法，同样也可以应用于更小的地区，如果不说应用得更好的话，却也能应用得一样好。就我所知，他使用作物牲畜复合体的方法在德国文献中是独一无二的。虽则我们在这里引用它，作为说明这种方法对一项有限的详细研究可能作出什么成绩的最佳实例，但在别的方面，它对我们把世界组织成区域这个问题却未加阐明。

作物牲畜复合体的标准，在以单一主要文化类型为限的地区，无疑更易于应用，也会产生更好的结果。哈特向和迪肯觉得把它应用于欧洲文化区——即欧洲与北美洲——极其接近于成功
342 〔*324*〕。① 他们曾试图为世界上所有的类型定出类似的标准〔*328* 中特别作了说明〕。然而在某些情况下，对标准的表述却可能引起误

① 这项研究，我本人就是作者之一，我用这种方式提到它，不但是为求方便，而且也是因为在这里我力图以检查惠特尔西著作同样的方式来研讨它，就仿佛是些与我无关的地理著作一样。到底我做到怎样的程度，这只有读者才能评判了。

解。比如说“水稻区”是根据稻田的比例来确定的，但其背后的思想——正如不把美国水稻区包括在内的做法所表明的，显然就是东方稻田的特殊形式以及与之相关联的耕作方法。在“东方杂粮、大豆农业”一类中，事实上可能并无大豆，这就不是根据作物组合，主要也不是根据少数家畜，而是根据集约耕作的方法。

惠特尔西在他的导论中提出五套标准，可是很遗憾，却没有明确说明怎样运用这些标准来确定各个类型。可是仔细地检查他的系统，似乎可以公正地论断说，他的大多数类型——特别是包括那些在充分耕作的地区，即永久性农业地带以内的类型，主要也只以作物牲畜结合为限的。

可是只要其他标准中的差别都可以直接联系到作物牲畜结合的差别，那么这种简化也还可说是正确的，虽则在惠特尔西所列举的另外四套标准中，这种简化没有一处是完全正确的。生产方法、生产强度、生产的商业性程度和农庄建筑的性质，往往与不同作物牲畜复合体相异，但在这种复合体都相同的地区，却未必也就相同。特别是普法伊费尔在他必定极其简短的评论中，反对不去充分考虑“重要基本差别”，例如哈恩和韦贝尔所研究的经济方式(Wirtschaftsform)〔*109*，120f.；参看韦贝尔，*395*〕。我们可以指出，特别在这里所考虑的两个系统里，却很少考虑如何就土地与工人的相互关系而把两者组织起来，即只有一块土地、独户独立经营的农场，与在一大片土地上由分散的小块形成的类似农场，以及由分工制经营的大地产等等区别〔参看施吕特尔 *145*，22〕。把这些要素与种植园区或广大的谷物农场区结合起来考虑的，却是一些例外，强调在别的地区应把它们略去。另一方面，这些特征怎样才

343 能包括进与所考虑的另一些特征的结合体中去，这个问题如果不是不可能，却也是极端困难的。

不应设想两个系统中有哪个是单单以作物牲畜复合体，连同由其他标准自动分类的此种复合体为根据的。除作物牲畜复合体外，两个系统每个都有一两个大类型是以生产强度来区分的。但两个系统没有一个按所有这几套标准判别出北美与西北欧农场的差别。同样，每个系统在给一两种类型分类时，都运用与自给生产截然不同的商业生产程度上的差别。然而这种单一划分，要从几乎百分之百的自给农场到几乎百分之百的商业农场这一整个范围内区分出差别来，却很难令人满意。诚然，在许多这种差别程度极大的地区里，并没有作出区分。对这个标准，我们的统计资料确乎很少，它确乎也没有在作物牲畜复合体中清楚地反映出来。

不能设想，限制于一套标准，就必然会得出十分相同的类型和区域。鉴于作物牲畜复合体中包含着大量因素，鉴于究竟哪个因素能最完满地指示所包含的文化特点总和，也有引起意见分歧的很大余地，而且可能用于各个标准的数值范围也不相同，因而得出的差别可以预期会比目前所找出的要大得多。

在两个场合，对被视为有意义的比率的具体范围，是以惠灵顿·琼斯划分美国西北地区中部所阐明的技术来定的。把土地利用的许多有意义的比率编绘成粗略的等值线图，会看到某些地区成为独特的核心地区而显得很突出，各区都有相当明确的性质，表现于大部分或所有的地图上。此外，比较各种地图，就可以看出究竟哪种标准显得更加重要。在这个基础上，就大致上可以决定某一农业类型的基本标准，这一地区也扩展到了有这些标准存在之处。

如果等值线没有显示出急剧的坡度，就必须或是十分任意地择定一条界线，或是承认有一个过渡类型，同样也是十分任意地择定两条界线。然而料想得到，坡度相当急剧的场合不止一次。因此在许多场合——如沿美国南部（主要是棉花带）大农场区的北部边
界，或西北地区中部商品粮区的东部边界，选哪一个数作为决定性 344
标准的界限，相对说来并无多大差别。换言之，人类有把边界划得比自然所设定的更分明一点的倾向。在某种重要作物能够种植得很好的地方，通常总是把它作为主要作物来种植的；在种不好的地方，可能就完全不种。然而别的边界，尤其是耕地和牧地之间的边界，事实上是宽阔的混作过渡带，在这个地带，地图上画的任何界线多半都是任意的。（这种以核心区中决定的标准为出发点并向外推的方法，看来与劳顿萨赫在决定特别区域时所运用的方法有点相似——他告诉我们，这种方法来自赫策尔、赫特纳和格拉特曼〔*263*；*278*，*23*〕）。

这里所讨论的两个系统，在许多细节上虽然都表现出相似的结果，但某些差异却说明了在选取划分世界地区的标准中涉及的问题。

惠特尔西把若干地区划为“商业牛奶场耕作区”，但另一些作者都划为“牧草、牧场、畜牧耕作区”。这些标题所体现的，不止是术语之别，而是所选标准之别。我的理解是，对前者，标准即产乳量与庄稼地的比例（如琼斯详细阐述的〔*283*〕）；对后者，即牧场、牧草和耕作物的相对亩数。在每一场合，地区大都相同，但在有的“牧草、牧场、畜牧耕作区”中——尤其是在不列颠各处，乳牛不及肉牛重要，另一方面，有的地区无疑是“商业牛奶场区”，但栽培耕作庄

稼的土地比例太高，不能划为“牧草、牧场、畜牧耕作区”。

在宾夕法尼亚东南部和延展向芝加哥以西、包括衣阿华东北部的狭长地带，可以指出这一最后提到的差别的显著实例。按惠特尔西的标准，这些肯定是“商业牛奶场耕作区”〔如琼斯所示，*283*，步他的后尘，哈特向又揭示了更多的详情细节，*325*〕。但按哈特向和迪肯的标准，这些地区却必须划入“玉米、小麦、畜牧耕作区”。后一系统显然主要是以景观的外貌为根据的；草场、牧地一类与耕种作物一类的差异，认为要比因乳品生产而不是因肉牛生产带来的农舍差异更大。然而在每个场合下所包含的东西要比景观上的对比多得多。在生产方法和生产强度上，因与野草成为对
345 比的耕种作物连带而来的差别，可能要比因乳品与肉类生产的对比而引起的差别更大。

换言之，在作物牲畜结合体中，确定哪些因素能最有效地决定反映重要农场特征数最多的类型的问题，是一个不可能作出明确无疑的回答的问题。然而那些标准已经证明是有意义的，它们密切地相互依存，因而即使选取了不同的标准，最后的结果仍然是相当一致的。

把这两种世界划分系统加以比较，可以看出，特别是在处理热带森林和大草原的原始土地占用地区所提出的问题时，方法上有极大差别。这里，惠特尔西主要是依靠生产方法。“刀耕火种”地区包括非洲热带森林和大草原地带的大部分，而南美洲大草原则划入“大畜牧场”——但对坎波斯大畜牧场和潘帕或美国西部的大畜牧场，无论文字上或地图上都没有加以区别。对比起来，哈特向和迪肯虽然在术语上并未指出来，但却是根据今天所见的景观

这个标准来进行划分的。他们称之为“锄耕”的地区，则使其与热带森林相吻合（姑且不说为供学生使用简化边界这一点），他们还辨别出一个特殊的牧区亚类型，即大草原中的“大草原牧区”。虽然这个办法对南美洲是可以令人满意的，但在非洲却引起了困难，他们就在地图上打了些疑问号，坦率地回避掉了。

哈特向以后提出这个系统，将它加以简化，他坦率地接受现时的景观作为标准，解决了这个难题〔327〕（虽然当时没有尝试精确地确定这个概念包含着什么，但看来已经以很接近于本文前面阐明过的意义来考虑过它了）。在世界主要景观图中，先前按照栽培形式定名的地区，就只被划为“热带森林”和“热带大草原”（为了前后一致，“牧区”这个名称当改为“草地”，即现今的草地）。

现在笔者以为，这种解决办法似乎过分强调了人们在景观中所见事物的地区范围。如果人们在森林或草地中的小块空地上实行同样的刀耕火种，那么考虑周围未开垦的景观的植被性质，对文化地理学来说也就不那么重要了；我们可以说，重要的景观就是空地。另一方面，每隔几年都要辟些新开地，在野生植被是森林而不是草地的地方，这项工作大概是会有很大差别的。此外，就利用开 346
垦地周围的地区而言，两种场合的利用方式是大相径庭的。

也许两种系统都没有给这些地区作出恰当的分类，但很可能是因为必要的资料尚嫌不足。当然，我们可以把森林里的刀耕火种和大草原的刀耕火种看作独立的类型，但这样来看只不过是采用文化特点——在这一场合即生产方法——上的重要差别而已，我们尚未论证过这种文化特点，如果论证的话，最好是直接阐述。

七、文化区域比较系统的实用性与有效性

比较这两种划分世界为土地利用类型区的备用系统，已经显示出许多困难，上文我们是把这些困难视为这一问题所固有而一一细述的。虽然两个系统都没有完全解决这些难题，但已经取得相当的进展，显示它们怎样才能得到解决。因此，尽管两个系统都只不过是一个完美系统在发展过程中的一个阶段，但是我们却可以利用这些系统，在理论上进一步检查其中的某些问题可能如何解决，最后考虑这个总类中的各个系统对区域地理学的有效性。

我们已经说过，把世界划分为文化区这个问题是不可能只用一套标准来解决的。惠特尔西明确地以5套标准作为他的系统的基础；别的作者似乎主要是把他们的系统奠基于一套总标准——现今的植被覆盖，但我们觉得这个标准并未被一贯坚持，也没有证明是适当的。哪几种标准逻辑上可以并用，又能根据什么把它们结合起来呢？

看来只有惠特尔西一个人思考过这个问题，但也只回答了第一部分；他并没有说明他怎样确定它们的结合。从结果来看，可以推想这不是以系统的方法作出的，而是每个场合都靠主观决定的。

要确定一个正确的划分系统，就必须确切地知道怎么作出这种划分。如果使用几套同样重要的标准，每套又都是独立变化的，那就不会有切实可行的解决办法了。用5种标准，每种只有4个等

级，那么可能的类型数就会达到上千个。即使我们只用两个独立而同样重要的标准，固然这个系统也可能成立，但却缺少基本统一性。它可能引出一长串类型，但却不是真正的类型分类。

一种恰当的类型分类，光能拿出一份50～100个逻辑上无法安排成组的独立类型的表格，这还是不够的。因为事实上世界不 347
是由许多我们应当认识和查点的个别部分组成的，却是我们应当划分为多少有点相似的部分的整体，所以合理的划分要在不同划分阶段拿出不同程度的相似性以供识别。

当人们在实际的尝试中冥思苦想着这个问题，力图创造一个世界划分系统，能作为正确的见解加以捍卫的时候，却迫不得已接受了前面讨论过的那个逻辑必要条件（第十章之五）：我们只能运用这样一些标准，它们可以按其对某种单一准则的重要性来互相比较，而且它们在这一基础上的重要性又是或多或少稳定不变的。

我们所讨论的两个系统表明了两种不同的可能性：一种主要是根据现今世界的景观覆盖——即现今的景观结构而不问地形，另一种是根据土地利用所涉及的特征综合。让我们依次研究一下这两种情况。

现今的景观覆盖是由植被组成的，如果没有植被，则由随便哪一种形式取代，如道路、休耕地、采石坑、建筑物等等。究竟这是自然植被、野生植被还是耕作植被，这里都是无关宏旨的。这个现今景观覆盖的概念与自然景观或者自然植被的概念截然不同，它是一种现实，是可以观察和分析的〔参见昂斯特德，*309*，185〕。此外，它的各种要素是可以按其稳定不变的重要性顺序来排列的。例如，如果我们确认耕地与森林间的差别大于森林与一片野草地之间的差别，那么这个说法对世界上任何地区都是正确的，不管气候或土壤有什么不同。

此外，世界的景观覆盖也不是千变万化、不可捉摸的景色，但各主要方面，在有限地区以内表现出显著的相似性，而在那些地区间则有更大的对比。这是由两种营力分别作用造成的，这两种营力在景观中产生真正的综合。自然界产生植物群丛综合体，理论上说，即“自然植被”；在人类已对这些植物群丛发生影响但还没有毁坏它们的地方，我们会发现野生植被群丛。在人类或多或少已经彻底清除了这种性质的植物群丛的地方，也就已经代之以自己选择的新的植物群丛，而且通常在相当广大的地区维护着这些植物群丛。然而我们无疑会看到，有的地区这种过程是不彻底的，群丛受到破坏，野生植物群丛和耕作植物群丛结合在一起，这就难以分类。

348 因而我们就有了给地区类型作出分类的基础，就可能以或大或小的划分产生出这种地区类型来〔*327* 在某种程度上作出了这种分类〕。在把世界初步划分为陆地和海洋以后，对陆地的第一步大划分是早已提出的方法，简言之，即划分为“荒凉地带”与“整治地带”。在垦种地带，正如朱利安·赫克斯利所说：“五千年间，人类在改变这个星球上生物方面所做到的，要比自然在五百万年间所做的多得多”〔*321* 所引〕。这种从“自然景观”到“文化景观”——在人类所支配的景观这一意义上说——的转变，彭克把它描写成“人类的伟大的、也许是最伟大的行动，一种具有绝大重要性的地理历史事件”〔*158*，52〕。从这一观点来看，对当前景观的重要性的区分，不在于实际上存在着“自然景观”的地区——例如冰川区域——和有人居住地带之分，这些地带或多或少、或正或负，都是受到人类占用的影响的。赫克斯利和彭克二人心目中的这种对比，在许多不同方面表现出来的，是景观覆盖主要受人类支配的地区与人类占用影响较自然力为小的地区间的对比。在这些荒凉景观里面，理论上可以区分出完全是自然的景观和人类起着负影响的景观，但在实际上却难以确定这种区分，而且在许多地区，重要性也较小。

在荒凉景观地区内，我们可以按明显的外观进一步细分出冰雪、光土（沙漠）、苔原、草地、大草原和森林等地区（这些地区间的差别，比起其中任何一个与耕作地带之间的差别来，可以看作不相上下。在这一基础上，它们全都可以归入前述的大划分中，关于这一点，意见无须一致）。在这些大分区里面，任何一个都可以区分出连续荒凉景观地区和间有垦种地的荒凉景观地区。然而在这种荒凉地带与耕作地带之间，也许还可能辨认出一个过渡性的大分区。无论时间或地点上，这都不是什么过渡形态，因为广大地区永远具有这种特征结合的特点。这个问题提出一些困难，可能会迫使与一种逻辑系统相妥协，但幸而这些地区大都只在热带森林和热带大草原。

在耕作景观里，景观覆盖不但由一年四季性质变化显著的开垦耕种的田地表现出来，而且也由篱笆、农舍、村庄和道路，甚至由 349
铁路和城镇表现出来。只要后面这些特征在功能上与农场特征有联系，就可以作为完整的地区复合体的各部分来看。然而与一般系统相一致的耕作景观的任何划分，也许会以景观覆盖的主要特

征——耕地为根据。也许区分出年年犁耕的田地与多少是常年长草的田地,就会前后一致起来;而按作物的用途来划分,或者考虑到牲畜——这是说在目前的系统里,却不会前后一致。同样,也可以辨认出作物栽培强度的重要差别,但却不能辨别东西方生产同一作物时方法的差别。商品农业和口粮自给农业的差别本身并不重要,但却可以辨别地面景观上道路、铁路、城镇不发达的农场区与作物栽培直接结合着这些特征的显著发达农场区间的明显差别。

可惜这些系统却没有贯彻到底,使我们能判断其效验;它只得到部分的论证。尽管如此,如果我们脑子里有了上文所列举的这些具有极大地理意义的文化特征的话,那么很明显,它们大部分在现时的景观中都是直接或间接有所表现的;因而在这个基础上作出的区域划分,对很多特征应当都是有深刻意义的。

那么能不能把这个系统加以扩展,使之能包括所有的地面景观特征,既包括城市景观,又包括乡村景观呢?这些特征在现实中并不相交叉,这也许会使我们认为,我们只有一个从大比例地图到小比例地图进行概括的技术性问题了〔关于这一类极为概括的世界地图,见哈辛格 *360*〕。

我们已经指出,城市发展的某些方面,可以作为以农村为主的地区的相关部分包括进来,但也只有在城市发展实际上与乡村风光相结合而不止相邻接时才可以这样做。城镇形成所有耕作地带的特征,与大部分未垦种的地带成为对比。此外,任何地区城市发展的特色,大部分可由乡村发展的性质来决定。在这种情况下,城乡的特点形成了一种真正的结合,我们可以把它视为一个单元。

然而在许多地区会存在一些重要特征,除了位置以外,却不与

该区占优势的乡村要素复合体相结合。伊利诺斯州中部的“农业 350
城镇”虽可视为农村景色占优势的特色部分，但煤矿和矿区城镇却形成要素复合体在基本上相分隔的形式。周围耕地加上农业城镇形成一个农业区，矿区加上农场，除了“农场和矿区”外，却不能形成什么。不必说，对这样一种地区作全面的区域研究，就须考虑其范围内的所有要素复合体，不论结合得多么松散。然而我们目前要谈的，并不是个别区域研究，而是类型地区的比较研究。

虽然对采矿特征所提出的问题，也许可以看作无关紧要，暂不考虑，但对像美国东北部和欧洲西北部这样一些地区的专门化制造业城市所提出的问题，却不能也这样置之不理。笔者试图用粗率的叠置法来解决这个问题〔*327*，339～373〕。在按乡村景观决定区域的世界地图上，一些用统计方法判定具有相对高度发展的非地方性制造业的地区，被叠置在一起〔*326*〕。然而结果却不是一个系统，而是一张地图上存在两个系统。为了形成单一系统，就须在决定我们所有的划分时加上一个新的标准。事实上这虽然只影响到耕作地带，但却会影响到耕作地带的许多分区。我们就不会只有一种“干草牧场景观”，却有两种，即“干草牧场和工业城市景观”与“没有工业城市特征的干草牧场景观”。事实上这是不够的，因为就是不考虑更细的划分，重型制造业城市景观与轻型制造业城市景观也是有显著差别的。企图把不同类型的工业城市结合起来，就会破坏掉这个系统的逻辑性。没有一种方法可以决定城市景观的差别究竟是否比乡村景观的差别更重要一些。

我们的结论是：以整个实际地面景观为基础的比较世界划分系统，是既不科学而又行不通的。我们可以有一个以农村景色占

优势的要素复合体为基础的系统，也许我们可以构造一个以城市景色为基础的独立系统，虽则有理由设想这样会需要不止一个系统，而且为了求全，关于采矿特点、捕捞特点等等，也都需要独立的系统。

除了以现今的景观覆盖为基础的系统，还有一种选择，即以生产上利用地面所带来的全部特征综合为基础的系统。因为人类在
351 地面上只能生产出植物性产品——不论从野生植物还是栽培植物来生产，也不论是直接利用还是通过牲畜间接来利用，所以两种基础是密切联系的。然而二者却又不是同一的。前者明确地限于所利用的土地的外观；后者则包括与利用土地的特定形式相结合的全部文化特征，不论这些文化特征在景观上是否一目了然，不论它们是物质的还是非物质的——如果具有体现土地利用特定形式的特点，就应当考虑。因此这一概念要比另一个宽泛得多。在有的人看来，这个概念也许“地理性”不够鲜明，因为它不是直接以土地为基础的，可是我们却不可因这种想法而产生误解。概念本身作为文化现象的某种广泛联系的一种分类法，它不管在哪种场合都是非地理性的，即使这些文化现象与土地利用有点关系。有地理意义的是对存在这些文化类型的地区的研讨。

各种与实际土地利用有联系的文化特征，是否正好结合得使真正的类型能被识别呢？各种文化特征并非在其各种变化中都是独立的，它们事实上是人类在各个有组织的土地利用单元中综合起来的。基本单元即是各个农场、种植园或大牧场。农场作为有组织的单元，不仅包括着土地及其作物和建筑，而且也包括牲畜、生产工具、生产方法与强度，还包括产品的利用。换言之，农场不

纯是一种要素综合——一如在野生植被区所看到的那样，而是一种基本“整体”——用韦内的说法，即一种“Gestalt”(形态)〔*274*，343～345〕。列出的种种要素，不论是物质的田野、建筑或工具，还是非物质的生产方法，只有从整个农场单元的观点看，才能在形式和功能上被人理解。

土地利用单元的特定类型是有地区表现方式的。确实，单个农场的实际范围太小，不足以引起我们的关注，但在相当大的地区上，我们看到绝大多数农场——不论作为一个整体来看还是从其个别文化特征来估量——都十分相似，并与其他地区的单元有显著差别。

我们还可进一步指出，土地利用单元是在地区中结合成更大的要素复合体的，有各种等级的规模和内聚力。例如在欧洲许多地区，社区内家家户户住在密集的村庄里，社区的各个农场，就形成一个要素复合体。这样的复合体很可以看成一个单元，虽则很难说是一个整体。正如前文所指出的，面积大得多的耕地与邻近农业城镇结合起来，也会形成一个形式较松散的要素复合体，其中 352
的公路铁路就构成联络要素。虽然这种更大的地区复合体绝不是一个“整体”，却可能呈现出一种明确的性质，在鉴别一般地区类型时可加以考虑。

不同土地利用类型的地区分布，是与别的地理特征——包括文化特征和自然特征——有明显关系的，这里也无须论证。我们已经指出，土地利用复合体，事实上即使不是人文地理学上所有要素复合体中最重要的一个，至少也是最重要的复合体之一。

困难的问题在于，确定土地利用复合体中诸要素，在一个包含大区、小区的划分系统中能如何结合起来。确定这些要素对作为整体的复合体的重要性顺序是很必要的。进行划分的各主要阶段，必须根据较重要因素的差异；进行细分则根据较次要因素的差异。在给单个分区作细分的任何一个过程中，我们必须始终贯彻同一标准，虽则对同一等级的不同分区可以按不同标准再加细分。

惠特尔西按他的标准的性质而不是按其重要性把它们归类。除了作物牲畜结合体外，他也注意生产强度、生产方法、生产的商业性，而不是自给性的程度以及农场建筑。我们可以指出，这几组都包含着重要性有大有小的标准。比如，犁耕和锄耕之别是极端重要的，但农机用马抑或用拖拉机来拖，则属次要了。

很明显，确定标准的主次问题，要比直接以景观覆盖为根据的系统中更为困难。不用列举具体标准，我们也可以提出一些可能的根据，以供每一级的划分。

对所有土地利用类型的第一步划分，可以十分笼统地根据方法上的主要差别，如：永久性耕作、流动性耕作、放牧（食野生植被）、林产品生产、无生产。

这里我们不须细究每种差别的划分（从土地利用方面来看，无生产地区当然没有更小的类型）。在放牧地区，最大的差别是与商业发展的程度相结合的；游牧部落的放牧，不建造永久性建筑、道路和城市，这与建有永久性牧场房舍、铁丝网、公路、铁路和许多城
353 镇的商业性牧场经营形成极鲜明的对比。美洲热带大草原的半商业性畜牧与某种初步的农业结合起来，大概是第三种类型。

我们最关心的是永久性农业地带。在我们讨论过的两种实际系统中，作者们虽未明确指出，但显然是运用以生产方法上的重大

差别为根据的下一级大划分的，这种差别确实反映于生产强度上，但却是根据方法明确决定的。这些差别比起用以确定第一级世界划分的差别来，重要性要低一些，但比起比如说美国东部和西欧所用的方法之别来，其重要性却又高了一等。它们大致上都由下列的划分表示出来：初级农业（用惠特尔西的术语）、种植园农业、西方农业和东方农业。

在每一划分内再作细分，也不以别种划分的细分为转移。在东方农业内，普遍一致的意见是，在以水稻栽培为主的地区和无水稻的地区间，存在着土地利用的最大差别。

在西方农业中，情况更为复杂（也许是因为邻近之故，所以才显得复杂的）。在这一划分中，可以看到一些重大差别，分为 3 组略具独立性的特点，各组都具有无可置疑的重要性。除了作物牲畜结合体的差别外，还有商业性生产程度之别（粗略地说，如东、西欧间）和生产方法、生产设备之别——如美国北部与西欧间。力求把这些差别都结合起来，就会得出极其复杂多样的类型，因而我们不得不分别采取划分步骤，所以也必须确定哪些差别更重要，哪些又稍为次要。

这里我们无须解决这个难题。在实际建立一个系统时，必须作出一种决定，并始终如一地奉行。然而一贯性却并不意味着在不同阶段就不能使用稍为相似的标准。比如，也许可以决定，西方农业的第一级划分应根据作物牲畜复合体的主要特点作出，例如谷类、果树栽培（地中海）；谷类、牲畜培育；干草牧场、牲畜经营；专门化谷类耕作。然后各类也许都可以根据商业化程度再作细分，这些细分以后又可根据特定作物来分——例如，谷类—畜牧农业的商业性细分又可再划分为商业性玉米—小麦—牲畜农业和商业性杂粮—牲畜农业。

354 在某一细分阶段，很清楚，每一场合最后都会达到一个亚类型，这个亚类型只有一个地区代表它。但是那个系统已经在重大的基础上把这些亚类型分组成为类型，因而为比较区域地理学提供了适当的基础。

从前面所述，可以清楚地看出，这个系统不能扩大到把一个地区的任何文化特征都包括进来，文化特征与该区的土地利用特征的联系，只不过是并存关系，而不是真正的结合。与矿藏或者专门化工业城市相联系的文化特征，是需要独立的世界划分系统的。

所以，这里大略提到的这两个系统，没有一个可以提供适于一切重要文化特征的区域基础。但两个系统仍然可作为一种区域划分的基础，对最大多数文化特征都有深刻意义，与世界的最大部分都有关系。⬅

所有关心建立这些以文化要素为基础的世界区域系统或类似系统的学者，对他们已发表的著作，可能觉得只有暂时性的价值。这种看法也对，不但因为对世界许多地方可利用的资料不足，而且也因为还有更重大得多的理由。即使准备作这种区域划分的学者，手头拥有世界各地每一有关文化要素的必要资料，他所能准备的，仍然不过是一种尝试性的大纲。在建立现实里存在的要素复合体的必要步骤上，还有更多的工作要做。为此，统计比率法和等值图还是不够的；这些办法都能表示有关的一般结合，而且甚至可能提示所包含的特定要素复合体，但单独却都建立不起这些复合体。只有野外研究才能做到这件事。（参见R. E. 道奇的《对占用方式研究系统方法的答辩》〔*296*〕。)

特别是如果我们要在被视为基本“整体”的土地利用单元的地区分布基础上，来建立我们的文化地理区域的话，那么正如韦内间接暗示的，实际上就应把这些单元作为实际“整体”来研究。哈特向和迪肯由县统计资料构想出抽象的“普通农场”(average farm)并用作例证〔*324*〕，我们却不能满足于此。说在任何相当均一的县份，标准农场(normal farm)(其要素复合体在最大多数有关农场中都存在)大致上与普通农场相一致，也许是个合理的假定，但他们并没有努力加以论证。在某种程度上，我们知道事实并非如此。许多专门化作物并不像“普通农场”类型图解所示，在标准农场上以小量出现，在许多场合，却是例外的农场中的主要作物，而 355
在标准农场则完全没有。与此相似，普通农场的规模及其分成林地、牧场和庄稼地，如迪肯的图解中所示，也未必就体现了标准农场的正确图画。

对我们称之为“整体”的组织程度更高、也更封闭的单元，为了理解这两种要素复合体，我们必须研究个别事例——把要素复合体作为个别复合体，把每个“整体”作为整体来研究。为了使人们不致误解我们，正如弗勒贝尔误解李特尔那样，我们得赶忙再补上一句：把一个单元作为一个整体来研究，当然必须进行分析及综合。但是所分析的要素——个别作物、牲畜、生产方法和消费等等，不应在全世界、不应在全区，甚至也不应在一县，而是应在单位农场内部来进行研究；必须首先确定每一个这些要素与作为单元整体的整个农场(土地利用)单元的关系。关于这一点当然没有什么神秘之处；我们只不过以科学的方式仿效个体农民的思想罢了，他是每年都必须把这些要素组成整体的。我们可以再说一遍，这种观点和方法，不但对于理解这个作为整体的单元是必要的，而且对于理解其每个部分或要素的意义也是必要的。我们的从心理学出发的批评家韦内，在对这个“整体”概念在地理学上的运用与滥用所作的极有启发性的考察中，已经作出了结论，虽则地理学与实际“整体”有关的情况较少，但却存在于如农场之类人类创建的单位机构中。在这种场合，对复合整体中的个别因素，只有从它们在复合体中的地位来看，才能正确地作出评价〔*274*，346f.〕。

这些世界系统的作者，已经采取重大步骤来解释文化地理现象；显然，假使他们首先就谋求为所有这些对世界研究所必需的类型作出解释的话，那么他们毕其一生之力，连给他们的世界地图开个头也办不到。但在我看来，他们的成果不但表明需要这种研究，而且我们还可以指望随之而来会有可贵的成果。同样，他们进一步发展了惠灵顿·琼斯的统计—地理方法，至少也部分地解答了这个难题，即何处、又如何去寻找标准的或典型的土地利用单元。各种等值线图，尽基本统计资料所许可，而绘制得详详细细，就会清晰地显示出我们可以指望去哪里找到具有农场相对均一性的县份，又能在哪里找到例外的或者混杂的条件。最后，虽则一个县份的平均数字不能正确体现标准农场，不过仍然可以近似地指出什
356 么性质的农场可能是标准的，而明确地把例外的农场作为反常的事物排除掉。

在一个应当坚持“宏观”观点的领域里提出这样一种“超微观”研究，无疑会引起一片哗然的反对，可是我们是不会被那些向我们投过来的毁谤之词所吓倒的。关注冰川运动的地质学家，并不因

试图研究一个小冰块的运动与另一个小冰块的关系而受人批评。关心议会政府演变的历史学家，可能在一段不到10年的时期内，把主要研究工作放在下议院的辩论上。我们必须要求做到的一切——而且还大可坚持——只是从事微观或超微观研究的学者，同时也应当继续保持宏观观点。这就是说，如果一个地理学家对亚朱(Yazoo)三角洲的一片植棉农场进行细节研究，他不应忘记地理学界只因这个农场对了解亚朱三角洲，或者甚至是大体上了解棉花带有深远意义，于是才对它感兴趣的。从这一观点出发，他很可能把这个农场的许多细节看作无代表性或者无意义而不予考虑。但要了解亚朱三角洲的土地利用，除了棉花、玉米、冲积土等等目前可以随时得到的资料外，我们还必须知道更多的东西，必须知道所有这些因素的相互关系及其与土地利用单元细胞，即单个“标准”农场的关系。

我们在讨论以文化要素复合体为根据的世界划分区域系统时，自始至终三番五次地提出一个问题，现在我们必须对这个问题作出回答。这样一个系统——不论严格地以文化特点为基础还是以景观覆盖的实际特征(包括文化和自然两方面)为基础——是否能为一个关系到所有特征——自然特征以及文化特征——的领域提供一个正确可靠的框架呢？当我们把这样一个本质上是文化复合体的系统与自然要素复合体——不论是现今的、理论上的自然环境，还是实际的本来的基础——相比较的时候，我们是否会碰到不可克服的困难呢？在这个方向上作比较，我们是否正如有的人所说的，事实上是在尝试一种颠倒过来的逻辑顺序呢？

我们可以首先指出，不能将这种比较说成“文化区域与自然区域的关系”。在两种场合，要确定区域，都需要对人类有意义这个尺度；虽然这在认识“文化区域”上没有提出什么困难，但它却在“自然区域”这个术语的原义上完全取消了“自然区域”的概念。因此我们不会冒着回归环境论的危险，这是在用相反方法的场合时
357 索尔所警告过的：它也许会落到——我们看到它确实也落到了——企图“把自然区域与文化区域视为同一”的结果〔*84*，191〕。

当我们把文化地理区域与个别自然要素区域相比较的时候，情况又怎样呢？两个文化地理区域系统各自都是以大量文化特征为基础的，这些文化特征没有一个依存于单一自然要素，却是每一个都部分地依存于若干自然要素的，其依存方式和程度则因每一文化特征而异。结果文化区域所体现的文化特征的总和，就会与任何一种自然要素的区域分类，或若干自然要素相结合的区域分类有极显著的差别，因而不大会吸引人们去设想什么完全的关系。这就是说，如果人们拿起文化区域图，不论是惠特尔西的或者是哈特向和迪肯的，并把这些图与气候、地表、土壤等等世界图作比较，那么显然对耕作地带中任何一个文化区类型的解释，就须考虑所有的自然要素了，更有甚者，单凭这样的考虑还不能对此作出解释。中国各区域与北美各区域间的悬殊，立即就会要求考虑文化因素。

然而有人曾声称，这个程序是逻辑程序的颠倒。正如索尔在一段摘录瓦洛的话中所说的：“描述人文景观而不知其如何构成，这等于把马车放在马的前面。因此要建立的第一个坚实的基础，就是补足人文景观的自然地理。因此，就须在大体上重构自然景观——其中包含着活生生的世界的活动，一如自然所造成的模样，

就仿佛地球上从来未曾有过一个活人似的”〔*84*，202，未注明引自瓦洛〕。⬅

毫无疑义，瓦洛和索尔所推荐、许多地理学家所奉行的这种方法，是与自然界（最广义上的宇宙）的逻辑相一致的，假定我们能够把一种逻辑归因于宇宙的话。但科学的逻辑却不是自然的逻辑。分子不是由研究原子而发现，原子也不是由考察所构成的电子和质子而发现的。天体的运行起初也不是由天体力学规律测定的，情况却正好相反。一旦科学规律确立后，科学家可能会把它们颠倒过来，并由此发现迄今所未知的行星；但很少人会说，地理学已经到达这样的发展阶段了——如果它真能到达的话。

事实上只有一个根据，凭着这根据，地理学家从地理学与那些更精确的科学有相似之处出发，可以振振有词地说，逻辑要求我们 358
从“自然景观”出发达到“文化景观”，即是说前者的性质决定后者的性质。因此，正如布罗克所说，这一程序“大体上是环境控制思想的残余”。布罗克已经指出了这个论点在逻辑上的瑕疵：“自然要素不是决定区域性质的动力要素”，因而也不是区域分类的适用标准〔*297*，103，107〕。

然而还有另一种意义：从自然环境到达文化特征的程序可能貌似合乎逻辑，即是说这是与时间上的实际发展顺序相一致的。但科学并不承认这种逻辑是必要的。生物学家并不觉得在研究今天人类的生理以前，须全面地研究人类进化的全部进程。即使是必须论述现象在时间上的顺序的历史学家，也明白可以在两个方向上进行这种研究。除非我们一再回溯到更早时期的事件，我们就不能理解现代史，可是没有一个历史学家会设想，不先完全弄清历史的开端，我们就无法研究现代史。

当然，科学的一个基本逻辑是从已知出发，经过能确有把握地证实的中介联系，然后达到关于未知事物的结论。

我们在地理学中知道什么？我们不得不用来工作的基本事实是什么？我们又确有把握地知道这些事实的哪些联系呢？确实，我们对有关一个区域的自然要素所知也颇不少，关于某些区域，我们又承认知之不多，也许就永远不能拥有充分的知识。在不同自然要素的关系上，我们确有一些相当可靠的知识，但也还有很多尚属未知。关于这些要素——不论一个一个地看还是合起来看——与各个文化要素的关系，我们掌握的知识还远远没有把握。那么，试图把已知的和未知的全凑到一起——用“自然环境”、“自然景观”，或者你爱用什么就用什么形式，然后根据我们所知十分有限的关系作出推论来，以求最后达到某些早已知道的东西，即是说一个地区的文化特征，难道这是合乎逻辑的吗？地理学的基本事实，即我们必须作为推理根据的事实，就是一个地区现今的特征；这些特征只包括某些自然要素——因为有的已不再存在，或虽则存在
359 却已改变了形式，但却包括着所有现在的文化要素。

以上扼要叙述的两个系统都是从已知出发的。它们都先说明对要素的观察和分类，说明对现象要素复合体的认识和衡量，对这些，我们已经掌握了事实。我以为，这形成了任何一种科学工作的“坚实基础”。我们必须甩掉从过去承袭下来的观念，以为有关岩石、土壤或大气的事实对于科学工作说来，要比有关玉米亩数或人数，甚或民族语言的事实更要“坚实”一点。许多地理学家对自然特征比起对文化特征来，往往有所偏爱，这也许是由于抱着自然特

征更恒久的思想。可是我们对自然要素的不变性却流于夸大。许多地区的自然植被已是不再存在的特征，而在一部以自然植被为根据的著作里，却可以看到把人类聚落描写成“物质的大地上更古老、相对更为持久的背景上的版画”〔*321*，4〕，这就特别令人惊异了。“物质的”(physical)是不同地理学家有不同用法的另一个词，所以在这里也可能不包括植被。在这个意义上，这句话也许可以接受，虽则我们不应忘记，一座欧洲城市中心的街道格局，在几百年间的变化可能比地形、土壤和邻近泛滥平原的水变化要小些，维也纳即是一例。

无论如何，关于我们的事实的持久性的争论，与下面这个问题是不相关的：即现在已确凿无疑地知道形成科学工作的基础的，是哪些事实呢？各地区现时的特征完全是属于这个范畴的。

因此芬奇建议采取从现时的“景观”特征出发的程序。虽则他是特别为研究城市地区而提出这个建议的，但他的说法也可以应用于任何文化特征的研究。他的结论是：这个程序“把本题中作者有发言权威的那个方面放到显眼的位置上来：即是现在的城市。它把有关过去推论的主要部分放在恰当的地位，不论可能已经用严格的历史方法把这些推论发挥得多么透，但推论毕竟是推论。此后一个世纪间，记录下来的景观观察材料可能价值很大，但推论的价值却很小”〔*288*，118〕。顺便举个例子说明，我们可以改一下索尔关于洪堡在墨西哥工作的价值所说的话，他说假使洪堡在那里把时间用于先作复原原生景观的尝试——比如说，在印第安文明的任何形式业已得到发展前所存在的景观，那么他的成果今天也许就没有多少价值了，而他对实际发现的事物所作的详细描写，则具有独特而不朽的价值〔*84*，185〕。拉尔夫·布朗使我们注意到阿诺德·盖约特著作里一个类似的实例。他的某些自然地理理论，今
360 天不会比他的人地关系上的目的论理论更有价值，但在他为论证这些理论而作的研究中，也记录下当时阿帕拉契亚山脉文化特征的附带描述，这对于研究历史地理的人却具有永久性的价值〔*65*〕。

关于一个地区的自然要素，即使我们可能像观察文化要素时了解到的一样多，可是从自然的原因入手工作达到文化的结果，仍然不是可靠的程序。任何具体文化特征都体现着过去一大堆因素发展的结果，不仅包括大量自然要素，而且也包括许多人文要素，这些要素，有的我们是毫无认识的希望的。正如施吕特尔所说，在这个复合体里，“土地的性质是次要的，决定性和创造性的因素是人”〔*148*，214；又见韦贝尔，*266*，203f.；布罗克，*297*，107f.〕。要解释这些极其复杂的现象，我们还没有充分的科学原理，我们还不能从涉及的那一批自然的和人文的因素开始，并试图按其在现实中形成单一文化特征的方式把它们凑在一起。换言之，我们今天所到达的阶段，还必须从现在所知的结果出发，尽可能追溯其最初的原因，以分析一种文化特征的发展过程。将来我们是否能够把这方法颠倒过来，如同许多自然科学所做到的那样，此处却无须讨论。无论如何，仅有与自然科学的成功相竞赛的愿望，是不能就取得仿效自然科学方法的必要知识的。

这种观点，正如1907年赫特纳所指出的，在另一些研究人文问题的科学中，是被看作自明之理的〔*130*，414〕。只有地理学家才试过那样的事：他们不懂手表的所有部件，却试图装配手表；他们不先研究手表的装置就把它拆开。（参见第三章之三所引赫特纳和

巴罗斯的话)①

主张研究一个地区的文化特征必须由文化特征入手，这并不是说对任何区域作一般地理研究，都必须由文化特征入手。假设人们也不妨用关于区划的尚无定论的问题作为论据，那么唯一的科学要求当然是须从可利用的事实入手。正如芬奇等人着力地表述过的，可利用的事实即是该区现时的实际特征，不管是文化特征
还是自然特征〔*288*，115ff.〕。虽然他为不同“景观”类型提出四种 361
不同的结构，但全都合乎从“现时的景观”入手这条总则〔121〕。凭定义，解释自然特征全赖非人文因素，使得研究一个受人类影响很小的地区，也许可以完全合理地由考虑自然特征开始。但即使是在这样一个地区以内，考虑文化特征欲求其稳妥可靠，也必须从对文化特征的观察资料着手。

然而这里我们涉及的，并不是可以完全任意地划定的地区的单纯研究，却是应作为地理工作的重要基础的世界区域划分系统。我们已经看到，逻辑上和实际上的考虑，都要求这样一个系统单以一个要素复合体或综合体为基础，其多变的形式具有地区表现形式。既然无论自然界或人类，都不以这样的方式来综合所有地理特征，所以包括所有地理特征的单一区划系统是不可能的。我们能够建立的以个别要素或个别要素复合体为基础的区域系统，似乎要多少可以有多少，并且可以互相比较。如果我们能把这些系

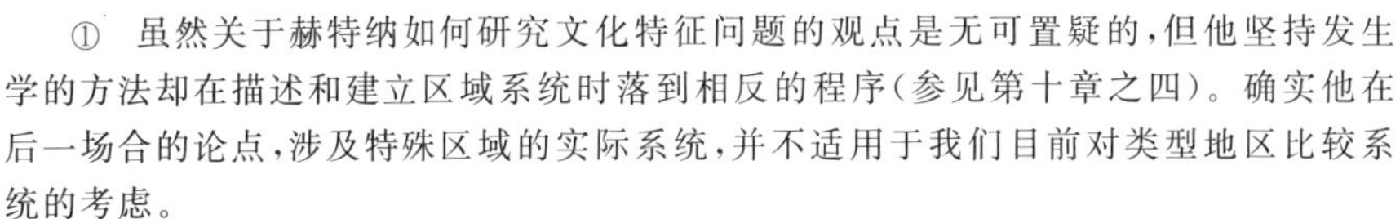

① 虽然关于赫特纳如何研究文化特征问题的观点是无可置疑的，但他坚持发生学的方法却在描述和建立区域系统时落到相反的程序(参见第十章之四)。确实他在后一场合的论点，涉及特殊区域的实际系统，并不适用于我们目前对类型地区比较系统的考虑。

统全都画到一张地图上去，其总和就会体现出世界现状的实际地理，但却不会建立明确的区域，也不会建立明确的地区类型，却会展现出实际存在于各地区的所有差别。

为了某些目的，把世界划分成以实际景观覆盖为基础的类型地区，可能证明是最有用的。可是最大多数的不同特征，却体现于一种世界类型地区划分中，这种划分是以人类生产性土地利用中综合起来的大量文化特征为基础的。

八、小结

虽则地球表面——世界——按它的所有地理特征看来，并不划分为显明的地区片段，但地理学的基本职能——即理解不同地区的差别——却要求地理学家任意把世界划分为地区片段。任何科学的一般原则都不会让它的资料停留在支离破碎的状态，却要求把它们组织成一种知识的逻辑体系。

地理学家所研究的世界地区，可在两种方式中取其一种组织成逻辑划分系统：或以单一系统的方式，在这样的系统中，特殊区域是按其实际上排列于地表的样子来识别的；或以几个系统相结合的方式，在每一系统中，世界各地区都归入各种**类型**。类型是按个别特征或要素复合体决定的，但不问它们在这颗行星上的实际
362 排列。

现实主义系统在其实际空间排列中识别特殊区域，这是所有的区域知识借以组织为单一系统的唯一系统。只有它才能为一门完整的区域地理学提供一个系统。这样一种特殊区域系统，并不

是地理学家所研究的世界中固有的——它既不是自然界中，也不是自然界和人类共同造成的实际世界中所固有的。我们目前的地理知识能告诉我们的，即使是关于这样一个系统的大概情况，也谈不上什么可靠性。此外，因为世界不同地区并不是分隔开来的，在它们的发展中既没有分成个体，也没有分成类型，相反，任何地区每一特点的发展，都是那个要素在别处发展的一部分，所以我们知道这个过程并没有产生出简单的地区分类系统，可以根据我们目前关于这个领域的知识来认识其一般轮廓。反之，要建立一个站得住的特殊区域系统，就须作大量的研究，同时点滴知识的增加，也会一次又一次地引起对这个系统的修改，甚至重大的修改。换言之，这样一个系统可说是区域知识最终的组织，而不是一个寻求知识的基本框架。不过在任何时候，它仍然是一个可以描述迄今所获得的区域知识的逻辑系统。

一个特别区域的逻辑系统，是不能只根据任何一个原则组织起来的。它必须考虑所有重要的地理特征，而且在确定任何级别的细分时，还必须选择一些对决定地区性质极其重要——从人类利害关系的观点来衡量——的特征。因此任何要素的变异，只要也会引起其他特征的变化，也就是重要的了；这种重要性不但以其本身为基础，而且也是以另外那些特征为基础的。然而即使在理论上，也不可能把应当考虑的独立因素的数目减少到 3 个以下，也许不能少于 6 个。在实践上，还必须把更多的因素视为是独立的，因为我们没有找出其因果关系的希望。因而发生学的原则是否真的必不可少，还是不大清楚的。

虽则许多地理学家都阐述过划分特殊区域的系统——至少对

各大洲是如此，但很少人去研究稳妥的区划所需要的原则，同时也很少去检查依靠任何一套原则详细阐述的各种区域系统。赫特纳曾对这样一种系统在理论上的必要条件作了最彻底的调查，他还曾就一个系统在世界所有地带的实际发展中论证了它。

363 组织我们的世界地区知识的一个根本不同方法，由一些按地区特性(由某些特定方面决定)而给地区分类的系统体现出来。地区是不能按照它的总性质进行逻辑分类的；地区总性质由许多方面组成，而各个方面又独立地在变化着，因而由一个方面决定的地区，与由另一个方面决定的地区不相一致。

按类型来给地区分类的稳妥的逻辑系统，必须只用一个要素或(实际)要素复合体为基础。因此我们可以任取一个在地理学上有深刻意义的自然要素或文化要素，把世界各地区归入大小的类型。这一类中有表文温度条件、雨量、地形、土壤、房屋、宗教或语言等类型的世界图。以要素复合体为基础的分类，由自然植被类型或作物组合的世界图表现出来。所有这些分类系统在区域研究中都是有裨益的。这些系统没有一个能适用于多数特征，多到足以单独为区域研究提供适当的背景，或者甚至为组织我们所有的世界区域知识提供一个尝试性的系统。

使特征成为具有鲜明地区表现的要素复合体，所包含内容最丰富的综合，见于现时农村地区的景观覆盖。在世界大部分地方，景观覆盖是由植被组成的，植被大都是一种自然综合，虽则部分也为人类所改变。在不很广大但对我们却更重要的地区，景观覆盖是由各种各类的特征组成的，主要是栽培植物，但也不是完全如此，人类在其土地利用中，已经给这些植物作了地区性的综合。

现实里存在着这种综合，这一事实给予我们两种作地区分类的可能性。⬅一种严格限于景观覆盖本身，因而能为我们提供一种背景，这种背景并不以现时全部景观为基础，却是以现时景观覆盖为基础。然而，既然景观覆盖综合实际上是由两种独立力量形成的，即自然界（造成自然植被的所有因素的总和）和人类，所以它并不严格地合乎逻辑。然而只要可以把实际景观覆盖或者看做自然景观占压倒优势（在荒凉景观中），或者文化景观占压倒优势（在整治景观中），或者看做带有重要地区表现的真正综合，而不止是人和自然界偶然造成的结果（例如热带森林中的刀耕火种），那倒也是可行的。

另一个可供选择的办法，是根据所有文化特征而不是景观覆盖来建立分类系统，文化特征是依地区在土地利用中被综合起来的。在有重要人文发展的地区，这种系统也许要比另一种系统有更深远的意义。它是在人类组织为单元整体的要素复合体的基础 364

上建立起来的。此外，它也有更严格的逻辑性。当然，它是以一种假设为根据的：即假设在任何地区，可以认为只有一种土地利用类型、一种土地利用单元形式是占优势的，因而也是有特色的。因此，只要这一假设正确地表现了实际，这个系统也就是有效的了。无疑地，也有一些地区情况不是如此，例如大平原的部分地方，牧场经营和谷类耕作都是重要的，可是却是独立的特征。可能这种地区只限于过渡性边界地区。此类地区就不能在这个系统中作合理分类了，但在这些地区不太宽广的地方，却可以任意划定某种界线，分成两种类型。

这两个系统都是按一组包罗很广的因素作世界地区分类的。

因而比起只以一两个要素为根据的任何系统来，这两个系统能赋予区域地理研究以更全面的背景。因为它们都是以基本事实、以观察到的事实为根据的，所以它们比部分以推论事实为根据的系统，可以为科学工作提供更坚实的基础。此外，因为两个系统大部分——第二个系统则完全是——以文化特征为根据，它们就鼓励我们研究已知的复杂特征与所有可能的个别要素的联系，这与以单一因果特征为根据，并鼓励学者根据这种原因来解释文化特征的系统是大相径庭的。

然而两个系统都不会提供一种完全的背景。它们都必须以别的系统作补充，这些系统给它们所不包括的特征，特别是与采矿和制造业有关的特征进行分类，当然也要以个别自然要素的分类系统作补充。所有这一切分类系统的总和，并不能就凑成一种世界类型地区的分类，而只能按不同标准给世界上每一地点（比方说每一平方英里的单元）指明其所归属的各种地区类型。就事物的本性而言，要以地区所有这些特点为基础，在逻辑上进行地区分类是不可能的。当人们把所有的世界图划分并重叠起来的时候，不同范畴的边界线并不能变成一条共同边界，除非极端任意地去决定。但这一来，结果勾勒出一幅虚假失真的图景的地方，就会比表现得真实的地方多得多。

最后，在区域地理学中还有一个极其重要的因素是我们无法分类的，即一地与另一地关系上的相对位置。任何地区都有一个重要特点，就是它与世界上其他地区在远近、海陆等关系上的位置。很清楚，这是不可能在有限数目的系统里分类的。从相对位置——即locus——上说，每个地区都是独一无二的；这些事实甚

至是不能用语言来恰当地表达的，而只能在地图上——或者毋宁 365
说是在地球仪上——表示出来。因此一旦引进了这一因素，我们就必须从给地区分类的系统转到按其实际区位来认识特定地区的系统上来。

因此，地区类型分类系统充其量无非是可能给我们提供一种方法，来研究如何认识特定区域这一最后问题而已。如果用作一种区域工作的背景，那就必须理解其局限性，甚至是最有价值的系统的局限性；无论哪个系统，都只能告诉我们关于一个地区的某些东西——有的多些，有的少些。把所有的系统合起来——只要真是切实可行的话，也不能告诉我们关于这个地区的**一切**，就连大致的面貌也做不到，因为这些系统不能把它的最重要的基本特点之一包括进来。因此区域地理学必须努力朝着把世界划分为特殊区域这一方向去探索。

366

第十一章　地理学是怎样一门科学？

一、“名字又有什么要紧？”

在方法论论述中平常大都放在开头的问题，我们却故意留到最后来谈。我们是想避免从假设出发，通过逻辑推理来确定地理科学的性质的做法。因为这种推理形式不可能比基本假设更加正确，而在目前的情况下，我们对假设也不会有多少信心。因此我们就从直接考察这门学科入手，我们想确定的是这门学科的性质——即地理学的领域。我们探索了自从 18 世纪末期地理学开始成为近代研究领域以来，这一领域的性质——如同其杰出的学者所理解的——是如何发展的。我们考察了这样一些学者给予作为地球上地区差异研究的地理学的逻辑基础。按照这两方面的考虑，即其概念的历史发展及必然结果；我们研究了地理学如何选择它认为在地区差异中有深刻意义的现象，它又可能如何设想它要研究的地区划分。这种全面研究，现在应当使我们能归纳出这是怎样一门学科了。它应当使我们能够回答地理学家常常讨论过、道格拉斯·约翰逊〔*103*〕和稍后科尔比更具体地提出的问题，即在这样那样的意义上，地理学究竟是不是一门科学，是不是有资格“在学术界占有一席之地，并与别的基本科学同受社会的尊敬”〔*107*，2〕。

然而，读者从本章标题可以看出，我们还是在死死抓住地理学究竟是不是一门科学这一未经论证的问题来做论据。芬奇曾直接研讨过这个问题，而且从留给我的印象说，也是深刻有力的〔223〕。如果问题是由这一点造成的，那么通常就会变为一场关于某一词义之争，而此词对我们进一步的思想却是无关紧要的。我们特别感到有理由不去考虑关于“科学”一词的种种不明确的概念，而新近有许多方法论问题的讨论，却是以此词为根据的。许多研究自然科学的人常常假设“科学”的性质，已是尽人皆知，因而无须再来说明了；但这种想法却是天真而错误的。当自然科学家确实试图作出表述时，他们的定义又通常把社会研究排除在外，却不指出这些研究应归入别的哪一类学科。许多物理学家和化学家用以给“科学”下定义的词句，却不能包括动物学或地质学；我甚至听到一位杰出的地质学家下过这样一个定义，他似乎不理解他那个领域能包括于科学名下的，又是多么微小的一个部分！

讨论这样一个问题不论有什么收获，但这里却并无讨论的需 367
要。如果手边另外还有一个更合适的词，人们定会乐于使用比“科学”少带感情含义的词，来回避这个问题；对我们别的领域的某些同仁来说，“科学”似乎已经取得这种感情含义。在最近一次公开演讲中，一位著名的自然科学家因身居大学校长之位，使他有必要考虑社会领域的问题。他宣称“科学方法”是不能应用于社会研究的，并因我们没有像德语 Wissenschaft（科学）那样的词应用于此种研究而表示遗憾；但他没有注意到，德国学者没有一个相当于我们的“科学”（science）的词——即不是 Wissenschaft 的另一个词，却也过得相当满意。

如果我们要把此词用得有权威性的话，那就务须明确地规定其意义。但是这里我们只需要一个方便的称号，以应用于这个既与常识性知识、也与艺术性和直观性知识截然不同的一般知识形式。关于这种知识形式，我们的语言只有“科学”一词，因此我们就以这个意义运用它，而暂时不想宣称地理学有资格享有“科学”——如同用于另外某种不明确的意义上——被赋予的殊荣。可以补充一句，至多这种要求只会影响提出要求的人们；不论我们在理论上可能作出什么逻辑论证，证明应该给予地理学一个称号，但那种大概会与之俱来的尊敬，却只有在更扎实的贡献得到承认时才能给予。

虽则我们以为称号问题无关紧要，但对于我们地理学家说来，认识地理学是一门怎样的学科，却是非常重要的问题。我们已经指出地理学家之间的许多分歧意见，分歧的引起，就是因为有的人想要把地理学改造成某种科学——也许还是他们要用此名去称呼的唯一的一种呢！但要求地理学改变其基本性质的任何努力，必然是徒劳无益的；我们不可能从根本上改造地理学，我们只能使地理学自古至今保留下来的性质更臻完备。因此，别去管地理学应当是什么的问题，还是让我们来研讨一下它事实上是怎样一种学科吧。

二、地理学因其在各门科学间所处地位而决定的性质

假使真如时常设想的那样，科学分类也像有机生物种属的分

类一样,那么考虑地理学所属各门学科的种类的通性,我们就可以
指望获得其大部分性质,只要再加上地理学与别的同类学科之间 368
的特殊差别就好了。可是赫特纳却提醒我们,没有一个科学分支在实际上是能截然分清的科学〔*161*,110ff.〕。世界上只有一门科学,人类的局限性要求我们多少带点任意性地把它划分开来。因而科学这些部分的分类,就必然包含一些困难,与我们在世界地区的分类里所碰到的困难颇为相似——世界地区只是单一整体中的部分。

因此,试图把科学的各部分安排在简单的分类系统里,例如承认自然科学和社会科学是两组完全分开的科学,每个组里,各门科学又分门别类,这是对科学的歪曲。正如海德里希着重说过的,"有机、无机和人类世界的全部知识是交织成整体的"〔*153*,212〕。只因这个科学整体对无论何人来说都是过分庞大了,所以要把它划分成或多或少是按惯例的分支,学术组织的需要又可能要求把这些组成一些大纲目。可是这种惯例上的编组,在许多情况下都证明绝无方便之处。特别是因为地理学必须在现象所存在的实际复合体中研究现象,所以在实践上要把自然现象与人文现象截然分开也是不可能的。

当我们就在这个方面把地理学与全部科学单一的统一性作比较——而不是与任何其他科学分支作比较——而加以考虑时,那么指责地理学包括人文和非人文两种现象是二元论,也是没有分量的。正如彭克评论说:"只有看到各门科学之间的界线而看不到接触带的人,只有把社会科学与自然科学的差别强调到超过所有科学间的相互联系、超过它们同属一门伟大的统一科学的人,才会

有二元论的看法。这门统一科学的分类，是不像地图上的国度那样比邻接壤的。它们彼此之间处于多重的联系之中”〔*162*，41〕。

几乎所有近代地理学家都一致同意，地理学不能去适应自然研究和社会研究的习惯划分；地理学作为一个整体，不但与两组中无论哪一组都不相配合，而且也不能分成自然和人文这两半。然而，不合逻辑的并不是地理学的地位：把自然的东西与人文的东西分割开来，只有理论上才可能，实际上它们却是互相交织在一起的。地理学也像心理学一样，是科学惯例划分的任意性的明证。

确乎有些地理学家声言，他们主要是对“地理学的自然方面”
369 感兴趣，但打着手电去找，也很难找出他们中间有人没有发表过涉及该学科的人文方面的研究的。幸而这样的学者在研究某一地区的时候，完全忘记了他们曾自号为“自然地理学家”，却对该区互相联系的所有特征全都进行研究。

过分强调地理学是“自然科学与社会科学之间的桥梁”，确乎容易引起误解。虽然彭克曾多次使用过这一类比，但他却也是最先坚持这一说法的人之一：就这两类科学之间存在着鸿沟而论，这条鸿沟也是人为的，在科学所研究的现实里并不存在。然而我们却不能接受他更进一步的推论，说是科学法则的概念只是在这一人为鸿沟的一边发展起来的，说需要地理学这道桥梁把它引向对岸的社会科学一边去〔*158*，54；163〕。这一类概念是不需要桥梁的。另一方面，彭克的意思也可能是说，社会科学的科学法则，只有通过地理学把它们与自然科学联系起来，才可能在一个健全的基础上得到阐述。即使在这一意义上，我们的要求也是太过分了，因为社会科学还另有与事实的联系，还有与非人文世界的关系,特别是通过人类生理学和心理学〔参见克拉夫特,*166*,12〕。

关于这个问题不论可以得出什么结论,也不能把地理学看作两组科学间的连结环节,更恰当地说,它只是一个连绵不断的领域,与所有关于世界的系统科学相交叉。因而正如施吕特尔所指出的,它不止有两面,而是多面的;在很多方面,气候研究与地形研究在方法上的差异,都要比自然植被研究和栽培作物研究间的差异更大〔*148*,145f.〕。

关于地理学的性质,我们从惯例上的分类所知道的,至多不过是社会科学继承下来的困难或局限性,地理学必然都要分担,不论这些困难和局限性有多大;另一方面,如果不包含人文要素,它就可部分地分享更大的便利,能够确定事实和关系。上一代各方面的发展,既已破坏了 19 世纪物理学家对绝对之物的信念,那么我们也就认识到在两类科学之间、在每一类中的不同科学之间,此处并无类别之异,而只有程度之差。此外,这只是一种一般适用、而对特殊事例却未必适用的差别。由于不认识这一点,许多地理学家因而设想:地理工作如果立足于自然科学,不管它从那里怎样向社会科学那个难以捉摸的境域里的结论猛跳,它的可靠程度都会更高的。在现实里,自然环境的事实,能像美国人口增长率或世界 370
各国领土所包括的地区那样肯定的,实际上却是很少的。

如果我们按本文第四章讨论的分类来研讨地理学的性质,我们是能够对它看得更透辟的。按照康德、洪堡和赫特纳的意见,有必要从不同观点把科学看作一个整体。从一个观点看,一切现实都可以看作许多不同种类现象的集成,这些现象可以按与它有关的事物的类别来分组。从这个观点去研究科学的学者,对关于某组事物的现象力求知道他所能知道的一切，不管这些事物存在于何时何地。既然确实可能把万物大致上分为有生命和无生命二类，具有非人文（自然的）或人文的起源，所以这种“系统”的观点，就容许作相当清晰的细分，分成各种不同的“系统科学”。

可是在科学所要研究的现实里，现象并不是按照系统观点所构想的分类来排列的。因而这一观点只能给现实描绘出一幅不完全的图景。如果在现实里，现象只是毫无意义地堆砌、混合而成的话，那么也许只要说明事实就够了。可是我们知道，在现实任何部分中同时存在的各类现象之间，在现实不同部分中存在的现象之间，都是互有深刻的联系的。也就是说，在现实中现象的实际排列，是有某种程度的系统性或秩序的。因而要更全面地理解现实，我们就不但必须研究现象，而且也必须研究现实的不同部分，把每个部分的性质与别的部分的性质加以比较，以求理解。要理解现实的任何部分的性质，我们必须力求理解不同种类现象的组合，在现实里，它们实际上也是组合着的。

虽然这种组合在理论上可以用单数来表述，但现实的性质却迫使我们采取两个独立的观点。现实的整体可以按空间或时间划分成若干部分。虽则单是一个部分就结合着时空两个方面——此时和此地是现实中的一个点，但如果不是理论上，实践上也是不可能同时考虑时间上和空间上的差别的。只有在现象较为简单时（如在天文学中），或在资料较为稀少时（如在古地理学中），把两者结合起来的努力才能取得过成功（参见第六章之一）。按时间来考虑
371 现实各部分是历史的观点，以历史地质学、史前史学和狭义上的历史学为代表。按空间来考虑现实各部分是方志学的观点，以天文

学和地理学为代表。

这些历史科学[①]和方志科学，每一门都必须研究存在于现实的某一部分的所有各种现象。理论上，这些科学都能包括所有各系统领域中的现象，不论是物理、生物或社会诸领域的现象。只有特殊情况才把范围限制在其中某一领域以内。W. M. 戴维斯承认地理学、历史学和天文学的这种共通特性。“这些学科是论述各种各类的事物和事件与时间或地点的特定联系的，它们不可能具有像数学、物理学和化学这样的学科所具有的内容单一性。”他接下去说，天文学基本上是宇宙的数学、物理学和化学，只因天上没有发现有机生命的迹象，才使天文学家没有跨入生物学领域，甚至也许还可以说，使他们没有跨入社会科学领域〔*104*，213f.〕。同样，只因地球上的自然条件在历史(不是人类)时期改变得很少，这才把历史学——与“史前史学”判然有别——主要限于人文现象。然而维苏威火山的喷发不但是地质学家所关注的现象，而且历史学家也许更为关心——读者立即就知道我们指的是它哪一次的喷发，由此就可表明这一点。同样，研究过中世纪荷兰历史的人，一定都要考虑由于须德海形成而引起的那些变化。

看一看称为历史地质学这门科学的有历史观点的特殊部门，是特别有启发性的。天真的外行人可能以为研究地壳中无生命的岩石，可以不用跨入研究生命现象的领域。但因历史地质学家是取得资料来研究远古时代的世界史的唯一科学家，他觉得必须把

① 用“历史科学”一语来指研究人类的各门科学——不论因为这些科学是由历史学中发展出来，还是因为它们在历史学中找到许多资料，看来既不合逻辑又易引起误解。研究地球历史的科学，则在名称和性质上都是“历史的”。

历史动植物学、历史人类解剖学，在某种程度上，甚至还要把历史社会人类学包括进来。

这种对各种不同科学的性质的考虑，应当使我们能应付科尔比在他就任主席时的讲话中说到的“那时常讨论到的主张”，即“地
372 理学的兴趣中心点上没有像土壤学、植物学和化学所具有的那种独特现象”[①]〔*107*，2〕。地理学家可以承认这主张的真实性而无须踌躇，即使它确认了他的研究领域与化学、植物学或政治学之类系统科学在性质上有本质的差别。人们会以为，地理学因而被归入的那一组科学，对地理学家来说，应当证明是不会有辱身份的。

地理学并不对任何特定现象提出要求，以为确实是它独有的，相反却研究它所研究的地区中一切组合得值得注意的现象，而不问别的学者是否也会从不同观点出发来关心它们。天文学家并无垄断星球研究之权，物理学家和化学家如果来研究星球的元素，也不会打扰他。同样，地理学也无须去寻找什么它所独有的具体对象。历史地质学家用作资料的岩石，同样是动力地质学家所关心的东西，他所钟爱的化石，也是植物学家、动物学家或人类学家固有的研究对象。同样，如果有人告诉历史学家，说他的领域集经济学、政治学和社会学为一体，也不会搅扰他的安宁。

最后，地理学并不把任何一类事实区别出来作为“地理事实”。正像巴罗斯时常强调的，任何个别事实——指基本事实，不是粗率地看作事实的某种关系，也不是从各种关系中得出的推断——都

---

① 科尔比使用“现象”一词，含义可能与此处的用法不同，因而看来反而像得出一个相反的结论。他既故意对他的问题或答案避而不作讨论，只间接暗示了一下答案，这就使人无法肯定了。

不是“化学事实”“地质事实”或者“经济事实”;它只是一种事实,不管哪个科学分支都可以利用它。只因有许多种事实在某几门科学中要比在别的科学中研究得更普遍,所以这些习用的但会引起误解的语词才成为通用的了。比如有关不同时间、不同地点小麦价格的事实,可能在经济学上研讨得极多,因而就被叫做“经济事实”了,但同样也可以叫做“历史事实”或者“地理事实”。地理学特别不能接受那个流行的错误观念,只把区位的事实归入“地理事实”一类,也不能接受那个科学界常见的错误观念,以为这一术语除包括位置的事实外,就只包括自然现象的事实。最广义地说,正像过去时间的一切事实都是历史事实一样,地球表面的所有事实也都是地理事实。也正像历史学所利用的并非是一切事实,却只是那些——不论属于哪一类——“在历史上有深刻意义的”事实一样,地理学同样也不是按照那些事实的本质,而是按照其地理意义,即它 373 们与世界地区差异的关系,来决定利用哪些事实的(参看第八章)。

例如,说维苏威现在是(过去也是)一座火山,位于北纬40°49′,东经 140°46′,只说了一个事实,它是地理事实,同样也是地质事实或者历史事实——当然只不过是一个事实而已。在系统火山地理学中,我们关注这一事实,一方面在于它与波及地中海区域的地壳活动地带的关系,另一方面在于它与邻近罗马城四周平原的肥沃火山灰土壤的关系,与庞贝遗址和被掩埋的赫库兰尼姆,以及与该区居民生命危险和坦荡平原中火山景观效果的关系。

总而言之,地理学正如历史学一样,它与别的科学分支的区别,不在于所研究的对象或现象方面,却在于其基本职能方面。如果可以把系统科学的基本职能说成对各种现象的分析和综合,那么方志学和历史科学的基本职能，也许可以说成在各个时间和空间片段里对现象的实际组合的分析和综合。

对历史学和地理学，都可以描述为朴素的科学，都以朴素的观点来探究现实，按照事物在实际中的排列和联系来看事物，这与系统科学的更加复杂精微却又人为的程序迥然不同，系统科学则把各种现象从其实际背景中摘取出来。

因此在科学思想的最早时期，历史学和地理学就已经发展成为研究领域，这也是并不奇怪的。此外，这两个学科竟成为“科学之母”，也是十分自然的。想把所有各种现象全都在时空中组合起来，这种尝试导致了多种现象的发现，不论哪一种，看来其自身都有研究的价值；诚然，试图在全部组合中理解其意义，就必须按其本身来研究它们。因此我们可以指望这一演化过程无限期地继续下去，只要认为所发现的新现象本身值得研究就好了。于是，地理学家如果发现了住宅形态的现象，并能说明这些形态相当重要，我们也可以指望某种系统科学把这些对象作为特别研究的题目。

从另一方面说，却不能像人们常常设想的那样，以为承认派生领域的独立性就会缩小地理学或历史学所研究领域的范围。正好
374 相反，原有领域仍旧完全保持着它先前的样子。此外，正像李希霍
芬所指出〔73，27f.〕、赫特纳也一再强调的那样，这些关联领域的演变过程，丰富了地理学中要研究的材料。正像经济学和政治学的发展大大增加了历史学家解释历史的能力一样，近代地理学也大大得益于系统自然地理学、气候学、土壤学等等，而且还应当得益于经济学及其他社会科学的发现。地理学又能拿出什么贡献作为回报呢？这个问题以后再来讨论。

不理解地理学在本质上应解释为一种观点，一种研究方法——正像一切科学都是一种研究方法一样，已使许多人设想，派生科学的成长使得原有科学无事可做。为了避免落到这样的一天，人们试图为地理学争取诸如人和自然的关系之类现象，或者寻求以前无人认为值得研究的新的研究对象〔克罗，*201*，2〕，或者试图把抽象的地区概念改变成具体之物。这些努力在某种程度上已经使地理学暂时背离了它的发展道路，转到了另外的方向上，而事实却已证明或将证明，如果这不是引入一些别的科学不会割让给地理学的领域，就是陷入神秘思想的泥沼。

因此，对本章开头提出问题的一个答案是：地理学这门学科是从某一特定观点——即地区差异的观点——来看地球表面所存在的现实的一切的。这也许可以称之为作为一个知识领域的地理学的位置。而地理学作为一个求知领域的性质，对这个大问题说来意义更为深远。

三、地理学的性质与科学一般性质的关系

地理学作为一个取得知识的领域，要理解其特性，就必须理解整个知识领域的基本特性，地理学只不过是其中的一个部分而已。这里我们要谈的并不是一切知识，而是那样一种知识——不论人们喜欢用什么名字称呼它，它既与常识不同，又与艺术感觉有异，“由于它才使其他一切考虑都服从于追求可靠性、精确性、普遍性和系统等理想的严格性”〔科恩，*115*，83；以下几页对这些原则的讨

论主要是根据科恩，83～114 页；又见巴里，*114*，3～88〕。

375 地理学力求取得我们所居住的世界的知识，包括各种事实和关系，认识都应当尽可能地客观和精确。它寻求以概念、关系和原理的形式来提出这种知识，并尽可能使其能应用于世界的所有地方。最后，它设法把如此取得的可靠知识组织成逻辑系统，凭着相互间的联系，尽可能把它减至少数几个独立系统〔参看 *115*，106～114〕。我们将按照地理学追求这些理想的方式，力求描述它作为一个研究领域的特性。

一般说来，应该指出，我们对这类包括地理学部分在内的知识所下的定义，并不是根据已知的东西，即已经了解的东西，而是根据对知识的追求——即支配了解未知事物的方式的基本原则。这一“知识门类”的不同分支，能够接近上述理想的程度也互有差异；没有一门科学能说它已经达到完全的可靠性或精确性、实际的普遍性，或把它所有一切知识都完全组织成单一的系统。

我们今后将把那种知识形式称之为“科学”。为方便起见，如果我们把它的基本必要条件的理想与艺术感觉的理想（不管研究艺术的学者用什么方式来表述这些理想）加以比较，那么很清楚，两者是不可能有什么逻辑结合，也不能由一个过渡到另一个的。艺术家肯定不会使其他一切考虑都服从于精确性的理想，也不会使之服从可靠性的理想的。他可能会要求他的作品表现一种十分重要的普遍性，但这一观念并不支配其作品的细节。同样，他可能要求一件艺术作品应当组织起来，但并不寻求所有一切相似艺术作品的共同组织形式。换言之，我们在这里论述的是两种本质上毫不相同的方法；艺术家和地理学家都可能要求获得和表现地球上某一地区的知识，但没有一个能采用别人的理想而不牺牲他自己的理想〔参看克拉夫特，*166*，20f.〕。

设想地理学寻求使其对世界的认识尽可能精确可靠，专业地理学家大概是不会对此提出疑问的。然而，认为地理学应当专断地限制于某几种事实，因为这些事实似乎可以比别的事实受到更精确可靠的度量工具的检查，却不是这一假设的正确推论。即使可能论证——情况却不会是如此——非物质现象的事实和关系，也绝不能像可见现象或物质现象的事实和关系那样精确可靠地测
定；也没有什么科学原则，会要求我们只限于那些可能研究得略为 376
精确可靠一点的现象，排除那些只能研究得略为不精确、不可靠一点的现象。反之，为了可以使我们对一个地区文化特性的认识尽可能可靠，就要求我们考虑一切会影响这种认识的事实，不论是文化观念的物质产物，还是这些观念的非物质的表现。当然，对这两组事实，都是必须尽可能精确可靠地观察的〔*115*，83～99〕。

这些理想也是不容以地理学的特殊观察方法加以限制的，却要求我们利用一切方法去取得更加精确可靠的知识。因为统计资料既不够精确，又不够详细，所以我们必须利用实地工作技术——包括直接观察和个人访问〔参看琼斯，*287*〕——来查核和补充由统计资料得来的知识。另一方面，即使按自然法则，有可能对一个区域的每一部分进行全面的实地观察，所得结果也只能反映短时的情况，通常是一个季节，正如 R. E. 道奇所指出的，这会导致关于连续土地利用的错误概括〔*287*，110〕。因此实地观察的发现又必须以统计资料加以核对，即使是十分间接地根据观察取得的。

可靠性这个科学理想要求描写用语、概念和关系尽可能明确

和可靠——我们不可能在沼泽地上建起一座牢固的建筑，在此基础上，模棱两可的概念只要施以压力，就会改变其含义，而貌似明确的概念，却证明只是暧昧不明的类似之物。

正确性和可靠性理想不但适用于证明基本事实的方式，适用于系统阐述基本概念和术语，而且也适用于数学的和逻辑的推理过程，我们就是靠着这种推理来归纳所观察到事实的关系，又由此推导出关于事实的进一步结论的。一个学者单枪匹马地去研究某一科学问题时，不论他如何艰苦地力求实践这些理想，不论他如何严格地检查他的工作，还是会有留下错误的可能的，不论是由于疏忽还是由于主观影响左右了他的观察和推理。有的科学，其事实是能够以最高的精密度来测量的，其现象相对来说也较简单，使逻辑推理极为可靠；即使对这样的科学来说，这尚且是公认的格言，那么地理学中一个学者的发现，其不可靠程度更会大多少倍啊！

468 377 因此，为了可能取得较高程度的精确性和可靠性，就应当以这样的方式来进行和组织研究，并提出研究成果，使不同学者在同一问题上获得的证据积累起来，这是一切科学所公认的原则。这就是说，每一项科学研究都必须是广博的——所谓广博，我们的意思是说，它应当利用前人对这一问题所作的一切广博的研究，同时又当以某种形式提出，以便后来的学者能够利用。

社会科学的许多工作中，后人不可能看到前人研究中所用的原始资料，许多资料必须凭着对学者个人的专业能力和可靠性的信心来采用，这是社会科学的不利条件之一，地理学在某种程度上也是如此。因此在这些领域里，利用和参考别的学者的相似研究就更有必要，这也不是什么职业上的礼貌，而是为了积累证据，以求取得更可靠的结果。

除非绝对必要，科学是不会凭着信仰从任何科学家接受什么的。为了使后人可以重新验证某一研究的发现——不论是为了进一步利用这些发现，还是单单为了检查或改正它们，对所运用的一般概念，对用以获得成果的观察方法和推理方法，最后，还有对这项研究与整个领域的联系，都必须有一个清楚的了解。显然，如果这一领域已经发展了标准的技术和组织的话，那么这样一种清楚的了解就会极其容易；如果不是如此，那么在每一项研究中都必须明确指出。

评判地理学家实际上做出工作的科学质量，不是本文的任务；我们所关注的，是他们对地理学性质的想法和这些想法所产生的结果。然而，从后一方面出发，可以提出一个正当的问题：地理研究方面的书刊是否表明，一般地理学家，或者在某种程度上操纵着书刊的编辑，已经承认这些标准——即精确性和可靠性的科学理想所指定的标准，对地理学是重要的呢？

关于这些作为追求知识的基本原则的理想，不同科学分支之间是没有差别的，唯一的差别只不过是达到的程度有所不同。地理学在这方面的造诣无疑还没有达到很高的程度，还不能引诱我们用这样的条件将它与别的科学相比。但如果有人作这样的比较，竟把我们的领域摆到“低了几等”的地位上去，我们也无须感到屈辱。在任何竞赛中，聪明颖悟的观察者不但会按成功的程度，而且也会按所负任务的难易来判断所达到的成就。

考虑地理学可能会用什么方式追求另外两个科学理想——普 378
遍性和系统，对理解地理学作为一个研究领域的特性是极其重要的。这两个理想不像我们刚才考虑过的那两个理想一样易于理解，因而都必须作详细的研讨。

四、地理学的一般概念与原理

如果伽利略的极其著名的实验，只证明伽利略从比萨斜塔上投下两个重量不同的物体时，它们是等速降落的，那么这件事在科学知识中所占的地位就微不足道了。当然，这件事之所以极端重要，正在于以后的实验表明他阐明了一个普遍原理，一种不论何时、何地、何人投下重物都是如此的关系。很少人会怀疑，寻求这种普遍原理是科学的一个重要职能。另一方面，假设以后的实验表明了在别的地点或别的时间没有取得相同的结果，而那一次却确确实实出现过，假设又证明属实，那么即便未能作出说明，也不失为点滴的科学知识。正像巴里所说，“科学要做的事是尽可能了解得多一点”〔*114*，122〕。科学寻求普遍原理，但却不能忽视按普遍原理来看它无法表达的可靠而精确的知识——也许永远无法表达。可能有人会说，科学的不言而喻的理想就在于取得现实的知识——按普遍原理尽可能表达得完全一点的知识，但无论如何是以某种方式来表达的。

虽则人人都承认科学普遍原理的重要性，但忽视我们的科学知识中至少迄今还不能以普遍原理表达的那一部分，也是常见的错误。许多人设想，科学唯一关心的是详细阐述法则和原理。照赫特纳的看法，这个概念是上世纪天文学、物理学和化学中各种法则和原理大发展的结果〔*161*，221～224〕。有人确实设想，物理学和化学是完全抽象的科学,仅与法则和原理有关。然而近来许多科学家和研究科学的哲学家都承认,没有一门与现实有关的科学——与理论数学迥然不同——是可以局限于法则和原理的。虽则科学力求获得普遍原理,但这不会穷竭现实的研究,总会留下一点东西未被描述或说明的。如果忽略了这一点,我们的知识就还没有达到本当可能达到的完全程度,是一种 quod est absurdum(此即谬误),没有一门科学能够接受。正像莱曼所说:"研究就是寻求可能 379
达到的最完美的描述"〔*113*,299〕。

科学中能够以普遍原理来表达的一面,与关系到本身值得研究的个别物体或现象的一面,其间的悬殊在本世纪初曾受到温德尔班德和里克特这两位德国哲学家特别的注意〔参见赫特纳,*111*,254～259,或 *161*,221～224,及格拉夫,*156* 的讨论以及他们之间的讨论〕。看来他们是按这一点来给各门科学分类的,区别出"法则性"(nomothetic)(即建立法则的)科学和"个例性"(idiographic)(关于 einmalige,即独一无二的事物的)科学。这在大体上似与自然科学和社会科学的惯例上的划分是相一致的。

然而,似乎很清楚,科学知识的这两个方面在所有各门科学中都是存在的〔参看施吕特尔,*131*,510f.〕。概括和法则其本身就是科学的目的,这个普通的思想被赫特纳说成是对中世纪烦琐现实主义的极端信奉。相反,概括和法则"只不过是达到最后目的的手段,这就是对实际现实、个别事实的认识,是条件或事件"〔参看克拉夫特,*166*,11～13〕。天文学家详细阐述天体力学法则,不是为了证明宇宙是由法则支配的——这是一个哲学论题而不是科学论题,却是为了可以正确地理解天体的运行。他没有忘记他对作为个体的天体的兴趣。为月球看得见的一面绘图或者研究土星光环的学者，即便未能由此证明法则，却也不失为天文学家。

可是很清楚，在某些科学里，所研究现象的性质是容许对法则性知识作详细得多的阐述的，而在另一些科学里，所研究的现象之间差异更大，同时，单独地看，它们对人类也更重要，这就要求这些领域的学者——不管他们愿不愿意——在很大程度上关注独特的东西。因而这是一个意义深远的方面，科学的不同分支之间，在程度上是存在着重大而恒久的差别的。

从这个观点来比较各种科学分支，可以帮助我们理解地理学的性质，帮助我们领悟在这个方面地理学是怎么一门科学。

虽然我们已经指出，在某种程度上，所有科学都涉及对独特的东西以及普遍原理的研究，但是还有这样一些科学，其研究人员的实际工作，如果不是全部，却也可能大半是专心致志于寻求普遍原
472 380 理，而把对独特事物的研究留给别的研究人员或别的科学部门的。我设想物理学和化学可能情况就是如此，特别是在理论方面。生物学和心理学在较小程度上也是如此，经济学的某些分支，也许还有社会学也一样(讨论自己并无修养的领域的性质，是既不明智又有危险的。然而我可以说，本段及以下几段中的话，是以与各领域同仁的讨论为根据的)。

另一方面，大部分科学都有某些分支，其研究人员绝大部分是关心个别事物(即独一无二的东西)的研究的。我们已经指出天文学里这种研究方式的重要性。个例性的研究在地质学中如果不是最主要的，却也确实具有很大的重要性。在古生物学中情况显然就是这样。在矿物学中，只要研究人员专心研究某些矿物，以获得关于这些矿藏的完全知识为目的,并不是为了详细阐述关于矿藏的新原理,那么矿物学的情形也是如此。在绘制某些地区的区域地质图时,对于艰巨的、肯定有价值的地质测量工作,这些话甚至更为适用(虽则逻辑上也许可以把这看作是由地质学家来搞的一个地理学分支)。

在社会科学中,经济学所阐述的法则性知识,可能比以上列举的某些自然科学所达到的范围更广。在政治学中,可能只有通常称为“政治理论”的那些分支主要是建立法则的。例如研究比较政府问题的学者,就不仅对政府的一般原理感兴趣,而且也许更关心认识和理解各个政府之间的差异。这些学者身上结合了法则性和个例性的兴趣,而在物理学或生物学中,也许还有经济学中,这种兴趣却可能分属不同的学者。这些状况在政治学中引起了这样的结果,与地理学的状况也很相似,所以分析一下这些状况可能是有启发性的。

第一种状况是,对大部分政治学现象来说,一般描写只能勾勒出共同特征的粗略轮廓,而在别的特征方面,个别样本却有显著的差别。政治现象在结构上要比物理学或者甚至经济学的现象复杂得多,虽然要比有机生物的标本简单些,但却没有生物学中由各种样本、种、属、目的共同起源产生的高度相似性。即使对从事研究
的医生来说——也许与人类生理学研究人员判然有别,“每个人的 381
躯体都是不同的、独特的,每条脊椎在某种程度上都与别条脊椎不同”,但这些差别却比同一类型的各政府间存在的差别要少得多。换言之,对人类脊椎的一般描述,也就为任何一条脊椎表现了一幅近乎完美的图画,比起对政府的相似描述所能表现的要完美得多。

政治学家对政府如果像生理学家对人类脊椎了解得一样多，他将不得不把更多的注意力放在每一样本的独特性上。

此外，对个别政府也要更注意，因为比起个别的人体脊椎来，它也要重要得多。第二种状况是普遍适用的：政治学现象作为独特的实例，（对人类）是如此重要，因而对每一现象都要尽可能做到全面理解。不论学者个人的偏爱如何，人类是不会满足于一种偏而不全的科学的，例如它只在能够详细阐述一般概念和社会法则的范围内，才来研究独裁，却以目前意大利和德国的政府都是独特事例为理由，而不肯考虑其间的差别。

第三个考虑是有实际意义的。世界上人类脊椎不啻亿万，单枪匹马的一个科学家，即使成群结队的一批科学家，仅仅研讨人类脊椎较为普遍的诸方面，可能已忙得不可开交，而且也许已经能够取得充分的普遍知识，足以为他的自我限制辩护，于是也就把研讨个别特点的事留给别人。但政治学家即使向历史的大仓库去寻找各种各类独裁政治来研究，也只能找到少数几个实例，而关于某一特定类型的独裁政治，则更寥寥。在这种情况下，只研究一般特征和阐述原理，而把个别样本视为特例而不去研究，那就有点荒谬。反过来考虑也许更有意思：人类生理学没有时间来研究所有人的脊椎的各种特点，而对于政治学领域来说，对世界上所有政府逐个加以研究，却不是不可能的事。

显然，同样的考虑大部分也适用于历史学，而且甚至更有分量。确实，个别历史学家或者某一群历史学家，也许会局限于研讨宪法史、战争史，或者甚至战役史，并从这些研究中得出法则或原
382 理，对于关心研究历史时期和事件序列的通史学家很有价值。这

样的历史学家是否会因而成为研究军事学或立宪政体的学者，这不是我们要研讨的问题；但这种研究工作肯定只代表历史学的一小部分。

现在，如果我们来研讨自己的领域，那么地理学十分关心研究个别现象是不成问题的。确实有的批评家也许会感到，地理学家研讨独一无二的事物而不问其重要性，是容易完全陷入迷途的。假设我们要来研究地球表面上每一个可能显出有地理意义的特征，而不去考虑其相对重要性，那么十分清楚，地理学就会无可救药地迷失在一大堆不可跨越的细枝末节里。不但地面上每一个小区可以研究，连每一个村庄、每一座山峰、每一条小溪，也都可以研究。

另一方面，局限于一般用语的地理描述也是不充分的。即使对一个大区的简略而浮光掠影的描写，也必须指出并描述大量的个别特征。阿尔卑斯山和喜马拉雅山、雷尼尔峰或者维苏威火山、亚马孙河、密西西比河，或尼亚加拉，像德国或美国这样的国家，伦敦、巴黎或纽约这样的城市，如果都包括在所写的地区以内，那么就不应当仅仅看作某些类型的实例或原理的说明，而且还要以其本身各自的深刻意义来研讨它们〔参看赫特纳，*161*，221～224〕。

一个理由是，一般性的描写不论多么详细，要描写这些个别特征是完全不够的，这一点我们已说过了。一个生物学家描述了某一类细胞的细胞核时，他就给那一类中任何一个细胞的细胞核描出了一幅相当完全的图画，而对芝加哥商业中心性质的详尽知识，对明尼阿波利斯相应地区来说，能使人了解到的东西却微乎其微。明尼阿波利斯市的公民仿照大城市，把他们的商业中心叫做“环线”(the loop)，其实只是以一点极其一般的相似性为理由的；实际上明尼阿波利斯的电车线路并不像芝加哥的街道和高架电车线路那样环行。

如果前面的例子看来只是依靠次要细节的话，那么请想一想如大湖系统或纽约市这样的地理特征吧。确实在非洲也有许多大湖，但是作为一个连成一气的淡水海系统，北美的大湖在地球上——或者就我们所知，在宇宙里——也是独一无二的。当人们
383 照纽约的基本面貌把这座城市看成大半个大洲的贸易中心，于是又单从这一方面寻找相似的城市，完全不问其地方特点，就再也找不到属于这一类型的另外的城市了；上海、布宜诺斯艾利斯、汉堡也都是拥有广大地区的贸易中心，但这些城市没有一个对其所在的大洲起着如纽约对北美洲所起的作用。

博闻广见的读者会承认，虽则这些都是触目的事例，它们却体现了一条规律，这条规律适用于大部分地理特征，甚至是微不足道的地理特征。因为这些特征没有按类型作充分的描写，所以地理学家以及外行人就求助于类比。可能这也自有其价值，但如果太认真地去看，却也是不可靠的。把汉口叫做“中国的芝加哥”或者把匹茨堡—克利夫兰地区叫做“美国的鲁尔”，都会给人一种又虚假又真实的印象。

我们这几个例子也说明了另一个考虑，它要求地理学把许多现象当作个别的东西来考察——就是说，它们作为个别现象的极大重要性。这样说不单是指这些现象在世界上有其功利上的重要性，而且也是在纯学术的基础上指出其在地球表面上的重要性。即使尼亚加拉大瀑布并无物质上的价值，但不论在实际上还是可能性上，地理科学都不会满足于一种笼统的描述，简单地把它与几百

道别的瀑布一起，归入某一类瀑布中去的。这道瀑布本身，它的全部个性特点，对人类就是一种在科学上值得关怀的现象。

地理学上对独特事物的关怀，并不限于现象，而且也适用于现象间的关系。因此，如果温尼伯湖对北方的湖泊和不毛之地和南方的国界的关系本质上是独特的话，我们也不因此而加以忽视。

也许看来地理学也像历史学一样，主要是限于研究独特的东西，直到上世纪为止，情况无疑就是如此。赫特纳指出："地理学主要是限于这样一种个例的描述，……普遍概念只存在于由山脉、河谷、城市等等普通表类词表达出来的粗陋形式中"〔*161*，222f.〕。只要这种情况是不可避免的，那么这样的话对作为一门科学的地理学所表示的批评，也不会超过对历史学的批评。巴里的话也可以用否定形式来表达：认识不能认识的东西，不是科学的职责。

另一方面，仅仅满足于研究现象的个别特点及其相互关系，却不利用每个机会去阐述一般概念和普遍原理，就没有达到科学的一个主要标准。所以我们可以同意赫特纳的话："地理学所取得的最大科学进步，就是它接过并发展了系统科学——初时是在这一 384
领域的一个分支，以后是在另一些分支——的成果，于是依靠一般概念，转向普遍的观察"〔又见索尔引 P. 巴思语，*211*，27〕。

无疑地，一般概念的详细阐述，在地理学所关心的自然现象方面所取得的进展，要比在文化现象方面所取得的大得多，这部分是因为在绝大多数国家中，地理学与地质学及其他自然科学有很密切的联系，同时也因为上世纪期间，与自然现象相关的系统科学，比起与文化现象相关的系统科学来，有了更大发展的缘故。然而一般概念的事例，在系统地理学的每个部门，可说俯拾即是。

靠着这种一般概念，于是就有可能以一个词或短语——或者以一个符号，如 Cfb——来表达某一特征的许多特点，使人可以作较为简洁的描述，头脑也容易记忆。此外，运用这种一般概念，也就有可能阐述世界各地重复出现的种种不同因素之间各种关系的原理。于是在研究特定地区的现象组合时，就可以利用这些原理。

普遍原理在与各种自然特征的关系方面，已经得到极其详尽的阐述，探索有关某一文化项目——如一种作物、某种工厂或一座城市，还有其他一切与之有重要联系的特征——的普遍原理，也已有了进展。在经济地理所研究的每个方面，这样的原理都已作了详尽阐述，在地理学中别的文化方面也有所阐述，不过范围稍小而已。

因此在某种程度上，地理学可以称为概括的科学或法则性的科学。赫特纳和彭克觉得在这方面地理学对历史学占有很大的优势〔*161*，223；*158*〕，虽然忽略了历史学中运用系统社会科学所贡献的一般概念和原理也是不对的。

然而很少地理学家满足于当前地理学阐述原理的状况——不论在量上还是在可靠性上。只要还有可能取得更多的原理或更可靠的原理，当然谁都不该自满。然而，专业地理学家如果清楚地看到，在力图阐述概括和原理的路途上摆着的困难和限制，可能沮丧之感也会少一点。特别是，清楚地认识这些事实，可能会防止把精力用得不对路而只得出谬误的原理。

385 詹姆斯为我们的困难寻求解释：我们所观察的现象要比观察

者大得多，因而使我们见树不见林，或者用他的妙喻来说，“我们就像一只小虫爬过报纸上的一张照片，只能把印着的小点看得详详细细，而照片的大图形却超出我们的视域范围”〔*286*，84f.〕。姑且承认这种困难的影响，但地理学家不是早就发现了他所推荐的解决办法——就是用地图把极大的关系纳入我们的视野之中吗？可是我们在确立原理方面，仍没有取得长足的进展。

我们的主要困难在于：在地区中我们必须研究的现象的组合，是大量独立或半独立因素的组合。因此我们很少碰到非用简单的关系不可——例如雨量对土壤、温度对作物等等关系。理论上我们也许可以照系统科学的逻辑，假设其他一切条件都保持不变，但我们只能在现实这个实验室里研究这些特征，而在这个实验室里，也许除了极少数例外情况，别的要素却不是保持不变的，而且我们也无法使它们保持不变。诚然，即使我们知道一些理论上的原理，在支配着每一个因素对总结果的关系，但在诸如文化特征之类所产生的复杂结果的场合，一种试图按所有各种关系的适当比例来表述其总和的原理，却会太过复杂，使我们无法使用。这是一种普遍的困难，不但适用于社会科学的所有更复杂的方面，而且也适用于自然科学中的许多现象。即使知道一切原理，占有一切资料，但要解决它也必须有一个极其复杂的数学方程式，复杂得会使有限的头脑无法求解。即使地理学在技术和方法上已臻于成熟，正如科尔比说的，它也会犹豫不决，不敢预言这样一种错综复杂的因素会产生什么结果的〔*107*，35f.〕。

第二个主要困难肯定限制了地理科学中可能得到阐述的粗陋原理的适用性，这个困难是由于这些原理的基础——即一般概

念——不可靠而来的。这种限制性确实在每一门科学里都存在，只是程度不同罢了。在能够做有控制的实验的科学中，可以挑选出与原理所涉及的一般类型几乎完全吻合的样本；只要现实中的实际样本与一般类型不同，那么这个原理就不适用。在地理学中，对任何一般类型，我们都难得会有足够数量的样本可容在挑选中加以区别。此外，正如我们已经指出过的，我们的样本与一般类型
386 也并不密切吻合，只不过还在很宽的限界之内罢了。这一类型以内的个别事物千差万别，这由地理学家之间显著的意见分歧也可说明：分歧并不在于对少数可疑样本的分类上，分歧却正是关于这些类型和类型系统本身。正确的原理只在我们有一个正确的一般概念体系时才能详细阐述，所以我们必须考虑一下地理学中是如何阐述这种概念的。⬅

前面我们指出，地理学中所用的一般概念，如果不是大部分，也有很多是从别的学科拿来的。有一组学科，也许还是较大的一组学科，其常用语表达方式反映了人类还未曾听说过所谓科学这样的东西时，早就在研究地理学了。虽则常识的概念可能是粗陋的，但其中有不少看来也是科学思想可以接受的。海洋、湖泊、江河、山脉、平原、城市、海港、农场、作物——所有这些名词在日常语言中使用时的普通意义，都可明确地加以规定，作为科学上的用途。发明专门术语来代替这些词，借以炫耀外行人，就会显得装模作样〔参看施来特，7，192〕。另一方面，语言中还有许多类似的词，用法却大不相同，要以明确的技术意义把它们固定下来，也许就不大可能。

第二大类的一般概念是从系统科学，特别是地质学中带到地

理学中来的。虽然这类概念有许多也证明是有用的，但如设想其声名赫赫的科学权威，就可以保证它们在地理学中的逻辑用途，这却是错误的。科学工作的共同规则，要求一个领域里的学者注意相邻领域的发现，除非他们能指出错处来，就要假定在另一门科学中所确立的事实和关系是正确的。然而这条共同规则却不适用于分类系统，分类系统既不能称其为正确，也不能称其为谬误，它只不过用途有大有小罢了。例如，如果地质学家根据地形的过去历史而不是目前的形状，把地形分为一般类型，就因他们的“高原”概念是个“科学概念”，与此词在日常用语中久经使用的概念不同，也与早在地质学家赋予它以不同的新义以前地理学家就在使用的概念不同的缘故，因而我们就不必一定接受的。

最后，地理学家自己也发展了若干类型系统，可以把他们所研究的特征加以分类。他们特别关心拿以要素复合体为基础的一般概念，来补充以个别要素为基础的一般概念。这些新的分类系统时常显得与取自日常思想或相邻系统科学的分类系统相对立，因 387
而关于哪些一般概念适于地理学使用这个问题，一直有许多争论。这并不像许多人所想象的，只是一个喜“新”或喜“旧”的问题。其实问题远为重要：从地理学的特定观点来看，究竟哪些概念才有最大的价值？既然这问题已经引起许多争论，而且显然在这个领域的发展中具有很大的实际重要性——也许与已经引起我们研讨的有的问题大不相同，所以值得简单分析一下。

要把事物的所有特点全都包括于单一的一般概念里是不可能的，这意味着任何一个事物都可以同时按各种分类基础把它归入许多不同的类型中。但这些类型又可能十分类似，鉴于我们的词汇的局限，因而我们只能用相同的词来表示不同的概念。试举煤这个极其简单的例子。我假定，古植物学家会把煤归入植物的产物一类，对于地层学家，它只是一种岩石，矿业研究者又会说这是矿物。既然事实上煤同时就都是这些东西，所以煤就包括于每一个这样的概念里，虽然没有一个完全地表达了煤是什么东西。

因此把事物划分成一般类型，不能单以“事物本身的内在特点”这种素朴的基础来决定。如果根据其所有特点，那就什么分类都不可能。因而在阐述一般概念时要考虑哪些特点，就取决于阐述一般概念的目的。一般概念本身并不是目的，它只是一种科学工具，其特定目的因不同科学分支的观点而异。

一般地说，阐述一般概念的目的在于给事物所共有的一批共同特点提出单一的表述，在另外方面，这些事物就各不相同。这对描述现实这个基本目的是有用的，因为它提供了一种速记式的描写方法，也使我们更易懂易记。此外，这种精确的速记集合体即使不是实际上不可缺少，但对阐述事物关系的原理却极其有用。在这两种情况下都很清楚，一般概念所表达的事物特点，照研究事物时所持的特定观点看来，应当是极其重要的。例如研究热工程学的人，在给煤分类时，就可以撇开对煤的燃烧性能并无影响的各种特点，不管这些特点对古植物学家多么重要。

388 因而我们就有了重要的基础，可以判断地理学中一般概念的不同系统：不论为了地理描述还是作为确立地理关系原理的基础，究竟哪一种分类最完全、最明确地表达了从地理学观点看来最重要的特点？

只要地理学观点有异于其他各门科学的观点，无论是系统观点还是历史观点，就没有一种假设会支持从别的科学中把一般概念引进地理学中来；相反，作反面的假设倒还要可靠一些。另一方面，我们在平常说话中听到的一般概念，却又常常是从对现实的同一朴素的观点来阐述的，地理学也表达这种观点。对于地理学家，也正像对水手一样，鲸是一种鱼，或者——如果认为这是用词错误——则鲸亦当包括于海洋动物而不是陆地动物的普遍概念中。

地理学从上世纪的地质自然地理学继承过来的许多概念，是由这样一些学者发展起来的：他们的兴趣主要在于地形的形成过程，可能是作为地球史的一部分。因此他们按地形起源带来的特点——因而也是了解地形起源的线索，来为地形作分类也是恰当的，不论困难可能多大。

地理学家如果也是直接关心、并且主要是关心着地形的起源，那他就会毫不踌躇地接受同样的一般概念；但在这基础上，地理学就会与动力自然地理学难以区分。然而可以设想，地理学家也许需要一种发生学上的分类，作为最完满地表达地形性质的最佳方法。如果我的理解是正确的话，这就是赫特纳所遵循的推理方法。地理学家力求“按照全部地形特点”来建立地形或气候的类型〔161，222f.〕。我们觉得这是不可能直接办到的。也许可以设想，凭着发生学分类可能建立这种类型（虽则照赫特纳的意见，看来那还是第一步而不是最后一步）。但这可能吗？让我们假定几种不同的地形，分别体现褶皱、上升、火山活动和侵蚀等各种作用发育而成的形状。这样就能够建立起一个分类系统，这些形形色色的作用，又在这个系统中决定着进一步的大小划分，但我们又会碰到一个不可解答的问题：究竟以哪些作用为主，又以哪些为次呢？

早在1906年，彭克就从地貌学观点本身讨论过这个难题。他说，在构造和地表形态之间，早就显示存在着最美妙的和谐，因而
389 地貌学似乎已经在构造地质学中为它的概念赢得了可靠的基础。于是“许多人已经采取了一种构造地质学观念，以为山区是一条强褶皱地带，用以代替初始地理学以山区为崎岖不平的总体的概念”。但更慎重的地貌调查却表明，构造地质学与地貌学的关系并不像人们起初设想的那样密切，人们必须推断，地理学家要研究和解释的地形，与地质学家所研究的陆地构造并不相同〔*128*，15f.，35f.〕。以后彭克又比较了波希米亚地块与法国中央地块，阐明了同一个结论。他说，这两个地块都是迸裂（zerborsten）的产物；它们在组成上极其相似，在以后的地质发育中有完满的关系，可是在地理上，形状却有如凹凸之别〔*249*，6〕。

确实，全面描述起源最终会落到全面描述形状，但一种起源分类要考虑到可能在任何地区——在所有一切可能的时间安排上——都有意义的所有一切作用，就不会是一种类型分类了。那只不过是一种描述最后结果的间接方法，而凭着直接考虑现时地形的特点，却能描述得更简洁、更精确。

如果有什么分类迫使我们限制于某些特点，而无视另一些特点，那么对于寻求按一个地区中现象组合来研究这个地区的地理学家来说，到底哪些才是他最关心的特点呢？这肯定是与现时地球表面上其他现象有重大关系的那些特点。换言之，他对地区现象总复合体中作为活动因素的地形的形状或外观，要比作为其本身发生学原因的最后产物更加关心。

无疑地，也有这样一些场合，从两种观点看起来，最受关心的

是同一些特点,例如火山或峡谷。在这种场合,这两组学者都会使用同样的一般概念。在没有这种一致兴趣的地方,地理学家就不会感到非遵循起源自然地理学家,即地质学家的方向不可。在德国地理学中,争取研究地形的科学方法独立性的斗争,表现为反对W. M. 戴维斯的方法。照乌尔和布尔格尔两人的看法,独特的地理观点,早在1912年就由帕萨格极其有力地提出来了,自从那时以来,他在所有的著作中都强调要把当前的地形作为该区域(或景观)的活动因素来描述〔*170*,497f.;*11*,77〕。顺便不妨补上一笔, 390
替戴维斯说句话——如果需要辩护的话。按照莱曼的作证,戴维斯在索尔邦[①]讲课时说过:"如果证明要弄清地形的发育非常困难,致使人们陷于过去的问题而看不到景观,那么地理学家仅凭较古老的造山表现之助来描述该地带,却会做得更好一点"〔*113*,237〕。

无疑地,今天大多数美国地理学家都会接受索尔的结论:"在地形起伏形状的起源方式与其作用上的意义之间,并没有必然的联系"〔*113*,237,又见鲍曼,*106*,141f.〕。可是他们却经常引不出这个逻辑推论:以发生学为基础的类型概念,对作用来说可能意义不大。例如,告诉我们说一个地区为"威斯康星冰碛"所覆盖,这并没有给我们准确地描述出它的地表形态或母岩含量,这一点他们是忘记了。索尔指出,在气候研究中,地理学家已经完全从发生学分类中解放出来〔*211*,33〕。可是在地形研究中却还迟迟没有解放出来,可能是由于我国和德国的大多数地理学家的素养,都是特别

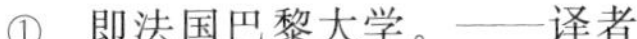

① 即法国巴黎大学。——译者

偏于地质地貌方面的缘故。(请参看第三章之一原文脚注 36,本书第 108 页注①所引 1836 年弗勒贝尔的贴切的表述。)

说地理学家必须从地质学的观点解放出来,绝没有攻击地质学家的意思,这本来用不到说明,但笔者在口头讨论这一点时曾被误会过,也要容许他澄清自己的立场。地质学家用“高原”来称呼他们原意是说“过去的高原”的地形,人们可能会觉得他们滥用了这个很好的地理术语,但术语上存在的困难太多了,没有理由为此挑起一场争论。地质学家所阐释的概念,不应受到地理学家的攻击;也许这些概念是完全适合于从地质学观点来研究现实的。这里所说的一切,只不过为了说明,没有理由设想地质学的概念适合于从地理学的观点来研究现实的目的,而且还有很多理由相信事实正好相反。

随便再举个例子,要建立耕作或土壤冲刷与地形之间关系的正确原理,必须有个表达地形节律性特点的一般概念——这种地形对耕作和土壤冲刷是有深刻意义的,而不是由发生学类型表达出来的特点的一般概念。在本例中,第一步,问题是简单的,但再下去就非常复杂。从刚才所说的观点来看,地形的基本特点是它
391 的坡度,但坡度是一种立体几何面,这个面是不断变化的,而且每一个点上、每一个点的每一个方向上,变化都是不规则的。不过最近在按间隔测量坡度方面取得的进展,说明了这个问题的确还是可能作部分解决的。

简言之,按照地理学与普通人所共有的对现实的素朴观点,现象是否有意义,应从其与现时具有地理意义的其他现象的关系方面来看,而不是从其发生学方面来看。因而发生学概念和发生学

分类系统,如果以现象的作用方面而不是发生学方面为基础,那么在地理学中就会更有用。

尽管其中包含着一些困难,地理学还是能详细阐述地区可变要素之间关系的原理的。要素复合体中各种变化的关系,在一般原理中迄今还表达得较少。要做到这一点即使更困难,但应当还是可能的。一般说来,要素复合体研究主要还只涉及第一步,即类型的详细阐述;但即使在这个阶段——正如上章讨论过的两种农村地区分类系统所体现出来的,至少也提出了一般关系。然而当我们研讨的不是地区要素,也不是地区要素复合体,却是地区本身的时候,我们是否有希望阐述一般原理呢?这个问题正触及了地理学的中心。

阐述普遍原理所需要的一个条件,就是建立一般概念或类型,这是自不待言的。也许就是因此之故,帕萨格提出的划分地区为类型的系统分类法,才给了许多学者这样一种印象:它看来似乎提供了在地理学的核心在阐述普遍原理方面的可能性,因而提高了我们工作的“科学”质量。

对科学来说,寻求普遍原理虽然重要,但也不是非要找到它们不可,相反,在每一个科学分支中,科学知识的重要部分是不可能以普遍原理来表达的。如果我们牢记这一点,我们对这个问题的态度就会更坦率。赋予科学原理这个最后产品以特殊价值,我们就有为追求科学原理而忽视根本基础的危险。先把实际上并非物体的东西叫做物体,然后把它们划分为一般类型,却不去仔细考虑它们究竟是不是一般类型,这样是不能证实原理的。我们可能以图解式的分类纲要来自欺,以根据空泛表达的原理所作出的公

式化解释来自欺，但这些原理对现实世界的适用性，却会表明我们
392 的下层结构是冒牌货。正如克罗伯在讨论一个不同科学分支时所指出的，“所有一切公式化解释，似乎基本上都是原理未成熟的征候”〔*116*，542〕。

我们无须重述为什么寻求按地区特点的总和来建立世界地区分类注定要失败的理由。世界上所有的地区，都可以按照某一特定要素复合体作一般的分类，但要素复合体是总和各区有所不同，所以不能在一般类型的单一系统中加以分类(第十章之七)。可是就我们目前的目的说，却没有必要给所有地区分类；如果我们能找出一些地区，可以作为整体分为一般类型，我们也许就会有希望进行下去，达到一般原理。

但是不论我们考虑的地区为数如何稀少，基本困难依然如故。在任何地区，我们必须研究的现象组合，都不是一个完整的单元组合，却是由一组若连若分的要素复合体组成的，其中有的要素复合体只是组合的部分，伸入别的地区——极言之，也伸遍全世界。

如果我们可以借用詹姆斯关于小虫研究报纸图片的比喻，我们也可以稍稍夸张一点说，在任何地区的地理中，这就像把几张各有自己的图样、大小形状各不相同的图片重叠印在一起，每一张又都任意加以剪裁，以求配合。地理学家的地位正与小虫相似，他也许能够恢复每张的图形，并且给它作一般的分类，但他怎能把所看到的各图那种重叠方式的总和分类呢？假设要素复合体是同样的结合，以同样的方式相重叠，出现于不止一个地区的话，那么就可以建立这极其复杂的形式的一般类型。虽则可以想象这样的重复可能发生，正同可以想象一手桥牌可能重复一样，但却须找出许多

重复的事例，以提供我们区域的一般概念，由此才能阐述原理。

把“区域”一词作为比“某一类型的地区”更简便的术语来使用，我们会有把自己弄糊涂的危险。当我们说波平原和多瑙河中游平原都属与美国玉米带同一类型的“农业区域”时，我们的意思只不过是说，我们在这些地区里看到的是差不多同样的农业要素复合体。即使我们看到**恰好**一模一样的农业要素复合体，这三个地区也不能叫做同种的地区标本；世界上就只有，也只能有一个“玉米带”。一个地区的任何要素复合体，都会出现于别的地区，但 393
所有这些要素复合体像实际上存在的那种实际混合中的结合，在地球上却只能出现一次〔按班斯，*246*，41，及赫特纳，*161*，293〕。

读者可能感到，这个结论虽则适用于具有刚才考虑过的那样广大的区域——因为世界只能包括少数这样的大地区，但我们如果考虑较小的区域、地点，我们总应当能建立类型的吧。一位读过本文手稿的好心的同仁提出，他可以选出 3 个地方，一个在蒙古，一个在巴塔戈尼亚，一个在大平原，3 处地方酷肖，“如果不拿一个豆荚里的豌豆，至少也可以拿不同园圃的豆荚里的豌豆”来相比。毫无疑问，在这一实例中，我们有许多相同的要素和要素复合体的极其相似的结合，但我们就能说每例中这些共同特征都是该区最重要的特征吗？几乎所有土地利用类型的系统，包括那位提出这一看法的同仁所阐述的系统，都把这些地区归入不同的主要世界类型。即使我们略去蒙古游牧区，仅仅考虑巴塔戈尼亚和大平原的商业放牧地点，我们又有什么根据可以说，公路、铁路和城市社区发展上的差异，比起别的特征的相似之处来重要性要小一点呢？

前例看来会引向类型地点，因为它包含着某一要素复合体——包括文化要素和自然要素——占优势的地区。如果拿带有更常见的复杂性的地点来看，情况就更清楚。比如说，在波平原的某地，在某些方面可能看来像是美国玉米带的一个地点，于是会诱使人把两个地方都作为“豌豆而不是草莓”来分类，但在另一些同样重要的方面，波平原的这个地点却像奈波利斯平原的一处地方，根据这一点，我们又必须，比如说，把它作草莓来分类了。再说，关于这些因位于阿尔卑斯山麓，位于自北欧至意大利半岛的通衢大道上，靠近亚得里亚海和蒂勒尼安海而带来的波平原地位的特征，这个地点又与世界各地的所有地点有本质上的差别了。

总之，区域的独特性与各人脊椎或一个豆荚里每颗豌豆的独特性，是属于极不相同的种类的。这些事物在无疑可以称之为次要的特点上，都是独一无二的，其主要特点则相一致；而一个区域，则就主要特点的全部结合而言是独一无二的。在这一意义上说，我们可以赞同谈论地区的“个别性”(individuality)的人，虽则我们可能觉得法国地理学家所用的另一个术语——“个性”(personali-
394 ty)——太有点指有机整体的味道了〔米塞 *93*，274ff.；施吕特尔，*148*，218；彭克，*158*，49；克罗伊兹堡，*248*；及芬奇，*223*，16f.〕。①

---

① 施吕特尔的结论是，地理学只有在其自然的一面是独特的(einmalige)，而在人文方面，则是更有法则性的——在同一篇论文中，他强调说，地理学不是只有两面，而是多面的〔*148*，218，145～146〕！格拉夫也觉得施吕特尔自相矛盾，虽则理由不同。关于地理学的自然科学的一面和社会科学的一面，他本人刚好得出相反的结论，但他的论点公认是以科学的特定哲学为依据的，这种哲学在法则性对个例性的基础上把自然科学与社会科学分开——换言之，是一种兜圈子的论点〔*156*，106；又见赫特纳的评论及以后的讨论，及克拉夫特，*166*，11～13〕。

格拉特曼在对这个问题的令人极感兴趣的讨论中提出，人们根据一个地方所有一切相互联系的现象，研究了这个地方后，就得到一幅完整而独特的图画的印象，因而就觉得是可以用确切的词或简短的用语来表达的。可是“我们却不能把心中拥有的图画一如画好了的样子传达给别人。人人都必须亲自去描绘这幅图画”。作者必须领着读者通过全部分析和综合，使他可以自行得出最后的观念。他的最后评论不应被翻译得走了样：“Damit wird reichlich wasser in den wein unserer jungen Begeisterung gegossen, und es ist niemandem zu verargen, wenn ihm der Trank fürs erste nicht recht munden will”〔*236*,131f.〕。①

然而还留下一个有限应用的方法，利用这种方法，也许看来有可能把各个地方认作同一类型的样本。在任何单个大区内，以玉米带或奥地利阿尔卑斯山为例，我们岂不是看到一个明确的地方类型，就像同一个豆荚里的豌豆一模一样吗？这些地方岂不是可以看作同一类地区的样本，甚至按其全部特点来看，也是划得很清楚的吗？人们至少可以看出与生物同一个种的样本那样类似，因为一个大区内，不同地方的面貌或多或少都是有共同起源的。

如果我们假设一个大区内的不同地方，自然要素基本上相同，文化发展又是受基本上相同的人文因素所制约，那么仍然还留着两个显著的差别。即使在这一限定范围内，我们也不能忽视相对位置的意义。靠近区域中心的地方，在若干可能很重要的方式上，可能与接近边缘的地方不同。此外，如果这些地方是样本，其特点

① “这样就大大地压抑了我的新的热情，而且如果有人一开始就觉得这件事不合他的口味，对他也无可指摘”。——译者

必须包括大小和形状——这些特点不但具有学术兴趣，而且也可
能会影响地方内部特征的发展，尤其是城市特征。但我们如何才
395 能确定这些地方的大小和形状呢？只能在十分近似而且还带点任意性的基础上来确定——无论如何，这都会给予我们一些不同的东西，其不同程度就像是一只豆荚里的豌豆，也包括着形状像是豌豆、南瓜和长颈葫芦那样的东西。

这最后一个考虑，显示了我们的类比在本质上的错误。一个大区里的各个地方，并不相当于同一个种的独立样本，却只是一个整体的相似部分，其所以相似，大部分正是以它们只不过是一个整体的各部分这一事实为基础的。确实，这个“整体”——大区，也不是真正的“整体”，却只是我们所拥有的那个唯一而且完整的整体——全世界的一个部分。

换言之，试图阐述地区本身的一般概念，以别于有关地区的一般概念，——并在此基础上比较地区本身，阐述其间关系的原理——却是靠着谬误的假设：以为地区即是一个实际的物体或现象。我们被自己的术语引入歧途了。我们说某些地区属于同一类型，只是意味着它们包含一个或几个要素，或者要素复合体，在所有一切地区，每个都是同一类型。那就是说，我们把地区中存在的现象分类，成为种种一般类型系统后，于是又给包含一个或几个这种类型的地区，按其所包含的类型贴上标签。我们实际上不是在给地区分类，却只是给它的一个或几个特点分类。地区本身之为一种现象，正与一个历史时期之为一种现象一样；这只不过是一种现象的智力结构，一个现实中不存在的抽象概念。因此它是不能作为一种现象来与别的现象相比较，也是不能在一个一般概念系

统中加以分类的，但我们可以在这些一般概念的基础上表述它与其他现象的关系的原理。确实我们不能恰当地谈地区间的关系（除纯几何关系以外），却只能谈不同地区以内某些现象间的关系。同样，地区本身与其内部现象的联系，也只因它在如此这般的位置上包含着这些现象。

有人可能会提出异议，说我们对“地区”一词是过于从字面上来考虑了，说地区的含义只不过是存在于一个抽象划定的空间的一切相互联系现象的总和而已。当然，这种总和是一种实际，但却不是一种现象：或多或少相互联系的诸现象（有的因部分位于地区之外，所以并不完全）组合起来并不是某种东西——某种作为一个单元与相似单元有联系的东西，而只是一种纯几何的位置关系。（为了澄清前面运用术语引起的混乱，我们必须指出，如果因为某些权威把形成一个相对封闭总体的相互联系要素的总和称为单元——但非“整体”——因而也就证明我们有理的话，那我们却绝
不可认为这种不确切的单元，具有一个确切的单元的属性——例 396
如，形成某种单一现象，作为一个单元与别的相似单元具有联系。回到地理学上来，我们知道，我们可以不确切地作为地区单元间的关系来讲的那些关系，事实上都只不过是一个地区中某些要素与另一地区中某些要素间的关系。）

说地区本身不能从一般概念的观点来研究，而只能把它看作相互关系现象的独特（einmalige）结合中独一无二的事物，这个结论又使某些作者得出这样的定论：区域研究对一门科学来说不是恰当的课题。既然我们不肯给一门科学下定义——虽则我们已经向读者介绍了诸如科恩、巴里和克拉夫特一派的学者的观点，我们

也就不能对这个问题作什么争论了。然而我们可以再说一遍:每一门科学在或大或小的程度上,都是与独一无二的事物有关的。正如格拉内所指出的,从一般文化的观点来看,地区形成了人类的环境,所以难得有什么像地区中相互联系现象的总体那样值得给予极大注意的独一无二的事物〔252,44〕。

另一方面,说我们不能以一般概念和原理来研讨地区本身,这个结论并不意味着我们就不能利用表达不同地区特点中的显著相似性的一般概念。反之,发现不同地区反复出现的要素复合体和几种要素复合体的组合,那是有很大的价值的。为了简化了解世界不同地区错综复杂性质的艰巨任务,也为了详细阐述关系的原理,以帮助我们了解这个世界,我们不但需要表现许多地区某种特性的相对有限的要素复合体,而且也需要可能表现少数地区很多特点的最完整的要素复合体。即使没有一个一般概念能单独表现一个地区里的所有特点,即使任何一个要素复合体系统可能都不适用于世界上所有的地区,即使要素复合体的单一的、极其复杂的组合,可能只在极少数地区才存在,这些要素复合体也都是具有极大价值的。

所以对我们当前的目标来说,我们是可以利用许多要素复合体的,尽管我们看出它们对世界划分系统不适用。因而虽然不可能根据地形、土壤和水系的结合来合理地划分世界,但我们却确实看到在许多地方,这些因素一定的统一组合是存在的——例如,作为泛滥平原一种特殊类型的"黑洼地"(我们是否已经有了一种适合于地理学目的的泛滥平原分类,这是另一个问题)。

同样,我们可以认识和利用包括自然要素和文化要素的要素

复合体。在描述了陡峻谷壁的梯田式葡萄园时，不论这是意大利 397
阿尔卑斯山或者莱茵河峡谷的谷壁，也就已经描述了两地之间到处存在的相似地方的主要部分。同样也可以对湿热带通航河流河口的港口作一般描述——用进口材料、靠进口技术建筑的库房和工厂，与原始森林的背景形成尖锐的对比，外国管理集团住宅区与土著居民区也是迥然不同的。在外貌上，这样一种要素复合体，重复地在热带海岸也许几百处地方都可以看到。

这类一般性描述，无论对描述还是解释——即详细阐述关系的原理，都具有无可置疑的价值。只要记住它们不可能包括所描述地方的全部特点，甚至不能包括主要特点，也不可能把它们安排成描述世界——即使只是个概貌也罢——的单一系统就好了。

五、地理学中知识的组织

在任何科学领域中，知识必须组织成体系，以便研究某一特定问题的学者随手即可取得有关问题的事实、一般概念和原理的知识。如果一个领域内所有知识不能组织成单一的体系，也必须尽可能地使几个体系相互联系起来〔科恩，*115*，106～114〕。

在地理学中，知识是以两种不同的方式组织成体系的。我们可以把带有地区差异的现象划分成几个大组，每组都由一些密切联系的现象组成，从而发展出地理学全领域内的**专门化**分支。于是这些分支就包含着自然地理学、经济地理学(其中又进一步分成农业地理学、矿业地理学、工业地理学等等)、政治地理学和也许可称为社会地理学等部门。当然，把历史地理学包括在这一组里是错误的，因为历史地理学本身就是一门完整的过去时期的地理学（参考第六章之三）。

另一方面，一切地理知识，包括其每一专门化分支里的地理知识，都可以按照研究世界地区差异所需要的两种不同观点把它组织起来：即任何特定可变现象的差异与世界上其他可变因素差异的关系的观点，以及该区内部所有可变因素的总性质的观点。

按所研究的各个现象来组织地理知识，欧洲地理学家称之为“普通地理学”，我国则称之为“系统地理学”。按地区来组
398 织，通常就叫“区域地理学”。（用“专门地理学”一语来指这种组织形式，幸好不再常见了。在德国地理学中，通用的术语是“Länderkunde”。）

这两种划分地理学领域的不同方法，是不能在一个平面上结合起来的。⬅地理学的每一个专门化分支，既在系统地理学中，也在区域地理学中阐述——在系统地理学中是由单个要素或要素复合体的分别研究来阐述；在区域地理学中则由限于某组相关方面的区域研究的一**部分**来阐述。于是，研究与农业有关的要素复合体——土地利用复合体和自然条件复合体等等，就是研究区域农业地理，例如科尔比对南加利福尼亚中部葡萄干生产的研究〔*337*〕。

很明显，以别的方式把地理特征组入专门领域中也是可能的，如聚落地理学（Siedlungsgeographie）或城市地理学。关于某一城市的地理，很清楚，这是区域地理学的一种特殊形式，而研究在许多城市中重复出现的个别城市特征，则包括在系统地理学之中。此

外，因为一座城市也像一个农场一样，相当于可以看作一个独特单元的一种实际要素复合体，所以系统城市地理学对世界上的城市或其某一部分，可以按其差异性质与其他地理差别的关系加以研究。

这里没有给“数理地理学”和制图学以地位，还当稍加说明。在气候学中，我们关注由行星地球与太阳的关系而产生的地区差异，但关于这种关系的事实，我们却要靠天文学。同样，研究地球的确切形状和大小，就是向天文学和大地测量学提出问题(见第三章之二)。给一个球形(即地球体)在一个平面上作投影图的问题，就是投影科学，本质上是应用数学的问题，天文学关心这个问题也不亚于地理学。因此“数理地理学”一章常成为地理学教科书中的导论一章〔*111*，274f.〕，正如赫特纳所指出的，这一章常常完全以天文学及其他非地理学材料写成。虽则这种安排似乎合乎逻辑，但也令人怀疑，是否引导学生走进地理学领域的最好办法，须从别的领域的详细研究开始，就仿佛生物学教科书应当以化学的详细研究开始，然后引导到生物化学里去一样。制图学与其说是一门科学，毋宁说是一种技术，它是给许多科学服务的一种知识形式。因为它对地理学比对其他科学更重要，而在地理学中又发挥到了 399
最高的程度(参见第八章之四)，所以它与我们这门科学关系最密切，也是很自然、很合理的，但从逻辑上说，制图学之为地理学一个分支，也与统计学之为经济学一分支相去无几。⬅

作为研究世界的地理学，必然会包括大量由各专门化领域阐述的不同方面。然而这一领域中——不论是系统地理学还是区域地理学中——的绝大部分工作，不是由自然地理学就是由经济地

理学组成的，这却是众所周知的事实，这一点只要胡乱地翻一翻文献资料就可证明。城市地理学在理论上交叉到这些专门领域以外，在实践上却不过是由这些组成而已。政治地理学中相当可观的文献，迄今还只是次要的东西；而社会地理学文献，我们几乎还没有。这种情况也许可以看作地理学在上世纪发展的特殊方式的自然结果，或者也可以说，地理学家是从更明显、更简单的问题开始，而把更复杂的问题留到以后去研究。不看后一解释中包含着的可疑的心理学上的设想，这里还是有正确性更持久得多的理由的。

在研究世界地区差异时，地理学对许多促成这种差异的每一特征所感的兴趣，是与它对全体的关系成比例的。每一自然特征在不同地方都有显著的变化，而其变化又是与另一些自然特征及许多文化特征的变化显著地联系着的。总之，世界不同地方自然环境的明显差异，和大部分文化特征对自然环境的部分依赖关系，充分地证明了这个定理：自然地理学在地理学总体中具有根本上的重要性。

近数十年来，地理工作显著地集中于经济地理学，要说明其正确，理由却不是那么明显。对于许多学者，可能看来这表现了特别着重研究与科学精神显得不相干的实用价值。无疑地，这一领域内的许多工作是受到这种外来考虑的刺激的；如果它是明确地为适用实际目的而设计的话——如土地利用测量等等，那么它寻找到的理由就是作为地理学的应用形式。人们力图把科学知识和科学方法应用于某些问题，无疑地，任何科学都会从他们所做的工作中得到促进。但是理论科学和应用科学这两种形式之间，却存在

着本质上的矛盾。后者在性质上受着它在任何特定场合都必须研 400
究的问题性质的限制和决定。一个特殊的复杂问题放到任何科学理论分支中都不适合，但却需要可以应用于它的各种知识和技术的形式。即使这种工作在一群不同科学家之间进行分工，这种分工就是在原则上也是很难遵照理论科学的分门的。⬅

此外，还可以说，不少对经济地理学的兴趣，基本上也就是对经济现象的兴趣，不过这些现象或多或少是就其地理方面来研究的。姑且承认对许多研究说来都是如此——特别是与世界某些产品分配有关，或与某些国家的经济情况有关的研究，即使是从“地理基础”的观点上来进行研究的，可是还留下些根本上的理由，需要地理学所有与人文现象有关的各部分，都承认经济地理学具有根本上的重要性。

我们在考察一长串文化特征时(参见第十章之六)，发现凡是文化特征在不同地区的差别具有最大地理意义的——即从它们与其他地区差别(无论自然上或文化上)的关系上说，绝大部分都是经济特征。(它们无论如何都不包括所有经济特征，因为其中有许多并无多少地理意义，虽则有很大的经济意义)因此地理学家大半从经济地理学的观点来看人文地理或文化地理是有道理的。

此外，因为经济地理学须仔细研讨与经济现象有关的自然特征，所以经济地理学中的区域研究构成区域地理学中全面研究的大部分。说得简单点，大部分人都住在他们所住的地方——不是迁移他处或死亡，这并非因为他们喜欢那里的气候、政治或风俗习惯，而是因为他们能够在那里谋生；他们谋生的方式，因而也是他们的一般生活方式，大部分都是由经济特征和自然特征的相互关系所决定的，而经济地理学的职责，就是研究这种相互关系〔参看施米特，7，162～200〕。

同理，我们也说明了地理学把主要重点放在农业（在土地利用的意义上）地理学上确有道理。城市地区的特征在不同地区中无差别的程度要大得多。然而这却不是说即使是以农村为主的地区，如果略去城市或只是一笔带过，它的区域地理还是完整的；农业区与城市的关系，对了解该区的性质十分重要。

401 另一方面，世界上至少有两个主要部分——就是欧美地理学家最感兴趣的两个部分，地区差异大部分是由城市发展在强度和性质上的差异表现出来的。特别是对于这些地区，地理学非常关心作为城市发展主要基础的工业地理，关心研究城市本身，视作人类造成的最不平常的地区特征。⬅

说自然地理和经济地理组成总体上的地理学的主要部分，这个结论一点也没有说可以忽略其他部分的意思。第一点，经济地理中就有许多特点，如果没有了解它们与文化上（从狭义上说）和政治组织上的地区差异的关系，那就不能作出正确的解释。因此这些也都是在地理学上有深刻意义的特征，为了确切认识它们与别的此类特征的关系，也需要系统地研究它们。

文化上的主要地区差别，在与其他地理特征的关系上可能有很大重要性，这一点，凡是旅行过东欧或者横渡过格朗德河，或者曾到过中纬度的南非的人都是熟悉的，更不必说中日文化区或印度文化区所观察到的重大差别了。然而次一等的文化差异显得只有很少的影响。仔细研究欧洲作物生产图，显示了自北海至阿尔卑斯山这条界线的重要性，此线以东，裸麦和马铃薯要比此线以西自然条件相同的地区重要得多；这条界线大致上沿着法德文化（不是民族）界线。然而这里提到的差别显然是较小的。同样，建筑、习惯等等方面更明显的差别，也很难看作具有头等规模的地理差别。因此详尽而系统地研究民族地理，不论对于其他用途价值如何，看来对总体上的地理学贡献也较小。

另一方面，正像采矿地理学的重要性不在于其本身，却在于它与更重要得多的制造业地理学的关系，民族地理学对国家地理学来说，也是要关心的主要对象，甚至其细枝琐节。国家——在独立政治单元这一意义上——的研究也许只是政治学中的一个较小部分，但国家地理学却构成政治地理学的主要部分。这个结论是因国家的一个特定的特点而来的，但在讨论整个地理学中政治地理学这个部分的地位和作用时，却常常看不到这个特点。

作为一种社会组织，任何政治形式，不论是国家、政府，还是其 402
他共同体，在世界各地确实都是一种处处不同的特征，但这些差别与其他特点的差别只有很少的联系。说希腊群岛的多山岛屿构成希腊城邦民主政体发展的必要背景，这个论题是政治学中的地理方面的论题；多山岛屿地理或民主国家地理的系统研究，是不会提出这个论题的。如果说这个“议会之母”是坐落在一个接近大陆但又不与大陆相连，而且有相当大小的岛屿上——一个具有某些气候、地形和土壤条件的岛屿上，那么她的女儿们却在具有根本不同的自然环境和十分殊异的经济地理的地区中显得欣欣向荣。从这个观点上考虑来研究政治组织时，正像彭克所提出的，地理学除了给政治学家提供补充建议外，可能是不大有什么地位的〔*163*，51f.〕。

另一方面，地理学家对于国家作为地球表面上的一种划分，也是怀有直接的兴趣的。虽则这种划分是由人作出的，不是地球性质中所固有的，但正如彭克坚决主张的，这一点对我们并不重要，因为我们觉得，不论对地球作什么划分，都只能是由人来作出的。他把一个国家的地面描写作“只不过是人的（政治的）行动的舞台，确实是一个会影响它的舞台”，这一点我们也是不能接受的；这样一种描写只表现政治学家的国家地区观点。对地理学来说，国家是这样一个地区，该区以内的某些条件处处相同，与其他国家地区的此种条件成为对照。因此这是在某些极其重要的方面具有均一性的地区，因而也形成一切地理现象中最简单也最明确地划定界线的现象。此外，正如我们在考察把地区看作单元的概念时所指出的一样，国家是大于城市的唯一地区，城市组织成为活动的地区单元“整体”（第九章之六）。国家地区与“区域”的抽象概念不同，在很多方面都是一种具体的一元之物；它是地球表面的一块，界线分明，而且与其他各块分开。它与各块的关系，在许多方面都是完整单元的关系。国家地区也与其他具体物体一样，有大小、形状和结构。确实，正是在考虑国家的结构时，我们的区域概念才成为具有实际重要性，而不是仅仅学术上的重要性的东西。

对于许多地理学家，特别是我国的地理学家，把国家看作一个地区单元的概念，可能显得与地理学相距遥远，不仅因为它即使观察得到（也只能勉强地在可见景观中观察到），而且因为一个传布
403 很广的印象，以为人类的政治结构是某种外在的东西，无论对地球或对人类都并非必不可少。相反，正如施吕特尔所指出的，“国家（在最广义上说）绝不比人类年轻，却毋宁说更年老。人没有一个

包含着国家种子的社团的保障，就不成其为人。人从一开始就已经是亚里士多德的政治的动物（zoon politikon）”〔*134*，410〕。因为人，作为一种政治的动物，创造一个国家也正像创造一个农场或城市一样自然〔参看沃格尔，*271*，5〕，而人所创造的国家，正如伊斯特所说的，“不论它是什么别的东西……都同时又是、而且不可避免地会是一种地理词语，作为一种地理词语，它又形成地理科学论题的一部分”〔*199*，270；参看，*216*，802～804〕。

正因为地理学的这一部分与整个领域的关系间存在着相当大的争论，所以我们又可以简略地考察一下国家地区作为地理研究的题目的意义。世界国家地区在大小和形状方面的差别，是地球表面地区差异最明显的事实。因此，这是我们致力于研究世界不同部分间差别的学科中，必须理解的世界特点之一。认为这可以看作次要的事实，这已经被国家政权的现实所驳倒了：国家不但控制着自己地区范围以内的政治生活，而且也控制着经济生活。最后，这个地区差异的重要事实，如果是与地区差异的其他特点有意义深长的联系的话，那么它在地理学中也是意义深长的。

设想把地球上任何地区划分为国家地区是“自然划分”，也就是说是由自然条件决定的，那当然是谬误的；因为这一现象本身是文化现象，所以国家也好，国家的任何要素（如疆界）也好，都不可能是自然的〔*357*〕。但把欧洲或亚洲政治地图与相应的地形图作比较，不可能看不出这两种差异形式之间存在着密切的联系。甚至在政治地图看来似乎极其武断地划定的地方，如在南美那样，考虑一下人口密度地图，接着又考虑一下说明它的自然要素地图，就可以看出，只有外部边界才是武断地划定的；国家的基本划分，是

十分显著地与该洲的自然地理相联系的。←

国家地区不但在大小、形状和彼此位置关系的明显特点上，而且在其内部构造上，都是各不相同的。不同国家地区构造上的差别，在自然地理、经济地理和人种地理方面，是直接地与该区的区域结构联系着的。

在经济地理学中，我们关心着世界经济差异，那是在相反的方
404 向上显著地受着各国努力的影响的。各国都把各自地区中的一切文化特点组织成多少是均一的封闭体系，有的国家要比另一些国家突出，但各国全都有。

这些努力最明显的结果是关税壁垒。这道壁垒，虽然见到的只不过是小小的界石和边境站，但对生产、贸易地理的影响却可能比高山大洋还要大。许多较不明显的影响，统统加在一起也许更为重要。比如巴黎盆地的区域地理本身，只能给其内部最重要的特征之一——巴黎城，作出一点次要的解释，对法国北部的大片肥沃平原来说，这座城市的形状和性质是完全不成比例的。过去几世纪，法国这个国家以巴黎为中心，把它从北海到地中海的所有区域并成一个有组织的单元，只有这种成效卓著的努力，才可能说明那个特定地理现象的原因。从正面说，法国各区域工农业的发展，已经因为它把这一政治经济地区单元包括进来而显著地受到影响。

因此，政治地理学——基本上即国家地理学——的地位，不能被看作处在遥远的边缘位置，毋宁说还是与地理学的主要方面密切相关的。另一方面，地缘政治学这个特殊领域，在战后的德国已有长足的发展，这是一个范围十分宽广的——或者完全没有限定

范围的——领域，按政治地理学来说，在这个领域中，地理学是被用于特别的目的的，超乎求知的范围。所以地缘政治学是地理学在政治上的应用〔哈辛格，*165*，23〕，如何估计它的价值和重要性，取决于人们对它为之服务的政治目的所定的价值。正因为地缘政治学是从德国人的观点出发，设计成为国家政治服务的，因此可以认为从这一观点上看来是正的价值，就为从他国的观点看来是负的价值所抵消了。地理学这一分支制造了国家“生存空间”(Lebensraum)的概念，从它对世界思想的影响看来，就像是地理学中唯一最有影响的分支了。(对于地缘政治学以及政治地理学本身的历史和方法论问题，笔者以前已经论述过了〔*216*〕。自从那时起，法国的昂赛尔曾试图为国际科学挽救地缘政治学(Geopolitique)这个术语〔*187*〕，英国的伊斯特也发表了一篇值得注意的研究〔*199*〕；对政治地理学的最全面的研究是毛尔的著作〔*15*〕。)←

当人们从我们所遵循的观点考虑社会地理学这个理论上有可 405
能的领域时，说这样一种性质的研究，发展下去能对地理学作出重大的贡献，看来可能是值得怀疑的。在原始发展地区，人们可以研究关于衣着或者工具的地理，或者还可以设想关于举止习惯和宗教的地理。然而对世界的重要地区来说，这种研究显然是没有多少地理意义的。人们在芝加哥戴帽子，而在伦敦，因为冬天不冷，却让他们的耳朵挨冻。美国中西部的城市建筑学，主要因显示缺少本地文化而有深刻意义。宗教上的地区差异，在政治地理学上具有某种重要性，也许在经济地理学中少数场合也是如此，但总的说来，这种现象表现了与其他地区差异特征的关系相对较少。即使我们举出最常引用的例子，即伊斯兰教是草原游牧民族的宗教，

我们看到它也在孟加拉或爪哇集约耕作水稻区的热带雨水下盛行着。

可是在科学上过早判断未来的发展，却是一切预言中最危险的预言。文化的许多方面，除了经济、政治实际以外，都是与区域差异有显著联系的。以证明缺乏重要关系的选例为根据而排斥这一领域，肯定是不明智的。在欧洲和我国某些地方，对聚落形式、房屋式样等方面的研究——据说最近在日本还要特别热心，表明对总体上的地理学会作出有系统贡献的可能性（特别请参看施米特〔*180*，54～80〕；又见前第六章之六的讨论）。

在我们讨论过的地理学的每个专门化分支中，我们觉得可以应用于总体上的地理学的同一理想，也支配着求知。这些理想能实现到什么程度，在各个领域有所不同，正像在系统科学的相应领域内的情况一样。毫无疑义，总的说来，在自然地理学中，精确可靠的程度可能最高，在文化地理学各分支中，则多少按照着我们讨论的次序逐渐递降。然而这样一种比较绝不是普遍正确的。某些经济事实可比许多自然现象的事实以更高度的精确性和可靠性来证明，地理学上也很少有什么事实能像有关国家地区范围的事实那样，可以如此高度精确可靠地予以证实的。

在普遍原理的阐述上，地理学中最显明的对照并不存在于各
406 专门领域之间，而是存在于系统地理学所有各分支与区域地理学之间，不论是部分还是全部。系统地理学的独立发展，在其本身及其与区域地理学的关系上之所以如此重要，就特别由于这个缘故。

这两种观点之分，正因为地理学的性质而成为必要。地理学要研究的地球表面地区差异，是由大量个别特征表现出来的差异，

这些特征一部分是彼此互相联系着，一部分则是独立的。所以地理学必须研究全世界每一个特征的地区差异，不是当作那个对象的系统研究的一部分，而是当作对地球表面一种地区差异形式的研究；这就是系统（或普通）地理学。然而很清楚，仅仅把系统地理学的适当部分加在一起，还是不可能充分理解地区间的差别的。我们必须去研究一地存在的所有地理特征相互关系的总和；这就是区域地理学。⬅在历史部分，我们看到瓦伦纽斯首先阐述的地理学内部两种观点的差别，在洪堡的著作里是存在的，而且正如瓦格纳指出的，在这一领域内形成不可避免的二元论——不是关于物质，却是关于研究方法。稍晚，哲学家克拉夫特在考察我们的领域时也证实了这番话〔*166*，4f.〕。总的说来，在近代地理学中，对于这两种观点之分，李希霍芬作了概要描述〔*73*〕，继他之后，赫特纳又作了更清楚的说明〔*140*；*161*，218，398～403；参看彭克，*163*，44〕。然而，这两个方面的相对重要性依然还是争论不休的题目。

对这两种组织方法间的关系，赫特纳以如下的方式作了说明。如果我们把地理要素的变化看作仿佛是包含在与地球表面相平行的面上的，那么所有这些要素合起来，就会在地球表面上空的不同高度上形成一系列表面。在系统地理学的任何一个部分，人们把单层表面上的所有一切变化与其他诸要素表面上的变化可能有的关系联系起来研究。然而在区域地理学中，我们却垂直通过所有各层表面截下一个有限部分，以求理解一个地区中这些表面的特点的总和。⬅

这两种组织地理知识的方法，不但不是每一部分都相互联系着，而且实际上也绝不是像时常想象的那样截然不同。系统研究未

407 必都要包括全世界，而是可以限于一个洲或者一个地区，其中所研究的特征是有变化的。(因而“普通地理学”一语是不恰当的)于是如果对一个小地区中所有的特征陆续加以系统研究，仅仅把这一整个系列系统研究加起来，并不就成为一种区域地理研究，却只不过是一个有限地区的系统地理而已。基本的差别正是在观点上。在区域地理学中，研究集中于个别地点或地区上，不论大小如何，都是(任意地)看作单元的。于是目的就是要理解每个单元的特定地理性质——即是说在因果联系中所有这些地理因素的特定形成方式〔赫特纳，*126*，672〕。

正如我们多次表示过的，对地理学中继承下来的表达该领域这两个部门的术语，许多学者都曾感到不满。瓦伦纽斯把研究广大地区或全世界各个范畴的现象的工作，叫做“普通地理学”(geographia generalis)，在德国(allgemeine Geographie)及法国(géographie générale)几乎是普遍使用的。然而正如赫特纳等感到的，这会使人误解，不但因为这些研究可能只限于地球的一部分，而且尤其因为这些研究是凭各个范畴来研讨地球表面的特征的。李希霍芬在一个时期提出“分析地理学”这个术语〔*73*，41〕，但赫特纳反对得很有理：在地理学的这两种形式中，分析和综合两者都是需要的〔*126*，675；或 *161*，400〕。施吕特尔看来却已采取了这个术语〔*247*〕。我们指出过，赫特纳很早在对这个问题的研讨中，曾以“比较地理学”(vergleichende Länderkunde)来代替“普通地理学”，试图把地理学中这两个方面的密切关系表达得更加清楚——他告诉我们，“比较地理学”一语是从李希霍芬讲课的标题中取来的。赫特纳在他以后的方法论论述中没有再用这个术语，最近却又回过来捡起它作为一部包括整个普通地理学——除了略去海洋——的综合性著作的题目〔*362*〕。不论德国学者最后会得出什么结论，美国地理学家们无疑都会同意彭克，认为这种用法是不恰当的〔*90*〕。另一方面，在美国文献中，现在广泛使用的术语“**系统地理学**”，在许多德国地理学家的文章中，也可以找到许多先例。例如李希霍芬把地理学的这种形式描述为有组织的“根据系统的原则”(auf Grund systematischer Principien)〔*73*，41〕，赫特纳称之为“系统描述”(die systematische Darstellung)〔*126*，675〕，而彭克则呼为“根据系统观点”(nach systematischem Gesichtspunkt)的方法〔*163*，44〕。不幸这个术语并非源出德语，而其德语的相应语词却又不适合，这就使它没有被作为德国地理学中一个主要部 408
分的称号来使用。

瓦伦纽斯所采用的另一个术语“专门地理学”(geographia specialis)在德国大都用“Länderkunde”，以后又用“Landschaftskunde”来替代(这里不来考虑两个术语间的区别)，但几乎所有非德语国家都用“区域地理学”这个恰当的术语来替代。然而许多德国学者已经感到“Länderkunde”不合适，一方面因为它把海洋除外，另一方面也是因为它所提出的地区划分，要比现在通常作为区域来研究的划分大得多。早在1831年，弗勒贝尔提出用“区域”来代替“Land”〔54〕，苏潘想回过来用“专门地理学”(Spezialgeographie〔或“spezielle Geographie”〕)〔*78*，153〕；韦贝尔赞成或用此词，或用“区域地理学”(regionale Geographie)〔*266*，198〕；劳顿萨赫则支持“区域地理学”〔*173*，29f.〕。然而，因为这些术语都不是出于德语语源，看来现时德国地理学家不大可能会改用它们。

地理学领域可以分为两个不同而又互相交叉的方向，这常常引起混乱。我们可以举几个例子加以分类，来澄清这种情况；如果我们把这些例子局限于作者本人的研究的话，那就不会有触犯什么人的危险。政治边界类型的研究是政治地理学中的系统研究，试图建立一般概念，提出普通原理〔357〕，而上西里西亚的边界研究则是局部的区域研究，即区域政治地理〔355〕。同样，上西里西亚工业区研究也是一种局部的区域研究，主要局限于该区经济地理的一部分〔356〕。最后，奥匈研究是一个过去时期的区域政治地理，本世纪初期的区域政治地理研究——亦即一种历史地理研究，不过限于政治区域地理而已〔358〕。换言之，我们不承认“经济地理与区域地理间有界线”，普法伊费尔显然会要我们这么说〔109，108〕。它们是互相交叉的。但也由此可见——他可能会这样说——不能以为把区域地理学局限于经济区域地理学，这门学科仍旧还是完全的。

六、地理学的组织与其他组合科学的组织比较

认为系统地理学和区域地理学是我们这个领域里的两种并立的知识组织形式，这个结论可能在读者心里——正像在笔者心里一样——
409 引起一个关于地理学在各门科学间的地位问题，我们一般是把地理学归入这些科学之列的。如果地理学应与天文学一起归入方志科学，并应把这些科学与历史领域包括在一起，作为组合科学(integrating sciences)，那么我们是否能在逻辑上指望这些

领域每个都可作系统方法和分段（分区或分期）方法的相应划分呢？至少乍一看来，人们也许会以为天文学几乎全都可以包括于系统的方法之下，历史学也几乎全部可以包括于时期研究之中。只要情况是如此，那么对我们关于地理学与这些领域在逻辑上的相似性的论点，还有什么怀疑呢？

虽然天文学和地理学都是关于空间组合——事物在空间的相互关系——的研究，但它们所研究的空间的性质及其内部相互联系的事物，却如此完全相异，因此不论逻辑相似性多大，我们都不应指望两个领域中的发展会有相似的结果。天文学家对他的大部分工作，可能把天空看成异常简单，以为它一方面是由均质的以太——在他大部分工作中，他可能只把它看作一无所有的空间，一方面是由大量无生命的物质组成，这些物质又大半是界限分明的单元，相距遥远，因而基本上是作为整体单元而彼此互相联系的。在任何天区（celestial region）——即太阳系所占据的天区——以内，即使有什么组合问题，也无非是这些块体单元间的关系的系统问题，主要是关于它们对彼此的位置和运动的影响问题，这是只从两个因素来研究的，即重力和在空间的自由运动。然而即使在系统天文学范围内，也不是都已经能把所有的发现变成科学法则的。虽则对太阳与其他恒星关系上的运动早已测量过了，但决定这种运动的法则却还没有建立起来，也许就永远不能建立。

天文学确实包括着一些相当于区域地理学方面的研究。这在对太阳系里那些单元的仔细研究中极其清楚地表现出来。那些单元相距很近，可以观察到其各部分间的差别。对我们这个宇宙中恒星组合的研究和对各个星云的仔细考察，也属同一范畴，虽然性质不同。

如果天文学因其研究的问题比较简单，所以主要与系统研究有关，那么在历史科学方面，情况就正好相反。在这一组科学中，历史地质学极清楚地表现出系统方法与分期方法之别。对过去时代气候的变化，山脉发育的变化，以及总的说来大陆地形的变化，
410 或者马的进化，——所有这些方面的研究，都是对地球历史的系统研究。而试图给密西西比河上游或地球历史上任何别的过去时期的气候、地形和动植物等有关现象描绘一幅概括的图画，这样的研究与此适成对照。

我们在讨论地理学性质时，从头到尾三番五次地提到的比较，当然是与历史学的比较——这里说的历史，是从“历史时代”的历史这一通常意义上说的。然而许多学者却说，这种比较只与区域地理才有关系，他们说历史学缺少系统研究〔参看彭克，*158*，48～50〕。

事实上，历史学通常是按我们可称之为“分期史”来进行教学的，我们却不能因此发生误解。在研究问题时，历史学家常常集中注意于一段连续时间中某一组极为有限现象的发展变化上。这样的研究，可以论述某种宪法特殊形式的发展、劳动立法的形成，英格兰小麦价格的变化，或者明尼苏达公路的发展等问题。

然而就一个外行人所能作的判断而论，这种性质的工作对于整个历史领域，绝没有像系统地理学对地理学那样重要。特别是它未能给予历史学以一般概念和原理，像系统地理学中所阐述的那样明确。

如果比较两个领域所研究的各个问题，像在其书刊中所看到

的那样，显然历史学家所研究的现象，其间的相互关系要比地理学中通常研究的问题复杂得多。这种差异的逻辑基础不那么明显；实际上我们对这两个领域的关系的基本假定，必然会得出两个领域都可以研究同一现象的结论：历史学可以研讨区域现象，地理学也可以研讨历史事件。

然而历史学和地理学都无须考虑它们所研究的现实各片段中存在的所有一切现象，它们只要研讨分别在时间或空间的不同片段中有重大差异的现象就够了。在每一场合，注意力主要集中于极不相同、而且不同程度对全部差异有极其深长意义的现象上。在历史学和地理学所涉及的整个现实里——即历史时期中世界上的现象，有一类主要现象，即自然现象，在因果关系上对所有其他现象具有根本的重要性，但这些自然现象虽然在世界不同地区显著不同，而在历史时期的不同阶段差异又极小。当然，这一点就形成狭义上的历史学与史前史学间的巨大差别，更不用说古生物学了。

411

因此地理学上极为重要的地区差别，或是自然特征本身的差别，或是与自然特征有密切联系的文化特征上的差别。只有在气候、地形之类特征在同一地方经过历史时期发生了急剧的变化，急剧得如同它们于同一时期在全世界千变万化一样时，我们在历史学上才会有类似情况。换言之，假设英格兰的自然环境自恺撒时代以来，已经从潮湿变为干旱，从极地变为热带，从平原变为山岳，那么英格兰的农业史就会成为其历史的最重要部分，历史也就老早会发展出气候史、地形史等等系统分支。诚然，假设埃尔斯沃思·亨丁顿的论点，甚至气候上的小变化都有历史重要性的论点，竟然会得到证实的话，那么历史学发展出气候史系统研究——即气候变化与其他历史特征的关系的研究，就不但合乎逻辑，而且也是必要的了。

无论如何，刚才所引的例子是例外的情况，它验证了这个规律：历史时期自然条件的相对稳定性，导致那些与自然条件相关极为密切的文化特征的显著不变性。任何地区的土地利用方式，可能历几百年而依然如故，在中国则是几千年。城市并不经历幼年、成年、老年而至于死亡的一般过程；它们可能保持着大致上相同的状况，无限期地继续存在下去。

因此，在与时间的关系上显示出最值得注意的差别的现象，总是一些与自然条件关系较不密切的文化现象——因而通常也是性质上更复杂得多的现象，如礼仪习俗、政治组织、发明创造等等。此外，这些现象本身非但比地理学极感兴趣的现象更复杂，而且它们在不同时期的相互关系，也比不同地区的重要地理现象间的相互关系更为复杂。诚然，在大多数场合，一个历史时期的性质基本上决定着下一历史时期的性质，而地理上一个地区的性质通常对邻区的性质只有较少的影响。所以历史学家对他们的时间分期的虚构性，要比地理学家对他们的相应地区划分的虚构性有更清楚的感觉，这也毫不奇怪了。

另一方面，历史发展中也有一些忽然出现的断裂，其所造成的
412 变化几乎像地理上从海洋到大陆的变化那样大，那就是在新的发现发明或者民族迁徙给一个地区带来新的文化的时候。过去数世纪间，美洲的移民定居边境不但是一条标志着巨大地理对比的界线，而且随着它经过任何区域，也表现了人类适应自然的一场历史革命。因而这场革命的历史学家为了研究历史，就必须理解那些

支配着文化特征与自然特征的关系的原理。关于产业革命和相关的欧洲农业革命之类历史问题，也有很多相同之处。

关心这些问题——包括比形成绝大部分历史材料特征更为简单的特征——的历史学家，只要有可能，大概都会毫不踌躇地进行系统研究的，只要能够解释，也都会毫不踌躇地解释其关系的。大部分历史事件也许太复杂，不能作明确的解释，但不应因此就武断地说，历史事件都是不能解释的。可是不幸，类似上述的情况，人类适应自然根本规律显著变化的情况，在历史上却较少，而大部分情况发生得都很早，使历史学家研究它们的可靠资料极其稀少。于是关于“边境”——在逐步推进的定居边界的意义上说——历史的系统研究，不仅要研讨新世界和西伯利亚的边境，而且也要研讨中世纪时期日耳曼人在中欧的定居边境，更早一些，还要研讨盎格鲁—撒克逊人在大不列颠的定居边境。很明显，即使有资料，这样的问题也会是极端复杂的，因为它不但涉及世界史的不同时期，而且也涉及性质根本不同的世界各地区。

一般地说，历史学中的系统研究必须论述的问题是太复杂了，涉及的因素也太难观察和估量，因而不能详细阐述类似系统地理学中所阐述的一般概念和原理。确实有些研究历史的学者——多半不是历史学家，设想可能阐述有关国家兴亡、革命原因，或者某些社会运动发展的科学规律，但他们提出这些论点的热情，倒要比用以支持它们的证据更值得注意。大部分职业历史学家都怀疑发展一门系统历史学的可能性，这门学科可以用一般概念来给历史上重要的现象分类，得出原理来。有的地理学家相当天真地相信，地理学能弥补历史学中的这种缺陷，至少迄今尚未得到证实。

413 因此，历史学和地理学的这种悬殊，是因为历史时期变化极其显著的现象的相互联系，要比地球表面上变化极其显著的现象的相互联系复杂得多而引起的。但这两个领域，作为试图如实地把现象组合起来的科学，其逻辑上的共性，却并不因此而受影响。

七、系统地理学的性质

系统地理学的最简单的研究方式，是考虑按任何单一地理因素来研讨地球表面的差异性质。过去这种研究大部分限于自然因素——气候因素、地形、土壤等等，但正像许多学者所指出的，如果地理学总的说来是研讨人文或文化特征的，那么系统地理学及区域地理学都必须研究这些特征〔参见赫特纳，*126*，672；赫特纳的系统地理学理论论述，见 *140*；*152*，46～48；*161*，398～404；及 *167*，281～286；他根据这一点对世界陆地地区作了详细概述，见 *363*〕。今天大部分学者承认，在这方面，系统地理学的发展迄今还是片面的。正如我们早就指出的，芬奇和特雷瓦撒的《地理学的要素》可作为对这种对比的一个极端的例证。他们对自然要素的系统地理学作了几近上百页的精辟论述，可是与此成为对照，他们对复杂得多的系统文化地理问题所作的论述，却几乎连十分之一的篇幅也没有〔*322*〕。这种轻重之别，对目前系统文化地理学的发展，确实失之过偏，甚至在我国的文献中；不知作者为何竟会对许多优秀的研究视若无睹，包括芬奇本人的一些研究。此外，许多德国作者在文化地理方面作了许多系统研究，其中以施吕特尔及其学生为著〔参见韦贝尔的讨论，*266*，201f.；施吕特尔的桥梁研究

的范例已经指出过，*247*；关于系统人文地理学的详细述评，例见哈辛格写的那一卷，*360*〕。⬅

随着德国和美国对全面区域研究兴趣的增加，而研究中必然要包括文化特征及自然特征，地理研究就不但苦于在系统文化地理方面无适当的基础，而且也正如布罗克所指出的，大多数地理学家还苦于在社会研究方面修养的不足〔*108*，252〕。如果学者准备进行区域地理方面的全面研究——现在相当普遍地一致认为，所有地理学家至少都应在这个领域中做一点工作，那么他在相关社会科学方面，也与在相关自然科学方面一样，须补一点课，这也是当然之理。但在我们各地理系，情况却很少如此。此外，因为地理 414
学家与地质学及其他自然科学的学术联系通常比社会科学更密切，所以地理学家知道自己的工作只要接触到自然科学，就会受到彻底的批评。因为同样的理由，他一直都是随心所欲地想到什么就谈一通什么经济理论或政治臆测，却很少会，或完全不会，冒什么受人非难的危险。

另一方面，近年把重点从与地质学有密切联系的地貌学转移到人文地理学上来，这又造成了克雷布斯最近评论过的一种倾向：许多基本上是经济学、历史学或社会学方面的资料，都一股脑儿搬了过去，未经消化就当作地理研究拿出来〔*91*，244〕。美国地理学家看来也感到需要独立研究，来阐释系统文化地理学的概念和原理——目前也确乎有一种普遍的感觉，以为这是当今地理学最迫切的唯一需要。[①] ⬅

① 全国研究理事会地球科学研究委员会地理组，给一群范围很广的美国地理学家发了一份调查表，从收到的答卷里表明了这一点。本文从这些回答里采取了不少意见，并加以利用，谨此致谢。

因此值得仔细研讨一下地理学中的系统研究与相关系统科学中的研究的区别。对于那些在地理学边缘工作的人来说，正像施米特所坚决主张的，头脑里尤其要牢记着这个区别。虽然他们必须熟悉相邻科学的概念和方法，而且可能在他们的著作中予以利用，但他们必须把这些概念和方法用于地理学的观点所要求的目的上，而这种观点是与相关系统科学的观点迥然不同的〔7,162ff.〕。特别是施米特写出了一部研究经济地理学与经济学关系的极为透辟而有价值的著作，还有一部对系统经济地理学的详尽研究〔7,386〕。

正如我们早就指出的，系统地理学的划分与系统科学的划分是一致的，系统地理学与相应系统科学的每个分支，其间也不可避免地存在着密切关系。这种关系，用“相邻科学”一语是表达得不够确切的，因为地理学不是傍依于系统科学的科学分支，却相当于横截过所有系统科学的一种科学观点(第四章之一)。因此并没有
415 一条划分系统地理学与系统科学的界线，却有一种观点上的重要分别，想做地理工作而在别的科学分支中工作的地理学家，就必须保持这种观点。

某类现象的分布，在地理学中和与这类现象有关的系统科学中，都是有深刻意义的，其不同则在于：在地理学中，注意点不是集中于这种现象上——其一个方面就是分布，却是集中于这种分布与世界全部地区差异的关系上。

这种观点之别可以玉米生产一例来阐明。各国总产量及其对国内、国际市场造成的影响，可能是经济学所关注的事，而地理学则否。(经济学家通常都愿意把经济学的地理方面的指导丢给经济

地理学家，其结果则是地理学家屡屡尝试去研究基本上属于经济学的问题。这里可能使人混淆。）同样，玉米产量年变化与雨量年变化的关系，是研究农业的学者非常关心的，在地理学中则没有直接关系，而内布拉斯加的雨量变化对玉米的影响，却比宾夕法尼亚同等程度的变化要大，这却是地理学所关心的。地理学关注玉米产量显著的地区变化，因为这体现了整个地区差异的一部分，其中一方面它与气候、土壤、相对位置或文化条件的差别之间的关系结合着，另一方面则又与整个作物牲畜要素复合体、粮仓性质、谷物起重机的有无等等差别之间的关系结合着。

换言之，玉米生产分布的事实，本身并不是“地理”事实，即使画在地图上也是这样。对地理学有深刻意义的，则是关于这些事实究竟要研究点什么。仅仅描述和分析不同地区所存在的自然现象和社会现象分布的事实，只不过编成一部概要而已，却不是一本地理书，对不论是系统地理学还是区域地理学都如此。对有关这些现象的地区差别的事实，必须按其**地区关系**来研究，这就是说按这些现象对地区的意义来研究，而这是由它们与同一地方其他现象的关系决定的，也是由它们与其他地区中现象的空间联系决定的。

例如，在系统经济地理学研究中，除非一开始就明确地保持地理学观点，结果写出来的著作就可能是经济学的地理方面的研究。其理由当然是这两种研究是以同一个步骤开始的，416
即证实所研究的某一现象分布的事实。因为这第一步使学者们的注意集中于现象本身，结果常常使他继续以这种观点写下去，因而就写成了一部关于这些现象的研究——即一门系统科学方面的

研究。

因为植物学家或经济学家只在他的某些研究里关心现象的位置，而地理学家则始终都是关心事实的位置的，所以人们常常以为确定(和解释)事物在“何地”，是专属地理学的一种职能，如果不是地理学——就是说作为分布科学的地理学——的全部职能的话。但我们如果声称，关心其现象分布的动物学家、地质学家或经济学家必须向地理科学寻求答案的话，那就既狂妄自大，又违背实际情况了。同样，在这种研究中，研究别的科学的学者可能利用绘制地图的地理技术，这也不会就把他们变成地理学家；经济学家或政治学家可能常常会用历史方法来确定过去事件发生于“何时”，他们的著作却并不因此而变成历史书。同样，所有研究系统科学的学者，都可能运用地理方法来展示现象的分布——不论是某一类动植物或工厂，却不依赖地理科学(参见第三章之四)。

事实上，很久以来地理学家就已习惯于朝着相反的方向，面对某几门系统科学去寻求关于某几种事实分布的知识。关于矿藏位置和各种不同的地表岩石，我们依赖地质学；关于土壤的发生，依靠土壤学；关于本地动植物分布状况，依靠植物学和动物学。赫特纳依据华莱士的学说，认为后一场合相当于动植物学方面的地理研究，但与动、植物地理研究迥然不同；在动、植物地理研究中，兴趣集中于地区，只不过从动植物方面来研究罢了。⬅只有有关系统科学对地理方面很少注意的领域——特别是经济学中，地理学家才不得不亲自动手做艰难的基本工作，来确定分布。然而，地理学家一旦把他们的绘图技术引入庄稼和家畜研究中，农业经济学家就把这种工作搬了过去，作为他们领域的一个组成部分，这一点却是意味深长的。

现象分布研究设想把对象分成类别。在许多情况下,这些对象是很简单的,因而分类也就既明白,又能为一切有关科学所接 417
受——例如把栽培作物分为各种不同的庄稼:玉米、燕麦、小麦,等等。然而,如果涉及的现象不那么简单,我们注意到,分类就要看选择那些方面作为特定研究中最重要的东西而定。因此两种涉及研究相同现象的分布的科学,甚至在提出分布的实际情况上也可能各不相同;虽则这种差别本身可能很小,但在以后的研究阶段却可能有重大意义。

然而不应忘记,节省力气是科学工作中不言自明的殷切愿望(desideratum)。凡现象分布实况的分类的证明,已经得到另一门科学详细阐释的场合,就是认为适合于系统地理学的目的,也不用地理学家以另一种方式把这件工作重做一番。然而正如我们早就指出的,在考虑诸如地形之类较为复杂的现象时,却发现另一门科学定下的事实,并不是地理学所需要的事实;因而地理学的系统研究,第一步就必须重新开始(第十一章之四)。

科学中提出任何事实都要求解释。因此地理学家常常假设,提出任何现象的分布实况时,研究这种分布的原因,也是地理学的职能。但每一科学分支都会提出和利用一些事实,而解释这些事实却是别的某一科学分支的职能。在这种场合,即在任何现象分布上,对分布实况的解释,是否必然能放进地理学或系统科学中去呢?

这里提出这个问题,不是为了讨论科学界限的位置问题,确实不是想为地理学家规定什么行为规则。我相信,研讨这个问题,对于地理学与系统科学的整个关系，我们是会达到更明确的理解的。

有一点看来很明白，不论哪一位学者要解释某一现象的分布，主要都须从表明其因果发展的那些方面来研究这一现象。如果从其他方面来衡量这种分布，首先也必须推溯其起源，以求作出解释。地理学（还有历史学）与系统科学的本质上的差别之一，就在于前者对现象的组合感兴趣，而后者的兴趣则在分析某几类现象
418 的过程。过程研究要涉及时间要素，正如克罗伯所强调的，这却没有使它们变成历史学〔*116*，545f.〕；分布要涉及空间要素，这也没有使其研究变成地理学的一部分。解释某一类现象的世界分布，看来像是研究这种现象发展过程所带来的最后结果，因而是一门系统科学的恰当研究课题。然而在系统地理学中，这相当于一种要素的世界图景，人们是在这种要素与世界各地区差异性质的功能关系中才关注它的。换言之，虽则地理学家必须知道事物在何处，但研究“何地”却不是地理学的任务，也不是地理学的一个组成部分，因而地理学的职责也不是解释“何地”——即充分解释一种现象为何发现于它所发现的地方。因此，系统地理学尽可随意撇开基于现象发生学方面的一般概念，以求详细阐释基于功能上有意义的诸方面的一般概念。①

---

① 不妨指出，赫特纳反复而有力地驳斥了以为地理学是研究分布的概念，即研究事物在“何地”的概念，他显然没有考虑到这里所遵循的推理方法，因为他假定地理学中的现象分类，应当是以发生学为依据的〔*161*，223〕，正像他声称发生学的原则在区域的逻辑系统里是不可或缺的一种。赫特纳的“方法论杰作”，在本文中自始至终都是思想基础，他竟没有得出上述结论，这使我反复地以批判眼光重新来检查本文，但至少迄今尚未发现文中在推理上或结论上有什么错误。

虽然我们说，解释现象分布不是地理学家的职责，但同时也很清楚，他可能关注这样一种解释，以求阐明这种现象与其他地理现象的关系。例如，在土壤地理学中，阐明某一地区的土壤与其气候、基岩等性质的关系，就须理解土壤的整个发展；但按照土壤的所有因素和过程来说明土壤的发展，则是土壤学家的职责。

我们的结论是，研究任何现象的系统地理学，要依靠有关这一现象的系统科学，来寻求支配着它的分布的原理。然而在不少场合，地理学家却可能发现该领域的学者对阐述这些原理不感兴趣。在这种情况下，就不大可能叫他无限期地等待下去，他也许不得不亲自着手研究。然而，如果他这样做却不明白他是在转移观点的话，那么他以后就会发觉确已转入了一个他也许并无充分修养的领域。

上面这段话也许像是针对着个别地理学家的，那么以笔者本 419 人的经验对此作些说明，也许是恰当的。地理学家早就承认，某些地区钢铁厂的集中，总是与该区或者另一些地区存在煤铁矿有关，每一本经济地理教科书也总是想说明这种关系。然而这些说法全都不够充分，理由无疑是，因为研究工业经济学的学者未能研究钢铁厂分布的问题。对于以钢铁工业密集发展为主要特点之一的地区，地理学家要想阐明其性质，就必须能够说明这些工厂与其他地理特征的关系。因此笔者着手阐明支配钢铁工业区位的原理〔352〕，在这个基础上，就可以把钢铁工业作为美国系统地理的一部分来研究了〔353〕。从第一项研究引起的兴趣，使笔者又继而研究起支配其他工业的区位，以及一般工业区位的原理来。自此以后，我就明白，只有在研究美国钢铁工业时，我的注意力才集中于这一工业的地区意义上，作为某些地区独具的特点；对别的国家，注意点则在于作为一种现象的这一工业，不过其位置的一面是须加说明的。因此毫不奇怪，这些研究所表现的兴趣，几乎完全是限于经济学家的。

笔者从个人经验得出来的结论，可能普遍适用。研究“所在位置”(Standorts)问题——确定生产单位区位的原理——不但需要比地理学素养更多的经济学素养，而且也需要把全部兴趣集中于这个问题上，为了这个问题本身，而不是为了其结果；对这个问题感兴趣的是经济学家，对其结果感兴趣的则是地理学家〔参看蒂森，*160*，8〕。

另一方面，有人也许会说，不必去管各门科学间问题的逻辑划分，事实上地理学家已经把这个问题阐述得够透彻了，足以说明他们把它作为地理学的一部分保留下来是有理由的，就凭着辛苦耕耘，而不问科学中的逻辑分工〔参见克拉夫特，*166*，7〕。无疑地，地理学家对经济活动的区位已经作出了贡献，但我们还没有充分一贯而有系统地探求这些问题，不能提出以认真而成功的耕耘作为基础的有效要求。知识界总的说来并不仰赖我们拿出支配这些
420 现象的原理来。

瑞典经济学家帕兰德在详尽研究所在位置(Standorts)问题理论的导论中〔*372*〕，评述了地理学家在这一领域里的工作，从其中可以得出对这个结论的肯定。可是还要再说一句公平话，地理学家之所以进入这个领域，只是因为经济学家还没有充分阐述他们工作中所需要的结果。特别是美国经济学家对这一领域表现的兴趣很淡薄，当笔者留意及此时，他们却几乎连韦伯的著作〔*396*〕

也不知道。无论如何，帕兰德已经指出此书不切实际了。

因此，经济学家目前正在注意这个问题，地理学家将会欢迎。可是在这个方面，地理学也并非只有领受，因为我们虽可同意，这个问题逻辑上属于经济学观点，但确实也是经济学里的一个地理问题，需要从地理学观点上来理解；对这一点，地理学是能够继续贡献有益的资料和有力的批评的。

关于地理学依赖系统科学已经说得够多了，我们特别再作一两点重要的提示，指出地理学可以对解释经济特征的分布作出贡献，也许是适时的。

要阐明现象的分布，第一步当然是描述这种分布。已经有了一点地理学观点的系统科学研究者会懂得，能够把地球表面上事物的位置描述得使人可以理解的唯一语言，就是地图；而要作出可靠的阐释，还须把地图画得比我们州那么大小的单元的统计图更详细一点。虽然这一主张在地理学和地质学上是自明之理，而且现在在农业经济学上也是完全得到承认的，但在经济学的另一些分支中却常常被忽略。当经济学家简单地按宾夕法尼亚、俄亥俄、印第安纳和伊利诺斯诸州的发展程度，来阐述美国钢铁工业的区位时，毫不奇怪，他们对位置原理的可能性，竟得出了一个失败主义的结论。即使我们各县人口数比各州人口数要不完全一点，但也必须用这些数字对宾夕法尼亚东南部及马里兰地区、匹兹堡—扬斯敦区域、伊利湖港口和卡鲁梅特区钢铁工业的发展取得接近精确的度量〔353〕。同样，对于威斯康星和明尼苏达工业发展的悬 421
殊，人们也要直到看了描绘在一张详图上的实况，观察到独特工业城市的集中，不应按威斯康星对明尼苏达，而应按接近密执安湖西

岸这方面来考虑，才有希望作出解释。

对于未曾受过地理学培养的学者来说，即使是一张表示某一经济特征分布的详图，似乎也只是在比较区位上提出一个比较单纯的问题——就是说，他容易几乎完全从纯几何考虑相对位置的观点来思考，而忽视了地区的其他可变因素。于是在许多经济学教科书中，考虑不同类型农业生产的分布时，长期以来都受着杜能围绕城市中心不同产量同心圆带的简单图画所支配（我们可以指出，此图是由一位生活于相对均一的德国北部平原的作者画出来的）〔关于这个理论的大要，可参看乔纳森，*313*（1925），284～286〕。这种分析不论在早期可能怎样正确，但其正确性却大半已被现代商业设备破坏了，这些设备使相对区位在决定土地利用方面成为次要。几年以前，O. E. 贝克指出，除了种蔬菜出售的菜园和牛奶场之类众所周知的例外，不同类型农业生产的位置，取决于气候、地形、土壤和排水的成分要比相对区位更明显；笔者在欧洲农业中，已详尽地论证了这一事实〔*324*〕。另一方面，这也并不意味着相对区位因素在这种问题中就完全可以忽略，在农业地理研究中，就常有这种情况（最近韦贝尔按照杜能法则第一次发表以来情况的急剧变化，详细地研讨了这法则〔*395*，47～78〕）。

讨论地理学观点对阐述现象分布问题的重要性，可能似有这样的含意：不管按分类逻辑如何，处理这个问题，地理学家的素养是最能胜任的了。地理学家必须先来研究一下帕兰德杰出的论文中论述过的这些特别问题——特别是讨论交通运输问题所必需的大量经济细节，才能接受这个结论；他们应当遵守加弗及其同事们在研究美国工业位置时所发挥的经济分析技术——即使他们的研

究正是上文所提到的缺少地图观念的实例〔347〕；最后他们还应考虑那些受过地理教育的经济学家的研究，例如胡佛对制鞋工业的研究〔364〕。⬅

我们所指出的一切，正是说经济学之类科学领域的地理一面 422
的研究，是需要一点地理观点的。经济学的历史问题需要一点历史观点，这是无须强调的，因为所有经济学家无疑都曾以某种方式受过一点历史教育；但在地理方面受过教育的人，相对说来就不多。施米特说，每一门科学“只要是留意其对象在地球上的地区分布，到头来都必然要用到地理方法；它必须阐述其对象在与地区的关系上的差别，因而必须利用地理比较的思想方法，作为获得本领域内的一般概念，和洞察其本科学的科学对象性质的重要手段。”这样，经济学的每个研究工作者，不论愿不愿意，都必须是地理学家（在他必须使用地理方法这一意义上）；他愈早下决心这样做，愈早懂得这一点，对他和他的研究也就愈好〔7，4〕。

简言之，我们的结论是：无论从科学分类的逻辑方面来说，还是从学者的专业修养——在技术及文献知识——方面来说，经济现象分布原理问题，最好由基本上是经济学家的学者来研究，但他在某种程度上也须是地理学家。⬅

可能需要再补充一句以免误解：这里的讨论从头到尾——诚然，也是本文从头到尾，“地理学家”一词应作为“地理学研究者”的略语来理解。无论谁人都可以同时既是地理学家又是经济学家，凡是他感兴趣的，相信自己力能胜任的，也就都可以研究。毫无疑问，个别地理学家已经对相关领域的工作作出重要的思想贡献，并且可以继续作出贡献。诚然，不同科学领域之间这种个人的交互联系，不应看作仅是可以容许的，而且还正如彭克为自己辩护时所坚持的，毋宁说还是非常可取的〔*147*，124f.，134〕。如果这在科学方面笼统地说来是不错的话，那么对地理学来说，就尤其是不错的了。“如果学者老是把自己局限于一门科学，这边缘地带就会荒芜。”地理学不但在边缘地带与别的科学有联系，而且在科学领域的每一部分，都是与各门系统科学研究相互交叉的。因此，正如彭克后来的讨论同一问题时所写的，“科学疆界并非不可逾越的高墙”，这真是一件幸运的事；也许还可以请他把这个比拟略加修改：“人们只要持有必需的护照，就可以跨过这道国境，这护照，就我们
423 这里说来，也就是能力。”彭克教授本人在某些国际边境的经验，也许会说服他赞同这一点：在科学的边界线上不应有边防兵，每一学者都要当他自己的护照鉴定人，他进入哪个领域，就要把这护照提交给那些有资格裁判的人员作最后的裁决。无论如何，所有的人都会同意，“奋力穿越地理学边境的人，必须能够用几只马鞍来骑马”〔*90*，Ⅱ，36〕。此外，正如彭克在别处所指出的，学者应当感到自己无论在哪里工作都能胜任，同时也要求他随时都自知是在什么领域里工作。为了使地理学可以明确地保持自己的基本观点，杂交就应当承认是杂交，而不是拿来作为我们自己领域的扩大部分。

在十分相同的基础上，我们也许可以同样地处理地貌学与地理学的关系这个难题而不求其解决。这个问题争论已久，特别是在英语国家。早在1908年，奇泽姆赞同盖基，表达了这样的观点；研究地形如果以起源为依据，就会成为地质学，自此以来，许多学者也附和这一观点。然而同时，如果不是英国，美国在这一领域里

的大量工作都是由地理学家来搞的,当然,这特别是由于戴维斯的工作与影响带来的结果〔参看 D. W. 约翰逊,*103*〕。在德国,李希霍芬奠定的路线,特别为彭克及其学生所奉行,使地貌学十分明确地成为地理学的一部分,很少有人怀疑会永远包括着它。(在荷兰则不同,地理学家显然把这一领域里的地理学和地质学分得更清楚〔*92*,294〕。)从知识总体,从认识论(Erkenntnistheoretiker)的观点来考察地理学,克拉夫特作结论说:包括地形起源的地貌学研究,破坏了这一领域的逻辑统一性,但由于历史演变的结果,这一领域实际上却包括在地理学之中——至少在德国是如此〔*166*,7〕。因此他说,把它包括进来是不能提出异议的——但可以补充一句:只要地貌学家继续也当地理学家就是了。换言之,德国地理学家由于所受的教育,同时也是地貌学家,因此地理学作为一门科学内部的分工,也就包括这个特殊领域。

这个以历史为依据而不是以这一领域的逻辑为依据的结论,是否同样适用于我国,作者不想作什么判断。然而地貌学与地理学的密切联系,不但给地理学带来了无可置疑的有利之处,同时也带来某些不利之处,指出这一点是重要的。如果地貌学主要是关注地形的,把它看作其本身应加研究的对象,正如植物学家关注植 424
物一样,那么,正像米丘特所指出的,这样的观点就是系统科学的观点,与地理学是方志科学的观点就有矛盾了〔*189*,26〕。许多地理学家所受到的教育主要还是地貌学,正像彭克本人说的,他们要前后一贯地保持地理学观点,就有些困难〔*90*,Ⅰ,38f.〕,更不必说他们中不少人给地理方法论思想引进的混乱,从这里可以看到这个矛盾的一般结果。前面也曾提到一个更具体的结果(第十一章之

四)。把地形本身作为对象来研究,必然会导致把地形当作系统科学的对象来分类,而不是作为地形的地区性质——正如米丘特所说,“世界各种地形区的性质”——来分类。虽然地理学家感觉到,只要把地貌学看作地理学的一个组成部分,就可以不受约束地给气候、自然植被或者农场类型进行分类,则不取决于相应的系统科学分类,但他们要作出适合方志学描述的不同地形分类,却被束缚住手脚。确实,有许多场合,各种地形类型是适合的,但要使其在所有场合都可用,就会引起比方说地区术语的矛盾,把白山山脉①描写成“一片残丘聚集体”。

关于地貌学与地理学的关系,不论可能得出什么结论,都必须指出,如果说历史发展的实际使地貌学成了地理学领域的一部分,正如克拉夫特对德国科学所持的意见那样,那么这结论也还不能持为论据,借以把逻辑上相似的问题归入地理学中过去尚未立定脚跟的另外部分里。于是毛尔及后来的伊斯特都主张,国家地区的演变过程也正像地形演变一样,本来就是地理学中研究的问题,这样的主张也只有在确实能证明这种对政治史的地理一面的研究,实际上主要是由地理学家而不是由政治学家和历史学家发展起来的时候才能成立〔*157*;*199*,270;参见 *216*,956f.〕。

我们检查了系统地理学与系统科学的关系,现在可以作个小结了。理论上,系统地理学从别的科学或者一般统计原始资料取得关于某一现象分布的必要资料;它以适合于地理目的的方式——即按其对区域性质有重大意义的特点,给这一现象的各

① 白山为美国东北部山地,阿帕拉契亚山脉向北延伸的部分。——译者

种形式加以分类，不论这种分类是否能从另外的科学中得到。此外，理论上它从系统科学得到对这一现象的分布，亦即发生学的解 425
释。不论这是地形、森林、作物、钢铁厂或者政治国家，其发展原理和分布原因本身，都是与系统领域所关注的问题相一致的。地理学就从这些事实和原理出发——当然总是假设有关系统科学早已提供了——作为坦率地借用的资料。⬅

我们对前面的问题论述较详，这是因为特别在系统地理学里，学者可能会丧失地理观点意识，以致可能像莱曼所说的，考虑作为系统科学对象的现象时畸轻畸重，于是描绘了一幅不真实的图景〔*113*，237f.〕，或者可能滑出地理学，完全进入别的领域去。是否只要划出边界线，就能防止发生这样的事呢？不论这条边界线多么明确，但能不能办到还是可疑的。读者可能早已在反对了，说我们没有在系统地理学与系统科学之间划出明确界线。我们没有作过这样的尝试；如果我们记得，这里所涉及的关系并不是相邻领域的边境地带，却是位于不同平面上领域的交叉，那么也就不需要这样的界线。区别就在于观点：系统科学的观点集中于特定现象，并按分布来研究它们；系统地理学的观点则集中于这种分布在形成地区差异上所起的作用。在许多研究中，地理学家可能感到必须离开共同的交叉线，在相关系统科学的平面上作一番远足。如果他脑子里有明确的地理观点，他就不需要什么界石来提醒他，他是在自己的领域以外远足了，他只要得到必要的资料或结论，就立即会回到地理学的平面上来的（见前面图 1）。

要在系统地理学中坚持地理学观点，学者就要坚定不移地把自己的工作摆到作为方志科学的地理学领域去。大多数著作家都

同意，区域地理学中极清楚地显示了这种观点。因此许多人赞同彭克，以为每个地理学家不论对这一领域的专门系统分支兴趣如何，都应做点区域研究〔*129*，639〕。在任何场合，正如莱曼坚决主张的，在系统地理学方面无论做什么研究，时时刻刻留意到这种研究与区域研究的关系是十分重要的〔*181*，49〕。如果从这个观点来看待系统研究，那么地理学家的兴趣不在于现象本身，不在于起
426 源及过程，而在于现象与其他地理特征（即在地区差异上有重大意义的特征）的关系，这一点立即就变得很明白了。

乍一想来，也许会以为我们所得出的结论：如果不是导致取消全部系统地理学工作，也会取消其大部分工作的。相反，这些结论正好把地理学领域这一部分解放出来，以发挥其重要作用——对现象特定种类的差异与整个地区差异的关系提供系统研究。世界各个地区，从形形色色特征的相互联系复合体方面说是互不相同的，而每一特征在不同地区也纷然互异。要完满地阐明一个地区，到了某一等级的规模，就需要我们在思想上把它分割为由特定范畴现象形成的组成部分。米丘特说，我们必须研究地区的植被性质、地貌性质和各种主要文化特征所赋予它的性质等等〔*189*，17～33〕。此外，把这种已完成的各项研究加以比较，并不能使我们完全了解世界的地区差异；还要知道这些地区在自然植被、地形或每一不同文化特征方面考虑起来，彼此如何相互联系着，又如何相互不同。米丘特把这种比较研究称为“比较植物地理学”、“比较地貌地理学”等等。与此相似，赫特纳给他的几卷系统地理研究冠以“比较地理学”（Vergleichunde Länderkunde），虽然我们已经说过，不幸引起了误解（第二章之四），但也不像人们所想的那么不恰当。自

然地理学家芬内曼最先给美国地理学提出方志学的概念，而在系统地理学中，在他对美国区域自然地理的精深研究中，他竟论证了这种观点，这也是意味深长的。

然而正是那些因受区域地理学兴趣的驱使而进行系统研究的学者，才极其清楚地指出系统地理学应做的工作。他们认识到，任何具体特征与一个地区特性的关系，特别要从它与这一总特性中其他因素的关系方面来衡量，他们已经看出，各个要素的绝对度量，比起诸要素彼此关系上的相对度量，亦即比率来，价值总要小些。

人们作过不少努力，使系统地理学研究在性质上更富有地理特色，这方面所取得的最大进展之一，就是绘制比率图等值法的发
展。以恩格尔布雷希特的研究成果为基础，在我国，惠林顿·琼斯 427
〔*283*〕发展、并有力地提出了这一方法，如今已得到广泛的应用。←
比如说，为研究中国各地农业的差别，可以把特雷瓦撒最近发表的作物比率图〔*392*〕的用处与表示绝对值的密点地图作一比较，我们先前是不得不依靠这种密点地图的。这个方法是可以发展的，使其同时表示关于同一现象的两种有意义的比率，笔者的美国制酪业地区等值图正说明了这一点〔*325*；由于此图复制时比例过小，表现得很不充分〕。这项研究（是琼斯那幅小区地图的延展和扩大）实际上描绘了由于制酪场发展程度的变化而引起的土地利用地区性差别，但制酪场发展程度，只能间接从普通表示奶牛及乳产品分布的牲口数统计图中来推断，在不少地区，推断还是错误的。在上章所讨论的两种世界农村地区划分系统中，确定农业类型和给“农业区”定界，都要依靠绘制大量等值图（未发表）来表示各种作物对

全部作物、庄稼地对全部土地、畜牧单位对庄稼地等等比率上的地区差异。

系统地理学上的比率法不限于农业地理研究。除了实际上只直接表示高度的普通“地形图”，许多欧洲地理学家和我国的盖伊—哈罗德·史密斯还曾仿照帕奇绘制了“相对地形”图〔特别请参看詹姆斯的概述，*294*，克雷西的最新范例，*338*〕。⬅在“社会学地理学”方面，尼芬已运用了绘制房屋样式图的方法，笔者也曾用以表示美国人口在人种构成上的地区差别〔359〕。

即使在分布性质不能作等值图的地方，正如在论述城市特点中那样，可以运用比率而不是绝对数值的度量原则，来表示城市的差异性——即除了面积大小以外的那种性质，而面积大小在城市比较中，在按城市发展作区域比较中是极有意义的。笔者对北美制造业地带的研究说明了这一点，图中城市的制造职能是按其与全部职能的关系来衡量，而不是按绝对值来衡量的〔*326*〕。

最近约翰·赖特以《关于分布的若干度量法》的标题，给系统
428 地理学工作提出一种复杂得多的技术工具〔*293*〕。它包括相当复杂的数学公式，地理学家不论赞成还是反对使用它，都不应怀有偏见。赖特提出的各式各样的小例子，使我们想到这里可能有一种价值重大的新技术，能使系统地理学作出对区域地理学有用的结论，而且比现在可以得到的结论远为精确。他提出的实例虽然透露出这种可能性，但至少在笔者看来，它们似乎还不足以证明他的技术效用。因此希望有人会有兴趣应用这一技术于某一实际问题，看看它能产生什么效果。

地理学中的系统研究，最简单的形式是以单一要素为限。然而在前面我们已经指出地理学中的“要素复合体”——即形形色色要素盘根错节的联结而不问其种类——概念的重要性。如果在不同地区一再发现近于相同的要素复合体，而且其分布在地理上是有意义的，那么也就可以系统地加以研究——在全世界或者任何大区。这种研究与系统地理学各分支相互联系着，可以把它视为从单一要素研究走向区域地理中某一地区总复合体研究的踏脚石。

单一要素复合体可能意味着诸要素在某一点上的相互联系——例如雨量、温度、坡度、土壤、排水和植被，在这种情况下，我们可以谈水平范围不定的纵向复合体。另一方面，诸要素可以位于不同点上，使其相互联系构成水平范围或多或少是明确的地区形式。于是一个纵U形高山河谷，在原始状态中原为一种自然复合体，其中的坡度、土壤、排水和植被诸因素，在一侧的山肩与另一侧的山肩以明确的方式互有不同。这是一种在横向上相当明确地确定了的地区形式，虽则它的纵向界限就这个概念本身而言是不明确的——即只有在每一特定场合才是确定了的。相形之下，灰岩盆地是一个在四面八方都有明确边界的相似复杂地区单元。

爱沙尼亚地理学家马库斯提出了一个对要素复合体(Naturkomplexe)的有趣而有启发性的研究，他所研究的要素复合体，如果说不是完全地，大半也是局限于自然要素的组合〔239〕。他指出，地理学家早已用“苔原”、“高地沼泽”、“低地沼泽”、“草原多草洼地”等术语来识别要素复合体的较为明显的实例。他指出，一个复合体中某一因素的变化并不立即引起另一些因素的变化，这些因素却以不同速度使自己适应新的情况，于是区分出“正常复合体” 429

和“反常复合体”;在前一场合,所有要素彼此完全一致,在后一场合,适应尚未完成。比起另一些作者在类似场合提出的“和谐”和“不和谐”之类区分(参见第九章之四),这些名词作出了更为清楚的描写。马库斯说到一种要素复合体在向着另一个复合体地区推进的称作“正移动”,它只需要有点什么小量的因素——如森林向大草原推进,以及方向相反的“负移动”。此外,他设计了一种要素复合体的完备的分类。在他的分类中,实际复合体由于考虑其本质上的共同特点,都变成抽象的种或类,同时并按科、目等等徘列。

这个最后目标——建立一种林奈式的要素复合体类型分类,甚至是抽象的类型分类,面临着一个不可逾越的困难,与我们试图把区域安排为单一的分类系统时所遇到的困难基本相同。森林山地、森林平原、山岳草原、平原草原,这是四个要素复合的明显类型,这些要素复合体是不可能在逻辑上安排为任何单边分类系统的,因为我们没有方法客观地作出决定,山地与平原的差别是否比草地与森林的差别更重要。我们也不能接受马库斯更深一层的含义:地理区域(Landschaft)可以表达为要素复合体的单一类型;如果我们考虑构成区域复合体中包括的所有要素,我们就得出独一无二的事例而不是类型(参见第十章之五)。不过我们虽然不能接受马库斯得出的更加乐观的结论,我们却可以指望对自然要素复合体各种类型的系统研究,会得出有价值的结果来。应当认为,每一个这种要素复合体都比单一要素更能表达任何地区的性质,虽则不是完全的性质,甚至连概况也没有表现出来。

上文我们对区域划分的讨论,表明我们可以指望从研究这许多要素复合体得到有用得多的成果，这些要素复合体往往绵延于广大地区，是由人类的妙手组织起来的。这些复合体与我们讨论过的自然要素复合体属于不同的等级，不同正在于它们并非仅仅是各种偶然凑合起来的力量相互作用结果的总和——这些力量，每一个都可能按其与别的力量的关系，由其本身来理解。这些文化要素复合体是人类为了最终结果而有目的地创造出来的，任何一个要素的存在，都不能由它与别的要素的关系来理解，而应由它与最终结果的关系来理解。例如，在玉米带，燕麦的重要性要根据 430
它对人类在玉米带农场组织起来的全部作物牲畜组合的意义来解释，或者，如果人们愿意的话，毋宁是根据人类为求以劳动、资本和土地的最小支出，赚回最高额金钱的最大目标来解释。因此，正如上文所指出的，这些文化要素复合体在相当高的程度上，是组织成单元“整体”的，理解这个单元整体应当是文化区域地理学发展的第一步。

文化要素复合体的较小单元——例如农场，包括的因素比通常在自然要素复合体中存在的要多得多，同时包括物质和非物质的要素。O. E. 贝克注意到美国农场类型的差别，也包括着农场人口性质的差别；农民所体现的农场要素，也正像牲畜和作物所体现的一样明确〔*312*〕。

虽然文化复合体通常只形成一些小地区单元，但却可以看到人类把它们组织成为更松散的地区复合体，个个占满较大的地区。

最后，我们可以识别包括文化和自然两种要素的复合体。因为在许多情况下，人类是在自然条件相似的地区发展了同样的文化要素复合体的，所以我们可望找到若干复合体是由与某些自然要素相互联系着的文化要素复合体组成的。然而，人类适应自然条件的方式又是远非一致的，因而我们又当料想到这些混合要素复合体，只有相对有限的适用性。

地理学发现，它所关注的某些要素复合体早已为别的科学所研究了。如果这个复合体只包括一些属于同一总范畴的要素——例如，作为不同植物复合体的自然植被，或作为鼓风炉、炼钢炉、轧钢机、装配机、堆置场等复合体的钢铁厂，系统科学中也许有一门会去研究这复合体本身及其在全世界的分布。然而更复杂的形式——包括形形色色现象的组合，也可能只有地理学家才关心它。无论哪一种情况，为了地理学的用途而给要素复合体作类型分类，就必须适合于地理学的目的。如果经济学家作出了适合于地理目的的农场分类，那么地理学家就会利用它；但如果不适合，他也可以随意作出自己的分类。在这一场合，看来两组互相合作的学者可以作出一种分类，它从两种科学的观点看来都是适合的〔参见
431 *320*，参照 *319* 及 *324*〕。但如果经济学家的制造业分类对地理学价值不大，则地理学家就必须作出自己的分类。

在系统地理学中，不论研究要素还是要素复合体，都集中于某一类现象或现象联合体（phenomenon-associations），因此结果自然会确立起一般概念；也就是说，对每一要素或要素复合体，都可能建立起一个类型逻辑体系。在这个基础上，所研究的特征与其他也已建立了类型的地理特征的关系，就可以用原理的形式来表述——不论在应用上如何有限，或不够确切。不论考虑雨量、土壤、河流沉积或侵蚀、作物牲畜联合体、钢铁厂，还是政治边界——

在每一场合，即便不包括全世界，也要涉及广大地区，都应当有可能建立起所研究的特征与别的有地理意义特征的关系的原理。

然而，要以一般词语，不论概念上的还是原理上的词语来表达系统地理学的所有发现，却是绝不可能的〔赫特纳，*167*，*283*〕。在对火山的系统研究中，克拉卡托[①]是不能单独作为一个类型的范例来充分论述的。同样，在一个地理特征与另一个地理特征的关系上，也可以找到无数事例，个个都是独一无二的。可是系统地理学有很大一部分的工作，却确实是论述一般概念，并达到原理的详细阐述的。这些是否会给地理学以可贵的力量，即常常被视为“科学”的印记的力量——预言的能力呢？

我们称之为科学的那种“认识”形式——借用物理学家约翰·塔特的用语[②]，其本质上的特点并非由所获得的知识或能力的性质决定的；毋宁说这是求知（即科学）态度的产物。任何一门科学，其预见能力即体现着认识已达到这样正确的程度，因而从原理出发作出推论，就能预知目前诸因素的组合将来会达到的结果，几乎像日后观察到的事实一样确凿。“几乎”这个限定词表示的不止是一种误差幅度，一种量度上不准确的幅度；在每一门科学领域，都有永远存在的不可靠、不知道的幅度，甚至物理科学中也未能消除——就连现代物理学家也并不指望真有一日可以消除它。

因此科学预见力是达到高度准确性、可靠性、普遍性及建立体系 432
这些终极目标的结果和明显证据。这并不是对一门科学的检验标准，而只是对任何科学中“认识”的成功的检验标准。这种成功不

① 印度尼西亚的一座活火山岛。——译者

② 在明尼苏达大学对一群同事的非正式讲话，谈《我对“认识”的看法》。

是凭着直接力争实现其结果，即预见力而取得的，而是凭着力争最高度地实现“认识”这个根本的终极目标才取得的。

说得浅显一点，在地理学中，我们不会尝试去预见就能学会预见。我们应当力求认识我们的知识究竟不完全、不可靠到什么程度，这是从科学原理得出的推论。明知自己缺乏必要的知识而强求预见，这是不科学的。科学并不要求我们能够预见。任何一个知识领域，充分显示了预见力低弱，并不就证明这个领域就不是一门科学，相反，这却正是验证了这个领域的科学性质的科学结论。

我想，没有一个专业地理学家会声称，系统地理学研究所应具备的终极目标，都已达到很高的程度，因而能够作出高度可靠的预见。虽则一门发展更臻成熟的地理学应当展示更高的成就，但我们必须认识，地理学中总是会有其不可克服的困难和局限性的。

第一点，我们知道，在系统文化地理学中必须衡量的大部分现象，以及系统自然地理学中许多这类现象，其性质绝不会像某些自然科学中那样，能准确可靠地衡量的。这种困难是地理学和许多系统科学所共有的，当然，特别是社会科学。

我们知道，在系统地理学的每一分支中，我们对现象及其相互联系的认识，只能不完全地包含在一般概念和原理中，因此预见中就不可避免地会有个不可靠的误差。虽然这种误差在每一科学领域中，在或大或小的程度上都是存在的，但在地理学中，现象的独特程度不但超过别的许多科学，而且独特事物还具有头等的实际重要性。不但地理学和社会科学如此，而且人类生理学和心理学——至少从个人及其家庭的观点看——以及气象学、地质学的某些方面也是如此。预言日本群岛会有无数次地震并无多少价值；

谁能预言下一次大地震的时间和地点呢?

我们知道,某些可变因素可以在实验室里由实验来控制,使我 433
们可以知道每一因素的确切意义;但我们在系统地理学中研究的现象,其复杂的相互关系是不能拿到实验室来的。这个不利条件,地理学不但与社会科学所共有,而且也与人类生理学、地质学的大部分分支以及天文学所共有。所有这些领域的学者,只能在现实的实验室里进行工作,只能观察现实愿意演示给他们看的那些实验。实际上同样的限制也适用于在实验室里研究电子作用的物理学家,他也不能控制他所研究的个别电子。科恩说:“观察和实验之间没有截然可分的界限”〔*115*,111〕。

现实向我们展示种种表演,来代替实验室的实验,在这些表演中,我们认识到地理学在两个方面受到掣肘。在有些领域,近似事例可能反复出现成千乃至成百万次,但在地理学中,在地质学和天文学中,部分也在所有社会科学中,类似事例可能只有几百次或者几次,时常还可能仅有一个孤例。在这些关系中,涉及因素数目较少的地方(如天文学),在观察的明晰度和精确度至少也像实验室里一样良好的地方,少数几个事例可能就足以作为充分的根据,从而来阐述高度可靠的科学法则;但在地理学、地质学和社会科学中,两个条件却缺少了一个,或者都缺。

任何一门科学,要论述大量或多或少是独立的可变因素的极端复杂作用,还有一种困难。假设某种神圣力量竟然给科学家完满地表述出所涉及的每一相互关系,而以最繁复的数学方程式表示出来(假设有此种可能),又假设在任何一种情况下,神圣力量竟然又提供了各个因素的完全而精确的知识,那时必须解决,以求达到对结果的某种认识的问题，其复杂性也会超过有限的头脑的能力的。

因此，总结一句，地理学按其性质是这样一门科学，我们可望由此获得有关未来的认识，其可靠性能达到称得上“预见”的程度的，也是比较稀少的。毫无疑问，人们也可以假设许多场合可能会有这种可靠性——即使在我们目前的发展状况之下。假设在弗吉尼亚西部发现了高品位铁矿，那么我们不但可以预言这会引起矿业的发展，而且无疑还可以一般地预言，匹茨堡和卡拉麦特等县的
434 钢铁工业会发生显著的变化。读者会说，这不但是个极端的事例，而且也是包含关系异常简单的事例，因为只有三个可变因素较为重要〔352〕。系统地理学可能提供的关于未来的知识，其可靠程度大都是有限的，因而我们以“趋向”或“可能”等词来表达，而且还必须用许多由个人或人群的多少有点任意的行为造成的不确定因素，进一步予以限制。

总之，我们有理由预言，发展到最大限度的成熟的地理学所能达到的预言能力，无非也极为有限而已〔参见施米特，*7*，210～213；科尔比，107，35f.；及芬奇，*223*，19〕。

我们虽然可以把预见力问题看作并无根本关系而撇开不谈，但必须认为，对发展任何科学来说，追求普遍原理、一般概念和原则是很重要的。在地理学中，发展一般概念的最大机会就在于系统地理学。在系统地理学的每一个部分，大部分工作都涉及世界各地以相似方式重复出现的现象及其相互间的关系，因而有可能以普遍原理来表达它们，并从而详细阐述原理。因此对地理学家队伍中由于气质、能力或教养，比较喜欢研究一般事物，有机会阐

述科学原理或法则的人说来，地理学是有大量工作要做的。因为这种工作不仅是地理学的一个组成部分，而且是形成区域地理研究的必要基础，所以地理学家无须把这些学者斥为这一领域的逃兵。利用芬内曼对地理学领域的生动描写，并把区域地理学说成是中心的人，不应忽略了他的话：“对该领域的各部分，并无厚此薄彼的用意，也不想要求谁人丢下他感兴趣的事物，转向别的东西。中心的固有价值不见得就比边缘更多些”〔*206*，10〕。

我们对系统地理学性质的检查，强调了地理学中不可避免的综合性，即使砍掉区域地理学，这种综合性还是丝毫不减；相反，那种把兴趣的多样性纳入统一研究之中的方法就会丧失。即使试图把系统地理学减为研究自然（非人文）要素，它仍然会涉及形形色色的现象，就像把所有系统自然科学的现象全合在一起那样庞大；砍掉人文因素，就会使它无法把这种多样性统一于实际区域研究中。想用再进一步的删削来达到一个一元化领域，只能相对地使

情况改变一点：如果抛掉动、植物地理学，那么依旧还有气候研究 435
和地形研究之类困难科目。因为这两门学科都是物理科学，而且都与地球有关，所以不论从物理学观点还是地球观点来看，在逻辑上两者都可以结合起来。从物理学观点看，两者是远隔的领域，不是由于它们偶然都与地球相关，才被结成逻辑组合的。如果地球形成统一框架，按一般设想，也只能在地球表面上把它们结合起来，它们就在那里与动、植物地理学和人类地理学中所研究的各种要素，错综复杂地交织在一起。地球表面所有的特征，只有放到它们在区域的实际相互联系组合中来研究，才能把系统地理学的多样性统一为一门科学。李希霍芬说：“我们无须被这些问题的丰富

性和广度所吓退。这个领域很大，但可以有很多分工。今天没有一个人能够研究地理学的所有部分。但决意献身于地理学的人，是能够精通这门科学，跟得上它的各个分支学科的进展的；那些作了适度限制，有幸在某一部分作出成果丰富的探究的人，也应时时力求理解这个部分与其他各部分的关系，力求永不忽视其整体的相互关系”〔*73*，67～70〕。

同时，李希霍芬感到，希望对地理学进展作出贡献的地理学家，“他所定的目标愈高，就愈应把准备工作集中于（系统）地理学的某一部分，集中于形成基础的那门系统科学，同时又不忽视其他各部分的指导。”李希霍芬重视地质学，把它视为“最可靠的基础”，这是很自然的事，因为那是他的本行；但奥伯赫默和格拉特曼二人也从他的一般原则中抽出这个逻辑结论，说是地理学家有理由可以挑选另外某一门科学作为主要补充领域——不论是气象学、植物学、经济学或别的什么科学〔*124*，11；*251*，评论，552〕。

专门研究一门系统地理学并对其相应的系统科学有充分修养的地理学家，无疑是有机会在另外的领域以及系统地理学方面进行研究的。正像有的功底很深的地理学家因而也从事地质学研究，从来都被认为天经地义一样；在同样条件下，有的地理学家也研究人类学、经济学或者政治学，同样也是天经地义的。然而，地理学家既不能裁判其他领域的研究，因此就不应把这种研究提交
436 给地理学家，而是应当提交给另外那些领域的研究工作者，这似乎也是当然之理。

是否有必要再补充一句，这种观点的转移同样也可以转向相反一方呢？一门系统科学研究者，对他的领域中的地理一面感兴

趣，就能经常对地理领域作出贡献。在这种交流里，希望双方都不必埋怨侵犯了他们的领域。①

八、区域地理学的性质

过去30余年间，地理学的发展以对区域地理学兴趣日增为特点。在法国的维达尔、德国的赫特纳、彭克、格拉德曼、帕萨格诸人领导下，欧洲地理学家从专攻系统地理学逐渐转移，这正是所有科学都重视普遍原理的结果。同样，在我国，巴罗斯和索尔的纲领性论文，不论在别的方面如何分歧，但都一致强调以区域地理学作为地理学的核心〔*208*；*211*〕。普法伊费尔指出当今美国地理学中最有影响的这两篇方法论阐述的相似点，虽然是正确的，但他却未能指出，它们也正像本协会诸主席的早期方法论见解一样，在很大程度上无非“反映了……美国的地理学意见”〔*94*〕，因而过高估计了它们在决定当今美国地理学思想上的重要性〔*109*，96ff.〕。正像普拉特所指出的，当前的运动，特别是对小地区作详尽研究的倾向，其根源要追溯到世界大战前的地质学野外课程和大战期间的军事制图。②即使仅仅大致搞清什么力量或者哪些人造成这方面的发展

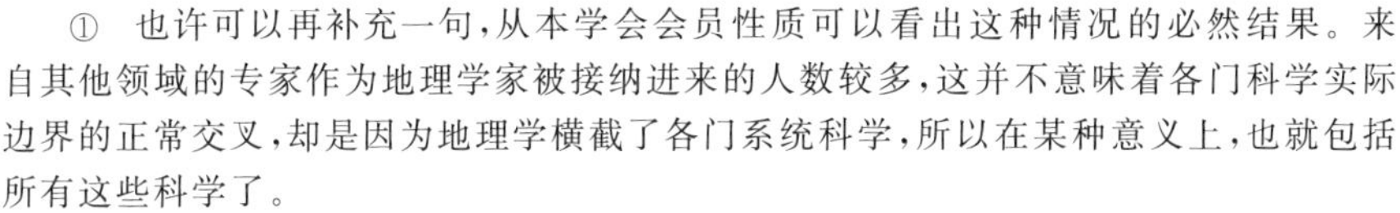

① 也许可以再补充一句，从本学会会员性质可以看出这种情况的必然结果。来自其他领域的专家作为地理学家被接纳进来的人数较多，这并不意味着各门科学实际边界的正常交叉，却是因为地理学横截了各门系统科学，所以在某种意义上，也就包括所有这些科学了。

② 1938年在本学会最近几次会议上宣读的一篇论文中，普拉特特别指出，普法伊费尔所引以为带有“索尔的建议”的第一本期刊〔脚注12〕，实际上是它的两位合著者（以及芝加哥大学讲习会团体中别的未指名的成员）的建议，未分清出自何人：W. D. 琼斯及C. D. 索尔：《地理学野外工作大纲》，《美国地理学会公报》，47期（1915年），520～525页。

也是不可能的，而且也不必要。确实应该提到鲍曼，他是美国地理学会理事，对加强区域研究是起过影响的〔参见 *106*〕。也许最重要的还是中西部地理学家团体所起的个人影响，他们在 1923 年和
437 翌年开的现场年会上，吸引了很多的区域制图问题研究工作者的注意〔例如，可注意 1925 年由琼斯和芬奇发表的该团体联合结论报告（见发给该团体成员的文献目录），*281*，及 *282*～*290* 所列重要论文〕。⬅

如果说在欧美，在某种意义上，地理学可说已回到了与洪堡和李特尔相同的观点的话（参见第二章之四），那么它长期以来专注于系统研究，也使它能在返回时所得一般概念和原理的装备好得多；虽则可惜这种装备在人文或文化特征方面略嫌不足（不论地理文献上还是大部分学者的修养上），但还是可以利用这些概念和原理来解释区域地理学的。

许多地理学家都已接受了这一重点转移，他们之所以接受，显然是作这样的暂时假设：即可以把区域地理学改造得像系统地理学一样有“科学性”，而且必须以某种办法把它提高到可以建立科学原理的水平。我们已经指出，这种雄心已经陷入了许多困难。在我们最后一次研讨区域地理学时，有必要明确了解学者所受的某些限制，这在系统地理学中却是没有的。

企图用语言来表达区域研究的特殊性质屡遭失败之后，我发现如用数学符号，却可以极明白地把这种特殊性质表示出来，虽则当然我们不会发现，这样复杂的问题是可能用任何实际数学公式或方程式来表达的。

在整个区域中，千变万化的任一地理特征 z，理论上可表达为

一个函数，f(x,y)，x 和 y 表示位置坐标。作为两个变数的函数，我们能用数学方法测量的任何此类特征——如斜坡、雨量、作物产量之类，都可以具体地用一个不规则的面来表现。于是这样一个面就可以展示整个区域中此种特征的实际性质；在理论上，对每一点、每一小区，它都会是正确的。此外，如果涉及的函数不太复杂的话，积分理论就能容许我们给任何有限部分以及任何一点，求出该特征总和的积分。在某种意义上，我们在系统地理学上的部分工作，就相当于这种表达方式。

同样，在一个区域内，任何两三个地理因素的相互关系——例如作物产量与雨量及土壤腐殖质含量的关系，可以表示为一个包 438
含两三个变数的函数方程式：$z_3 = f'(z_1, z_2)$。具体表示这个关系，又需要一个面的形式。在系统地理学中，更常见的是我们只考虑一个因子只对另一个因子的关系，然后我们可以把它表示为平面上的弧。当然每一个因子 z 都是不同的函数，f(x,y)，而 $z_3 = f'(z_1, z_2)$这个更复杂的方程式，只有当 z_3 不受别的 z 因子影响的时候，或者当影响它的因子在所考虑的整个区域都是不变的时候才能成立。这两个条件没有一个是能严格地成立的：我们可能考虑的地理要素，几乎都要受到两个以上自然要素的影响，也可能受到无法比较，或者完全未知的人文因素的影响；而且不论所考虑的地区多么小，所有这些被考虑的因素，在某种程度上都是在变化的。因此，在系统地理学中，即使在这一步，我们也已经带来了对现实一定程度的歪曲。

我们可以凭着建立要素复合体 u 来采取下一个步骤，每个 u 都表示许多z要素的函数，或多或少是有规律地随着一小部分这些要素的变化而变化。这样,如果有某种土壤、斜坡、温度和雨量条件,我们就可以在一个较大的不精确性、不可靠性误差以内,设想自然植被和野生动物的某种条件,我们就可以用一个 u 要素复合体来表示所有这些 z 要素的总和。假设可以设想我们能以算术方式表达这个特征 u 的话,那么它在一个地区中的性质,也会形成一个不规则的面,显示出它任何有限部分的特性。然而,从这些要素复合体的性质,可以明白地看出这种表示法会有很大程度的不可靠性。

可是在区域地理学中,我们要涉及一个远为复杂的位置坐标函数。我们不能把它表示成任何一个要素或要素复合体的函数,而只能表示成许多半独立要素复合体 u 的函数,以及外加的半独立要素 z' 的函数。于是,整个地理学 w 在任何一点上都可以用函数 $F(u_1, u_2 \cdots u_n, z'_1, z'_2 \cdots z'_n)$ 来表示。假设关于函数形式 F、每一个要素复合体 u——每个 u 都是各种 z 要素的函数——和半独立要素 z',我们都能拥有精确而完全的资料的话,那么这个函数也会复杂得使我们无法用任何具体形式来表示它,即使是用 n 度空间来表示它也办不到。我们会有一个只能对该区的每一个点,x,y,才可解的函数,但对大于点的任何小部分却不能正确表示。换言

439 之,我们只能从研究该区内无穷数的点的地理,来研究该区的地理。因为数目无穷,所以这个任务是不可能完成的。与点的地理迥然不同,区域地理学问题是如何研究和描述有限地区的地理问题,在每一个有限地区中,所涉及的整个复杂函数,是取决于极其错综复杂地相互联系着的函数的,多得使任何积分理论都不可能求解。

因而我们不得不考虑的就不是无穷数的点，每个点上的 w 都有某种程度的不同；我们不得不考虑的却是该区域有限数的分区，虽小却明确，在每个分区内，我们都必须假设所有因素都是不变的。于是，为了能适用于全区，我们只需要有限数的消元式 w 就够了，每式都表示一个小地区单元，而不是一个点。只有当人们记住此法不可避免会歪曲实际时，它才是合理的。所取地区单元越小，歪曲也越小，可是不能完全消除；不论单元多么小，我们知道，在单元内部假设不变的诸因素，实际上却是可变的。事实上我们通常能花时间来考虑的最小单元，也大得足以有明显的变化，因而我们所得的结果对现实也会有显著的歪曲。

把我们这结论表达得更通俗些：任何有限地区，不论多么小，地理学家在其中也会面临着包括许多半独立因素的相互联系因素复合体，所有这些因素在该区各点都不同，带着只有部分互相依赖的变化。除非任意略去小地区单元内部的变化，即假设每个虽小然而明确的单元整个都有一致条件，就不能把这些因素统合起来。于是地理学家可能希望通过分析和综合，来理解每个地区单元内部相互联系的现象。

虽则把所有单位地区的研究都加起来，就会构成一种对全区的考察，但这并没有完成区域研究。正如彭克强调过的，研究各个“科雷”(chores)(近于均一的区)，确定科雷的类型还是不够的。“首先，地理学必须考虑如何把这些科雷拼合成较大的单元，正像化学家并不只以研究原子为限，而且还要研究原子在各种结合中彼此邻接的状态一样。新地理学几乎还没有考虑如何理解地理形态(Gestalten)”。彭克接着说，正像对组成一幅镶嵌细工的各块石

440 子加以分类和研究，并不能了解这幅镶嵌细工，同时还需要我们观察各块石子的排列组合一样，研究“科雷”[①]的排列，也会呈现出有意义的不同构造形式〔*163*，43f.；他用英语发表的费城演说中，部分也曾论及，*159*，640〕。

在对区域地理学的理论探讨中，我们的第二个步骤是把各地区单元互相联系起来，以发现较大区域在构造和功能上的组成。因为对每个小单元所有涉及的因素都是任意地定为不变的，因而所得结果也是如此，于是也就可以谈论一个单元里的一个因素与另一单元里的另一因素之间的功能关系了，仿佛这些就是单元本身间的功能关系一样——只要我们明白情况并非真正如此就是了。此外，用这种方法产生出来的区域结构，就具有一片一片镶成的马赛克的性质，每一片完全都是均一的，其中很多十分相似，不论用什么实际方法来表示，都会显得像是在该区域各处重复出现似的。但是我们不应受骗，以为这幅我们镶成的马赛克就是现实的正确复制品。它只不过是一种设计而已，为使有限的头脑得以了解许多半独立可变因子的无限可变函数。这里涉及的虚构有三重：我们任意假设每个单位地区从头到尾都是统一的；我们任意地把它

① 此词瑟尔希采用作地区单元的术语〔*237*〕。按他的定义，这个概念并不取决于大小；科雷只是由所有地理因素（“geofactors”）的相对均一程度决定的一片陆地区。按任何规模建立起来的科雷，都可以划分成更小的科雷，科雷愈小，则其所显示的均一性程度也可能愈高；这种划分过程的极限当然是完全均一的单元，这只能是一个点。彭克在采用这个术语时却另有含义。他所谓“科雷”，看来是最小的陆地单元，可说是不可分割的细胞，他就用这些细胞拼成更大的“形状”。我们不沿袭此种用法，不但因为改变了发明者给这个术语所规定的含义，而且也因为实际上不可能有最小的陆地单元。正像彭克在别处承认过的，我们可以把划分过程无限地继续下去，这样划成的小区，也绝不会是比未划时的大区更不真实（也不会是更真实）的单元。

作为一个清晰的单元（个体）从邻区划出来；我们又任意地把非常相似的单元称为性质同一。

如果我们要拿地球表面与马赛克相比，甚至是以地理学家提出时多少必然会带点歪曲的形式来比，也还有某些别的根本性限制必须坚持。我们可以说在技术细节上是有相似之处的，但是，除非我们归回到某种目的论原则上来，我们就不能把地球表面与任何艺术作品来类比，因为我们不能假设这是单一头脑的有组织的产物。相反，如果我们可以把赫特纳的比拟，即一座由几位建筑师 441
独立工作建成的大厦，改为亨丁顿的“地球画布”的画片，我们可以说地球表面是不同颜色的花纹互相联系的组合，每个花纹都是由一些或多或少在独立工作的艺术家贴上去的，同进在工作过程中，各艺术家又都在改变设计。在系统地理学中，也许可说我们是企图分开各个花纹，以求了解其形状及其与另一些花纹的关系，从而也了解它与全画的关系。但全画并非简单地以不同的彩色图版套印而成的，却是在某种程度上彼此互有因果关系的，所以要把它们分开来，就必然要分析每个图样与别的图样间的因果关系和功能关系。在区域地理学中，我们第一步是把自然界这些不同艺术家调成并施于地球表面的细致的色彩层次，变为马赛克技术的生硬而任意的形式。当我们接着察看马赛克细片的组成时，我们不能指望会看到每件艺术品必须具有的某种统一匀称的图样。另一方面，我们也无须料定只有一片混乱或者万花筒式的景象；因为我们从系统地理研究中可以知道，各个图样中都包含着一些原理，如果那些均一的单元地区，不是我们纯属任意确定的，而是以细心测量和正确判断相结合为基础的话，那么我们也可望这些图样的组合，

会展示出或多或少井然有序、虽则也是错综复杂的图案。此外，不论对这些图样如何解释，其形状对每个部分都是有意义的，因为每个单元部分的发展都是受到别的部分发展的影响的。

最后一个想法终于把我们引向另一个重大的方面：把地球表面比拟为一件艺术品是不妥当的，即艺术品是静态的，是由静止不动的形状组成的，而地球表面却包含着动的物体，始终不停地在把地球各部分联系起来。（企图采用艺术家对诸如“力线”(lines of force)、“运动”、“反力”(opposite forces)等术语的特殊用法，在这里只会增加混乱）换言之，地理学家必须考虑功能及形式。在建立我们的小单元地区时，我们不但假设每一单元地区在性质上、而且也在功能上都是完全均匀一致的。同样，在把这些单元组合成更大的区划时，由于我们必须考虑这些单元彼此间的功能关系及其形式，问题就更复杂起来。例如，如果两个地区单元十分相似，因而我们把它们着色成恰如两片同色的马赛克小片，但其中一个在功能上是与某一区域的城市中心相联系的，另一个却是与另一区域的城市中心相联系的，那我们是否把它们包括于不同区域中呢？
442 或者，如果把它们包括在一个区域中，又应包括哪一个呢？对这个问题只能回答得聪明一点或不大聪明一点，却不能有一个“正确答案”。

了解一个区域中单位地区的排列是必要的，同样，理解诸区域相互间的排列也是必要的。彭克和格拉内两人（格拉内也循着相似的思路〔*252*，28～31〕）都会把这个过程一直进行到更大的单元；所涉及地区的大小是无关紧要的。所以区域地理学是研究各小区在大区中组合和联结的方式，是研究这些大区在规模更大的地区中联系起来的方式，如此继续下去，直至到达那最后的单元，那唯一真实的单位地区——世界。

然而，在不同水平上的组合，却有一个重大的差异。彭克和格拉内两人看来都忽略了这一点，即在假设最小地区单元的均一性时，那细微然而重要的虚构成分，却随着向更大分区推进而渐次增加。因此建立这些更大的分区，就需要对实际作愈来愈任意的歪曲。

采取了第一个步骤，即建立地区"均一单元"以后，我们就可以采取第二个步骤，就是使我们判定几乎类似的"均一单元"为数尽可能地多，不相似的单元为数尽可能地少，一并纳入我们称之为区域的连续地区之中。我们的相似性判断，在关于均一单元的特点比别的特点更重要这一点上，必定会含有主观成分，因而在某种意义上该区域的建立充其量也是任意的。

此外，我们在现实中也难得看到一种解决办法，会像我们所描述的那么简单。虽然某些地理特征从一地到一地的变化非常缓慢，可是另一些地理特征——如土壤、多山地区的斜坡、城市聚落，以及所有基本上呈线形的河流、公路、铁路等特征，却会迫使我们把性质完全不同的"单元"包括进随便哪个区域中。因此就有必要确定究竟哪几类单元，不论在实际相互联系中还是仅仅并立起来时，大致考虑起来具有该区域的特色，然后才确定下来，使得包括进来的那几类相似单元为数最多，而别的单元则为数最少。

对有的大地区，我们首先要辨认出其中的"均一单元"，试着把它们组成区域，而且可以根据相似性或者有的单元间的关系来简

略地描述其特点。我们在考虑这类大地区时,可能会觉得该区中有的地方绝大多数单元显著相似,这项任务比较简单。但有的处
443 于这些单元之间的部分,在某些方面有类似其一侧单元的特点,在另一些方面又有类似另一侧单元的特点,这项任务就极其困难了。此外,我们还会看到一些地区包含着形形色色种类互异的单元,使我们不知道该把它们包括到哪里去才好。确实,在有些场合,我们可以认为这种地区是过渡地带,但这只不过是把这个重要问题拖下去不加解决罢了。同样,把它们称为“无特性地区”,或者属于“一般”型或“混合”型地区,那只不过是完全逃避这个问题而已(参见第九章之五)。

个别学者无疑会乐于把这种伤脑筋的地区从地图上抹掉,可是没有人给他这种特权。一门力求认识世界面貌的科学,也不容许把更困难的地区弃之不顾,而只局限于更易组织到其知识总体中去的地区。这些难确定的地区常常不是仅仅一些狭窄的过渡边界,却是相当广袤的地区,也许像那些分类分得更明确的地区一样大,甚至更大,因此就没有根据来假定,在大地区或者全世界的整幅图画中,它们不及我们能立时描述出特点的地区重要。芬内曼说到地理学不同部分的话,甚至更确切地适用于一个地区的各部分——“中心并不比边缘具有更大的内在价值”。

因此,当我们把任何地区划分为我们所谓区域,对每一区域划得可以极经济地表述我们断定的极其重要的特点时,我们要作出的许多决定,就免不了要根据判断而不是根据测量。因此我们必须承认,我们的区域只是“陆地的片断”,要确定这些片断,是必须有相当程度的任意性的。另一方面,如果运用了一切可能的客观

尺度，而且那个任意的决定是根据学者的最佳判断作出的，那么我们理当可以认定，他的区域具有的正确性，要比“任选”这个贫乏的短语所表达的大一些。另一方面，上述许多作者的意见，以为地理学家对区域的明确界线——甚或其中央核心——可望达到近似的一致，鉴于以上列举的所有困难，这看法显然过于乐观了。

毋庸赘言，认为地理学不能为区划建立任何精确的客观基础，这结论却不是说地理学可以逃避这个艰难任务，即尽可能以最佳判断作出地区划分，把区域知识组织到其中去。为了利用系统地理学详细阐述的一般概念和原理，来解释区域地理学的发现，就必须尽可能把区域地理学组织为一些有重大意义的部分。地理学领域在当前的发展状况下，我们还没有最简单的解决办法，即把世界划分成各级或大或小的区域的标准化而且普遍承认的单一划分。444
因此研究区域地理学的人都已肩负起把自己的区划系统加以标准化的任务——除非他能利用同仁们的系统。这里使用“标准化”一词，表示区域系统是以某些明确表述的标准为根据的，使得别的学者可以确切地了解那样的组织结构是什么。

要在地理学中把区域知识完整地组织起来，就需要把全世界加以划分，不论作为第一步还是最后一步。无论朝哪个方向把这个过程进行下去——我们也曾指出，两个方向都须考虑（第十章之一），完整的系统都必须作出世界的区划，以便把我们对每个小部分的知识，在其中作逻辑安排。对这个极端困难的问题，我们找到两种不同的解决办法。地理知识可以在按地区特点分类的地区系统中作逻辑安排。虽然此法对于比较的目的有明显的用处，但无法把所有区域知识都组织成一个系统，而是需要几个独立的系统。

此外，此法也不能展示各个地区是更大地区部分的实际关系。这些关系只能包括于把世界分成特殊区域系统的现实划分之中，使所有区域知识可以在其中融合为一个逻辑系统。可惜现实里所存在的任何自然划分，并没有给地理学家提供这样一个系统，任何相当于有机形式的简单划分的东西，也没有提供这样一个系统。地理学家必须发展并不断修改这个方法，作为一种研究成果，同时在运用它时——总是用尝试的方式——又作为区域研究中一种起组织作用的结构。

我们已经很笼统地提出，为了在区域单元中明智地组织地理知识，我们会如何碰到为区域划界的问题。哪一种知识应当包括在区域研究以内呢？就涉及的资料而论，我们在前面就已指出，一个区域的完整的地理，是包括着系统地理学所包括的一切现象的——只要它们在该区域可能存在的话。没有包括在区域地理学以及系统地理学中的唯一地理学领域，就是历史地理学。但因过去每个时期都有不同的地理，所以也就会有无数独立的历史地理
445 学，各自包括着自己的系统划分和区域划分。

区域内存在的现象类别，它们存在的特定方式，以及它们的相互关系性质，包括每个单元地区以内和超出单元分区以外的关系——这些都决定地区的特殊形态和功能。虽则大多数学者在理论上都同意这几点具有同等重要性，但近数十年来，很多研究工作却流于强调形态研究而忽视功能。我们觉得这在“景观纯粹论者”的研究工作中特别突出(第七章之五)。另一方面，格拉内觉得许多学者，特别是斯佩特曼之流，把地区想象成“力场，是一种动力复合体”。格拉内坚决主张，地理学不是力的研究，不是关系研究，而是

对地区中事物间的相互关系的研究。照格拉内那部以德文发表的力作来判断,他本人倾向于着重地貌,而对地区的功能则很少予以注意〔*252*,114f.;参见韦贝尔,*266*,204〕。

我们说到地区功能时,不能忘记实际上地区并不是什么能发挥功能作用的东西,只有其中某些事物才与他区的事物有功能联系。如果说我们关于形态、功能都相一致的均一小地区单元的虚构,使我们可以把这种单元地区喻作与别的单元地区具有功能联系的话,我们也不应设想地区本身具有功能联系,忘记这个概念的虚构性质。

特别要指出,当我们企图研究“一个地区的起源”时,小地区单元的概念就解体了。在研究该区地理中先前的历史阶段时,我们发现那些均一的小地区单元,随便哪一个,就连我们今天可以赋予它的那点不完全的有效性,可能从来也不曾有过。这就是说,地区不论多么小,也不会成为单元,无非随其内部不同事物参差不齐的变化而变化而已,因而今天的单元地区,很可能并不是早先某一阶段的单元地区,而且也不大可能是未来某一阶段的单元地区。马赛克这个概念是与渐次和参差不齐的变化的概念不相容的。因此,地理学中的发生学研究只能以系统研究的方式来进行:“一个地区的发生学”研究,只能分解为该区内所包含的每一不同事物的发生学研究。所以这些研究也是系统地理学研究;在什么范围内值得作这种研究,以求了解一个区域的地理,这是一个有争议的问题,前面已经谈过,此处就无须再来研讨了(第六章之二)。

在地理学领域的这一分支中,我们可望逐步达到阐述普遍原 446
理、一般概念和科学规律或原则吗? 对这个展望区域地理学时极其

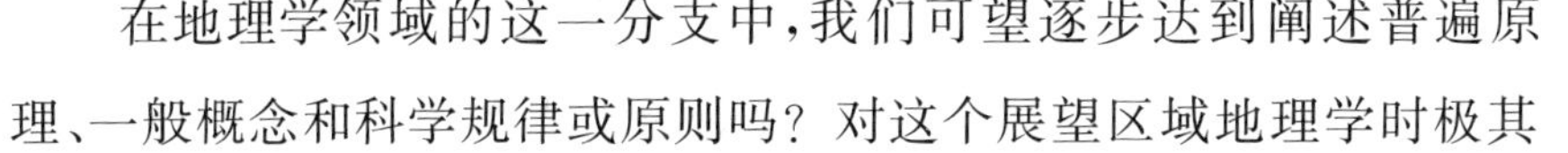

重要的问题,我们现在当能作出回答了。

区域地理学中使用一种概括方式,我们已经描述过:以小单位地区构成区域。哲学家克里斯曾区别出诸如异质而半独立部分之类概括,作为每三种类型的科学描述,连同类型概念和独特事物的描述〔据格拉夫,*156*,57～62,105〕。这个区别的重要性在于:这种概括形式未能为证明普遍原理提供根据;要证明普遍原理,我们必须有类型概念。

十分清楚,我们可能想根据以描述为目的而设定的虚构地区单元来阐述的任何普遍原理,都不可能比这些单元本身更具有效性。除非这些单元分得极细,否则,不论我们提出什么原理,因个人判断而带来的误差,都会造成很大的错误,大得使其价值极成问题。

然而,不说这个基本困难,我们看到就是这些任意划定的单元,每一个也都包含着极其复杂的关联形式的组合,不能归入以其多变的半独立因素总和为基础的类型系统。虽然在任何区域里,我们都能找到一些单位地区,相似得可称相同而无大误,但在世界上别的区域,我们却看不到如此相似的单位地区。莱茵河上游平原某处的一个小区,可能很像同一区域中许多别的此类小区,但我们所取的区不论多么小,它与世界上任何别的区域的单位地区也是根本不同的(见第十一章之四)。

于是我们得出了类似于克罗伯为历史而作出的结论:“一切历史现象的独特性(据我的理解,意指现象在特定时间的特定结合),是既被视为当然,又被证明有理的。没有发现什么法则或者近似法则。”〔*116*,542〕同样的结论也适用于现象在特定地点的特定结合。

可是却不能认为研究区域地理学是用不到一般概念和原理的。相反,解释每个区域内现象的相互联系,却有赖于系统地理学所解释的类别概念和原理〔参见施米特,*7*,194〕。换言之,对于区域地理学中所包含的各个项目及其间的更简单的联系,我们始终要依赖系统研究所供给的普遍概念,但每个地区单元的整个相互 447
联系的结合,却相当于一个本质上独一无二的事例,对此我们是不可能有什么普遍原理的。

有人可能会提出反对,说是许多地理学家在考虑区域时所使用的一种研究形式,相当于一种解释科学法则的方法——即所谓"比较区域地理学",也就是把显著相似的区域加以比较。我们可以引毛尔对亚马孙、刚果和因苏林迪亚(Insulindia)[①]等地区所作的给人以深刻印象的比较为例〔*179*,184~186〕。在别的科学里,"比较研究"标志着法则性科学繁荣以前的未成熟时期,这使许多人设想,区域地理学有望从比较迈向科学原则,从而脱离它的少年时期而成长起来。

这里所涉及的基本思想在地理学中不是什么新鲜的事。它先由洪堡——如果不是由更早的著作家——所采用,照赫特纳的说法,布雷姆、内林,特别是李希霍芬,都运用过它〔*161*,403f.〕。⬅
然而普莱韦却以为这些都只不过是偶然的事例,以为我们的文献中并没有包括作为该领域一个分支的比较区域地理学〔*8*,46~55,77〕。他指出,这种偶然的比较,所有各门科学都是要用的,引个例

① 因苏林迪亚疑为印度尼西亚之误。——译者

子，利特对康德和赫德的比较研究就是（柏林，1931 年）。我们可以再补充一下，历史学家常常觉得，把两个以上某些方面显著类似时期的发展状况加以比较是有价值的。这些事例应当会使我们感到怀疑，在区域地理学中是否会有发现某种可称之为法则或近似法则的东西的可能性。

帕萨格承认有妨碍比较区域地理学（Länderkunde）详细阐述普遍概念的种种限制，但依然（1936 年）相信在比较景观学（Landschaftkunde）中可以避免或克服这些限制〔*272*，61〕。他说，为了发现区域的法则，还需要一种第三项比较（tertium comparationis），他相信他的抽象类型系统正提供了这种比较。我们在前面的讨论中（第十章之五）已经看出，他只是部分地以缩小有关地区的大小来减少困难，其余就不过以建立类型来逃避那些限制，而这些类型，即使在要点上，也还不是实际地区的完全的抽象观念。实际的 Land 和实际的 Landschaft（作为地区来看），其间只不过有大小之别；第三项比较在两种情况下都是同样不可能的。我们可以继续把不论怎样大小的地区比较下去，却永远不会有发现区域法则的希望。

因此普莱韦说，比较区域研究既不是走向法则性区域地理学
448 的准备步骤，也不是地理学的一个独立分支。一世纪前李特尔采用这个概念，意味着从完全不同的科学发生了一场转变；他从来没有明确解释过他的概念，另一些人接过了它，却以许多不同的方式来使用它，但并没有什么重大的发展〔*8*，82f.〕。

可是把这种方法作为补充手段来使用，看来仍有某种明显的便利之处。如果天南地北的区域在很多方面相似，因而按某些要素或要素复合体可以把它们归入同一类型，那么比较它们的相似之处，特别是它们的相异之处，就很可能用以检验我们对每个区域内现象关系所作的解释。

一个大区内可能会有为数众多的同类要素复合体，这方法对这种大区内部各地点的比较甚至更为有用。挑选这些数量最多的特征都很相似的地点，并把它们与那些许多——但不是所有——特征都很相似的地点作比较，我们就可能找到一条线索来了解具体特征对该区总体上的意义。

举个众所周知的例子：考虑棉花带总体上的主要特点，可能会使人以为——把某些文化特征视为当然——该区之所以重棉，只能从气候条件方面来解释。然而我们已经知道，把以棉花为最主要作物的地点，与那些气候条件虽同而棉花却居次要地位的地点作一对照，如不考虑土壤的性质，那么对于整个南方的棉花作物，也就无从理解了。

同样，美国地理学家至少早已明白在流行的想法里——或者甚至在许多欧洲地理学家的想法里——所没有清楚地认识到的东西，即明白了南方的气候条件不能直接解释南北对比中极为重要的特征——即高比例的黑人人口。用同样的方法来比较各地，就会发现，不考虑棉花所必需的气候条件和土壤条件的结合，就不可能理解这个要素以及所有与之相联系的文化要素。可是这个结论是不完全的：今天极其重要的产棉区得克萨斯中部，黑人人口的比例是低的。只有同时也把奴隶时期结束以前发展了种植园作物的地方——包括烟草及棉花，与从那时以来发展了同样作物的地方相比较，才能作出完满的解释〔359〕。

449 这个把同一大区内部各地作比较的方法，可能像是会得出一般原理。可是这方法所能得出的结论，却只适用于那一个有关大区。如果我们给棉花带各区再加上长江流域一区和孟买省一区，我们就无法把它们全都包括于任何区的一般概念之下。正如我们前面所指出的，在只限于棉花带各区的比较中，我们并不是在比较分隔的单元，却只是比较单一大区中的相似部分，这些部分之所以相似，只是由于它们是同一区域中的部分的缘故。虽然这个方法可能对检查我们的解释有点价值，但却不能得出普遍概念或原理来。

我们的结论是：区域地理学正是它的名称字面上所表示的意思——以地球表面各部分来描写地球。正像历史学一样——在更常用的断代史的意义上说，区域地理学基本上是一门描述的科学，是关于描述和解释独一无二的事例的，在这里是不可能推演出科
562 学法则来的。虽然这无疑是个不利之点，使得解释所发现的东西十分困难，比那些能够解释普遍规律来说明个别事例的领域要困难得多，但这也并不意味着区域地理学就没有科学目标。正如前面所指出的，阐述科学法则不是科学的目的，而只是达到目的（即理解现实）的手段。海德里希对那些“觉得‘地球描述’（Erdbeschreibung或geographia）这个称号不够博学、不够科学的人”回答道，“描述确实是科学工作的最后和最高目标，并不仅仅是一种停留在事物表面的外部描述，而是这样一种描述，其目的……在于凭借综合理解一切从分析事物特点学到的东西”〔*153*，213〕。科学所需要的一切，就是为了使解释性描述可以有更大的精确性和可靠性，只要可能，都应解释和使用普遍原理。研究各类现象的系统科学和

研究全地球各类现象相互关系的系统地理学，其中所阐述的所有一切恰当的一般概念和原理，区域地理学全都加以利用。

我们所得出的关于区域地理学性质的结论，也许使我们可以回答近几年来不少学者提出来的一两个问题。对美国地理学家关于区域研究的思路，去年布罗克和普法伊费尔在德国发表的两篇论文中已作过讨论〔*108*；*109*〕。读了这两篇评述及其所提及的批评文章，读者也许会以为，美国地理学家在一段时间内热心专注于 450
巴罗斯（特别是索尔）的方法论论文所介绍的区域研究之后，现在已经开始怀疑到底是否应当对区域地理学抱有很多的期望。在大西洋两岸一片唱和声中，可能把这种言辞夸大了；也许我们看到的只是某大学一个系的反对，该校在美国和德国的现时和旧日的校友间，响彻了一片呼声。[①]然而美国无疑也还有另一些地理学家，他

① 普拉特在一篇评论这些研究的文章中，说到有的作者对方法和目的有所误解，这些作者没有目睹过那种必不可少的野外工作，也没有参加过十五年来试验这项工作的人们间所进行的讨论〔*224*，125〕。要说明这个困难，重新想一想作为一个集团的美国地理学家与德国人在方法论讨论上态度的重大差别是很重要的。美国学者与德国人迥然不同，极少认为这种问题是适于在准备发表的研究论文中提出的；相反，他们常常把这些问题只看作个人意见的问题，各人可以在多少有点非正式的讨论会上发表，特别是在“会外”的口头讨论中提出。通常只有在学会主席经过“周密考虑”的表态中，才会正式提出这样的观点，而且往往在它们早已产生很大影响之后。受德国人态度影响的学者投的稿，只是极罕有的例外，特别提一下这一点很有意思。因为这些稿子大都来自一个机构，所以在外国学者看来，美国地理学中当前方法论思想的发展，很可能似乎主要是加利福尼亚思想的发展了〔例如迪金森，*202*〕。布罗克和普法伊费尔两人都想避开这个局限，但在美国别的学者发表文章中的方法论，只不过报告了讨论会上一些零星阐述，或者只是他们实际研究中所包含的甚至更为零碎的解释，这却使他们两人受到掣肘。美国还没有堪与德国相比的可利用的文献，可供直接追溯美国地理学家方法论观点的发展；因此对于远离实际发展过程的学者，这项任务是极端困难的——不幸这在很大程度上却包括我们太平洋海岸的团体。也许在科尔比那样对美国地理学一般发展的透彻研究中，可以找到比这少数几篇方法论论文更可靠的资料。

们在口头讨论中，关于希望从区域研究中取得的成果，也有表示怀疑的口气。

在若干场合，怀疑论者发表过一些言论或文章，仿佛我们是经过长期认真的努力，想以区域研究来推动地理学前进之后，才发现写成的著作并没有展示或产生重要的一般成果。这种言论很难叫人相信是认真的。美国地理学集中力量于区域研究几乎还不到20年，而且也从没有全力以赴。在这一时期，也许有二十来个研
451 究工作者，各人都作过一两项或两三项区域研究，地区很分散，从波斯河区域到圣保罗，从欧洲到中国都有。因为美国两位理论上的区域概念主要倡导人都没有拿出对（当前）区域地理学全面研究的具体范例，所以每一个从事研究的学者，或多或少都必须独立地设计出自己的决定区域、选择现象来考虑和提出成果的方法。有人会认真地考虑一下，我们已经有了一个相当不错的试金石，可以检验从区域研究中发扬一般成果的可能性吗？即使所有工作全都是在标准化程序下进行的，对这样一些分散于大半个世界上的少数事例，也很难希望其“展示”什么总成果，或者提供概括的根据。

由于另一些理由，许多学者似乎更可能已经开始在怀疑：不论研究了多少区域，也不论用什么方法，科学法则都是不会到来的。我们发现的这个结论，可以用理论来彻底证明，使得我们可以取得一致的意见：任何人怀着这个终极目标从事区域研究，只不过在追随一个惑人的幻影；一切有关人员把它抛弃得愈早愈好。←

然而，如果地理学的目的在于按世界不同地区参差不齐的发展，来取得关于世界的知识，那么研究作为世界地区划分的区域这个任务，在地理学中也不应怀疑了。不论哪一门科学中，如果在一

段不到20年的时间内，少数一批工作者的努力所取得的成果，没有像热心家给他们引起的希望那样多，其研究工作者也用不着为此而泄气。地理学的研究对象是世界，它虽然很大，但大小还是有限的，我们必须设想，地理学是前程无量的。美国地理学家的集体努力，无疑会拿出更丰硕的成果，如果他们能使全体或大部分成员把注意集中于世界上某一有限部分——就像法国地理学家集中研究其本国那样。但对许多使学者相信应作远地旅行的因素也不应予以限制，即使这样做是需要的。我们只能希望地理工作者的总人数更多，可能时还希望某些团体的研究工作——如在威斯康星——集中于国内面积相对有限的区域。特别是正像芬奇所指出的，“从一个区域中已经更清楚地认识的东西撇了乳皮，又为另一个区域而丢掉它”〔*223*，26〕，我们不应指望这种做法会取得什么具有深远影响的科学价值的成果。这种研究在教学上可能有价值，这也许可以说明在这些研究上花费时间和精力是正确的——

如果有关地区对课堂教学有意义的话。要取得区域地理学研究的 452
持续发展，需要集中个人更大量的时间，不论人们是否会像芬奇那样走极端，以为一个区域就够一位学者研究一辈子了。

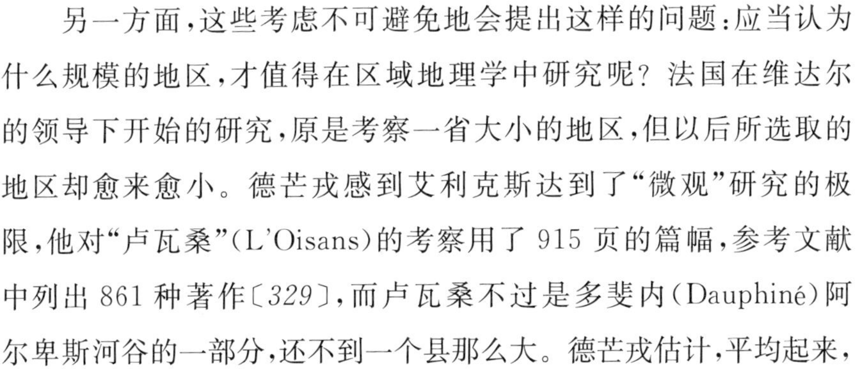

另一方面，这些考虑不可避免地会提出这样的问题：应当认为什么规模的地区，才值得在区域地理学中研究呢？法国在维达尔的领导下开始的研究，原是考察一省大小的地区，但以后所选取的地区却愈来愈小。德芒戎感到艾利克斯达到了“微观”研究的极限，他对“卢瓦桑”（L'Oisans）的考察用了915页的篇幅，参考文献中列出861种著作〔*329*〕，而卢瓦桑不过是多斐内（Dauphiné）阿尔卑斯河谷的一部分，还不到一个县那么大。德芒戎估计，平均起来，这相当于每平方公里或每 12 个居民占一页稍多的篇幅。相比起来，美国地理学家把“微观”一词用于他们的研究工作，似乎就不很正确了。

对这里提出的问题，是不能简单地回答的。历史学家除了对一系列绵续很长的时期作较为粗略的研究以外，还欢迎对很短的时期作极端细致的研究。这两个领域标准相同——这是就这种研究的意义而言，但对这个标准，我们并无客观的尺度。前面我们已经考虑到两个主要方面——即地区本身的意义[①]及其作为大区或大量相似小区的代表的可能意义。除了卢瓦桑本地公民对本区地理的固有兴趣以外，我们可以设想，总的说来，知识界对这个无足轻重的小地区，是无须作如此详尽无余的研究的。另一方面，如果我们对法国阿尔卑斯谷地所知不多，而勘察表明该区在很大程度上是几百个其他地区的代表，那么这样一种研究就可以使我们对这一整个地区——或其中一大部分——的区域地理得到近似的图景。然而这样一种研究也许会因一心只想表达有代表性的特点而
453 受到限制，人们也可能会怀疑，究竟这是否需要 1000 页篇幅。德芒戎觉得这项研究颇多肤浅之处，因为它只重复了布朗夏尔等人研究相似地区的著作中所描述的发现。就艾利克斯的著作有证实前人研究的作用而言，也尽可写得简单一点的。另一方面，另一位

① 在前面的讨论中，我们是仅从一个地区在实际世界的相对重要性方面来考虑其本身的意义的。可是芬奇提醒我们，如果一个地区包含着某一未曾得到解答的问题，如果它有某种特征联系的话，那么该区对于我们这门研究世界的科学，就可能有一种特殊意义〔*223*，23〕。我觉得把这个标准加上去特别可取，因为它似乎为美国地理学家专心研究上西里西亚之类遥远小区提供了唯一的理由，而这个小区几乎对邻近任何地区都没有代表性〔*355*；*356*〕。

有水平的批评家[①]却觉得，艾利克斯对以法国阿尔卑斯为代表的一些问题，作出了比任何前人都要透彻的论述。

对美国区域地理学的批评，特别是针对着这种“微观地理”研究的——借用一下普拉特的术语。批评家认识到，认为只要在一段不太长的时间内，把这种小区研究统统加起来，就能包括全世界整个大陆地区，这是不切实际的，即使能办到，其总和也是消化不了的；他们也怕我们只会得到一堆乱拼硬凑成的大杂烩〔参见莱利，*220*〕。然而批评家特别还要质问：我们从这种细琐散漫的研究，究竟可望得到什么普遍原理呢？连有的像詹姆斯那样曾经作过这种微观地理研究的人，事后也表示这样的感觉：“研究愈详细具体，成果也愈无意义”〔*284*；84〕。[②]

普拉特在两篇已发表的论文〔*221*；*224*〕和在本会宣读而未发表的声明中，对这些攻击特别作了有力的回答。他的声明中有一点是说，微观地理学发展为“一种理性的及时的运动，反对坐在圈椅里凭杂乱无章的资料来编书，从偶然的旅行中撷取一些主观印象，以及不以资料为根据杜撰环境理论等缺陷”。他说，为了达到这些目的，地理学家就走向野外，而“在野外，所有地理学家就都是微观的”。在那里，“他们面临着地理学家的难题：欲求了解的是大区域，而一次看到的却只是个小地区”。他强调说，他们之所以不投入

① J. 瑟尔希私人通信。

② 普法伊费尔说，詹姆斯“甚至怀疑‘微观方法’究竟是否意味着有何进展”〔*109*，115ff.〕，这里所说的话可能正说明了他作出这个结论的原因。这个结论确与下面所表现的普遍看法不一致：“对小区的细琐研究，只要能在方志学（mesochoric）或地理学（macrochoric）地图上有助于更正确地概括这种细节，就成为有意义了”；或者这样的结论：“地形（microchoric）研究是方志学（mesochoric）或地理学（macrochoric）调查的重要部分”〔*286*，85f.〕。

弹丸之地的细节研究，是因为别人的方法论结论使他们相信，这样最后就会为地理学赢得点什么东西。相反，他们自己力求了解范
454 围更大的地区，也使他们得出一个经过推理的结论：除了走遍整个大地区，作普遍的勘察研究和详尽的系统研究以外，要对更大的区域作精确的概括，还需要研究能研究的相互联系特征的整个基本复合体，而要详尽研究这个复合体，却只能在小区进行。①

然而普拉特为微观地理学辩护，依据重在实际工作，而轻于理论探讨。他已花费了好几年时间在拉丁美洲进行实际工作，结果写出了美国地理学上一系列最重要的微观地理地区研究〔开列于 *221*，13；这个书目还应加上 *224*〕。关于这一系列研究的价值，曾引起一些疑问，其中不少看来与美国地理学的目的无关。我认为目的只不过是增加我们对格朗德河以南地带的有条理、客观而可靠的知识罢了。这种关于世界各部分的知识是人们所想望的，须有熟练的地理工作者去研究，这就是地理学领域存在的重要理由。我们今天关于拉美地区的知识还不够；即使只为一门基本课程着手搜集过有关世界这一地区的所需资料的人，对此也是看得明明白白的。因此，要检验这一系列对分散地区详细研究的价值，我们不应只问它们是否能得出“科学原理”，或是否会帮助我们作出有关

① 这里说明一下，普拉特指出，芬奇不但对蒙特福特作了极其细致的研究〔*285*〕，而且也作了包括世界农业的系统研究（与贝克合作〔*343*〕），此外还可以举出许多基本上是研究性的论文，收在与特雷瓦撒合写的更新的教科书内〔*322*〕；惠特尔西不但测量了威斯康星的一个小区〔《一个农业区地理的野外地图》，《美国地理学会年鉴》，15（1925），187—191〕，而且还试图划定世界主要农业区〔*319*〕。此外，我们可以补充说，惠特尔西在解释这样一种世界研究的发现时，主要困难在于缺少像迪肯给墨西哥高地〔*340*〕，普拉特给拉丁美洲各区提出的那种有代表性的详细小区研究。最后，普拉特在他最近的研究中直接指出微观地理工作与勘察的宽泛目的之间的关系〔*224*〕。

普法伊费尔所谓“大关系”的结论〔*109*〕。只要普法伊费尔不要求所有地理学都应由这种“微观地理”研究或一般区域研究组成,这些疑问就都是无关的了。要紧的问题是:假定我们想得到关于南美洲地理的充分知识,他取得这种知识的研究方法是否恰当?

现有南美的全面研究还不充分,很少人会对此表示怀疑。普拉特在他最近关于不列颠圭亚那[①]海岸种植园的研究中指出,最有用的美洲大陆综合地图,对他所研究各地区的土壤、植被及人口 455
密度,却给人以错误的印象。即使我们拥有关于南美气候、地形、土壤、作物、人种和商业的精确详尽的资料,这些总起来也并不意味着该大陆不同部分的地理——即地区差异。即使局限于一省规模的研究,美国学者也常常因缺乏文化要素复合体的详尽知识而受挫;文化要素复合体对区域的文化地理是至关重要的。关于美国或欧洲各区,他可能已不知不觉地获得知识,不论是作为野外工作副产品,还是仅仅来自他的一般知识。这些基本特点必须首先在较少地区,特别是在一个缺少文化均一性的世界地区中加以研究。如果人们已经了解巴拿马某农牧场,并且可以假定散布于整个大区的略有相似的特点,那么人们对这一有关大区的地理所得到的图景,就会比靠小比例尺的测量获得的更为正确〔参见普拉特,*221*〕。

当然,这种看法的基本假设是:所研究的小区实际上可以代表别的地区;⬅正如芬奇所指出的,它不大可能完全是典型的〔*223*,24〕。然而,如果它是有代表性的,那么它在某些有限的方面,或许

① 现为圭亚那合作共和国。——译者

也会是典型的，我们了解它在哪些方面近似于典型，这是非常重要的事。有的地区，人口调查和气候资料都很充足，作过地质、地形、土壤的勘查，对这种地区，只要研究这些资料，就可能大致地回答这些问题。前面已经提到要素比率和等值线地图在这方面的用途。在别的地区，只能依靠学者从勘察中形成的判断。虽然这种判断所能作出的回答离科学的可靠性还很远，但毕竟比完全没有答案总好一些，因此应当拿出这样的答案，纵使日后有被自己或别人的研究证明错误的危险。

普拉特也许直到他最近的论著中，才明确地论证了这些详尽的小区研究与大区勘察研究间的关系。虽然这里他所详尽研究的微观地理区不是“宽泛区域类型的典型”，但却显得是“一个连绵的种植园区的正常特征，在南美错综复杂的地理模式中，该区有一个始终如一的地位”〔*224*，127ff.〕。毫无疑问，他先前显然是随便捡起这些分隔得很远的小区来研究的，这种研究对更宽广的区域认识的意义，在他的《拉美勘察研究》最后发表时，将会变得清楚起来，这些详尽的单元研究，就是形成这个勘察研究的必要部分。←

456 总结起来说，学者提出对一个本身并不特别重要的小区的研究时，心里必须记住目的不在于提出该区本身，而是在于给更大区域的有代表性的特点提供准确的解释，但那样的区域太大了，不能作这样详尽的研究。只要他心里记住这个大目标，我们就没有明显的理由来规定研究地区最少限度的面积。

九、地理学合二为一的二元论

我们考察地理学性质所引出的最后一个问题,正如地理学的历史演变及对其科学地位的逻辑思考给我们提出的,也正是几乎整个近代地理学史中激起许多争论的同一个问题——确实,自从1827年贝克提出这个问题以来,争论就从未中断。如果地理学是按现象内容的差异性来研究世界各地区的。或者按系统观点一个范畴一个范畴地去研究;或者按地区,从形形色色的现象去研究各区,那么在统一的地理学领域里,这两种观点又怎能互相联系起来呢?

我们的历史述评指出,近代地理学虽则一开始就已包括这两种观点——理论上,甚至在瓦伦纽斯的大纲里就包含了,但其间有过几次明显的重点转换。洪堡的研究把两者结合起来;而在李特尔的影响下,系统研究却被放在从属地位,很可能被忽略掉。虽然布黑和弗勒贝尔的反对当时全然无效,但佩歇尔以后一代,受到地质学之类领域里发展起来的科学标准的推动,却把兴趣中心转向另一边。迟至1919年,赫特纳觉得系统地理学在德国普遍被看作比区域地理学"更高级、更出色的东西"。因此,他重述了这个20余年来他几次提出的论点,指出这个领域的两个部分在科学上是属于同等水平的〔*142*,22f.〕。然而不到10年之后,他却觉得必须提出相反的论点,以促成相同的结论;因为"青年人是容易流于夸大的,它已经离开系统地理学太远了"〔*161*,401〕(我们很难设想赫特纳会不知道他所指的那些人,其中有的也并非比他年轻得多)。先前法国在维达尔的带领下出现的反动，在战后几年，把德国地理学冲到愈来愈重视区域地理学的方向，视之为地理工作的真正目标。于是奥布斯特相信可以发展一门“区域地理类型学”(Länderkund-
457 liche Typologie)的科学，想把“普通地理学”这个古老术语转为区域类型研究，作为地理学的目标，并把系统地理学(作为普通地理学〔Allgemeine Erdkunde〕)放在必要预备学科的附属地位〔*178*，6～9〕；布劳恩〔*155*，5〕、福尔茨〔*151*，247〕、乌尔〔*170*，486〕和格拉特曼〔*166*，13 所引〕发表了约略相似的观点。

同样，在我国，巴罗斯，特别是索尔，把重点放在区域(索尔则放在“景观”)研究上，使有的人把系统看作只在教学上才需要，而对地理研究则并不适合。

另一方面，像赫特纳和彭克这样的老前辈，却从未动摇过，他们始终坚持两种观点在地理学中都是同样重要的〔赫特纳几乎在他所写的每一种方法论论述中都说过相同的话；关于彭克，参见*129*，639；*137*，173～176；*163*，44〕。地理学重心接连不断地从一边转向另一边，这一事实本身就是两者在这一领域内重要性不相上下的间接证据〔参看赫特纳，*2*，306〕。

地理学作为一个统一的科学领域，克拉夫特在对它所作的有见地的研究中断言，虽然可以认为指责内容二元论——自然特征和人文特征——站不住脚而置之勿论，但把系统观点和区域观点都包括在内，无疑是二元论的一种形式。然而他同意赫特纳，这种二元论不能简单地表达为法则性(nomothetic)科学和个例性(ideographic)科学的结合；系统地理学必须包括独特事例的研究，区域地理学也必须运用一般概念和原理。无论哪一种情况，建立法则和描述独特事例都不是地理学的目的,也不是任何别的科学的目的。地理学的目的在两个分支里都是相同的,即了解地球的地区差异。要达到这个目的,不能单凭系统研究或单凭区域研究,而是需要两种方法兼用。因此他的结论是:这单一目的使地理学成为一门统一的科学,而这种方法上的二元论,既为这个目的所需要,于是也就是合理的了〔*166*,11～13〕。

我们还可以补充一句,赫特纳强调过,要把某些研究归到一个或另一个标题之下常常会有困难,这件事也支持了这个见解。差别并不在实质上,却在观点上,在某几类研究中,两者是可以结合起来的。例如,前面讨论过的土地利用分类系统(第十章之六、七),用意就是给农业区域地理提供背景,其大纲即包含任何地区的区域研究的主要部分。然而同时它们也相当于世界分布中各要 458
素复合体的系统研究,于是,在我们的两大划分中,它们究竟属此属彼,界线也全不清楚了。

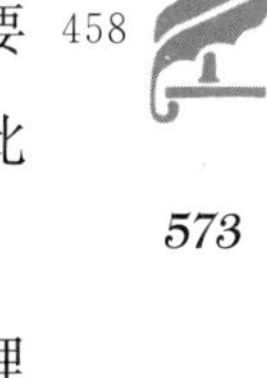

最后,如果同意把区域研究和系统研究都包括进来,作为地理学的基本部分,我们也许可以把相对重要性问题视为无关而搁在一边。区域研究不但为系统研究提供了他处难于得到的详细的实际信息源泉,同时也指出了系统地理学中也许易于忽略的关系问题;区域研究还为系统地理学的一般概念和原理提供最后的试验场地。另一方面,在解释区域地理的相互联系现象上要取得进展,就始终要依赖系统研究来详细阐述这种普遍原理。认为可以把这些研究留给与每一现象范畴相关的系统科学,经验已经表明这种假设是无根据的。这些与地理学有关现象的诸方面——它们与世界不同地区别的地球现象的联系,对这些系统科学并无直接关系,因而常被搁置而不予研究，正像莱曼所指出的，只有地理学家才来研究它们。因而他的结论是，系统地理学不应看作地理学的边缘区或只是预备科目，却是“对地理学的成长关系重大的器官，没有这个器官，它的区域之冠就会像无本之木一样很难存在”〔*113*，236f.〕。

此外，莱曼提出，系统地理学详尽阐述的观点，是与区域地理学中的一般观点不同的，但同时对它又有很大的价值，因而每个区域地理学家都应当在某一个或几个（他提出了两个以上）系统分支进行富有成果的工作。另一方面，对地形系统研究无疑有突出贡献的彭克，却竭力主张“培植区域研究对地理学家是不可或缺的；区域研究成了检验地理学家的整个地理学概念、检验他的地理学体系的试金石”〔*129*，639；参见格拉夫，*156*，82〕。

赫特纳从四十余年前最早的方法论论述直到今天，一贯坚持地理学中这两种相互联系观点的相互依存。系统地理学中正确的普遍概念的阐述，是区域地理学进展必不可少的基础，但因系统地理学在方法论上与系统科学相似，“仅仅从事系统地理学工作而不培植区域地理学，这样的地理学家就会冒着完全脱离地理学基地
459 的危险。不懂区域地理学的人就不是真正的地理学家。单有一门区域地理学而没有系统地理学固然不完全，但究竟还有地理性；系统地理学如果没有区域地理学，就不能履行地理学的完全职能，并且容易脱离地理学”〔*142*，22f.〕。

因此我们可以假定，地理学领域中两种方法都大有可为。专于一种方法的学者与用另一种方法工作的学者不应相轻。正如克罗伯所说，“方法之别，归根结底，可能主要还是取决于个人兴趣之别”〔*116*，569〕。进一步诠释此语，我们可以作出结论：把自己的兴趣局限于系统地理学的特殊方法或区域地理学的综合方法，或者视情况而两者交替使用，都是完全合理的。但容忍的雅量实质上是可取的，确实也有利于理解：有利于 scientia（科学）。

460 第十二章　结论：地理学的性质

我们考察了给地理学提出的种种不同思想，一次又一次地走进岔路，结果证明只是些死胡同或者是引到地理学领域以外去的歧路。无疑我们沿途也曾在另一些地点徘徊过，详细考察了这个领域以内的某些重大问题。因此这里有理由把我们已经得出的关于地理学性质的正面结论，简单地作一小结了。

地理学在历史发展中，总是作为方志研究的一个部门，在各门科学之间采取逻辑上的守势的。它也正像历史研究一样，试图研讨的并不是现实里各类事物和现象，而是现实的实际部分；它试图分析和综合的，并不是现象的实际过程，而是现象在现实各部分联系着的结合。

历史研究研讨的是现实的时间部分，方志研究则研讨空间部分；特别是地理学，则研究地球表面——即世界——的空间部分。因此地理学是名副其实的，它研究世界，力求描述和解释世界不同部分的差异性，一如在某一时间——通常是现在——所看到的那样。没有别的科学分支与它共有这个领域，它反而在这领域内把许多别的科学所领属的部分合在一起。可是它也不是仅仅把这些部分拼凑起来，弄成某种权宜的组织。别的科学分门别类加以研究的各类现象，并不是单按其在地球表面上物理位置的并列而混合在一起，而是在复杂的地区组合中按因果关系而相互联系着。别的科学分开来研究的材料，地理学却必须按各种现象在世界各地的实际结合而把它们合而为一。正像洪堡在实践和理论上极其有力地证实的，虽则地理学所研究的现象可能也是某一系统科学所研究的对象，但地理学却不是系统科学的鸡零狗碎的聚合：它是按其独特的方志学观点把这些现象组合起来的。

既然地理学横截所有系统科学，切取了一段，所以它与每一个领域都有密切联系。一方面，地理学从系统科学取得所有知识，有效地利用它来描述现象，解释其相互联系，使其尽可能正确可靠。这种借用的知识可能包括系统科学所阐述的一般概念或类型分
类；但如发现这些概念或分类与地理学目的不合，地理学就必须阐 461
述它自己的一般概念和分类系统。

反过来说，地理学也已对系统科学作出贡献，并将继续作出贡献，作为一种回报。在它对现实世界的现象联系所作的素朴考察中，它会发现系统科学精深的学术观点可能没有观察到的现象，指明这些现象值得研究，从而扩展了系统研究领域。此外，地理学始终强调现象的一个方面，系统科学的偏重理论的方法则时常忽略了这方面，也就是地理的一面。因此它就可以作为一种务实的批评，其作用就是经常提醒系统科学，指出它们仅仅在现象的普通特点和演变过程方面来考虑，就不可能透彻地理解它们。系统科学必须同时也注意这些现象因其处于世界不同地区的实际位置而产生的差异性。系统科学为了正确地解释这些差异性，解释由此造成的它们这些现象的世界分布，因而从地理学取得某些特殊技术，这是地理学观点要求它发展起来的——最显著的是地图和地图解释的技术。

地理学也像历史学一样，是全面了解现实所不可或缺的。系统

科学那种贫乏的、图表式的研究，把现实划分成许多互相隔绝的学术领域，因而必然要破坏它的某些基本性质：

啊，她那生气蓬勃的丰姿，

只留下一个影子。

正如维达尔所说，地理学增加了“理解事实相一致和相联系的能力，不管这些事实是全都包括在地球环境中，还是被局限于一地的区域环境中”〔*183*，299〕。

这个见解的必然结果是，在把科学应用于社会时，正如芬奇所说，地理学的方志学科学能够直接发挥作用，因为许多社会问题——最显著的是有关土地利用的最有效组织的问题——实际上都是区域问题。但这个说法并不意味着——我想芬奇也不是这个意思——方志学观点需要功利性来证明正确〔223，21ff.〕。反之，地理学把科学与社会问题联系起来，不论有何价值，都不过是证明了这一点：纯科学本身——为获得更多知识而追求知识——就需

462 要一门能如实解释世界地区差异的实际情况的科学，不仅按某些事物从一地到一地的差异性来解释，而且按各处异于他处的现象总结合来解释。

地理学也像历史学，性质上是综合的，因而理想中完美的地理学家也像理想中完美的历史学家一样，必须懂得有关各门研究世界（包括自然和人类）的科学的一切。反过来说，研究系统科学的学者，对地理学某一部分也当熟悉一点。此外，地理学和历史学都是如实描述和解释现实的各个部分的，在这些部分里，他们以常人一般都可利用的方法来观察现象。因此地理学正像历史学一样，显然是个大开门户的领域，门外汉都可以进来。研究历史除了研

究当前历史以外,至少需要一定程度的学识,足以利用过去的记载;而地理学则人人皆可研究,只要他有机会去旅行,并有描述途中所见的能力就行。因此,远在地理学任何有条理的学科创立以前,外行人就早在研究它了,无数非专业旅行家,自此以来就已对它的文献奉献出多少有点用处的资料。这个特点,不论是好是坏,它也是与历史学共享的。

因此李希霍芬指出:“许多人都有一种错觉,以为在地理学这个领域,人们不用耕耘就可收获。因为严肃认真的工作者在地理学上所取得的成果,很大一部分是一看就懂的,于是人们就认为无须预先受什么专门教育,就可以顺利地做地理工作了;旅行中走马看花所得的印象,只要信手拈来,不加鉴别,编纂成集,即可赢得桂冠。一大批洪水般的肤浅资料,无穷无尽,虽嫌简陋,却不能否定其为普及服务的作用;不过也模糊了很大一部分人,甚至是有教育的公众对地理学科学内容的判断。但正像历史学一样,好大一部分的事实,显然得来全不费功夫,而且明白易懂,这与正统研究中存在的困难又有云泥之别”〔73,68〕。艾伦·约翰逊等很多人都讨论过历史学中同样的难易之别〔117〕。

地理学和历史学都防卫不严,易为游荡的外行人不时闯入。既然这是由于这两个领域的基本性质而产生的,那么想用博学的术语设下一道铁丝网,来挡住入侵,也是不会取得多少效果的。想望把他们那个学科的学问用烟幕遮蔽起来,力求争取威信,这样的地
理学家大概也不多。相反,一门学科的领域包括着广大的地区,没 463
有几个专业工作者能有深入探索的机会,那么,有兴趣的业余爱好者的帮助,可能会受到衷心的欢迎。我们想提出的唯一的一点是:

业余爱好者也像生活中任何活动一样，应当认识他需要尽量从专业工作者多多汲取知识和修养，使他的努力可以产生更精确、更有趣味的成果，并对地理科学具有更持久的价值。

地理学和历史学都是研究世界的组合科学，在这一点上两者是相似的。因此在它们之间有一种普遍的相互联系，即使它们的综合基础在某种意义上是相反的——地理学根据地球空间，历史学根据时期。要解释当前的地理特征，需要一点有关这些特征的历史知识；在这种场合，历史学是达到某种地理目的的手段。同样，要解释历史事件，也需要一点有关这些事件的地理背景的知识；在这种场合，地理学又是达到某种历史目的的手段。如果带着一种观点，明确而连续地坚持主要重点，就有可能把两种对立观点结合起来。要使两者并重结合，必然会有困难，至少就目下看来，人类思想的局限还是无力克服这个困难的。在地理学中运用同一地方历史地理的连续图景的幻灯片方法，也许可以达到这种结合。试图像放电影那样，那么时空两方面都会产生连续不断的变化；当然这样会把现实全面地表现出来，可是看来却超过我们的想象能力，更不用说去解释了。

地理学试图获得现实知识，所用的观点虽然独特，但支配着它的求知的基本观念，却与知识总领域各部分的基本观念并无二致——对这个领域，除了称之为科学外，我们再也找不到别的名字了。

地理学寻求取得关于世界地区差异的全面知识，因而就仅仅按其地理重要性——即它们与地区差异总和的关系——来区别世界各地千变万化的现象。对地区差异有深刻意义的现象，是有地区表现形式的——不一定就地面上有实体的自然范围来说,而是作为多少具有一定范围的地区的一种特点。因此在研究这些现象间的相互关系时,地理学首先要依靠、而且基本上依靠多种描绘个别现象或相互联系现象的地区表现方式的地图来比较。从科技方面说,地理学在知识界主要是以其地图使用技术为特点。 464

究竟哪些现象一般说来是具有地理意义的,并没有固定的法则可以决定。在任何特定场合,这都要根据现象对地区差异的直接重要性来决定,根据现象与其他现象间因果关系的间接重要性来决定。为了尽可能准确地决定自己的发现,在任何特定场合,学者都必须依靠他能取得某种审慎的资料来查核重大现象。对不可度量但有地理意义的现象,必须按其所产生的可度量的影响间接地研究。

这些一般原则并不导致一般地排除任何现象,也不排除这个领域的任何方面。在系统地理学的任何一项研究中,或在一个区域任何部分的研究中,只有当某类现象对所研究现象的相互关系并无意义时,逻辑上才可予以排除。最后,要取得完满的结果,就要求地理学不仅考虑那些能够以一般概念来表达的特征和关系,而且要考虑大量本质上是独一无二的特征和关系。

为了尽可能准确可靠地认识相互联系的现象,地理学就要考虑这些联系中包含的所有各种事实,利用一切可能测定这些事实的手段,使得从一组事实或靠一种观察方法取得的结果,可以用别的事实或别的观察方法获得的结果来加以检查。

带着同样的目的,地理学接受了精确逻辑推理的普遍科学标准,奠基于明确解释的概念,即使尚未标准化。它设法组织自己的领域，使得调查和描述的深透而井井有条的程序可能做到的：不是积累一些支离破碎、毫无联系的个别证据，而是反复验证、不断再生的研究的有机增长。

地理学为了简化世界知识浩繁的细节，力求确定各地区不相似部分组合的概括图景，然而这图景在概括的限制所能容许的限度内，却仍然是近乎正确的；力求确定现象或现象复合体共同特点的一般概念，这些概念应可靠地描述这些特征实际上具有的共同特点。在这些一般概念的基础上，地理学力求确定相同或不同地区在地区上联系着的现象间的关系原理，以求正确地解释任何地区这种现象的相互联系。

465 最后，地理学力求把它的世界知识组织成为相互联系的体系，以求将零星知识与所有对它有影响的其他知识联系起来。世界地区差异涉及地球表面各点许多相互联系而又部分独立的可变因素合量的结合。要把全世界所有这些可变因素合量同时结合起来，组成单一体系是不可能的。

每一个有地理意义的要素或要素复合体，在全世界或世界各区处处互异；在系统地理学中，都是按其与地区全部差异的关系来研究的。这绝不是说会像相应系统科学那样对现象作全面的研究，却不过单是在其地理意义方面来研究它——也就是说，按其本身的地区联系，按其与别的决定地区性质特征变化的关系上来研究它。虽则在系统地理学中，单一地球特征的研究，就这样组成一个完整的系统，但很清楚，在地球每一点上，它又是与有关别的特征的同等系统相联系着的。

在区域地理学中，关于特定地点所有一切特征的相互关系的所有一切知识——一部分从系统地理学的不同系统中得来——都是按这些特征彼此间的相互联系被组合起来的，从而提供这些地点的全部地理。在与地点的关系上带点独立变化的因素，其无穷数地点组合的地区组合，只有凭着略去小单位地区内部变化的专断办法，使得每一任意歪曲成均一单元的有限地区单元，在相互关系中可以作为大区的各部分来研究，才有可能达到地区合一。这些大区，其本身也不过是更大的划分——世界的最后划分——的各部分而已。

把世界或世界任何部分划分为小区，以集中地区研究，这是区域地理学最困难的组织问题。这是涉及在一个或几个大区、小区划分逻辑系统中彻底划分世界的任务，最后可以一直划到接近均一的地区单元为止。任务虽艰，但彻底性和组织性原则要求地理学寻求可能的最佳解决办法。

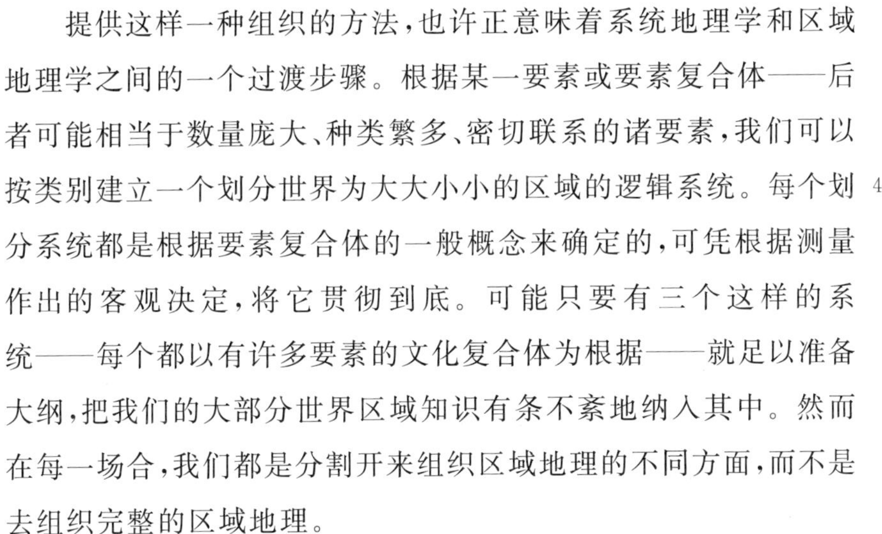

提供这样一种组织的方法，也许正意味着系统地理学和区域地理学之间的一个过渡步骤。根据某一要素或要素复合体——后者可能相当于数量庞大、种类繁多、密切联系的诸要素，我们可以按类别建立一个划分世界为大大小小的区域的逻辑系统。每个划 466
分系统都是根据要素复合体的一般概念来确定的，可凭根据测量作出的客观决定，将它贯彻到底。可能只要有三个这样的系统——每个都以有许多要素的文化复合体为根据——就足以准备大纲，把我们的大部分世界区域知识有条不紊地纳入其中。然而在每一场合，我们都是分割开来组织区域地理的不同方面，而不是去组织完整的区域地理。

要在单一系统中组织完整的区域地理，这个系统就必须以地区的全部性质为根据，包括这些地区作为大单元各部分的区位。这样一个特定区域的系统，需要考虑所有一切有地理意义的特征，有的特征在有的地区较重要，另一些则在别一些地区较重要。因此，要决定各级划分，必然包括着主观判断，区别哪些特征对决定相似性和相异性，以及对决定区域相互关系的相对密切性重要一点或不重要一点。因此在任何一级，区域都是大陆的断片，划得使我们可以极经济地描述各区域的性质——这就是说，在每一区域中，我们对近似单元所作不同概括描述的项数就最少，而每一项描述包括着近于共同特点的个数就最多，同时可适用的相似单元的个数也最多。

虽然科学的所有一切基本目标都等同地适用于地理学的所有部分，但这些目标在不同部分所能达到的程度却有差别。地理学各专业部门——自然地理学、经济地理学、政治地理学等等——的差别程度，与各种系统科学能达到这些最后目标的类似差别程度是相一致的。

地理学内部，在组织地理知识的两种主要方法——系统地理学和区域地理学——之间，存在着性质上最大的差别。两种方法都包括着所有这些专门领域各自所属的部分。除了这两部分在组织形式上的差别外，还有一个根本差别，即可以用普遍原理——不论是一般概念还是关系原理——来表达知识的程度之别。

系统地理学是按具有普遍地理意义的现象组织起来的，对每一种现象，都是按其地区差异与别的现象的地区差异的关系来研究的。因此描述方式也类似系统科学的描述方式。正像系统科学一样，系统地理学也寻求建立所研究现象的一般概念及其关系的

普遍原理，不过仅仅是从地区差异的意义这个观点来看罢了。然 467
而系统地理学要以普遍原理来表达其所有知识，却也不能奢望比系统科学表达得更好；还有很多东西都是必须作为独一无二的事物来表现和研究的。

在系统地理学中，详尽阐述一般概念和原理虽无逻辑上的局限，但从地理学所研究的现象的性质及其间的关系，却可以看出有许多困难阻碍了正确原理的建立。科学的所有各部分也有同样的困难，只是程度不同而已。在许多系统科学中，包括自然科学和社会科学，困难的程度也与地理学中一样大，甚或更大。在与地理学极其相近的历史学领域中，几乎处处的困难都要比地理学大得多。因此系统地理学阐述普遍原理的能力，要远远超过“系统历史学”。然而地理学中无论已经得到确认的原理，还是关于任何情况的已知事实，其完全、准确和可靠的程度，却很少能作肯定的预言。地理学的这个特点不但是历史学所共有，而且也是许多别的科学所共有的，包括自然科学和社会科学。

区域地理学组织各地区单元中地区差异所有一切相互联系形式的知识，必须组织到整个地球表面的大区、小区划分系统中去。它的描述形式包括两个步骤。首先，它必须通过分析和综合，来表达各单元地点所有相互联系特征的组合，然后又必须通过分析和综合，表达某一特定地区内部所有这种单元地点的组合。为了使这成为可能，就必须把现实扭曲到足以把细小但又有限的地区考虑作为均一单元的程度，使其可以互相比较，并集聚成大单元的地区模式。这些同样任意的大单元是这样划定的，划得有可能对每个单元“区域”作最小限度的概括描述，描述中又只包含最小限度的不准确和不完整。

因为区域地理学所论述的单元既不是真实的现象，又不是真实的单元，在各级划分上意味着对现实的扭曲，所以区域地理学本身既不能详细阐述一般概念，也不能详细阐述关于现实的原理。要解释它的发现，它就要依靠系统地理学所阐述的一般概念和原理。此外，通过比较部分相似的不同地区单元，它却能检验和改正系统地理学中所阐述的普遍原理。

区域地理学直接研究的问题是地球表面变化独特的性质。地
468 球表面才是个统一的单元，它只能武断地划分为各个部分，无论在哪一级划分上，这些部分的全部性质，正像历史学的时间分期一样，也是独一无二的。因此区域地理学的发现，虽然包括细节的解释，但大部分却是描述性的。不能把发现、分析和综合独一无二的事物看作“纯属描述”而予以抛弃；相反，这却体现了科学的一种基本职能，而且是它在研究独一无二的事物时所能履行的唯一职能。透彻地认识和理解独一无二的事物的性质，就是全面地认识它；除了地理学的普遍规律，即其一切地区都是独一无二的，此外就再也不需要推演出什么普遍原理。

总体上的科学，既需要系统领域来研究各种现象，也需要组合领域来研究这些现象的实际联系方式，一如它们在现实中存在的样子。同样，地理学既需要系统方法，也需要区域方法，来研究现象，组织知识。要了解每一类现象的地区差异和支配其相互关系的原理，系统地理学是必不可少的。然而单是这一点还不能使人了解个别地球单元，反而剥夺了这些单元的色彩和生命的丰富性。要了解每个地区在与他区相比时的全部特性，我们必须研究不同地区

单元所存在的相联系特征的总和——这就是区域地理学。虽然这些方法代表着不同的观点,但两者对地理学的单一目的都是必不可少的,因此把它们包括在这个统一领域里也是恰当的。此外,这两种方法是密切联系、相辅相成的。地理学的终极目的——研究世界的地区差异,在区域地理学里表现得极其清楚;只有经常保持与区域地理学的联系,系统地理学才能牢牢抓住地理学的目的,而不至于消失于别的科学之中。另一方面,区域地理学本身是不会结果的,不从系统地理学不断地汲取一般概念和原理的营养,在解释其发现时就不可能达到更高程度的准确性和可靠性。

把当前对方法论讨论的兴趣,解释成美国地理学进入了一个罕见的纷争时期的迹象,这是错误的。无疑地,这有很大一部分意味着迄今都在流动性的口头讨论中来解决的分歧意见,终于在印刷中形成了结晶,但这是因对地理学基本原理的最初挑战而突然激发出来,在十余年间出现于印刷品中的。虽然地理学作为一门
方志科学的基本地位,已经受到怀疑,但这个挑战看来并未造成纷 469
争。相反,它却揭示了这一事实:那些习惯于自以为站在方法论讨论的对立阵营里的人们,实际上却只对次要问题持相反意见,而对地理学在科学中的主要职能,基本上是一致的。

比起先前美国地理学的任何发展时期来,在理论及实践上,现在对区域地理学研究的重要性问题,已有显著一致的意见,同时也已有了一种发展系统地理学各个方面的持续趋势。此外,地理学这两个方面之间的明显鸿沟也正在缩小:区域地理学研究者愈来愈依靠系统地理学的研究,同时进行系统研究的学者也已认识到,系统研究对地理学总体上的价值,是取决于与区域地理学观点相

互联系的程度的。

二三十年以前，在德国，对地理学的基本性质早已取得共通的理解，在法国地理学中也构成大部分研究工作的基础，即使表现得没有那么明确。如果今天美国地理学也正在逐渐接近那么大程度的共通理解的话，我们也就可望在不远的将来，我国也会在一条宽广的共同战线上，出现一个同样丰产的时期。那些自己能自由地思想的人，只要彻底考察所涉及的问题，充分而公正地考虑过去及现在别的学者所表达的各种观点，就能在方法论问题上取得一致
468 意见，对别的任何问题也一样。针对目下我们这个领域中的方法论问题，我从近百余年来地理学思想的丰富文献中整理出这一番评述，希望能有助于更普遍地理解我们的根本目的和问题。

1939 年 6 月于明尼苏达大学

作 者 索 引

方括弧内斜体阿拉伯数字系指“参考文献”中的篇目编号，不论是该作者本人的或有关其生平或著述的文献。

正体数字系指原书页码（本书边码），黑体数字表示讨论到的重大问题。

469

597

主 题 索 引

数字系指原书页码(本书边码),黑体数字表示讨论到的重大问题。

469

参 考 文 献

此项关于地理学性质的研究，系根据本学科学者的著述。文中几乎每页都引用到这些著述，在这些地方都用方括号简略标出。为便于参考如此引用的篇目，因而破例于文前附了本文献目录。（在本书中，按我国图书体例，移置书末。——译者）

文中每处方括号内的斜体阿拉伯数字，表示本目录内的书名编号。后一正体数字则示引文出处页码。（页码后的 f. 表示包括后一页，ff. 表示包括后数页。——译者）

书目分类编排，俾便本目录本身即可最有助于研究者。每组（除最后列出的杂类外）书名大致按年代先后顺序编排。第一部分系关于本世纪前有关地理学思想的历史发展，包括历史和传记研究以及地理学研究范例。第二部分较长，是关于本世纪的思想发展。下列大纲表示目录编排：

A.　1900 年前地理学思想史[1～82]

　　普通历史研究[1～11]

　　诸地理学家著作评传研究[12～37]

　　方法论，兼有描述性著作[38～82] *611*

469

B.　二十世纪地理学思想[83～400]

　　一般地理研究著作[83～110]

　　科学与非地理学领域哲学著作[111～120]

　　一般地理学方法论[121～224]

　　　　德国[121～181]

　　　　法国[182～187]

　　　　其他大陆诸国[188～191]

　　　　大不列颠[192～202]

　　　　美国[203～224]

　　区域、Landschaften、景观与边界理论著作[225～297]

　　　　欧洲[225～280]

　　　　美国[281～297]

　　区域划分系统[298～328]

　　引为例证的论著（按作者姓氏字母顺序）[329～400]

括弧内“文献目录”字样，表示该著作包括一篇特别有用的参考书目，不论在独立目录或脚注的书目中。

A. HISTORY OF GEOGRAPHIC THOUGHT, PRIOR TO 1900

GENERAL HISTORICAL STUDIES

1. Wisotzki, Emil: *Zeitströmungen in der Geographie*. Leipzig, 1897. (Bibliography.)
2. Hettner, Alfred: "Die Entwicklung der Geographie im 19. Jahrhundert", *Geogr. Ztschr.*, 4(1898), 305—320. [Expanded in *161*, 1—109.]
3. Richthofen, Ferdinand Frh. von: "Triebkräfte und Richtungen der Erdkunde im neunzehnten Jahrhundert" (Rektoratsrede, University of Berlin, 1903), *Ztschr. d. Ges. f. Er-*
468 *dkunde, Berlin*, 38(1903), 655—692.
4. Cünther, Siegmund: "Entwicklung der Erdkunde als Wissenschaft: Teil-und Hilfswissenschaften derselben", in Rothe, K. C., and E. Weyrich, *Der moderne Erdkunde-Unterricht*, Wien, Leipzig, 1912, 7—40.
5. Becker, Anton: "Entwicklung der Methodik des Erdkundeunterrichtes", in Rothe K. C., and E. Weyrich, *Der moderne Erdkunde-Unterricht*, Wien, Leipzig 1912, 41—55.
6. Wagner, Hermann: Lehrbuch der Geographie. Hannover, 1920. "Einleitung", 17—36.
7. Schmidt, Peter Heinrich: *Wirtschaftsforschung und Geographie*. Jena, 1925. (Bibliography.)
8. Plewe, Ernst: *Untersuchung über den Begriff* der "*vergleichenden*" *Erdkunde und seine Anwendung in der neueren Geographie*. Ztschr. d. Ges. f. Erdkunde, Berlin, Erg. Heft 4 (1932). (Bibliography.)
9. Wright, John Kirtland: "A Plea for the History of Geography," *Isis*(Bruxelles), 8 (1925), 477—491. (Excellent bibliography on history of geography.)
10. Dickinson, Robert E., and O. J. R. Howarth: *The Making of Geography*. Oxford, 1933.
11. Bürger, Kurt: *Der Landschaftsbegriff: ein Beitrag zur geo-*

graphischen Erdraumauffassung. Dresdener geograph. Studien 7, 1935. (Bibliography). Abstract by K. H. Huggins, "Landscape and Landschaft", *Geography* 21 (1936), 225 f.

BIOGRAPHICAL AND CRITICAL STUDIES OF THE WORK OF INDIVIDUAL GEOGRAPHERS

12. Gerland, Georg: "Immanuel Kant, seine geographischen und anthropologischen Arbeiten", *Kant-Studien*, 19(1905), 1—43, 417—547. Also published separately, Berlin, 1906.

13. Adickes, Erich: *Kant's Ansichten über Geschichte und Bau der Erde*. Tübingen, 1911.

14. *idem*: *Untersuchungen zu Kants physicher Geographie*. Tübingen, 1911.

15. *idem*: *Ein neu aufgefundenes Kollegheft nach Kants Vorlesung über physische Geographie*. University, Tübingen, 1913. Reviews of this and two preceding titles, by O. Schlüter, *Geogr. Ztschr.*, 19(1913), 115; 20(1914), 415.

16. Dove, Alfred: "*Johann Reinhold Forster*" and "*George F. Forster*" *Allg. Deutsche Biographie*, 7(1878), 166—181.

17. *Fünf Briefe der Gebrüder von Humboldt an Johann Reinhold Forster*, edited by F. Jonas. Berlin, 1899.

613

18. *Goethes Briefwechsel mit Wilhelm und Alexander v. Humboldt*, edited by L. Geiger. Berlin, 1919. 469

19. *Briefwechsel Alexander v. Humboldt's mit Heinrich Berghaus*, edited by Berghaus. 3 vols., Jena 1862, 1869.

20. Bruhns, Karl, editor: *Alexander v. Humboldt*: *eine wissenschaftliche Biographie*. 3 vols., Leipzig, 1872; English edition, vols. 1—2 only, London, 1873. (Bibliography.) (The references in this paper are taken from the biographical sections of Vol. Ⅰ, by J. Löwenberg, and Vol. Ⅱ, by A. Dove, and from the critical essay in Vol. Ⅲ, by A. H. R. Grisebach; Peschel's essay is reprinted in his *Abhandlung*[66].)

21. Dove, Alfred: "Alexander v. Humboldt", *Allg. deutsche Biographie*, 13(1881), 358—383.

22. Döring, Lothar: *Wesen und Aufgaben der Geographie bei Alexander von Humboldt*. Diss., Univ. Frankfurt, 1930. Also

published in *Frankfurter Geograph. Hefte*, 1931. (Bibliography.)

23. Rehder, Helmut: *Die Philosophie der unendlichen Landschaft: Ihr Ursprung und ihre Vollendung*. Diss., Heidelberg, 1929.
24. Kramer, Gustav: *Carl Ritter: ein Lebensbild nach seinem handschriftlichen Nachlass*. 2 vols., Halle, 1864, 1870.
25. Marthe, F.: *Was bedeutet Carl Ritter für die Geographie*. Berlin, 1880. Brochure, reprinted with additions, from *Ztschr. d. Ges. f. Erdkunde, Berlin*, 1879, 374—400.
26. Ratzel, Friedrich: "Zu Carl Ritters hundertjährigem Geburtstage", in *Kleine Schriften*, Munich, 1906, Ⅰ, 377—428. Originally published in newspaper, 1879, in part also in
468 *Allg. Dtsch. Biographie*, 28, 679—697.
27. Hözel, Emil: "Das geographische Individuum bei Carl Ritter und seine Bedeutung für den Begriff des Naturgebietes und der Naturgrenze", *Geogr. Ztschr.*, 2(1896), 378—96, 433—444.
28. Fröbel, Julius: *Ein Lebenslauf: Aufzeichnungen, Erinnerungen und Bekenntnisse*. 2 vols., Stuttgart, 1890—91. Abstract in *Allg. deutsche Biographie*, 49(1904), 163—172.
29. Hantzsch, Viktor: "Ernst Kapp", *Allg. deutsche Biographie*, 51(1906), 31—33.
30. Girardin, Paul, and Jean Brunhes: "Elisée Reclus' Leben und Wirken", *Geogr. Ztschr.*, 12(1906), 65—79.
31. Ratzel, Friedrich: "Oscar Peschel", *Allg. deutsche Biographie*, 25 (1887), 416—430. Repub, in Ratzel, *Kleine Schriften*, Munich, 1906, I, 429—447.
32. Hettner, Alfred: "Ferdinand von Richthofens Bedeutung für die Geographie", *Geogr. Ztschr.*, 12(1906), 1—11.
33. Ule, Willi: "Alfred Kirchhoff", *Geogr. Ztschr.*, 13(1907), 537—552.
34. Steffen, Hans: "Erinnerungen an Alfred Kirchoff als Methodiker und Universitätslehrer", *Geogr. Ztschr.*, 25(1919), 289—302.
35. Helmodt, Hans: "Friedrich Ratzel, ein Lebensabriss von ihm selbst und vom Herausgeber", in Ratzel, *Kleine Schriften*, Munich, 1906(H. Helmodt, editor), Ⅰ, xxi - xxiii.

36. Hassert, Kurt: "Friedrich Ratzel, Sein Leben und Wirken", *Geogr. Ztschr.*, 11(1905), 305—325, 361—380.

37. Sapper, Karl: "Georg Gerland", *Geogr. Ztschr.*, 25(1919), 329—340.

METHODOLOGY, WITH ILLUSTRATIVE WORKS

38. *The Geography of Strabo*. Trans. by H. C. Hamilton and W. Falconer, London, 1892.

39. Kant, Immanuel: *Vorkritische Schriften*, in Kant's Gesammelte Schriften, Berlin Academy of Sciences edition, Bd. I, II(1902, 1905). (Includes various short studies on the earth and its movements, earthquakes, and winds, and statements of his program for the course in "Physical Geography" for various years, originally published 1754—1765, Bd. I, 183—204, 417—472, 489—503; II, 1—12, 312 f., 443. See also *Reflexionen zur physischen Geographie*, edited by E. Adickes from manuscripts, Bd. XIV(1911), 539—635.)

40. *Immanuel Kant's physische Geographie*, edited by F. T. Rink. First published Königsberg, 1802, evidently from manuscripts of 1775 and 1759 (see footnote 3 in text). Republished in various editions of Kant's works, particularly in edition pub. by Berlin Academy of Sciences, Kant's Gesammelte Schriften, Bd. IX(1923), 151—436, with notes by Paul Gedan, 509—568.

41. Forster, John Reinhold: *Observations made during A Voyage Round the World, on Physical Geography, Natural History and Ethic Philosophy*. London, 1778.

42. Humboldt, Alexander v.: *Florae Fribergensis Specimen*. Berlin. 1793. (Long footnote on the division of the sciences concerned with nature, ix-x.)

43. *idem*: *Ideen zn einer Physiognomik der Gewächse* (Brochure). Tübingen, 1806.

44. *idem*: *Ideen zu einer Geographie der Pflanzen nebst einem Naturgemälde der Tropenländer*. Tübingen, 1807.

45. *idem*: *Ansichten der Natur: mit wissenschaftlichen Erläuterungen*. Stuttgart, 1808, 1849.

46. *idem*: *Essai politique sur le royaume de la nouvelle Espagne*.

Paris, 1811.

47. *idem*: *Relation historique du Voyage aux régions équinoxiales du Nouveau Continent*. 3 vols.; Paris, 1814—25.

48. *Alexander von Humboldts Natu-und Kulturschilderungen*, ausgewählt und eingeleitet von Karl H. Dietzel. Leipzig, 1923. [Selections chiefly from the three preceding works.]

49. Ritter, Carl: *Die Erdkunde, im Verhältniss zur Natur und zur Geschichte des Menschen, oder allgemeine, vergleichende Geographie als sichere Grundlage des Studiums und Unterrichts in physikalischen und historischen Wissenschaften*. 19 vols. (2nd. ed. of Vols. I. II) Berlin, 1822—59. [Introduction, I, 1—88, republished in *50*.]

468 50. *idem*: *Einleitung zur allgemeinen vergleichenden Geographie, und Abhandlungen zur Begründung einer mehr wissenschaftlichen Behandlung der Erdkunde*. Berlin, 1852. Republication of "Einleitung" and "Allgemeine Vorbemerkungen über die festen Formen der Erdrinde", both from the *Erdkunde* (1817); and five lectures given before the Acad. d. Wissenschaften, Berlin, 1826, 1828, 1833, 1836, 1850, and previously published in *Abhandlung d. kgl. Akad.* …(*hist.-phil. Kl.*).

51. Bucher, August Leopold: *Von den Hindernissen, welche der Einführung eines besseren Ganges beym Vortrage der Erdkunde auf Schulen im Wege stehen*. Cöslin, 1827.

52. Humboldt, Alexander v.: *Vorlesungen über physikalische Geographie nebst Prolegomenen über Stellung der Gestirne, Berlin im Winter 1827—28*. Ed. by Miron Goldstein, Berlin, 1934.

53. Fröbel, Julius: *Geographisch-statistische Beschreibung von Ober-und Nieder-Peru, Argentinien, Uruguay und Paraguay*. Vol. 20 of Handbuch der neuesten Erdbeschreibung, ed. by A. C. Gaspari, GuthsMuts and others. Weimar, 1831—32.

54. *ibem*: "Einige Blicke auf den jetzigen formellen Zustand der Erdkunde", *Annalen der Erd-, Völker-und Staatenkunde* (Berghaus Annalen), 4(1831), 493—506.

55. Ritter, Carl: "Carl Ritter's Schreiben an Heinrich Berghaus, in Beziehung auf den vorstehenden Aufsatz des Herrn Julius Fröbel", *Annalen der Erd-, Völker-und Staatenkunde* (Berg-

haus Annalen),4(1831),506—520.

56. Fröbel, Julius: "Ueber die Unterscheidung einer Erdkunde als eigentlicher Naturwissenschaft und einer historischen Erdkunde", *Annalen der Erd-, Völker-und Staatenkunde* (Berghaus Annalen),6(1832),1—10.

57. *idem*: "Entwurf eines Systemes der geographischen Wissenschaften", *Mittheil. aus d. Gebiete d. Theoretischen Erdkunde* (Zurich),1(1836),1—35,121—132. Discussed by H. Wagner, *Geogr. Jahrb.* 7(1878),621 f.

58. *idem*: "Ueber den orographischen Begriff des Gebirges, mit Andeutungen zu einer reinen Hypsographie", *Mittheil. aus d. Gebiete d. Theoretischen Erdkunde* (Zurich),1(1836), 469—481.

59. Humboldt, Alexander v.: *Asie Centrale: Recherches sur les Chaines de Montagnes et la climatologie comparée.* 2 vols., Paris, 1843.

60. *idem*: *Kosmos*: *Entwurf einer physischen Weltbeschreibung.* 5 vols., Stuttgart, 1845—62.

61. Ritter, Carl: *Allgemeine Erdkunde.* Vorlesungen an d. Univ. Berlin, hrsg. v. H. A. Daniel, Berlin, 1862.

62. Fröbel, Julius: *Aus Amerika*: *Erfahrungen*, *Reisen und Studien.* 2 vols., Leipzig, 1857—58. *Rewritten* as *Seven Years Travel in Central America*, *Northern Mexico*, *and the Far West of the United States.* London, 1859. Review of former by Neumann, in *Ztschr. f. allg. Erdkunde*, 1858, 83 ff.; see also review by same of Fröbel's study of German immigration in America, *op. cit.*, 1860. 469

63. *idem*: *Amerika*, *Europa und die politischen Gesichtspunkte der Gegenwart.* Berlin, 1859.

64. Guyot, Arnold H.: *The Earth and Man.* (Trans. from French), Boston, New York, 1863.

65. Brown, Ralph H.: "Arnold Guyot's Notes on the Southern Appalachians", *Geogr. Rev.*, 29(1939), 157 f.

66. Peschel, Oscar: *Abhandlungen zur Erd-und Völkerkunde.* 3 vols., Leipzig, 1877. Republication, after his death, of articles published 1854—75.

67. *idem*: *Neue Probleme der Vergleichenden Erdkunde als Versuch einer Morphologie der Erdoberfläche*. Leipzig, 1870, 1878. In part previously published in *Ausland*, 1866 and following years.

68. Spörer, Julius: "Zur historischen Erdkunde: Ein Streifzug durch das Gebiet der geographischen Literatur", *Geogr. Jahrb.*, 3(1870), 326—420. (Bibliography)

69. Richthofen, Ferdinand Frh. v.: *China*. Vol. I, Berlin, 1877.

70. Marthe, F.: "Begriff, Ziel und Methode der Geographie", *Ztschr. d. Ges. f. Erdk.*, *Berlin*, 1877, 422—467. Abstract in *Geogr. Jahrb.*, 7(1878), 628.

71. Wagner, Hermann: "Bericht über die Methodik der Erdkunde",
468 *Geogr. Jahrb.*, 9(1882), 651—700.

72. Ratzel, Friedrich: *Anthropogeographie*. Stuttgart, 1. Teil, 1882, 1899; 2. Teil, 1891, 1912.

73. Richthofen, Ferdinand Frh. v.: *Aufgaben und Methoden der heutigen Geographie*. Akad. Antrittsrede, Leipzig, 1883.

74. Wimmer, J.: *Historische Landschaftskunde*. Innsbruck, 1885.

75. Wagner, Hermann: "Bericht über die Methodik der Erdkunde (1883—1885)", *Geogr. Jahrb.*, 10(1885), 607—610.

76. Gerland, Georg: "Vorwort des Herausgebers", ("Die wissenschaftliche Aufgabe der Geographie, ihre Methode und ihre Stellung im praktischen Leben", title according to Ratzel), *Beiträge zur Geophysik*, 1(1887), i-liv.

77. Wagner, Herman: "Bericht über die Entwickelung der Methodik und des Studiums der Erdkunde (1885—1888)", *Geogr. Jahrb.*, 12(1888), 418—444.

78. Supan, Alexander: "Uber die Aufgaben der Spezialgeographie und ihre gegenwärtige Stellung in der geographischen Literatur", *Peterm. Mitt.*, 35(1889), 153—157.

79. Vidal de la Blache, Paul: *Etats et nations de l'Europe autour de France*. Paris, 1889.

80. Wagner, Hermann: "Bericht über die Methodik der Erdkunde", *Geogr. Jahrb.*, 14(1890), 371—399. (The last of a series of critical surveys of methodological literature, by Wagner, in Vols. 7, 8, 9, 10, 12, and 14.)

81. Richthofen, Ferdinand Frh. v.: "Antrittsrede"; *Sitzg. Ber.*, *Akad. d. Wissensch.* (*phys.-math. Kl.*) Berlin, 1899, xxxii(603—607).

82. Richter, Edward: *Die Grenzen der Geographie*. Rektoratsrede, Graz Univ., 1900.

B. GEOGRAPHIC THOUGHT IN THE TWENTIETH CENTURY

GENERAL SURVEYS OF GEOGRAPHIC WORK

83. Brunhes, Jean: "Human Geography"; chapter in *History and Prospects of the Social Sciences*, H. E. Barnes, ed., New York, 1925.

84. Sauer, Carl: "Recent Developments in Cultural Geography", Chap. 4 of *Recent Developments in the Social Sciences*, E. C. Hayes, ed., Philadelphia, 1927, pp. 154—212. (Bibliography)

85. *idem*: "Cultural Geography", in *Encycl. of Social Sciences*, 6(1931), 621—623.

86. Vallaux, Camille: "Human Geography", in *Encycl. of Social Sciences*, 6(1931), 624—626.

87. Sapper, Karl: "Economic Geography", in *Encycl. of Social Sciences*, 6 (1931), 626—628.

88. Joerg, W. L. G.: "Recent Geographical Work in Europe", *Geogr. Rev.*, 12 (1922), 431—483. (Bibliography)

89. Vogel, Walther: "Stand und Aufgaben der historisch-geographischen Forschung in Deutschland", *Peterm. Mitteil.*, Erg., H. 209 (1930), 346—360. (Bibliography)

90. Penck, Albrecht: on Alfred Hettner's importance in the development of geography, "Review" of Hettner's *Vergleichende Länderkunde*, in *Deutsche Literaturzeitung*, (Ⅰ), 1935, 38—43; (Ⅱ), 1936, 31—39.

91. Krebs, Norbert: "Der Stand der deutschen Geographie", *Geogr. Ztschr.*, 44(1938), 241—249.

92. Oestreich, Karl: "Die neueren Strömungen in der niederländischen Geographie", *Geogr. Ztschr.*, 44(1938), 289—297.

469

93. Musset, R. : "Der Stand der Geographie und ihre neueren wissenschaftlichen Strömungen in den Ländern französischer Zunge", *Geogr. Ztschr.*, 44(1938), 269—277. (Bibliography)

94. Migliorini, Elio: "Die heutigen neuen Strömungen in der italienischen Geographie", *Geogr. Ztschr.*, 44(1938), 277—283.

95. Galon, Rajmund: "Die Geographie in Polen, ihre Fortschritte und Ziele", *Geogr. Ztschr.*, 44(1938), 297—306. (Bibliography)

96. Ahlmann, Hans W., and Nils Friberg: "Neue Strömungen in der nordischen geographischen Forschung", *Geogr. Ztschr.*, 44 (1938), 307—315. (Bibliography)

97. Berg, Lev simonovich: *Outline of the History of Geography in Russia* (in Russian). Reference based on review in *Geogr.*
468 *Ztschr.*, 36 (1930), 103.

98. Sölch, Johann: "Der geographische Unterricht in England", *Geogr. Ztschr.*, 31(1925), 26 ff.

99. *idem*: "Die Verknüpfung von Geographie und Gesellschaftslehre in England", *Geogr. Ztschr.*, 36 (1930), 145—157.

100. Huender, W. J. : *De Englesche Geographie en de 20ste Euw.* Utrecht, 1934. Synopsis in two pages in English. Review by J. Sölch in *Geogr. Ztschr.*, 42(1936), 27.

101. Dickinson, Robert E. : "Die gegenwärtigen Strömungen der britischen Geographie", *Geogr. Ztschr.*, 44 (1938), 258—269. (Bibliography)

102. Davis, William Morris: "The Progress of Geography in the United States", *Ann. Assn. Am. Geogr.*, 14(1924), 159—215.

103. Johnson, Douglas: "The Geographic Prospect", *Ann. Assn. Am. Geogrs.*, 19 (1929), 167— 231.

104. Davis, William Morris: "A Retrospect of Geography", *Ann. Assn. Am. Geogrs.*, 22(1932), 211—230.

105. Parkins, Almon E. : "The Geography of American Geographers", *Journal of Geog.*, 33(1934), 221—230.

106. Bowman, Isaiah: *Geography in Relation to the Social Sciences.* New York, 1934. (Bibliography)

107. Colby, Charles C. : "Changing Currents of Geographic Thought", *Ann. Assn. Am. Geogrs.*, 26(1936), 1—37. (Bibliography)

108. Broek, J. O. M.: "Neuere Strömungen in der amerikanischen Geographie", *Geogr. Ztschr.*, 44 (1938), 249—258. (Bibliography)

109. Pfeifer, Gottfried: "Entwicklungstendenzen in Theorie und Methode der regionalen Geographie in den Vereinigten Staaten, nach dem Kriege", *Ztsch. d. Ges. f. Erdk.*, *Berlin.* 1938, 93—125. (Bibliography) Abstract by J. Leighly, *Geogr. Rev.*, 28 (1938), 679. (A complete translation by Leighly has been distributed in mimeograph form by the American Geographical Society.)

110. Inouyé, Syuzi: "Die japanische Geographie der letzten zehn Jahre", *Geogr. Ztschr.*, 44 (1938), 284—289.

PHILOSOPHY OF SCIENCE, AND OF NON-GEOGRAPHIC FIELDS

111. Hettner, Alfred: "Das System der Wissenschaften", *Preuss. Jahrbücher*, 122 (1905), 251—277 [in part in *161*, 110—117].

112. Wundt, Wilhelm: *Logik.* Stuttgart, 1907. Vol. Ⅱ. "Logik der exakten Wissenschaften".

113. Lehmann, Otto: "Über die Stellung der Geographie in der Wissenschaft", *Vierteljahrsschr. d. Naturforsch. Ges. in Zürich*, 81 (1936), 217—239.

621

469

114. Barry, Frederick: *The Scientific Habit of Thought: An Informal Discussion of the Source and Character of Dependable Knowledge.* New York, 1927.

115. Cohen, Morris: *Reason and Nature: An Essay on the Meaning of the Scientific Method.* New York, 1931.

116. Kroeber, Alfred Louis: "History and Science in Anthropology", *American Anthropologist*, 37 (1935), 539—569.

117. Johnson, Allen: *The Historian and Historical Evidence.* New York, 1934.

118. Steefel, Lawrence D.: "History", Chap. vii in *Man and Society: A Substantive Introduction to the Social Sciences*, E. P. Schmidt, ed., New York, 1937, 305—322.

119. Shotwell, James T.: "History", Encyc. Britt., 14th ed.

120. Barnes, Harry Elmer: "History", Encycl. Amer., rev. ed., 1938.

THE METHODOLOGY OF GEOGRAPHY, IN GENERAL IN GERMANY

121. Hettner, Alfred: "Geographische Forschung und Bildung", *Geogr. Ztschr.*, 1(1895), 1—19. [Concepts later developed in *126* and *161*.]

122. Schlüter, Otto: "Bemerkungen zur Siedlungsgeographie", *Geogr. Ztschr.*, 5(1899), 65—84, especially, 65—68.

123. Hettner, Alfred: "Grundbegriffe und Grundsätze der physischen Geographie", *Geogr. Ztschr.*, 9(1903), 21—40, 121—139, 193—213. [Largely repeated in *161*, 215—343.]

468 124. Oberhummer, Eugen: *Die Stellung der Geographie zu den historischen Wissenschaften.* (Brochure), 1904.

125. Penck, Albrecht: "Die Physiographie als Physiogeographie in ihren Beziehungen zu anderen Wissenschaften", *Geogr. Ztschr.*, 11(1905), 1—20.

126. Hettner, Alfred: "Das Wesen und die Methoden der Geographie", *Geogr. Ztschr.*, 11(1905), 545—564, 615—629, 671—686. [Included in *161*, 110—132, etc.]

127. Schlüter, Otto: *Die Ziele der Geographie des Menschen.* Antrittsrede, Munich, 1906.

128. Penck, Albrecht: *Beobachtung als Grundlagen der Geographie.* Two addresses, Berlin, 1906.

129. *idem*: "Antrittsrede", *Sitzg. Ber., Akad. d. Wissensch.* (*phys. -math. Kl.*), Berlin: 1907: xxxiii(634—641).

130. Hettner, Alfred: "Die Geographie des Menschen", *Geogr. Ztschr.*, 13(1907), 401—425. [Included in *161*, 266—273.]

131. Schlüter, Otto: "Uber das Verhältnis von Natur und Mensch in der Anthropogeographie", *Geogr. Ztschr.*, 13 (1907), 505—517. Discussion by A. Hettner, 580—583.

132. Hettner, Alfred: "Methodische Streifzüge", *Geogr. Ztschr.*, 13 (1907), 627—632, 694—699; 14(1908), 561—568.

133. Banse, Ewald: "Geographie", *Peterm. Mitt.*, 58(1912), 1—4, 69—74, 128—131.

134. Schlüter, Otto: "Die Erde als Wohnraum des Menschen", in Rothe, K. C., and E. Weyrich, *Der moderne Erdkunde-Unterricht*, Wien, Leipzig, 1912, 379—430.

135. Hahn, Friedrich: "Methodische Untersuchungen über die Grenzen der Geographie (Erdbeschreibung) gegen die Nachbarwissenschaften", *Peterm. Mitt.*, 60(1914), 1—4, 65—68, 121—124.

136. Gradmann, Robert: "Geographie und Landeskunde", *Geogr. Ztschr.*, 21(1915), 700—704.

137. Penck, Albrecht: "Der Krieg und das Studium der Geographie", *Ztschr. d. Ges. f. Erdk.*, *Berlin*, 1916; 158—176, 222—248.

138. Merz, Al.: "Die Heidelberger Tagung deutscher Hochschullehrer der Geoggraphie, 26—27. April 1916", *Ztschr. d. Ges. f. Erdk.*, *Berlin*, 1916, 392—408.

139. Hellpach, Willy: *Die geopsychischen Erscheinungen*. Leipzig, 1917, 1923. Revised, 1935, as *Geopsyche*.

140. Hettner, Alfred: "Die allgemeine Geographie und ihre Stellung im Unterricht", *Geogr. Ztschr.*, 24(1918), 172—178. [Included in *161*, 122—132].

141. Hassinger, Hugo: "Uber einige Aufgaben geographischer Forschung und Lehre", *Kartogr. u. Schulgeogr. Ztschr.*, 1919, 1—12. 623 469

142. Hettner, Alfred: "Die Einheit der Geographie in Wissenschaft und Unterricht", *Geogr. Abende*, im Zentralinst. f. Erzhg. u. Unterr., Heft 1, Berlin, 1919.

143. Philippson, Alfred: "Die Lehre vom Formenschatz der Erdoberfläche als Grundlage für die geographische Wissenschaft", *Geogr. Abende*, Heft 2, Berlin 1919.

144. Gradmann, Robert: "Pflanzen und Tiere im Lehrgebäude der Geographie", *Geogr. Abende*, Heft 4, Berlin 1919.

145. Schlüter, Otto: "Stellung der Geographie des Menschen in der erdkundlichen Wissenschaft", *Geogr. Abende*, Heft 5, Berlin 1919.

146. Branca, W., and Em. Kayser: "Zu welchen schweren Schädenführt eine übertriebene Betonung der Geologie in der Geographie?" *Ztschr. d. dtsch. geol. Ges.*, 71(1919), B30—44.

147. Penck, Albrecht:“Zu welchen schweren Schäden führt eine übertriebene Betonung der Geologie in der Geographie?” *Ztschr. d. dtsch. geol. Ges.*, 72(1920),124—138. [Reply to *146*.]

148. Schlüter, Otto:“Die Erdkunde in ihrem Verhältnis zu den Natur-und Geisteswissenschaften”, *Geogr. Anzeig.*, 21(1920), 145—152,213—218.

149 Philippson, Alfred: *Grundzüge der allgemeinen Geographie*. Leipzig,1920,1933. Especially pp. 1—16.

150. Leutenegger, Albert: *Begriff, Stellung und Einteilung der Geographie*. 1922.

151. Volz, Wilhelm:“Das Wesen der Geographie in Forschung und
Darstellung”, Antrittsrede, Leipzig 1923, *Schles. Jahrb. f.*
468 *Geistes-u. Naturwissensch.*, 1(1923),239—272.

152. Hettner, Alfred:“Methodische Zeit-und Streitfragen”, *Geogr. Ztschr.*, 29(1923),37—59.

153. Heiderich, Franz:“Geographisch-methodische Streiflichter”, in *Sieger-Festschrift*, Wien,1924,212—222.

154. Schlüter, Otto:“Staat, Wirtschaft, Volk, Religion in ihrem Verhältnis zur Erdoberfläche”, *Ztschr. f. Geopolitik*, 1(1924),378—383,432—443.

155. Braun, Gustav: *Zur Nethode der Geographie als Wissenschaft*. (Brochure), Greifswald, 1925. Also pub. as Erg. H. z. 17/38 *Jahresbericht d. geogr. Ges.*, *Greifswald*.

156. Graf, Otto: *Vom Begriff der Geographie*. Munich and Berlin, 1925(Bibliography). Review by A. Hettner, *Geogr. Ztschr.*, 32(1926),304—306, with reply by Graf and counter-reply by Hettner, *Geogr. Ztschr.*, 33 (1927),341—344.

157. Maull, Otto: *Politische Geographie*. Berlin, 1925. (Bibliography) Review by O. Schlüter, *Geogr. Anz.*, 27(1926),62—66; reply by Maull, 245—253; and review by R. Sieger, *Geogr. Ztschr.*, 32(1926),379 f.

158. Penck, Albrecht:“Geographie und Geschichte”, *Neue Jahrbücher f. Wissensch. u. Jugendbildg.*, 2 (1926),47—54, Abstract in *Ztschr. d. Ges. f. Erdk.*, Berlin, 60(1925), 384f.

159. *idem*:“Geography among the Earth's Sciences”, *Proceed.*

Amer. Philos. Soc.,66(1927),621—644.

160. Tiessen, Ernst: "Die Eingrenzung der Geographie", *Peterm. Mitt.*,73(1927),1—9.

161. Hettner, Alfred: *Die Geographie, ihre Geschichte, ihr Wesen und ihre Methoden*. Breslau, 1927. (Contains most of the material published in his numerous articles in the *Geogr. Ztschr.* from 1895 to 1927.)

162. Penck, Albrecht: "Die Geographie unter den erdkundlichen Wissenschaften", *Die Naturwissenschaften*, 16 (1928), 33—41.

163. *idem*: "Neuere Geographie", *Ztschr. d. Ges. f. Erdkunde, Berlin*, Sonderband 1928,31—56.

164. Pfeifer, Gottfried: "Uber raumwirtschaftliche Begriffe und Vorstellungen und ihre bisherige Anwendung in der Geographie und Wirtschaftswissenschaft", *Geogr. Ztschr.*, 34 (1928),321—340,411—425.

165. Hassinger, Hugo: "Uber einige Beziehungen der Geographie zu den Geschichtswissenschaften", *Jahrb. f. Landeskunde v. Niederösterreich*,21(1928), Festschrift f. O. Redlich,3—29.

166. Kraft, Victor: "Die Geographie als Wissenschaft", in *Enzykl. d. Erdk.*, Teil: Methoden d. Geographie, Leipzig, Vienna, 1929,1—22.

167. Hettner, Alfred: "Methodische Zeit- und Streitfragen: Neue 469
Folge", *Geogr. Ztschr.*,35(1929),264—286,332—345.

168. *idem*: "Unsere Auffassung von der Geographie" (addressed to Alfred Philippson), *Geogr. Ztschr.*,35(1929),486—491.

169. Schlüter, Otto: "Uber die Aufgaben der Verkehrsgeographie im Rahmen der 'reinen' Geographie", *Peterm. Mitt.*, Erg. Heft 209(1930),298—309.

170. Ule, Willi: "Methoden der geographischen Forschung", in *Handbuch d. biolog. Arbeitsmethoden*, Abt. X(1930),485—528.

171. Hettner, Alfred: "Die Geographie als Wissenschaft und als Lehrfach", *Geogr. Anz.*,32(1931),107—117.

172. Passarge, Siegfried: "Aufgaben und Methoden der Politischen Geographie", *Ztschr. f. Politik*,21(1931),443—460.

173. Lautensach, Hermann: "Wesen und Methoden der geographischen Wissenschaft", in *Klute's Handbuch der geographis-*

chen Wissenschaft, Potsdam, 1933, I, 23—56.

174. Schrepfer, Hans: "Einheit und Aufgaben der Geographie als Wissenschaft", in J. Peterson and H. Schrepfer, *Die Geographie vor neuen Aufgaben*. Frankfort a. M., 1934.

175. Hettner, Alfred: "Neue Angriffe auf die heutige Geographie", *Geogr. Ztschr.*, 40(1934), 341—343, 380—383.

176. *idem*: "Gesetzmässigkeit und Zufall in der Geographie", *Geogr. Ztschr.*, 41(1935), 2—15.

177. Plewe, Ernst: "Randbemerkungen zur geographischen Methodik", *Geogr. Ztschr.*, 41(1935), 226—237.

178. Obst, Erich: "Zur Auseinandersetzung über die zukünftige Gestaltung der Geographie", *Geogr. Wochenschr.*, 3 (1935), 1—16.

468

179. Maull, Otto: "Allgemeine vergleichende Länderkunde in *Länderkundliche Forschung*", *Krebsfestschrift*, Stuttgart, 1936, 172—186.

180. Schmidt, Peter Heinrich: *Philosophische Erdkunde: Die Gedankenwelt der Geographie unde ihre nationalen Aufgaben*. Stuttgart, 1937.

181. Lehmann, Otto: *Der Zerfall der Kausalität und die Geographie*. (Brochure published by author), Zurich, 1937.

IN FRANCE

182. Brunhes, Jean: *La géographie humaine*. Paris, 1910, 1925. Translated as *Human Geography*. Chicago, 1920.

183. Vidal de la Blache, Paul: "Les caractères distinctifs de la géographie", *Ann de Géogr.*, 22(1913), 289—299.

184. *idem*: *Principes de géographie humaine*. Ed. by Emm. de Martonne, Paris, 1921. Translated as *Principles of Human Geography*, New York, 1926.

185. Febvre, Lucien: *Le terre et l'évolution humaine*, in the series, "L'Evolution de l'Humanité." Paris, 1924. Translated as *A Geographical Introduction to History*, in the series, The History of Civilization. New York, 1925. (Bibliography)

186. Vallaux, Camille: *Les sciences géographiques*. Paris, 1925.

187. Ancel, Jacques: *Geopolitique*. (Brochure), Paris, 1938.

IN OTHER CONTINENTAL COUNTRIES

188. Almagià, Roberto: "Problemi e indirizzi attuali della Geografia", *Attid. Soc. Italiana per il Progresso d. Scienze*(Pavia),1929,3—33.

189. Michotte, P. : "L'Orienation nouvelle en géographie"; *Bull. de la Soc. R. Belge de Géogr.* ,1921,5—43.

190. DeGeer, Sten :"On the Definition ,Method, and Classification of Geography",*Geografiska Annaler*, 1923,1—37.

191. Markus, Eduard: *Geographische Kausalität.* Tartu, 1936. (Bibliography)

IN GREAT BRITAIN

192. Chisholm,George G. :"The Meaning and Scope of Geography" (Inaugural address, Edinburgh), *Scott. Geogr. Mag.* ,24(1908),561—575.

193. Unstead,John Frederick:"Geography and Historical Geography",*Geogr. Journal*,49(1922),55—59; a review of Carl Sauer, *Geography of the Ozark Highland of Missouri*.

194. Fairgrieve, James:*Geography in School.* London,1926, 1933.

195. Roxby,Percy M. :"The Scope and Aims of Human Geography",*Scott. Geog. Mag.* ,46(1930),276—289.

196. Mackinder,Halford John:"The Human Habitat",*Scott. Geog. Mag.* ,47(1931),321—335.

197. "What is Historical Geography?"report of a joint meeting of British geographers and historians,*Geography*,17 (1932),39—45.

198. Gilbert, Edmund William: "What is Historical Geography?"*Scott. Geogr. Mag.* ,48 (1932),129—136.

199. East, William Gordon :"The Nature of Political Geography",*Politica*,2(1937),259—286.

200. Stamp, Josiah C. :"Geography and Economic Theory ", *Geography*,22(1937),1—14.

201. Crowe, P. R. : "On Progress in Geography", *Scott. Geogr. Mag.* ,54(1938),1—19.

202. Dickinson, Robert E. :"Landscape and Society", *Scott. Geogr.*

Mag., 55(1939), 1—14, with comment by P. R. Crowe, 14 f.

IN THE UNITED STATES

203. Davis, William Morris: "An Inductive Study of the Content of Geography", *Bull. Am. Geogr. Soc.*, 38(1906), 67—84.

204. Semple, Ellen Churchill: *Influences of Geographical Environment*, New York, 1911. (Bibliography)

205. Brigham, Albert Perry: "Problems of Geographical Influence", *Ann. Assn. Am. Geogrs.*, 5(1915), 3—25.

206. Fenneman, Nevin: "The Circumference of Geography", *Ann. Assn. Am. Geogrs.*, 9(1919), 3—12.

207. Dryer, Charles Redway: "Genetic geography: The Development of the Geographic Sense and Concept", *Ann.*
468 *Assn. Am. Geogrs.*, 10 (1920), 3—16.

208. Barrows, Harlan H.: "Geography as Human Ecology", *Ann. Assn. Am. Geogrs.*, 13(1923), 1—14.

209. Sauer, Carl: "The Survey Method in Geography and its Objectives", *Ann. Assn. Am. Geogrs.*, 14(1924), 17—33.

210. Thomas, Franklin: *The Environmental Basis of Society: A Study in the History of Sociological Thought*. New York, 1925. (Bibliography)

211. Sauer, Carl: "The Morphology of Landscape", *Univ. Calif. Publs. in Geog.*, 2(1925), 19—53.

212. Whitbeck, Ray H.: "Adjustments to Environment in South America: An Interplay of Influences", (long introductory footnote), *Ann. Assn. Am. Geogrs.*, 16(1926), 1 ff.

213. Huntington, Ellsworth: "The Terrestrial Canvas", Chap. 1 of his *The Human Habitat*. New York, 1927.

214. Turner, Frederick J.: *The Significance of Sections in American History*. New York, 1932. "Introduction."

215. Whitbeck, Ray H., and Thomas, Olive J.: *The Geographic Factor: Its Role in Life and Civilization*. New York, 1932. (Bibliography)

216. Hartshorne, Richard: "Recent Developments in Political Geography", *Amer. Pol. Sci. Rev.*, 29(1935), 785—804, 943—

966. (Bibliography)

217. Whittlesey, Derwent: "Geography", *Thirty-sixth Yearbook*, *Nt. Soc. for the Study of Educ.*, (1937), Ⅱ, 119—125.

218. Hartshorne, Richard: "Geography for What?" (editor's title), *Social Education*, 1 (1937), 166—172.

219. Huntington, Ellsworth: "Geography and History", *Canadian Journal of Econ. and Pol. Science*, 3(1937), 565—572[a review of *389*].

220. Leighly, John: "Some Comments on Contemporary Geographic Methods", *Ann. Assn. Am. Geogrs.*, 27(1937), 125—141.

221. Platt, Robert S.: "Items in the Regional Geography of Panamá: With Some Comments on Some Comments on Contemporary Geographic Method", *Ann. Assn. Am. Geogrs.*, 28(1938), 13—36.

222. Leighly, John: "Methodologic Controversy in Nineteenth Century German Geography", *Ann, Assn, Am Geogrs.*, 28 (1938), 238—258.

223. Finch. Vernor C.: "Geographical Science and Social Philosophy", *Ann. Assn. Am.* Geogrs., 29(1939), 1—28.

224. Platt, Robert S.: "Reconnaissance in British Guiana, with Comments on Microgeography", *Ann. Assn. Am. Geogrs.*, 29(1939), 105—126. 469

THE THEORY OF REGIONS, LANDSCHAFTEN, LANDSCAPES, AND BOUNDARIES IN EUROPE

225. Hassinger, Hugo: "Das geographische Wesen Mitteleuropas nebst einigen grundsätzlichen Bemerkungen über die geographischen Naturgebiete Europas und ihre Begrenzung", *Mitt. d. k. k. Geogr. Ges.*, *Wien*, 60 (1917), 437—493.

226. Penck, Albrecht: *Uber politische Grenzen.* Rektoratsrede, Berlin, 1917.

227. Sieger, Robert: "Zur politisch-geographischen Terminologie", *Ztschr. d. Ges. f. Erdk.*, *Berlin*, 52(1917), 497—529; 53(1918), 48—69.

228. Maull, Otto: "Geographische Staatsstruktur und Staatsgrenzen", *Kartogr. u. Schulgeogr. Ztschr.*, 8(1919), 129—136.
229. Passarge, Siegfried: *Vergleichende Landschaftskunde*, Heft 1. Berlin, 1921.
230. Friedrichsen, Max: "Die geographische Landschaft", *Geogr. Anz.*, 22(1921), 154—161, 233—240.
231. Bluntschli, Hans: "Die Amazonasniederung als hanmonischer Organismus", *Geogr. Ztschr.*, 27(1921), 49—67.
232. Sieger, Robert: "Natürliche Räume und Lebensräume", *Peterm. Mitt.*, 69(1923), 252—256.
233. Sidaritsch, Marian: "Landschaftseinheiten und Lebensräume in den Ostalpen", *Peterm. Mitt.*, 69(1923), 256—261.
468 234. Krebs, Norbert: "Natur-und Kulturlandschaft", *Ztschr. d. Ges. f. Erdk.*, *Berlin*, 58(1923), 81—94.
235. Younghusband, Francis: *Das Herz der Natur*. Leipzig, 1923.
236. Gradmann, Robert: "Das harmonische Landschaftsbild", *Ztschr. d. Ges. f. Erdk.*, *Berlin*, 59(1924), 129—147. Reply by Passarge, and counter-reply, 331—337.
237. Sölch, Johann: *Die Auffassung der "natürlichen Grenzen" in der wissenschaftlichen Geographie*. (Brochure), Innsbruck, 1924. (Bibliography) Review by R. Sieger, *Peterm. Mitt.*, 71(1925), 57—59.
238. Passarge, Siegfried: *Vergleichende Landschaftskunde*, Heft 4. Berlin, 1924. Review by Sapper, *Geogr. Ztschr.*, 31(1925), 179.
239. Markus, Eduard: "Naturkomplexe", *Sitzungsber. d. Naturf.-Ges. bei d. Univ. Dorpat*, 32(1925), 79—94.
240. Passarge, Siegfried: "Harmonie und Rhythmus in der Landschaft", *Peterm. Mitt.*, 71(1925), 250—252.
241. Maull, Otto: "Zur Geographie der Kulturlandschaft", in *Freie Wege vergleichender Erdkunde*, *Festgabe für E. von Drygalski*, München, Berlin, 1926, 11—30.
242. Hettner, Alfred: "Methodische Zeit-und Streitfragen: Passarges Landschaftskunde", *Geogr. Ztschr.*, 31(1925), 162—164.
243. Volz, Wilhelm: "Der Begriff des Rhythmus in der Geographie", *Mitt. d. Ges. f. Erdk.*, *Leipzig*, 1923—5(1926), 8—41.

244. Vogel, Walther: "Zur Lehre von den Grenzen und Räumen", *Geogr. Ztschr.*, 32(1926), 191—198.

245. Granö, Johannes G.: "Die Forschungsgegenstände der Geographie", *Acta Geographica*, 1, 1—15(Helsinki, 1927).

246. Banse, Ewald: *Landschaft und Seele: Neue Wege der Untersuchung und Gestaltung*. Munich, 1928.

247. Schlüter, Otto: "Die analytische Geographie der Kulturlandschaft erläutert am Beispiel der Brücken", *Ztschr. d. Ges. f. Erdk.*, *Berlin*, Sonderband, 1928, 388—411.

248. Creutzburg, Nikolaus: "Uber den Werdegang von Kulturlandschaften", *Ztschr. d. Ges. f. Erdk.*, Berlin, Sonderband, 1928, 412—425.

249. Penck, Albrecht: "Deutschland als geographische Gestalt", in *Deutschland: die natürlichen Grundlagen seiner Kultur*, pub. by K. L. Deutsch, Akad. d. Naturfr. z. Halle, Leipzig, 1928.

250. Waibel, Leo: "Beitrag zur Landschaftskunde", *Geogr. Ztschr.*, 34(1928), 475—486. Reply by Rudolf Ahrens and counterreply by Weibel, *Geogr. Ztschr.*, 35(1929), 166—170.

251. Spethmann, Hans: *Dynamische Länderkunde*. Breslau, 1928. Review by R. Gradmann, *Geogr. Ztschr.*, 34(1928), 551—553; [discussions by Hettner, *167*, Philippson, *260*; reply by Spethmann, and counter discussion by Gradmann, *261*]. 469

252. Granö, Johannes G.: "Reine Geographie: eine methodologische Studie beleuchtet mit Beispielen aus Finnland und Estland", *Acta Geographica*, 2, No. 2(Helsinki, 1929). (Bibliography) Review by H. Hassinger, *Geogr. Ztschr.*, 36(1930), 293—296.

253. Hassinger, Hugo: Discussion of Passarge school; in a review in *Peterm. Mitt.*, 74(1928), 371 f. (§435) and in discussion with Passarge, *op. cit.*, 75(1929), 86 f.

254. Lehmann, Otto: "Länderkunde und—Länderkunde", *Mitt. d. Geogr Ges.*, *Wien*, 72(1929), 292—334.

255. Krebs, Norbert: "Revolution und Evolution in der Geographie", *Mitt. d. Geogr. Ges.*, *Wien*, 72(1929), 334—345. [Reply to *254*.]

256. Hassinger, Hugo: "Zum Darstellungsproblem in der Geographie", *Geogr. Ztschr.* 35(1929), 541—546.

257. Passarge, Siegfried: *Beschreibende Landschaftskunde.* Hamburg, 1929.

258. *idem*: "Wesen, Aufgaben und Grenzen der Landschaftskunde", *Peterm. Mitt.*, Erg. Heft 209 (1930), 29—44.

259. *idem*: "Das Problem des logischen Systems der Landschaftstypen", *Naturwissensch.*, 19(1931), 702—704.

260. Philippson. Alfred: "Methodologische Bemerkungen zu Spethmann's Länderkunde", *Geogr. Ztschr.*, 36(1930), 1—16.

261. Spethmann, Hans: *Das länderkundliche Schema in der deutschen Geographie: Kämpfe um Fortschritt und Freiheit.* Berlin, 1931. Review by E. v. Drygalski, *Pe-*
468 *term. Mitt.*, 1932, 5—6; discussion by R. Gradmann, *Geogr. Ztschr.*, 37(1931), 540—548.

262. Volz, Wilhelm: "Geographische Ganzheitlichkeit", *Ber. d. math.-phys. Kl. d. sächs. Akad. d. Wiss.*, 84(1931), 91—113.

263. Lautensach, Hermann: "Die länderkundliche Gliederung Portugals", *Geogr. Ztschr.*, 38 (1932), 193—205. 271—284; especially 193—198.

264. Hassinger, Hugo: "Der Staat als Landschaftsgestalter", *Ztschr. f. Geopolitik*, 9(1932), 117—122, 182—187.

265. Hettner, Alfred: "Zur aesthetischen Landschaftskunde", *Geogr. Ztschr.*, 39 (1933), 93—98.

266. Waibel, Leo: "Was verstehen wir unter Landschaftskunde?", *Geogr. Anz.*, 34 (1933), 197—207.

267. Passarge, Siegfried: "Das Problem der kulturgeographischen Räume", *Peterm. Mitt.*, 79 (1933), 1—6.

268. *idem*: *Einführung in die Landschaftskunde.* Leipzig, 1933. Review by C. Troll, and discussion by Passarge and Troll, *Geogr. Ztschr.*, 40 (1934), 109, 464—468.

269. Hettner, Alfred: "Der Begriff der Ganzheit in der Geographie", *Geogr. Ztschr.*, 40 (1934), 141—144.

270. Granö, Johannes G.: "Geographische Ganzheiten", *Peterm. Mitt.*, 81(1935), 295—302.

271. Vogel, Walther: "Landschaft und Land als Raumeinheiten der

Geographie", *Mitt. d. Ver. d. Ges. d. Geogr. a. d. Univ. Leipzig*, H. 14/15, 1936, pp. 1—8.

272. Passarge, Siegfried: "Versuch einer Darlegung der eigenen wissenschaftlichen Tätigkeit", *Ztschr. f. Erdk.*, 1 (1936), 49—62.

273. Hassinger, Hugo: "Die Landschaft als Forschungsgegenstand", *Schriften d. Ver. z. Verbreitg. naturwissensch. Kenntnisse in Wien*, 1937, 76—95.

274. Wörner, Rolf: "Das geographische Ganzheitsproblem vom Standpunkt der Psychologie aus", *Geogr. Ztschr.*, 44 (1938) 340—347.

275. James, Preston E.: "The Geography of the Oceans: A Review of the Work of Gerhard Schott", *Geogr. Rev.*, 26 (1936), 664—669.

276. Pawlowsky, Stanislaw: "Inwieweit kann in der Anthropogeographie von einer Landschaft die Rede sein", *Comptes rendus d. Congr. Intern. d. Géogr.*, *Amsterdam*, *1938*, Tome 2, Sec. 3a, 202—208.

277. Geisler, Walter: "Die Bedeutung der kulturmorphologischen Strukturelemente bei der Bildung des Landschaftsbegriffes", *Comptes rendus du Congrès Intern. d. Géogr. Amsterdam*, *1938*, Tome 2, Sec. 5, 4—11.

633

469

278. Lautensach, Hermann: "Über die Erfassung und Abgrenzung von Landschaftsräumen", *Comptes rendus du Congrès Intern. d. Géogr. Amsterdam*, *1938*, Tome 2, Sec. 5, 12—26.

279. Krebs, Norbert: "Question: La Concept Paysage dans la Géographie Humaine" (report, in German, of 8 papers, particularly of 4 papers concerned with the concept of Landschaft or landscape [*276—8* and *297*]). *Comptes rendus d. Congr. Intern. d. Géogr. Amsterdam*, *1938*, Tome 2, Rapports, 207—213.

280. Bryan, Patrick W.: *Man's Adaptation of Nature: Studies of the Cultural Landscape*. London, 1933. Especially Chaps. 2—6.

IN THE UNITED STATES

281. Jones, Wellington D., and Vernor C. Finch: "Detailed Field

Mapping in the study of the Economic Geography of an Agricultural Area"("the joint conclusions of a group composed of Charles C. Colby, D. H. Davis, V. C. Finch, William H. Haas, Wellington D. Jones, A. K. Lobeck, Kenneth C. McMurry, A. E. Parkins, Robert S. Platt, and Derwent S. Whittlesey"), *Ann. Assn. Am. Geogrs.* 15 (1925), 148—157.

282. Whittlesey, Derwent: "Sequent Occupance", *Ann. Assn. Am. Geogrs.*, 19(1929), 162—165.

283. Jones, Wellington D.: "Ratios and Isopleth Maps in Regional Investigation", *Ann. Assn. Am. Geogrs.*, 20 (1930), 177—195.

284. Whitaker, Russell: "Regional Interdependence", *Journ. of Geogr.*, 31(1932), 164 f.

468 285. Finch, Vernor C.: "Montfort, a Study in Landscape Types in Southwestern Wisconsin", *Geogr. Soc. of Chicago, Bull. 9* (1933).

"Conventionalizing Geographic Investigation and Presentation; a Symposium", three papers listed below, with discussion; *Ann. Assn. Am. Geogrs.*, 24 (1934), 77—122.

286. James, Preston E.: "The Terminology of Regional Description", *Ann. Assn. Am. Geogrs.*, 24 (1934), 77—86.

287. Jones, Wellington D.: "Procedures in Investigating Human Occupance of a Region", *Ann. Assn. Am. Geogrs.*, 24(1934). 93—107.

288. Finch, Vernor C.: "Written Structures for Presenting the Geography of Regions", *Ann. Assn. Am. Geogrs.*, 24 (1934), 113—120.

289. Whittlesey, Derwent: "The Impress of Effective Central Authority upon the Landscape", *Ann. Assn. Am. Geogrs.*, 25(1935), 85—97.

"A Conference on Regions", Papers by R. B. Hall, George T. Remer, Samuel Van Valkenburg(not pub.) and Robert S. Platt, with discussion, *Ann. Assn. Am. Geogrs.*, 25(1935) 121—174.

290. Hall, Robert Burnett: "The Geographic Region: A Resumé", *Ann. Assn. Am. Geogrs.*, 25(1935), 122—136.

291. National Resources Committee: *Regional Factors in National*

Planning. Govt. Printing Off. ,Washington,1935. Especially Parts 4,5.

292. Joerg,W. L. G. :"The Geography of North America: A History of its Regional Exposition", *Geogr. Rev.* , 26 (1936),640—663. (Bibliography only on fairly complete works.)

293. Wright, John Kirtland: "Some Measures of Distributions",*Ann. Assn. Am. Geogrs.* ,27(1937),177—212.

294. James,Preston E. :"On the Treatment of Surface Features in Regional Studies", *Ann. Assn. Am. Geogrs.* , 27 (1937),213—228. (Bibliography)

295. "Round Table on Problems in Cultural Geography",Discussion led by W. W. Atwood,Ralph Brown,F. B. Kniffen,R. B. Hall,and Derwent Whittlesey; S. D. Dodge,Chairman. *Ann. Assn. Am. Geogrs.* ,27 (1937),155—175.

296. Dodge,Richard E. :"The Interpretation of Sequent Occupance",*Ann. Assn. Am. Geogrs.* ,28(1938),233—237.

297. Broek,J. O. M. :"The Concept Landscape in Human Geography",*Comptes rendus d. Congr. Intern. d. Géogr. Amsterdam, 1938* ,Tome 2,Sec. 3a,103—109.

SYSTEMS OF REGIONAL DIVISION

298. Hahn, Eduard: "Die Wirtschaftsformen der Erde", *Peterm. Mitt.* ,1892,8—12. 469

299. *idem*: *Von der Hacke zum Pflug, Garten und Feld: Bauern und Hirten in unserer Wirtschaft und Geschichte*. Leipzig,1919.

300. Hettner,Alfred:"Die geographische Einteilung der Erdoberfläche",*Geogr. Ztschr.* ,14(1908),1—13, 94—110, 137—150. [Principles also in *161*,118—132; system in detail in *301*.]

301. *idem*: *Grundzüge der Länderkunde*: *I. Europa*. Leipzig, 1907,completely revised,1923,1932. Review by J. Sölch, *Geograf. Annaler*,1923,323 ff. Ⅱ. *Die Aussereuropäischen Erdteile*. Leipzig,1923,1926. (First published,in briefer form as text of *Spamer's Handatlas*,1897).

302. *idem*: *Der Gang der Kultur über die Erde*. Leipzig, 1923,1929.

303. Gradmann, Robert: "Wüste und Steppe", *Geogr. Ztschr.*, 22(1916), 418—441, 489—509.

304. Sieger, Robert: "Die wirtschaftsgeographische Einteilung der Erde", in *Karl Andree's Geographie des Welthandels*, Vol. 4, 2nd ed., Wien, 1921, 3—128.

305. Passarge, Siegfried: *Die Landschaftsgürtel der Erde*. Natur und Kultur, Breslau, 1923, 1929.

306. Busch, Wilhelm: *Die Landbauzonen im deutschen Lebensraum*. Stuttgart, 1936.

307. Herbertson, Andrew John: "The Major Natural Regions: An Essay in Systematic Geography", *Geogr. Journ.*, 25 (1905), 300—312.

468 308. *idem*: "The Higher Units: A Geographical Essay", *Scientia*, 14 (1913), 203—212.

309. Unstead, John Frederick: "A System of Regional Geography", *Geography*, 18 (1933), 175—187.

310. Committee of the Geographical Association (J. F. Unstead, J. L. Myres, P. M. Roxby, and L. D. Stamp): Report on "Classification of Regions of the World"; *Geography*, 22(1937), 253—282.

311. Smith, Middleton, O. E. Baker, and R. G. Hainsworth: "A Graphic Summary of American Agriculture", in *Yearbook of U. S. Dept. of Agric.*, 1915. Washington, Govt. Ptg. Off., 1915.

312. Baker, Oliver E.: "Agricultural Regions of North America", *Econ. Geogr.*, intermittently 2—10 (Oct. 1926—1934). Basis in 2(Oct. 1926), 459—493.

313. Jonasson, Olof: "Agricultural Regions of Europe", *Econ. Geogr.*, 1 (Oct., 1925), 277—314; 2(Jan., 1926), 19—48.

314. Huntington, Ellsworth, Frank E. Williams, and Samuel Van Valkenburg: *Economic and Social Geography*. New York, 1933.

315. Jones, Wellington D., and Derwent Whittlesey: "Types of Agricultural Land Occupance". (Map.) Univ. of Chicago Bookstore, 1932.

316. *idem*: "Nomadic Herding Regions", *Econ. Geogr.*, 8 (1932),

378—385.

317. Whittlesey, Derwent: "Shifting Cultivation", *Econ. Geogr.*, 13 (1937), 35—52.

318. *idem*: "Fixation of Shifting Cultivation", *Econ. Geogr.*, 13 (1937), 139—154.

319. *idem*: "Major Agricultural Regions of the Earth", *Ann. Assn. Am. Geogrs.*, 26 (1936), 199—240. (The three preceding studies represent amplifications of parts of this study.)

320. U. S. Bureau of the Census (in co-operation with Bur. Agric. Econ.): *Types of Farming in the United States*; text by Foster F. Elliott. Govt. Print. Off., Washington, 1933.

321. James, Preston E.: *An Outline of Geography*. New York, 1935.

322. Finch, Vernor C., and Trewartha, Glenn T.: *Elements of Geography*. New York, 1936.

323. Dodge, Richard Elwood, and Stanley Dalton Dodge: *Foundations of Geography*. New York, 1937.

324. Hartshorne, Richard, and, Samuel N. Dicken: "A Classifi-
cation of the Agricultural Regions of Europe and North 637
America on a Uniform Statistical Basis", *Ann. Assn. Am.*
Geogrs., 25(1935), 99— 120. 469

325. Hartshorne, Richard: "A New Map of the Dairy Areas of the United States", *Econ. Geogr.*, 11(1935), 347—355.

326. *idem*: "A New Map of the Manufacturing Belt of North America", *Econ. Geogr.*, 12 (1936), 45—53.

327. *idem*: "Human Geography", Chap. viii in Man and Society: A Substantive Introduction to the Social Sciences, E. P. Schmidt, ed., New York, 1937, 323— 379.

328. Hartshorne, Richard, and Samuel N. Dicken: *Syllabus in Economic Geography*. (Lithoprint, Edwards Bros.) Ann Arbor, Mich., 1933, 1938.

STUDIES FROM THE TWENTIETH CENTURY CITED AS ILLUSTRATIONS

(arranged alphabetically, by authors)

329. Allix, André: *Un pays de haute montagne: L'Oisans. Étude*

géographique. Paris, 1929. Review by Demangeon, *Ann. de Géogr.*, 1930, 91.

330. Banse, Ewald: *Buch der Länder: Landschaft und Seele der Erde. I. Das Buch Abendland; II. Das Buch Fremdland*. Berlin, 1929, 1930. Review by A. Hettner, *Geogr. Ztschr.*, 34 (1928), 626 ff.

331. Blache, Jules: *Les Massifs de la Grande Chartreuse et du Vercors*. Grenoble, 1931.

332. Bowman, Isaiah: *The New World: Problems in Political Geography*. Chicago, 1921, 4th ed., 1928. (Bibliography)

333. Broek, J. O. M.: *The Santa Clara Valley, California: A Study in Landscape Changes*. University, Utrecht, 1932.

468 334. Brown, Ralph H.: "Materials Bearing upon the Geography of the Atlantic Seaboard, 1790 to 1810", *Ann. Assn. Am. Geogrs.*, 28 (1938), 201—231.

335. Brunhes, Jean, and C. Vallaux: *La géographie de l'histoire: Géographie de la Paix et de la Guerre sur terre et sur Mer*. Paris, 1921.

336. Brunhes, Jean, and P. Deffontaines: "Géographie politique", Pt. 3 of J. Brunhes, *Géographie humaine de la France*; Vol. 1 of G. Hanotaux: Histoire de la Nation Francaise. Paris, 1926.

337. Colby, Charles C.: "The California Raisin Industry: A Study in Geographic Interpretation", *Ann. Assn. Am. Geogrs.*, 14 (1924), 49—108.

338. Cressey, George B.: "The Land Forms of Chekiang, China", *Ann. Assn. Am. Geogrs.*, 28 (1938), 259—276.

339. Darby, Henry Clifford: *An Historical Geography of England before 1800*. Cambridge, 1936. Review by J. Sölch, *Ztschr. d. Ges. f. Erdk.*, *Berlin*, 72 (1937), 212 ff.

340. Dicken, Samuel N.: "Galeana: A Mexican Highland Community", *Journal of Geogr.*, 34 (1935), 140—147.

341. Dodge, Stanley D.: " Bureau and the Princeton Community", *Ann. Assn. Am. Geogrs.*, 22 (1932), 159—209.

342. *idem*: "The Chorology of the Claremont- Springfield Region in the Upper Connecticut Valley in New Hampshire and Ver-

mont", *Papers of the Mich. Acad. of Sci., Arts, and Letters*. 22(1936), 335—353.

343. Finch, Vernor C., and O. E. Baker: *Geography of the World's Agriculture*. Washington, Govt. Ptg. Office, 1917.

344. *Friedrichsen Denkschrift*: *Vom deutschen Osten*. HubertKnothe, ed., Berlin, 1934. Especially articles by W. Geisler and H. Schlenger. Review by R. Hartshorne, *Geogr. Rev.*, 25(1935), 518.

345. Geisler, Walter: *Schlesien als Raumorganismus*. (Brochure), Breslau, 1932.

346. *idem*: *Oberschlesien-Atlas*. Berlin, 1938.

347. Garver, Frederic, F. M. Boddy, and A. J. Nixon: *The Location of Manufacturing in the United States, 1899—1929*. Univ. of Minnesota Press, 1933.

348. Hall, Robert Burnett: "Some Rural Settlement Forms in Japan", *Geogr. Rev.*, 21 (1931), 93—123.

349. *idem*: "The Yamato Basin, Japan", *Ann. Assn. Am. Geogrs.*, 22 (1932), 211—230.

350. *idem*: "Tokaido Road and Region", *Geogr. Rev.*, 27 (1937), 353—377.

351. *idem*: "A Map of Settlement Agglomeration and Dissemination in Japan", *Papers of the Mich. Acad. of Science, Arts and Letters*, 22 (1936), 365—367.

352. Hartshorne, Richard: "Location Factors in the Iron and Steel Industry", *Econ. Geogr.*, 4(1928). 241—252.

353. *idem*: "The Iron and Steel Industry of the United States", *Journ. of Geogr.*, 28(1929), 133—153.

354. *idem*: "The Twin City District: A Unique Form of Urban Landscape", *Geogr. Rev.*, 22 (1932), 431—442.

355. *idem*: "Geographic and Political Boundaries in Upper Silesia", *Ann. Assn. Am. Geogrs.*, 23 (1933), 195—228.

356. *idem*: "The Upper Silesian Industrial District", *Geogr. Rev.*, 24(1934), 423—438.

357. *idem*: "Suggestions on the Terminology of Political Boundaries", *Mitt. d. Ver. d. Geogr. a. d. Univ. Leipzig*, Heft 14/15, (1936) 180—192.

358. *idem*:"The Tragedy of Austria-Hungary: A Post-Mortem in Political Geography" (abstract), *Ann. Assn. Am. Geogrs.*, 28(1938), 49.

359. *idem*:"Racial Maps of the United States", *Geogr. Rev.*, 28(1938), 276—288.

360. Hassinger, Hugo: *Die Geographie des Menschen*. Vol. II of Klute: Handbuch geographischer Wissenschaft. Potsdam, 1937.

361. Hettner, Alfred: *Die Oberflächenformen des Festlandes: Probleme und Methoden der Morphologie*. Leipzig, Berlin, 1921, 1928.

362. *idem*: *Die Klimate der Erde*. Leipzig, Berlin, 1930.

363. *idem*: *Vergleichende Länderkunde*. 4 vols. Leipzig, Ber-
468 lin, 1933—1935. Review by Penck[90].

364. Hoover, Edgar Malone: *Location Theory and the Shoe and Leather Industry*. Cambridge, 1937.

365. James, Preston E.: "The Coffee Lands of Southeastern Brazil", *Geogr. Rev.*, 22 (1932), 225—244.

366. Jefferson, Mark: "The Civilizing Rails", *Econ. Geogr.*, 4 (1928), 217—231.

367. Jones, Stephen B: "The Forty-Ninth Parallel in the Great Plains: The Historical Geography of a Boundary", *Journ. of Geogr.*, 31(1932), 357—368.

368. Kniffen, Fred B.: "Louisiana House Types", *Ann. Assn. Am. Geogrs.*, 26 (1936), 179—193.

369. Langhans, Manfred: "Karte des Selbstbestimmungsrechtes der Völker", *Peterm. Mitt.*, 72 (1926), 1—9.

370. Milojevic, Borivoji Z.: "The Kingdom of the Serbs, Croats, and Slovenes: Administrative Divisions in Relation to Natural Regions", *Geogr. Rev.*, 15(1925), 70—83.

371. Overbeck, Hermann, and George Wilhelm Sante, edits.: *SaarAtlas*. Botha, 1934. Review by R. Hartshorne, *Geogr. Rev.*, 24(1934) 680 ff.

372. Palander, Tord: *Beiträge zur Standortstheorie*. Diss, Uppsala, 1935. (Bibliography)

373. Passarge, Siegfried: "Die politische Erdkunde Afrikas vor dem Eingreifen der europäischen Kolonisation", *Peterm. Mitt.*, 70

(1924),253—261.
374. *idem*:"Madrid: Das Werden einer Grosstadt in einer Steppenlandschaft",*Ztschr. f. Geopolitik*,1 (1924),688—694.
375. *idem*: *Das Judentum als landschaftskundliches-ethnologisches Problem*. Munich,1929.
376. *idem*:*Aegypten und der arabische Orient: eine politisch-geographische Studie*. Weltpol. Büch.,Berlin,1931.
377. *idem*: "Politisch-Geographische Betrachtungen über Alt-Hellas",*Geogr. Wochensch.*,1935,926—932.
378. *idem*: "Byzanz: eine politisch-geographische Betrachtung",*Geogr. Anz.*,36(1935),484—488.
379. *idem*: "Die grosse geopolitische Gefahrenzone Europas und ihre Raumbedingtheit", *Ztschr. f. Geopolitik*, 13 (1936),137—145.
380. Platt, Robert S.: "Conflicting Territorial Claims in the Upper Amazon", in *Geographic Aspects of International Affairs* (Harris Institute Lectures for 1937),C. C. Colby, ed. Chicago,1938.
381. Ripley,William Z.:"Geographical Limitations of Consolidated Systems", *Amer. Econ. Rev.*, 14 (1924), Supplement,52—64.
382. Sauer,Carl,and Peveril Meigs:"Site and Culture at San Fernando de Velicatá",*Univ. Calif. Pubs. in Geogr.*,2 (1927),271—302. 469
383. Sauer,Carl,and Donald Brand:"Pueblo Sites in Southeastern Arizona",*Univ. Calif. Publ.* in Geogr.,3 (1930),415—457.
384. *idem*: "Prehistoric Settlements of Sonora, with Special Reference to Cerros de Trincheras",*Univ. Calif. Publ. in Geogr.*,5 (1931),67—148.
385. Schlüter, Otto: "Nation und Nationalität" (review), *Geogr. Ztschr.*,12 (1906),528 f.
386. Schmidt,Peter Heinrich: *Einführung in die allgemeine Geographie der Wirtschaft*. Jena,1932.
387. Scofield,Edna:"The Evolution and Development of Tennessee Houses",*Journ. Tenn. Acad. Sci.*,11(1936). 229—240.
388. Spethmann,Hans:*Das Ruhrgebiet im Wechselspiel von Land*

und Leuten, *Wirtschaft*, *Technik und Politik*. Berlin, 1933. Review by R. Hartshorne, *Geogr. Rev.*, 26(1936), 343.

389. Taylor, Griffith: *Environment and Nation: Geographical Factors in the Cultural and Political History of Europe*. Toronto and Chicago. 1936. Reviews by Ellsworth Huntington[*219*]; by J. O. M. Broek, *Canad. Hist. Rev*, 18 (1937), 69; by J. K. Wrignt, *Am. Hist. Rev.*, 42 (1937), 700; and by R. Hartshorne, *Journ. Mod. Hist.*, 9(1937), 372.

390. Tiessen, Ernst: "Der Friedensvertrag von Versailles und die Politische Geographie", *Ztschr. f. Geopolitik*, 1 (1924), 203—220. In extended form: *Versailles und Fortsetzung: eine geopolitische Studie*. (Brochure) Berlin, 1924.

468 391. Thornthwaite, Warren: "The Climates of the Earth", *Geogr. Rev.*, 23 (1933), 433—440.

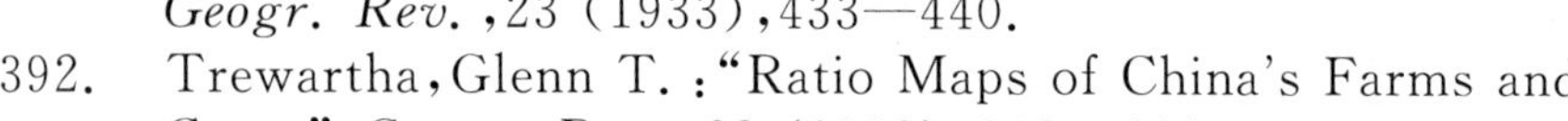

392. Trewartha, Glenn T.: "Ratio Maps of China's Farms and Crops", *Geogr. Rev.*, 28 (1938), 102—111.

393. *idem*: "French Settlement in the Driftless Hill Land", *Ann. Assn. Am. Geogrs.*, 28 (1938), 179—200.

394. Troll, Karl: "Die Landbauzonen Europas in ihrer Beziehung zur natürlichen Vegetation", *Geogr. Ztschr.*, 31 (1925), 265—280.

395. Waibel, Leo: *Probleme der Landwirtschaftsgeographie*. Breslau, 1933.

396. Weber, Alfred: *Uber den Standort der Industrien: reine Theorie des Standortes*. Tübingen, 1909. Trans. by C. J. Friedrich, *Theory of the Location of Industries*. Chicago, 1928.

397. Whitbeck, Ray H.: "Geographical Influences in the Development of New Jersey", *Journ. of Geogr.*, 7 (1908), 177—182. Adapted in C. C. Colby, *Source-Book for the Economic Geography of North America*, Chicago, 1922, 205—210.

398. Whittlesey, Derwent: "Early Geography in Northern Illinois", *Science*, 81(1935), 227—229.

399. *idem*: "Environment and the Student of Human Geography", *Sci. Monthly*, 35(1932), 265—267.

400. Wright, John Kirtland: "Voting Habits in the Untied States", *Geogr. Rev.*, 22(1932), 666—672.

NOTE: The use, for illustrations, of the works listed above does not imply a judgment of their value in comparison with that of many other possible examples that might have been used; there were no criteria for selection, the writer simply using those works that happened to occur to him. The following studies, however, should be added to the lists of methodological works, even though their significance to methodology, or their existence, was called to the writer's attention too late for consideration in the text.

Jones, Wellington D.: "A Method of Determining the Degree of Coincidence in Distribution of Agricultural Uses of Land with Slope-Soil-Drainage Complexes", *Transact. Illinois State Acad. Sci.*, 22 (1930), 549—554.

Sauer, Carl O.: "Land Resource and Land Use in Relation to public policy", *Report of the Science Advisory Board, July 31, 1933*, to *September* 1, *1934*, Washington, D. C., 1934, Appendix 9, 165—260.

Van Cleef, Eugene: "A Stratigraphic View of Geography", *Science*, 83 (1936), 313—317.

Taylor, Griffith: "Correlations and Culture: A Study in Technique", *Proc. Brit. Asso. Adv. Sci.*, 1938, 103—138. 469

Meigs, Percival: "A New Index for the Analysis of Regional Trends", *Scott. Geogr. Mag.*, 55 (1939), 161—170.

《更正与补注》中引用的参考文献

A. HISTORY OF GEOGRAPHIC THOUGHT, PRIOR TO 1900

GENERAL HISTORICAL STUDIES

401. Peschel, Oscar: *Geschichte der Erdkunde bis auf Alexander von Humboldt und Carl Ritter*. 2d edition, edited by S. Ruge, Munich, 1877. (Bibliography)

402. Bunbury, Edward H.: *History of Ancient Geography*. 2 vols., London 1879, 1883.

403. Tozer, Henry F.: *History of Ancient Geography*. 2d edition, Cambridge, 1935.

404. Berger, Ernst Hugo: *Geschichte der wissenschaftlichen Erdkunde der Griechen*. 2d edition, Leipzig 1903.

405. Wright, John Kirtland: "The History of Geography: A point of View", *Annals Assn. Am. Geogrs.*, 15 (1925), 192—201. (Bibliography)

406. Wood, Ella Lucile: "History of the Modern Concepts of Geography", Diss., 1927, manuscript in University of Wisconsin Library.

407. Kühn, Arthur: "Die neugestaltung der deutsche Geographie in 18. Jahrhundert". *Quellen u. Forsch. z. Gesch. d. Geogr. u. Völkerkunde*, Band V. Leipzig, 1939.

468

BIOGRAPHICAL STUDIES

408. Gottmann, Jean: "Vauban and Modern Geography", *Geogr. Rev.*, 34 (1944), 120—128.

409. Brown, Ralph H.: "American Geographies of Jedidiah Morse", *Annals Assn. Am. Geogrs.*, 31 (1941), 145—217.

410. Dana, James D.: "Memoir of Arnold Henry Guyot", *Smithson. Inst. Ann. Report.* 1887, pt. 1, 693—722; also in *Biographical Memoirs of the National Academy of Science*, 2 (1886).

B. GEOGRAPHIC THOUGHT IN THE TWENTIETH CENTURY

GENERAL SURVEYS OF GEOGRAPHIC WORK

411. Keltie, Sir John Scott: "The Position of Geography in British Universities", *Amer. Geogr. Soc. Research Series No.* 4 New York, 1921.

412. DeMartonne, Emmanuel: "Geography in France", *Amer. Geogr. Soc. Research Series No. 4a.*, New York, 1924. (Bibliography)

413. Winkler, Ernst: "Internationale Geographie: Gedanken zum Ausbau der erdkundlichen Kongresse", *Schweiz. Hochschul-*

zeitung, 1939 (8p.).

414. *idem*: "Fortschritte und Probleme der Erdkunde in der Schweiz", *Ztschr. f. Erdkunde*, 7 (1939), Heft 1, 1—18. (Bibliography)

415. Obruchev, V. A. (editor): *The Progress of Geological and Geographical Sciences in the U. S. S. R. for* 25 *Years* (in Russian). Academy of Sciences of the U. S. S. R. Moscow and Leningrad, 1943. Brief abstract by Jean Gottmann in *Geogr. Rev.*, 34 (1944), 496.

416. Light, Richard Upjohn: "The Progress of Medical Geography", *Geogr. Rev.*, 34 (1944), 636—641. (Bibliography)

417. "A Proposed Atlas of Diseases", *Geogr. Rev.*, 34(1944), 642—652.

418. Chang, Chi-Yun: "Geographic Research in China", *Annals Assn. Am. Geogrs.*, 34 (1944), 47—62.

419. Gressey, George B.: "Geographical Education in China", *Geogr. Rev.*, 35 (1945), 486 f.

420. *idem*: "Geographical Education in India", *Geogr. Rev.*, 35 (1945), 487 f.

THE METHODOLOGY OF GEOGRAPHY, IN GENERAL

IN GERMANY AND OTHER GERMAN-SPEAKING COUNTRIES

421. Krebs, Norbert: "Die Geographie in ihrer Stellung zu anderen Wissenschaften", *Ztschr. f. Schulgeogr.* (Vienna), 27 (1906), 129—137.

422. Philippson, Alfred: "Inhalt, Einheitlichkeit und Umgrenzung der Erdkunde und der erdkundlichen Unterrichts", *Mitt. d. Hauptstelle f. naturwiss. Unterricht*, Berlin, 1919, 2 Heft, 22—43.

423. Winkler, Ernst: "Geographie als Zeitwissenschaft", *Ztschr. f. Erdkunde*, 5 (1937), 49—58.

424. *idem*: "Kulturlandschaftsgeschichte", *Ztschr. f. Schweiz, Geschichte*, 19(1939), 54—76. (Bibliography)

IN FRANCE

425. Demangeon, Albert: *Problemes de Geographie Humaine.*

2d edition, Paris, 1943. Review by H. J. Fleure, Geogr. Rev., 36 (1946), 172 f.

IN OTHER CONTINENTAL COUNTRIES

426. Thermaenius, Edvard: "Geopolitik och politisk Geografi", *Statsvetenskaplig Tidskrift* (Lund), Häft 3—4, 1—89. Republished in Shorter form in English, in *Baltic and Scandinavian Countries* (Gdynia, Poland), 4 (1938), 165—177 and suppl.

IN GREAT BRITAIN

427. Herbertson, Andrew J.: "Regional Environment, Heredity and Consciousness", *Geogr. Teacher*, 8 (1915), 147—153. Preceded by a memoir to "Andrew John Herbertson", by H. J. Mack-
468 inder, N. E. MacMunn, and E. F. Elton, 143—146.

428. Forde, C. Daryll: "Values in Human Geography", *Geogr. Teacher*, 13 (1925), 215—220.

429. Mackinder, Sir Halford J.: Comments on the relation of history to geography, in *Geogr. Journ.*, 78 (1931), 268 f.

430. East, William G.: "A Note on Historical Geography", *Geography*, 18 (1933), 282—292. (Bibliography)

431. Holmes, J. Macdonald: "The Content of Geographic Study", *Report, Austral. and New Zealand Asson, Adv. Sci.*, 1935, 401—433.

432. Taylor, E. R. G.: "Whither Geography? A Review of Some Recent Geographical Texts", *Geogr. Rev.*, 27 (1937), 129—135.

433. Forde, C. Daryll: "Human Geography, History and Sociology", *Scott. Geogr. Mag.*, 55 (1939), 217—235.

434. Mackinder, Sir Halford J.: "Geography, an Art and a Philosophy", *Geography*, 27, (1942), 122—130.

435. Mackinder, Sir Halford J., John L. Myres, and H. J. Fleure: "The Development of Geography", *Geography*, 28 (1943), 69—77.

436. Fleure, H. J.: "Geographical Thought in the Changing World", *Geogr. Rev.*, 34 (1944), 515—528.

437. Fitzgerald, Walter: "Geography and International Settlement", "The Regional Concept in Geography", "Progress in Geographical Method" and "The Geographer as Humanist", *Nature*, 152 (1943), 589—593, 740—744; 153 (1944), 481—487; and 156 (1945), 355—359.

IN THE UNITED STATES AND CANADA

438. Taylor, Griffith: "Geography the Correlative Science", *Canad. Journ. of Econ. and Pol Sci.*, 1 (1935), 535—550.
439. VanCleef, Eugene: "A Stratigraphic View of Geography", *Science*, 83 (1936), 313—317.
440. Taylor, Griffith: "Correlations and Culture: A Study in Technique", *Proc. Brit. Assn. Adv. Sci.*, 1938, 103—138.
441. Adams, Charles C.: "A Note for Social-Minded Ecologists and Geographers", *Ecology*, 19 (1938), 500—502.
442. Renner, George T.: "Human Ecology: A New Social Science", Teachers College Record (New York), 39 (1938), 488—493.
443. Thornthwaite, C. W.: "The Relation of Geography to Human Ecology", *Ecolog. Monogrs.*, 10 (1940), 343—348.
444. Whittlesey, Derwent S.: "Geography and its Influence on History", *Bull. Wagner Free Inst. of Sci.* (Philadelphia), 16(1941), 5—14. (Synopsis of three lectures.)
445. Broek, Jan O. M.: "The Relations between History and Geography", *Pacif. Hist. Rev.*, 10 (1941), 321—325.
446. *idem*: "Discourse on Economic Geography", *Geogr. Rev.*, 31(1941), 663—674. (A review of twelve textbooks.)
447. Sauer, Carl O.: "Foreword to Historical Geography", *Annals Assn. Am. Geogrs.*, 31 (1941), 1—24.
448. Wright, John Kirtland: "Map Makers are Human: Comments on the Subjective in Maps", *Annals Assn. Am. Geogrs.*, 32 (1942), 528—554.
449. Raup, Hugh M.: "Trends in the Development of Geographic Botany", *Annals Assn. Am. Geogrs.*, 32 (1942), 319—354. (Bibliography)
450. Taylor, Griffith: "Environment, Village and City: A Genetic Approach to Urban Geography, with Some References to

469

Possibilism", *Annals Assn. Am. Geogrs.*, 32 (1942), 1—67. ("Some References" are on pp. 2—4, 65—67.)

451. Hartshorne, Richard: "The Role of Geography" in *Education for Citizen Responsibilities*, edited by Franklin J. Burdette, Princeton Univ. Press, 1942, 39—42.

452. Wright, John Kirtland: "Training for Research in Political Geography", *Annals Assn. Am. Geogrs.*, 34(1944), 190—201.

453. Finch, Vernor C.: "Training for Research in Economic Geography", *Annals Assn. Am. Geogrs.*, 34 (1944), 207—215.

454. Gyorgy, Andrew: "Geopolitik, the New German Science", *Univ. Calif. Publs. in Internat. Affairs*, 3(1944), No.
468 3, 141—303. (Bibliography).

455. Russell, Richard Joel: "Post-War Geography", *Journ. Geogr.*, 44 (1945), 301—312.

456. Whittlesey, Derwent: "The Horizon of Geography", *Annals Assn. Am. Geogrs.*, 35(1945), 1—36.

457. Ackerman, Edward A.: "Geographic Training, Wartime Research, and Immediate Professional objectives", *Annals Assn. Am. Geogrs.*, 35 (1945), 121—143.

THE THEORY OF REGIONS, LANDSCHAFTEN, LANDSCAPES, AND BOUNDARIES
(including studies of special techniques)
IN EUROPE

458. Gallois, Lucien: *Régions Naturelle et Noms de Pays: Etude sur la Région Parlsienne*. Paris, 1908. (especially Chapters I and XII.)

459. Hettner, Alfred: "Die Terminologie der Oberflachenformen", *Geogr. Ztschr.*, 17 (1911), 135—144.

460. Creutzburg, Nikolaus: "Wirtschaft und Landschaft", *Hermann Wagner Gedänknisschr. Pet. Mitt.*, Erg. Heft 209 (1930), 275—286.

461. Jessen, Otto: "Der Vergleich als ein Mittel geographischer Schilderung und Forschung", *Hermann Wagner Gedänknisschr. Pet. Mitt.*, Erg. Hert 209 (1930), 17—28.

462. Gräno, Johannes: "Die geographischen Gebiete Finnlands: Eine vergleichende Übersicht nebst methodischen Erörtungen", *Publs. Inst. Univ. Aboensis*, No. 6, 1931. Review by Eugene VanCleef in *Geogr. Rev.*, 22 (1932), 497 f.

463. Winkler, Ernst: "Zur Frage der allgemeinen Geographie", *Athenaeums-Schriften* (Zurich), 1938, Heft 2, 1—24. (Bibliography)

464. Neuenschwander, Gustav: *Morphometrische Begriffe: Eine kritische Übersicht auf Grund der Literatur*. Diss. Zurich, 1944. (Bibliography)

IN THE UNITED STATES AND CANADA

465. Joerg, W. L. G.: "The Subdivisions of North America into Natural Regions: A Preliminary Inquiry", *Annals Assn. Am. Geogrs.*, 4(1914), 55—83.

466. Mathes, F. S.: "The Conference on the Delineation of Physiographic Provinces in the United States", *Annals Assn. Am. Geogrs.*, 5 (1915), 127—129.

467. Davis, William Morris: "The Principles of Geographical Description", *Annals Assn. Am. Geogrs.*, 5 (1915), 61—105.

468. Jefferson, Mark: "Some Considerations on the Geographical Provinces of the United States", *Annals Assn. Am. Geogrs.*, 7 (1917), 3—15, Plates Ⅰ, Ⅱ. 469

469. Campbell, Marius R.: "Geographic Terminology", *Annals Assn. Am. Geogrs.*, 18(1928), 25—40.

470. Jones, Wellington D.: "A Method of Determining the Degree of Coincidence in Distribution of Agricultural Uses of Land with Slope-Soil-Drainage Complexes", *Transact. Illinois State Acad. Sci.*, 22 (1930), 549—554.

471. Lösch, August: "The Nature of Economic Regions", *South. Econ. Journ.*, 5 (1938), 71—78.

472. Meigs, Peveril, 3d: "A New Index for the Analysis of Regional Trends", *Scott. Geogr. Mag.*, 55 (1939), 161—170.

473. Raup, H. F.: "Piedmont Agriculture in Southern California" (with a discussion of current practice in regional geography), *Yrbk. Assn. Pacif. Coast Geogrs.*, 6 (1940), 26—31.

474. Wolfanger, Louis A.: "Landform Types: A Method of Quantitative and Graphic Analysis and Classification", *Michigan State College, Agric. Exp. Sta., Tech. Bull.* 175, Feb. 1941, 1—24. (Bibliography)

475. Thornthwaite, C. W.: "Problems in the Classification of Climates", *Geogr. Rev.*, 33(1943), 233—255.

476. Cahnman, Werner J.: "The Concept of *Raum* and the Theory of Regionalism", *Am. Sociol. Rev.*, 9 (1944), 455—462.

SYSTEMS OF REGIONAL DIVISION

477. Jones, Stephen B.: "Intra-state Boundaries in Oregon", *Commonwealth Rev.* (Univ. of Oregon), 16 (1934—35),
468 105—126. Abstract by R. Hartshorne in *Geogr. Rev.*, 26 (1936), 147.

478. Guimäraes, Fâbio M. S., "Divisâo regional do Brasil", *Rev. Brasil, de Geogr.*, 3 (1941), 318—373. Review by Preston E. James in *Geogr. Rev.*, 32(1942), 493—495.

479. Holmes, J. Macdonald: *The Geographical Basis of Government: Specially Applied to New South Wales.* Sydney and London, 1944. Review by Clifford Zierer in *Geogr. Rev.* 36 (1946), 168 ff.

480. Dickinson, Robert E.: *The Regions of Germany.* London, 1945. Review by Chauncey Harris in *Geogr. Rev.*, 36 (1946), 336 ff.

METHODOLOGY OF APPLIED GEOGRAPHY

481. Taylor, Griffith: "The Geographer's Aid in Nation-Planning", *Scott. Geogr. Mag.*, 48 (1932), 1—20, 65—78.

482. Bowman, Isaiah: "Planning in Pioneer Settlement", *Annals Assn. Am. Geogrs.*, 22 (1932), 93—107.

483. Sauer, Carl O.: "Land Resource and Land Use in Relation to Public Policy", *Report of the Science Advisory Board, July 31, 1933, to September 1, 1934.* Washington, D. C., 1934, Appendix 9, 165—260. (Bibliography)

484. Joerg, W. L. G.: "Geography and National Land Planning", *Geogr. Rev.*, 25(1935), 177—208. (Bibliography)

485. McMurry, K. C. : "Geographic Contributions to Land-Use Planning", *Annals Assn. Am. Geogrs.*, 26(1936), 91—98.

486. Zuber, Leo J. : "A Comparative View of Regional Planning", *Journ. Tenn. Acad. Sci.*, 12(1937), 267—272.

487. Bowman, Isaiah: "Geography in the Creative Experiment", *Geogr. Rev.*, 28 (1938), 1—19.

488. Hudson, G. Donald: "The Unit Area Method of Land Classification", *Annals Assn. Am. Geogrs.*, 26 (1936), 99 —112.

489. *idem*: "Methods Employed by Geographers in Regional Surveys", *Econ. Geogr.*, 12 (1936), 98—104.

490. Trefethen, Joseph M. : "A Method for Geographic Surveying", *Amer. Journ. Sci.*, 32(1936), 454—464.

491. Proudfoot, Malcolm; "Sampling with Transverse Traverse Lines", *Journ. Amer. Statis. Assn.*, 37 (1942), 265—270.

492. National Resources Planning Board: *Technical Paper Number* 6, "Area Analysis: A Method of Public Works Planning" by Charles C. Colby, Francis J. Marschner, and John J. Haggerty. Washington, 1943.

493. National Research Council Committee on Training and Standards in the Geographic Profession: "Lessons from the Wartime Experience for Improving Graduate Training for Geographic Research", *Annals Assn. Am. Geogrs.*, 36 (1946), to be published in September. 469

STUDIES FROM THE TWENTIETH CENTURY CITED AS ILLUSTRATIONS

(arranged alphabetically, by authors)

494. Bennett, Hugh H. : *Soil Conservation*. New York, 1939. (Bibliography)

495. *idem*: "Adjustment of Agriculture to its Environment", *Annals Assn. Am. Geogrs.*, *33* (1943), 163—198.

496. Boggs, S. Whittemore: *International Boundaries: A Study of Boundary Functions and Problems*. New York, 1940. (Bibliography) Review by R. Hartshorne in *Geogr. Rev.*, 30(1940). 507 f.

497. Brown, Ralph H. : *Mirror for Americans: Likeness of the Eastern Seaboard* 1810. Amer. Geogr. Soc. ,New York,1943.

498. Davis,Darrell Haug: *The Earth and Man: A Human Geography*. New York,1943.

499. Dodge,Stanley D. :"The Frontier of New England in the Seventeenth and Eighteenth Centuries and its Significance in American History", *Papers Michigan Acad. Sci., Arts,Letters*,28 (1942),435—439.

500. East, William Gordon: *Historical Geography of Europe*. London ,1935. (Bibliography)

501. Fitzgerald,Walter: *The New Europe:An Introduction to its Political Geography*. London, 1945; New York ,
468 1946. (Bibliography)

502. Guichonnet, Paul: "La Geographie et le Temperament Politique dans les Montagnes de la Haute-Savoie",*Rev. de Geogr. Alpine*,31 (1943),39—83.

503. Hartshorne, Riòhard: "The Politico-Geographic Pattern of the World",*Annals Am. Acad. Pol. and Soc. Sci.*, 218 (November,1941),45—57.

504. Hoover, Edgar M. , Jr. : *Introduction to Geographical Economics*. in press,Knopf,New York,1946. (Previously published in Spanish.)

505. Huntington,Ellsworth:"The Geography of Human Productivity",*Annals Assn. Am. Geogrs.*,33 (1943),1—31.

506. *idem:Mainsprings of Civilization*,New York,1945. Review by George H. T. Kimble in *Geogr. Rev.* 36(1946), 142—146.

507. James, Preston E. : "The Distribution of Population in South America", in *Geographic Aspects of International Affairs*,(Harris Institute Lectures for 1937)C. C. Colby,editor. Chicago,1938,217—240.

508. *idem:Latin America*. New York and Boston,1942. Review by R. S. Platt,in *Geogr. Rev.*,32(1942),517—519.

509. Jones,Clarence Fielden and G. G. Darkenwald: *Economic Geography*. New York,1942.

510. Jones,Stephen B. :"The Description of International Bound-

aries", *Annals Assn. Am. Geogrs.*, 33 (1943), 99—117. (Included later in 511.)

511. *idem*: *Boundary-Making: A Handbook for Statesmen, Treaty Editors and Boundary Commissioners.* (Monog. Series of the Carnegie Endowment for International Law, No. 8.) Columbia Univ. Press. 1945. (Bibliography)

512. Leighly, John: "The Towns of Medieval Livonia", *Univ. of Calif. Publs. in Geogr.*, 6 (1939), No. 7, 235—314, Plates 5—10.

513. MacMunn, Nora C., and Geraldine Coster: *Europe: A Regional Geography.* Oxford, 1924.

514. Marschner, Francis J.: "*Rural Population Densities in the Southern Appalachians*". U. S. Dept. Agric., Misc. Publ. No. 367. Washington, 1940. 18 p. and map.

515. Meigs, Peveril 3d.: *The Dominican Mission Frontier in Lower California.* Univ. Calif. Press, 1935.

516. *idem*: "An Ethno-Telephonic Survey of French Louisiana", *Annals Assn. Am. Geogrs.*, 31(1941), 243—250.

517. Paver, John, and Miller McClintock: *Traffic and Trade.* New York, 1935. Review by Eugene VanCleef in *Geogr. Rev.* 26(1936), 333 f.

518. Platt, Robert S.: *Latin America: Country-Sides and United Regions.* New York, 1942. Review (unsigned) in *Geogr. Rev.*, 33(1943), 333 f. 469

519. Sauer, Carl O.: "The Personality of Mexico", *Geogr. Rev.*, 31(1941), 353—364.

520. Simmons, James S., Tom F. Whayne, Gaylord W. Anderson, Harold M. Horak and Collaborators: *Global Epidemiology: A Geography of Disease and Sanitation*, Vol. I (India, the Far East, and the Pacific Area). New York, 1944.

521. Smith, J. Russell: "Grassland and Farmland as Factors in the Cyclical Development of Eurasian History", *Annals Assn. Am. Geogrs.*, 33 (1943), 135—161.

522. Trewartha, Glenn T.: "The Unincorporated Hamlet: One Element of the American Settlement Fabric", *Annals Assn. Am.*

Geogrs. ,33(1943),32—81.

523. *idem*: *Japan*: *A Physical*, *Cultural and Regional Geography*. Univ. Wisconsin Press,1945.

524. United States Department of Agriculture: *Climate and Man*: *Yearbook of Agriculture*, *1941*. Washington,1941.

525. Valkenburg, Samuel Van: *Elements of Political Geography*. New York,1939. (Bibliography)

526. Waibel, Leo: "The Climatic Theory of the Plantation: A Critique", *Geogr. Rev.* ,32 (1942). 307—310.

527. Weigert, Hans W. ,and V. Stefannson, editors: *Compass of the World*: *A Symposium in Political Geography*, New York,1944. Review by Andreas Dorpalen in *Geogr.*
468 *Rev.* ,35 (1945),170—172.

528. Whittlesey, Derwent: *The Earth and the State*: *A Study in Political Geography*. New York,1939. Review by R. Hartshorne in *Geogr. Rev.* ,30 (1940),508—510.

译 者 后 记

《地理学的性质》这部难产的翻译，拖了一年又一年，现在总算告成了。当我放下手中沉重的笔时，心中既有完成了一项艰难任务后的欣慰，同时也有很多感触。

我的一些原曾受约翻译或编写的书，因为近年来出版界的不景气，有的已经交稿而被搁置起来，成为明日黄花；有的忍痛半途而废；有的将被压缩删削，并入别的书中，由一部独立的书降为多人合作的书中的一章。

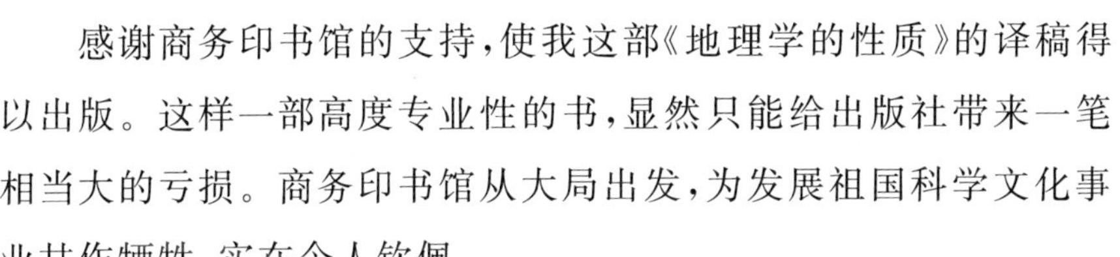

感谢商务印书馆的支持，使我这部《地理学的性质》的译稿得以出版。这样一部高度专业性的书，显然只能给出版社带来一笔
相当大的亏损。商务印书馆从大局出发，为发展祖国科学文化事 469
业甘作牺牲，实在令人钦佩。

可是我知道，对于这部地理学巨著，本来我并非一个力足胜任的译者。地理学原非我的本行，何况这样一部远非寻常可比的地理学方法论权威著作，它在专业上的渊博高深，实在是远远超出我的学力和修养的。此书中作者周密的思想、精辟的理论、独到的见解，是以富于哲学味的风格，通过细致曲折、组织严谨的形式表达出来的，因而文句往往比一般英文书籍更长，结构更复杂，要把握其中的意思，已经相当吃力，要翻译得明白晓畅，更非一件易事。

我能够完成这部译作，除了商务印书馆陈江先生热情的支持外，我还当感谢陈桥驿教授，没有他的鼓励和帮助——不少疑难我是请教了他的——我是断乎不敢大胆地冒险作此尝试的。书中不少德语是由杭州大学外语系李白凝先生帮助翻译的，有的地方我参照上下文作了个别修改，这些地方如有错误，应由我负责。个别日语人名地名，则请教过胡德芬先生。对于他们的帮助，谨在此致以衷心的感谢。

书中翻译上存在的错误和缺点肯定不少，译者诚恳地希望读者不吝赐教，给予批评指正。

468

译者

1989 年 7 月于杭州大学

图书在版编目(CIP)数据

地理学的性质:当前地理学思想述评/(美)理查德·哈特向著;叶光庭译.—北京:商务印书馆,2017
(汉译世界学术名著丛书:120 年纪念版:珍藏本)
ISBN 978-7-100-14354-7

Ⅰ.①地… Ⅱ.①理… ②叶… Ⅲ.①地理学—研究 Ⅳ.①K90

中国版本图书馆 CIP 数据核字(2017)第 153365 号

汉译世界学术名著丛书
(120 年纪念版·珍藏本)
地理学的性质
——当前地理学思想述评
〔美〕理查德·哈特向 著
叶光庭 译

商 务 印 书 馆 出 版
(北京王府井大街 36 号 邮政编码 100710)
商 务 印 书 馆 发 行
北 京 通 州 皇 家 印 刷 厂 印 刷
ISBN 978-7-100-14354-7

2017 年 12 月第 1 版　　开本 710×1000 1/16
2017 年 12 月北京第 1 次印刷　　印张 44½
定价:220.00 元